U0524392

J. Krishnamurti
克里希那穆提集

TRADITION

AND

CREATIVITY

THE COLLECTED WORKS OF
J.KRISHNAMURTI

富有创造力的心灵

克里希那穆提 著
桑靖宇 程悦 译

九州出版社
全国百佳图书出版单位

图书在版编目（CIP）数据

富有创造力的心灵 /（印）克里希那穆提著；桑靖宇，程悦译. — 北京：九州出版社，2015.7（2021.4重印）
（克里希那穆提集）
书名原文：Tradition and creativity
ISBN 978-7-5108-3838-5

Ⅰ. ①富… Ⅱ. ①克… ②桑… ③程… Ⅲ. ①克里希那穆提，J.（1895～1986）－演讲－文集 Ⅳ. ①B351.5-53

Copyright © 1991-1992 Krishnamurti Foundation of America
Krishnamurti Foundation of America,
P.O.Box 1560, Ojia, California 93024 USA
E-mail: kfa@ kfa.org. Website: www.kfa.org
For more information about J.Krishnamurti, please visit: www.jkrishnamurti.org

著作权合同登记号：图字 01-2014-4471

富有创造力的心灵

作　　者	（印）克里希那穆提 著　桑靖宇 程悦 译
出版发行	九州出版社
地　　址	北京市西城区阜外大街甲35号（100037）
发行电话	(010)68992190/3/5/6
网　　址	www.jiuzhoupress.com
电子信箱	jiuzhou@jiuzhoupress.com
印　　刷	三河市东方印刷有限公司
开　　本	880毫米×1230毫米　32开
印　　张	18
字　　数	464千字
版　　次	2015年9月第1版
印　　次	2021年4月第3次印刷
书　　号	ISBN 978-7-5108-3838-5
定　　价	75.00元

★版权所有　侵权必究★

出版前言

《克里希那穆提集》英文版由美国克里希那穆提基金会编辑出版，收录了克里希那穆提1933年至1967年间（三十八岁至七十二岁）在世界各地的重要演说和现场答问等内容，按时间顺序结集为十七册，并根据相关内容为每一册拟定了书名。

1933年至1967年这三十五年间，是克里希那穆提思想丰富展现的重要阶段，因此，可以说这套作品集是克氏最具代表性的系列著作，已经包括了他的全部思想，对于了解和研究他的思想历程和内涵，具有十分重要的价值。为此，九州出版社将之引进翻译出版。

英文版编者只是拟了书名，中文版编者又根据讲话内容，为每一篇原文拟定了标题。同时，对于英文版编者所拟的书名，有的也作出了适当的调整，以便读者更好地把握讲话的主旨。

克里希那穆提系列作品得到台湾著名作家胡因梦女士倾情推荐，在此谨表谢忱。

需要了解更多克氏相关信息的读者可登录www.jkrishnamurti.

org，或"克里希那穆提冥思坊"的微博：http://weibo.com/jkmeditationstudio，以及微信公众账号"克里希那穆提冥思坊"，微信号：Krishnamurti_KMS。

九州出版社

英文版序言

克里希那穆提1895年出生于印度南部的一个婆罗门家庭。十四岁时，他被时为"通神学会"主席的安妮·贝赞特宣称为即将到来的"世界导师"。通神学会是强调全世界宗教统一的一个国际组织。贝赞特夫人收养了这个男孩，并把他带到英国，他在那里接受教育，并为他即将承担的角色做准备。1911年，一个新的世界性组织成立了，克里希那穆提成为其首脑，这个组织的唯一目的是为了让其会员做好准备，以迎接世界导师的到来。在对他自己以及加诸其身的使命质疑了多年之后，1929年，克里希那穆提解散了这个组织，并且说：

真理是无路之国，无论通过任何道路，借助任何宗教、任何派别，你都不可能接近真理。真理是无限的、无条件的，通过任何一条道路都无法趋近，它不能被组织；我们也不应该建立任何组织，来带领或强迫人们走哪一条特定的道路。我只关心使人类绝对地、无条件地自由。

克里希那穆提走遍世界，以私人身份进行演讲，一直持续到他九十岁高龄，走到生命的尽头为止。他摒弃所有的精神和心理权威，包括他自己，这是他演讲的基调。他主要关注的内容之一，是社会结构及其对个体的制约作用。他的讲话和著作，重点关注阻挡清晰洞察的心理障碍。在关系的镜子中，我们每个人都可以了解自身意识的内容，这个意识为全人类所共有。我们可以做到这一点，不是通过分析，而是以一种直接的方式，在这一点上克里希那穆提有详尽的阐述。在观察这个内容的过程中，我们发现自己内心存在着观察者和被观察之物的划分。他指出，这种划分阻碍了直接的洞察，而这正是人类冲突的根源所在。

克里希那穆提的核心观点，自1929年之后从未动摇，但是他毕生都在努力使自己的语言更加简洁和清晰。他的阐述中有一种变化。每年他都会为他的主题使用新的词语和新的方法，并引入有着细微变化的不同含义。

由于他讲话的主题无所不包，这套《克里希那穆提集》具有引人入胜的吸引力。任何一年的讲话，都无法涵盖他视野的整个范围，但是从作品集中，你可以发现若干特定主题都有相当详尽的阐述。他在这些讲话中，为日后若干年内使用的许多概念打下了基础。

《克里希那穆提集》收录了他中年及以后出版的讲话、讨论、对某些问题的回答和著作，涵盖的时间范围从1933年直到1967年。它们是他教诲的真实记录，取自逐字逐句的速记报告和录音资料。

美国克里希那穆提基金会，作为加利福尼亚的一个慈善基金会，其使命包括出版和发布克里希那穆提的著作、影片、录像带和录音资料。《克里希那穆提集》的出版即是其中的活动之一。

目录

出版前言 / 1
英文版序言 / 3

美国加利福尼亚州

如何带来根本性转变？ / 2
理想可以让我们改变吗？ / 12
不做谴责地觉察心智的过程 / 22
寻求技巧会让心灵钝化 / 30
心智的活动妨碍了根本性转变 / 39
努力想要解决问题，不能让我们获得自由 / 49
自我即欲望 / 59
探明欲望就能迎来转变 / 68
当思想者即思想，才有创造力的释放 / 79
权威妨碍了根本性的变革 / 89

印度巴拉纳斯

教育的意义在于培养智慧 / 102

挣脱恐惧之网 / 106

权威是如何产生的？ / 112

训诫和自由是相互对立的 / 119

受限的心灵无法自由 / 127

没有任何安全存在 / 133

野心的背后是恐惧 / 143

"爱"是什么？ / 152

有比较就不会有爱 / 161

心中有爱，便能实现内在与外在的雅致 / 170

恐惧让我们去累积知识 / 178

年轻时当领悟真爱的可贵 / 181

重要的是理解而非记忆 / 189

嫉妒带来了衰退 / 196

知识和经验会毁灭创造力 / 204

不要为语词所困 / 212

宁静无法通过努力获得 / 219

信仰是一种腐蚀 / 226

什么是智慧？ / 231

印度浦那

在你的心中找到真理 / 242

受限的心灵是痛苦的来源 / 257

教育能塑造完整的人吗？ / 271

真理不会通过选择而得来 / 284

印度孟买

聆听才能带来真正的变革 / 298
有意识的努力会带来改变吗？ / 311
睿智的人必定是严肃认真的 / 323
重要的是探明如何思考而非该做什么 / 338
依赖滋生出恐惧 / 350
要发现真理就必须保持不满 / 361
创造力是一种独在的状态 / 375
知识或经验能终结痛苦吗？ / 388
渴望有所实现就必然会生出痛苦 / 401
选择导致了心灵的衰退 / 414

英国伦敦

培养美德，不会带来真理 / 430
让心灵摆脱限定 / 440
我们在寻求什么？ / 449
抛掉心灵的幻觉 / 461
思想能否让自身发生彻底的改变？ / 471
意识的彻底革新 / 481

美国加利福尼亚州

彻底摆脱恐惧 / 494
中心层面的变革才是真正的变革 / 502
恐惧滋生出了权威 / 511
自我是一切不幸的根源 / 519
知识能否解决人类的问题？ / 528

要想体验未知，心灵必须摆脱已知 / 539
过一种简单的生活 / 550
渴望永恒的欲望导致了恐惧 / 559

PART 01

美国加利福尼亚州

如何带来根本性转变？

我认为，我们大多数人都觉察到，不仅我们每个人的生活必须发生某种改变，而且，我们作为一个群体、一个种族、一个国家也应当有所变化。我们认识到，根本性的变化是何等的重要，这种变化将带来永久的希望，将提供一种保证、一种确定，不是心智的确定，而是某种超越了心智的事物。显然，我们大部分人都觉得——至少我们当中那些抱持认真态度的人觉得——自己身上必须发生这种至关重要的转变。但转变不属于心智的范畴，因为心智永远无法解决人类的问题。我们越是探究思想的过程，寻求着在心智的约束下去解决自身的问题，问题就会变得越复杂。痛苦、衰退日益增多，充满创造性的生活如此之少。但是很明显，必须发生重大的改变，这便是我在这些演说期间想要讨论的问题——即怎样带来那种根本性的转变、革新，从而能够让我们去直接地体验某种本质性的、永恒的、不属于时间范畴的事物，即我们所谓的真理、神，随便你怎么称呼都好，而不是那种流于表面的革新，也不是临时性地去应对某个突发的挑战。我觉得，这是唯一必须要展开的探究，是唯一触及根本问题的探寻，尤其是当下我们正处在个人与历史的危机之中。向某种哲学、某位老师、某个理想或榜样寻求转变，抑或去分析我们自己的复杂性，试图在心智、在时间的领域之内对它们做些什么，这完全是徒劳的。

那么，让我们看一看，在今天以及随后的演说期间，我们是否无法和平地、尝试性地、深入地去探究这个问题，即怎样去改变，怎样带来自身真正的转变。一个人可以懂得这种改变的重要性、必需性和紧迫性，因为，单纯的革新，表面上去适应某个理念、某个预见中的目标，这根本就不是真正的变革。我们大部分人关心的仅仅只是立即的改变，我们不希望更为深入、更为根本性地去探究这个问题，我们对于改变的渴望是通过肤浅的思考而来的，在我们改变的过程中，行动里会有不断的危害。我确定，我们大多数人都觉察到了这个，但却不知道如何去超越。假如我可以建议的话，我希望这些演说最后能让我们每个人去发现自我，包括我自己在内，以及探明怎样触及那个根源——它不属于心智，不属于时间，它跟任何哲学或政治体系无关，跟任何组织化的宗教、伦理原则或社会变革无关。宗教便是去发现那不可言说的事物，如果我们能够直接地体验它，让它运作，让它成为刺激和推动，那么它就将带来这种不可或缺的转变了。

　　在此处，我想再补充一句的是，聆听有正确的方式。不是说你必须接受或排拒我所说的，而是指你渴望去探明，对吗？显然，这便是为什么你要到这里来的原因——而不是跟你或许多年不见的友人们度过一个愉快的下午。你不辞劳苦地前来，因此必定多多少少是很认真的。聆听的艺术，不是单纯的模糊不清和接受认可，而是弄清楚我希望表达的是什么。共同——我指的是这个——我们可以共同去探明这个，探明某种事物，它不是仅仅处在口头层面，不是与其他的观点对立的理念，不是单纯的知识，你无法获得它，但是你我可以携手去直接地体验它。它是唯一先验的价值，它会带给你非凡的信心，任何理论，任何政治的或宗教的观点，都无法激起这般的信心。

　　因此，这些演说并不是单纯的讲演，不是你来聆听、我来阐述，而是让我们携手踏上一段旅程，凭借我们自己的力量去探明那不是由心智构成的事物。我可以发明、推想，所以你也可以，我可以提出某种观念，你可以用另一种观念来加以反对。但是很明显，假如我希望发现某种新事物——它不属于时间，不属于心智，不是对某个挑战的反应——假如我真的渴望有所发现，那么我就得超越那些反应，那些偶然的、表面的反应。

因此，适当地聆听非常重要。我们将会一起就那些十分困难的问题展开讨论，它们是所有人类、是每个人都会面临的问题，需要一个非常敏锐、有探寻精神的心灵，需要一个能够展开深入研究的心灵，而不是仅仅得出某个结论然后依附于它。所以，若容许我建议的话，在每场演说你离去之后，请你展开一番思索，不要马上就激动不安，开始去谈论你们上一次是在何时以及哪里相聚的——你知道那种肤浅的谈话。

重要的是去探明如何才能带来自身根本性的转变。我不知道这对你来说是否个难题，或许不是。由于我们大多数人都被困在惯性、习惯、传统之中，我们把自己交付给了某种政治的或宗教的信念，我们追逐它，希望它会让我们自身发生永久的、根本性的变革，我们把自己交付给了某种思想模式，多年来我们追逐着它，我们以为自己正在转变。显然，追逐某种思想模式，无论这个模式是多么高尚，抑或遵从传统，或者去接受某个理念、信仰、榜样，都无法带来根本性的改变；需要的是一种不属于心智范畴的改变。因此，请仔细聆听，不要立即将我的建议阐释为你所熟悉的模式，不管它是你读过的某本书的模式，还是某个你所属的团体或宗教群体的模式，让我们把所有这些东西抛到一边，以新的视角去思考问题吧。

现在，我认识到，自身发生根本性的改变无比重要。我可能怀有野心，我可能十分贪婪，我可能谎话连篇，那么，怎样才能彻底改变这些恶习呢？我认识到野心是一种非常具有破坏性的过程，无论是对个体还是对集体来说；尽管一个人应该具有一定的获取精神——渴望更多、更多、更多，最终导致了谎言、欺骗和幻觉的自我保护——这一切都给世界带来了浩劫。既然目睹了所有这些模式——我们深陷其中的那些反应、愚蠢、自负、偏见——那么一个人怎样才能不是仅仅停留在口头层面而是切实地改变这一切呢？我们当中那些对此予以过审视的人，已经尝试了好几种方法，不是吗？我们通过运用意志力来训练自己，我们追随老师、领袖，崇拜权威，然而，尽管我们用了各种各样的努力去摆脱这些东西，但却依然肤浅而空虚，我们的问题依然存在着，只不过换了一种形式罢了。我或许可以不再去撒谎或是放弃野心——但那又如何呢？我或许可以做到非常和善、怀有爱心、体谅他人，但却从不曾触及那种火花，那种会带来我所未知的生机与活力的火花。所以，除非我触及了这个，除非我体验了这个，否则，一切表面的革新、调整、适应的外部能力，都将意义甚微。原因是，单纯的外部的调整，无法带来那种信心、那种希冀，那种确信，无法让你感受到某种全新的、永恒的事物。我觉得，假如我们能够触及这个，那么改变就将拥有非凡的意义了。显然，那便是对实相、对神的寻求。若没有触及这个，那么我们努力去做的一切都只是在改变、塑造、影响心智。这就是为什么当所谓的宗教遭遇了失败，正如它们势必会如此的那样，政治党派就变得最为重要起来。它们提供了一种幻景、一种确信、一种希望，我们欣然接受了这些东西，因为我们的内心失去了那不可言说的事物的源头。

所以，这个问题，不是关于单纯的社会变革，不是关于流于表面的改变，而是有关怎样带来一种能够赋予永恒信心的体验——如果我可以使用"信心"这个词语，同时又不会诱发伴随它而来的一切迷信的感伤情绪——这种体验能够带来信心，这信心摆脱了我们所有的愚蠢和自私的傲慢，这信心来自于澄明，来自于那种无法被破坏以及我们为之生死的事物。有一种确定、一种特质，它会带来一种感觉，不是肤浅地去希望什么，而是一种感觉，这种感觉本身是某种超越了心智运作的事物的绽放。我们必须要去触及的正是这个；假如我们真的抱持认真的态度，我们的问题，你与我的问题就是找到它。若未触及这个，那么我们将永远陷于痛苦、混乱之中，战争将永无止境，国家、种族、群体、个体之间的冲突将永远持续下去；若未触及这个，就不会有任何慈悲与爱。

你我并非才华横溢，我们没有广博的知识，我们只是普通人，或许郊区有些失常的人，但这无关紧要。普通人即你和我能否去探究这个，去体验某种非心智的产物而是完全不属于心智的事物呢？这便是我们将要去探明的——这或许意味着大量的排拒、牺牲，把各种个人的野心以及想要出人头地的欲望抛到一边，因为，被自身思想的模式困住的心智，将永远无法体验永恒。如果我们热切地想要探寻这一问题，那么我们就必须去研究心智——不是普遍的心智或者他人的心智，不管那有多伟大，而是你我拥有的心智。我们用它去思考，用它去运作，我们被困在它的反应之中。心智是我们拥有的唯一工具，如果不知道它是怎样工作的，仅仅去探明那超越心智的事物是什么，只会走向幻觉。我们大多数人都为这种幻觉所围，尤其是那些所谓的宗教人士，那些寻求神的人们。

因此，假如我希望直接地认识、体验某种不属于心智的事物，那么我要做的第一步就应该是去了解心智即思想的过程。只有通过深入地探究思想的过程，思想才会终结。毕竟，我们的思想并没有把我们领至远方，我们的观念并没有给世界带来和平抑或给我们自己带来幸福。思想是一种反应的过程，是一种过去的限定，它始终都在制造着那些我们本能去遵循的模式。我们必须要认识这一切，这意味着，必须要探究和消除传统、成见、模式以及"我"的种种特性，必须清除心智，让它迈入空无，如此一来它才能实现真正的静寂。这样的静寂不是被人为地制造出来的，不是被培养起来的，它无法通过训戒得来，因为，所有这些过程依然是心智的一部分。唯有安宁的心智、静寂的心智，才能体验那不属于心智的事物，而让心智安静下来则是最为困难的事情之一，当心智处于空无的状态，唯有这时，神才会到来。然而，我们培养智力已有几个世纪之久，它是我们所推崇的东西，因此我们必须了解心智的过程。每次谈话，我们都要去探究这一问题。随着我们开始去探明，随着我们开始去觉察自身思想的过程，经由这种认知、经由这种觉知，心智本身将会迈入静寂。在这种静寂里面，它不会再朝着某个目标去努力，唯有这时，心智才能接受或体验某种不是由心智构想出来的事物。一旦有了这种体验，不管它可能是多么的微小，由此便会出现转变——不是那种将会以有害的行为而告终的肤浅的心智的变化。

问：为了人类的幸福，团结似乎是不可或缺的。那么，一个人如何才能在群体或者国家当中获得这种团结呢？

克：我们通常是怎样实现团结的呢，就像它在各个国家里面所实践的那样？通过宣传、通过教育、通过各种各样的强迫，可以达成表面的团结，你不停地被提醒说你是一个美国人、印度人、苏联人、德国人，诸如此类。经由各种各样的限定——宗教的、社会的、经济的、风土的——我们被迫团结在一起，我们觉得，这是必要的。我们认为，假如与某个群体进行认同，献身于它，那么我们就将确立起团结。

那么，这是人类的团结吗？团结是否局限于某个群体或者国家呢？当我们出于经济上的必需或者为了任何其他自我保护的原因而跟某个群体或国家进行认同的时候，这是团结吗？抑或，一切自我保护的行为都会带来我们自身的冲突从而让外部世界也陷入冲突呢？我们什么时候会有团结的意识？你什么时候会觉得跟他人凝聚在一起？很明显，只有当自我缺席的时候，当"我"、"我的"——我的伤痛，我的成见，我的倾向——当这一切消失不在，才能与他人团结起来。只要有"我"存在，就会有不和，就会有界分，不是吗？我们的教育，我们的社会差别，我们在经济、国家、种族等层面的屏障，全都表明了"我"的分离主义，这里头贯穿的是"我优先"的意识，而我们则试图通过这些屏障去实现团结，这便是我们的问题所在，对吗？我们努力建立起表面的一团和气，这里面没有丝毫的爱，当有自我存在的时候，是不可能迎来爱的。我们一边强化着自我，与此同时又试图实现团结，"我"与那个理想之间会出现冲突，于是，社会永远都处于冲突之中，就像个体一样。

所以，团结无法通过任何表面的手段来实现，任何心理的训练、观念的教导、任何特殊的教育形式，不管设计得多么缜密，都无法带来团结，直到我们真正消除了那些隔离性的因素，消除了那一"我"在其中居于主导地位的过程。很明显，假如可以做到的话，怎样彻底根除"我"——这便是我们将要去探究的问题。不要说什么这是不可能办到的，让我们去一探究竟吧。

问： 自从多年前我开始阅读您的著作以来，我一直都在尝试着做到完整，做到心灵的充实，但我发现总是无法达至这个目标。那么，我是被困在什么错误的思想过程里头了呢？

克： 让我们尽可能充分地探究一下这个问题，凭借我们自己的力量弄清楚究竟是否能够实现完整，哪怕只是转瞬即逝的一秒钟，以及它所指的是什么样的体验。

我们为什么渴望自身的完整呢？因为我们是不完整的，我们是不充实的，我们的心灵贫乏、不幸，我们有无数的冲突，我们渴望爱、渴望赞美、渴望和平，我们希望被人夸赞，希望被人告知我们是多么的棒，我们想要去崇拜，想要有人对我们伸出援手。由于自身的不完整，于是我们为了完整而奋斗，我们希望是自给自足的，不去依靠他人、内心富足、无拘无束，不被悲伤的阴影笼罩，诸如此类。但我们却受着羁绊，身陷痛苦，我们试图去追逐某种并非自己真实面目的东西，却没有去认识我们究竟是什么模样。我们追逐的东西,即我们所谓的完整，变成了一种幻觉。因为，我们并没有去认识自己的本来面目，即事实，而是去追逐某种并非实相的事物。我们以为，追逐那个并非实相的事物并且加以模仿，要比应对和解决自己的真实模样容易许多。很明显，假如我知道如何去应对这种不完整，如何去认识它，假如我懂得了它的色调是什么、它的涵义是什么，懂得了那些不仅仅只是语词的事物———旦我理解了这一切，知道怎样去应对，那么我就不会去追求完整了。所以，当我知道自己是不完整的时候，我便会去追求完整，这是一个错误的着手的过程。因为，追求是一种逃避，是逃到观念里面去，逃进幻想、虚幻里面去。事实是，我的内心贫瘠，我很孤独，我处于冲突与痛苦之中，我的心灵琐碎而肤浅，我耽于干许多不好的事情。这就是我的真实模样，尽管我偶尔可能会有一丝美好的闪光，但事实情形是，我就是上述这些特性——它可能是丑陋的，但却是事实情形。为什么我不能够去应对它呢？我怎样才能认识它并且加以超越呢？这才是问题的实质，而不是如何实现完整。如果你说："嗯，我曾经瞥见过一丝美好的闪光，所以我要去追逐它"，那么你将活在死寂之中。当我还是个孩子的时候，我或许曾经体验过某种美好的东西，但倘若我活在这种记忆里，那么我就无法去认识自己的本来面目的事实了。

因此，若想超越自己的本来面目，那么我就得去认识它，我就必须冲破它，不去努力变得完整，因为，一旦我的本来面目消失不在，就能迎来完整了。我不必去寻找它，在我可以看得见的时候，我不必去寻找光明，只有当我被困在黑暗、不幸、痛苦之中的时候，才会想到超越它的事物。所以，重要的是去探明我是否能够认识自己的本来面目。那么，我要如何着手呢？我希望我把自己的意思阐释清楚了，因为，追求完整是一种错误的行为，假如我去追求完整，那么我将总是无法达至它，原因在于，尔后它便是一种幻觉，是心智发明出来的东西。事实就是我的本来面目，不管它是丑陋的还是美丽的，我可以应对这一事实，但却无法应对幻觉。那么，我如何才能审视事实，以便去认识它进而超越它呢？

这便是我的问题。我有审视它的能力吗？我能否真正意识到自身的贫乏，同时又不对这一事实生出各种念头呢？事实是一回事儿，关于事实的想法则是另外一回事。当我观察事实的时候，我的脑子里满是对它的想法，这些想法让我感到害怕，让我有了先入之见，它们帮助我通过崇拜、酒精、娱乐以及其他逃避的法子去逃离我自己的不完整、不充实。所以，我们必须去认识关于事实的想法。

让我们假设我是不诚实的人，充满了野心，好撒谎，随便你怎么说都可以，我就是这样的。那么，能否在没有观念的情况下改变我自己呢？请好好思考一下这个，因为，一旦我有了应当如何或者不该如何等想法，我便无法带来根本性的转变，我只是在肤浅地应对问题。但我希望从根本上着手事实，用一种不同的力量去改变它。如果我肤浅地去应对，我或许可以不再怀有野心、不再嫉妒他人——但是然后会怎样呢？我依然是空虚的，我依然在做着各种努力，我依然是不完整的。于是，我领悟到，当心智对事实进行运作的时候，它无法从根本上改变它，它可以修正它，可以将它掩盖起来，可以把它移到另外的位置，但却无法改变和超越事实。

那么，能否体验一种根本性的转变呢？——这种转变，不是心智的产物。我怎样才能让那个被我称为丑陋的事物发生这样的变化呢？如此一来就可以对它展开不同的行动，展开不是盘算的、自作主张的、自我欺骗的意志力的行动。我希望我的意思已经表达清楚了，要解释这个相当不容易。

让我们假设我是个野心勃勃的家伙好了，我明白了野心的全部涵义以及它在社会、人际关系、各个地方的明显表现，我意识到，一个怀有野心的人是破坏性的、肤浅的，就像一个充满野心的国家，会给他人以及自己带来不幸和冲突。那么，我怎样才能挣脱野心的罗网，同时又不去控制它、压制它，不去努力做到不怀有野心呢？这便是问题所在，对吗？

假如我同野心展开交战，那么我就依然是有野心的，只不过是在不同的方向罢了。我野心勃勃地希望不怀有野心，原因是，我以为，摆脱了野心，我便能够得到其他的东西，比如和平、宁静、神，诸如此类。

那么，我怎样才能在不运用意志力的情况下摆脱野心呢？因为，在我运用意志力的那一刻，它便是一种动机，会附着一个尾巴，会有一个渴望去获取的触角。但我意识到，真正改变那个被我叫做野心的东西是迫在眉睫的事情，所以，我必须要去探究有关改变的问题以及改变意味着什么。由心智带来的改变仍然是非常浅层面的，因此，它里面总是会有冲突。那么我要如何是好呢？这对我来说是一个问题，因为我真的希望探究这个，进而摆脱野心的束缚。我应该去探究的不是野心，而是有关改变的问题——改变是否及时或者是否来自于一个跟时间无关的点。因此，我必须去发现或者体验某种不属于时间的状态。我能否体验它呢——体验一种不属于记忆，不属于累积的知识的状态？我能否体验某种超越了时间的永恒之物呢？如果我能够体验它，那么就不会再有改变的问题了，不会再有试图去消除野心的问题了。

因此，重要的不在于如何实现完整、充实，而在于怎样带来一种不为时间所围的转变。正如我所说的那样，我们将在这些谈话期间就此问题展开讨论。

（在欧加橡树林的第一场演说，1952 年 8 月 2 日）

理想可以让我们改变吗？

或许我们可以继续昨天下午所讨论的内容，即有关变化、根本性的转变以及如何才能带来这种改变的问题。我认为，对这一问题展开充分的探究格外重要，不仅是在今天上午，而且还要在接下来的几场演讲里。我不知道你们是否曾经进一步地思考过这个问题，但是，一个人越是去思考该问题，会发现问题将变得越发巨大和复杂。我们认识到，在我们的关系、我们的行为、我们的思想过程中——所谓思想过程，指的是单纯的知识的累积——改变自己是十分重要，绝对必要的。然而，当一个人去思考转变的涵义时，会发现，尽管我们试图去改变自己，但却并没有出现根本性的改变。我是从词语的简单意义上，而不是任何冠冕堂皇的涵义来使用"转变"一词的。

我们意识到改变是何等的必要，政治世界、我们自身的宗教态度、我们的社会关系、我们自己、我们与亲友的日常联系、与彼此的关系，所有这一切都必须发生彻底的改变。然而，我们越是努力在小规模、小范围里改变，我们的思考就变得越是肤浅，行动里的危害就越是巨大；我们越是近距离地去审视问题，越会觉察到这一点。领悟到了改变的必要性，因此我们便制造出了理想，并且希望依照这一模式去转变自身。我狭隘、琐碎、迷信、肤浅，于是我构想出了某种广阔、重要、深刻的事物作为理想，我不停地努力、调整，按照那一模式塑造自己。那么，这是否就是改变呢？让我们更加仔细一点去审视问题吧。当我构想出了一个理想，努力去符合该理想，不停地调整自己去适应这种思想模式，那么这样的过程是否会带来那种被你我视为至关重要的根本性的转变呢？不过，首先，我们是否真的认识到从根本上改变我们的倾向、观点、价值理念、我们的关系、行为方式、思想方式是至关重要的呢？我们是否明白这种改变的重要性呢？抑或我们仅仅只是将其当做一种理念去接受，然后试图对其做些什么呢？

很明显，对于一个勤于思考的人来说，我们的思想与行为必须要发生变革，因为四处皆是无序与不幸，我们自身与外部世界都充满了混乱以及无休止的争斗，没有一刻的停歇，没有任何的希望。或许，由于觉察到了这个，于是我们便以为，只要制造出了某个与我们的本来面目截然不同的理念、构想，抑或去追随某个榜样、领袖、救赎者或是某种宗教教义，我们就能带来根本性的转变了。当然，在你去遵照某种模式的时候，会发生某些表面性的改变，但是很明显，这并不会带来根本性的变化。可是我们大部分人的生活都被花费在这上面——努力去符合某个事物，努力去改变我们的态度，依照某种我们作为理想、信仰而制造出来的模式去改变。

现在，让我们探明一下追求理想是否真的可以让我们自己发生改变，还是只会以修正的方式维系现有的一切？我不知道这对你来说是否是一个问题，假如你仅仅满足于努力去达至某个理想，那么就不会存在任何问题——尽管这么做会有自身的问题，即你的本来面目同你的应有面目之间会出现不断的冲突。这种斗争，这种不停地努力去遵循某个模式，依然是在心智的领域之内，不是吗？显然，只有当我们能够从时间的过程跃入到某种不属于时间的事物中去，才会迎来根本性的变革。我们将在讨论中进一步探究。

对我们大多数人来讲，改变意味着以某种经过了修正的方式延续着自身。如果我们不满足于某个理念、仪式、限定性的模式，那么我们就会把它抛到一边，确立起一个同样的模式，只不过是不同的背景、不同的颜色、不同的仪式、不同的语词罢了。它不是拉丁文,而是梵文或者其他语言,但它依然是一遍又一遍重复旧有的模式。在这种模式之内,我们以为我们在运动、变化。由于对自己的本来面目不甚满意,于是我们便从一个老师转向另一个老师。由于目睹了我们周围以及自身内部的混乱,目睹了那些不间断的战争,那些与日俱增的破坏、毁灭与不幸,所以我们渴望某个天堂、某种安宁。若能找到一个可以带给我们安全的庇护所,那么我们将获得一种永恒感并且满足于此。

因此,当心智构想出了一个理念并且依附于它,努力去达至它,那么显然就不会有任何改变,不会有任何转变或革命,因为它依然是在心智的领域内、在时间的范畴内。要想把这一切清除掉,我们必须意识到自己正在做什么,必须觉察到这个。这一切应该被清除掉,不是吗?原因是,背负着所有的重负,背负着所有心智的刺激,我们显然就无法找到真理。倘若没有体验真理,那么不管我们如何做,都不会有任何的改变。然而,通常发生的情形是什么呢?我们声称,作为个体,我们什么也做不了,我们无能为力,所以,让我们在政治上做些什么吧,以便给世界带来和平,让我们相信一个新世界的图景吧,让我们憧憬一个没有阶级的社会吧,诸如此类。那些知识分子们推崇这一图景,为了把这幅图景付诸现实,我们牺牲自己和他人。在政治层面,这便是实际发生的情形。我们主张,为了终结战争,我们必须有一个社会,而为了建立起这个社会,我们愿意毁灭一切——这是在用错误的方法去取得一个正确的结果,这一切依然是在心智的领域内。

此外,我们所有的宗教难道不都是人造的吗,也就是心智制造出来的吗?我们那些仪式、符号、戒律,尽管可以让痛苦得到暂时的缓解,带来某种提升,某种幸福感,但它们难道不全都是在时间的领域之内吗?当我们如此看重那些政治的和宗教的理念,指望着通过它们带来转变——去教育和训练我们自己少一些自私、少一些野心,多一些对他人的关怀、多一些美德，摒弃世俗的享乐，不要要求太多、获取太多，诸如此类——当我们审视这整个的模式，难道不会发现它是一种心智的过程吗？心智，即意愿，导致了努力、意图、有意识的和无意识的动机，它是"我"和"我的"的中心，不管它可能会做些什么，不管它可能试图走得多远，这种中心能够带来自身内部的根本性的改变吗？

我希望改变，但不是流于表面的，因为我发现，若改变只是流于表面的话，会出现一种有害的行为。那么，我该怎么做呢？假如你真的对这一切抱持严肃认真的态度，那么你的问题难道不也是这个吗？一个人或许是名共产主义者，也可能是个社会主义者，可能是个改革者抑或宗教人士，但这便是我们问题的核心所在，对吗？虽然我们可能对于人类，对于他的反应和行为，或者对于世界有一百种解释，然而，除非我们有根本上的改变，否则任何解释都是没有价值的。我意识到——不是偶尔——我意识到自身发生彻底变革是何等的重要，那么怎样才能带来这种改变呢？只有当心灵不在时间的领域之内运作，才能迎来变革，原因是，唯有这时，才会出现一种不属于时间的新的元素，正是这种新元素，能够带来深刻而永久的革新。你可以把这种元素叫做神、真理，随便你如何称呼都好——你赋予它什么名称无关紧要。但是，除非我触及了它，除非我意识到了那个将让我得到彻底洁净的事物，除非我相信了那个不是自造出来的、不属于心智范畴的事物，否则，每一个变化显然都只是单纯的修正，每一个革新都必须要有进一步的变革，诸如此类——无穷无尽的灾难。

那么，一个人要如何是好呢？你是否曾经询问过自己这个问题？这并不是说我在问你或者你问我。但倘若我们全都抱持着理性的态度，倘若我们全都觉察到了自身的以及世界的问题，那么，这难道不就是我们应该向自己提出的第一个疑问吗？不是有关信仰、宗教、派系，也不是我们应当追随新的老师——他们全都是如此的空虚和琐碎。但是很明显，这是一个人应该向自己提出的一个根本性问题，即怎样带来那种彻底的转变。这种转变不属于时间的范畴，它与演进无关，它不是逐渐发展的问题。我能够领悟到，假如我运用意志力，假如我去控制、训戒自己，的确会有某些改变，我会变得更好或者更糟，我改变了一点点。我变得安静了，而不是坏脾气、易怒、邪恶或者嫉妒，我压制住了这一切。每天我都实践某种美德，重复某些话语，去圣殿，反复吟唱那些赞美诗，诸如此类，它们全都具有让人平静下来的效果，它们带来了某些改变，但这些变化依然属于心智的范畴，依然是在时间的领域之内，不是吗？我的记忆说道："我是这样子的，我应该变成那样子。"很明显，这样的活动依旧是自我中心的，尽管我否定贪婪，但是，在渴望做到不存贪念的过程中，我仍然处在自我封闭的"我"的过程里。我会发现，无论我怎么做，我都不会达至任何地方，虽然可能会有所变化，但只要我的思想被困在"我"的过程里，就不可能摆脱争斗、痛苦获得自由。

我不知道你们是否曾经探究过这个。有关变化的问题是非常重要的，不是吗？通过思想的过程，通过戒律，通过仪式，通过各种各样的牺牲、排拒、压制——若你观察的话，会发现，这些全都是心智的策略、伎俩——能带来这种变化吗？尽管自我、"我"极为努力想要得到自由，可是它获得自由了吗？不管它如何努力，它能否让自己摆脱自身的活动呢？假如它无法办到的话，那么该如何是好呢？我希望你们可以跟我一样看待这个问题，你或许可以用言语来对它进行不同的阐释，但这并非我们问题的核心所在。

那么，由于我们不知道任何出路、方法可以摆脱"我"的过程，所以我们便开始推崇理性、智力，我们排斥其他的一切，声称心智便是唯一重要的事物，越理性、越机智、越博学，越好。这便是为什么对我们来说知识会变得如此重要的缘故。即使我们可能会去崇拜神，但本质上我们却是否定神的，因为我们的神是我们自己的心智制造出来的形象，我们的仪式、我们的教会——这整个的一切都依然是在心智的领域之内。我们说道:"既然存在的唯有心智,那么我们应当让人去遵照心智、遵照理性。"我们的社会、我们的关系、我们所做的一切都是在遵从心智的模式,如果一个人不去遵从的话,那么他要么会遭到清算,要么会被排拒。

既然洞悉了这一切,那么我们关心的就应该是探明如何才能跨越那道横在时间的过程与永恒之间,心智的创造物与不属于心智范畴的事物之间的无形障碍,难道不是吗?假如这真的是一个我们向自己提出来的热切的问题,假如它已经是个迫切的问题,那么我们显然就会把心智那些明显的活动抛到一旁了——那些理想、仪式、教会、知识的累积——我们将彻底把它们从我们的体系中清除干净。正是通过否定,我们才能找到真理,而不是通过直接的应对。只有当我开始去认识自身心智的方式,并且认识到我在寻求庇护,认识到我是贪婪的,心智没有一刻是安静的,只有这时,我才能做到否定。那些无休无止的聒噪,那些形象,那些我已经得到并且去依附的东西、语词、名称、记忆、逃避——我必须要觉察到这一切,不是吗?因为,带着这些重负,这些属于时间的事物,我怎么能够去体验某种永恒之物呢?所以,我应该让自己彻底摆脱它们,这意味着,我必须做到独在——不是躲在象牙塔里面,而是必须保持一种独立的姿态,在这里面,我洞悉了心智所有的过程、所有的漩涡。尔后,随着我展开观察,随着我有了越来越多的觉知并且开始不费任何力气地抛掉了那些心智的产物,于是我发现,心智将变得安静下来,它不再好奇,不再寻求,不再索取、努力、制造、追逐形象。所有这些东西都消逝了,心智变得格外的静寂,它处于空无的状态。这是一种无法被教会的东西。一百次地聆听演说,你也无法获得它,如果你这么做的话,你会被语词迷惑住。这是一种必须要去体验的事物,必须要直接地去品尝,然而,老是在其边缘徘徊是没有任何益处的。

所以,当心智安静下来,不是通过自我训戒,不是通过渴望去体验某种不属于心智的事物而被人为地变得安静，当心智迈入了真正的宁静，那么你将发现会迎来一种状态，这种状态会让我们的观点、态度发生变革。这种变革不是由心智产生出来的，而是由其他的事物带来的。要想迎来这种革新，心智就必须实现彻底的静寂，必须做到空无。我向你保证，这绝非易事，这种空无不是一种白日梦的状态，仅仅静静地坐上十个钟头或是二十四个小时，努力依附于某个东西，是无法让你迈入空无之境的。只有当心智认识了自身的过程，包括意识与潜意识——这意味着一个人必须永远保持觉知——才能实现空无。对于我们大多数人来讲，困难在于惰性，这是另外一个问题了，我们现在不打算去探讨。可一旦我们开始去探寻并且懂得了改变的重要性，那么我们就必须去对这一切展开探究。这表示，我们得愿意让自己摆脱一切以便去发现实相，一旦我们捕捉到了那不属于心智的真理的闪光，那么它就会开始运作起来了。这是唯一的变革，是唯一可以带给我们希望、可以让战争以及这种破坏性的关系终结的事物。

问：一个肤浅的人如何才能变得严肃起来呢？

克：让我们一起来探明吧。首先，我们必须觉察到自己是肤浅的，不是吗？我们有吗？肤浅指的是什么意思呢？从本质上来说，就是依赖性，对吗？依赖刺激，依赖挑战，依赖他人，心理上依赖某些价值观念、经验、记忆——这一切难道不会导致肤浅吗？当我依赖于每天早上或者每周去教堂，以便得到提升，以便得到帮助，这难道不会让我变得浅薄吗？如果我必须要做某些仪式才能让我始终感到自己是正直高尚的，抑或重新得到一种我可能曾经有过的感觉，那么这难道不会让我走向肤浅吗？当我把自己完全交付给了某个国家、某个规划抑或是某个政治群体，这难道不会让我变得浅薄吗？很明显，这整个依赖的过程是在逃避自我，这种跟某个更加伟大的事物进行认同，是对我的本来面目的排拒。但我无法否定我的真实模样，我必须认识我是什么样子的，而不是努力让自己跟宇宙、跟神、跟某个政党等等去认同。这一切将会导致肤浅的思考，而肤浅的思考则会带来一种永远有害的行为，无论是世界范围的还是个人范围的。

那么，首先，我们是否认识到了我们正在做着这些事情呢？我们没有，我们为这些行为辩护。我们说道："如果我没有这么做的话，我该如何是好呢？我会变得情况更加糟糕的，我的心灵将会变成碎片。那么，至少，我在朝着某种更好的事物努力。"我们越是努力，就变得越是肤浅。所以，我必须首先意识到这个，不是吗？这是最为困难的事情之一——即认识我的本来面目，承认我是愚蠢的，我是肤浅的，我是狭隘的、嫉妒的。假如我洞悉了自己的真实模样，假如我意识到了它，那么，我就可以从这里开始着手了。显然，肤浅的心灵会逃避自己的本来面目，而要想不去逃避，需要展开艰辛的探究，需要抗拒惰性。一旦我知道自己是肤浅的，那么就已经开始一种深刻的过程了——如果我没有对肤浅做些什么的话。倘若心灵说道："我是琐碎的，我要去探究它，我要去认识这种琐碎、这种局限性的影响的全部内容"，就将迎来转变了。可如果一个琐碎的心灵意识到自己是琐碎的，尔后试图通过阅读、通过与人们会面、通过旅行、通过像一只猴子那样活跃个不停而变得不再琐碎，那么它依然是琐碎的。

你会发现，只有当我们以正确的方式去应对这个问题，才能实现真正的变革。正确地去着手问题，会带来一种非凡的信心，我向你们保证，这种信心犹如愚公移山一般——将会移走一个人所抱持的成见、限定这一座又一座的高山。所以，就只是去觉察到肤浅的心灵，不要试图变得深刻。一个肤浅的心灵永远无法认识那伟大的深刻，它只会拥有大量的知识、信息，它只会重复那些语词——你知道，一个肤浅而活跃的心灵的全部配备。但倘若你知道自己是肤浅的，倘若你觉察到了自己的浅薄并且观察了它的全部活动，不做任何评判，不去谴责，那么不久你会发现，这种肤浅将会彻底消失不见，无需你对它做些什么。不过这要求耐心、警觉，不要急切地渴望得到结果或奖赏，渴望有所得。只有肤浅的心灵才会希望有所收获。你越是觉察到这整个的过程，越会发现心智的活动，但你必须观察它们，不去试图终结它们，因为，当你寻求结果的那一刻，你就将又一次地被困在"我"和"非我"的二元性之中——这是另外一个问题了。

问：我阅读了佛教的典籍，因为它们有助于我清晰地思考自身的问题。与此同时，我也读了您以及其他一些人的著作。您似乎暗示说，这样的帮助是肤浅的，不会带来根本性的转变。这是您不经意的建议呢，还是说您的意思是指，有某种无法通过阅读发现的更加深刻的事物呢？

克：你是为了得到帮助才去阅读的吗？你是为了进一步确认你自己的经验才去读书的吗？你的阅读，目的是要娱乐自己、得到休息、让你那始终都在活跃的脑子休息一下吗？这位提问者声称，他之所以阅读，是因为这么做有助于他去解决自身的问题。通过阅读，你真的获得了帮助吗？——读谁的书无关紧要。当我出去寻求帮助的时候，我会得到一臂之力吗？我可能会找到暂时的放松、暂时的解决，由此我可以找到出路。但是很明显，要想获得帮助，我就必须在自己身上着手，不是吗？书本可以给你提供一些信息，告诉你怎样走向那扇能够解决你的难题的大门，可你必须自己去走，对吗？你知道，这便是我们的困难之一——我们希望得到帮助。我们有无数的问题，那些将我们困于其中的破坏性的问题，我们想要从他人那里获得帮助：心理分析师、医生、佛陀、管他是谁。正是由于渴望得到帮助，才会制造出一个我们屈从于他的形象，结果，佛陀、克里希那穆提或是 X 才会变成了权威。我们说道："他曾经给过我帮助，我的神，我要重返他身边。"——这显示出一个肤浅的心灵，一个寻求帮助的心灵。这样的心灵制造出了它自己的问题，尔后希望其他人可以将其解决，抑或它求助于某个人来帮助自己揭示出自身思想的过程。因此，寻求着帮助的人在无意识中制造出了权威：书本的权威、政府的权威、独裁者的权威、老师的权威、神职人员的权威，你知道这一切。那么我能够获得帮助吗，你能够获得帮助吗？我知道我们喜欢如此。显然，只有通过耐心地、安静地、不张扬地认识自我，我们才能开始去发现、去体验某种不是由我们自造出来的事物。正是这种事物能够带来帮助，而它必须偷偷地向你走来，无需你的邀请。可一旦我们遭受着痛苦，一旦我们处于真正的心理上的痛苦，就会渴望有人向我们伸出援手，于是，教会、某个朋友、老师或者国家才会变得至关重要。为了得到帮助，我们愿意变成这些事物的奴隶。

所以，我们必须探究如下问题：即我们是怎样被困在自己的悲伤之中的，我们必须凭借自己的力量去认识这个并且将其清除。因为，真理、神、随便你怎么称呼都好，不是能够通过他人体验到的。它必须要直接地去体验，它必须向你走来，无需任何媒介。然而，一个寻求得到帮助的心灵却在恳请、哀求——这样的心灵永远无法找到真理，因为它没有认识自身的问题，没有研究自身活动的过程。只有当心灵安静下来，才能迎来光明。心灵必须迈入彻底的宁静，不去要求，不去希望得到经验，它必须做到完全的静寂，唯有这时，那驱逐我们的黑暗的光明才会到来。

（在欧加橡树林的第二场演说，1952 年 8 月 3 日）

不做谴责地觉察心智的过程

在最近的两次会面里,我们都在思考有关改变的问题。今天下午,我想探究一下权力的问题,以及它是否能够让一个人的内心发生根本性的转变,就像我们所知道的那样。我觉得,探究该问题的困难在于认识有关语词的运用,这是我们的主要困难之一,对吗?诸如神、爱、戒律、权力、共产主义者、美国人、苏联人这些语词,在我们的生活中都具有某种非常特殊的心理涵义,当触及它们的时候,我们会有精神上的、情感上的反应,会有心理反应。因此,依我之见,若想深入探究有关改变的问题,那么我们还必须去思考如下事实,即某些语词会对我们每个人产生一种心理上的影响。我们在自己的周围树起了如此多的语言的屏障,要跨越这些障碍,洞悉语词背后蕴含的意义是十分困难的。毕竟,语词是交流的手段,但倘若某些语词让我们身上出现了神经上的或心理上的反应,那么交流就会变得分外困难。很明显,这便是我们的另外一个难题——即当我们试图认识有关改变的问题时,必须要让自己摆脱一切概念,因为,遵从模式压根儿就不是什么转变,不管它有多么合理,构想得多么缜密,对吗?变化意味着彻底的转变,而不是经过了修正的想法的继续。因此,在如何带来根本性的转变这整个问题里,不仅有我们自身的心理上的改变,还有外部世界的变化,要思考的因素很多。

我认识到自身发生某些改变十分的必要,我可以肤浅地去应对问题,或非常深入地去探究它,弄明白它的涵义是什么。当我领悟到我必须要有所改变,领悟到了改变的必要性,我通常会运用意志力,不是吗?任何改变的过程都意味着抵制、展开努力，也就是运用意志力，我们对此十分熟悉。也就是说，我在自己身上感受到了一种从社会层面上来说不好的状态，抑或一种会让我自身发生冲突的状态，我希望去超越它，希望冲破这种个性或限定，于是我便去压制它或者训戒自己去抵抗它，这就必须要运用意志力了。我们习惯于这一过程，对吗？所以我们觉得，不同形式的力量——社会的、政治的、经济的、内在的、精神的，等等——是必需的。

那么，这整个意志力的过程，难道不是自我中心的行为吗？在这里面，并没有摆脱那将我困于其中、将心灵束缚住的限定。这种过程，不过是一种掩盖，是继续着同样的东西，只是换了一种形式罢了。我们的教育、我们的改革、我们的宗教思想、我们的心理争斗，全都是建立在这种过程上的，不是吗？我是这个样子的，我想要变成那个样子，在变成那个样子的过程中，我必须运用意志力，于是一定会出现抵抗、控制。这种控制、训戒的过程，难道不是一种将会滋生出权力意识的自我中心的行为吗？你越是训戒、控制自己，就越会有一种专注的行为，但这种行为难道不依旧是在自我、"我"、"我的"的领域之内吗？真理、神，随便你怎么称呼都好，来自于自我中心的行为吗？然而，你所有的宗教书籍、你的老师、你所属的各个教派或团体——他们从本质上来说难道不都是指，通过强迫、通过遵从、通过对于成功的渴望即想要获得某个结果，就可以带来转变？然而，"我"的行为的整个过程，难道不是渴望去变得更加如何吗？既然意识到了这个，那么我们能否让该过程终结呢？

我不知道你是否是跟我一样看待这个问题的。这一切行为，无论多么合理，多么高尚或是盘算得多么好，都依然是在心智的领域之内，它是自我的活动，是欲望的结果，是"我"、"我的"的结果，对吗？自我总是在心智的局限之内，因而总是处于冲突之中——那么这种自我能够超越自身吗？自我难道不总是会制造出个体之间的冲突，从而导致群体之间、国家之间的冲突吗？

所以，在我看来，认识到这一点格外的重要。然而，这是否是我们每一个人的问题呢？我们领悟到，社会、自身、我们个体的和群体的关系必须要有根本性的转变，但如何才能带来这种改变呢？假如通过遵从某种由心智构想出来的模式，通过某个合理的、构思缜密的计划就可以带来改变，那么它就依然是在心智的范畴内。于是，心智盘算的任何事物都会变成目的、图景，为此我们愿意牺牲自己和他人。如果你坚持这个，那么接下来的便是，作为人类的我们仅仅只是心智的产物，这意味着遵从、强迫、残忍、专政、集中营——这整个的一切。当我们推崇心智的时候，就代表了上述这一切，不是吗？假如我认识到了这个，假如我懂得了训戒、控制是完全没有意义的，假如我明白各种形式的压制只会让"我"、"我的"得到强化，那么我该怎么做呢？你是否曾经问过自己这个问题？我领悟到，把任何力量施加在我自己身上都是罪恶的，它不过是以不同的形式延续着"我"；我还认识到，若希望给世界以及我自己带来和平与安宁，那么就必须彻底终结这个"我"。"我"作为一个人，作为一个实体，作为一种心理上的累积的过程，这个"我"总是努力想要变得如何如何，这个"我"总是过分的自信、独断专行、争强好胜，这个"我"也是和蔼的、友爱的——它是滋生出一切冲突、一切强迫、一切遵从、一切对于成功的渴望的中心。唯有让它终结，我自己的内心以及外部的世界才会迎来和平。当我意识到了这一点，我要如何做呢？我怎样才能让这个"我"结束呢？

如果这对我们每个人来说都是个严肃的问题，那么我们对此的反应会是什么呢？我们自然无法给出所有的回答，但我们可以认识到，自我为了变得更加优秀、更加高尚所做的任何运动，任何压制的行为，任何对于功成名就的渴望，都必须走向终结。也就是说，作为"我"的中心的心智，必须变得格外安静，不是吗？心智是感觉的中心，是记忆的产物，是时间的累积，心智为了变得如何而做的任何运动，都依然是在"我"、在感觉的局限之内。心智是感觉，是记忆，是传统，是"我"进行权衡盘算的机器，它永远都在寻求着安全，永远都躲在语词的背后——那么，通过运用自身的意志力，通过自身的欲望，心智能够终结吗？依靠自身的意志力，它会停止吗？

因此，我必须去探究自己的心智，我必须去觉察它的全部反应——就只是觉察我的心智，不要想着改变它。这难道不是首要的一步吗？——假如我可以使用"步骤"一词同时又不会产生关于时间的概念的话。觉察到我的心智的过程，不做任何谴责，仅仅觉察到"当下实相"[①]，能否做到这个呢？有些人可能会说可以，有些人则会摇头，不过，其他人对这个问题如何看待一点儿也不重要，不是吗？你必须去探究它，体验它。那么，能否一边体验，一边又不会确立起那些形象与符号呢？也就是说，我们通常只会体验我们认知到的事物，不是吗？只有当我们认知到了某个经历的时候，才会意识到它，如果我们没能认知到它，就不会有任何体验了。因此，认知这一因素对于我们所谓的体验来说是至关重要的。那么，神、真理，随便你怎么称呼，与心智有关吗？假若我可以认出某个事物，这就意味着我之前体验过它了，不是吗？凡是我之前体验过的东西，都会变成一种记忆，当我渴望继续那一体验时，我就会投射出该记忆并且认出它、体验它。也就是说，经由记忆、经由识别、经由体验，我建立起了"我"这一中心。

所以，对我们大多数人来讲，探究有关变化的问题并且真正带来自身的转变是一件十分艰辛的事情。假若我不停地通过心智的过程去体验，那么我能够实现转变吗，无论是在口头层面还是在心理层面？意思便是

[①] 原著中多次使用"what is"。从文中语境看，此语有"事实所是"、"现在（当下）之在"、"现在（当下）之是"之意。在《克里希那穆提集》中，一般译为"当下实相"。——中文版编者

说，当我第一次遇见你的时候，我并不认识你，但第二次见到你，我会有某些关于你的记忆，会有好恶，痛苦或者开心。于是，经由痛苦和愉悦的指令，我声称我同你遇见了，这里有一种认识的过程，这种认识是在口头或者心理上确立起来的。如果我想要超越并且发现一种并非单纯的认识、回忆、记忆的状态，那么"我"这一中心、这个认识的过程难道不应该终结吗？"我"这一实体永远都在渴望去体验，都在寻求着更多的已知，不管是外部的还是内部的，只要这个"我"继续存在着，那么我所体验到的一切都只会让"我"得到强化，不是吗？结果我便制造出了越来越多的问题以及永无止境的冲突。那么心智能否安静下来以便认识的过程停止呢？毕竟，这便是创造，对吗？

请注意，在听这些讲演的时候，在我看来，重要的不是去接受这一切，而是让语词的涵义彰显出来，看看它们是否有意义，是否蕴含了真理。真理的特性便是带来解放，而不是口头上的否定或主张。所以，重要的是做到正确的聆听，也就是不要为语词所困，不要为某些主张的逻辑所困，或者为你自己的经验所困。你们来到这里是为了探明他人的观点，而要想探明，你就必须聆听，但正确的聆听是最难做到的事情之一，不是吗？因为，当我使用诸如"体验"、"真理"这类词语的时候，你立即会产生某些反应——某些形象、符号会涌现出来。倘若心智囿于这些符号，那么你便无法实现超越了。

因此，我们的问题在于如何让心智摆脱这种自我中心的行为，不仅是在社会关系的层面，而且还在心理层面。正是这种自我的行为，给我们自己的生活以及群体、国家的生活带来了灾难与不幸。只有当我们认识了自身思想的整个过程，方能将其终结。那么，思想能够带来重大的转变吗？迄今为止，我们一直都在依赖思想，不是吗？政治革命，无论是右翼的还是极左的，都是思想的产物。那么思想能否让人从根本上改变呢，能否改变你我呢？如果你说可以，那么你就必须洞悉这一切涵义——即人是时间的产物,时间之后不存在任何东西,诸如此类。所以,倘若我希望让自己发生根本性的改变,那么我能够去依赖思想吗,能够将其作为带来这种转变的手段吗?抑或,只有当思想终结的时候,才能迎来根本性的变革呢?因此,我的问题便是去审视、去探明,而唯有通过认识自我,通过了解我自己,在我不警惕的时候去观察、觉知,我才能够有所探明。只有当我开始去认识自身思想的过程,我才可以弄清楚究竟能否实现根本性的转变,除非到了那时,否则,单纯地宣称我可以改变或者无法改变是没有多少意义的。尽管我们懂得,让世界以及自身发生彻底的变革是格外重要的,但只要我们没有认识思想者及其思想,那么就不太可能迎来这种转变。经济学家和政客从来不具有革命性,唯有真正虔诚的人才是革命性的,唯有寻求真理、神的人才是真正的革命者。那些仅仅去信仰的人,那些遵循某种模式的人,那些从属于某个团体、派别或是群体的人——他们不是探寻者,所以也就不是真正的变革者。只有当我们懂得了自身思想的过程,才可以让自我发生根本性的改变。

问:您所说的野心是指什么?您会把一个人的任何进步都视为有野心吗?

克:我们难道不知道自己什么时候会怀有野心吗?当我渴望得到更多的某个东西的时候,当我想要坚持己见或者维护自己的权力的时候,当我希望出人头地的时候,这难道不是野心吗?我们能够说它是从哪里开始和结束的吗?所有的自我改进,难道不都是一种野心吗?我可能在这个世界上没有什么野心,我可能并不想成为一个拥有巨大政治权力的领袖或是拥有大笔金钱、很高地位的巨商,但我或许在精神层面怀有很大的野心,也就是说,我希望成为一个圣人,我希望摆脱一切骄傲。宣称想要变得如何如何,难道不正是野心的开始吗?渴望不去怀有野心,这难道不是自我改进因而是自我中心的行为吗?这难道不是野心吗?如果你不去培养谦逊，那么你会对骄傲做些什么呢？一个人如何才能应对它呢？渴望摆脱某个东西，以便成为其他的样子，这难道不是自我中心的行为即野心吗？请明白，当你知道你的真实模样却不去努力变成其他的样子，这是多么困难的事情。这种努力的过程，这种试图变得伟大、高尚或慷慨的过程，被称作进步，不是吗？我是这个样子的，我将要通过努力变成那个样子，我从正题走向了反题，由此创造出了合题，这种过程被叫做发展、进步，对吗？那么，这里面意味着自我中心的行为，自我，"我"的改进。然而，这个"我"能够得到提升吗？它可以在自身领域内获得进步，但倘若我希望超越并且探明是否存在着某种不属于"我"的事物，那么自我改进会有助于带来这种探明吗？所以，既然我怀有野心，那么我该怎么做呢？我应当去压制野心吗？压制野心，难道不是另外一种野心吗，难道不是以否定的方式让"我"得到强化吗，在这里面难道没有某种权力意识、支配意识吗？

觉察到自己怀有野心，那么我该如何是好呢？能否摆脱它呢？——这并不表示我应该变得没有野心。能否挣脱野心的束缚呢？我可以从逻辑层面去思考它，意识到我的关系里面那些由野心导致的冲突、无情和残忍，等等。这能够帮助到我吗？对于野心的危害进行解释，能够有助于我摆脱野心吗？抑或，只有一种办法，即洞悉野心的全部涵义，不要有任何谴责，就只是觉察到如下事实，即我在意识层面以及自身思想的深层怀有野心呢？很明显，我必须充分觉察到它，不要有任何抵制，因为，我越是努力去抵制它，我就越会赋予它能量。野心已经成为了我的一种习惯，而我越是去抗拒某个习惯，它就会变得越发强大。但倘若我觉察到它，就只是看到关于它的事实，这么做难道不会带来一种翻天覆地的改变吗？我不再关注于压制野心抑或将它抛到一旁，我也不去满足于任何解释——我直接关心的是野心这一事实。所以，当我去审视它，我会看到什么呢？野心只是单纯的习惯吗？我是否被困在一个基于野心、成功、出人头地的社会的习惯之中呢？我是否被挑战、成就感所激励、刺激呢？如果没有这种刺激，我是否就会感到失落，因此我对刺激存有依赖呢？难道无法觉察到这一切吗，洞悉它的涵义，不做任何反应——就只是审视事实吗？这种感知难道不会带来根本性的转变吗？假如我承认自己野心勃勃并且洞悉了它的涵义，不仅是在口头层面，还有在内心，这意味着我觉察到了习惯、感觉、传统等等的影响，那么会发生什么呢？关于事实，我的心灵安静下来，不是吗？我的心灵没有再对它做出反应——它就是一个事实。安静地接受实相，便可以挣脱事实的羁绊了，不是吗？

请不要盲目地接受这个，而是应当对其展开探究，你将会有所领悟。首先要觉察到你是有野心的，不管它是什么，然后洞悉你对它的全部反应以及这些反应是否是习惯性的、传统的、言语层面的。仅仅通过其他一些话语来反对那些口头上的反应，并不能让你获得自由。抑或假如它是传统，那么，当你单纯去培养某个新的传统或习惯，你也不会找到自由。渴望压制野心，这是心灵为了成为其他的样子而玩弄的一个把戏——这还是野心的一部分。所以，当心灵领悟到它就某个特性所做的任何运动都是自身的维系与安全的一部分，那么它会怎么做呢？它不会做任何事情，于是，关于那一特性，它立即安静下来，它不再与之有关联。不过这是一项艰巨的任务，对吗？

革命性的心理的改变是不可或缺的，假若我们希望认识有关变化的问题，那就必须去探究这一切，从不同的角度对"我"这一问题展开分析。

（在欧加橡树林的第三场演说，1952年8月9日）

寻求技巧会让心灵钝化

在谈到根本性的转变是何等必要的时候，我们难道不应当去思考一下方法、"怎样"的问题吗？对于我们大多数人来讲，方法、方式、体系，变得格外的重要。我们认识到转变是不可或缺的，于是我们的心智立即转向了如下问题：即怎样才能有所改变，怎样才能带来那显然是如此必需的根本性的转变。让我们思考一下"怎样"、方法是否是重要的。当我们关注于方法、"怎样"的时候，会发生什么呢？带着成功的意图去培养"怎样"，去实践某个方法，这么做难道不会导致惰性吗，这难道不是我们身上的惰性的主要原因吗？在我找到了"怎样"、体系、方法的那一刻，我便开始去实践它，这意味着一种因为想要获得成功、想要取得某个结果而导致的遵从。所以，对我们大部分人而言，"怎样"变得十分重要——我怎样才能有所改变，我该遵循哪种方法，我如何才能展开冥想，我应当实践哪种训戒？我们难道不是始终都在询问这一问题吗，我们难道不是不停地在寻求着"怎样"吗？

那么，"怎样"、方法究竟是否重要呢？觉察到心智在寻求"怎样"以及洞悉它为何会去寻求方法，难道不比方法本身重要得多吗？假如你渴望某种方法、技巧，你将会找到它，因为，每一个宗教导师都会提供某种训练、控制抑或一套冥想的方法。在这种自我控制的过程里，在这种努力去遵循某种训戒的过程里，会发生什么呢？我不知道你是否曾经实践过某些训练？假如你有过，那么你难道没有意识到心灵在遵从某种思想的模式吗？这么做，心灵难道不会制造出自身的局限吗？很明显，尽管它能够在思想和行动的领域内存在和运作,但这样的心灵受着遵从的束缚,在这里面,它将无法自由地以新的方式去体验任何事物。因此,当心灵带着预见中的目的去实践某种训戒,当它怀着对成功的憧憬慢慢地去遵从,它便会制造出惰性,不是吗?这显然就是我们最大的问题之一——懒散、心灵巨大的惰性,我们越是想要冲破这种惰性,心灵就越是会去探寻"怎样"。这便是为什么对我们大多数人来说,"怎样"变得如此重要的缘故。

如果我们不去寻求"怎样"、方法、技巧,那么我们该做些什么呢?假设我认识到追逐"怎样"是荒谬的,认识到寻找和实践某个方法不过是一种重复,势必会让心灵走向愚钝和麻木,假如我懂得这个,懂得了其中的荒谬性,那么会发生什么呢?尔后,心灵便会真正处于警觉的状态,对吗?明白实践任何方法的涵义,觉察到它的意义,不仅是在浅层,而且还有更加深刻、更加根本的层面——这难道不会让心灵变得迅捷、更加机敏吗?当我们思考根本性的改变这一问题时,这难道不就是我们的问题之一吗?原因是,在我看来,渴望得到某种方法,寻求某种能够让自身发生根本性转变的技巧,将会让心灵走向钝化、死寂。方法、技巧可能会带来某些经验,但这些经验不过是来自于非常缜密的训练,是由一个始终在遵循某种思想和行为模式的心灵制造出来的,难道不是吗?通过模式,能够体验到真理、神,诸如此类吗?很明显,只有当心灵挣脱了欲望的羁绊,不去邀来更多的经验,你才会体验到真理、神。

所以,当我们讨论转变的问题时,难道不应该去探究一下有关技巧、努力这一复杂的问题吗?只要你观察一下自己的心智,会发现它是多么迅速地落入到了某种思想习惯之中。原因在于,它曾经体验过某种愉悦的感觉、快乐的感受,于是它便渴望再一次体验,结果心智就去培养它,就去实践、训练,指望着能够重新捕捉到那种欢愉。这种重复及其欲望,难道不是惰性的主要原因之一吗?通过方法、通过训练、通过技巧,能够迎来根本性的改变吗？这种彻底的转变，并不是通过任何思想的操作而来的，只有当心智认识了自身的活动，认识了它那自我中心的运动从而将其终结，才可以实现根本性的转变，难道不是吗？为此，一个人需要的是不断的觉知，而非技巧、训练。

或许你们当中有些人做过某些训戒，因此你们可能是相当谨慎地在聆听，可能有所抗拒。你会说："如果没有训戒的话，那么我该如何是好？我的心智将会四处游走。"但倘若你希望认识某种我正试图传达的事物，那么你会排拒我所说的话吗？抑或你会努力凭借自己的力量去探明该问题的真理呢？不是说你应当接受我的观点，而是你难道不想弄清楚这个问题的真相吗？要想有所探明，你的心灵就不应该处于抵制与恐惧的状态。原因是，多年来你都在实践某种训练，这并不意味着它就是正确的，你可能会害怕，假如移除了你小心翼翼在自己周围竖起的那些屏障，心灵就会迷失，就会被淹没。若想探明真理，一个人显然就不应该根据自己的欲望、刺激、希冀去聆听，而是要带着一个勇于探寻、渴望有所发现的心灵去听。我认为，这么做它就可以自己做到规训，而不是由一个想要得到结果的心灵所强加的戒律。

以有关完整的问题为例。我们在各个层面都处于一种矛盾的状态，每一个层面自身以及我们生活的其他层面都处于冲突之中，意识与潜意识的层面都有着冲突。请思考一下这个问题，不要试图感觉到统一或者询问你如何才能达至那种统一的状态。假如你愿意聆听，同时不去试图获得某个结果，那么或许那一事物就会到来，无需你的询问和要求。

我们觉察到自身内部各个层面的冲突，有各种方法可以带来所谓的矛盾的统一——分析、假设、不断的反省，诸如此类——这一切全都意味着努力去确立起我们自身存在的统一。我认识到，统一感、内在的完整感是必需的，我还认识到，通过逃避矛盾，通过把心灵封闭在某种思想和行为模式之中，是无法带来这种完整的。完整的状态显然是不可或缺的，因为，唯有在这种状态里，才能摆脱冲突，从而让心灵能够去发现，能够以新的方式去体验、去感受事物。懂得了完整的重要性，懂得了这种内在的统一的状态、完整的状态的重要性，假如我不去询问怎样才能达至这一状态，我难道不就由此觉察到所有的矛盾了吗？这种觉察，难道不会让存在着矛盾的自我的潜意识、深层浮现出来吗？尔后，不会再有任何的抵制，我仅仅只是渴望去探明，于是我便去观察我的那些梦境，我那些醒着的意识、每一个冲突的暗示、每一个会唤起矛盾的事件。我关心的不是完整，而是去觉察这些处于不同层面的矛盾，那么，会发生什么呢？由于我没有去寻求某种状态，而是仅仅去觉察到自身的各种矛盾，时时刻刻去观察它们，那么，这种警觉难道不会带来一种完整吗？这种完整不属于欲望，不属于一个在寻求着完整的心灵。我做了些什么呢？我已经认识了冲突，没有去逃避它，我已经让它从我内心的底部浮现出来了。尔后，或许一个人捕捉到了这种完整的闪光，这种完整不是被人为地制造出来的，而是自己出现的。一旦有了完整的闪光，心灵便开始活在对该经历的记忆之中，于是，那部模仿、遵从的机器开始运作起来了。这种记忆不是完整，它不过是记忆罢了。因此，一个人必须再一次地觉察到，心灵是如何在体验了某种完整的感受之后并没有因此而获得完整，而是活在记忆中的。于是便会出现如下问题：即如何经由记忆来维系某种活生生的特性，这种特性尔后便成为了我们的问题。

所以，当我们思考转变的时候，必须探究一下记忆、培养某种习惯或是行为模式的问题。当心灵寻求"怎样"或者培养技巧方法时，将永远无法获得自由。聆听我自己的矛盾，意识到我的心灵在追逐着记忆，在培养习惯，以便得到安全，结果由此被困在了"我"的自我中心的行为之中——真正觉察到这一切，不要听任它的支配或是去抗拒它，这是十分重要的，这比培养某种训戒模式需要更大的精力和警觉。遵从显然会导致惰性，由于我们大多数人都推崇他人和自己的成功，于是我们自然渴望去遵从。活在遵从的状态，活在训戒的状态，这难道不是我们的传统之一吗？请不要认为我是在反对戒律，这不是问题所在。我们在思考自身的变化、革新，那么，通过训戒能够带来这种根本性的转变吗？显然无法——至少对我来说是不能的。训戒只会让我变得更加遵从，而遵从不会带来改变。我必须懂得为什么心灵会去寻求遵从，以及它能否摆脱这种传统的压力，不单单是外部的传统，而且还有那些不断自造出来的传统即记忆。正如我们所看到的那样，无论心灵做了什么，不管它可能是多么的博学、多么的广博、多么的聪明、多么的深思熟虑，它都无法带来根本性的转变，而根本性的转变又是必需的，对吗？任何理性、逻辑、戒律都无法带来这种永久的、彻底的变革。只有当心灵安静下来，某种事物才会到来进而让我们发生改变，但我们无法去寻求它——它必须向我们走来，只有当心灵能够接受它，即只有当心灵不再从时间的层面去思考，它才会降临。因为，一切思想都是一种时间的过程，不是吗？我们无法停止思考，但我们可以认识思想的运动。只要有"我"存在，有一个与思想分离开来的思想者存在，那么我们显然就是从时间的层面去思考的。当心灵渴望通过训戒去超越时间，它就只会制造出障碍并让时间得到强化。

因此，在你聆听这一切的时候，重要的是探明你该如何聆听，重要的是洞悉自身的反应，探究你自己的心智并且开始认识自我，难道不是吗？毕竟，我所说的或多或少便是我们每个人在思考的东西，但倘若我们没有领悟其中的真理，没有带着耐心和警觉去观察自身思想的运动，便无法超越口头的层面。假如我们这么做了，那么或许其他一些不属于心智的元素、特质就会出现。但若想实现这个，我们必须对它不存有渴望，心灵必须不被困在认识的过程里。

问：在所有精神导师里面，您是我所知道的唯一一个没有提供某种冥想的方法以获得内心宁静的人。我们全都同意内心的安宁是必需的，但倘若不去实践某种技巧、方法，无论是东方的瑜伽还是西方的心理学，那么我们如何能够获得心灵的静寂呢？

克：有老师、有精神导师和追随者，这难道不是很糟糕的事情吗？一旦你有了老师而你变成了信徒，那么你难道不就浇熄了那束若你想要有所探明的话就必须不停燃烧的火焰吗？当你求助于某个老师来给你帮助的时候，老师难道不就会变得比你所探寻的真理更加重要吗？因此，让我们把老师—追随者的观念放到一边去吧，将它从我们的体系方法中彻底清除吧，让我们直接地审视问题，因为它对我们每个人都有着影响。很明显，没有哪位老师可以帮助你找到真理，一个人必须在自己身上找到它，他必须经历痛苦、磨难、探寻，他必须凭借自己的力量去发现和认识事物。然而，当你变成某位老师的追随者的时候，你难道不会培养起惰性、懒散吗，难道不会让心灵走向愚钝吗？当然，各个不同的老师及其群体都处于矛盾之中，都在彼此争斗，都在展开着宣传——你知道这一切全无意义。

所以，追随者和老师的整个问题都是荒谬的、幼稚的。在这个问题里面，真正重要的是：有方法可以达至心灵的安宁吗，无论是西方的还是东方的方法？如果通过实践某种方法就可以获得宁静，那么你所获得的东西，被你称为宁静的那个事物，就不再是活生生的了，它是死寂的。通过公式、准则，你知道宁静应当是怎样的，你已经制定了一条路径，你沿着这条路径去达至心灵的宁静。很明显，这种宁静是由你自己的欲望制造出来的，不是吗？所以它也就不再是宁静。这便是你所渴望的，即某个与你的本来面目对立的事物。我身陷冲突、悲伤、矛盾之中，我不快乐、我残暴，我希望找到一个庇护所，希望处于一种我不会受到扰乱的状态。于是我去到不同的老师、导师那里，我阅读书籍，实践着一些戒律，因为它们许诺说将让我得到我想要的东西。为了获得心灵的静寂，我进行着压制、控制、遵从，这便是安宁吗？显然，宁静不是一种可以寻求到的东西——它是不请自来的，它是一种副产品，本身不是目的。当我开始去认识自我的全部过程，认识我的那些矛盾、欲望、野心、骄傲，自然就会迈入宁静之境了。但倘若我把宁静本身视为目的的话，那么我就会活在停滞的状态里头，而这是宁静吗？

因此，只要我通过某种体系、方法、技巧去寻求安宁，我就会拥有它，但它会是一种遵从的宁静、死寂的宁静。这便是我们大部分人所渴望的。我突然瞥见了某个事物的闪光、某种无法用言语来描述的体验，我希望活在那一状态里，我希望它能继续下去，我渴望某种绝对的真理。可能存在绝对的真理，抑或存在着意义重大的体验，但倘若我依附于它，那么我难道不就是在培养缓慢的死亡吗？死亡不是宁静，因此，当我身处这种混乱、冲突的状态时，我无法想象什么是宁静。我能够想象的是对立面，而那跟我的本来面目对立的事物，并不是宁静。所以，技巧、方法只能帮助我获得某种跟我的本来面目对立的事物。假如没有认识我是什么样子的——没有彻底地探究它，不仅是在意识的层面，而且还有潜意识的层面——没有认识自我的整个过程，仅仅去寻求心灵的宁静将会意义甚微。

你知道，我们大部分人都是懒惰的，我们如此的懒散，我们希望那些老师、僧侣能够给予我们帮助，我们不想凭借自己的力量，通过自己不断的觉知，通过自己的探寻，通过自己的体验去探明真理，不管它会是多么的模糊、多么的隐蔽、多么的不易觉察。于是我们加入教会、群体，成为这个或那个的追随者——这意味着，一边是努力，一边是培养惰性。但倘若一个人真的希望去探明、去直接地体验——我们可以在下一次讨论什么是体验——那么显然他就必须抛开所有这些东西并且去认识自我。认识自我是智慧的开始，单单这种智慧本身就能够带来心灵的静寂。

问：心智能否安静下来，还有，它是否应当迈入静寂？

克：让我们来一探究竟好了。为什么心智应该安静呢？我可以让它变得安静吗？这个试图让心智安静下来的"我"，是一个与心智分离开来的实体吗？这个试图去控制心智的"我"究竟是谁呢，这个询问心智是否应当安静的"我"，是谁呢？思想者、提问者，难道不是心智的一部分吗？为什么心智里面会有这种思想者与思想、"我"与非"我"的界分呢？为什么会存在这种界分？请注意，这便是问题所在，对吗？我不知道心智是否能够实现静寂抑或它是否应当如此，但我希望去探明，而唯有当我弄清楚了提出此问题的实体是谁，我才能有所发现。这个实体与心智不同吗？对我们大多数人来说，确实如此，不是吗？存在着一个控制者、思想者、体验者、观察者，他与思想、体验、所观之物是分离开来的。在带来了这种界分之后，我们便去询问，思想者如何才能控制自己的想法，由此又会生出有关技巧、方法的问题。

那么，提问者、思想者，是与思想分离开来的实体吗？让我们去探究这个问题，但不是为了争论，不是为了如此一来你便可以用你的观点反对我的理念，而是让我们携手去探明这个问题的真理。首先，我们不知道心智是否应当安静甚至它是否能够安静，然而，在心智可以去体验静寂或者弄明白它是否能够安静下来之前，难道不应该首先去弥合思想者与思想之间的间隙吗？那个总是试图去控制的实体是谁呢？那个检查者、裁判者，那个声称这是对的、那是错的人是谁呢？他与他正在自己身上观察的那个事物是分开的吗？对于我们大多数人来说，他是分开的，他是一个远离的实体，在观察、指挥、影响、控制、压制着思想。那么，为什么这个实体是分离开来的呢？不过首先，你难道没有觉察到有一个不同的实体吗，有一个高等的自我在控制着低等的自我吗？——你了解这整个的过程。我们所有人的身上都有一个在指挥、影响、观察着每一个想法的分离开来的事物。我们知道这个，不是吗？

那么，这个分离开来的实体是如何形成的呢？它难道不是心智、思想的产物吗？显然是的，它与思想并不是分开的，假如我没有思考它，它就不会存在，所以它是思想的产物，对吗？思想的产物，能够是存在于思想之外的精神实体吗？它能够是永恒的实体吗，是某种超越思想过程的永恒之物吗？如果它是永恒的实体，那么我便无法思考它，因为我只会从时间的层面思考。但我并没有思考它，因为，正是我把它分离开来的，我与它有关，所以它是我自己的记忆的产物，是思想的产物。它并不是位于我之外的事物，但我却把它分离了，这是为什么呢？我发现我的想法是转瞬即逝的，发现我周围的一切都是短暂的，死亡、衰退总是无法避免，万事万物都处于运动之中，都处于一种流动的状态。因此我声称，我身上必须要有某种永恒的东西，我渴望这种永恒，于是我便制造出了那一实体，制造出了那个位于我之外的思想者、裁判者。也就是说，思想把它自己的一部分分离开来，将其确立为了某种在观察、指挥、影响思想的永恒之物。于是便会出现如下问题：即这个实体、这个思想者要怎样去弥合自己与思想之间的间距以及让这二者成为一个整体。除非我真正认识并解决了这个问题，否则我将无法拥有一个宁静的心灵抑或去探明心智究竟能否迈入静寂。

因此，请你们就只是去聆听我的话语，并且努力去探明观察者与所观之物、思想者与其思想是否能够成为一个统一的整体。只要这二者是分离开来的，心智就无法迈入静寂。只要我与我的想法是分开的，只要我在体验之外观察着它，只要我意识到我是安静的，就不可能实现真正的安宁、静寂。直到我认识并解决了这一根本问题，否则，寻求安宁或者询问心智究竟是否应当安静将是毫无意义的。

所以，我被分裂成了无数碎片，那么这一切怎样才能成为一个整体呢？我可以对其做些什么吗？也就是说，思想者、行动者、行为模式的制造者——他能够对之做些什么吗？如果他做了的话，那么难道不会有另外的碎片成为注意力的焦点吗？只要有模式的制造者、思想者存在，那么他能够带来完整吗？显然无法办到，对吗？因此，我必须要探明思想者这一分离开来的实体究竟是如何形成的，我必须要知道他是怎样累积记忆、财富、知识、金钱、谄媚、侮辱的——我必须觉察到这一切。只有当我越来越多地觉察到它的反应、它的涵义，才可以探明是否能够迎来那非凡的统一，是否能够迎来那非凡的静寂——这种静寂不属于心智，不是来自于训戒、控制或者遵从某种思想与行为模式。那么，这种状态是什么呢？当心智不再把自己划分为思想者与思想，那么能够认为它是"静寂"的吗？尔后，难道不会有一种不同的运动吗？它不属于时间的范畴，它是另外一种"变成"，这种变成不属于"我"和"我的"。我们只知道静寂是"我"的活动之内的反应，然而，难道就没有一种不属于"我"的静寂吗？但只要存在着思想者与思想的界分，只要思想者在努力体验静寂，就无法迎来这种状态，只有当思想者便是思想，这种状态才会到来。

（在欧加橡树林的第四场演说，1952年8月10日）

心智的活动妨碍了根本性转变

我能否要求那些急着想要跟我拍照的人们不要这么做呢？我不会去签名的，也不想为拍照摆姿势，希望你们不要请求我这么做，以免让你们难堪。

我认为，假如今天晚上我们可以一起来谈谈有关根本性的转变的问题，那将会受益匪浅。由于人数众多，而我们又不可能一个个地来讨论，所以，或许你们可以聆听我的讲话并且努力去探明我所说的意思是什么。我感觉，这种根本性的转变要求抱持某种心态，要求处于某种心智的状态，我希望谈谈这个，以便你我可以一起去认识问题并将其解决掉。依我之见，迄今为止，我们一直都只是在心智的活跃的层面应对问题的，我们领悟到内心的变革是必需的，我们着手去寻找方式、方法以实现这种转变。这样的追逐依然是在心智的活跃的层面，是在心智的表层，不是吗？有时候我们觉得，假如我们能够达至潜意识，找到或者让它所有暗藏的动机、追逐、欲望都浮上水面的话，那么或许就能带来彻底的改变了。我以为，这是一种截然不同的应对该问题的法子，我很犹豫要不要谈论它，对你们也是抱持试探的态度。

要想对这一问题展开充分的思考，我们就得探究如下问题，即什么是心智。我想知道你是否曾经独立地去思考过这个问题，还是仅仅引用那些权威对此发表的观点呢？我不知道你通过自身的经验以及对于自我的认识是如何理解何谓心智的——不仅是日常活动和追逐的意识，还有那些暗藏的、深层的、丰富的、更难触及的潜意识。如果我们想要讨论自身以及世界的根本性的转变——这种转变将会唤醒某种愿景、热情、信心、希冀，将会推动我们去展开行动——如果我们想要认识这一问题，那么你难道不应该去探究一下心智吗？

我们可以懂得在心智的表层我们所说的意识是指什么。显然，它是思考的过程，是思想。思想是记忆、言语描述的产物，它是命名、记录、储存某些经历，以便能够去交流，在这个层面，同样有各种抑制、控制、准许、训戒，我们对这一切十分熟悉。当我们探究得更加深入一些，会有种族的一切累积——暗藏的动机、集体的和个体的野心、成见——它们全都源自于感知、接触、欲望。这整个的心智，潜藏的部分与敞开的部分，是以"我"、自我为中心的。

当我们讨论如何带来转变的时候，通常指的是表层的改变，不是吗？通过决心、结论、信仰、控制、抑制，我们努力想要获得自己渴望的某个表面的结果，我们希望在潜意识、在心智深层的帮助下达至这个，所以我们觉得必须去揭示自我的深层。然而，表层与所谓的深层之间会有永远的冲突——所有的心理学者、所有那些追求认识自我的人们都充分觉察到了这个。

那么，这种内在的冲突会带来转变吗？如何让我们自己发生根本性的转变，这难道不就是我们日常生活中一个最为根本的重要问题吗？单纯的表层的改变，能够带来这种根本性的变化吗？认识心智、"我"的各个层面——揭示过去以及从孩提时代到如今的种种个体的体验，探究我身上那些我的父亲、母亲、祖先、种族的集体的经验以及我所生活的社会的环境和限定——分析、探究这一切，能够带来那种不是流于单纯的调整的改变吗？

我觉得，你们显然同样也会觉得，一个人的生活必须得发生根本性的改变，这种改变不是单纯的反应，不是来自于环境要求的压力。那么一个人怎样才能带来这样的变化呢？我的心智是人类经验的综合，加上我自己与现在的接触，这能带来转变吗？探究我的心智、我的行为，觉察我的想法和感受，让心智安静下来，以便展开观察，不做任何谴责——这所有的过程，会带来转变吗？通过信仰，通过跟某个制造出来的形象即所谓的理想进行认同，可以带来转变吗？这一切难道不意味着我的本来面目与我的应有面目之间的冲突吗？而冲突会带来根本性的改变吗？我与自己以及与社会始终都在交战，不是吗？我的真实模样跟我渴望成为的样子之间上演着无休无止的冲突，这种冲突、这种争斗，能够带来改变吗？我领悟到转变是必不可少的，那么，通过探究我的心智的全部过程，通过努力、通过训戒、通过实践各种各样的压制，我能够带来这种转变吗？我认为，这样的过程是无法带来根本性的变化的，一个人必须彻底地明确这一点。假如这种过程不会带来彻底的转变，不会带来深刻的内心的变革，那么什么能够呢？我希望到目前为止我已经把自己的意思表达清楚了。

我们是否认识到，努力去改变一个人的本来面目，并不会带来变革，并不会带来内心的转变呢？如果我懂得了这个，那么接下来我会怎么做呢？在我能够探明该问题的真理之前，我难道不应该非常清楚地认识到，这样的过程——我所成长的社会与环境不断施加在我身上的那些限制、道德、强迫和想法——永远无法带来根本性的改变吗？我必须格外清楚这一点，不是吗？我怀疑我们是否真的清楚这个。

所以，我认为，重要的是凭借自己的力量清楚地领悟到，我们一直试图改变自我的方法完完全全是错误的。因为，一旦认识到这种过程是错误的，那么我们的心智就将能够发现什么是正确的转变的途径了。但倘若我们没有认识我们的心智、我们的思想习惯里的错误的内容，那么我们如何能够发现真理呢？因此，我们首先难道不应当凭借自己的力量去探明我们所熟悉的那些追逐是否能够带来根本性的转变吗？训戒、压制、控制、分析，经历各种各样的催眠以释放潜意识，执着于某种信仰，遵从，不断发展某个特性，努力去效仿某个理想——这整个的过程难道不是大错特错吗？假如它是荒谬的，那么我们难道不应该去审视它、认识它、探究它进而彻底摆脱它吗？很明显，必须要将它从我们身上完全地抛开，唯有这时，才能发现那会带来转变的新事物。

单纯地嘴上说说如何带来根本性的转变是相对容易的，但真正去体验那种新的元素、那种会带来转变的特性则是截然不同的。这便是为什么我觉得你们应当去聆听，不仅是聆听我的观点，而且还要凭借自己的力量去探明你所实践的那些训戒，你感受到的那些野心、嫉妒、妒忌，你所遵循的各种各样的理想和信仰，你所展开的各种分析，那些将你困于其中的自省和努力——这些东西是否有效？如果它们没有作用，那么心灵要处于何种状态才能够洞悉它们并将其终结呢？

让我们换种方式来表述问题好了。无论我多么努力想要有所不同、有所改变，这种努力难道不依然是那个渴望得到某个结果，渴望幸福能够持续下去，渴望某种状态可以永恒的"我"的一部分吗？我贪婪、嫉妒或者想要有所得，我懂得了这其中的涵义，于是我训练自己来抵制它，我压制着它，试图抑制某些反应，这种想要把贪婪变成其他东西的欲望或努力，难道不依旧是"我"的一种活动吗？而这个"我"正试图变成一个更好的"我"，那么这个"我"，这个累积过程的中心，它能否变得"更好"呢？我们知道，某些时候，在非常罕见的时候，这个"我"会消失不在，会彻底不见，这里面会有一种永恒的状态，会有一种无法被心智衡量的幸福感。

因此，我们的问题是，怎样在不去努力的情况下带来这种转变？我们习惯于展开努力，不是吗？我们是在努力的习惯下长大的。不喜欢这个样子，于是我们努力把它变成那个样子。发现我自己是丑陋的、自私的，如此等等，所以我费了很大的努力去改变它，这就是我们知道的全部。那么，认识到了这个，觉察到了心智的运作，能够不去展开努力吗？——看一看会发生什么？我们的努力总是朝向成功和遵从，不是吗？我们朝着某个渴望的目标去奋斗，为了达到该目标，我们必须去遵从，这就是我们在各个阶段所知道的一切，不管是主动的还是被动的。那么，能否让心智挣脱这习惯呢，也就是说，能否不做任何努力，就只是处于如下的状态：心智洞悉了事实，但不会为了改变事实而对它展开任何的行动？

假若我们只是审视自己，不去想着改变，那么就将迎来翻天覆地的变化了。但这是相当不容易的，对吗？很难做到观察自己，同时又不去渴望对它做些什么。当我们有了某种愉悦的经历，我们会希望继续那一体验，如果我昨天有过某种快乐的体验，我会渴望今天继续它，我的心智活在昨天的体验之上，所以它永远都在努力重新捕捉过去或是从昨天的记忆创造将来。心智难道无法觉察到这一切吗？若你没有觉察，那么你便不可能迎来宁静，你无法实现这个，你只会去努力。你必须懂得心智的各种活动，你必须觉察到它们，觉察到心智在做什么。展开觉察，认识到每一种努力为什么依然是属于奋斗的领域之内，依然是在试图变得如何如何，因而也就是遵从——觉察到这一切。难道不能够就只是去观察，不做任何努力吗，难道不能够就只是去察看，不去想着把你的本来面目改变成其他样子吗？

很难去谈论或者用言语表达出当你并不渴望任何改变的时候实际会发生什么。毕竟，这便是我们所说的完整，不是吗？当你洞悉了心智的整个过程，当你觉察到了各种争斗、界分、分裂，在这个中心里面，没有任何运动是朝向转变的或者是把这些分裂聚合在一起，尔后，观察者基本上就是安静的，他不会希望去改变任何东西，他仅仅只是觉察到了这些事情正在发生着——这需要相当的耐心，不是吗？可我们大部分人却如此急切地想要去改变，想要对自己做些什么，我们急不可耐地想要一个目的、一个结果。一旦心智觉察到了自身的活动，不仅在意识的层面，还包括潜意识，那么你就不必去探究潜意识以便让那些暗藏的东西浮出水面了——它们就在那里。可是我们并不知道如何去观察。不要询问："我怎样才能观察，有何技巧方法？"在你拥有了某种技巧方法的那一刻，它便结束了，你没有展开观察。只有当你觉察到了这一切，只有当你领悟到你不可以对它做些什么，它就是如此的，才能让那一中心迈入静寂。只要心智处于活跃状态，积极地想要去改变自己，那么它就只会是自造出来的一个模型，于是也就不会有任何的转变。假如你真正洞悉了其中的真理，就将迎来一种新的心智的状态，在这种状态里，你根本不会去关注改变——结果也就不会发生变化了。

正如我所言，这是一个很难去谈论的话题。它更多的不是口头上的问题或者所谓的智力理解的问题，而是要凭借自己的力量去感受到心智的活动是怎样妨碍了根本性的转变。我将试着来回答一些提问。

问：我认为一切神秘主义都是愚蠢的，而您的讲话似乎有一种神秘主义的基调。这是您的意图呢，还是我基于自身抱持的排他性的成见而对您的演讲所做的反应呢？

克：我们所说的"神秘主义"是指什么意思？某些隐秘的、暗藏的、神秘的事物吗？某些来自于印度的事物？当你的心智丧失理性的时候你所感觉到的事物？那些先知、老师谈到过的某种模糊的、不清楚的事物？抑或，它是对某种真实事物的体验，它是理性的集合但却超越了理性，它不属于语词的层面，这种体验并不是单纯的心智的产物？重要的是去探明该问题的真相，既不去谴责，也不去接受，难道不是吗？

我们活在体验之中，对吗？我们认为生活就只是体验，那么我们所谓的"体验"意指为何呢？某种我们可以认识的事物，对吗？某种我们可以命名、可以传达给其他人的东西。只有当我能够认出某个体验的时候，我才拥有了它，否则我便没有体验。我曾经有过某种体验，我把它储存在了记忆里，我给它命名，赋予了它一个名称，当出现相似的体验时，我便认出了它，然后用我之前使用过的名字来称呼它。因此，我们觉察到的一切体验难道不是建立在识别的基础上吗？真理、神、那不可命名的事物，与认知有关吗？也就是说，真理是可以被认知到的吗？要想认知到它，我就必须在之前有过关于它的体验，由于先前有过对它的体验，我才会说"它又来了"，因此，我所体验的东西从来都不是新的。

重要的是去探究有关认知和体验的问题，不是吗？如果我能够认知到某个体验，这难道不表示我已经体验过它了吗？因此我此刻拥有的体验并不是新的，它已经是旧的。既然凡是被再次体验的事物、被认知到的事物从来不是新的，而已经是旧的，那么它会是真理、神吗？在新事物能够出现之前，这种认知的过程难道不应该终结吗？新事物能够用言语来描述吗，能够被付诸于语词吗？如果不可以，那么神秘主义是否便是体验那超越了语词的层面、超越了心智的认知的事物呢？很明显，若想觉察到这种状态，无论它是什么，我们难道不应该去超越一切形象、一切知识吗？若想找到真理、神，随便你怎么称呼都好，我们难道不应该去超越基督教、印度教、佛教的那些符号、象征吗？我们难道不应该让心智挣脱一切习惯与传统，挣脱一切个体的和集体的野心吗？你或许会把这个叫做"神秘主义"，说它听上去愚不可及。然而，只有当心智处于空无的状态，它才能够接纳新的事物。假如我们完全依赖心智作为自己的指引，假如我们的行为都是排他性地建立在理性、逻辑、结论、唯物主义的反应之上，那么我们显然就会创造出一个残忍、无情的世界。一旦洞悉了这一切，心智就可以超越并发现那崭新的、永恒的事物了，难道不是吗？

问：我觉得很难做到专注，能否烦您探究一下这个问题呢？

克：让我们一起来探究这个问题，看看我们是否无法认识何谓专心致志，同时没有努力做到专注。当你试图集中精神的时候，实际上会发生什么呢？会出现冲突，对吗？你努力让自己的思想集中在某个念头上，但你的心智却游走开去，于是在心智里面，在它想要聚焦的事物跟它感兴趣的事物之间便会出现界分。这种不断的争斗一直都在上演着，我们试图控制心智，我们训练着让思想专注在某个念头、句子、形象或符号上面，可心智却总是在四处游走，我们对此情形十分熟悉，不是吗？

那么，心智要怎样才能实现专注呢？假如它怀有兴趣，那么它是否还会努力做到专注呢?为什么各种想法、追逐、欲望之间会出现界分呢?只要你能够认识这一切,你自然而然就可以做到专心致志了,不是吗?为什么在我努力对它产生兴趣的那个事物跟某个它之外的想法之间,会有注意力的界分呢?当我们觉察到了这一界分的时候,会发生什么呢?我们会试图去弥合这二者之间的间距,以便思想能够只集中在一个事物身上。

所以,我们的问题难道不在于思想者与思想吗?我想要对某个想法展开思索,我想要把心智集中在它身上,但我的另一个部分却游走开去了,我将心智拉回来,试图做到聚精会神,结果它却再一次游走开去,于是我也就让这种冲突一直上演着。我从不曾努力去探明为什么会有一个思想之外的思想者存在,为什么思想者总是在试图控制思想,将它拉回来。那么,为何会有这种界分呢?这便是问题的关键,对吗?请观察一下你自己的思想,你就会明白的。有一个努力去操控自己的想法的思想者,他试图对自己的想法做些什么,试图去改变它、支配它。那么,为什么会出现这种界分呢?思想者能够控制自己的全部念头吗?只有当他完全被某个想法吸引住的时候,当他彻底与某种信仰、符号认同的时候,他才能做到这个。这样的一种状态显然会导致精神错乱,不是吗?

那么,我们能否明白为何思想者会在各种想法之间做出选择并且努力让心智聚焦在某个念头之上呢?假如我们可以懂得这个,即认识选择的过程,那么自然就能实现专注了,在这种专注里面,没有任何冲突。因此,我们必须认识有关选择的问题,认识为什么思想者要挑选出某个想法而把其他的念头排拒在外。当思想者选择了某个想法时,其他的各种想法总会涌入进来,而他则会不停地把它们抛到一边。所以,选择会带来专注吗?当心智不停地在做着选择,在排他、在抵制的时候,它是专注的吗?专注是一种局限住心智以便它能完全跟某个想法认同的过程吗？然而，这便是我们通常所说的专注，不是吗？我们指的是这样一种状态：心智彻底地为某个念头、某个被选择出来的想法所吸引，以至于没有任何其他的想法来干扰它，没有任何其他的反应会出现，但是始终都会有选择的冲突在上演。

因此，为了认识专注，我们难道不应该首先去了解有关选择的问题吗？只要我们选择了某个想法并且努力集中思想在它身上，就不可避免地会与其他的想法发生冲突，对吗？我们难道不应该去审视、去觉察每一个念头，而不是选择某一个、排斥其他的吗？你会说："我没有时间做这个。"但你有时间抗拒那不断涌入的念头的大军吗？这难道不是浪费时间吗？

在每一个想法冒出来的时候去观察它，不要做任何的选择，不要说："这是好的，那是糟糕的，我要坚持好的，抵抗坏的。"不要有任何谴责，就只是在每个念头出现时去观察它，尔后你会发现自己将迎来一种专注。这种专注不是排他性的，不是选择的结果，不是局限住心智。这样的专注是广阔的，唯有这时，心智才能迈入静寂。心智的静寂不是源自于专注，不是选择的结果。一旦我们认识了选择的整个过程以及它的各种活动、争斗，自然就会迎来静寂。在这种静寂里面，那无法被认知的事物，那不属于过去的体验将会到来。

（在欧加橡树林的第五场演说，1952 年 8 月 16 日）

努力想要解决问题，不能让我们获得自由

在我看来，我们已经习惯于认为努力是不可避免的，认为通过努力我们就能获得认知，得到安宁，就能懂得某种超越了那些引发冲突的问题的事物。依我之见，重要的是去认识有关努力的问题，认识我们内心以及周围的冲突，并且探明要想获得富有创造力的认知以及带来人类的幸福，努力是否是必需的。我们认为，努力是我们的日常生活、我们的社会联系、我们的心理状态中一个必不可少的组成部分，在我们看来，如果没有努力、奋斗、竞争，如果没有冲突，我们就将停滞不前。我们害怕若不去努力，若不朝着某个目标、对象、目的奋斗，我们就会停滞，就会什么也不是，就会自我毁灭。我们觉得，若不展开努力，若内心没有压力和紧张，就无法获得那最终的幸福。于是我们认为努力是生活的一部分，以为通过努力就能让自身发生彻底的转变。今天上午，假如可以的话，让我们来探明努力是否是必需的，冲突、斗争是否有助于认知、觉悟以及人类的幸福。

我们意识到努力在某些方向、某些层面是不可或缺的：努力在土地上辛勤地耕作，努力去解决某些客观的问题。在生活的某些层面，似乎必须得付出努力。但我们却把这种努力带到了心理的领域，"我"为了获取、为了生存而展开着一系列努力，所以我们必须弄清楚努力是否有助于一个人自身的幸福，是否有助于人类的福祉，是否有助于建立起一个和平、安宁的社会。这种关系里的冲突是一个复杂的问题，不是吗？几个世纪以来我们一直都认为努力是必不可少的，因此很难用新的视角

去审视这整个的问题，去展开深入的探究以及发现其全部的涵义。如果可以的话，这个上午，让我们试着看一看它究竟在多大程度上是有效的，看一看假如我们想要去认识人类心灵更为深刻的领域，是否必须停止这种努力的行为。

我们为什么在内心会有种种努力呢？我们之所以努力，是为了遵从某种行为模式，我们的努力，是为了表达某些感受或者是因为我们有了某个问题，我们希望通过努力可以将其解决。我们努力，是为了获得一种持续，是让作为实体的"我"能够存在下去。那么，努力去遵从、去存活下去，就表现为了信仰、理念，不是吗？我们构想出了某个理念，然后努力去遵从它，让自己去适应它，指望着通过这种努力，通过这种调整可以获得进步，可以变得更加幸福、仁慈，等等。也就是说，由于渴望得到某个结果，我们便制造出了某种行为模式，由此确立起了如下的习惯：即在各个意识层面之间内心或心理不断的努力。我们奋力地对付着那些问题，包括个人的和集体的问题，有了问题，我们便去检视它们，尽可能充分地去分析、探究它们，希望以这种方法能够将其解决。我们奋力地对付着心灵的那些琐碎，以便将其消除，以便将它们抛到一旁，予以超越。我们的生活就是一系列永无休止的努力、奋斗、竞争，我们总是在探问，总是在努力探明。我们着手去探明，但却渐渐地养成了某种行为模式的习惯，抑或假如我们更为深入地关注，会觉得，通过努力，我们将拥有创造力，认为我们必须经历这种冲突的过程，如此才能获得心智的平静。这一切便是我们的生活，便是我们日常生活的常见模式，对此我们不必展开详细的探究。

那么，我想要弄清楚努力是否是必需的，是否会带来那不可或缺的内在的转变。当我们的心理或关系出现了问题，我们为什么要努力去解决它呢？通过努力、通过冲突，能够将这样的问题解决吗？只有当我们渴望某个结果或解答的时候，才会奋力地去应对问题，但倘若我们的意图是认识并超越问题，那么奋力地对付问题显然就对我们没有帮助，不是吗？只有当我们能够审视问题，既不谴责、也不辩护，不去想着在问题之外找到解答，才能实现认知。一旦我们试图遵从某个模式——心智构想出了该模式，指望着由此可以将问题解决——就会出现努力的状态，而我们越是努力，问题就会变得越是复杂。所以，我们领悟到，要想深刻地认识某个问题，首先应该做的就是不去努力找到答案。

当我有了一个问题，我难道不总是在寻求着解答吗？我关心的不是认识问题，而是将其解决，于是便会导致冲突。但倘若我真正想要去认识问题，那么我就必须懂得它的全部内容，只有当我不去跟某个答案认同，当我不去评判、不去责难的时候，才能懂得问题的全部涵义。心智展开了充分的觉知，继而迈入了静寂，唯有这时，问题才会得到解决，而不是当你努力想要找到解答的时候。从某个层面来说，我们希望得到答案，但在另一个层面则并不希望如此，我们寻求着某种方法去解决问题，可又深深知道，寻求解答便意味着自身内部的冲突，因而只会在另外的方向让问题愈演愈烈。所以，需要的是对问题的洞悉，这表示一个人要认识自身心智的全部，即认识自我的整个过程。

因此，我们发现，努力想要解决问题，并不能让我们摆脱问题获得自由，相反，这么做只会让问题变得更加复杂。你可以凭借自己的力量观察到这个。

我们以为，只有通过努力、奋斗、竞争、冲突才能生存下来。但我们意识到，只要个体之间、群体之间、国家之间存在着冲突，就根本不可能生存，战争与大规模的破坏就将不可避免。只要我们为了获得心理上的安全而去努力、奋斗、竞争，就必然会带来外部的冲突并最终引发战争。我们努力想要获得心理上的安全，努力去获取，努力想要变得更加如何，只要我们以获取为目的，努力在物质世界或心理领域变得更加怎样，就一定会带来冲突，我们的内心与周围就一定会上演不断的争斗。

我们努力想要获得安全与确定,因为心智害怕不确定,害怕处于一种不停去探寻、认知、发现的状态。只有当你处于一种深深的不确定的状态,才能有所探明,才能获得认知。但心智不喜欢不确定,于是它便从一个记忆移向另一个记忆,以便得到安全,于是它为自己树立起了各种美德、个性、品质、习惯以及它可以在其中运作的行为模式。我们大多数人都在有意或无意地寻求着这种心理上的生存,殊不知心理的生存会使得物质世界的生存变得不可能。因为,只要我们培养、滋养、强化着"我"、自我,就一定会出现无休止的冲突。

所以,这便是我们的状态,不是吗?假若我们希望发生彻底的转变,就必须冲破心智在其周围树立起来的所有高墙——美德、信仰、理念的高墙,渴望永生的高墙,诸如此类——如此一来,心智才能彻底自由地去发现真理。

首先,必须在没有任何说服或争论的情形下凭借我们自己的力量去认识我们是怎样从记忆移向记忆、从知识移向更多的知识。我们以为这种运动是一种革命。传统、环境、教育、限定都可以被改变——这便是每一场外部的革命试图去做的事情,无论它是资本主义者的、共产主义者的还是法西斯分子的,他们全都试图去改变环境、限定与传统。当然可以实现这个,但这并不会让人类摆脱痛苦,不是吗?我们思考的是——如何让心智摆脱痛苦以及通过努力是否能够消除痛苦。努力本身难道不是在强化着痛苦的原因吗,也就是"我"以及它那些以自我为中心的活动?当我努力想要变得有德行的时候,这是美德吗?虽然从小到大所受的教育让我们相信通过努力、通过斗争、通过训戒、通过影响、通过教育便可以达至美德的状态,但这整个的过程难道不会强化"我"这一不幸的根源吗?当我努力训练自己变得更加慷慨的时候,我难道不是在强化着"我"这一贪婪的根源吗?当我努力做到谦逊的时候,这难道不是一种自我中心的行为吗?

这是一个相当复杂的问题,不可以只在一个层面随便应对。既然洞悉了这一复杂的问题,意识到了痛苦的根源便是"我"、自我——你怎么称呼它无关紧要——那么怎样才能打破、摧毁这一基础呢?怎样才能不费力地将这个自我、"我"抛到一边去呢?这便是真正的问题所在,变革、改变、转变就应该发生在此。通过冲突、斗争,可以带来这种转变吗?假如我努力把各种管制、强迫施加在"我"的身上,是否就能够将这个"我"给消除了呢?抑或,只有当心智认识了这整个复杂的问题,但又不对它做些什么,才能将其解决呢?毕竟,心智正是"我"的中心,不是吗?或许我们大部分人并没有思考过这一问题。只要有自我存在,就一定会出现冲突、不幸;只要有自我存在,就不可能拥有生机与活力。然而,我们大多数人都接受、认可了自我,并以各种方式去培养它。那么,如果我们认识了自我的本质,如果我们广泛地觉察到了它的复杂问题,心智就可以不去对它们做些什么,如此一来它便不会对"我"推波助澜,不会给它滋养了,难道不是吗?

我关心的是消除这个"我",让自我不再存在。怎样才能在不把这个变成目标的情况下加以实现呢?我领悟到,只要我的心智有意或无意地忙于"我"及其活动,就不可避免地会出现痛苦、挫败与冲突。那么,要如何解决这一切呢?让我自己跟某个国家、某种观念、某种信仰、跟我们所谓的神去认同,这么做可以将其消除吗?这样的认同其实正是"我"的一种活动,不是吗?它不过是"我"的延伸,是在逃避"我"的琐碎,逃到我所认为的无限和广阔中去——这其实是我那琐碎的心智的一部分。因此,认同无法消除"我",无法冲破"我"的高墙、训戒、实践某种行为模式、祈祷、恳求、不断的要求,这些全都无法消除自我,这一切只会让"我"得到强化,使其持续下去——"我"是许多的记忆、经验、愉悦、努力、痛苦、悲伤。只要心智忙于去消除自我,就没有任何东西可以消除它了,因为心智无法冲破它所树立起来的那些障碍和高墙。可一旦我懂得了"我"的复杂结构,即过去经由现在走向将来,一旦我觉察到了内部的和外部的意识、暗藏的和敞开的意识——一旦我充分地认识了这一切,那么,因为渴望获得安全和永续而树立起层层障碍的心智就将迈入非凡的静寂,它将处于一种无为的状态,唯有这时,才能消除"我"。

那么,在聆听这类观点的时候,你怎么聆听是至关重要的,对吗?因为,毕竟,在这些演讲期间我们试图去做的是什么事情呢?我们不是努力把某套观念强加在另一套观念之上,抑或用一种信仰取代另一种,或是去追随某个老师而排斥另一个老师。我们试图去做的是认识问题,对它展开讨论,在讨论的过程中,你要对各种建议抱持开放的姿态,你要洞悉它们的涵义,由此你便可以凭借自己的力量直接探明努力是虚妄的、错误的。你不会有意地努力去改变什么,一旦你有了直接的认知,转变就会到来,它是自发来临的,没有任何强迫的意识。要想实现这个,你就必须安静地聆听,没有任何的障碍。假若你的改变是因为争论,因为逻辑上如此,因为你受到了影响,那么你就依然受着限定,只不过是在不同的方向罢了,而这又会带来痛苦。但如果你把痛苦视为一个整体去认识,而不是某种你从表面上要去逃避的事物,那么心智就会变得分外的宁静。在这种静寂中,将会迎来一种转变,这种转变不是被人为地导致的,不是来自于任何形式的强迫、欲望。这种转变是不可或缺的,通过影响、通过知识是无法获得这种转变的,知识不会消除我们的痛苦——知识即解释。只有当知识被彻底压制,当我们不再求助于知识,将其作为一种引导的手段,唯有这时,心智才能体验那不可命名的事物,那唯一能够带来彻底转变、革新的因素。

问:那些伟人们从来没有就何谓终极真理达成过一致意见。您对此有何看法呢？终极真理是否存在？

克：你的意见呢？你是怎么想的——这难道不更为重要吗？你想要知道是否存在终极真理，你声称，那些伟人们曾经指出有或者没有终极真理。这有什么价值呢？你渴望去探明，不是吗？你想知道是否有某种绝对的真理，某种不可改变的、永恒的事物。那么，你要怎样去探明呢？你唯一拥有的是心智，不是吗？——心智是时间的产物，是记忆、经验的残存。你带着这样的心智去探明是否存在着终极真理。你阅读过这些内容，你所读到的东西只会进一步强化你自身抱持的那些成见、观念或异议，而你则带着这样的心智试图去探明。你能够办到吗？这实际上难道不是个愚蠢的问题吗？假如我说有或者没有终极真理，意义何在呢？实际上，这对你的生活会有什么意义？它只会强化你自己的观念、经验、知识。然而，让你的观念得到强化，让你的信仰得到确证，这并不是终极真理，对吗？

所以，很明显，对你来说重要的是去探明，而要想有所探明，你的心灵就必须处于富有创造力的体验的状态，不是吗？你的心智必须能够去发现——这意味着，关于是否存在终极真理，还是仅仅只有一系列更加广泛、更有意义的经验，对此问题，你的心智必须能够彻底地挣脱一切知识的束缚。可你的心智却被知识、信息、经验、记忆给填塞满了，你带着这样的心智试图去探明。显然，只有当心智处于一种富有创造力的空无的状态，它才能够明白究竟是否存在终极真理。但心智从来不曾处于富有创造力的空无的状态，它总是在获取，总是在累积，总是活在过去或将来，抑或试图聚焦于当下，它从不曾处于创造力的状态，而唯有在创造力的状态里，才能迎来崭新的事物。由于心智是时间的产物，所以它无法认识那永恒的事物。因此，我们的工作不是去询问是否存在终极真理，而是应当探寻一下心智能否摆脱时间即记忆的制约，能否摆脱这种累积的过程，能否不去累积经验，不去活在过去或将来。也就是说，心智能否安静下来？这种静寂不是来自于训戒、控制。只有当心智静静地懂得了这一复杂的问题，才能迈入静寂，而唯有这样的心智才可以认识是否存在着终极真理。

问：心灵应当忙于什么呢？

克：这里有一个很好的例子：本来面目与应有面目之间的冲突是怎样产生的？首先，我们确立起了应有面目、理想，尔后试图依照这一模式来生活。我们声称，心智应当去想那些更加高尚的事情，比如无私、慷慨、仁慈、爱，这就是模式、信仰、应当如何、应该怎样，而我们则努力照此来生活。于是，在我们构想出来的应有面目跟本来面目即"当下实相"之间，就会出现冲突。我们指望着通过冲突能够带来改变。只要我们努力想要做到应当如何，就会感觉自己是有德行的，就会感觉良好。然而真正重要的是哪一个呢，是应有面目还是本来面目？我们的心智想的是什么呢？——我是指实际上，而不是观念的层面。它在想着那些琐碎的东西，不是吗？想着一个人看起来如何，想着野心、贪婪、嫉妒、闲言碎语、残忍。心智活在一个琐碎的世界里，而一个制造着高尚模式的琐碎的心智，依然还是琐碎的。因此，问题不在于心智应当忙于什么，而在于它能否让自己摆脱这些琐碎？假如我们展开充分的觉知，假如我们去探寻，就会认识我们自身的琐碎了——心智那些不间断的交谈、那些永无休止的聒噪、担心这个或那个、好奇别人在干些什么或者没干什么、试图得到某个结果、追求着自我膨胀，等等。我们的脑子整天想的就是这些事情，我们对此十分的了解。那么能否转变这一切呢？这便是问题所在，对吗？询问心智应当忙于什么，不过是幼稚的、不成熟的问题。

觉察到我的心智是琐碎的，它被那些琐碎的事情占据着，那么它能够让自己摆脱这种局限吗？心智就其本质来说难道不就是琐碎的吗？

除了是记忆的产物之外，心智还是什么呢？是关于什么的记忆呢？关于如何生存的记忆，不仅是生理层面的，还有心理层面的，发展某些特性、美德，储存那些经验，在自身的活动中确立起自己。这难道不是琐碎的吗？作为记忆的产物、作为时间的结果，心智本身就是琐碎的，那么它能够做些什么来摆脱自身的琐碎呢？它能够有所作为吗？请务必懂得这里面的重要性。作为一种自我中心的活动，心智能否让自己挣脱这种行为呢？答案显然是否定的，因为无论它做什么，都依然是琐碎的，它可以去猜想神，它可以设计出政治体制，它可以发明那些信仰，但它仍然是在时间的领域之内，它的改变仍然是从记忆到记忆，它仍然受制于自身的局限。那么心智能够冲破这种局限吗？还是说，只有当心智迈入了静寂，当它不再活跃，当它认识到自身的琐碎，不管它可能会把它们想象成多么伟大的事物，它才能冲破那些局限呢？当心智洞悉了自身的琐碎，充分地觉察到了它们，从而实现了真正的宁静——唯有这时，这些琐碎的事物才会消失。但只要你带着心智应当想些什么的念头去展开探寻，那么它就会忙于那些琐碎之事，不管它是去修建一座教堂，还是去做祷告或是去往圣殿。心智本身就是琐碎的、渺小的，若你仅仅声称它是琐碎的，那么你并没有消除它的琐碎。你必须去认识它，心智必须去觉察自身的活动，一旦它实现了认知，一旦它觉察到了自己有意或无意地确立起来的那些琐碎，那么它就将迈入静寂了。在这种静寂里，将会迎来一种创造力的状态，而这正是能够带来转变的因素。

问：我发现自己是个自命不凡的势利之人。我喜欢这种感觉，但却觉得这是一种错误的态度。那么我怎样才能摆脱这种心理呢？

克：我们全都喜欢高高在上或者感觉自己是优于他人的，不是吗？我们希望去结交那些有名的人，那些突出人士，我们希望认识重要人物。

我们全都渴望与伟大的东西认同，抑或被视为了不起的人物，要么是通过继承，要么是通过自身的努力。从职员到地方的最高长官，我们所有人全都渴望出人头地，于是便会出现势利、自命不凡，觉得自己很重要。尽管这位提问者指出感觉自己是个人物会带给人愉快，但他想要知道如何才能摆脱这种自命不凡与势利。很明显，要摆脱该心理十分的简单，不是吗？做一个无名小卒就好了。不，先生们，请不要对此一笑了之，实际上，甘于做个无名之辈很不容易。因为，我们的教育、社会环境、我们的宗教教义全都鼓励我们去出人头地。从内心来说，你难道不渴望功成名就吗？你难道不想成为一位优秀的作家或是认识某个有名的作者吗？你难道不想当上第一流的画家、最伟大的音乐家、最美丽的人或是最有德行的圣人吗？认知、获得、占有——这难道不就是我们为之奋斗的东西吗？如果我们对自己诚实的话，会知道情形正是如此。我们的所有努力，我们永远的冲突、斗争，就是为了实现这个——成为大人物。它带给了我们巨大的激励和能量，不是吗？野心是一种巨大的刺激，而我们则被困在这种思想的习惯里。你能够轻易地抵制这一切，甘于做个无名小卒吗？可我们必须要甘于做个无名之辈——但不是通过训戒、不是通过强迫。一旦我们懂得了何谓爱，就可以做到这个了。然而，当一个人关心着自身的重要，他的心中怎么可能怀有对他人的爱呢？

所以，声称"我必须能够甘于是个无名之辈"是很容易的事情，然而实现这个则需要巨大的能量。冲破那些习惯、传统、教育的影响、竞争的意识——冲破所有这些硬壳，需要你展开大量的觉知，不仅是在心智的表层，而且还有深层。然而，意识到你是个无名小卒，这其实便已经是在有所为了。甘于做个无名小卒，这是一种不请自来的状态。只有当一个人心中怀有爱，他才能懂得这种状态。但是，爱并不是一件可以寻求到的东西，一旦你的内心发生了转变，一旦自我不再重要，不再是一个人生活的中心，爱自然就会到来了。

（在欧加橡树林的第六场演说，1952 年 8 月 17 日）

自我即欲望

我认为，在这些谈话期间我们或许能够揭示自我以及一个人内心的想法，假如今晚我们可以做到这些的话，或许将会是很有价值的。因为，尔后，这就不会是一场你只需要去聆听的简单的演讲、谈话了，而是会揭示出一个人在探究那不可或缺的内心转变时将面临的种种问题和困难。我们发现周围的世界到处都是分裂，并且觉察到，随着年纪的增长，我们在走向衰退——精力的丧失，陷入既定的习惯的窠臼之中，追逐各种各样的幻象，等等——这一切全都妨碍了我们去认识自身根本性的、彻底的转变。

在过去的三周时间里，我们一直都在思考有关改变的问题，在我看来，探明其动机分外的重要。对我们大部分人而言，改变意味着一种刺激，我需要某种刺激才能改变，大多数人都需要一种刺激、推动、动机、目的、愿景或是跟某种信仰、乌托邦、意识形态进行认同，不是吗？刺激会带来根本性的转变吗？刺激难道不只是一个人自身欲望的投射吗？这种欲望的投射被理想化了、具象化了，我们指望着，通过追逐这种自造出来的产物，就能在将来带来改变了。有关改变的问题，难道不是十分的深奥吗？通过那些团体、那些宗教组织在我们面前晃来晃去的肤浅的刺激，就能够解决这一问题了吗？那些革命的意识形态为改变提供了富有逻辑的理由，提供了美好的激励，比如一个更好的世界、尘世里的天堂、一个没有阶级划分的社会，那么，这些意识形态能够带来根本性的转变吗？我们去认同这些刺激、激励，献身于他们所许诺的那些事情，但这是否会带来彻底的变革呢？这便是问题所在，对吗？

我不知道你们在多大程度上思考过这一问题，抑或你们对改变自我的问题探究得有多深入。然而，除非我们认识了转变必须从哪个中心、哪个视角开始，否则，依我之见，单纯流于表面的改变，无论在社会或经济层面有多大的益处，都无法解决我们那些复杂到棘手的难题。刺激、激励、信仰、许诺、乌托邦——在我看来，这些全都是非常表面化的东西。只有在中心才会有根本的变革，只有当我们彻底摒弃了自我、忘却了自我，将"我"、自我完完全全抛到了一边，才能实现根本性的改变。除非做到了这个，要不然，我不明白如何会出现翻天覆地的变化。通过某种刺激，能够让中心发生根本性的转变吗？显然不能，可我们全部的思想都是建立在刺激之上的，不是吗？我们总是努力去得到某种奖赏，去行善，去过一种高尚的生活，去进步、去达至。所以，重要的是去探明那个渴望提升、进步的自我是什么，对吗？

自我，"我"是什么呢？假如你被询问这一问题，你对此会做何反应呢？有些人会说，或许这是神的体现，是那被包裹在物质形式里的高等的自我，是用个别来表现出的无穷。其他人或许会坚称并不存在任何的精神实体，人不过是一系列对环境的影响的反应，是种族、气候、风土、社会限定的产物。不管自我可能是什么，我们难道不应当去探究它、认识它，弄明白如何才能从中心转变它吗？

何谓自我呢？它难道不就是欲望吗？请注意，我建议你去观察这些事物，而不是去反驳或者接受。因为我感觉，一个人越是能够去聆听，不是有意识地去听，而是无意识地、不费力地去听，那么我们就越能够产生交集，一起对问题展开更加深入的探究。假如心智仅仅去审视某个观念、某种教义、某个问题，那么它就无法超越自身肤浅的层面。但倘若你不去有意识地聆听，而是用处于静寂状态的心智去听、去观察，从而能够洞悉那蕴含在语词、符号、形象背后的事物，那么，我认为，你就有可能更快地实现直接的体验和认知了，而这并不是一种心智的分析的过程。我觉得，只要我们不用观念去迎接观念，就可以做到这个了。我所说的，并不是一套要去学习、重复、一再阅读或者传达给他人的观念。但如果我们能够不在心智的层面、理性的层面交流——这个我们可以稍后再去做——而是在心智既不去反对也不去努力认知的状态下，那么，在我看来，我们对于事物的洞悉就不会仅仅只是在口头或智力的层面了。

那么，那个需要根本性变革的自我究竟是什么呢？很明显，必须要发生转变的正是此处，而不是在表层。要想让自我发生彻底的革新，我们难道不应该去探明这个自我、"我"究竟是什么吗？那么我们能否弄明白这个"我"是什么呢？是否存在着永恒的"我"？抑或我们永远都在渴望某种把自己界定为"我"的事物呢？

请不要做笔记，就只是去聆听，当你做笔记的时候，你就没有真正在聆听，你更多关注的是记下你所听到的内容，如此一来你就可以在明天阅读它或者把它说给你的朋友们听，或者在什么地方把它打印出来。我们试图去做的则是截然不同的事情，对吗？我们要努力去探明这个被我们叫做自我的事物究竟是什么，它是"我"的中心，一切活动似乎都是从它这里开始的。因为，假如自我没有发生改变，那么单纯的外部的、外围的、表面的变化是没有多少意义的。

因此，我希望去探明这个中心是什么，以及是否真的能够冲破它、转变它、消除它。对于我们大多数人而言，何谓自我呢？它是欲望的中心，它表现为各种各样的持续，不是吗？它是欲望，是想要获得更多，想要让体验永续下去，想要通过获取，通过记忆，通过感觉，通过符号、名称、语词来获得充实。只要你仔细地审视，就会发现，并不存在永远的"我"，有的只是记忆，对于我曾经怎样、如今怎样以及应当怎样的记忆，是想要获得更多的渴望——想要得到更多的知识、更多的经验，想要得到一种永远的认同，与身体、房子、土地、观念、人的认同。这种过程不仅在意识的层面上演着，而且还在潜意识的层面。所以，作为"我"的中心，自我通过时间得以维系，受到滋养。但是，从持续的意义上来说，上述这一切都不是永久的，除了经由记忆以外。就本质而言，它不是一种永恒的状态，但我们却试图通过依附于、执着于某种体验、关系或信仰来让它变成永久性的——或许不是有意为之，然而，我们在无意中出于各种欲望、推动、强迫、经验而被驱使着这么做。

所以，这一切便是"我"，对吗？正是自我、"我"在不断地渴望"更多"，它从来不曾满足过，它永远都在渴望更多的体验、更多的感觉，它不断地培养着美德，以便在中心强化着自身，于是它从来不是美德，只不过是披着美德的外衣的自我扩张。因此，这便是"我"，它是名称、形式、它是符号、语词背后的感觉，它努力想要去获取、拥有、扩张抑或是变得更少。在这种努力下，它建立起了一个贪婪的社会，这里面满是争斗、竞争、无情、战争以及其他相关的一切。

除非这个中心发生转变，不是替代，而是"我"的彻底的提升，否则不可能迎来根本性的变革。既然意识到了这个，那么一个人要怎样带来内在深刻的转变呢？对于一个抱持严肃认真态度的人来说——而不是一个在寻求着那些让人慰藉的幻象，寻求着上师、老师以及其他无意义的事情的人来说——这便是问题的关键，对吗？那么，这个中心如何才能改变自身呢？先生们，那些领悟到必须要发生转变但却不知道应当如何带来这种改变的人们，很容易就为一些刺激、动机所困，不是吗？他们因为那些意识形态的乌托邦、大师、崇拜、教会、组织、救赎者等等弄得分了心。可一旦我把这所有让人分心的事物抛到一旁，因为它们不会改变自我这一中心，我关注的只是中心的转变——一旦我真的懂得了转变的迫切与必需，那么，所有这些流于表面的变革都将意义甚微。

当一个人把所有的刺激、追逐、欲望都抛到一旁，那么他是否就能转变那个中心了呢？你我是作为两个个体在思考这一问题，我并不是在对一群人发表演说。你看到了问题的所在，对吗？很明显，必须得有改变，不是在表层或抽象的层面，而是在根本、在中心；必须得有一种新的存在状态，这种状态不属于时间，不属于记忆；必须得有一种变革，这种变革不是来自于任何理论或信仰，不管是左翼的还是右翼的，这种变革不是信或不信的限定。我洞悉了这一复杂的问题，那么如何才能让中心出现自发的改变呢？这种改变不是源于强迫、训戒——它们不过是替代罢了。我不知道你是否曾经问过自己这个问题，假如你有问过，那么你有何发现，你又要怎样带来这种转变呢？对这些分心的事物、刺激、追逐、欲望的认知，究竟仅仅只是口头层面的、智力上的、表面的，还是真正的呢？——这里所说的真正的认知，是指那些刺激不再具有价值，于是也就能够被抛到一边了。抑或，即使懂得它们不过是些幼稚的刺激，你却依然在把玩着这些东西呢？

因此，我首先应该探明的是，当我的心智洞悉了问题，努力寻求答案的时候，它会处于什么样的一种状态，对吗？我有把自己的意思阐释清楚吗？存在着某个问题，我们全都知道该问题，我们在自己生活的任何时候都充分觉察到了它，有些时候我们明白它的涵义与深刻性。在我们一起讨论的时候，在一个人审视问题的时候，他的心智会处于何种状态呢？这难道不重要吗？心智应对问题时所处的状态是非常重要的，因为心智的状态是要去找到答案。所以，我首先看到了问题，然后我必须明白当我的心智审视问题时会处于什么样的状态。请注意，这些不是第一和第二的步骤——问题是一个整体，将其拆分开来只是为了便于口头的表达。假如我们分阶段去解决问题，先看到问题，然后探寻心智所处的状态,诸如此类,那么我们就会迷失,就会距离中心问题越来越远。因此,在我看来,重要的是去充分地觉察到当我着手问题时心智的整个状态。

首先,我不知道我是否希望有根本性的改变,我是否想要打破我所确立起来的一切传统、价值理念、希冀、信仰。我们大多数人显然都不知道这个,很少有人愿意如此深入地探究问题的本质,他们非常满足于替代物、改变信仰或更好的刺激。但是,要想超越这一切,我的心智该处于怎样的状态呢?心智的状态跟问题是分开的吗?问题难道不就是心智的状态吗?问题并不在心智之外,正是我们的心智制造出了问题,我们的心智是时间的产物,是记忆的结果,是"我"的基座,它永远都在渴望获得"更多",渴望永生,渴望此生或来世的永恒。所以,心智能够让自己与问题分开然后去审视它吗?它可以凭借理性抽象地、逻辑地做到这个——但实际上,它能够让自己脱离那个被它制造出来、原本就是它的一部分的事物吗?这不是自相矛盾,不是一个诡计,这是事实,对吗?我的心智洞悉了自身的不足、贫乏,于是便着手去获得财富、学位、头衔、永恒的神,于是它在"我"里面让自己得到了强化。心智是"我"的中心,它说道:"我必须改变",因此它便为自己制造出了许多刺激、动机,追逐好的、排斥糟糕的。

那么,这样的心智能够认识问题并对其展开行动吗?当它展开行动的时候,难道不依旧处在刺激、欲望、时间、记忆的领域之内吗?所以,在我看来,重要的是去探明我的心智是如何审视问题的,对吗?心智与问题是分开的,就像观察者与所观之物的分开那样,还是说心智本身就是问题的全部呢?对我们大多数人来讲,这便是问题的关键,对吗?我在观察着如下问题,即怎样彻底地、从根本上消除"我"这一中心,于是心智说道:"我要去消除它。"也就是说,心智、"我"把自己划分成了观察者与被观察的对象,尔后观察者便对所观之物即问题展开行动。然而，观察者正是问题的引发者，观察者与问题并不是分开的，他自己就是问题。那么，他该如何做呢？如果我们能够真正探明这个问题，就只是跟问题共处；不要试着找到立竿见影的答案，抑或从某个老师或书本那里引用观点，或是去依赖我们过去的经验，如果我们能够简单地觉察这整个的问题，不做任何的评判，那么我以为，我们就将找到解答了——不是口头层面的答案，而是非心智构想出来的解答。

所以，我的问题便是这个，我希望这也是你的疑问——我意识到，根本性的变革应发生在中心，而不是在表面。表面的改变没有任何的意义，变得更好、更高尚，获得更多的美德，拥有更多或更少的财富——这些全都是一个肤浅的心灵所展开的表面的活动。我谈论的不是这些改变，我只关心中心的转变。我意识到必须要彻底消除"我"，于是我询问什么是"我"。我觉察到这个"我"并不是哲学上的抽象概念，而是日常生活的真实存在。我时时刻刻意识到"我"是什么——"我"总是在观察、察看、累积、获取、排拒、判断、憎恨、分解，或是为了得到更多的安全聚结起来。改变必须要在这里发生，必须要完全地去除这个中心。那么怎样才能实现这个呢？作为问题的制造者，心智能否让自己与问题分隔开来，然后为了某个乌托邦或是为了任何其他的理由，以神、高等自我的名义对问题展开行动呢？它什么时候会这么做？这么做是否将中心消除了？显然没有。因此，我的问题是：通过辩证法或是通过对于历史进程的知识，心智能够带来根本性的变革吗？这是一个非常重要的问题，不是吗？因为，假如中心能够发生彻底的转变，那么我的整个生活就将拥有不同的意义了，尔后，将会迎来美、幸福，将会迎来创造力，将会有一种完全不同的生活状态，尔后，爱将会登场，而爱便是永远的宽恕。

那么，心智能够带来这种状态吗？如果你回答不能，你就没有觉察问题，这是一种非常快速、肤浅的回答。如果你说："我必须求助于神，求助于某种能够改变这一切的高等的精神状态",你就会再一次地去依赖语词、符号、心智的产物。那么,一个人要如何做呢?这难道不就是你的问题吗?审视"我"这一复杂的问题及其所有的黑暗,它的阴影与光明、它的紧张与压力,那么,作为观察者的我能够影响被观察的事物吗?请仔细聆听问题,不要寻求答案或是试图去解决它,就只是去聆听,让它自己渗透进你的思想里,犹如细雨润泽大地一般。假若你真的与问题同在,假若你在日常生活中时时刻刻关心的便是探明怎样才能带来转变,假若你以逆向思维的方式将那些正面的着手方式都抛到一边,那么我觉得,你将找到一种新的元素,它会在你不知道的情形下静悄悄地到来。这并不是虚幻的愿景,请不要一笑了之,就仿佛你已经懂得了这一切。

因此,很明显,我们必须要去做的便是觉察这个问题的全部,不仅是在意识的层面,而且尤其是在潜意识的层面,我们必须在内心深刻地觉察它。表层的心智能够提供理由、解释,它可以用逻辑来解决某些问题,可一旦我们关注的是某个深层的问题,那么流于表面的应对方式就将没有任何价值。我们关注于某个非常深刻的问题,即怎样带来中心的转变、革新。若没有根本性的改变,单纯的表面的变化就没有丝毫的意义,变革之后还会需要更多的不断的变革。只要我们能够把问题当做一个整体去看待,感受它、体验它,不知不觉中将其吸收,那么我们就会对"我"的所有活动和把戏了如指掌了,我们将会明白观察者是怎样把自己跟被观察的事物划分开来的,是怎样抵制这个、接受那个的。我们对这整个的过程越是了解,表层的心智就会越少活动。思想无法解决问题,相反,思想必须要终止。正是观察者在做着判断,在辩护、接受、排拒,这一切便是思想的过程。正是思想导致了我们的问题——想在财产、外物、关系、观念、知识里面寻求得到更多。我们试图带着这样的想法去解决问题。思想是记忆,平静的记忆依然属于心智。心智越是安静,就越能深入地认识问题,从而将那一中心消除。

问：这种不断的自我觉知的过程，会导致自我中心吗？

克：会的，不是吗？你越是关心自己，越是去观察、提升、思考自己，就会变得越是以自我为中心，对吗？这是一个显而易见的事实。假如我关注于改变自己，那么我就必须展开观察，必须确立起某种能够帮助我冲破那一中心的技巧、方法。只要我有意或无意地关心着结果、成功，只要我在获取、储存——这便是我们大多数人所做的事情——就会出现自我中心。动机是某个我要去追逐的目的，因为我渴望得到某个结果。我观察着自己，我很不快乐，我遭受着痛苦、挫败，我感觉有一种状态，在它里面，我可以得到快乐、圆满、充实。于是我开始去觉知，目的是要达至那一状态，我利用觉知去得到我所渴望的东西，因此我是以自我为中心的。我希望通过觉知，通过自我分析，通过阅读、学习能够消除"我"，然后我便会获得幸福、顿悟、解放，我将跻身于精英的行列——这便是我想要的。所以，我越是关注于得到某个结果，思想的自我中心就越严重，但思想无论如何都是以自我为中心的，不是吗？

那么该怎么办呢？要想冲破这种自我中心的状态，我就得明白为什么心智总是渴望某个目的、目标、结果，为什么我的心智要去追求奖赏？原因何在？它能否以其他的方式运作？心智的运动难道不是从记忆到记忆、从结果到结果吗？我已经获得了这个，但我不喜欢它，我打算得到其他的东西。我不喜欢这个想法，然而那个想法会更好、更高尚、更让人慰藉、更让人满意。只要我在思考，我就可以从其他的层面去思想，因为心智是从知识移向知识、从记忆移向记忆。思想究其本质来说难道不就是自我中心的吗？我知道存在某些例外，但我们讨论的不是那些例外的情形。在我们的日常生活里，我们难道不是有意或无意地在追求结果，在获取，在逃避，在渴望永生，在把那些干扰的事物即不安全、不确定的东西抛到一旁吗？在寻求确定性的过程中，心智制造出了自我中心，这种自我中心难道不就是"我"吗？然后，这个"我"在观察和分析着自己。所以，只要我们寻求结果，就一定会出现自我中心，无论是在个体身上，还是在群体、国家或种族身上。但倘若我们可以懂得为什么心智寻求结果，某个令人满意的结果，为什么它会渴望获得确定——倘若我们懂得了这个，就能冲破那一堵堵把思想即"我"围困起来的高墙了。但这要求我们觉察到这整个的过程，不仅是在意识的层面，而且还有潜意识的层面，要求我们时时刻刻去觉察，在这种觉察的状态里，没有任何的累积，没有所谓"是的，我已经认识了这个，我明天就去运用它"，这种觉察里会有一种不属于心智的自发、自觉。唯有这时，才能超越思想的自我封闭的活动。

（在欧加橡树林的第七场演说，1952年8月23日）

探明欲望就能迎来转变

今天上午，我希望继续昨天下午我们所讨论的内容——即改变的必要以及改变所蕴含的问题。我认为，大多数人至少表面上理解了变革外部世界的重要性，或许有时候深刻地认识到这个——外部世界充满了如此多的不幸、战争、饥饿、阶级划分、势利以及贫富之间那令人惊骇的差异，百分之八十到九十的亚洲人是饿着肚子上床睡觉的，然而，身在这里的你们却是衣食无忧。显然必得发生彻底的变革，必须得有翻天覆地的改变。许多人曾经试图用各种方式带来这种转变——通过血腥的革命、通过经济调整、通过各种各样流于表面的改革，诸如此类。可是在我看来，除非彻底摒弃了自我，完全消除了"我"，否则不可能迎来根本性的变革。昨天我就消除"我"、自我的过程中会出现的问题做了一番探讨——这个"我"永远都在努力宣称自己的权力，无论是主动的还是被动的。

　　这个早上，我想要讨论一下欲望以及它否能被改变，因为我觉得，欲望是我们每个人在思考根本性转变的问题时面临的一个主要难题。很明显，除非我们认识了欲望的整个过程——憧憬、努力、有意或无意地追逐某个目标，无论它多么的高尚——除非我们探究并理解了这一过程，否则，仅仅表面的改革或是暴力革命都将意义甚微。正如我昨日所说，请不要把这场演讲当做你只需要去聆听的简单的讲话，也不要用你所抱持的思想意识去跟我争论，用一种观念去反对另一种观念。我们努力要去做的，是洞悉欲望的过程里面所包含的复杂问题。我是把你们当做一个个单独的个体在发表讲话的，而不是一群对这一切并无兴趣的听众。我们是作为个体在讨论问题，不要去反对，看一看我们对它的探究能够走得多远，看一看我们能够让自身发生多么深刻的根本性的转变。在同你们展开谈论的时候，我仅仅只会揭示问题以及我认为应当如何来着手问题，我觉得，这要比单纯的聆听重要得多，不知不觉地去认知也胜过有意努力去认识。

　　对于我们大部分人来讲，欲望是一个相当大的难题——渴望获得财富、地位、权力、慰藉、永生、不朽，渴望被爱，渴望拥有某种永恒的事物、某种让人满意的事物、某种超越了时间的事物。那么，什么是欲望呢？这个不停地在推动着、驱使着我们的东西究竟是什么呢？——这并不意味着我们应当满足于自己已经拥有的抑或本来面目，那不过是我们的欲望的对立面罢了。我们要努力去探明何谓欲望，假如我们可以试探性地来研究一下这个问题，我认为，我们就将迎来转变。这种转变不是单纯地用一种欲望的对象去替代另外一个欲望的对象，然而这就是我们通常所说的"改变",不是吗?由于对某个欲望的对象感到不满,于是我们便找到了一个替代物,我们永远都在从一个欲望的对象转移到另一个欲望的对象,以为后者更高等、更高尚、更优良。可无论它多么优秀,欲望依然是欲望,在欲望的运动中,会有对立面之间无休止的争斗与冲突。

所以,重要的是去探明什么是欲望以及它是否能够被改变,难道不是吗?那么,什么是欲望呢?它难道不是符号及其感觉吗?欲望是得到了某个对象后所获得的感觉。如果没有符号及其感觉的话,还会有欲望存在吗?答案显然是否定的。符号可能是一幅图像、一个人、一个字眼、一个名称、一个形象、一个观念,它带给了我某种感觉,让我觉得我喜欢它或者不喜欢。假如这感觉是令人愉悦的,我就会想要去得到、占有、依附它的符号,继续那种愉悦感。我不时地会依照自己的倾向和强烈程度去改变图像、形象、对象。我对某种愉悦感到厌倦了,于是便去寻求新的感觉、新的观念、新的符号。我排斥旧的感觉,接纳新的感觉以及新的语词、新的涵义、新的体验。我排斥旧的,屈从于新的,认为后者要更为高等、高尚、更让人满意。因此,欲望里面会有抵制和屈从,这意味着诱惑。当然,在屈服于某个符号的时候,总是会担心遭遇挫败。

只要我观察一下自己内心的欲望,就会发现,我的心智总是会聚焦在某个对象身上,以便获得进一步的感觉。在这个过程里,包含有抵制、诱惑、训诫。有感知、感觉、接触、欲望,心智变成了这一过程的机械化的工具,在它里面,符号、语词、对象是一切欲望、追逐、野心围绕的中心。这个中心就是"我",那么,我能否消除这一欲望的中心呢?——不是某个欲望,某种野心或渴求,而是欲望、憧憬、希冀的整个结构,在这里面,总是会有对挫败的恐惧。我所遭遇的挫败越大,就越会强化"我"。只要有希冀、憧憬,就总是存在着恐惧的背景,而这又会让那一中心得到强化。革新只有在这个中心才有可能,而不是在表层,表层不过是分心的过程,是流于表面的改变,会导致有害的行为。

因此，当我觉察到这整个欲望的过程，就会懂得我的心智是如何变成了一个死寂的中心、一种机械化的记忆的过程。由于对某个欲望感到了厌倦，于是我自然就会渴望在另外一个欲望中让自己得到满足。我的心智总是在感觉的层面体验，它是感觉的工具。因为厌倦了某种感觉，所以我寻求着新的感觉，我可能把这个称作认识神，但它依然还是感觉。我受够了这个世界及其琐碎，于是我渴望安宁、那种永恒的安宁，所以我便去冥想、训戒，我控制我的心智，以便体验到那种宁静。体验宁静，仍然是感觉。所以，我的心智是感觉，是记忆的机械化的工具，是一个死寂的中心，而我的行为、思想就是源于这个中心。我所追逐的对象是心智构想出来的，心智把它们作为符号，由此得到感觉。"神"、"爱"、"共产主义"、"民主"、"国家主义"等语词——这些全都是让心智得到感觉的符号，于是心智便去依附于它们。正如你我所知道的那样，每一种感觉都会终结，因此我们从一种感觉转向另一种感觉，每一种感觉都强化了寻求更多的感觉这一习惯。于是，心智变成了单纯的感觉和记忆的工具，而我们则被困在这一过程之中。只要心智在寻求更多的体验，那么它就只会从感觉的层面去思考，任何可能是自发的、活力的、崭新的体验，它都会立即简化为感觉并且去追逐那一感觉，尔后，这感觉就变成了记忆。所以，体验是死的，心智成为了一潭死水，储存的只有过去的东西。

如果我们深入地探究过这个问题，就会对这一过程十分熟悉。但我们似乎无法超越，我们之所以希望超越，是因为厌倦了这种永无止境的例行公事，这种对感觉的机械化的追求。于是，心智制造出了有关真理、神的概念，它梦想着一种重大的改变，诸如此类，结果也就从不曾有过一种富有创造力的状态。我在自己的身上看到了这种欲望的过程在上演，它是机械化的、重复的，它把心智局限在一种例行公事的过程中，使它变成了一个关于过去的死寂的中心，在这里面，没有任何创造力的自发性。创造力有时会突然出现，它不属于心智，不属于记忆，不属于感觉和欲望。那么，我该怎么做呢？

就像我昨天指出来的那样，我觉得，重要的是去聆听我所说的话，就只是去觉察我试图表达的涵义。我并没有打算说服你，抑或把某种思想模式强加在你的身上，这么做只会导致肤浅的思考，从而引发有害的行为。看一看我的观点在多大程度上道出了真理，在你聆听的时候，去觉察你自己的思想的过程，不要做任何的评判。一旦你意识到了真理，它就会行动起来，若你给它机会的话。但倘若你聆听了真理却没有让它对你发生作用，那么它就会变成一剂毒药，就会带来一种衰退的状态。我们大部分人都有意或无意地在逃避探明真理，我们不想听到习惯之外的东西，不想听到并非思想传统上所追逐的东西。因此，假如容我建议的话，请你们在聆听的时候不要抱着某种需要被说服的观念，而是要去探明你自己的心智是怎样运作的。一旦我懂得了我是怎样思考、怎样行动的，就不会希望他人来说服我去接受自己的本来面目了。认识自我会带来智慧，而智慧不是确信、观念、信息、知识，它是无法用心智来衡量的事物。我试图传达的全部，便是我们自己的思想的过程以及如何觉察到它。在觉察自身的过程中，心智将洞悉那蕴含在语词、符号及其感觉背后的意义。

所以，我们的问题便是去认识欲望——不是它应当走多远或者它应当在哪里终结，而是去认识欲望、渴望、憧憬、野心的整个过程。我们大多数人都觉得占有很少的东西便意味着挣脱了欲望的羁绊——我们是何等崇拜那些摒弃了世俗享乐的人们啊！只系一条缠腰布、只穿一件长袍，表明我们渴望走出欲望的泥沼，但这又是非常肤浅的反应。当你的心智被无数的欲望、渴求、信仰、努力裹挟的时候，为什么还要从肤浅的层面开始放弃对那些外在事物的拥有呢？变革必须要从这里开始，而不是你拥有多少东西，抑或你穿什么样的衣服，或者你吃几顿饭。但我们却被这些东西影响着，因为我们的心智非常浅薄。

所以，你我的问题是去探明心智能否挣脱欲望、感觉的束缚。很明显，创造力同感觉无关，真理、神，随便你怎么称呼，并不是一种能够像感觉那样被体验的状态。当你有了某个体验的时候，会发生什么呢？它给了你某种感觉，让你感到开心或沮丧。你自然试图避免沮丧的感觉，把它抛到一边，但倘若是愉悦、开心的感觉，你则会去追逐它。你的体验带来了一种愉悦的感受，你渴望拥有更多这样的感觉，这个"更多"令那死寂的心智的中心得到了强化，这个中心始终都在渴望获得进一步的体验。于是心智也就无法体验任何新的事物，它之所以不能体验新事物，是因为它总是通过记忆、识别去着手，而凡是经由记忆被识别的事物，皆非真理、创造力、实相。这样的心智无法体验真理，它只能体验感觉，而创造力不是感觉，它时时刻刻都是崭新的。

那么，我认识到了自身心智的状态，我领悟到它是感觉和欲望的工具，更确切地说，它就是感觉和欲望，它被机械化地困在了这种例行公事里头。这样的心智无法接纳和感受新的事物，因为新事物显然必须是超越了感觉的东西，而感觉总是旧的。所以，这种机械化的过程及其感觉必须要停止，不是吗？渴望获得更多，追逐那些符号、语词、形象及其感觉——这一切必须终结。唯有这时，心智才能处于创造力的状态，在这种状态里，总会迎来新的事物。假若你在聆听的时候能够不被语词、习惯、观念迷惑，能够懂得新的事物不断撞击心智是何等的重要，那么或许你就能认识欲望、例行公事、厌倦、不断地渴望更多的体验这整个过程了。尔后，我认为，你将开始领悟到，对于一个真正有所寻求的人来说，欲望在他的生活里是没有多少意义的。显然存在着一些生理上的需要：食物、衣服、住所以及其他相关的一切，但它们从来不会变成心理上的欲望，不会成为心智把自己建立在其上的事物，让自己成为欲望的中心。在这些生理需求之外，任何形式的欲望——渴望变得伟大、渴望获得真理、渴望拥有美德——都会变成一种心理的过程，心智借由该过程确立起了关于"我"的概念并且在中心强化着自身。

因此，当你懂得了这一过程，当你真正觉察到了它，不去树立起任何对立面，没有诱惑的意识，既不去抵制，也不去辩护或者评判，那么你就会发现，心智能够去接纳新的事物。而新事物从来不会是感觉，因此它永远不会被认识以及一再地体验。它是一种存在状态，在这种状态里，将会迎来创造力，无需邀请、无需记忆——而这便是真理。

问：我碰巧是个拥有较多手腕的成功商人。上个周日，我偶然过来拜访，结果听到了您的讲话。我立刻意识到，您的观点真是道出了真理。它在我的内心引发了巨大的斗争，因为我的整个背景和职业与那种我现在视为不可或缺的生活方式完全是背道而驰的。我不知道我怎样才能重新回到我的生意，我该如何是好呢？

克：我想知道为什么你们当中有些人会发笑？把你自己类似的心理斗争掩盖起来，是否是一种紧张的反应呢？这个人询问了一个非常严肃的问题，你却将其一笑了之。他很担心，他想知道该怎么办才好。那么他应当怎么做呢？假如他抱持严肃认真的态度，没有被语词裹挟，没有受某个愉快的早晨的感觉随意影响，那么他显然就会展开彻底的行动，不是吗？他或许不得不放弃自己的生意，因为他意识到的东西要比这事业重要得多，比挣钱、地位、名望、家庭、财富重要得多。他能够重返一个非他所愿、被他意识到并非自己生活目标的行业吗？但我们通常用语词、解释、辩护把这种挣扎、这种不满给掩盖了起来，然后溜回到先前的状态。我们意识到自己一直过着的生活，被视为事业的生活其实是毫无价值的，是腐朽的、破坏性的——我们认识到了这一点，我们真真切切地感受到了这个。但我们并没有展开行动和思考，没有去追求我们所思考的东西，而是害怕结果，于是，我们意识到的东西和我们依照社会的指示应当去做的事情，这二者之间便上演着无休止的冲突。因此，我们招来了心身疾病，招来了心灵的衰退以及潜藏的冲突。你感觉到了某种实相带来的激动，你知道它是真实的，但你却被困在赚钱的机器或是陈规、例行公事或其他的东西里面。一旦你充分意识到了这个，而非仅仅口头上接受，你就会展开彻底的行动，就会从旧有的习性中突围而出。然而你发现，只有很少的人才实现了这种觉知，才真正认识到了这个。我们在渐渐老去，我们的习惯固化下来，我们渴望舒适，渴望得到人们的赞赏、热爱，渴望在我们熟悉的行为模式里头过得舒舒服服。结果，我们没有采取彻底的行动，而是把自己的冲突掩盖起来，迷失在那些语词、解释之中。你越是依附于财富、责任，牵连的东西就越是巨大，行动就越是困难。但倘若你认识到必须要这么做，问题必须要终结，你就会有所行动的。当你领悟到了真理，那么这种领悟本身便是行动。

问：在去掉了一切刺激、感觉、希望和信仰之后，一个人只会剩下彻底麻木的感觉。既然您指出思想者对这种麻木无能为力，那么人便会有挫败感。如果不做些什么的话，他要如何超越这种麻木呢？

克：我觉得，我们大部分人都有此感受，不是吗？我们有意让自己摆脱那些信仰、希冀、感觉，因为我们渴望更大的希冀、更多的刺激的感觉、更让人满足的信仰。我们并没有懂得希望、信仰、感觉的涵义，并没有把它们当做一个整体去看待，我们仅仅只是发现某些信仰、感觉、希望是无用的、空洞的、毫无意义，所以我们便将它们抛到一旁，所以我们让自己摆脱了它们抑或是退出了某些团体。为了得到更多而去摆脱，心灵自然会变得愚钝和麻木，它依然还是在希望、信仰、感觉的模式中活动，因此会感到挫败。尔后便会出现如下问题："我怎样才能摆脱这种挫败？"我们没有认识信仰的整个过程——也就是渴望安全与确定，在某个观念、某种感觉里寻求庇护——没有懂得这一切，没有去加以探究，觉察它全部的涵义和微妙之处，我们只是挣脱一种信仰，转而去追逐另外一种信仰。但如果一个人意识到心灵是怎样制造出了某个信仰同时去依附于它,是怎样永远都在通过体验去寻求感觉——如果他明白了这里面的全部涵义,就不会有挫败的问题了。尔后,心灵不再是愚钝的、麻木的——它将会是机敏的,它将始终展开观察以便去探明、发现它潜伏在自身的安全的何处。它充分觉察到了自己,永不停息地观察着自身的过程,这样的心灵怎么会是愚钝的呢?这样的心灵怎么可能有挫败感呢?你之所以觉得挫败,是因为你想要在某些感觉、信仰、希望中实现自我,只要你渴望去实现、去达至什么,就一定会有恐惧,而恐惧也就是挫败。

当心灵渴望获得感觉、希望、安全、确定,它就会同时制造出恐惧,担心这些东西无法实现,当它去追逐自身的创造物,便会被困在害怕没有实现、没有得到安全的恐惧之中。我们必须要去认识的正是这整个的过程,一旦我们觉察到了这一过程,一旦我们观察着该过程,同时不做任何的评判,便将实现认知。心智在行动中观察着自身,并不存在你观察心智这回事儿,心智觉察自身,觉察自己所有的想法、所有暗藏的和公开的追逐。这样的心智永远不会是愚钝的,因为没有一刻它在获取、追逐成功或是遵从。只有当心智出于对成功的渴望而去遵从的时候,它才会变得麻木、迟钝、疲倦。一个并不渴望通过感觉、通过更多的体验去自我膨胀、自我扩张的心灵,是没有任何阻碍的,于是也就不会有任何挫败感。只要你我能够认识这一过程,只要心灵能够在我们的日常生活、在其运作中时时刻刻洞悉自身,那么我以为,愚钝、麻木、挫败这类问题就将彻底消失不见。

问:我曾经体验过神,我依靠自己的力量知道神是存在的。尽管这是一种信仰,但它并不是单纯的逃避,而是建立在真实的体验之上。上周我第一次听您的演讲,当您声称一切信仰皆是绊脚石的时候,我认为您是错误的。基于直接体验的信仰,难道不会有助于我们认识真理或神吗？

克：我们所谓的信仰是指什么意思呢？皈依？信服？请注意，我并没有试图依照字典来去界定它。你怀有一些信仰，那么它们是建立在什么之上的呢？是基于体验，对吗？你的体验源自于你所受的传统、背景、教育、社会影响，你身处的环境的影响，限定了你的信仰。你一直浸染于基督教这一背景之下，于是你的信仰便是依照这一传统、这一背景。另外一个人则是在一个视神为禁忌，认为神是荒谬的、没有逻辑的、不真实的社会里长大的，于是他的信仰便会依照他所受的背景。所以，你的体验、经历是根据你所处的背景，正如他也会依照自己的背景去体验一样。你所体验的，是你无意识中深深培养起来的东西。你所受的教育，是依照某个自孩提时代起便灌输给了你的思想模式，结果你自然就会根据那一模式去体验神，于是，你的体验对你来说便是真实的，你声称它不再是单纯的信仰的问题，而是建立在知识、信服、真理之上。这样的信仰，能够帮助你去进一步地体验你所谓的神？当然可以。然而，你依照自身所受的限定去体验的东西——会是神吗，会是真实的吗？这种体验，难道不会让你的信仰即你的限定得到强化吗？你或许会说这并不是逃避，但你难道不是依照你的限定在做出反应吗？就像另外一个人在依照他所受的限定做出反应一样。

所以，重要的不在于你信或不信神，而在于让心灵挣脱自身所受的限定，然后去探明。假如没有摆脱自身的局限，那么心灵坚称有神或无神又有什么意义呢？因此，心灵应该挣脱自身的限定，也就是，挣脱它自造出来的事物，挣脱它在国家或神那里寻求安全、确定、永续的渴望。唯有这时，才能说这究竟是一种绝对的实相，还是一系列始终在扩大的更为重要的体验。很明显，这才是关键，而非你的信仰是否强化了你的限定，抑或你的体验是否是关于神的。一旦心灵意识到了神，它便不是神，语词不等于它所指代的那个事物，记忆不等于实相。那无法被命名的事物，是不可识别的，它不是感觉，而是某种截然不同的事物，是每时每刻出现的，所以不存在任何的持续。只要我的心灵在寻求持续，它便会被自身的欲望局限住，于是，它所体验的是能够带给它持续的东西，即它所谓的神，但实际上并不是神。所以，这个问题里面真正重要的是：心灵如何摆脱自身的背景与限定以及它是否能够获得自由？这才是问题所在，而非信或不信神，抑或信仰是否对你有所帮助。我们希望神帮助我们摆脱自身的琐碎、欲望、追逐，但这样的神并非裨益，而是阻碍。

因此，我们的问题是——人能否挣脱自身的限定与背景，他在这里面被教育长大，在这里面受着控制、影响和塑造。要想获得自由，一个人首先就得认识到自己是受着束缚的，必须觉察到自身的局限，觉察到心智以及那些暗藏的、潜在的限定，而这并不是分析的行为。也就是说，如果心智的一个部分在分析着自己，在通过分析深入探究问题，那么就无法让心智挣脱局限。只有当心智觉察到了自身所受限定的整个过程，以及懂得了它为什么会接受这种限定，它才可以让自己获得自由。你可以认识到这个，这并不困难。假若心智不停地在它与自然、与人、与观念、与物的关系里去觉知自身的限定，那么整个生活就会是一面镜子，你可以去发现、去探明，无需分析。分析或许能够暂时地开启解决若干个困难的大门，但若想让心智挣脱自身的背景、限定、环境、传统，以便它可以获得新生——只有当我们时时刻刻去觉知，不做任何努力，只有当我们毫不费力地洞悉了在心智的狭长地带、幽深之处所发生的一切，心智才能获得自由。唯有当心智获得了新生与自由，它才可以接纳那不可命名的永恒的事物。

（在欧加橡树林的第八场演说，1952年8月24日）

当思想者即思想,才有创造力的释放

经常参加这些演讲的人,会知道我们一直都在思考改变这个复杂的问题。如果可以的话,今天晚上,我希望讨论一下那能够带来改变的力量以及它是什么,此外便是能否直接地体验那一能量,随便你怎么称呼都行。我觉得,我们已经认识到某种能量、力量对于改变来说是必需的。在政治层面,我们非常清楚地认识到了这一点。有极端形式的暴政、专制,还有更加有说服力的方法,即通过组织的力量带来变革。我们大多数人都依靠某种形式的强迫,政治、宗教或社会层面的高压,因为我们为习惯所困,我们十分懒惰。对我们大部分人来讲,改变意味着危险,所以我们不愿意经历这种心理的变革——若我们希望建立一个人类能够干净、体面、正派地行动的世界,那么心理的变革就是不可或缺的。

我们一直都在思考以各种方法去着手有关改变的问题,在我看来,我们不可避免地会触及中心问题,即什么能够带来这种转变。这种力量、能量究竟是什么?强迫、自我修炼、任何形式的高压都会引发抵制,而抵制又会产生出能量、力量,从而带来某种形式的改变。你在自己的生活中一定曾经注意过,你越是抵制某样东西,你就越有力量;你越是去训戒,越是专注于自身,力量就会越大。但这会带来根本性的改变吗?这是那种内在的变革所必需的力量吗?培养对立面,能带来这种不可或缺的转变吗?如果我心怀仇恨,那么培养爱会带来根本性的变化吗?仇恨的对立面,难道不是依然处于仇恨的领域之内吗?善是恶的对立面吗?我必须要经历恶才能发现善吗?善来自于任何形式的强迫、训戒、高压、压制吗？培养善、慈悲、仁慈，难道不仅仅只是在强调"我"、自我吗？也就是说，假设我心怀恨意并且懂得了它的涵义，尔后我便辛苦地去培养善良、仁慈，那么这种过程难道不会让"我"、自我得到强化吗？培养善显然会带来某种改变，于是就会有力量、能量，但是很明显，这种变化仍然是在"我"、自我、心智的领域之内，不是吗？正如我曾经指出来的那样，你越是去培养善并且意识到自己是善良的，就越会有恶存在，因为恶来自于自我、私心。

让我们假设你认识到了这一切，你还懂得了根本性转变的必要性。那么你要怎样带来这种革新呢？那能够带来变革的力量、那富有创造力的能量是什么呢？要如何释放出它呢？你尝试了训戒，你尝试了去追求理想以及各种猜测性的理论——认为你便是神，认为假如你能够认识神性或者体验梵我①、最高等的实体，随便你怎么称呼都好，那么这种实现就会带来根本性的转变。是这样吗？首先你假定存在着某个实相，你是它的一部分，并在它的周围确立起了各种理论、猜想、信仰、教义、推测，你按照它们去生活，你指望着依照该模式去思考与行动就可以带来根本性的改变，对吗？

假设你认为从根本上来说实相的本质就蕴含在你的身上，就像大多数所谓的宗教人士那样，认为通过培养美德，通过各种各样的训戒、控制、压制、排拒、牺牲，你便能接触到那一实相，便能带来那不可或缺的转变。这种猜想仍然是思想的一部分，难道不是吗？这难道不是源于一个受限的心灵吗？这个心灵一直受着如此的教育，它按照某种方式、依照某些模式去思考。你制造出了形象、观念、理论、信仰、希望，尔后你便求助于你所制造出来的这些东西去带来这种根本性的变革。

所以，一个人必须首先洞悉"我"、心智的隐蔽的活动，必须觉察到

---

① 梵我，atma，印度哲学和印度教所说的生命本源、灵魂。——译者

那些观念、信仰、猜想并且将它们统统抛到一旁，因为它们实际上是幻觉，是欺骗，不是吗？其他人或许体验过实相，但倘若你没有体验过，那么猜想它或者想象你本质上是某种真实、不朽、神性的事物又有什么意义呢？这依然是在思想的范畴之内，而任何源于思想的事物都是受限的，都属于时间、记忆，因此并不是真实的。假若一个人真正认识到了这个——不是猜想，不是想象或者出于愚昧，而是真正洞悉了以下真理：即心智在其猜测性的寻求、哲学性的探索，在其猜测、想象或希冀中所展开的任何活动，都只是一种自欺——那么，那能够带来根本性转变的力量、那富有创造力的能量究竟是什么呢？我不知道你在你的冥想、你的思考、你日常的觉知中是否走得这样远，以至于你彻底抵制了一切猜测、想象、推测性的希望、恐惧和需求。很明显，一个真正有所寻求的人必须达至这种状态，不是吗？如果你已经走得这样远了，那么会发生什么呢？那能够带来根本性变革的力量、能量，那富有创造力的事物是什么呢？

你知道，只要我在追逐观念，不管它有多么的崇高、多么的神圣，理论上多么的高级，总是会有寻求者与他所寻求的对象这种二元性，不是吗？有一个心怀恨意的人，有一个在追求和平、爱的人，一个是善人，另一个则是恶人，这便是我们的争斗、我们的冲突。我觉得，这就是问题的关键——即如何弥合这种二元性，如何去超越它。也就是说，假设我心中怀有仇恨，我的心里没有爱，我的心灵满是头脑的东西，它是狡猾的、误入歧途的、盘算的，我认识到了这个。我还感觉到，只有当迎来一种更有爱的状态、一种慈悲的状态，世界才会发生转变，于是我便去追逐爱。结果，我的身上就出现了爱与恨这种二元性及其争斗——个人的想法跟公众的生活，我的本来面目与我试图要成为的模样。内心的斗争和冲突始终在上演——假如我们可以认识这个，那么或许我们就将探明怎样唤醒那种能够带来转变的能量、那种富有创造力的事物了。认识到思想者与思想是一体的——体验这个，而不是口头上去重复，这么做没有任何意义——在我看来，这便是中心问题。自我、"我"，便是由这种二元性的斗争构成的，不是吗？存在着"我"和"非我"，存在着一系列的记忆、限定、希望以及它所渴望的事物。本来面目跟应有面目之间的斗争，我的真实模样跟我渴望成为的样子之间永无休止的冲突，不仅是意识层面，而且还有潜意识的层面，我的头脑和心灵的那些模糊的、隐蔽的幽深之处——这种斗争，难道不正是"我"的过程吗？但倘若我能够真正体验到思想者即思想、观察者即所观之物，那么我就将释放出那种可以带来根本性转变的能量了。

因此，一旦你充分觉察了自身，就会知道这种争斗在不断上演，而它只会强化、滋养"我"、自我、私心——不管它是高等的自我还是低等的自我，都是一样的，因为它都在思想的范畴内。思想者难道不是由思想创造出来的吗？思想者跟思想是分开的吗？只要思想者试图去控制思想、影响它、指挥它，也就是训戒的过程，那么这种斗争就会给思想者以力量，从而赋予了"我"活力。而变革、改变正是应该发生在"我"这一中心上，那么要如何带来转变呢？我清楚地意识到，任何形式的强迫、训戒、刺激、希望、愿景都无法带来转变，因为所有这些东西里面都存在着二元性——本来面目与应有面目、观察者与所观之物——只要有观察者存在，就必定总是会努力获得他所观察、思考的事物，这种努力令思想者即"我"、自我得到了强化。我分外清楚地认识到了这个，那么我要怎么做呢？

或许，在涉及到这个问题的时候，我们运用的是心智，我们对争论展开思索，我们反对或接受它，我们清楚地或模糊地认识了它。也就是说，心智积极地去追逐演讲者所说的内容。但要想更加深入地探究，更为深刻地体验，则需要心灵处于安静、机敏的状态，以便有所探明，不是吗？它不再去追逐那些观念，原因是，假如你去追逐某个观念，就会有一个思想者在思考着正在说的内容，于是你立即就会制造出二元性。若你想要对根本性转变这一问题展开更为深入的探究，那么活跃的心智难道不需要安静下来吗？很明显，只有当心智迈入了宁静，它才能够认识思想者与思想——体验者与被体验的事物、观察者与所观之物——作为两个分开的过程所代表的复杂涵义以及所引发的巨大难题。唯有当思想者与思想成为了一个整体，当不再有思想者控制着思想的这种二元性，才能迎来心理层面的变革，迎来这种富有创造力的革新——在它里面，不再有"我"存在。我认为，单单这种体验本身就可以释放出那富有生机与活力的能量，而这种能量反过来又会带来根本性的变革，会消除那个心理层面的"我"。

然而要意识到这个格外的困难，因为心灵所受的限定就是去争斗、分离，去寻求安全与永恒，以至于它害怕用新的视角、新的方式去思考问题。我们或许从来不曾体验过这种思想者、观察者消失不见的状态，因为我们为观念所限，因为我们如此习惯于认为思想者同他的思想总是分开的。单纯聆听我的讲话，你是无法体验这个的。但倘若在过去的几周时间里你有认真地思考过这些讲话并且真的对自己展开探究，那么，当你充分觉察到思想者与思想之间存在着这种不同寻常的界分，你就必定会领悟问题的关键。我们大多数人都被困在思想者与思想之间的冲突之中，被困在"我"、自我为了获取、抵制、压制、变得如何如何而展开的永无止息的争斗之中。我们对此十分熟悉，但却并没有觉察到这种界分。假如在意识到了这种界分之后，思想者渴望去打破它，渴望将界分弥合起来，那么他将会让界分变得更加严重，因为，尔后，思想者会再一次渴望成为并非自己本来面目的样子，从而也就给予了自身更大的力量与安全。

那么，作为个体的你我怎样才能获得这种体验与认知呢？我们知道力量的方式——通过支配的力量，通过控制的力量，通过强迫的力量。我们希望经由政治力量能够实现彻底的改变，但这样的力量只会滋生出更多的黑暗、分裂与罪恶,只会让"我"得到强化。我们熟悉各种各样的贪婪,包括个体的和群体的,但却从不曾尝试过爱的方式,我们甚至不知道什么是爱。只要存在着思想者,存在着"我"这一中心,就不可能迎来爱。在懂得了这一切之后,一个人该怎么做呢?很明显,唯一能够带来根本性变革与创造力的,唯一能够让心灵获得解放的,便是每日的观察,时时刻刻去觉察我们的动机,包括有意识的和无意识的。一旦我们认识到纪律、信仰、理想只会强化"我",因而是彻底无用的——一旦我们日复一日地觉察到了这个,洞悉了其中的真理,就会领悟中心问题:即思想者不断地把自己与其思想、与他所观察的事物、与他的体验分离开来,难道不是吗?只要思想者存在于他的思想之外——而他试图去支配、控制思想——就不可能实现根本性的转变。只要"我"是观察者,在积累着经历,通过经历去强化自我,就不会有彻底的变革,不会有创造力的释放。只有当思想者即思想的时候,创造力才能得到释放。但是,任何努力都无法弥合这二者之间的间距。

当心灵认识到任何猜想、描述、任何形式的思想都只会让"我"得到强化,当它懂得,只要思想者存在于思想之外,就必定会有局限,必定会有二元性的冲突——一旦心灵认识到了这个,它就能处于觉知的状态,就会不断地观察它是怎样让自己跟体验分离开来,是怎样在宣称自身的权利,怎样在寻求着权力。在这种觉知中,假如心灵更加深入地、广泛地去探究自身,不去寻求一个结果、目标,就将迎来一种崭新的状态。在这种状态里面,思想者与思想成为了一体;这种状态里,没有任何的努力,没有任何"变成",不会渴望去改变。在这种状态里,"我"消失不见,因为已经实现了一种彻底的转变,而这转变不属于心智的范畴。

问:显然,一个人必须知道何为恶,方能懂得何为善。这难道不意味着一种进步、发展的过程吗?

克：难道为了明白什么叫做节制我们就必须懂得酗酒吗？为了知道何谓慈悲、宽恕，你难道就必须经历仇恨吗？为了知道什么是和平，你难道就必须经历战争，必须去毁灭你自己和他人吗？这显然是一种完全荒谬的思考方式，不是吗？你首先假定存在着进化、发展、从坏到好的运动，然后你让自己的思考去符合这一模式。显然有生理上的发展、成长，一株小小的植物长成了一棵参天大树；也有技术的进步，比如经由数个世纪车轮进化为喷气式飞机。但是否有心理的进步呢？这便是我们要讨论的问题——是否有"我"的成长、进步，这个"我"是否会从恶开始，以善告终？经由进化的过程、经由时间的过程，这个"我"即恶的中心，能否变得高尚、良善呢？答案显然是否定的，邪恶的事物，心理层面的"我"，将始终是邪恶的。但我们并不希望面对这个，我们以为，通过时间的过程，通过成长与改变，"我"最终将达至真理。这便是我们的希冀，这便是我们的憧憬——即"我"经由时间将会走向完美。那么这个"我"究竟是什么呢？它是一个名字、一个形体，是一系列的回忆、希望、挫败、憧憬、痛苦、悲伤、逝去的欢愉。我们希望这个"我"永续下去，希望它变得完美，于是我们声称在"我"之外存在着一个"超我"、一个更加高等的自我、一个永恒的精神实体。但既然我们思考了它，那么这种所谓的"精神"实体就仍然是在时间的领域之中，对吗？假如我们可以思考它，那么它显然就处于时间的范畴内，不是吗？若我们可以思考它，它显然就处于我们的理性的范畴内。

请注意，如果我能够思考这个精神实体，如果我知道它看起来是什么样子的，闻起来如何，它的感觉如何，那么它就已经处于我的知识的范畴之内，而我的知识是建立在记忆、限定之上的。很明显，凡是我可以思考的事物，都不是精神性的、不是永恒的。思想是过去的产物，是记忆、时间的结果，思想制造出了这个所谓的精神实体，因为我被限定着去接受了这一理论，自孩提时代起我所受的教育便是按照这种方式去思考。或许其他人被限定着不去相信存在精神实体——这便是世界上实际发生的情形，他们将否定有精神实体的存在，因为他们被限定着以这样的层面去思考。

知道自己并非永恒，而是短暂的、易逝的，于是心智渴望一种永恒的状态，正是这种欲望制造出了我们所依附的那些符号、感觉、观念与信仰。于是便有一个短暂的"我"以及一个被我们认为是永恒的"超我"、更加高等的自我。心智追求永恒，结果便导致了二元性和对立面之间的冲突，它把思想划分成了表层的"我"与暗藏的"我"，前者是短暂的，后者则是永恒的，于是我便滋生出了二元性的冲突。我认为我必须得有时间才能达至永恒，必须得有一种心理层面的成长、变成。在这个过程中，总是有一个"我"、观察者，以及他所观察并且要去获得的事物。当他投身于这种努力之中，他就会强化自己的憧憬、渴望。为了得到自己寻求的东西，他必须拥有时间、将来，结果他便有了轮回转世——假如不是现在或明天的话。但倘若我们能够超越这一切，就将懂得，只要有一个同思想分离开来的思想者、同所观之物分离开来的观察者，就一定会出现冲突。由冲突，无法迎来理解与和平。

那么，思想者与思想、观察者与所观之物，能否成为一体呢？假若你仅仅只是对这个问题一瞥而过，肤浅地要求我解释我说的这个或那个是什么意思，那么你就永远无法探明。很明显，这是你的问题，而非仅仅只是我的问题，你来到这里，不是为了搞清楚我是如何看待这个问题或者世界的问题。这种无休无止的内部的争斗是如此具有破坏性，会带来如此大的衰退——它是你的问题，不是吗？你的问题还包括，怎样让自身发生根本性的转变，不去满足于那些流于表面的政治、经济以及各个官僚体系的变革。你并不必努力认识我抑或我是怎样看待生活的，你应当努力认识你自己，这些就是你必须面对的问题。一同来思考它们——这便是我们在这些讲座期间要去做的事情——那么或许我们就能够帮助彼此更加清楚地审视它们了。然而，仅仅只是在口头层面做到了清楚的洞悉还是不够的，这并不能让内心发生富有创造力的革新。我们必须超越语词，超越一切符号及其感觉——爱的符号、神的符号、印度教和基督教的符号——因为，尽管它们引发了某些反应，但它们全都是在口头的层面，形象的层面。我们应该将所有这些东西抛到一旁，触及真正的问题，即如何消除那个为时间所围的"我"，在它里面，没有任何爱与慈悲。而要做到这个，心智必须不再将自己划分为思想者与思想。当思想者跟思想合为一体，唯有这时，方能迎来静寂。在这种静寂里，没有形象的制造或是等待将来的体验，在这种静寂里，没有一个在体验的体验者。唯有此时，才可以实现那富有创造力的心理的转变。

问：正确的教育所必需的是什么？

克：这显然是一个格外复杂的问题，不是吗？你觉得几分钟就能够回答此问题吗？但或许我们可以看一看这个问题里面重要的是什么。

我们为了什么让自己以及我们的孩子受教育呢？为了战争吗？为了获得更大的知识，以便我们可以彼此毁灭吗？为了掌握某些技术，好让我们能够谋生吗？为了得到信息、文化、名望吗？我们究竟为什么要教育我们的子女呢？我们实际上并不知道，对吗？当我们自己都完全困惑、混乱的时候，怎么可能知道答案呢？我们所做的一切，实际上导致了战争，导致了我们的邻居和我们自己的毁灭。我们教育孩子去强化"我"，去限定他，以便他可以在这种争斗中幸存下来，我们灌输给了他各种各样的信息和知识，这就是我们所谓的教育。抑或，我们限定着孩子沿着某些思路去思考，按照既定的模式去行动，我们希望他成为一个天主教徒、一个基督教科学派分子、一个共产主义者、一个印度教教徒，诸如此类。因此，首先重要的是教育者自己应当受到教育，难道不是吗？很明显，教育不是单纯的教授事实——任何人都可以在一本百科全书里头学到这些东西,假如他会读书识字的话。真正必须的是去唤醒智慧,如此一来心灵才能够去质疑、去探明,去迎接生活,同时又不会为任何形式的限定所困——宗教的、社会的或政治的限定——为此,教师和父母就必须是睿智的,不是吗?

由于这是个非常复杂的问题,必须要从不同的角度来着手,因此我们不能简单指出哪些是正确的教育所必需的,但我们能够知道我们现在所做的是错误的、破坏性的,毫无创造力可言。创造力并不是单纯的画画或发明东西,不是写诗歌、散文、书籍,这可能有创造力,也可能没有。真正重要的是这种内在的创造力,在它里面,没有丝毫的恐惧,没有渴望去扩张、膨胀自我,没有获取、没有贪念,没有心理上的依赖。在这种状态里,会有自由,会有一种独在的意识,独在不等于孤独。这才是真正富有创造力的状态。只有当我们在自己身上唤醒了它,才能在学生的天赋、学习、关系等方面帮助到他,同时又不会强化"我"。然而,要想冲破心智的自我封闭的活动从而迎来创造力,需要展开相当的觉知,需要自身始终处于机敏的状态。

因此,我们的问题并不容易,但我们应该从自己开始做起,不是吗?自知将会开启智慧的大门,而智慧不是单纯地重复他人的经验或话语,智慧没有权威。一旦心智开始认识到自身本质的深度与广度——这是无法猜想的——智慧就会到来。要想发现那富有创造力的事物,我们就得以新的方式、新的视角去着手,心智就必须彻底的空无,必须摆脱一切知识和记忆的束缚。唯有这时,才能建立起崭新的关系与一个崭新的世界。

(在欧加橡树林的第九场演说,1952 年 8 月 30 日)

权威妨碍了根本性的变革

由于这是此系列的最后一场演说,所以,假如可以的话,我想简单回顾一下我们在过去的几周时间里一直讨论的问题。不过,在这么做的时候,我并不会做一番概要,因为概要意味着回忆以及重复说过的内容,而这并非我的意图。

我们一直讨论的是有关转变问题,我觉得,大部分人都认识到了转变的必要性,不单单是外部经济与社会层面的改变,更主要的是我们生活的心理层面的革新。当我们去思考转变的时候,通常会流于表层。我们所说的改变,必须发生在国家、群体、团体、种族的关系之中。我们谈论经济与社会的变革以及如何带来这种变革——大多数人会到此为止。我们满足于那些理性的概念、口头的公式或者满足于一个崭新世界的愿景,我们能够把自己的信任都交付给它,甚至可以为此牺牲自己。因此我们懂得改变十分必要,但我认为,根本性的转变不可能发生在外围、外部环境,而只能在中心,也就是在心理层面。在讨论该问题的时候,我们已经从不同的视角去思考了,或许今天上午我们可以从权威,以及权威是怎样妨碍了根本性的变革一角度着手。有知识的权威,有一个人自身经验的权威,有记忆的权威,有他人观点的权威,有阐释者的权威。很明显,只要心灵依附于权威,为权威所囿,就无法实现彻底的变革。

依我之见,权威是妨碍心理转变的最大的绊脚石——假如希望外部世界有所改变从而消除战争、饥饿等问题,那么心理层面的革新便是不可或缺的。除非实现了心理的变革,除非我们每个人身上发生了根本性的转变，否则，单纯的外部改革无法实现渴望中的目标。当作为个体的你我依附于权威时，就会阻碍这种内在的转变。大部分人都害怕改变，我们希望事情维持原状，尤其是在物质层面，假如我们处境良好的话。我们有一栋房子、有一点儿财产，我们害怕这些东西发生改变。我们还恐惧信仰的变化，因为我们对于将来并不确定。不管心灵可能是多么的睿智、聪明以及有所谓的理性，它都会依附于某种信仰，于是信仰变成了权威、理想、幻想。在我们的关系里、在体验里，会有对于安全的渴望，会希望继续某种心理的状态，由于这些缘故，所以我们害怕根本性的改变。因为恐惧，于是心灵便制造出了权威——政治的权威、宗教的权威、信仰的权威、教义的权威、一个人自身经验的权威，等等。

重要的是去探明心灵是怎样不停地制造着自身权威的障碍，从而妨碍了彻底的变革，不是吗？我们每个人难道不都怀有某种隐蔽的权威吗？有书本即知识的权威，若心灵想要自由地去发现新事物，那么它难道不应该将知识彻底地抛到一边去吗？心灵能否摆脱这种对于知识的获取呢？我们所说的知识，指的是信息，是有关那些聪明、睿智的人们、那些能够十分清楚、巧妙地表达自身观点的人们都说了些什么。处于恐惧之中的心灵，难道不会制造出权威进而去依附吗？我们难道没有把自身的经验变成权威、变成某种行为模式然后依照它来行动吗？我们难道没有把信仰变成一种权威吗？由于我们自己是不确定的，害怕改变，害怕可能会发生些什么，于是总会出现信仰、理想、终极真理，会有书本的权威、他人经验的权威、我们自己的希望的权威。大多数人都在寻求着某种心灵能够去依附的东西，围绕它，心灵可以确立起自身的安全和永续，不是吗？那么心灵能否摆脱这种寻求，能否不去竖起这些高墙把自己给围困起来呢？因权威而窒息的心灵，能够发生改变吗？这难道不就是你我的问题之一吗？即心灵是否可以摆脱权威的束缚，至少是在表层。

你或许没有把我变成权威，因为，毕竟，我并没有表达你无法凭借自己的力量去探明的东西，假如你怀抱急切的态度，假如你处于机敏、探寻的状态。但总是会有对于权威的渴望。你身处困惑、混乱，于是你便依赖阐释者来告诉你，我试图说什么或者不会说什么，你找到了真理的阐释者。在内心，你是如此的不确定，你迷失、你困惑，你渴望有人来指引你、帮助你。一旦你去依靠他人，不管他可能是多么的伟大或荒唐，就不会有任何的自由，于是也就无法实现彻底的转变。因为自身的不确定，因为自身的困惑以及渴望找到安全，结果心灵逐渐地确立起了教会的权威、政党的权威、领袖的权威、老师的权威、书本的权威。意识到了这一切，于是教会、政府、国家、政客、狡诈之徒便牢牢抓住了权威，告诉我们该去想些什么。我们大多数人都满足于权威，原因是，它带给了我们一种永续、确定以及被保护的感觉。但倘若一个人希望去认识这种深刻的心理变革的涵义，那么他就必须挣脱权威的制约，不是吗？他不可以求助于权威，不管这权威是他自己制造出来的还是由他人强加在他身上的。

那么这能够做到吗？我能否不去依靠自身经验的权威呢？即使当我已经抵制了所有外部形式的权威——书本、老师、神职人员、教会、信仰——我仍然会感觉至少我可以依靠我自己的判断，依靠我自己的经验、自己的分析。但我能够依靠我的经验、判断、分析吗？我的经验源自于我所受的限定、我所处的环境背景，正如你的经验来自于你所受的限定一样，不是吗？我或许是作为一个穆斯林、佛教徒或印度教教徒被教育长大的，我的经验将会取决于我所处的文化、经济、社会、宗教的背景，就像你的经验取决于你身处的环境。那么我可以依靠它吗？我可以依靠它来获得指引、希望、想象吗？这将让我相信自己的判断，而我的判断又是来自于累积的记忆、经验，是用过去的限定去应对现在。我能够分析自身的问题吗？如果我这么做了，那么分析者与他所分析的事物是分开的吗？

当我把所有这些问题向自己提出来的时候，当我觉察到了这一问题的时候，将发现，只会有一种状态，而真理、新生就蕴含在它里面，从而带来变革。当心灵彻底清空了过去，当不再有分析者、体验者，不再有判断，不再有任何形式的权威，就将迎来这种状态。毕竟，这难道不就是我们所面临的一个深刻的问题吗？只要心灵为过去所困，背负着知识、记忆、判断的重负，就不可能迎来更新；只要心智是自我、"我"的中心，而它是时间的产物，就不可能获得永恒。我不知道永恒、终极真理是什么，但我懂得，当心智仅仅处于体验、分析、判断、思考的状态，我便无法觉察到除了我自己构想出来的事物以外的任何东西。

因此，假如我真的急切地想要去探明是否有任何新事物存在，那么心智就必须洞悉它自造出来的那些事物、自身幻觉的本质。我觉得，这就是我们最大的困难之一，因为我们的整个教育都是在推崇智力，于是便出现了许多关于智力的书籍，我们所读到的一切都在引导、影响、限定着我们。这无关我是赞同还是反对，可是你难道没有在你自己的生活中觉察到这一切吗？一个为过去所困的心灵，一个囿于自身的经验、动机、欲望、要求、野心、信仰的心灵，一个不停努力想要有所得的心灵——这样的心灵，怎么可能发现新事物呢？若你充分觉知了自身内在的问题，若你领悟到整个世界的政治、宗教、经济的危机与我们内心的冲突是相互关联的，你就一定会向自己提出这些问题。如果没有让心灵挣脱过去的束缚，那么所发生的任何改变都依然是在时间的领域之内，因而也就难逃腐朽的命运。很明显，这样的改变压根就不是变化，它不过是用不同的形式延续旧有的东西罢了。

在觉察到了这一切之后，我问自己，就像你也一定会做的那样，心灵是否能够获得自由，是否能够彻底清空过去，从而发现那不是由它构想、制造出来的事物呢？要想探明它是否可以做到这个，你就必须展开探究——这意味着，你得彻底质疑任何形式的权威，不管是自我施加的还是由外部环境施加的。权威的运作是格外隐蔽的,你会受到我的影响,你注定会如此。但倘若你仅仅只是被影响,就不会有任何彻底的改变——它仅仅只是一种感觉,这种感觉将会引起反应,于是你便抛掉这种影响,接受另外一种。可如果你深切地关心着根本性的转变这一问题,那么你将凭借自己的力量直接地领悟到,要想和平之花在世界绽放,要想不再有朱门酒肉臭、路有冻死骨的景象,就必须发生这种根本性的变革。要想实现全人类的幸福,就必须得有彻底的改变,不是在表层,而是在中心层面。这个中心就是"我",它始终都在进行着累积,不管是主动的还是被动的。而它的一个获取之道便是通过权威,经由权威,它得到了永续。所以,当你我认识到了这个,便会出现如下问题:心灵能否清空所有的内容,能否挣脱施加在它身上的一切,不管是外部施加的还是自我施加的?只有当心灵空无,才能有所创造。但我所指的,并不是我们大多数人会有的那种表面的空无,大部分人都只是表面上处于空无的状态,这种空无表现为对娱乐的渴望。我们希望获得娱乐,于是便去求助于书本、收音机,于是我们跑去听讲座,心灵永远都在填满自己。我谈的并不是这种空无,这实际上是缺乏思想。相反,我说的是通过非凡的思考达至的空无,是当心灵懂得了自己制造幻觉的能力并且去超越的时候达至的空无。

只要有一个在等待、在观察,以便累积经验,以便让自身强化的思想者存在,就无法实现富有创造力的空无。那么心灵能否清除所有的符号、语词及其感觉,从而不再有进行累积的体验者呢?心灵能否彻底抛掉一切理性、经验、强迫、权威,以便可以处于一种空无的状态呢?你自然无法回答这个问题,对你来说,这是一个没办法回答的问题,因为你并不知道,你从来没有尝试过。但若容我建议的话,请好好聆听,让问题自己向你彰显它的答案,播下种子,假如你真的在聆听,假如你并没有去抵制、抗拒,假如你没有声称:"心智怎么能够是空无的呢,若它空无了，它便无法运作，无法完成它日常的工作"，那么它便会结出果实。心智每日都在做些什么呢？例行公事、乏味、让人厌倦的持续，我们了解这一切。因此，在我看来，重要的是凭借你自己的力量去探明。而要想有所探明，你就必须去聆听、去询问。在我讲话的时候，我将帮助你去探寻，但不会强迫你接受任何东西，我自己同样也在探寻，这些讲演的目的就在于此。

在几周的演说之后，在探究了有关改变的问题之后，我最终必定会触及如下问题：即心灵是否能够实现空无，以便能够接纳新的事物。唯有新事物才会转变，而不是旧的。如果你追逐旧的模式，那么任何改变就只是以略作修正的方式延续旧的东西，这里面没有任何新事物可言，没有丝毫的创造。只有当心灵本身是崭新的，才能迎来创造力，而只有当心灵能够洞悉自身全部的活动，不只是在表层，而且还有更为深刻的层面，它才会获得新生。当心灵觉察到了自身的活动，觉察到了自身的欲望、渴求、野心、追逐以及由它自己制造出来的那些权威、恐惧，当它在自己身上看到了由训戒、控制引发的抵制以及那些导致了信仰、理想的希望——当心灵洞悉了这一切，觉察到了这整个的过程，那么它能否把所有这些东西都抛掉，迈入那崭新的、富有创造力的空无呢？只有当你去探究，对此不抱持任何看法，不去等着体验那种富有创造力的状态，你才能探明它能否做到这个。若你渴望去体验，你会实现，可是你体验的东西并不是富有创造力的空无，它不过是欲望的投射。假如你渴望体验新事物，你就只会沉溺于幻觉之中。但倘若你开始去观察，时时刻刻、日复一日地去觉察自己的活动，观察自身的整个过程，就像是面对一面镜子，那么，随着你探究得越来越深入，你将达至最终的问题，即心灵的空无，单单这种空无本身就能够迎来新事物。真理、神、随便你怎么称呼，并不是可以被体验的东西。因为，体验者是时间的产物，是记忆、过去的结果，只要有体验者存在，真理就不会到来。只有当心灵彻底摆脱了分析者、体验者与被体验之物，才会迎来真理与实相。

那么你难道不能就只是聆听，就像土壤接纳种子一般，然后看看心灵是否可以实现自由与空无吗？只有认识了它自造出来的一切，认识了自身的活动，不是断断续续地认识，而是时时刻刻、日复一日地去认识，你才能找到答案。尔后你将发现，不必你去寻求，改变自会到来。你将懂得，那种富有创造力的空无的状态并不是可以培养出来的——它就在那里，它会静悄悄地出现，无需任何邀请。唯有在这种状态里，才能迎来新生与变革。

问：最近我读到了一则消息，说是有一个印度女孩能够轻而易举地解答那些即使对于最伟大的数学家来说也很头疼的数学难题。那么，除了转世轮回说以外，您还能怎么去解释这个呢？

克：我们如此满足于解释，这难道不是非常奇怪的事情吗？你怀有某种关于永生的理论，也就是轮回说，你相信这个，你对此确信不疑。我不知道原因何在，不过你相信轮回——或者我们知道这是为什么——因为你希望永生不灭。有了这种信仰，有了这种解释，你便希望根据它去解释一切，希望世间的一切都是符合它的。你所怀有的信仰的权威，妨碍了你去发现新事物。这个女孩所具有的非凡的能力，可能是也可能不是轮回的结果。但是很明显，重要的是去探明你自己的状态，而不是那个女孩的，以及你的心灵为何会为语词、解释所困。我性格和善，对此可以有一大堆的解释，然而，为什么作为个体的你要选择某种让你满意的解释呢？真正重要的是去探明，对吗？原因在于，只要你展开探究，就会发现你的心灵是如何为信仰、感觉所围的，是如何因为你那想要获得永生的欲望而裹足不前的。显然，凡是会持续的事物都不可能获得新生，唯有在死亡里面，才能迎来更新。但我们并不想走向终结，而渴望永生不灭，我们的整个社会结构、我们所有的宗教信仰，全都是建立在"我"的永续之上的。这意味着我们恐惧死亡，我们害怕终结。由于惧怕，于是我们便有了无数的解释，好将这种恐惧给掩盖起来，可我们越是去掩盖它，它就越是溃烂。

那么，这种恐惧究竟是什么呢？请好好思考一下这个：害怕不再存在、害怕不能永生不灭，这种恐惧究竟是什么？那个渴望永续的"你"是什么？难道不就是你的财富吗？不就是你在你的房子、家具、收音机、洗衣机里面所积累的你拥有的外物吗？难道不就是你努力去获得的品性、美德吗？难道不就是那些名望、声誉、记忆、经历吗？假若你真的去探究，认真地去审视，就会知道这些东西到底是些什么。它们不过是些能够给你带来感觉的空洞的语词和符号，而我们则依附于这些感觉。我们渴望的便是永生不灭，于是也就从不曾迎来新生，从不曾走向终结，有的只是拖延。唯有在死亡里，才能发现新事物；唯有终结旧的事物，才能迎来创造力。

难道不能够做到每一天都终结吗？难道不能够不去积聚那些怨恨、观念、目标吗？难道不能够停止这种获取的过程吗？因为它引发了无休止的争斗和努力。我们从不曾真正去审视过恐惧，从不曾去面对过死亡。我们看过其他人死去，但却并不知道死亡究竟意味着什么。由于惧怕死亡，于是我们通过解释、语词、观念、信仰去逃避它。那么心灵能够直面死亡、审视死亡吗？这种恐惧究竟是什么呢？是字眼还是切实的存在呢？请好好聆听，去探明问题的真相。那个我们所惧怕的事物，它究竟是"恐惧"这个词语呢，还是某种真实的东西呢？死亡是一种事实，但我们怀有各种关于死亡的观念、看法。关于事实的观念，制造出了恐惧，正是关于事实的语词，导致了恐惧——而不是事实本身。那么，心灵能否摆脱语词的束缚而去审视事实呢？这实际上表示，审视事实，不要有任何心智的活动。只有在语词、符号、观念里面，心智才是活跃的，于是心智便制造出了障碍，它透过障碍去看待事实，因此也就有了恐惧。心智能否审视事实，同时不去怀有关于它的观念、看法、判断呢？假如它可以做到这个，就将迎来彻底的变革，不是吗？尔后也就能够超越死亡了。

问：什么是痛苦？

克：让我们来一探究竟吧。有生理上的痛苦，它会逐渐变成精神上的苦痛。心智利用它去制造困难、问题，要么是强化自我，要么是消除自我。于是便会出现因为没有得到充足的爱、因为渴望爱而引发的痛苦。当你爱着的人逝去的时候，会有死亡带来的痛苦；当你怀有野心却没能实现的时候，会有因挫败产生的痛苦；当你失去了财产或者健康的时候，也会感到痛苦。那么这一切代表了什么呢？那个被我们叫做痛苦的事物究竟是什么？经由这些心智的活动，自我封闭的"我"的过程难道不会变得更加严重吗？一旦你觉察到你是封闭的、是被束缚的，这难道不会引发痛苦吗？当你意识到你自己，意识到你的习惯、你的努力、你那受挫的欲望，痛苦难道不就会袭来吗？你越是被困在自我的冲突之中，痛苦就会越多。所以，痛苦是自我的一种反应。认识痛苦的涵义，便是去探究"我"的整个过程——而这就是我们在这些演讲期间一直在做的事情。

痛苦表明了心智的活动，痛苦是无法被否认的，可我们大部分人都试图将它掩盖起来。我们通过各种解释，通过那些令人感到满足的字眼去逃避它。我们没有去探究痛苦的问题，意即没有去揭示出赤裸裸的"我"。当它突然暴露出来的时候，我们没有对它展开思索，没有去观察它，而是试图逃避。逃避里面会有抗拒、抵制，正是这种抵抗导致了更多的冲突、更多的争斗，结果我们就被困在了这种无止境的痛苦之中。但倘若当痛苦袭来时我们能够审视这种赤裸、孤独、空虚，也就是审视自我，那么，唯有这时，才能超越痛苦。

问：何谓冥想？

克： 或许你我可以一同弄清楚什么是冥想，所以让我们展开探究吧。你不要坐等着我给出解答，好让你满足于那些语词、解释。你我将要探明冥想究竟指的是什么意思。

那么什么是冥想呢？安静地盘腿而坐，或是躺下、放松吗？很明显，身体必须要放松下来，然而，尽管你的身体是放松的，但你的脑子却分外活跃，不停地在叽叽喳喳着。由于觉察到了这个，于是你说道："我必须控制它，我必须让它停止，必须让它安静下来。"所以你开始去控制、训戒你的头脑。请好好思考一下这一切，你将会有所探明的。你花了许多年的时间去控制、训戒你那喋喋不休的脑子，你耗费了许多的精力去让头脑遵从于某个你所希望的模式。但你从来不曾成功过，如果你成功了，你的脑子会变得十分的疲惫、昏昏欲睡、迟钝、空洞。这显然不是冥想。相反，头脑应该处于高度机敏的状态，而不是被困在习惯、戒律的例行公事之中。

于是我领悟到，我的心智无法被控制，无法被人为地去符合某种思想模式，虽然它总是在聒噪不休。那么它要怎样才能安静下来呢？喋喋不休的心智如何才能迈入静寂呢？请洞悉该问题的涵义。假如观察者、分析者把某种控制强加在了喋喋不休的心智身上，那么观察者、分析者与他观察、分析的事物之间就会出现冲突。思想者努力让自己的思想去遵从某种他所渴望的模式，也就是让心智安静下来，因此他便去训戒它，便去控制、支配、压制它，这里面包含了二元性的冲突。结果，观察者与所观之物之间便会出现界分，在这种界分里会有冲突，而冥想显然不是一种永无休止的冲突的过程。

那么，那聒噪不休的心智如何才能安静呢？当我询问此问题的时候，你的心智处于何种状态？请观察一下你自己。在我提出该问题的时候，你的心智的状态是怎样的？你习惯了去训戒、控制，但现在你发现了它的荒谬、它那虚幻的本质。所以，你的心智的状态便是，你并不知道要怎样让心智迈入静寂。你满足于那些解释、知识，这些东西实际上是限定。真实发生的情形是，你的心智在喋喋不休，你不晓得怎样才能让它安静下来。那么，你的心智处于什么样的状态呢？你实际上是在询问，不是吗？你在观察，你没有答案，你唯一知道的便是你的心智在聒噪，你希望探明如何才能让它安静下来——但不是依照某种方式。很明显，在你对自己提出问题的那一刻，即"怎样让心智安静下来，不再喋喋不休？"，你的心智便已经迈入了静寂之境，不是吗？你知道你的心智是活跃的，不停地在争斗，一个层面反对着另外一个层面，观察者在对抗他所观察的事物，体验者在等待着更多的体验。你觉察到思想不断冒出些奇异的念头，你真的不知道怎样才可以让其减少，怎样才可以让它安静下来。你排斥一切方法，因为它们没有任何的意义，遵循某个方法，模仿某种模式，只会让心智因为习惯而裹足不前。习惯不是冥想，习惯性地控制，不会让心智获得自由，从而能够去发现新事物。于是你彻底地抵制这一切，但你依然怀有疑问，那就是，心智怎样才能迈入静寂？

当你真的向自己提出这个问题的时候，你的心智将处于何种状态呢？它难道不会安静下来吗？它不再聒噪，不再去分析、评判，而是去观察，因为你并不知道。这种不知道的状态，正是静寂的开始。你发现，只要你努力让自己的本来模样去遵从你渴望中的模式，就一定会有争斗，这种争斗是在浪费你的精力，从而使得你变得迟钝、懒惰。所以，心智洞悉了这一切的荒谬，于是便去抵制。当心智展开观察的时候，它就会变得宁静。不过，依然存在着思想者与思想分离的问题，结果也就再一次地出现了冲突。

冥想便是这整个的过程，而不是怀着预期目的的局限的过程。它是这种广阔的探寻与摸索，不为某种观念、信仰、经验所囿，是领悟到心智构想出来的任何东西都不过是幻觉和催眠。假如你更加深入地展开探究，没有任何动机，不去渴望得到某个结果，就只是简单地观察自身的整个过程，那么你会发现，心智将迈入一种富有创造力的空无与静寂，无需任何形式的强迫、压制、训戒。这种静寂并不能让你在这个世界上获得任何财富——不要这么快地就把它换成美元。如果你带着一个行乞碗去着手问题，那么你将一无所获。这种静寂将会摆脱任何永生的意识，在它里面，没有一个在体验的体验者。当有体验者存在，它就不再是静寂了，而只是一种感觉的持续。冥想便是这整个的过程，它将带来一种非凡的状态，在这种状态里，心智迈入了宁静，不再去构想、渴望、防御、判断、体验。在这种状态里，将会迎来新事物。这种新事物是无法用言语去描述的，没有语词能够解释它，所以它是无法表述的。一旦心智本身实现了更新，就能迎来新事物。而这整个的认识自我的过程，便是冥想。

（在欧加橡树林的第十场演说，1952年8月31日）

PART 02

印度巴拉纳斯

教育的意义在于培养智慧

我假定你们大部分人都懂英语，因为，正如你们所知道的那样，每天上午八点半我将会发表演讲，而我们即将谈论的是教育中所包含的诸多难题。

你是否曾经思考过为什么你要受教育，为什么你要学习历史、数学、地理？你是否曾经想过，你为何要去学校、要上大学？重要的是弄明白你为什么要塞满各种信息、所谓的知识，难道不是吗？这一切所谓的教育究竟是什么呢？你的父母之所以把你送到这里来，是因为他们已经取得了某些学位，通过了某些考试。你是否曾经问过自己，为什么你要来到这里？在座的老师们是否曾经问过自己，你为什么要来这里？老师们自己知道他们干嘛要来这儿吗？所以，你应该努力去探明，这一切的努力、奋斗，不过就是通过考试、学习、在某个地方生活、受恐吓、玩游戏，诸如此类，对吗？你的老师们难道不应当帮助你对这一切展开探究，而不是仅仅教会你通过考试吗？

男孩子们之所以要通过考试，是因为他们觉得自己以后必须得有一份工作，必须得谋生。那么你们这些女孩子又是为何要通过考试呢？你们受教育，是为了能够嫁给金龟婿吗？请别笑，而是去思考一下这个问题。还是说，你在家里是个讨人厌的家伙，于是你的爸妈就把你送到学校里来了呢？通过考试，你便会懂得生活的全部意义了吗？举个例子，一个男孩通过了某项考试、某项愚蠢的考试——因为你们这些人相当擅长于通过考试——但这并不表示他就是个非常睿智的人。有些人不知道如何通过考试，但他们或许格外聪明，或许能够用自己的双手和头脑去发明创造，或许会比一个仅仅为了考试及格而去填充知识和学习科目的人思考得更多。

有些男孩通过考试是为了找到工作，他们的整个生活观便是谋到一份差事。那么之后会发生什么呢？他们将会结婚生子，将会被困在一部机器里头，不是吗？他们成为了职员、律师或警察，他们的余生都被困在机器里。他们继续做着职员、律师，他们跟自己娶到的女人、跟自己的孩子展开着永无止境的争斗，这便是他们的生活，直至死亡。

至于你们这些女孩子，你以后会怎样呢？你会嫁人，对吗？这便是你的目标或者你所关心的，你的父母为你操办了婚事，尔后你生儿育女。你嫁给了一个职员或律师，假如你有点儿钱的话，你的下半辈子关心的会是你的纱丽以及你看起来如何，还有人们会对你和你的丈夫之间的争吵说些什么。

你是否明白了这一切？你难道没有在你的家庭、你的邻居那里觉察到这个吗？你是否留意过这种情形是怎样始终都在上演的呢？你难道不应该探明教育的意义是什么吗？你难道不应该探明你为什么希望受教育，你的父母为什么想要你受教育，他们为什么会发表关于教育的种种看法，详细地论述教育在世界上都做了些什么——就像你在某一天所听到的那样？你或许可以阅读萧伯纳的戏剧，你或许可以引用莎士比亚、伏尔泰或者某个当代哲学家的著作，但倘若你自己并无智慧，倘若你没有创造力，那么教育的意义与作用何在呢？

因此，重要的是老师以及作为学生的你们去探明、探寻如何才能迎来智慧，不是吗？教育并不在于能够读书识字，任何傻瓜都可以读书，任何傻瓜都可以通过考试。假如你懂得怎样阅读，那么你便是有教养的人吗？很明显，教育的意义在于培养智慧，不是吗？你难道不应当探明何谓智慧吗？我所指的并不是狡猾，并不是努力要比某个人聪明，智慧是完全不同的东西,不是吗?当你没有丝毫的惧怕,当恐惧不复存在,智慧便会到来。那么你知道什么是恐惧吗?当你想着人们可能如何议论你或者你的父母可能会说些什么,当你受到批评,当你受到惩罚,当你没有通过考试,当你的老师斥责你,当你在班上、在学校、在周围的环境里不受欢迎,恐惧便会到来,恐惧会一点一点、蹑手蹑脚地爬上你的心头,不是吗?

所以,恐惧显然是智慧的绊脚石,对吗?教育的本质,难道不就是解放学生——也就是你吗?不就是让学生摆脱恐惧,让他觉察到恐惧的根源,如此一来他就可以挣脱恐惧、自由地生活了吗?教育的基本目标之一,难道不就是从你的孩提时代起便去帮助你获得自由,以便你能够认识恐惧及其原因吗?

你是否知道你是恐惧的呢?你怀有恐惧,不是吗?抑或你已经摆脱了恐惧?你知道什么是恐惧吗?你并不知道,对吗?你难道不害怕你的父母、你的老师、其他人会怎么想吗?假设你所做的事情是你的父母不赞同的,是你周围的社会不认可的,那么你难道不会惧怕吗?假设你不去嫁给一个与你属于同一个阶层、同一个种姓的人,你难道不会害怕人们将如何议论你吗?假如你未来的丈夫挣的钱不够多或者没有很高的地位、名望,你难道不会害怕吗,不会觉得羞耻吗?假如你的朋友对你的看法不好,你难道不会害怕吗?你难道不惧怕死亡或疾病吗?所以,我们大部分人都怀有恐惧,不要这么快地就说不。我们可能还没有思考过这个,但倘若展开一下思索,就会注意到,几乎世上的每一个人,无论是成人还是儿童,都有着某种恐惧在啃啮着他的心。教育的目的、意图,难道不就是帮助每个人、每一个个体去挣脱恐惧的束缚,以便可以拥有智慧吗?我不知道这所学校是否打算这么做或者正在这么做。这就是我们在这里想要去做的事情。这实际上意味着,老师必须摆脱恐惧的制约。老师们声称自己无所畏惧是毫无意义的,因为他们自己也害怕邻居,害怕他们的妻子，女老师则害怕自己的丈夫会说些什么。

如果一个人怀有恐惧，就不可能实现创新。你知道什么是创新吗？要探明这个很难吗？所谓创新精神，是指自发地、自然地做着原创的事情，没有受到任何的指挥、强迫、控制，去做某种你所热爱的事情。你经常会在路上走，你会看到路中间有块石头，车子会撞上它，那么你是否把石头移开过呢？抑或，在你走路的时候，是否看到过那些穷苦的人、农民、村民，你是否自发地、仁慈地、发自真心地去为他们做过些什么呢，而不是被告知你必须做什么？你认识到，若你心怀恐惧，那么这一切就会被排除在你的生活之外，你对于自己周围发生的一切无知无觉，你没有展开观察。假如你感到恐惧，你就注定会去遵循传统，去追随某个人、某位上师。当你对传统亦步亦趋的时候，当你对丈夫或妻子惟命是从的时候，你——作为个体的你、作为一个独立的人——便失去了你的尊严。

教育的目的，难道不是让你摆脱恐惧的羁绊吗，而不是仅仅让你去通过那些或许是必要的考试？从本质上来说，教育的主要目标，难道不在于从你的孩提时代起直到你步入成人世界都给予你帮助吗？这样的教育，难道不应当帮助你从内心彻底挣脱恐惧的束缚，如此一来你就可以成为一个拥有智慧的人，你就会充满了独创精神？当你去模仿，当你仅仅只是去遵从传统，当你去追随某个政治领袖或是宗教导师，你便破坏了独创精神。遵从他人，显然是智慧的绊脚石。正是遵从导致了恐惧感，妨碍了你去认识生活那非凡的复杂性及其全部的奋斗、努力、痛苦、丰富与美，使你无法欣赏水上的飞鸟与落日，当你怀有恐惧的时候，这一切便都被挡在了门外。

显然，老师的作用是帮助他的每一个学生彻底挣脱恐惧的束缚，以便他可以醒悟，按照自己的意愿和想法去做事情，而不是依照被告知、被指引的东西。

我已经谈了二十分钟了，我觉得够了。若容我建议的话，你应当要求你的老师告诉你我们一直谈论的是什么,让他做出解释。你会这么做吗?凭借你自己的力量去探明老师们是否懂得了我所谈论的内容,这将有助于他们帮助你变得更有智慧,不为恐惧所困。原因是,在这类问题中,我们渴望那些睿智的老师——这里所说的智慧,是指其真正的涵义,而不是指通过学士或硕士的考试。如果作为学生的你们对此怀有兴趣,你就会同你的老师去讨论这个,会在一天当中抽出一点时间去谈论这个问题。因为,你将不得不长大,你将不得不结婚生子,你将不得不认识什么是生活、谋生的艰难、饥饿、死亡以及生活的美丽——这一切你都必须懂得。这是一个探明所有这些问题的地方,若老师仅仅只是教授给你数学、地理、历史、科学,那么这是远远不够的。

所以,容我建议的话,在我呆在这里的接下来三四周的时间里,希望你们抽出一段时间来谈论一下我所说的内容,如此一来,当你明天来这儿的时候,你就能够提出一些问题,就能够有更多的发现,你就会觉醒,就会渴望去质疑、去探明,你自身拥有的独创精神就会被唤醒。

(在瓦拉纳西学校[①]的第一场演说,1952年12月10日)

挣脱恐惧之网

我想知道你们是否有进一步地思考过我们昨天上午谈论的内容。你

---

① 新教育基金会(前身是瑞希山谷信托基金会)在位于恒河岸边的巴拉纳斯的瓦拉纳西以及印度南部的瑞希山谷创建了一些学校和学院。1952年12月期间,克里希那穆提在瓦拉纳西对年龄从九岁到二十岁的男孩女孩们发表了这些演讲。——英文版编者

有机会跟你的老师讨论一下有关恐惧的问题吗，还是你因为忙于自己每天的事情而把这个给忘记了呢？

我可以继续昨天早上我们谈论的话题吗？这并不是出于礼貌的询问，我想知道你们是否对我们一直谈论的内容感兴趣，还是希望我谈谈其他的问题呢？

我将继续我在说的问题，尔后，随着几天的逐步探究，或许我们的谈话会更加容易一些。

昨天我们一直在谈论恐惧这一问题。正是恐惧妨碍了独创精神，原因是，我们大部分人在感到害怕的时候便会去依附那些外在的东西，就像蔓藤依附大树一样。我们依附于我们的父母、丈夫、儿子、女儿、妻子，这些是外在形式的恐惧。由于内心感到恐惧，所以我们害怕独自一人，我们可能拥有许多的纱丽、衣服或财富，然而在心理上——你知道"心理上"指的是什么意思吗？——我们却格外的贫乏。我们的心灵越是贫乏，就越对外在的事物有兴趣，越想去获取，越会依附父母、财产、衣服。当我们心怀恐惧的时候，就会去依附那些外部的和内部的事物，比如传统。你有留意过老一辈人以及那些内心贫乏、空虚的人吗？对他们来说，传统分外的重要。你是否在你的朋友、父母、老师当中留意过这种情形呢，你是否在你自己的身上留意过这个？一旦出现了恐惧、内心的恐惧，你就会试图通过成为一个体面的人士或者去遵循传统而将恐惧给掩盖起来，于是你便丧失了独创精神。由于你仅仅只是去遵从，结果传统就会变得十分的重要——他人观点的传统、由过去一代代传下来的传统。传统没有任何的生机、活力与热情，传统不过是单纯的重复、模仿，没有丝毫意义。

当一个人感到惧怕的时候，就会出现模仿的倾向。你是否注意过这个？你知道什么是"模仿"吗？你因为恐惧而去依附传统,依附你的父母、你的妻子、你的兄弟、你的丈夫。你总是渴望去模仿,而模仿将摧毁创新。

你知道，当你画一棵树的时候，你并不是仅仅去描摹它，你不会完完全全地照着它的样子来画，这么做就跟拍照没两样了。但要想自由地去描画，你就必须感觉到树木、花朵、日落向你传达出来的是什么，你不可以仅仅只是白纸黑字地去复制它，而是要感受到日落的涵义。重要的是去传达出涵义，而不是单纯地描摹，尔后你便将唤醒那一富有创造力的过程了。为了实现这个，就必须怀有一个自由的心灵，一个不去背负传统、不去模仿的心灵。看一看你自己的生活以及你周围那些人的生活吧，你会发现一切是何等的空虚！

在生活的某些层面，你必须去模仿，不是吗？不幸的是，你不得不在你所穿的衣服、你所阅读的书本方面去模仿他人。它们是各种各样的模仿，然而你必须去超越这个——也就是说你必须自由地感受，如此一来你才可以凭借自己的力量独立地去思考，才可以做到不是仅仅去接受别人的观点——这个人是谁，是你的老师、你的父母、伟大的导师，根本就不重要。重要的是真正独立地去思索，不盲从，不人云亦云。因为，在你遵从他人的那一刻，这种遵从就表明了恐惧，不是吗？其他人给了你你所渴望的东西——天堂、天国或是一份好的工作。只要你怀有欲望，恐惧就必定会袭来，从而束缚住自由的心灵。你知道什么是自由的心灵吗？你是否观察过你自己的心灵呢？它自由吗？不，它不是自由的，因为你总是留心着你的朋友们会说些什么。你的心灵就像一栋被大门或铁丝网围住的房子，在这种状态里，不会有任何新的事物。只有当恐惧消失不见，才能迎来新事物。心灵要想挣脱恐惧之网绝非易事——这实际上意味着不去模仿，不去想着模仿、遵从、聚敛财富或是遵循传统——这并不表示你做了无礼的过分的事情。

当恐惧消失不见，当心灵不再为了地位、名望，为了炫耀而去耍阴谋诡计的时候，便将迎来自由。于是，在它里面，不会再有任何局限感。重要的是拥有一个真正自由的心灵，一个摆脱了传统羁绊的心灵，因为传统会导致习惯的形成，会让心灵变得机械化。这一切很难吗？这自然不会像你的地理或数学那么难，这其实十分的容易，只不过你从不曾思考过它罢了。你在学校的大部分时间都用来获取那些知识和信息了，你在学校里度过了大约十到十五年的光阴，可你却从来没有时间去思考上述这些问题——从来没有充分地、彻底地思考过这一切，哪怕只是一周或者一天——这便是为什么这些问题会显得如此困难的原因了。其实根本就不难，相反，假如你花了时间去思考它们，就能明白你的心智是怎样运作的了。因此你发现，在你还十分年轻的时候——就像在座的你们中的大部分人一样——重要的是去认识这一切。原因在于，若你不这么做的话，你就将在遵循某种并无多少意义的传统中长大，你将会去模仿，结果便会不断地培养出恐惧，而你也就永远无法获得自由了。

你是否曾经留意过，在印度，传统是怎样束缚着你的吗？你必须以某种方式结婚，你的父母会为你挑选丈夫或妻子。你必须遵循某些仪式，而它们或许并没有任何的意义，但你必须去执行它们。你有一些你必须要去遵从的老师。如果你观察一下就会发现，你周遭的一切是一种有着既定权威的生活方式，有上师的权威，有政治团体的权威，有父母的权威，有公众舆论的权威。文明越是年长，就像在印度，传统的力量就会越大，一系列模仿的力量就会越大。因此，你的心灵从来不曾是自由的，你或许会谈论自由，但你作为一个个体从来不曾自由地、真正凭借你自己的力量去探明，你总是遵循某个人、某个理想或者某位上师、老师抑或某种传统。

所以，你的整个生活是被围困住的，为观念所围，在你的内心深处怀着恐惧。假如你心怀恐惧，那么你怎么可能自由地思考呢？因此，重要的是觉察到这一切。若你看到一条蛇，你知道它是有毒的，于是你便会跑开，把它搁在一边。然而你并不知道那些妨碍了创新精神的一系列的模仿，你被困在其间却无知无觉。可如果你有所觉知，如果你意识到了它们，如果你思考过它们是如何束缚住你的，如果你领悟到你自己之所以想要去模仿是因为你害怕人们会说些什么，因为你害怕你的父母或老师，如果你觉察到了一系列的模仿，那么你就会将它们抛到一旁。一旦你意识到了这诸多的模仿，便能够去审视它们，能够去检视它们、研究它们，就像你钻研数学或任何其他的科目一样。那么你是否意识到了你为什么要在额头上点红色吉祥痣①呢？你为什么要这么做呢？而不是你应当还是不应当。你为何对男女会区分对待呢？你为什么会轻视女性呢？至少男人会如此。原因何在？你为什么要去寺庙，为什么要做仪式，为什么要遵从上师？

因此，一旦你觉察到了这一切，你就能够对它们展开探究，就能够提出质疑，就能够加以研究。但倘若你盲目地接受这一切，只因为千百年来便是如此，那么就没有丝毫的意义，不是吗？所以，我们在世界上需要的并不是单纯的模仿者，不是单纯的领袖以及越来越多的遵循者、追随者。如今我们需要的是像你我一样的个体，是能够始终去思考这些问题的人，不是流于表面的思考，不是偶尔去思考，而是更加深入的思考，如此一来心灵才能够自由地去创造，自由地去思考，自由地去爱。

教育是探明我们跟这一切事物、跟人、跟自然的关系的途径。然而心智却创造出了观念，这些观念变得如此强大、如此重要，以至于妨碍了我们视野的超越。所以，只要有恐惧，就会有传统；只要有恐惧，就会有模仿。一个单纯模仿的心灵是机械化的，不是吗？它就像是一部机器，只是运作，没有任何创造力，不会去思考问题。它可能会带来某些活动、某些结果，但它并不具有创造力。因此，在这所学校里，我们想要去做的是——你我以及全体老师，还有基金会的成员和经理们——我们应当做的是去探究这些问题，以便当你离开学校的时候你会是一个成

---

① 印度女子有在额头上点吉祥痣的习俗。——中文版编者

熟的人，可以独立地思考问题，不依赖某些愚昧的传统，你会是一个拥有尊严的个体，一个真正自由的人。这便是教育的全部目的，而不是仅仅通过考试，然后成为职员、家庭主妇或者生育机器从而了此余生。你应该对你的老师有所要求，你应该坚持认为教育应当帮助你获得自由，帮助你毫无恐惧地自由思考，帮助你去认识、去探寻，否则，生命就将是一种浪费，不是吗？你接受教育，通过了学士或硕士的考试，然后谋到了一份你并不喜欢、不愿意去从事的工作。你结婚了，你不得不去挣钱，你有了孩子，于是你的余生都被固定死了。你感到悲伤、不幸，你跟你的配偶老是吵吵闹闹。除了一个接一个的孩子以及更多的饥饿与不幸之外，你再无其他东西可以去期待的了。这不是教育，真正的教育应当帮助你去拥有智慧，以便你能带着这种智慧去选择一份你所喜爱的工作，要么你就会饿死，但你不会去做愚蠢的事情，从而在不幸中度过残生。

年轻的时候，你的心里应当燃起不满的火焰；年轻的时候，你应当处于一种革命的状态。这是要去探寻、成长、定型的时期，所以，你应该坚持要求你的老师和父母对你施以正确的教育，不要仅仅满足于坐在一间教室里头学习关于某个国王或某场战争的信息，而是要燃烧起不满的火焰，要去探究，要对你的老师展开询问——假如他们是愚蠢之徒，那么你将会让他们变得聪明起来，你将通过询问问题让他们变得睿智——如此一来，当你离开这所学校、这个环境的时候，你就会成长为一个成熟、睿智的人，你将会活到老、学到老，于是你也就会是一个拥有幸福和智慧的人了。

问：我们怎样才能养成无所畏惧的习惯呢？

克：看一看他所用的字眼吧。"习惯"，意味着一种会一遍又一遍不断重复的运动。若你一而再再而三地做着某件事情，那么除了单调之外就再无其他了，不是吗？无所畏惧是否是一种习惯呢？你明白没有？他问道:"我怎样才能养成无所畏惧的习惯?"他希望没有恐惧,于是便询问,通过习惯性地、经常地、重复地、模仿地做某件事情,是否能够做到无所畏惧。只有当你能够应对生活的各种事件,但不是作为习惯,而是在你可以将它们加以研究解决,当你能够审视它们、分析它们,但不是以一个为习惯所困的疲倦的、迟钝的心灵,才能做到无所惧怕。

只要你怀有习惯,那么你就会沦为一部模仿的机器。单纯的习惯会导致模仿,一遍遍地重复做同样的事情,在你自己的周围筑起一堵高墙。若你经由某个习惯而在自己的周围建起高墙,你就无法挣脱恐惧的束缚,你活在那令你感到惧怕的高墙之内。所以,只有当你拥有智慧和理性去审视每一个问题、每一个事件,审视生活里发生的一切,审视每一个情绪、每一个想法、每一个反应,才能摆脱恐惧。一旦你能够审视它、探究它,自然就可以挣脱恐惧之网获得自由了。

(在瓦拉纳西学校的第二场演说,1952 年 12 月 11 日)

权威是如何产生的?

最近两次我们一直都在谈论恐惧以及如何摆脱它的制约,还有就是恐惧怎样毁灭了一个富有生机与活力、一个拥有巨大独创性的自由的心灵。我觉得,我们还应当思考一下有关权威的问题。你知道什么是权威,但你是否晓得权威是如何出现的呢?政府拥有权威,对吗?——国家、警察、法律、士兵。你的老师拥有对你的权威,不是吗?你的父母也对你拥有权威,他们发号施令,让你去做他们认为你应当做的事情——比如在某些时候上床睡觉，吃某些种类的食物，与某种人见面。他们训戒你，不是吗？为什么？他们说这是为了你好，真是为了你好吗？让我们来一探究竟吧。不过，在我们展开探究之前，必须首先认识权威——凌驾于他人之上的权力，少数人施加给多数人抑或多数人施加给少数人的强制、强迫——是怎样形成的。

我们必须展开探究，但是在我们能够认识权威的过程之前，应该首先弄明白它是如何产生的。就因为你是父亲或母亲，你就对我拥有权力了吗？某个人凭何对我有发号施令的权力，视我为尘土，仿佛他们是高人一等的呢？是什么导致了权威？你认为是什么造就了权威呢？首先，显然是因为我们每个人都渴望找到某种行为方式，想知道该怎么做。我不知道该怎么做，我很困惑、很焦虑，于是我便求助于你，求助于神职人员、老师、父母或某个人。我寻求着某种行为方式，因此我诉诸于你，而你则告诉我该做什么。由于我觉得你比我知道得多，所以我便求助于你。我去到上师、导师、神职人员或者某个所谓学识渊博的人那里，请求他告诉我该如何做。所以，正是由于我想要找到某种生活方式、行为方式，正是我身上存在的这种渴望才导致了权威的出现，难道不是吗？举个例子好了：我去到某位上师那里，我认为他是个伟人，他让我感到平静，他懂得真理，他知道神。而我则对这一切毫无知晓。于是我去求助于他，我拜倒在他的面前，我向他敬献鲜花，我把牛奶倒入他的嘴中，我完全献身于他。我渴望得到慰藉，渴望寻求知识，于是我便制造出了一个权威。权威并不存在于我之外。

在你年轻的时候，老师会说你一无所知。但倘若老师是睿智的，他就会帮助你成长为一个拥有智慧的人，不受任何权威的制约，他将帮助你认识你的困惑，于是你也就不会去寻求外部的权威了。

接着便是政府的权威、警察的权威、法律的权威。我之所以会制造出这些外在的权威，是因为我有财产想要去保护。这财产是我的，我不希望你得到它，因此我便建立起了一个政府以保护我所拥有的东西。于是政府就成为了我的权威，它是我发明出来保护自己的，保护我的观念、我的思想体系。所以，经由无数个世纪，我逐渐确立起了法律的体系、权威的体系——警察、国家、政府、军队——以保护我以及我的所有物！

接下来便是理想的权威，它并不是外部的而是内在的。在我的心智里，我制造出了某个理想的权威。我说道："我必须是仁慈的、良善的"，"我不应该嫉妒"，"我必须对每个人都怀有友爱之情"，因此我便制造出了某种理想的权威，不是吗？我怀有阴谋诡计，我很愚蠢、很残忍，我凡事都是为了自己，我渴望拥有权力，这便是我的真实模样。我觉得我对人应该怀有兄弟友爱之情，因为宗教人士这样主张，因为这么说很方便，因为这么说会有好处。我把它作为一个理想制造出来，但我并不是这个样子的，我希望成为这一理想的模样，于是理想就变成了权威。

所以会有作为外部强迫的权威，此外还有内在的强迫、强制的权威——即我们所谓的理想。于是，为了遵照那一理想去生活，我努力训戒自己。我说道："我必须做到良善。"我很嫉妒你的车子更好、你的纱丽更漂亮抑或你拥有更多的头衔，因此我说："我不应该有这些嫉妒的感觉，我必须心怀友爱之情。"这种理想变成了我的权威，而我则依照这一目标去生活。那么，我的生活会发生什么情形呢？我是贪婪的、我是善妒的，我怀有某个理想，我依照它去生活，依照这个理想去训练自己。于是我的生活变成了一场无止境的战斗，交战的双方便是我的本来面目跟我的应有面目。因此，我发明出了训戒，我训练自己按照那一理想去生活，不是吗？因此我便去约束自己，国家、政府便来约束我。政府，无论它是资本主义的政府还是共产主义的政府或是社会主义的政府，都怀有一系列有关我应当如何行为的观念。他们声称政府、国家是最为重要的。我将其简化一下，以便你们可以理解。假如我生活在那个国家中，做着与政府相对立的事情，那么我就会受到政府的逼迫和强制——政府是少数人控制的政府。

我们身上有两个部分，一个是意识的部分，一个是无意识的部分，你明白是什么意思吗？你沿着道路行走，你在跟某个朋友谈话，你的意识、即那个正在谈话的意识，在你谈话时候继续着。但你还有另外一个部分，它在无意识中被那些树木、叶子、水上的点点阳光以及飞鸟吸引着。外部的影响始终都在撞击着无意识，尽管你的意识在忙碌着，但无意识吸收的要比意识吸收的东西重要得多。意识能够吸收的很少，你只能吸收学校里面所教授的内容，而这是少得可怜的。不过潜意识同样在学校里面有所表现，你跟老师之间、你跟你的朋友之间的相互运动，这一切都在秘密地进行着，这要比单纯地吸收那些表面的事实重要得多。

同样的，每天上午的演说也是很重要的，在它里面，无意识在吸收着知识。在一天或一周的接下来的时间里，你将始终记得所说的内容，这对你产生的影响，要比仅仅有意识地去聆听大得多。

你知道我们制造出了权威——政府、警察。同样的，我们还制造出了理想的权威、传统的权威。我的父亲说道："不要做这个。"我必须服从他，因为他生气了，因为我依赖他提供我吃穿，他通过我的情绪来控制我，难道不是吗？结果他就变成了我的权威。同样的还有传统——你必须做这个或那个，你必须以这种方式穿戴纱丽，你必须以这种方式去看，你不应该去看男孩或女孩。传统告诉你该做什么，毕竟，传统便是知识，对吗？书本告诉你该做什么，政府告诉你该做什么，父母告诉你该做什么，团体、教会、寺庙、宗教，所有这些都在告诉你该做什么。那么，你会发生什么呢？你只会被压碎，你从不曾去思考、去行动，从不曾活得有生机，因为你害怕所有这一切。你有传统、权威、父母，你声称你必须去服从，否则你便会无助。

于是你便制造出了权威，因为你寻求着某种行为方式、生活方式。正是这种欲望，正是追求某种行为方式，导致了权威的出现，结果你也就沦为了一个单纯的奴隶，沦为了机器里的一个齿轮，你的生活全无思考的能力、创造的能力。我不知道你是否画画，假如你绘画，美术老师通常会告诉你该如何作画。你看见了一棵树，你去描摹它，然而，绘画便是去审视、观察树木，尔后表达出你对那棵树的感受以及它的涵义——树叶的摆动、风在林间的低语——要想做到这个，你就必须十分敏锐地捕捉到光与影的运动。如果你始终都害怕地说道："我必须这么做"，"我必须那么做"，"人们会说些什么？"那么你怎么可能捕捉到微风呢？于是，权威渐渐地摧毁了你的感受力，使你无法看到美丽的事物。

　　因此便会出现如下问题：这类学校是否应当训练你。看一看老师们不得不面临的困难吧，如果他们是真正的老师的话。你是个淘气的孩子，女孩或者男孩，那么我应当训戒你吗？假如我训戒你，会发生什么呢？因为我体格更加巨大，拥有更多的权威，还有其他相关的一切，因为我被支付了工资去做某些事情，于是我便强迫你去做一些事。尔后，你会服从。我这么做，难道不是在毁灭你的心灵吗，难道不是着手去毁灭你的心灵与智慧吗？如果我因为觉得某件事情是对的而强迫你去做，那么我难道不会让你变得愚蠢吗？你喜欢受到训戒，我知道你之所以如此，是因为假如你没有被强迫的话，你就会觉得自己将会变得淘气、恶劣，会去做那些不对的事情。因此你说道："请帮助我行为举止得当。"首先，我应该去强迫你吗？还是应该帮助你去认识到你为何会淘气，为何会是这样或那样的呢？这意味着什么呢？这表示我必须不怀有任何作为父母或老师的权威的意识，我希望你能实现认知，我希望帮助你去认识你的困难，你为什么会是这样，为什么会恶劣，为什么渴望逃开，我希望你去认识你自己。假使我去强迫你，那么我就对你没有任何的帮助。所以，如果我是名老师，我就应该帮助你去认识自我——这意味着，我只能够照顾少数的男孩或女孩,我不可以一个班上有五十个男生、女生,我应该只有少数几个学生,如此一来我才可以对每一个孩子都给予个别的关注;如此一来,作为一名老师,我才不会制造出任何的权威,不会强迫你做某件事情,假如你认识了这个事情,你或许就可以自己独立地去做了。

所以,我意识到,同时也希望你们能够意识到,权威会毁灭智慧。毕竟,只有当你拥有自由的时候,当你能够自由地去思考、去感受、去观察、去质疑,智慧才会到来。但倘若我去强迫你,那么我就会把你变得跟我一样的愚蠢。通常,这便是学校里发生的情形,老师认为自己无所不知,而你则一无所知。那么老师知道的都是些什么呢?不过是数学或地理罢了。他并没有解决任何问题,并没有去质疑生活里那些极为重要的事情,他像朱庇特①或者士官长那样冲着你咆哮不已。

因此,在这类学校里面,重要的是你在老师的帮助下去实现认知,拥有睿智和自由,如此一来你便能够应对生活的所有难题,而不是仅仅在强制之下去做你被告知的事情。这需要一个有能力的老师,一个真正对你怀有兴趣的老师,一个不去焦虑金钱、自己的妻儿的老师。学生以及老师的责任,便是去建立起这样一种事务的状态。不要去服从,就只是凭借你自己的力量去探明如何思考某个问题。不要说你必须得去做某个事情,就因为你的父亲如是说,而是应该去探明他试图说的是什么以及他为什么会认为这是好的或坏的。质疑他,如此一来,你不仅会变得睿智,而且还能帮助他拥有智慧。假如你开始去质疑他,通常发生的情形是,他会教训你,他毫无耐心,他忙于自己的工作,他没有爱心同你坐下来去谈论你所遭遇的种种生活的难题,你在谋生、在结婚等方面面临的困难。他没有时间去探究这一切,所以他把你推开,抑或送你去学校。老师跟其他人是一样的。老师、父母以及你们所有人的职责,便是为带

---

① 罗马神话中的宙斯神。——译者

来这种智慧尽自己的一臂之力。

问：如何才能拥有智慧？

克：你询问说："如何才能变得睿智？"审视一下这个问题里面所蕴含的内容吧。你渴望得到某种方法，这意味着你知道什么是智慧。也就是说，当你想要去往巴拉纳斯的时候，你会询问怎么走，你已经知道了目的地，你只想知道路径。同样的，当你问道："一个人怎样才能拥有智慧？"你便已经知道何谓智慧了，至少你以为自己懂得什么是智慧。你希望得到某种体系、方法，由此你便能够变得睿智。智慧正是对方式、方法的质疑。恐惧会摧毁智慧，不是吗？恐惧妨碍了你去检视、质疑、探寻，妨碍了你去探明什么是真理。一旦没有了恐惧，那么你或许便能迎来智慧了。因此，你必须去探究有关恐惧的整个问题以及挣脱恐惧的束缚，尔后你便能拥有智慧。但如果你说道："我怎样才能变得睿智？"那么你就只会培养起某种方法，结果也就会走向愚蠢。

问：每个人都知道我们终会一死。我们为什么会惧怕死亡呢？

克：你声称你害怕死亡。为何你会惧怕它？因为你不知道如何生活吗？假若你懂得怎样充实地活着，就不会恐惧死亡了。如果你热爱绿树、日落、飞鸟、树叶，如果你满眼含泪地看着那些女人、男人、穷苦人，如果你心中真的怀有爱，你还会害怕死亡吗？会吗？不要被我的观点说服，让我们一同展开思考。由于你并没有充实地活着，并没有享受着生活，你不快乐，你没有看到那些富有生机的事物，于是你便询问当死亡降临时会发生什么。生活充满了痛苦，于是你便对死亡怀有更多的兴趣，你觉得，或许死后将会迎来幸福。不过，这是一个巨大的问题，我不知道你们是否想要展开探究。毕竟，问题的最深处是恐惧，对死亡的恐惧、对生的恐惧、对痛苦的恐惧，最深处便是恐惧。所以，假如你没能懂得是什么导致了恐惧,那么你便无法摆脱恐惧,于是,你究竟是生还是死也就无关紧要了。

问: 我们怎样才能幸福地生活?

克: 你难道生活得不幸福吗?你说你不知道自己是否过得幸福。当你遭遇痛苦,当你感到悲伤,当你有了生理上的痛苦,当有人伤害了你,你难道会不知道吗?当有人冲你生气的时候,你会体会到痛苦,你会知道。当你幸福愉快时,你知道吗?当你身体健康时,你知道吗?幸福是一种你没有意识到、没有觉知到的状态,一旦你意识到自己很幸福,你便不再是幸福的了,对吗?可是,我们大部分人都遭受着痛苦,由于意识到了这个,于是你便希望从痛苦中逃离,躲进你所谓的快乐之境。所以,你有意识地在渴望幸福,在你有意地达至幸福的那一刻,幸福便消逝而去了。你能否说你是快乐的呢?一旦你说道:"我多么幸福啊,我多么快乐啊!"那一刻之后,幸福便不在了,它成为了一种记忆。当你真正感到幸福的时候,你对它是没有意识的,而这正是幸福之美所在。

(在瓦拉纳西学校的第三场演说,1952年12月12日)

训戒和自由是相互对立的

你记得我们前天一直在谈论有关训戒的问题。这真的是一个格外复杂的问题,因为我们大多数人都认为,通过某种训戒,我们将获得自由。你知道什么是训戒,对吗?它是培养起抵制,不是吗?这是否是一个太过困难的字眼呢？你知道，通过抵制，通过确立起某种东西来抵抗其他的事物，我们会觉得自己将有可能实现认知，获得自由，更能够充实地生活；但这并非事实，不是吗？你越是去抵抗——意即去推开——你越是同某个事物交战，就越少理解。我不知道你是否曾经谈论过这一切，但倘若你有谈论过，就会明白，只有当你拥有了真正的自由，当你能够自由地去思考、自由地去做自己，唯有在这种状态里，你才会有所探明，才会懂得爱。然而，自由不会也无法存在于框架之中。我们大部分人都活在一个被观念包围起来的世界里，不是吗？这很难理解吗？例如，你声称你的父母或老师知道什么是对错，至少你觉得他们懂得什么是正确的、什么是错误的，什么是糟糕的、什么是有益的。你知道人们会说些什么，不会说些什么，知道宗教人士会如何主张，神职人员会做何看法，知道你的父母的意见是怎样的，你从学校中学到的是什么，传统的观点是什么。你活在这里面，活在这种封闭、包围之中，你能一边生活于这种包围里，一边却声称自己是自由的吗？你是自由的吗？一个活在监牢里的人会是自由的吗？

因此，一个人必须要冲破这些高墙，凭借自己的力量探明什么是正确的、什么是真理，什么才是真正有益处的。他必须去检验、去探明，而不是仅仅去追随某个人，无论他觉得那个人是多么的优秀、多么的高尚、多么的让人振奋、多么的愉悦。这些都没有任何意义，真正有意义的是能够去探究一切价值理念，审视那些被人们视为有益的、好的、有价值的一切，而不是去盲目地接受。因为，一旦你去接受，你便开始了遵从，尔后你就会去模仿，而一个模仿的人、一个仅仅只知道遵从的人，是永远不会幸福的。

年长的人会说你必须自我训戒。训戒要么是由你自己施加的，要么是由某个外部的人施加的。在学校里面，你被告知说做这个或那个。然而，重要的是弄清楚怎样才能获得自由，如此一来你才可以开始凭借自己的力量去探明。不幸的是，大多数人都不想去探明，不想去思考，他们的心灵是封闭的。拥有一个勤于思考、发现、探明，勇于探究事物的心灵是极为不易的，这需要相当多的精力、觉知、感知以及探寻。大部分人都没有精力，也没有探明的意愿和倾向，他们说道："这是对的，你知道的比我多，你是我的上师、我的老师。"在这类学校中，重要的是从一开始，从最稚嫩的年纪开始，一直到你离开学校的时候，你应当自由地去探明，不被做什么、不做什么的高墙围困住。原因在于，若你被告知去做什么、不做什么，那么你何来智慧可言呢？你不过是迈向某个职业，你是一个毫无思考能力的个体，你的父母告诉你结婚或者不结，告诉你是当一个职员或是一个法官，这可不是智慧。你或许会通过那些考试，你或许会拥有美丽的纱丽，你或许会有许多的珠宝、朋友、地位、名望，但这并不是智慧。

很明显，当你自由地去发现，当你自由地去思考，当你自由地去质疑每一个传统，如此一来你的心智将变得格外的活跃与澄明，如此一来你便是一个完整的个体，一个能够充分运作的个体——而不是一个惊恐不安，不知道该做什么，于是只有去服从，内心感觉是一回事，外在表现却是去遵从他人的人——唯有这时，智慧才会到来。在心理层面，你必须冲破每一个传统的束缚，按照自己的意愿去生活。然而你却被父母关于你应当如何、不该怎样的观念给束缚住了，被社会的传统围困住了。因此，你的内心始终都在上演着冲突。你了解这一切，不是吗？你还如此年轻，可我并不认为你年轻到无法意识到这些。你想要去做某个事情，但你的父母和老师却说道："不许去做。"你的阿姨或者祖父说道："不许去做。"但是你渴望去做那件事儿，于是便会出现争斗、冲突、挣扎，不是吗？只要你没有解决这一争斗，就会处于冲突、痛苦、悲伤之中，就会渴望去做某件事情但却受到阻止。

所以，假如你对此展开格外仔细的探究，就会发现，训戒和自由是相互对立的。若你寻求自由，便会有截然不同的认识的过程，它会带来自身的澄明，如此一来你就不会去做某些事情了。因此，在你年轻的时候，重要的是去自由地探明，是被帮助着去发现生活里究竟该做什么。如果你在年轻的时候没有探明，那么你将永远无法探明，永远无法获得自由。必须现在就播种下种子，如此一来你才能拥有创新的能力，才能自由地去探明。你经常会从那些背负重物的村民身边走过，不是吗？你对他们有何感受呢？你是否会对他们怀有某种感受？面对那些衣衫褴褛，身上味道难闻，浑身上下脏兮兮，食不果腹，日复一日辛勤劳作却没有任何保障，拿着杯水车薪的穷苦的人们，你是否会生出同情呢？你见过他们，不是吗？那么你会对他们有何感觉呢？你会感到震惊吗？你是否过于关心着你自己，关心你的考试、你的外貌、你的纱丽，以至于你从来不曾对他们投以关注呢？你觉得自己更加优秀，属于一个不同的阶层，于是你便对他们漠不关心，当你看见他们从身边走过时，你会有何感受呢？你难道不想去帮助他们吗？你是否会对他们伸出援手呢？这表明了你是如何思考的。你是否因为传统、因为父母、因为几个世纪以来的压垮，因为你碰巧生来属于某个阶层而变得如此麻木或迟钝，以至于你觉得自己不应该去看他们呢？你真的受到这般的抑制，以至于全然不知道周围发生的情形吗？

所以，渐渐的，恐惧——恐惧父母会说些什么，老师会说些什么，害怕传统，害怕生活——毁灭了你的感受力，不是吗？你知道什么是感受力吗？它指的是心灵敏锐，能够去感受，能够接收到印象，对那些遭受痛苦的人怀有同情心，能够觉察到周遭发生的事情。你听见寺庙里的暮鼓晨钟，你有意识到它吗？你是否聆听这声音呢？你是否看见过河水上的点点阳光？你是否觉察过那些穷苦的人，那些几个世纪以来被剥削者控制、压迫的村民呢？你是否对周围的一切有着敏锐的感受力呢？当你看见一个仆人背负着沉重的地毯时，你会助他一臂之力吗？这一切都意味着感受力。你领悟到,当某个人受着控制的时候,当他充满恐惧抑或只关心自己的时候,感受力就会遭到破坏。你知道什么是只关心自己吗?它指的是关心自己的外表、自己的纱丽,始终都只想着自己——我们大部分人都以这种或那种形式在这么做着——结果这个人的心灵就会变得封闭,就会失去对美的欣赏能力。

真正的自由,意味着巨大的感受力。如果你用各种训戒将自己封闭起来,就无法获得自由。由于你的生活主要是一种模仿,因此你便失去了感受力和自由。当你在这里的时候,应当种下自由的种子,以便经由生活你能得到智慧,也就是自由,这是格外重要的,不是吗?带着这种智慧,你就可以探究生活的全部问题了。

问:一个人能否摆脱所有的恐惧之感,同时又可以与社会共处呢,这是可行的吗?

克:什么是社会?你所说的社会是指什么?一系列的价值观念,一系列的准则、规定和传统吗?你看到了外部的情形与限定,于是你说道:"我能够一边身处这里,一边同那些价值观念、规范保持一种切实可行的关系吗?"为什么不能呢?毕竟,假如你仅仅只是去适应那一限定,适应那一价值观念的框架,那么你会获得自由吗?你所谓的"可行的"或"实用的",是指什么意思?是指谋生吗?那么,能够与之共处,能够对此做些什么又是何意呢?你可以做许多事情来谋生。举个例子——我不想举某个复杂的问题——你不得不谋生,做许多事情你都可以养活自己。假如你是自由的,你难道无法选择自己想要去做的事情吗?这就是所谓的可行吗?抑或你认为忘却你的自由,仅仅去适应某个事情,成为律师、银行家、商人或者清洁工是可行的吗?还是你会说:"我是自由的,我已经培养起了我的智慧,我将看一看对我来说做什么会是最好的。我将抛掉一切传统,做我喜欢的事情。我的父母或社会是赞成还是反对丝毫也不重要，因为我是自由的，因为我拥有智慧，所以我会去做完全属于我自己的事情，会作为一个完整的人来展开行动。"这是否回答了你的问题呢？

问：什么是神？

克：你真的希望得到此问题的答案吗？你打算怎样去探明呢？你要去接受他人的信息吗？还是会努力去探明什么是神呢？提出问题很容易，但是探明则需要相当的智慧，需要展开大量的探寻和研究。

那么，首先要弄清楚的是，你会接受他人对此的看法，比如克利须那[①]或者佛陀的观点吗？究竟是谁无关紧要。我或许会犯错，你所喜爱的上师也可能会错。所以，若想探明任何真正深刻的真理，首要之举便是你的心智必须自由地去探究，不去盲目地接受，而是直接地探明。我可以向你描述某个真理，但这跟你懂得真理是两码事。大部分书籍都会给出关于真理的描述，所有的宗教书籍都会用言语去描绘什么是神，但这可能并非是神。"神"这个字眼不等于神，对吗？因此，要想有所探明，你就永远不应该去接受，不是吗？你永远不应该被书本、老师抑或他人的观点左右。原因在于，假如你受到他们的影响，你就会找到他们希望你去发现的东西。所以，在外部层面，你不应当被任何书本、老师、上师左右。在心理层面，你必须懂得你的心智能够制造出它所渴望的东西，能够想象出一个留着胡须、长着眼睛的神，能够把他想象成蓝色的或紫色的。因此，你必须抵抗你自己的欲望，因为你的欲望、渴求、憧憬可以在你心智里头投射、制造出你所渴望的事物。假如你憧憬神，它就会成为你所希冀的模样，不是吗？但它并不是神，对吗？若你处于悲伤之中，若你渴望得到慰藉，若你

[①] 印度教的神邸，也称黑天，是毗湿奴的第八个和主要化身，经常被描绘成一个吹笛的英俊年轻人。——译者

感觉自己在生活里头被压垮了，若你觉得被摧毁了，若你感到情绪化，那么你最后就会制造出一个将能满足你全部需求的神，但它并非是神。因此，你的心智必须彻底的自由，唯有这时，它才能够探明——不是通过接受某种迷信或是阅读某个宗教书籍，抑或追随某位上师。只有当你拥有了这种自由——真正摆脱了外部的影响，摆脱了自身的欲望、渴求——当你的心智格外的澄明，才能懂得何谓神。可一旦你坐下来去推测，你的猜想跟你的上师的猜想一样好，那么你的推测便是没有用处的、荒谬的。

重要的是去意识到、觉察到那些迫使你朝着某个方向行进的外部影响，以及觉察到你有意识的与潜意识的欲望，尔后挣脱所有这一切，如此一来心智才会是澄明的，不受任何影响的制约。

问：我们能否觉察到自身那些潜意识的欲望呢？

克：首先，你觉察到自己有意识的欲望了吗？你知道什么是欲望？你是否知道你并不会听一个跟你的信仰唱反调的人的主张呢？你的欲望使得你无法去倾听。你渴望神，有人则对你说神并不是源自于你的挫败和恐惧，它是截然不同的事物。你会听他的话吗？当然不会。你渴望某个东西，真理则是其他的事物。你把自己封闭在了你的欲望之中，渐渐的，你对自身的欲望半知半觉，你被围困在了其中。你没有觉察到你那些醒来的欲望、有意识的欲望，对吗？觉察到那些深深潜藏的欲望要困难得多，你知道，这就像渴望去探明那些暗藏的事物一样。除非那个在审视着的心灵格外的澄明与自由，否则你将无法发现那些暗藏的东西，无法探明你自己的动机是什么。因此，首要之举便是有意识地觉察到你那些表面的欲望，尔后，随着你意识到了它们，再展开更加深入的探究。

问：为什么有些人生来贫困而有些人则生来富贵呢？

克：你怎么看呢？是因果的缘故吗？不要只是向我提问，然后等待我给出答案，你为什么不去探明你自己的感受是什么呢？你觉得这是神秘的过程吗？在前世，我过着高尚的生活，结果我便得到了奖赏，所以我今生才会拥有如此多的财富，才会有漂亮的纱丽，才会有名望！抑或，我在前世干尽了坏事，因此我今生才会为此付出代价！

你知道，这真的是一个相当复杂的问题。这是社会的错，这是一个贪婪、狡诈之辈剥削穷苦人从而飞黄腾达的社会。我们也渴望同样的东西，我们也渴望攀上成功的阶梯，渴望出人头地。当每个人都想着出人头地，那么会发生什么呢？我们会踩在别人的肩头往上爬，而那个被踩在脚下、被摧残的人则会问道："为什么生活如此的不公？你应有尽有，而我则没有任何能力，一无所有。"只要我们攀爬着成功的阶梯，就总会有罪恶以及那些食不果腹、衣不蔽体的人。必须要认识的是每个人身上存在的那种想要功成名就的欲望，而不是为什么会有贫富之别，为什么有的人天赋异禀，而其他人则毫无天赋可言。必须要被改变的是那想要攀上成功的阶梯、想要成为大人物、想要获得成功的欲望。我们全都渴望成功，不是吗？错误的根源就埋在这里，而不是因果报应抑或任何其他无意义的说辞。切实的情形是我们全都想要出人头地，或许不是在最顶端而是在半山腰。因此，只要有出人头地的欲望存在，我们就会有贫富之别，就会出现有天赋的人与没有天赋的人。

问：神是男人、女人还是一个神秘之物呢？

克：神是男人、女人还是某种彻底神秘的东西呢？我就只是回答这个问题。这个国家里满是男人，而且男人处于支配地位。假设我说神是个女人，你会做什么呢？你会抵制我的看法，因为你脑子里充满了神是位男性的观点。所以我真正想要说的是,你必须要去探明,而为了有所探明,你就得摆脱所有的成见。

(在瓦拉纳西学校的第四场演说,1952年12月14日)

受限的心灵无法自由

在过去的三四次演说中,我们一直都在谈论恐惧,由于这是导致我们走向衰退的根源之一,因此我觉得我们应当从不同的视角加以审视。

你对这一切感兴趣吗?我想知道在这些演说过后你是否有思考过?还是你觉得这是一次早晨的外出,从而把这一问题抛诸脑后了呢?

你知道我们总是被告知该思考什么、不该思考什么,书本、老师、父母以及我们周围的社会,全都在告诉我们该思考些什么,但却从来不曾帮助我们去探明如何思考。思考什么和怎样思考,这是完全不同的。思考什么相对来说容易一些,因为自孩提时代起,随着我们逐渐成熟,我们的心灵在语词、立场、成见、思考方式、思考什么等方面一直都受着限定。我不知道你是否曾经留意过那些年长之人的思想是何等的僵化,犹如模子里的泥土,他们的心灵已经被固定化了,要冲破那个模子是十分困难的事情。所以,心灵的模子便是心灵的限定。

在印度,你的思考由于几个世纪以来的传统、由于经济原因、宗教原因而受着限定。所以,这里的人们的心灵被固定化为了某种模式,因为所有这些原因而被限定住了。在欧洲,人们的心灵也是以某种方式受着局限,在苏联,革命之后,政治领袖们便以其他的方式将他们的心灵固定化了。因此，心灵受着局限和约束。你明白我所说的限定是指什么意思吗？——不仅是意识表层的限定，还有潜意识的层面因种族、风土、非言语化的模仿而受的限定。

假如心灵被模式化了，那么它就永远无法获得自由。大多数人都认为你永远不可能让心灵挣脱其限定，认为它必定总是有着某些局限。也就是说，你必定总是会有某些局限、某些思考方式、某些成见，结果心灵也就永远不会是自由的，唯有受着限定。文明越是古老，越会背负更多传统、权威、戒律的重担。像印度这样的古老种族，出于经济、社会的原因，加上他们曾经是先驱者，因此所受的限定要比美国多得多，后者更为自由一些。在这里，我们被团团围困住了。

一个受限的心灵从来不会是自由的，这样的心灵永远无法超越自身的疆界、自身的屏障，这一点是显而易见的。一个受限的心灵，一个被无数高墙围困起来的心灵，很难让自己挣脱那些限定，实现超越。这种限定不仅是社会施加的，而且也是你所希望的，因为你不敢去超越。你害怕自己的母亲会说些什么抑或父亲会如何看待，害怕老师会做何评论抑或社会会怎么说、神职人员会怎么说。你惊恐万分，于是你便树立起了一道道屏障将自己束缚起来。因此，你总是告诉你的孩子该做什么、不该做什么，而你的孩子在当了父母以后则会告诉他们的孩子做这个或那个。

心灵总是被束缚住了，尤其是在学校里面，在那里，你会喜爱某个老师。原因是，若你喜欢某个老师，你便会希望去追随他，你会渴望做他所做的事情。结果，限定就变得越发根深蒂固了，越发永久了。例如，有某个老师做礼拜，而你则追随他，你或许喜欢礼拜的仪式抑或它的美，因此你便也开始做起了礼拜，于是你也就受到了限定。这种限定是非常有效的，因为，当一个人年轻的时候，他会很急切，会充满创造力。我不知道你是否具有创造力，因为你的父母不会允许你去越过那堵高墙往外看的。你走进婚姻，你适应了某个模式，就此度过余生。

当你年轻的时候，你很容易会被限定、影响、塑形，很容易被迫使着进入某种模式。假如你把一个孩子，一个良善、聪明、机敏的孩子交到神职人员手中，那么七八年之内这个孩子就会受到神职人员的限定与影响，以至于余生都会跟他一样，会带着某些限制。所以，在这类老师无不受到限定的学校中，他们就会像其他每个人一样，他们有他们的礼拜，有他们的恐惧、有对上师的渴望，有他们的仪式，他们会做所有这些事情。而你无意识中就会去追随他们的行为，因为你喜欢某个老师，因为你看见了美丽的事物，你希望去做同样的事情，几个月之内你便被困在其中，你的模仿便会开始。

为什么老一辈人要做礼拜呢？我不知道，你不知道，他们也不知道。他们之所以做礼拜，是因为他们的父辈如此，同时还因为他们觉得礼拜可以带给他们某种感觉，能让他们获得宁静。他们唱着某些赞美歌，觉得若自己不这么做的话便会迷失，于是他们也就这样做了。作为年轻人的你则去效仿他们，于是你的模仿便开始了。如果老师对此展开探究，加以思考——很少有人会这么做——如果他真正运用自己的智慧，即展开探究与质疑，不抱持任何成见，那么他就会发现，礼拜其实全无意义。然而，探明该问题的真理需要拥有相当多的自由，唯有这时，你才能展开探究，发现真理。假如你声称你喜欢它，尔后努力去探究，这表明你仅仅只会强化你所喜欢的东西，这并不是真正的探究。若你已经对它怀有喜好的先入之见，尔后你着手去探究它，那么你只会让你的成见得到强化。

因此，很明显，在这类学校里面，重要的是老师不仅应该让自己不受限定，而且还应该帮助孩子们永远不要去局限住自己。一旦他们懂得社会、父母、世界的局限性的影响，就一定会帮助学生不去盲目接受，而是展开探究，发现该问题的真理。随着你逐渐成长起来，你会意识到各种各样的影响开始塑造你、局限住你，它们不是帮助你怎样去思考，而是告诉你应当思考些什么。最终，你变成了一部自动化的机器，你运作着，但却没有多少生机与活力，没有多少独创性的想法，就像是一部巨大的社会机器里头的齿轮一样。你们所有人全都害怕，假如你不去适应社会的话，你便无法谋生。你的父亲是名律师，你也必须是个律师，如果你是个女孩，你则必须要嫁为人妇。那么，实际上会发生什么呢？一开始，你是个拥有巨大生机与活力的男孩或女孩，但你的生命力、创造力却被一个为自身的偏见、恐惧、迷信、礼拜、上师所围的老师给毁灭了。当你走出学校的时候，你脑子里装满了各种任何时候都可以捡拾起来的信息，但你却失去了探寻的活力，失去了反抗你的父母或社会的力量。

你聆听这一切，那么会发生什么呢？当你通过了你的学士或硕士考试，你清楚地知道将会发生什么，你将会像世界上的其他人一样，因为你不敢做一个例外分子。你将会受到很大的限定，将会被塑形，以至于你不敢冲破这一切。你的丈夫将会控制你，你的妻子将会控制你，抑或社会将会控制你，于是便开始了一代又一代的模仿。没有丝毫的创新，没有任何的自由，没有一丝的幸福，有的只是缓缓地走向死亡。既然如此，那么接受教育的意义又何在呢？为什么不就只是学习去读书写字，结婚生子，然后像部机器般度过余生呢？这就是父母们渴望的，这就是世界渴望的，世界不会希望你去思考，自由地去探明，因为，尔后你将不会去适应某个模式。任何真正的思想者都不可能从属于某个国家、阶级或是思想派别。自由，不仅意味着在这里的自由，而且意味着在各个地方的自由。沿着某个路径去思考，并非自由。

所以，当你年轻的时候，重要的是获得自由，不单是意识层面的自由，还有潜意识层面的自由。当你认识到那些控制、支配着你的影响时，请你务必去觉察自身，展开探究，永远不要去盲目地接受，而应该时常去质疑，始终保持反抗的激情和勇气。

问：当我们生存在一个充斥着传统的社会里，我们怎样才能够使自己获得自由呢？

克：首先，你必须要有获得自由的强烈欲望，犹如鸟儿对飞翔的渴望抑或河水对流淌的渴望一样。你有这种想要自由的感受吗？如果你有的话，那么会发生些什么呢？你的父母、你的社会将会迫使你去适应某种模式，你可以抗拒他们吗？你会发现这是十分困难的，因为你很害怕，你害怕没能寻到如意的丈夫或妻子，害怕没有赖以谋生的工作，害怕自己会饥肠辘辘，害怕人们会对你议论纷纷。尽管你渴望自由，但你却充满了恐惧，于是你便不会去抵抗。你担心人们会说些什么，你的父母会说些什么，担心他们会阻止你，结果你便做了他们希望你去做的事情。你是否能够声称："我渴望去认知，我不介意吃不饱肚子，我不介意去反抗这个腐朽的社会所设立的重重障碍，我渴望自由地去发现、去探明"呢？这并不意味着为所欲为，这不是自由。你或许希望拥有自由，然而当你自己感到恐惧的时候，你能够去抵制、去反抗所有这些障碍、这些强加吗？因此，自孩提时代开始，不要去鼓励恐惧，相反，应当去帮助孩子认识到恐惧的涵义，帮助他去摆脱恐惧，这难道不是十分重要的吗？在你感到惊恐的那一刻，自由便终结了。

问：我们一直都是在社会里教育长大的。如何能够获得自由呢？

克：你意识到了恐惧吗？你是否觉察到你心怀惧怕呢？假如你意识到了，那么你打算怎么做呢？你如何才能挣脱恐惧的束缚呢？你我必须要来一探究竟。那么你要怎样去探明呢？首先，你必须意识到自己怀有恐惧，不是吗？接下来你打算如何做呢？跟我一起展开思考。当你意识到自己怀有恐惧的时候，你打算怎么做？你实际上会做什么呢？你会逃避它，不是吗？你拾起一本书或是出外散步，你会逃避它。你害怕你的父母、害怕社会，你觉察到了这种恐惧，你不知道怎样去解决它。哪怕看它一眼你都会惧怕，因此你希望逃得远远的。这便是为什么你们全都渴望接受教育，不断地通过那些考试，直到你不得不面对那不可避免的恐惧以及展开行动的最后一刻。所以，你不断地逃避你的问题，这么做不会帮助你解决自身的困难的，你必须去审视它，那么你能做到吗？

假如你想要看一只飞鸟，你必须走近它、观察它，观察它的翅膀、腿、喙的形状，你必须审视它。同样的，如果你感到恐惧，你就必须审视你的恐惧。你如此惊恐，以至于你让恐惧愈演愈烈。举个例子，你希望做某件你觉得对你有好处的事情，但是你的父母告诉你不要去做此事，抑或他们会对你做些可怕的事情，比如不再给你钱花。于是你害怕他们会对你做些什么，你如此害怕，以至于你不敢看那可能会出现的结果，所以你便妥协了，而你的恐惧继续如影随形。

问：什么是真正的自由？一个人怎样才能获得它呢？

克：真正的自由必定是智慧的产物。自由是无法被获得的，你无法出外到市场里购买到它，你无法通过阅读一本书或是聆听某人的讲演来得到它。它是伴随着智慧而来的。然而智慧又是什么呢？当你心怀恐惧，抑或当心灵受着限定，会有智慧存在吗？你明白我所说的限定是什么意思吗？当心灵充斥着种种的偏见，当你自以为是个了不起的人物，或者当你野心勃勃、渴望功成名就，会有智慧存在吗？当你只关心着自己——这表现为各种各样的野心，不仅有世俗层面的野心，还包括精神层面渴望变得伟大的野心——当你对某人亦步亦趋或者顶礼膜拜，会有智慧存在吗？当你的心灵因为权威而裹足不前，会有智慧存在吗？因此，只有当你挣脱了所有这一切，智慧才会到来，唯有这时，才能迎来自由。所以，你必须要着手去应对这一问题，心灵必须要开始让自己摆脱上述这一切，尔后智慧才会登场，继而带来自由。你必须找到答案。当你不自由的时候，其他人的自由于你毫无意义；当你饥肠辘辘的时候，其他人拥有食物于你毫无用处。你渴望真正的自由，如此才能获得创造力。

要想具有独创精神，就必须拥有自由，而若想获得自由，就必须拥有智慧。你必须展开探寻，弄明白怎样才能创造出智慧以及是什么妨碍了那种智慧。你必须对生活展开探究，必须对社会价值观念、对一切予以质疑——而不要因为恐惧去接受任何事物。

（在瓦拉纳西学校的第五场演说，1952 年 12 月 15 日）

没有任何安全存在

今天上午，或许我们可以从另外一个视角来着手恐惧的问题。恐惧对我们大多数人产生了不同寻常的效力，它会制造出各种各样的幻象与问题。除非我们对它展开深入的探究并且真正认识了它，否则，终其一生，恐惧都将歪曲我们的行动，扭曲我们的观念以及生活方式。它会在人与人之间树起屏障，于是也就自然会摧毁爱。因此，依我之见，我们对恐惧探究得越多，认识越深，就越能真正摆脱它，我们跟周围的联系就越是广大。当前，我们与生活的联系其实是非常少的，不是吗？但倘若我们能够建立起广泛的联系、深刻的理解、真正的同情、爱与关心，那么我们的视野将会无比的延伸和拓展。所以，或许我们可以从不同的角度来讨论一下有关恐惧的问题。

我不知道你是否曾经留意过，我们大部分人都渴望某种安全，我们想要得到安全，想要有人可以去依靠，就像一个小孩子会紧紧握着母亲的手一样，我们也希望有东西去依靠，希望有人来爱我们。如果没有安全感，没有精神上的保护，我们便会迷失，不是吗？我们习惯于依靠他人，指望着别人来给我们指引和帮助，没有了这种支撑，我们就会感到困惑、混乱与恐惧，不知道该做些什么、思考些什么，不知道该如何去行动。所以，当我们独自一人的时候，就会彻底的迷失，就会觉得没有了安全感与确定感，于是也就滋生出了恐惧，不是吗？有各种各样的保护，各种各样的确定感，感觉一个人是受到保护的，就像父母保护孩子的时候那样。我们希望某种事物能给予我们确定感，因此我们便有了外部的保护与内在的保护、外部的安全与内在的安全。我们有吗？当你关掉房子里的门窗待在室内时，你会觉得非常的安全，不被侵扰。然而生活却并不是这个样子的，它会不断地敲打着你的门，试图推开窗户，以便你能看到更多。倘若你出于恐惧锁起了门、闩上了窗，那么敲门声只会变得更大，因此，你越是去依附外部的安全，生活就越会来推动你。你越是害怕，越是封闭自己，越会遭受痛苦，这痛苦便是生活的敲打，便是生活的操控和质疑。生活是不会让你独自一个人的，你喜欢独处，喜欢离群索居，喜欢关闭起所有的门窗，安全地躲在室内。然而，你越是封闭自己，生活越会猛力地撞击你的门窗，于是争斗便开始了。

你渴望安全，但生活却说道："你不可能获得安全。"因此，你寻求着外部的安全，你在社会、传统、父母、配偶的身上中寻求着安全感，然而生活却总是将你筑起的安全之墙给突破。你在内心、在某个观念中寻求着安全与慰藉。你知道什么是观念以及它是如何形成的吗？你有了出外走走看看的念头，你读了一本书，你有了某个想法。你必须探明这个想法是什么，尔后认识到观念是怎样变成了安全、寻求安全的手段，是怎样变成了你去依附的对象。你可曾思考过某个念头呢？如果你怀有一种观念，我抱持另外一种观念，我觉得自己的看法要比你的好，于是我们便会争斗不休，对吗？我努力想要让你信服，而你也尝试着要说服我。整个世界便是建立在种种观念之上的。假如你展开探究，会发现，单纯地执着于某种观念没有任何的价值。你可曾注意到你的父母、老师、叔伯阿姨们是多么固执己见吗？

观念是怎样形成的呢？你是如何怀有了某种想法的呢？当你想要外出散步时，这个想法是怎样出现的？这是一个非常简单的念头，不是吗？你觉得自己应当出外散步，这一想法是怎样出现的呢？探明它是如何出现的，将会非常的有趣。假如我做一番观察，我会发现有一个念头出现了，我执着于它，把其他一切都抛到了一边。因此，你必须弄明白打算出外散步这个想法是怎样产生的，不是吗？它是对某种感觉的反应，对吗？这很难理解吗？出现了某种感受，它是一种感觉，这感觉之所以会出现，是因为我见到了我渴望去做的事情，于是便滋生出了想法，继而被付诸行动。我看到了一部车子，我会产生某种感觉，不是吗？它是一部漂亮的车子，是部别克或者福特，在瞥见车子的那一刹那，我便有了某种感觉。感知制造出了感觉，由感觉生出了念头，尔后念头变得异常的强烈，我想要那部车子，它是我的。

有外部安全的观念，也有内部安全的观念。我相信某个事物，我信仰神，我遵从宗教仪式，我认为自己应当结婚，我相信轮回转世，这些信仰全都是由我的欲望和成见制造出来的，而我也依附于它们。因此，我拥有外部安全的观念，我肌肤之外的安全，也拥有内在的安全。假如移除它们抑或质疑那些我外部的和内部的观念，我便会害怕。于是，我同你展开交战，我把你推开，如此一来你就不会触及我所抱持的观念了。

那么，会有安全可言吗？你可明白？我们拥有关于安全的观念——跟父母在一起时会感到安全，在从事某份工作时会感到安全，我的思想方式、我的生活方式，我看起来的样子——我对这些感到分外满意，我非常满足于被种种安全的观念包围着。那么我能否获得安全呢，哪怕我或许已经拥有了外部与内部的诸多保障？如果我的银行明天就会破产，如果我的父母明天就会撒手人寰，如果明天就会出现一场革命，那么怎么会有安全可言呢？观念里是否存在着安全呢？我喜欢认为我在自己的观念、信仰、成见里是安全的，但真是如此吗？它们是一堵堵并非真实的墙壁，它们不过是我的看法、感觉罢了。当我去探究外部与内部的安全时，我凭借自己的力量认识到，压根儿就没有任何安全存在。我喜欢去相信有一个看护着我的神，我喜欢去认为我将获得重生，届时我会变得更加富有、更加高贵，但这或许会发生，又或者不会发生。

无论是外部还是内部，都不存在任何确定。假如你去问那些来自巴基斯坦或东欧的难民，他们会告诉你世界上没有安全。然而他们在内心却觉得有安全存在，于是他们便去依附于它。你或许可以移除外在的安全，但你的内心依然急切地渴望获得安全，依然会去确立起你的安全，因为你不希望让它溜走。这表明了更大的恐惧。假设明天或是几年内你的父母要你按照他们的愿望行事，要你结婚或者不许你结婚，那么你会恐惧吗？你当然不会害怕，因为，迄今为止你一直都被教育着按照师长们的指令行事，被教育着按照某些路径去思考，按照某种方式去行动，被教育着去遵照某些观念。若你被要求去做你喜欢的事情，你难道不会彻底迷失吗？如果你的父母告诉你去跟一个你喜欢的人结婚，你会浑身发抖的，不是吗？因为你一直都受着限定——就像我昨天阐释过的那样，你被传统、恐惧所限定着——假如你独自一人，不久你便会发现，独在是最大的危险。你从不曾渴望独在，你从不曾渴望凭借自己的力量思考，你从不曾渴望独自一个人出外散步。你们全都希望像是一群工蚁，一起谈话、一起做事。当你独自一人去思考某个问题，去面对生活要求的那些事情，那么，一直都是在观念、父母、神职人员、上师的庇护下长大的你，便会感到彻底的迷失和恐惧。由于恐惧，你会做最混乱无序的事情、最荒唐的事情，你会盲目地去接受，就像一个拿着行乞钵的乞丐那样，你会不加思索地去接受一切。

那么，在洞悉了这一切之后，那些真正具有思考能力的人将开始挣脱任何一种安全，无论是外部的还是内部的。要做到这个十分不易，因为这意味着你得独自一人，你没有任何依傍。在你去依附的时候，便会有恐惧，而只要存在着恐惧，就不会有爱。当你的心中怀有爱，你就不会是独自一个人了，只有当你恐惧时，当你不知道该做什么的时候，才会有孤独感。当你为观念支配，当你因为信仰而把自己隔绝起来，恐惧便会出现，而当你感到恐惧的时候，你就会彻底的盲目。所以，在这类学校里面，老师和家长们必须解决恐惧这一难题。然而不幸的是，你的父母会担心你，担心假如你没有结婚又或者没有谋到一份工作的话你该怎么办。他们害怕你会误入歧途，害怕他人的闲言碎语，出于这种害怕，他们让你去做某些事情。他们的恐惧身披一件名叫"爱"的美丽外衣，他们希望照看好你，于是你必须得做这个或那个。但倘若你躲在这堵他们所谓的爱与关怀的高墙背后，那么他们总是会担心你的安全，而你同样也会感到害怕，因为你已经依赖他人如此之久了，于是你便会惊恐万分。

在这类学校里，从年幼的时候开始直至终生，你都应当去冲破这些恐惧感以及对它们展开质疑，如此一来你才不会被它们孤立、隔离起来，才不会处于恐惧之中，才不会被那些观念、传统、习惯围困起来，而是会成为一个拥有创造力的自由的人。这是格外重要的，不是吗？

问：尽管我们知道神灵在庇佑着自己，但我们为什么还是会感到害怕呢？

克：你一直被告知神灵在保护着你。看一看所发生的情形吧。你的父亲、你的兄弟、你的母亲告诉你神在庇护着你，这是一个观念，你依附于它，但是你依然充满了恐惧。所以，你怀有如下观念，即神在保护着你——你抱持着这种观念、想法、感觉。然而事实情形却是你依然感到害怕。切实的情形才是真实的，而不是你所怀有的观念，即认为你将受到保护，就因为你的父亲、你的母亲、你的传统希望神会保护你。然而真实发生的又是什么呢？你受到庇护了吗？看看成千上万没有得到保护的人们吧，看看那些吃不饱肚子的人们吧，看看那些背负着重物、浑身脏兮兮、难闻之极、衣衫褴褛的村民吧。他们得到神灵的庇佑了吗？因为你比其他人拥有更多的金钱，因为你有地位，因为你的父亲是个税务员、征收官或者欺骗他人的商人，你是否就应当得到神的保护而世界上还有成千上万的人衣不蔽体、食不果腹呢？实际上根本没有任何的保护，哪怕你喜欢认为神将会庇佑你。这不过是个美好的想法，安抚你的恐惧，于是你便不会去质疑，就只是去信仰神。只要你对恐惧这一问题展开真正的探究，就会弄清楚神究竟是否保护你了。一开始就抱持着你将会受到神灵保护的看法，这是毫无意义的。一开始你就希望那些痛苦、穷困、饥饿的人们将得到政府、国家、雇主、社会、神灵、传统的保护，但事实上他们并没有被保护。当你的心中怀有爱的感觉，就不会有丝毫的恐惧了，尔后也就不会再有任何问题出现。

问：什么是羞怯？

克：你难道不明白何谓羞怯吗？当你感到羞怯的时候，你难道会不知道吗？假如你感到害羞，那么我还要询问你什么是害羞吗？这里有许多人，你不习惯站起来发表观点，你觉得这会让你暴露在批评之中。你对自己的不善言辞感到羞怯，你对自己无法讲一口流利的英语感到羞怯，等等。换句话说，你害怕把自己暴露在我们大家面前，我们或许会嘲笑你，或许会批评你。正是你的羞怯，正是因为你觉得自己是个无能之辈，觉得你无法做到言辞得当，才使得我们去嘲笑你的。因此，你要么说你想用印度语讲话，要么保持沉默。但倘若你很确定，你就会表达自己的看法的。能够表达自己，让你感到了某种自信，不是吗？

问：什么是社会？

克：什么是社会？什么是家庭？

让我们一步步地探明社会是怎样被建立起来的，是怎样形成的。什么是家庭呢？当你说："这是我的家庭"，你指的是什么意思呢？我的父亲、我的母亲、我的兄弟姐妹，亲密的感觉，感觉我们生活在同一屋檐下，感觉我的父母将会保护我，拥有某些财产、珠宝、纱丽、衣服，这便是家的开始。还有另外一个家庭，他们生活在另一所房子里头，他们跟我有着同样的感觉——在街的那一头还有一个家庭，他们与我有着几乎一样的感受，在同一个地方生活着十户这样的家庭，大家的感受都是一样的，都觉得不应该受到其他家庭的侵犯，于是他们便开始制定法律。那些有权势的家庭确立起了自己的地位，他们拥有更大的地产、更多的金钱、更多的衣服和车子。所以这十户家庭聚在一起，制定出了法律，他们告诉我们该做什么。结果，渐渐的，一个社会实体便形成了，它有自己的法律、规章、警察、军队。不幸的是，整个世界住满了各种各样的社会实体，尔后，人们生出了反抗的念头，希望去推翻那些位高权重者，他们打倒了这个社会，建立起了另外一个。

社会便是人与人之间的关系，是一个家庭同另一个家庭、一个群体同另一个群体、个体同群体之间的关系。所以，关系即社会，个体之间、你我之间的关系便是社会。假如我非常贪婪、狡诈，假如我拥有很大的权势，那么我就会把你给挤兑出去，而你也试图这样去对待我，于是你我便制定出了法律。然而其他人出现了，破坏了我们的法律，建立起了另外一套法律，这一情形始终都在上演着。在社会中，在人际关系中，存在着不断的冲突。这便是社会形成的简单基础，随着人类自身的想法、欲望、行为模式变得越来越复杂，社会也就随之日益复杂起来。

问：生活在这个社会里，您能否获得自由呢？

克：你是否能够一边生活在社会中，同时又实现自由？假如你依靠社会来获得自身的安全、慰藉，那么你能够得到自由吗？若我依靠我的父亲得到关爱、金钱、做事情的动力，若我依赖他或是依赖我的上师，那么我会是自由的吗？答案显然是否定的。假如我对社会有着同样的依赖——社会便是给我一份工作、给我保护、给我慰藉的手段——我是否自由呢？所以，当我有所依赖的时候，我能够获得自由吗？只有当我拥有能力，当我具有创新精神，当我可以自由地去思考，当我不再害怕别人会说些什么，当我渴望去探明真理，当我不再贪婪、嫉妒，自由才会到来。只要我是嫉妒的、贪婪的，我便会去依附，只要我对社会存有依赖，我就不是自由的。可一旦我摆脱了贪欲，便将获得自由。我不介意我做的是什么，从事的是什么样的工作，可如果我坚持认为由于我受过教育，由于我是这个或那个，于是我就必须只能从事某种类型的工作，必须是个职员，一个在政府里面备受荣耀的职员，如果我要求说我应当只从事某些方面的工作，那么我当然会去依赖社会，于是也就无法得到自由。

问：人们为什么希望活在社会之中？他们可以独自过活。

克：你可以离群索居吗？

问：我之所以活在社会里，是因为我的父亲、母亲如此。

克：有份工作，活着，谋生，做任何事情，你难道不是生活在社会之中吗？你能够独自一人过活吗？你的食物依赖他人，你的衣服依赖他人，即使你是个苦行者，你也得依靠他人来获得食物、衣服和栖身之所。你无法独自生活，没有任何人可以孤立隔绝地生存于世。你总是处于关联之中，唯有在死亡里你才是独自的，活着的时候，你总是会跟他人产生关联——跟你的父亲、你的兄弟，跟乞丐、跟修路工、跟税务员、征收员发生关系，你总是处于关系之中。由于你不认识这种关系，所以才会有冲突。可一旦你理解了人与人之间的关系，就不会再有冲突，也不会再有独自过活的问题了。

问：当我们跟另外一个人有关系的时候，这意味着我们不可能获得自由。这难道不是绝对真理吗？

克：我们不知道什么是正确的关系。假设我必须依赖于你，假设我依靠你过活，依靠你获得慰藉与安全，那么我怎么可能会是自由的呢？但倘若我不去依赖，我依然处于关系之中，不是吗？我之所以依赖你，是因为我渴望某种情感的、生理的或精神上的慰藉。我之所以依赖我的父母，是因为我渴望某种安全，所以，我同父母的关系是一种依赖。假如我去依赖，便会滋生出恐惧，于是我跟父母的关系就是建立在恐惧之上的。那么，我怎样才能拥有自由的关系呢？只有当我不再恐惧，才能拥有自由的关系。因此，我必须要着手让自己摆脱那种依赖，如此一来我才能拥有正确的关系。原因是，唯有在这种正确的关系里，我才会是自由的。

问：当我们的父母依靠我们的时候，我们如何能够实现自由呢？

克：你的父母为什么对你存有依赖？是因为他们年迈，于是便依靠你去赡养、照料他们。那么会发生什么呢？他们依靠你——指望你赚钱养家，指望你供给他们衣食——如果你说道："我想当个木匠，虽然我可能完全赚不了钱"，他们会说你不应该这么做，因为你必须要赡养他们。就只是思考一下这个问题吧。我不是要评判它是好是坏，假如去评判好坏的话，那么我们就会停止思考。所以，你的父母要求你应当提供给他们衣食，这一要求使得你无法去过自己想要的人生，过自己想要的生活被看做自私的、恶劣的行为，于是你便成为了你父母的奴隶。

政府应当通过养老金以及各种社会保障的手段来担负起照料老年人

的责任。然而，在一个人口过剩、财政不足、物资短缺的国家里，政府是无力让每一个人老有所养的。因此，年迈的父母便依靠年轻人赡养，而年轻人总是被迫去适应传统的窠臼，结果原本鲜活的人生就这样被毁灭了。所以，这不是一个由我来讨论的问题，你必须去思考它并找到解决之道。我希望在合理的限度内去赡养我的父母。但假设我还想去做某个可能挣钱不多的事情，假设我想要成为一名宗教人士，想要去探明什么是神、什么是生活。这种生存方式或许无法带给我太多的金钱，如果我要追求这种人生的话，我可能不得不放弃我的家庭，这意味着他们有可能会饿死，就像其他成千上万的人一样。但只要我害怕人们的议论——他们会说我是个不孝子，会说我是个没有责任感的家伙——那么我就永远无法成为一个具有创造力的人。因为，想要做一个幸福的、富有创造力的人，我就必须具有非凡的创新精神。

问：让我们看着自己的父母饿死，这又有什么益处呢？

克：你的问题提错了。我希望成为一名艺术家、一个画家，我知道绘画或许会让我的荷包不那么温暖，那么我该怎么办呢？牺牲我对绘画的渴望，当一个职员吗？这便是发生的情形，我成为了一名职员，我陷入了巨大的冲突与痛苦中，由于我很痛苦、很沮丧，于是我让我的妻子、孩子都变得不幸。所以，我要如何做呢？我对我的父母说道："我想画画，我会把我赚到的微薄薪水给你们，有我一口饭吃就会有你们的，这是我能够做到的全部了。"

你曾经问过这样的问题："什么是社会？""如果我的父母依靠我生活的话，我要怎么办？""什么是自由？""我能够自由地生活在社会之中吗？"而我一一作了回答。可如果你没有真正去思考这些问题，如果你没有凭借自己的力量去更加深入探究，从不同的角度来着手，如果你没有从不同的方面加以审视，那么你将只会说道："这是好的，这是坏的；

这是义务，这不是义务；这是对的，这是错的。"——这么做不会带你达至任何地方。但倘若你我坐下来一起去思考这些问题，倘若你和你的老师展开讨论和探究，那么你的智慧就将被唤醒。尔后，当这些问题在日常生活里出现的时候，你就能够去应对它们了。假如你只是接受我的观点，你便无法应对它们。我回答你的问题，只是为了唤醒你的智慧，如此一来你便能够对这些问题展开思考，便能够正确地迎接生活了。

(在瓦拉纳西学校的第六场演说，1952年12月16日)

野心的背后是恐惧

你们知道我一直在谈论有关恐惧的问题，我们应当觉察到、意识到它，这是非常重要的。你可知恐惧是如何出现的吗？纵观世界，我们注意到，人们的观念、信仰与行动都受到了扭曲。我们应该从各个视角展开探究，不仅要从道德、经济等社会的角度去考察，而且还要从内部的心理斗争的层面去加以审视。

我们一直在讨论恐惧是怎样扭曲了心灵，以及，正如我昨日所言，恐惧是如何出于外部与内部的安全而歪曲了我们的思想。我希望你们今天对此问题多做一番思考，因为你将发现，你思考得越多，就越能摆脱一切的依赖。世上的老一辈人并没有建立起一个非凡的社会，父母、部长、老师、统治者、父辈、神职人员，他们没有创立一个美丽的世界，他们制造的是一个丑陋、可怕、残酷的世界，生活其间的每一个人都在彼此争斗——一个群体对抗另一个群体、一个阶级对抗另一个阶级、一个民族对抗另一个民族、一种观念对抗另一种观念、一种信仰对抗另一种信仰。你所成长起来的这个世界是一个丑陋的世界，到处都是痛苦与悲伤。年长一代试图用他们的观念、信仰，用他们的丑陋将你窒息，假如你仅仅只是去遵从老一辈人那个丑陋的世界的模式，那么教育又有什么意义呢，活着又有什么意义呢？

只要你纵观一下世界，就会发现令人惊骇的破坏与人类的不幸。你对这个国家里发生的那些大大小小的战争一无所知，除了那些分裂以外。你或许阅读过历史上的战争，但你并不知道它的实际情形，不知道房屋是如何被摧毁的，不知道那些原子弹是怎样投放到某个岛屿上从而将整座岛夷为平地的，你知道这意味着整个岛屿消失在了蘑菇云之中，船只被炸，在空中化为乌有。这令人咋舌的毁灭归因于所谓的进步，而这便是你所生长的世界。你可能在青葱的岁月有过一段幸福的时光，然而当你渐渐长大，除非你保持相当的机敏与警觉，否则你将会制造出另一个充满了争斗和欲望的世界，在这个世界里，每一个人都在彼此竞争，到处都是不幸和饥饿，人口过剩、疾病盛行。除非你去觉察自己的想法、感受，要不然，你将让这个世界永续下去，你将继续这种丑陋不堪的生活模式。

所以，对你来说，年轻的时候应该去思考这所有的问题，不要被某个愚蠢的老师教导着去通过某些愚蠢的考试，而是应当在正确的老师的帮助之下去对这些问题展开思索，这难道不是极为重要的吗？生命充满了痛苦、死亡、爱、恨、残忍、疾病、饥饿，你必须去思考所有这一切。这便是为什么我会觉得你我一起对这些上午的演说展开思考极有益处，因为，如此一来我们就能够对这些问题进行探索、思考和研究；你就能够产生一些理性的、睿智的看法，能够对这些问题怀有某些感受；如此一来，你就不必只是长大成人、结婚生子，变成一个办事员，尔后如沙漠中的河流那样迷失了自己。

恐惧的根源之一便是欲望，对吗？你们全都野心勃勃，不是吗？你的欲望是什么？通过某个考试吗？成为一个职员吗？成为一个长官吗？抑或假如你非常年轻的话，你是否会渴望成为一名工程师或是驾驶火车穿过大桥呢？你们全都怀有各种各样的欲望，为什么你会如此呢？这意味着什么呢？你是否曾经思考过这个问题？你是否留意过老一辈人，留意过他们是多么有野心吗？在你自己的家里面，你难道不曾听到过你的父亲、你的母亲、你的叔叔谈论赚更多的钱或是取得某个显赫的地位吗？每个人都在这么做。在我们的社会里——我解释过我们的社会是什么——在我们的社会里，每一个人都试图凌驾于他人之上，不是吗？他们全都渴望出人头地——成为一个长官、部长、经理。如果他们是职员的话，就会希望当上经理；如果他们是经理，则会渴望拥有更大的头衔，如此循环下去——永远都在努力功成名就、飞黄腾达。若我是个老师，我会渴望成为校长，若我是校长，则会渴望成为经理，诸如此类。假如你长得难看，你会渴望变美丽，你渴望拥有更多的金钱、更多的纱丽、更多的衣服、更多的裙子……不仅是在外部层面——家具、房子、衣服、财产——还有在内心，你希望成为大人物，尽管你用一大堆的辞藻去掩盖这种野心。你难道不曾注意过这个吗？你有注意到，但你觉得这完全是合情合理的，不是吗？你认为这是天经地义的事情。

那么野心给这个世界都带来了些什么呢？几乎没有多少人思考过这个问题。当有人努力想要高人一等的时候，当每个人都在试图有所得的时候，你是否知道他们的心灵里装的都是些什么呢？如果你审视一下自己的心灵，当你野心勃勃的时候，当你拼命想要在世俗世界或精神领域里出人头地的时候，假如你去观察一下，就会发现，这里面其实是恐惧在蹑手蹑脚地爬行着、蠕动着。一个怀有野心的人是最为恐惧的，因为他害怕直面自己的本来面目，因为他说道："假如我是现在这副模样，我将会是个无名小卒。所以，我必须出人头地，必须成为工程师、火车司机、地方官员、法官、部长大臣。"如果你格外审慎地加以探究，如果你跨越语词之墙，那么你将看到，在观念、地位、野心的高墙背后的是恐惧，因为他害怕自己的真实模样。由于他觉得真实的、本来的自己是如此的籍籍无名、贫乏、丑陋、孤独、空虚，于是他说道："我必须出去做点什么。"他要么会去寻求他所谓的神——这不过是另外一种形式的野心罢了——因为他很害怕；要么他希望在世界上出人头地。于是，恐惧将被遮掩起来，这种孤独——他真正害怕的内心的空虚感——将被掩盖起来。他会去逃避它，而野心就成为了一种他能够借此去逃避的情绪。

那么，在一个人人努力想要飞黄腾达的世界里，会发生什么情形呢？将会是贫富不均，这里面没有爱，没有关怀和体谅，没有思想。每个人都渴望着出人头地，国会议员想要当上国会的领袖，当上总理、首相，等等。人们永远都在努力想要出人头地、功成名就，我们的社会是一场人与人之间相互对抗的永无止境的战役。而这种努力、斗争被看作是想要有所成就的抱负，大人们会鼓励你去这么做，你必须怀有野心，你必须是个人物，你必须同一个富有的男人或女人结婚，你必须结交某种类型的人为友。所以，老一代人，那些心怀恐惧的人，那些心灵丑陋的人，会努力让你变成他们的同类，而你同样渴望像他们一样，因为你看到了其中的魔力。当统治者到来时，每个人都会深深鞠躬来迎接他，向他敬献花环，对他发表欢迎致辞。他热爱这个，你也热衷于此，因为你感觉自己得到了荣耀，你认识他的叔叔抑或你认识他的办事员，于是你希望得到他的荫庇，希望跟他一样出人头地。所以你很容易地就深陷其中，很容易就陷入了老一代人的罗网之中，陷入了一个最丑陋、最畸形的世界里。只有当你非常审慎的时候，当你展开觉知，当你始终都去质疑的时候，当你不去盲目地接受既定的一切，心中没有丝毫恐惧的时候，唯有这时，你才不会被这张巨大的罗网困住，你才能建立起一个完全不同的崭新的世界。

这就是为什么说，重要的是你应当找到正确的职业。你知道"职业"指的是什么意思吗？是你喜欢去做的事情，是符合你自然天性与心愿的事情。毕竟，教育的作用、这类学校的作用，就是帮助你去独立地成长，如此一来你就不会怀有野心，而是能够寻找到自己真正的职业。有野心的人从不曾寻觅到自己正确的职业，如果他找到了，就不会有野心了。这个地方的老师、校长、经理、信托人的职责，难道不就是帮助你拥有智慧，即不怀有丝毫恐惧吗？如此一来你才能够做出选择，才能够寻觅到自己的职业、自己的生活方式，寻觅到你所渴望的生活方式、你所渴望的谋生之道。

这实际上表示了思想的革命，因为，世界上，那些能够发表讲话的人、能够写作的人、能够进行宣传的人、能够统治的人，那些以车代步的人，被认为处于非凡的地位，而那些在园地里掘土的人、在厨房里烹饪的人、修建房屋的人，则遭到歧视。你是否注意过你自己的感受呢，注意过你是怎样看待泥瓦匠的，怎样看待那些建筑工、修路工、出租车司机或是人力车夫的，你是怎样用完全轻视的态度去看待他们的呢？对你来说，他甚至都不该存在于这个世上。可一旦你见到一个有头衔的人，一个学士或硕士，一个小小的办事员、银行家、商人、学者、部长，你立即就会对他报以尊敬，而对那个驾驶马车的车夫却投以轻视。但倘若你真的找到了自己真正的职业，你就会彻底打破这种制度，因为，尔后你可能会是个园丁、画师，因为，尔后你将会从事你真正热爱的事情。真正完全地按照你的想法去做某件非凡的事情，这并不是野心，这里面没有丝毫的恐惧存在。但要做到这个非常不易，因为这表示老师必须对自己的每一个学生投以极大的关注，从而发现他的能力所在，帮助他去探明，帮助他摆脱恐惧，帮助他去质疑、去探究。你或许是个作家，或许是位诗人，或许是名画家，假如你热爱自己的职业，你就不会怀有野心，因为你渴望在这里面有所创造，这是你所热爱的事情，而在热爱里面是不会有任何野心的。

所以，当你年轻的时候，当你身处于像这样的地方时，重要的是帮助你唤醒自身的智慧，如此一来你自然而然就可以找到自己的职业了，难道不是吗？尔后，假如你找到了它，假如它是一件对的事情，那么你将终生热爱它。这里面，不会有任何的野心、竞争、争斗，不会为了地位、名望而去彼此对抗，或许尔后你便能够建立起一个崭新的世界了。在这个世界里，老一代人的所有丑陋的东西都将不复存在——他们的战争、他们的危害、他们那些排外的神灵、他们那些毫无意义的仪式、他们的政府、他们的暴力。在这样一个地方，老师以及你们大家的责任是格外巨大的，因为你可以创造一个新的世界、新的文明、新的生活方式。

问：什么是不幸？

克：你为什么要问这个？你希望得到字典上的解释吗？那么容我建议，你可以查阅字典来得到答案。隐藏在这个问题背后的是什么呢？不要紧张。你指的是什么意思呢？所谓不幸，难道不就是看见头顶上背负着巨大重物的村民吗？身为一个衣衫褴褛、食不果腹的农人——这难道不就是不幸吗？对村民而言，这就是不幸，假如你很敏锐，假如你很有感受力，这对你来说也会是不幸。我不明白究竟是什么问题使得你询问这个。

问：如果有人渴望成为一个工程师，这难道不意味着他对此怀有兴趣吗？

克：你是说对某个东西感兴趣便是野心吗？我们可以赋予"野心"一词任何意义。正如我们通常所知道的那样，野心源自于恐惧。那么，假如我是个致力于成为工程师的男孩，因为我热爱这个，因为我想要修建美丽的房屋，因为我想要建造世界上最好的水利灌溉工程，因为我想要修建最好的道路，那么这表示我热爱这个职业。所以这里面没有任何的野心,这里面,没有丝毫的恐惧。

因此,野心跟兴趣是两码事儿,对吗?我对画画感兴趣,我热爱它,我并不想着要同最优秀的或是最著名的画家去竞争,我就只是热爱绘画而已。你可能在画画方面技高一筹,但我不会把自己跟你作比较。当我绘画的时候,我热爱自己正在干的事情,这本身对我来说已经足够了。

问:有什么捷径可以找到神呢?

克:我担心并没有任何捷径,因为,发现神是最困难、最艰辛的事情之一。神难道不是心智制造出来的东西吗?你知道什么是心智。心智是时间的产物,心智可以制造一切,制造任何幻觉,它能够制造观念,能够把自己投射到幻想、想象、累积、放弃、选择之中去。由于怀有偏见,由于狭隘和有限,所以心智可以制造出神,可以描绘出一个神,可以想象神是什么。因为某些老师、某些神职人员、某些所谓的救世主们认为存在着神,并且对神进行了描绘,于是心智便想象出了神。但这并不是神,神是无法被心智发现的事物。

所以,要想认识神,你必须首先认识自己的心智——而这是非常困难的,这是一件复杂的事情,并不容易。然而,坐下来,探究某类梦境,怀有各种想象、幻觉,认为你与神分外的接近,这个却是十分容易的。心智可以极大地欺骗自己。因此,若想真正找到你所谓的神,你就得迈入彻底的宁静,可这并不简单。你难道不曾发现这是何等的困难吗?你是否见过那些老年人,他们是多么的摇晃、颤抖,他们的手脚是多么的摇摆不定,他们从来不曾一动不动。身体保持不动已经是这般的困难了,何况要让心智安静下来呢?你知道,假如你强迫心智安静下来,假如你追随那些上师,心智就不会宁静,它就如同一个被迫安静下来的孩子。要让心智在没有任何强迫的情况下迈入绝对的静寂,这是一种伟大的艺术,是最为困难的事情之一。唯有这时,方能迎来你所说的神。

问：神是否无处不在？

克：你真的对这个感兴趣吗？还是你被人问到此问题了呢？你提出了问题，我注意到，尔后你便会安静下来，并没有在聆听。你是否注意过那些老人从来不曾听你说话呢？他们如此封闭在自己的想法、情绪、成就、悲伤之中，以至于从来不会去听你都说了些什么。我很高兴你留意到了许多东西。那么，如果你懂得怎样去聆听的话，我是指真正的聆听，你就会探明许多事情，不单单是关于人的，还有关于世界的。

这里有个男孩询问神是否无处不在。他太过年幼，不该问这样的问题的，他并不知道这实际上指的是什么意思。或许他对此略知一二——感觉到了美，感觉到了那在天空遨游的飞鸟，那静静流淌的河水，那在脸庞上绽放的美丽的笑容，面对叶子在风中飞舞，面对背负重物艰难前行的妇人，他都会生出一些感受，他感受到了愤怒、噪音、悲伤——他对此怀有兴趣，急于去探明什么是生命。或许这个小男孩对此有着模糊的感觉，他跟大人们讨论这个，他听见他们谈论神，他感到迷惑。对他来说，询问这个问题很重要，对你们来说，寻求到一个答案很重要。原因是，正如我在某一天告诉过你们的那样，你可能无意识地、在内心深处能够懂得这一切的涵义，随着年岁渐长，你将捕捉到在这个充满了争斗的丑陋的世界之外其他的东西。世界是美丽的，地球是美丽的、富足的，但我们却破坏了它。

问：生活的真正目的是什么？

克：首先，你怎样看待生活，生活便会是怎样的。

问：就现实而言，它一定是其他的东西。

克：生活的目的何在？探明其中的真理，直到你找到了该问题的真相，否则请不要停下探寻的脚步。因为，很明显，"生活的目的是什么"吸引了你的兴趣。

问：我对于我自己的生活目的为何并无特别的兴趣，但我希望知道人们的普遍目的是什么。

克：你要如何去探明呢？谁会向你指明这个呢？通过阅读，你能够找到答案吗？假如你阅读书本的话，甲作者可以向你提供某种方法，乙作者则会给你另外一种截然不同的方法。如果你去问一个正在遭受痛苦的人，他会说生活的目的是快乐，因为他本人在被痛苦啃啮着，所以对他来说，生活的目的便是幸福。如果你去问一个饥肠辘辘的人、一个许多年来都没有吃过饱饭的人，那么他的目标会是填饱肚子。如果你去问一个政客，他的目标会是成为世界的指引者、统治者。如果你去问一个女人，她会说："于我而言，生活的意义就是生一个可爱的孩子。"如果你去问一个苦行者，他会说是找到神。人们通常的渴望、目标，便是寻找到某种能够带给他安全与慰藉的事物，如此一来他们就不会有恐惧了，不会有焦虑、怀疑和问题。他们渴望某种能够去依附的永恒之物，难道不是如此吗？

因此，对一个人来说，生命的通常目标便是某种希望、某种安全、某种永恒。你不可以说："就只是这些吗？"这便是实际发生的情形，你首先应该充分认识到这一点，你应该去质疑这一切，这意味着你必须要质疑你自己。生活的通常目标就深植在你的心里，因为你便是这整个生活的一部分——你渴望安全、永生与幸福，你渴望某种可以去依附的事物。那么，想要探明某种超越的事物，某种不属于心智也非心智的幻觉的事物，就必须终止这一切。也就是说，你必须认识这一切，尔后将其抛到一边。唯有这时，你才会发现实相，而生活的目的正在于此。然而，规定必须要有一个目标，相信存在着一个目标，这其实只是另一种幻觉罢了。但倘若你能够去质疑所有的冲突、争斗、苦痛、空虚、野心、恐惧、希望并且超越它们，那么你就将探明真理。

问： 那么我应该培养起更为高等的影响力，最终探明生活的真正目的。

克： 假如你跟那个终极事物之间有着许多的障碍，那么你怎么可能找到它呢？你必须移除这些障碍才对。若想呼吸到新鲜的空气，你就得打开窗户。你不可以说："让我坐下来看一看新鲜的空气长什么样。"你必须打开窗户。同样的，你必须认识到所有的障碍、局限和限定，洞悉它们，你必须将它们抛到一边，尔后你才能有所探明。然而，坐在一边说道"我必须探明"却是毫无意义的。

（在瓦拉纳西学校的第七场演说，1952年12月17日）

"爱"是什么？

正如你所知道的那样，我们一直以大量的篇幅在谈论恐惧这个问题，因为它是我们生活里一个非常强大的因素。现在，让我们花点时间来谈谈什么是爱，它意味着什么，以及在这个对我们而言意义如此重大的词语背后，在这个词语及感受背后，是否蕴含着忧惧、焦虑以及成年人所谓的孤独。那么，就让我们来谈谈我们所谓的"爱"这一字眼或者感受吧。

你知道什么是爱吗？你知道如何寻找到爱吗？你爱你的父母吗？你懂得怎样去爱你的父亲、你的母亲、你的监护人、你的老师、你的阿姨、你的丈夫或是你的妻子吗？你懂得它的涵义吗？你是否觉得跟他们一起很安全,你是否跟他们很亲密、熟悉呢?在我讲话的时候,请你去探明一下这个是否适用于你以及你对你父母的爱。你认为你的父母在保护你,他们给你钱花,供你衣食住行,你感觉到一种亲密的关系,不是吗?你还认为你可以信任他们,我不知道你是否信任他们,但你觉得你能够给予他们信任。你明白这二者的区别所在,你觉得你可以,但实际上你或许不能。可能你跟他们的交流不如你跟你的朋友们那般随意、愉快,但是你尊敬他们——你仰视他们,受他们的指引,服从他们,你觉得你对他们负有某种责任,觉得你有义务在自己长大成人、在他们老迈之时去赡养他们。他们反过来也爱你,希望给你帮助——至少他们嘴上会这么说。他们希望你迈入婚姻,如此一来你便可以过上所谓合乎道德的生活,如此一来你就不会有任何麻烦,一个男人将会照看你,抑或一个妻子将会照料你,为你洗衣煮饭带孩子。这一切便是我们所谓的爱,不是吗?

我们无法探明这是否是真爱,因为爱是不能用语言轻易去阐释的东西,它不是那么容易就会向你走来的事物。它要复杂得多,理解、认识它是不易的。如果没有爱,生活就会如一片贫瘠荒凉的不毛之地;没有爱,树木、鸟儿、男人女人的笑脸、跨越河流的桥梁、船夫、动物,这一切都将失去意义;没有爱,生命将变得肤浅。你知道"肤浅"是什么意思吗?就像是一方池子。在深深的河流里,许多鱼儿可以存活,将会是一派生机、活跃的气象。然而,路边的池子则会在强烈日光的照耀下很快地干涸,最后只剩下泥沙。对我们大多数人来说,爱是一个很难认识的事物。对我们大部分人而言,我们所谓的爱是格外肤浅的东西。在这个词语的背后,潜伏着恐惧。我们渴望被爱,也希望去爱别人,所以,我们每个人都应该去探明这一非凡之物究竟是什么,这难道不是十分重要的吗?只有当你懂得你是怎样去对待他人、树木、飞鸟、动物、陌生人、饥肠辘辘的人,你是怎样去对待你的朋友们——假如你有朋友的话,你是怎样对待你的上师的——假如你有上师的话,抑或你是怎样对待你的父母的，唯有这时，你才会懂得何谓爱。当你说："我爱我的父亲、我的母亲、我的监护人、我的老师"，这意味着什么呢？当你仰视某个人，当你感觉有义务去服从他们，当你的父母认为你对他们也应该负有义务，应该去服从的时候，这是爱吗？你明白我所说的话没有？当你仰视某个人，当你极为尊敬他，这是爱吗？当你仰视某个人的时候，你同样会俯视其他人，对吗？总是会如此的，难道不是吗？那么这是爱吗？当你觉得自己必须去服从，觉得你负有义务，这是爱吗？爱是充满忧惧，充满仰视感或俯视感，含有服从的东西吗？

当你声称自己爱着某个人的时候，你难道对他不存有依赖吗？年轻的时候你去依靠自己的父母、老师或监护人，这是合情合理的。由于你年纪尚轻，因此你需要得到他人的照顾，你需要衣食住行，年少的时候，你需要感觉到与他人是紧密联系在一起的，有人在照顾着自己。然而，即使随着你年纪渐长，这种依赖感依然持续着，不是吗？你难道不曾在成年人、在你的父母和老师身上注意到这个吗？你难道不曾留意过他们是多么地依赖自己的妻子、孩子、母亲的吗？尽管已经长大成人，但人们依然渴望依附于某个人，依然感觉自己需要去依靠他人。如果不求助于某个人，如果不被人指引，如果没有在他人身上感觉到安全和慰藉，他们便会觉得孤独，不是吗？他们会感到失落。于是，这种对于他人的依赖就被称作爱，但倘若你更为仔细地去观察一下，就会发现，依赖其实是恐惧，而不是爱。

由于他们害怕独自一人，由于他们害怕独立地去思考事物，由于他们害怕去感受、观察、探明生活的全部意义，因此他们觉得自己热爱神。于是他们便去依赖他们所谓的神，然而，被心智创造出来的事物是不可以去依靠的，它不是神，不是那一未知的事物。它是跟理想或信仰一样的东西。我相信某个事物，它带给我巨大的慰藉，我热爱某个理念，我执着于它，一旦移除了这一理念、信仰以及我对它的依赖，我便会迷失。

这就跟上师是一样的。我有所依赖，我希望有所得，于是便会有恐惧和痛苦。当你依赖你的父母或老师的时候，也是一样的。年幼时你应当如此，这是没有问题的，但倘若长大成人后你还一直依赖他人的话，这会使你没有能力去思考，使你无法获得自由。只要存在着依赖，就会有恐惧，而只要有恐惧，便会出现权威，这里面没有爱。当你的父母声称你必须做这个，你必须服从，你必须遵循某些传统，必须从事某些工作抑或做某个事情，在这一切里面，没有爱存在。当你依赖社会，接受社会的结构，将其视为理所当然，这里面就不会有爱，因为社会已经相当腐朽了。你不必非常深入地去探究，因为，当你在街上行走的时候，你就会目睹贫穷、丑陋、肮脏与悲惨。

一个有野心的男人或女人是不会懂得爱为何物的，我们被那些野心勃勃的人统治着，所以，世界上没有幸福可言。对你来说，重要的是伴随着年岁的增长你应当洞悉这一切，应当探明你是否能够发现那个被叫做爱的事物。你或许拥有一栋豪宅，拥有异常美丽的花园、好的地位、许多纱丽或衣服，拥有一份很好的工作，你或许是位伟大的总理、首相，但倘若没有爱的话，那么所有这些东西都将失去意义。

因此，你必须要去做的是现在就弄清楚你是如何爱你的父母、老师、上师的——而不是当你长大之后，否则你将永远都无法探明。你必须知道这一切的涵义，不要去接受任何语词，而是应该超越语词的局限，洞悉词语表面的涵义背后所蕴藏的深意，看看它们的背后是否有着某种真理——所谓实相就是你实际上的感受，而不是你应当感受到的东西——在你嫉妒或愤怒的时候所感觉到的真实情形。一旦你说："我不应该嫉妒"，这便是一个没有任何意义的变化莫测的愿望。假如你能够真正去探明，假如你能够诚实地去探明自己真实的感受，探明现实的状况是怎样的——而不是理想的状态，不是在某个将来你应当怎样行动抑或你应当如何感觉，而是你在那个时刻的真实感受——那么你就能够对此有所作为了。然而，声称"我必须热爱我的父母，我必须热爱我的上师，我必须热爱我的老师"，这其实毫无意义，不是吗？原因在于，在这些语词的背后，你是完全不同的，你说了一大堆的辞藻，你躲藏在这些字眼的后面。因此，超越语词、超越语词的既定涵义，这难道不是一种智慧吗？诸如"义务"、"责任"、"神"、"爱"这类字眼，被赋予了一大堆传统的涵义，然而，一个睿智的人、一个真正受过深刻教育的人，将会超越语词的局限。比如，假若我告诉你我不信神，你将会何等的震惊，不是吗？你会说："老天，这是多么糟糕的看法啊。"你相信神，对吗？至少你觉得你是如此。你信或不信神——其实并没有多少意义。

重要的是去超越语词，超越那个被你称作"爱"的语词，看一看你究竟是否热爱你的父母以及你的父母是否真的爱你。原因在于，假如你真的热爱你的父母抑或他们真的爱你的话，那么世界将会截然不同，不会再有战争，不会再有饥饿，不会再有阶级差别，不会再有贫富之分。你的心中没有爱，你试图从经济层面去组织社会的运作，试图展开经济方面的调整和纠正，但倘若没有爱的话，你便无法带来一种没有冲突和痛苦的社会结构。因此，你必须对此展开格外审慎的探究，或许尔后你就可以懂得什么是爱了。

问：世界上为什么会有悲伤和苦难呢？

克：我很好奇一个男孩是否知道这些词语究竟是什么意思。他或许见过一头负重累累、腿都几乎要被压垮的驴子；或许见过一个哭喊的孩子；或许见过一位打孩子的母亲、斥责孩子的父亲；或许见过彼此争吵、打斗的人。这世上有死亡，尸体被抬去焚化；这世上有乞丐；这世上有疾病、贫穷、年迈；这世上有痛苦，痛苦不仅存在于外部世界，而且还存在于我们的内心之中。于是他询问："为什么会有悲哀呢？"你难道不曾产生过与他相同的疑问吗？你是否探究过存在于外部和内部的你自己的痛苦呢？什么是悲伤？为什么它会存在？假设我渴望某个事物但又无法得到它，那么我会感到悲伤。我想要更多的纱丽，我想要变得更加富有一点、更加美丽一点，可我无法实现，我没有变得更有钱或者更漂亮，于是我很不开心。我希望跟那个男孩或女孩交朋友，但却不能办到，我会觉得悲伤。我渴望去爱某个人，但是这个人却并不爱我，因此我难过不已。我的父亲去世了，我陷入悲伤之中。这是为什么呢？

为什么当你无法得到自己想要的东西时会感到难过呢？为什么你就应该得到你所渴望的东西呢？我们认为自己有权得偿所愿。假如你渴望一件纱丽，你会声称你应该拥有它，假如你渴望一件外套，你会觉得你应该拥有它。但是你从来不曾询问过，当百万富翁也不一定能够得到自己想要的一切时，为什么你就应当得到你所渴望的东西呢？此外，你为什么想要得到它呢？你需要食物、衣服和栖息之所，但你超越了这个，你渴望获得更多。假设你拥有了你所需要的衣食住行，然而你并不满足于此——你渴望拥有更多的权力，你渴望受人尊敬，你渴望被人热爱，你渴望被人仰视，你渴望大权在握，你渴望成为诗人、圣人，你渴望当上首相、总统、好的演说家。原因何在？你可曾探究过这个问题？为什么你会渴望这一切？这并不意味着你必须满足于现状，我不是这个意思，这么想将是丑陋的、愚蠢的。但为什么会有这种永不知足的欲求呢，为什么你永远都在渴望获得更多呢？这表明你不满足——但你究竟是对什么不满呢？对你真实的模样不满意吗？我是这个样子的，我不喜欢这样的我，于是我便希望成为那个样子。我觉得自己穿上一件新的外套或是披上一条新的纱丽会好看许多，因此我想要拥有新衣服。那么这说明了什么呢？这表示我不满于自己的本来面目，我认为，通过拥有更多的东西、更多的衣服、更多的权力，诸如此类，我就可以逃避这种不满了。但不满却依然存在着，不是吗？我仅仅只是用衣服、权力、车子把它给掩盖起来了。

所以，除非你懂得了怎样去认识你的本来面目，否则，仅仅用语词、权力、地位去掩盖自己将会毫无意义，你将仍然是不快乐的。明白了这一点之后，那个不快乐的人、那个处于悲伤之中的人，就不会跑去寻找上师了，就不会躲进地位和权力之中去了，他会希望去认识语词背后的是什么，那蕴含在悲伤背后的是什么。一旦你超越了这个，就会发现它便是你自己，是那个极为渺小、不幸、悲伤的你自己，那个努力想要出人头地、想要成为大人物的你自己。因此，正是由于你努力想要功成名就才导致了痛苦。但倘若你能够认识实相，认识你的真实模样，并且深入地探究，那么你会发现截然不同的事物。

问：我们如何才能消除悲伤呢？

克：我只是对你解释何谓悲伤。你最好之后跟你的老师们谈论一下。我就只是解释悲伤是如何出现的以及怎样才可以将其消除。

问：假如一个人正饿着肚子而我感觉自己能够帮助他，那么，我对这个人的热爱难道不是怀有欲望吗？

克：这完全取决于你帮助他是基于怎样的动机。政客会说他将给予你帮助，然后他入主了新德里，住进了大房子，发表演说，炫耀自己。他在帮助穷人，他会这么说，但这是爱吗？你明白没有？这是爱吗？

问：如果我用自己的帮助让他摆脱了饥饿呢？

克：他正饿着肚子，你提供给他食物，使其消除了饥饿，这是爱吗？你为什么想要去帮助他呢？也就是说，你是否没有任何动机，你是否不会从中得到任何好处呢？好好思考一下这个问题，不要急着回答"是"或"否"。假若你从中得到了好处，政治上的或是其他方面的好处，内在的或外在的好处，那么你对他就不是爱。你向他提供食物是为了变得更受欢迎，或是为了你的朋友可以帮助你入主新德里，那么这并不是爱，对吗？但倘若你真的爱他，你向他提供食物不会附带任何动机，不会想要得到任何回报。假使你给他食物但他却并不因此而心存感激，那么你是否会感觉受伤呢？如果是的话，你就并不爱他。若他对你以及对其他人说你是个大好人，而你因受到奉承开心不已，那么这就表示你并不爱他，因为你考虑的只是你自己罢了，这显然不是真正的爱。所以，一个人必须非常审慎地去探明自己是否从中有所得以及向他人供食究竟是出于怎样的动机。

问：假设我想回家，但校长却说："不。"若我反抗他的指令，我就必须面对随之而来的后果。可如果我服从他，我会心碎。那么我该如何是好呢？

克：你的意思是否是说，你无法跟校长谈谈这件事情，你无法让他设身处地为你着想呢？假如校长是真正的教育者，你就可以信任他，同他谈你的问题。尔后，如果他固执己见，说道："你不应该回去"，那么有问题的是他，又或者他可能是有理由的，而你应该去探明。所以，这需要相互的信任，也就是说，你应该相信校长，而他也应该信任你。生活不是一种单边的关系，你是人，校长也是，他也可能会犯错。因此，你们双方应该交流。你可以表明你希望回家，但这或许还不够，你的父母可能曾经给校长写信说不要送你回来。这必须是相互的，不是吗？如此一来你才不会受到伤害，才不会觉得你遭到了恶劣的对待，被粗暴残忍地抛到一旁。只有当你对老师怀有信任而他同时也相信你的时候，才能够实现上述的理想，这表示了真正的爱，而这所学校就应当如此。

问：我们为什么不应当做礼拜呢？

克：你是否知道老一辈人为何要做礼拜呢？是因为他们在仿效吗？

你越是不成熟，越会渴望去模仿。你可曾留意过你是多么热爱制服吗？所以，在你询问为什么你不应该去做礼拜之前，先问一下那些大人们为何要做礼拜吧。他们之所以如此，首先因为这是一种传统，他们的父辈们就是这么做的。接下来则是因为反复念诵话语能够让他们获得某种宁静，你是否认识到重复话语会让你的头脑变得迟钝和麻木，会让你感到宁静？你是否想过这些话语是否具有意义？尤其是梵语那独特的发音、震动可以让你变得非常的安静。人们之所以做礼拜，还因为每个人都这么做，因为他们的祖母、他们的祖父、他们的叔伯阿姨都这么做。基于上述所有原因，于是他们也就做礼拜了。由于你还十分年轻，因此你会去仿效他们的行为，你声称自己也应该做礼拜，因为你的父亲、你的母亲、你的上师、你的老师都做礼拜。你做礼拜是因为有人告诉你要这么做呢，还是因为你发现反复念诵话语具有一种催眠的效果呢？在你做某个事情之前，你难道不应该首先弄清楚你为什么要做它吗？即使成千上万的人相信应该如此也不重要。你难道不应当去探明，而不是盲目地接受吗？你难道不应当运用你的头脑去找到礼拜的真理或意义吗？

你认识到，仅仅反复念诵梵语或者重复手势并不会真正帮助你探明什么是真理、什么是神。要想有所探明，你就得懂得如何去冥想。这是一个截然不同的问题，这跟做礼拜是完全不同的。成千上万的人都做礼拜，可是这让世界变得更加幸福了吗？人们变得富有创造力了吗？我所说的"创造力"，并不是指生育子女，而是指富有创新精神，充满了爱、仁慈、同情与关怀。因此，假如作为小男孩的你去做礼拜，去重复它，那么你长大后就只会沦为一部机器。但倘若你开始去质疑，倘若你开始去探寻，那么或许你就会知道如何展开冥想了。一旦你懂得怎样正确地冥想，那么冥想就会是最大的极乐了。

（在瓦拉纳西学校的第八场演说，1952年12月18日）

有比较就不会有爱

你记得昨天上午我们一直在讨论爱这一复杂问题，我觉得，除非我们认识了心智这一同样复杂的问题，否则将无法懂得何谓爱。你可曾留意到，年轻的时候我们是多么富有创造力啊，我们渴望去认知，我们的视野要比成年人更加广阔，假如我们保持高度的警觉，就会观察到那些大人们不曾留意到的事物。当我们年轻时，心智是更为机敏、警觉的，更具有求知欲，这便是为什么年轻的时候我们可以十分容易地学习数学、地理或其他科目的缘故。随着年岁的增长，我们的心智变得越来越程序化、越来越沉重和迟钝。你可曾注意到那些年长的人抱持着何等的成见吗？他们的心智是固化的，是不开放的，他们总是从一个确定的视角来处理一切。你们现在还正是风华正茂，但倘若你不保持高度的警觉，那么你的心智也会变成那个样子。所以，你应当去认识心智，探明你是否无法做到敏捷地适应，还是在生活的方方面面都能够迅速调整适应，能够展开深入的探究与认知，而不是渐渐走向迟钝与麻木，这难道不是格外重要的吗？你难道不应当去了解心智从而懂得爱的方式吗？因为，正是心智摧毁了爱。那些聪明、狡猾的人并不知道何谓爱，因为他们的心智尽管聪明但却十分肤浅——即他们活在表层，而爱却并非存在于表层的事物。

什么是心智？你是否理解我所谈论的内容？我并不是在谈大脑，不是指大脑的生理构造，关于这个，任何一位生理学家都可以向你进行详细的讲述。大脑是对各种神经反应做出回应的器官。然而，你应当去探明什么是心智。那么什么是心智呢？心智说道："我认为；它是我的；它是你的；我受伤了；我很嫉妒；我热爱；我憎恨；我是个印度人；我是名穆斯林；我相信这个；我不信那个；我知道；你不知道；我尊敬；我鄙视；我渴望；我不渴望。"这个事物是什么呢？除非你认识了它，除非你熟悉了思想即心智的全部过程，除非你觉察到了它，否则，随着年龄渐长，你将渐渐变得顽固和迟钝，你渐渐被定型，被限定在某种特定的思维模式之中。

这个被你称作心智的事物究竟是什么呢？它就是你的思考方式，对吗？我在谈论你的心智——而非其他某个人的心智及其思维模式——你的感受方式，你观察树木、游鱼、渔夫的方式，你看待村民的方式。思想逐渐变得扭曲，抑或被固化为了某种模式。当你渴望某个事物，当你有所欲求，当你想要变得如何，你就会确立起一个模式。也就是说，你的心智制造出了某种模式并被困于其中，你的欲望使你的心智被定型化了。比如，我希望成为一个富翁，这种致富的渴望导致了一种模式，尔后我的思想便困于其中，我只能从这些层面去思考，无法超越它们。因此，心智被困在这里面，慢慢地定型化了，变得顽固而迟钝。抑或，假如我相信某个事物——相信神、共产主义或是某种政治制度——这种信仰开始确立起了某种模式，因为它源于我的欲望，而这种欲望又使得模式的高墙更为坚固。渐渐的，我的心智走向了迟钝和麻木，没有能力做出迅速的调适，无法实现敏锐和澄明，因为我被困在了自己那欲望的迷宫里。

所以，除非我真正去探究自身心智的过程、思考的方式、看待爱的方式，除非我熟悉了自己的思维方式，否则我将无法懂得什么是爱。当我的心智渴望着某些爱的事实、爱的行为，当我想象爱应当是怎样的，就不会有爱存在。尔后我会给爱某些动机，于是，我渐渐制造出了关于爱的行为模式，但这并不是爱，它只不过是我对于爱应当是怎样的一种渴望。例如，我把你作为妻子或丈夫来占有。你是否明白何谓"占有"？

你拥有你的纱丽或外套，不是吗？如果有人把它们拿走了，你会愤怒，你会焦虑，你会激动不安。这是为什么？因为你把你的纱丽或外套视为你的私人财产，你拥有它，通过占有外物，你感到自己是富足的，不是吗？通过拥有许多的纱丽、许多的衬衫，你觉得自己是富有的，不仅是物质方面的富有，还有内在的充实。所以，当有人将你的外套拿走时，你就会恼怒，因为你被夺去了内心的那种富有感、占有感。占有欲竖起了一道关于爱的屏障，不是吗？假如我占有了你、拥有了你，那么这是爱吗？我占有你，就像我拥有一部车子、外套、纱丽那样，因为，通过占有，我感觉非常的富足、充实，我依赖这种感觉，这对我的内心十分的重要。这种占有、依赖，便是我们所谓的爱。但倘若你审视一下它的话，就会在这背后发觉，心智在占有中得到了满足。毕竟，当你拥有一件或多件纱丽、车子、房子的时候，这会让你的内心感到某种满足，觉得这些东西是属于你的。

所以，心智的渴望、欲求制造出了模式，它被困在这种模式里头，于是它渐渐走向了疲惫、麻木、愚钝，渐渐丧失了思考能力。心智是"我的"这一感觉的中心：我拥有某物，觉得我是个大人物，觉得我是个无名小卒，觉得我受到了侮辱，觉得我得到了奉承，觉得我很聪明，觉得我非常美丽，抑或觉得我想要功成名就，或者我是某某的子女。这种"我"或"我的"的感觉，便是心智的核心，便是心智本身。因此，心智越是怀有"这是我的；我是个人物；我必须出人头地；我非常聪慧抑或我是个十分蠢笨、愚钝的人"这一系列的感觉，并在这些感觉的周围竖起一堵堵的高墙，那么它越是会制造出某种模式，越是会变得封闭和迟钝。尔后它会感到痛苦，这种封闭会带来痛苦。于是它问道："我该怎么做呢？"然后它便努力去寻找其他事物，而不是移除那些将其围困住的高墙。它希望通过思考、审慎的觉知、探究和认知能够从外部有所得，然后它再一次地将自己封闭起来。结果，心智逐渐变成了一道爱的屏障。所以，倘若没有认识生活，没有懂得心智是什么，没有认识行动的根源即思想的方式，我们就无法领悟什么是爱。

　　心智难道不也是一种比较的工具吗？你知道比较指的是什么，你声称这个比那个更好，你把自己跟某个更美丽、更聪明的人做比较。当你说："我记得一年前我见到过一条河流，它要更加美丽一些"，便会出现比较。你把自己同某个人作比较，把自己同某个榜样、某个最终理想作比较。这种比较性的判断会让心智走向迟钝，它并没有使心智变得敏锐、迅捷，没有让它变得富有理解力和包容力。因为，当你始终都在做着比较的时候，会发生什么呢？你看到日落，你立即将它与此前见过的日落做比较。你看到一座高山，你意识到它是多么的美丽，然后你说道："我两年前见过一座比它更美的山。"当你做着比较的时候，你并没有真正在欣赏那正呈现于你眼前的日落，你之所以会看它，是为了将它同其他东西进行比较。所以，比较妨碍了你展开充分的观察。我看着你，你很好，但是我却说道："我认识一个更好的人，一个更优秀的人，一个更高尚的人，一个更愚蠢的人。"当我这么做的时候，我就没有在审视你，不是吗？因为我的脑子被其他东西占据着，我根本就没有在观察你。同样的道理，我也压根儿就没有在欣赏那场日落。要想真正地欣赏一场日落，就不应该有任何的比较；要想真正地审视你，就不应该将你同其他人进行比较。只有当我认真地去观察你，不做任何比较性的判断，我才会了解你。可一旦我把你跟其他人做比较，我就会去评判你，我会说道："哦！他是个非常蠢的家伙。"因此，只要存在着比较，就会滋生出愚蠢。你明白没有？我把你与他人进行比较，正是这种比较导致了人的尊严的丧失。当我观察你，不做任何比较，我关注的就只有你，没有其他人。这种不带任何比较的对你的关注，会带来人的尊严。

　　因此，只要心智进行着比较，就不会有爱存在。而心智总是在比较、权衡、判断，总是希望去发现哪里是弱点。所以，只要有比较，就不会有爱。

当父母爱着他们的孩子，是不会将一个孩子与另一个孩子做比较的，这是他们的孩子，他们爱自己的孩子。但是你却希望把自己跟某个更优秀、更高尚、更富有的人做比较，结果便使得自己的内心缺少了爱。在与他人的关系里，你始终关心的是你自己。于是，随着心智变得越来越喜欢比较，越来越具有占有欲，越来越具有依赖性，它便会制造出一种模式并被困于其中，所以也就无法看见任何新的、鲜活的事物，从而毁灭了生活的芬芳，也就是爱。

问：我们应当请求神赐予我们什么呢？

克： 你对神格外的感兴趣，是吗？为什么？因为你的心灵有所寻求，它渴望去发现。所以，它始终处于激动不安之中。当我想要从你那里得到些什么的时候，我的心灵便会躁动不安，不是吗？

这个男孩希望知道他应当向神祈求些什么。他不晓得什么是神，他无法知道自己想要的是什么。不过，人们普遍都有一种焦虑、一种感觉，即"我必须去探明，我必须去寻求，我必须受到保护"。心灵总是在每一个角落寻求着，结果它也就从不曾安静片刻，它总是在渴望、摸索、观察、奋发、比较、判断。你探寻一下自己的心灵，看一看它在做些什么，看一看它是怎样试图去控制自己的，看一看它是怎样努力去支配、压制、探明、探寻、请求、祈求、争斗与比较的。我们认为心灵非常的警觉，那么它是机敏的吗？一个机敏的心灵是宁静的，而不会如蝴蝶般在各处追逐，也不会不停地去依附、激荡、请求、恳请、祈祷、哀求——这样的心灵没有片刻的安宁。唯有宁静的心灵才能认识什么是神。而静寂的心灵永远不会向神恳求，唯有贫乏的心灵才会去哀求。而它所请求的东西，它永远都不会拥有，它渴望的是安全、慰藉与确定。假如你想要从神那里寻求些什么，那么你永远都不会发现神。

问：什么才是真正的伟大，我如何才能变得伟大呢？

克：你知道，我们渴望变得伟大其实是一件十分不幸的事情。我们全都希望成为伟人。原因何在？我们想要成为圣雄甘地那样的人，想要登上首相的宝座，想要成为伟大的发明家、伟大的作家。为什么？你知道，在教育、宗教等方面，在我们生活的各个领域，我们都有可供效仿的所谓榜样、楷模，我们有最伟大的诗人、最伟大的演说家、最伟大的作家、最伟大的圣人、最伟大的英雄。我们有这些榜样，我们渴望跟他们一样。

当你希望跟某个人一样的时候，你就已经制造出了一种行为的模式，不是吗？你已经局限住了你的思想，你已经把你的思想束缚在了某些限定之内。因此，你的思想已经定型了，变得局限和窒息。你为什么希望变得伟大呢？你为什么不满足于自己的本来面目呢？你知道，当你希望变得如何如何的时候，就会出现不幸、退化、嫉妒和痛苦。我想要跟佛陀一样，那么会发生什么呢？我将会不停地去奋斗、去努力。我很愚笨，我很丑陋，我渴望某个东西，我希望摆脱自己的本来面目，希望去超越它。我长相难看，我想要变美丽，于是我便不停地努力去变得美丽，抑或自欺地认为我是美丽的，直至死的那一天。如果我对自己说我长得不好看，我意识到这是一个事实，那么我就可以展开探究，就可以有所超越了。但倘若我总是试图变成跟自己的本来面目不同的样子，那么我的心灵就会走向枯竭。

如果你说："这就是我的本来面目，我要去认识它"，那么你将发现，认识你的真实模样——而不是你应有面目——会带来安宁与满足，会带来伟大的觉知与爱。

问：爱是否没有目的？爱是否是基于吸引？

克：假设你被一条美丽的河流、被一个漂亮的女人或一个英俊的男子所吸引，这有什么问题呢？我们努力来一探究竟吧。你知道，当我被一个女人、男人或孩子吸引的时候，抑或被真理、被某个人所吸引，会发生什么呢？我会渴望与之相随，渴望去占有它，会希望它是我的，会声称它是我的，不是你的。我被那个人吸引，我必须与之亲近，我的身体必须和那人的身体亲近。所以，我都做了些什么呢？通常会发生什么呢？事实是我被吸引了，我渴望靠近那个人，这是一个事实，不是理念。此外还有一个事实，那就是当我受到吸引，当我渴望去占有，就不会有爱存在。我关心的是事实，而非我应当怎样。嗯，当我拥有了某个人的时候，我就不想他（她）再去看别人了。当我认为这个人是属于我的，这里面会有爱吗？显然没有。一旦我的心智树起了一道栅栏将那人包围起来，视其为"我的"就不会有爱。

事实是我的心智一直都在这么做着。这便是我们所讨论的内容，看一看心智是怎样运作的，或许，当你觉察到了它，它自己便将安静下来了。

问：为什么会有地球，而我们又为何生活在其上呢？

克：你知道科学家们就地球是怎样形成的所得出的观点。假如你读生物学，读生命的起源，他们会告诉你地球是如何出现的，人类是怎样在它上面发展起来的。这便是答案。

问：这是真实的吗？

克：这个女孩子想要知道这是否是真的。谁会告诉你什么是真实的呢？你活在这世上，对吗？地球和你都存在着。为什么要去猜想你无法证实的东西呢？我的意思是，科学家、生物学家将会告诉你地球是怎样形成的，那些同样智慧的人则会告诉你地球是由梵天[①]创造出来的。他会告诉你你是如何出现的，你是如何进化的，另一个人则会告诉你说你

[①] 梵天，Brahma，印度教三大主神之一，负责创造宇宙。——译者

是怎样被物质创造出来的。那么，你会如何做呢？你要选择哪种说法呢？你显然会选择能够让你愉悦的说法，你会根据自己所处的环境、背景、限定去做出选择。这是一种没有意义的猜想，推测、猜想其实是浪费时间。然而你要去认识地球，你要去探明你为什么会存在于世，你在想些什么，你的感受是怎样的，你的生活是怎样的。或许你觉得你最终能够探明，但你必须现在就开始着手。

问：为什么人会觉得爱是必需的呢？

克：你的意思是为什么我们必须拥有爱，对吗？为什么要有爱？没有爱，我们能够过活吗？如果你不拥有这种所谓的爱，会发生什么呢？如果你的父母开始思考为什么要爱你，那么你或许就不在这里了，他们可能把你扔到大街上去了。他们觉得自己爱你，所以希望保护你，希望看到你接受教育，他们觉得必须为你日后的出人头地制造一切可能的机会。觉得要去保护你，觉得希望你受教育，觉得你属于他们，这些便是他们通常意义上的爱。若不如此，会发生什么呢？假如你的父母不爱你的话，会怎样呢？你将被忽视，你将凡事不便，你将受到挤兑，他们会憎恨你。因此，幸运的是，爱的感觉存在着，或许被遮蔽住了，或许被玷污了，或许是丑陋的，但这感觉还是有的，对你我而言真是幸运。否则，你我将不会受到教育，甚至无法活在这世上了。

问：什么是祈祷？在日常生活中，它的重要性在哪里？

克：我假设你是带着十分严肃的态度提出这个问题的，而不是因为你希望变得聪明，我假设你真的是以格外认真的态度询问该问题的，那么让我们来一探究竟吧。不要只是去聆听，而是应当努力去探明。

你为什么祈祷，什么是祈祷？你们大多数人的祈祷都不过是一种哀恳、请求，你之所以会沉溺于这种祈祷，是因为你感到痛苦，因为你很孤独无助，因为你十分沮丧低落，因为你深陷悲伤。你寻求神的帮助，这显然是一种哀恳，而这便是你所谓的祈祷。祈祷的形式或许多样，但它的内容通常都是相同的。大部分人的祈祷都是一种哀恳、乞讨、请求。你是否也是如此呢？你为什么要祈祷？我并不是说你应当祈祷或者不应当，但是你为何要祷告呢？是为了获得更多的知识、更多的宁静而去祈祷的吗？你是在祈祷世界能够摆脱痛苦和悲伤吗？除此之外，还有其他的吗？有一种祈祷，它实际上并不是祷告，而是一种善意的流露、爱的释放、理念的传播。那么你所做的是什么呢？

假如你的祈祷是一种哀求、恳请，那么会发生什么呢？你是在请求神或某个人去填满你内心的空虚之碗，不是吗？你希望你的行乞钵能够依照你的意愿被填满，所以你恳求神去满足你的渴望。你不满于现实情形，不满于命运赐予你的一切。因此，你的祈祷仅仅只是一种恳求，它是你应当得到满足的要求。你希望得到满足，所以你的祈祷压根儿就不是祈祷。你不过是想被满足，于是你对神说道："我很痛苦，请赐给我开心和满足。请把我的兄弟、把我的孩子还给我。请让我变成一个富有的人。"你想让自己的欲求永存不朽，而这显然并不是祈祷。

真正有价值的事情是去认识你自己，弄明白你为什么要去恳求，而不是你恳求的是什么，探明你的内心为什么会有这种欲求，为什么会有这种想要去乞求的急迫愿望。尔后你将领悟到，你对自己生理和心理层面的认识越多——你越是了解你的所思所感——你就越是会探明关于实相的真理。正是这种真理，将会帮助你获得自由。

（在瓦拉纳西学校的第九场演说，1952 年 12 月 19 日）

心中有爱，便能实现内在与外在的雅致

在我看来，懂得怎样去聆听格外的重要。假如你知道如何去聆听的话，便可以马上触及问题的根本了。若你聆听到没有一丝杂质的声响，就能立刻领悟到它的美。同样的道理，如果你知道怎样去聆听他人的观点或是正在说的内容，那么你们之间马上就会有交流。毕竟，聆听是彻底的专注。你觉得专注是一件很累人的事情，你觉得学习专注是一种太过漫长的过程，但倘若你懂得怎样去聆听，就不会如此困难了，因为你会立刻实现对问题的认知。

我们大部分人都没有在聆听，我们被噪音分了心，抑或怀有如此多的成见，我们被扭曲了，所以无法真正倾听正在谈论的内容。老一辈人尤其如此，因为他们身后有一系列的成就，他们在世上功成名就抑或是无名小卒，很难去动摇他们所抱持的重重准则与观念。老一辈人怀有的偏见与取得的成绩，使得他们不会去接受、去聆听正在说的问题。但只要我们懂得了怎样去聆听，没有任何屏障，就只是去倾听，就仿佛聆听清晨鸟儿的鸣叫；只要我们懂得了怎样去聆听正在说的内容，不做任何解释，没有任何障碍，就只是去倾听，那么，这将会是非凡的事情，尤其是在真理被道出的时候。你可能不喜欢这个，你可能会抵制，你可能觉得它是封闭的，可如果你真正去聆听的话，就会洞悉其中的真理了。

真正的"聆听"是没有任何包袱的，它会清除多年来的失败、成功、憧憬这些毫无价值的东西。你知道什么是宣传，对吗？它指的是宣传、播种，如此一来，不断重复某个理念就会让宣传者、政客、宗教领袖希

望你去相信的东西在你的心智里烙下印记。这里面也有倾听，因为有人不停地在说你应当做什么，应当读什么样的书，应当去追随谁，哪种观念是正确的，哪个上师是不可或缺的，哪个又是不重要的。不断地重复某个观念，一遍又一遍地重复某个感想，自然会留下印记。即使你不去听，它在无意识当中也会留下印象，这便是宣传、不断重复的目的。然而你认识到，宣传并不会带来真理，当你真正聆听的时候，当你真正不费任何力气去关注的时候，就能立即领悟真理了。

现在你在聆听我的讲话，你不要费力去集中精神，你就只是去聆听。如果你能听见真理，如果正在说的内容是正确的，那么你将发现你的身上会出现非凡的改变。这改变不是可以被求得的，这是一种彻底的、翻天覆地的变化，在它里面，真理本身便是主宰，而非你的心智。因此，若容我建议的话，请以类似的方法去聆听一切，不只是聆听我的观点，还包括其他人的看法，包括鸟儿的鸣叫、火车的汽笛声、飞驰而过的巴士的声音。你会发觉，你越是去聆听，就会迎来越大的静寂，这种静寂是无法被噪音破坏的。只有当你去抵制的时候，当你在自己与你不愿意去听的事物之间竖起屏障，才会出现争斗。因此，如果我可以建议的话，静静地去聆听。

我们昨天和前天一直都在谈论什么是爱，或许今天我们可以从不同的视角来着手这一问题。外在和内在做到优雅、精致，难道不是十分重要的事情吗？你知道何谓雅致吗？对与你有关的事情具有感受力，对你内心的想法、信仰、观念具有感受力和敏锐度——衣服的精致、言行举止的优雅、姿势的优美。所以，雅致是不可或缺的，对吗？否则便会走向退化。你知道何谓退化吗？你懂得"退化"一词的涵义吗？你知道退化是指什么意思吗？所谓生产，意即创造、建立、独创、产生、发展。退化则是相反的，指的是衰退、破碎，指的是缓慢的衰退。这便是世界上正在发生的情形，这便是那些大学、学院、国家、民族和个体身上所发生的情形,到处都是缓慢的衰退。退化的过程一直都在上演着,这是因为没有外部与内部的雅致。你或许拥有质地优良的衣服、漂亮的房子、精美的食物、洁净的环境,但倘若没有内在的高雅,那么,单纯的外部形式的完美将会毫无意义。徒有形式的完美而缺乏内在的修养,这不过是另外一种形式的退化罢了。拥有一部漂亮的车子但内心却粗俗不堪,只关心自己,只关心自己的成就、自己的伟大、高贵或野心,这便是真正的退化的过程,因为,尔后你的心灵不会具有创造力。

唯有当你的内心是高雅的,也就是怀有爱,形式的美在诗歌或者某个人的身上抑或当你看到一株美丽的树木时,才会具有意义。假如心中有爱,便能实现外在与内在的雅致。外部的雅致表现为周到,它不仅表现为你怎样去对待你的儿女、你的父母、你的仆人,如果你有仆人的话,而且还表现为你怎样去对待你的邻居、苦力、园丁。你或许拥有一座由园丁辛勤劳作造就的美丽花园,但如果没有那种高雅的爱,那么你的这座园子就毫无意义,它体现的不过是你的空虚和自夸罢了。因此,重要的是拥有外在与内在的雅致。你是怎样吃饭的关系重大,你吃饭的时候是否制造出噪音十分要紧,你的言行举止,你与朋友说话的方式,你是如何谈论他人的,这一切全都很重要,因为它们反映的是你的内在,表明的是你心灵的状态,你的内心究竟是否高雅。很明显,只要你的心灵不是高雅的,那么外部层面就会表现为形式的衰退。但倘若你的心中没有爱的话,那么外在或内在的雅致就将没有多少意义可言。我们认识到,我们并不拥有爱。唯有当心灵认识了它所制造出来的那些复杂问题,爱才会到来。

问:为什么当我们取得成功的时候会感到骄傲呢?

克:伴随着成功会有骄傲的意识吗?那么什么是骄傲、什么是成功?

你是否懂得成功与骄傲这两个词语呢？何谓成功？你可曾思考过所谓的成功吗，诸如成为一名作家、诗人、画家、商人或是政客？心理上感觉你已经掌控了自我，心理上因为有所收获而感到成功，觉得你已经取得了外部世界的成功，这一切表明了什么呢？感觉你取得了些什么，你比其他人更为优秀，你已经得到了你想要的，你已经变成了一个成功人士，你受人尊敬，你受人景仰，被他人视为榜样——所有这些表明了什么呢？伴随着这种感觉，自然会出现骄傲——我做了某件事情，我很重要。这种关于"我"的感觉，就其本质便是一种骄傲的意识。所以，伴随着成功总是会滋生出骄傲，骄傲自己与其他人相比更为重要。这种与他人的比较，与你的榜样、你的理想、你的希望进行比较，给了你力量、目标和动力，而这些只会让"我"变得重要，使你更加觉得你要比其他人重要得多。这种感觉、这种愉悦，便是骄傲的开始。骄傲会带来自负，会带来一种自我本位的膨胀。你可以去观察一下那些大人们，观察一下你自己。你通过了某场考试，当你比其他人稍微聪明一些的时候，你就会生出一种愉悦感。同样的，当你在争论中战胜了某个人，抑或你的身体更加强健或者容貌更为美丽，你立即就会觉得自己十分重要。因此，只要你感觉自己很重要，就会出现冲突、争斗和痛苦，因为你始终都得保持这种状态。

问：我们如何才能消除骄傲，如何才能挣脱它的羁绊呢？

克：刚才我告诉你怎样去聆听。假如你真的听了我对前面问题的回答，就会懂得如何摆脱骄傲的束缚了，就会从骄傲中解放出来了。然而你关心的却是下一个问题，你关心的是怎样提出该问题，你并没有在听第一个问题及其答案。若你真的听了我所说的内容，便会探明其中的真理。

我很骄傲，因为我有所成就；我当上了负责人；我去过英国或美国；

我干了了不起的事情；我登上了报纸，诸如此类。我倍感骄傲，于是我对自己说道："我怎样才可以摆脱骄傲呢？"那么，我为什么想要从骄傲中解放出来呢？这才是重要的问题，而不是如何去摆脱。为什么我希望挣脱骄傲，动机是什么，诱因是什么？是否因为我发现骄傲于我有害，会带给我痛苦，会污染我的精神呢？假如这便是动机，那么努力使我自己摆脱骄傲就是另外一种形式的骄傲，不是吗？我依然关注于达至什么、取得什么。如果我觉得骄傲让人非常痛苦，在精神上是丑陋的，我会说我必须要摆脱它。"我必须要摆脱"与"我必须要成功"，这二者的动机其实是一样的。我仍然很重要，我的努力是要摆脱骄傲，而我仍旧是中心所在。

因此，重要的不是如何摆脱骄傲，而是要去认识"我"。这个"我"是如此的复杂，今年想要这个，明年又渴望那个；当这么做带来痛苦，它又会去渴望其他的东西了。所以，只要存在着"我"这一中心，那么，无论我是心怀骄傲还是谦卑，都将是毫无意义的。只是披上了不同的外衣罢了，当某件外衣吸引了我，我就会把它穿上；第二年我又会穿上其他外衣，这得取决于我的幻想、我的欲望。

我必须要认识的是这个"我"是怎样形成的。"我"是通过不同形式的获得而形成的。这并不意味着你不应该去行动，而是必须去认识如下感觉：感觉你要有所行动，感觉你要取得些什么，感觉你必须摆脱骄傲。你应该去认识"我"的结构，你应该坐下来去观察，观察你的思想，观察一下你是如何对待仆人，你是如何对待你的母亲、你的父亲、你的老师，你是如何对待苦力、对待那些地位比你高或者比你低的人，你是如何对待那些你所尊敬的人又是怎样看待你所轻视的人——这一切都揭示出了"我"的方方面面。尔后，一旦你认识了这些方面，就能挣脱"我"的束缚了。这才是真正重要的，而不是怎样去摆脱骄傲。

问：一个美的事物如何才能成为永远的欢愉呢？

克：你是人文专业的学生吗？这是你自己的想法呢，还是引用他人的话？你希望探明欢愉、美是否是易逝的、会褪色的东西，以及怎样才能拥有永久的喜悦。

问：美是以某些形式出现的。

克：美是会褪色的东西吗？树木、叶子、河流、女人、男人、那些头顶重物行走的村民都是美丽的。

问：他们在行走，但会留下印记。

克：他们在行走，这记忆会留下。关于树木、叶子的记忆会留下来，美及其记忆会留下来。那么，记忆是一种现存的、当下的快乐吗？当你看到一个美的事物，立即就会感到快乐，你看见一场日落，马上就会有愉悦的反应。这种欢愉，很快就会变成记忆。关于快乐的记忆，是一种鲜活的、现存的东西吗？不，它是僵死的。所以，你希望通过对一场日落的僵死的印象寻觅到欢愉。记忆没有任何欢愉，它只是对某个引起过欢愉的事物的记忆罢了，记忆本身没有丝毫欢愉。看到一株树木的美，马上会有喜悦的反应，尔后则会出现记忆，最终破坏了这种欢愉。因此，假如你不停地去感知美，没有任何记忆的累积，就能获得永远的快乐了。然而，摆脱记忆并非易事。当你看见某个能够让人开心的事物时，你立即就把它变成了依附的对象。你见到了某个美的事物，一个漂亮的孩子、一株美丽的树木，当你看到它时，马上会感到欢愉，尔后你希望拥有更多。这个"更多"便是记忆的反应。所以，当你渴望更多，你就已经开始了衰退的过程。在这里面，没有丝毫的喜悦。记忆永远无法制造出永恒的喜悦。只有当你不断地对美、丑、对万事万物做出反应——这意味着内部和外部的敏锐、感受力，意味着怀有真爱——方能迎来永恒的欢愉。

问：为什么穷人快乐、富人不幸呢？

克：你知道穷人幸福吗？你注意到穷苦人是幸福的吗？你注意到富人是不幸的吗？穷人会特别快乐吗？他们可以歌唱，他们可以唱祈祷歌，他们可以跳舞，但他们幸福吗？他们没有食物，没有衣服，他们浑身上下脏兮兮的，他们不得不从早干到晚，日复一日、年复一年。他们或许偶尔会很开心，但从本质上来说他们并不幸福，不是吗？那么富人是否是不幸的呢？他们衣食无忧，他们高高在上，他们四处旅行。当他们遭遇挫败，当他们受到阻碍，没能得到自己想要的东西的时候，便会陷入悲伤。

你所说的幸福指的是什么意思呢？有些人会说，幸福在于得到你想要的东西。你渴望一部车子，你得到了它，你很开心。我渴望一件纱丽或衣服，我想要去欧洲，假如我能实现这些，那么我会十分的欢愉。我希望成为名气最大的教授或是最伟大的政客，若我得偿所愿的话，我会万分喜悦，若我没能实现，则会难过。因此，你所谓的幸福便是得到你想要的，功成名就、出人头地，得到你渴望的一切。只要你怀有渴望，而你又能够得到它，那么你便会感到无比的幸福。你没有遭受挫败，但倘若你无法得偿所愿，你就会开始悲伤。我们所有人都关心这个，而不单单只有富人跟穷人。无论贫富，全都希望为他们自己、他们的家人、他们的团体得到些什么。一旦遇到了阻碍，他们便会感到不快。我们并不是在说穷人不应该拥有他们想要的东西，这不是问题。我们试图探明的是何谓幸福以及幸福是否是你可以觉察到的东西。当你意识到你是幸福的，意识到你拥有很多，这是幸福吗？一旦你觉察到你很快乐，它就不是幸福了，对吗？所以你无法去追逐、去寻求幸福。在你意识到你很谦虚的那一刻，你就不是谦逊的。因此，幸福不是能够去追逐的事物，它是自然而然到来的。但倘若你去寻求它，它就会对你避而远之。

问：尽管各个方向都有进步，尽管人们在各个领域都取得了进步，但为什么还是没有实现友爱呢？

克：你所说的"进步"指的是什么意思？

问：科学进步。

克：比如从牛车发展到喷气式飞机吗？这是进步，对吗？几个世纪以前还只有牛车，但是渐渐的，经由时间，我们发展起了喷气式飞机，这便是我们所谓的科技进步。通过卫生设施，通过优良的医疗，人类取得了很大进步。古代的交通工具是非常缓慢的，如今则极为迅速，一天之内你就可以身处伦敦了。所有这些便是我们所说的进步，然而你发现，虽然我们在某个方向取得了进步，但却没能同样发展起团结友爱之情。

那么，友爱是一种关于进步的事情吗？我们知道我们所说的"进步"意指为何，指的是经由时间取得了些什么、达至了什么，指的是演进、发展。你明白没有？科学家们声称我们是从猴子进化而来的，他们指出，经由无数个世纪，经由数百万年的时间，我们从最低等的动物发展为了最高等的，也就是人类。但友爱与进步有关吗？它是能够经由时间发展演进的东西吗？有家庭的团结，有社会的凝聚，有国家民族的统一——国家的下一步便是国际，最后到一个地球。一个地球的状态便是我们所谓的团结友爱。友爱之情与时间有关吗？友爱之情可以经由时间培养起来吗，它会经历从家庭到社群到国家到社会到国际到世界大同这些阶段吗？兄弟情义，也就是爱，是一步一步培养起来的吗？爱关乎时间吗？你明白我谈论的内容没有？假如我说十年内、三十年内、一百年内世界将会是一派手足情深，这意味着什么呢？这表明我没有爱，我没有感受到兄弟情深。我想知道你是否懂得了我所说的话。如果我说："我将待人如手足，我将心中有爱"，这说明实际上我并未心中有爱，我并没有待人友善。当我觉得"我将要如何"的时候,恰恰说明我如今不是这样子的。所以,若我能够移除这种"我将怎样"的想法,我将在一百年后实现兄弟友爱之情,那么我就可以开始去探明我的本来面目了——即我并不怀有手足情意——尔后我就能够着手去行动了。

我的本来面目与我将要变得如何,这二者哪一个重要呢?很明显,重要的是我的真实模样、现有模样,原因是,尔后我便能够去应对它了。然而,我将会怎样则是属于未来的情形,这是不可预测的。事实是我并不怀有兄弟友爱之情,我的心中没有爱,这是一个事实,我要从这个事实开始入手,并且立刻对它做些什么。但倘若我说道:"我将会如何",那么这就太过模糊了,这只是一种理想。一个满脑子理想的人其实是在逃避自己的本来面目,所有的理想主义者都是在逃避那能够被改变的事实。

(在瓦拉纳西学校的第十场演说,1952年12月21日)

恐惧让我们去累积知识

记得我们一直在谈论有关恐惧的问题。那么,我们难道不正是出于恐惧才去累积知识的吗?这是一个相当困难的问题,所以让我们看一看我们能否对此展开仔细的探究与思考吧。正如我刚才所说,恐惧以知识为形式,这便是为什么人类会去累积知识、崇拜知识的缘故。他们觉得知识在生活里十分的重要——关于已经发生的事情、将要发生的事情的知识、信息,不仅有科学方面的知识,还有所谓精神、宗教领域的知识。我们逐渐开始推崇累积信息的整个过程,因为我们将其视为知识。这难道不也源自于恐惧这一背景吗？我们认为，若没有知识，我们就会迷失，就会不知道怎样去规范自己的行为。所以，渐渐的，通过其他人的信仰和经验，通过自身的经历，通过书本知识，通过圣贤的观点，我们确立起了知识。而知识又变成了传统，在这种传统背后，在知识背后，我们寻求着庇护。我们以为这种知识是不可或缺的，感觉若没有它的话我们就会迷失，就会不知道如何是好。

那么，当我们谈论知识的时候，我们所说的知识究竟是指什么呢？我们所知的都是些什么呢？当你真正去思考你所累积的知识，你知道的是什么？在某些方面知识的确十分重要，比如科学、工程学，然而除了这些以外我们还知道些什么呢？你可曾思索过累积知识的过程？你为什么要去通过那些考试，为什么要去学习，是为了累积知识吗？某些层面来说，知识是必需的，难道不是吗？因为，若没有数学、地理、历史方面的知识，一个人如何能够成为工程师或科学家呢？一切社会联系都是建立在这类知识之上，没有它的话我们就无法继续谋生了，所以说这类知识是不可或缺的。但是在这之外，我们知道的又是些什么呢？

正如我所指明的那样，知识在我们生活的某些方面是必需的，如此我们才能存活于世。但是除了这以外，知识的本质又是什么呢？当我们声称知识对于认识神、认识自我抑或战胜生活的种种磨难来说是必不可少的，我们所说的知识指的是什么意思呢？在这里，我们所说的知识是指经验。那么我们的经验又是什么呢？我们所知的是什么？这种知识难道不是被自我、"我"用来去强化自身的吗？比如，我取得了某个社会名望，这种经历、这种成功、这种名望、权势，让我感到某种确定和安心，因此，知道我的成功、我的身份，知道我拥有权势，知道我的地位，知道我是个人物，这些知道让"我"得到了强化，不是吗？所以，我们把知识当做强化自我、"我"的工具。你难道不曾注意过你的父亲、母亲或老师的博学吗，难道不曾注意到他们是多么喜欢炫耀自己知识渊博吗？知识让"我"得以膨胀，"我知道而你不知道"，"我的经验更多，而你却没有"。于是，渐渐的，知识——它不过是信息罢了——被用来满足人的虚荣心，给自我、"我"提供了滋养。因为，若没有某种形式的寄生和依赖，自我便无法存在。科学家用他的知识去滋养他的虚荣和自负，由此觉得自己是个人物，博学家也是如此，老师也是如此，父母也是如此，那些上师也是如此——他们全都希望在尘世里出人头地。于是，他们把知识当做实现这一渴望的手段。当你去探究，当你超越他们的言语，会发现什么呢？他们知道的究竟是些什么呢？他们知道的不过是书本里的内容，抑或他们知道的是自己所经历的事情，而经验又取决于他们所处的环境与限定。因此，我们大多数人的脑子里所填塞的都是语词以及被我们唤作知识的信息，若没有了这些，我们便会失落。结果，在语词、信息的背后，恐惧蹑手蹑脚地冒出了头。我们把信息转变为知识，以此作为谋生的手段。

因此，只要有恐惧存在，就不会有爱，若没有爱，知识便会毁掉一个人。这便是当前世界上所发生的情形。例如，人类掌握的知识足以让全世界的人都吃饱肚子了，但他们并没有这么做，他们知道如何供给世人衣食住行，但却没这么做，因为国家主义、民族主义、自我本位等追逐将人们划分成了一个个的小群体。假如他们真的希望停止战争，他们是可以做到的，但基于同样的原因，他们并未如此。所以，没有爱的话，知识便将毫无意义，它不过是一种破坏、毁灭的手段。除非我们认识到了这一点，否则，仅仅去通过考试或是拥有地位、名望、权力，只会带来衰退和腐朽，只会让人类的高贵、尊严慢慢凋零。因此，重要的不是仅仅拥有某些方面的知识——这是必需的——而在于去培养爱，认识到知识是怎样被用来满足自我的膨胀，实现一己之私，观察一下经验是怎样被用来成为自我膨胀的手段，成为了为自己谋得权力和地位的手段。只要你展开观察，就会发现那些拥有地位的成年人是多么依附于他们的成功以及取得的地位的。他们希望给自己建起一个庇护所，如此一来他们就将有权有势，如此一来他们就会拥有名望、地位和权威。他们之所以会存在，是因为我们每个人都有同样的渴望，我们全都希望出人头地。你不想做你自己，你不喜欢你的本来面目，但你渴望功成名就，渴望成为大人物。

"是什么"与"想成为"是两码事。"想成为"经由知识得以继续，而知识被用来自我膨胀，被用来获得权力、地位和名望。所以，对我们大家来说，对正在走向成熟的你我来说，重要的是去洞悉这所有的问题，展开探究，认识到我们不要仅仅因为一个人有头有脸就去尊敬他。我们所知的何其有限，我们或许拥有许多的书本知识，但极少有人拥有直接的体验。真正重要的是去直接体验神、真理，而要想实现这个，就必须怀有爱。

（在瓦拉纳西学校的第十一场演说，1952年12月22日）

年轻时当领悟真爱的可贵

年轻的时候，我们应当被爱同时也要懂得去爱人，这难道不是十分重要的吗？在我看来，我们大部分人既没有爱人，也没有被人爱。我觉得，趁着正年轻，我们应该格外认真地去探究这一问题。原因是，或许唯有青春年少的时候我们才能拥有足够的感受力，才能懂得爱的可贵，品味它那怡人的芬芳，如此一来，当我们长大成人，它才不会被完全毁灭。所以让我们来思考一下这个问题吧——意即，不是说你不应当得到爱，而是说你应当去爱人。

那么爱究竟指的是什么意思呢？爱是一种理想吗，是遥不可及的东西吗？还是每个人在一天当中的某些时刻可以感受到的呢？去感受它，去觉察它，领悟同情与理解的可贵，互帮互助，施予援手，不带任何动机，待人和善慷慨，富有同情心，关怀照顾他人，哪怕是对一只小狗也会生出怜悯爱护之心，对那些穷苦的村民心怀慈悲，对你的朋友慷慨大方，懂得宽恕别人的过失，这便是我们所说的爱吗？抑或爱是否是一种永远的宽恕，它里面没有丝毫的恨意？年轻的时候，我们难道无法去理解它吗？我们大多数人在年少的时候都有过这种感受——对一位村民、一只小狗、对那些卑微之人生出同情之心。他们难道不该得到不断的照顾吗？你难道不应当在一天当中抽出一些时间去帮助他人吗？或者是看护一株树木、一座园子，或者在房子、客栈里头帮帮忙，唯有这样，当你长大成人之后，你才会懂得何谓自发地去体贴、关怀他人——不是那种被迫的体贴、关怀，不是那种只考虑自己的幸福的做法，而是没有任何动机地去关心他人。

所以，年轻的时候，你难道不应该领悟真爱的可贵吗？它是无法寻求到的，你必须心中有爱，那些照看你的人，比如你的监护人、你的父母、你的老师，也必须怀有爱心。大部分人的心中都没有爱，他们关心的是自己的成就、憧憬、成功、知识以及自己所做的事情，他们把自己的过去看得如此重要，以至于最终使自己走向了毁灭。

所以，当你年轻时，难道不该帮忙照看一下房子，或者照料你自己栽种下的树木？如此一来，你的心里便会生出一丝微妙的同情、爱护和慷慨的感受——不是单纯的头脑的慷慨——这意味着，你会希望与他人分享你所拥有的一切，哪怕你的所有是如此之少。如果不是这样，如果你在年轻的时候没有感受到这些情感,那么当你长大成人后就很难体会到了。因此,假若你怀有爱、慷慨、仁慈、和善这些情感,那么你或许就能在其他人身上唤醒这些情感与品格了。这表示同情与爱并非源自于恐惧,不是吗?然而你发现,要想没有丝毫恐惧地成长于这个世界,要想行动里不带有任何个人的动机,其实是相当困难的。老一代人从来不曾思考过有关恐惧的问题,抑或假如他们对此做一番理论层面的思索,就会知道,他们在日常生活中从来没有真正专注于它,从来没有探究过该问题。如果此刻正在观察、成长、探寻的你不明白是什么导致了恐惧,那么长大之后你就会跟变得他们一样,尔后,恐惧会像野草般暗暗生长,最后扭曲你的心灵。

所以,重要的是你应当敏锐地觉察到自己身边发生的一切——你的老师是怎样谈话的,你的父母的行为是怎样的,你自己的行为又是如何——如此一来你才能洞悉和认识恐惧这一问题。

你知道,大部分成年人都认为某种训戒是必需的。你知道什么是训戒吗?它就是让你去做你不喜欢的事情,这种方式是你自己发展起来的,并希望借此得到某个结果。举个例子,你有抽烟或嚼槟榔的习惯,那么有什么办法可以停止这种习惯呢?你通常的方法便是训练心智去抵制该行为。也就是说,我是个烟民,有什么法子停止这一习性呢?抑或,我很爱嚼槟榔,那么通过什么方法可以让我不再这么干呢?这种抵制带来了恐惧,由于害怕,于是你便发展起了这种抵制、抗拒一切的过程。但倘若你知道自己为什么会抽烟,倘若你对此展开探究,倘若你去观察或是在他人的帮助下意识到这个,将发现,通过不断地觉知,你就不会因为恐惧而发展起抵制了。所以,训戒并不是爱的方式。

只要有训戒,就会有恐惧。在一个像这样的地方,应当以一切代价避免训戒——训戒即压制、抵制、说服、强迫,提供给你回报,或是让你去做你实际上并未理解的事情。如果你并不理解某个事情,那么你就不要去做，不要被迫去做它。寻求解释，不要固执己见，而是努力去探明，如此一来你的心灵才会具有适应能力，才会变得格外的敏锐，如此一来，它才不会有丝毫的恐惧。但倘若你受到成年人、权威、父母的强迫，那么你就会去压制你的心灵，从而滋生出恐惧，而这恐惧将会终生如影随形。所以，不要被迫去适应某种思想模式或是行为模式。老一辈人只会从这些层面去思考，他们会让你去做某件事情，声称这是为了你好，正是这种以"为了你好"为名义迫使你去做某个事情，毁掉了你对事物的感受力和理解力，继而毁掉了你爱的能力。想要冲破这一切十分不易，因为我们周遭的世界是如此强大，我们不假思索地去做事情，我们陷入习惯的窠臼之中，于是乎，我们很难去冲破这一切。

在像这样的地方里，你应当拥有权威吗？还是应该去到你的老师那里，就这些问题展开讨论，加以探究，去认识它们呢？唯有这样，当你长大，当你离开了这个地方，你才会成为一个睿智的人，才能够去应对世界的诸多难题。假如你怀有任何形式的恐惧，那么你便无法拥有智慧。恐惧只会令你变得顽固，恐惧只会限制你，它将会毁灭那个被我们称为同情、慷慨、友爱的事物。因此，请务必小心不要被训练着去适应某种行为模式，而是应当去探明——这意味着，你必须得有时间去质疑、去询问，意味着你的老师们也必须有向你答疑解惑的时间。假如没有时间的话，那么就得挤出时间来。恐惧是腐化的根源，是衰退的开始，因此，摆脱恐惧要比任何的考试或学位重要得多。

问：爱的本质是什么？

克：什么是固有的、本质的爱？你意指为何？什么是没有动机、没有诱因的爱呢？请仔细聆听，你将会有所探明。我们正在对这一问题予以探究，而不是去寻找到答案。你知道，当你学习数学或提出某个问题的时候,你们大多数人都渴望得到一个答案,你更加关心的是答案,而不是问题本身。假如你去认识问题,假如你去研究它、分析它、审视它的话,将会发现,答案就蕴含在问题里。所以,我们会领悟到,答案就在于去认识问题本身,而不是在书本末尾去寻找,抑或在《薄伽梵歌》[①]、《古兰经》、《圣经》或是某个宗教典籍里头去寻找,抑或是在某个教授、某场讲座那里去寻求。只要我们去审视问题,那么,蕴藏在问题中的答案便会呼之欲出。没有树木,就没有果实,然而我们通常的做法却是在还没有认识树木的结构,不知道树是怎样生长的情况下就去寻找果实。果实是树木的一部分,它们并非两个分离的事物。同样的道理,答案就在问题里,答案跟问题并不是分开的。不要只是坐等答案,你的数学难题的答案,就在于你个人的努力、你的探寻、你对问题的认识之中。当你去审视问题的时候,就将探明正确的答案了。

那么,问题是:什么是没有动机的爱?是否存在没有任何动机,不渴望回报的爱呢?能否有这样一种爱,当没有得到回应时不会感到受伤,当没有回报时不会感到丝毫的痛心呢?当你付出却没有收获时,能否依然心中怀有爱呢?当你给予而对方却没有回报,你难道不会痛心吗?当我给你友情而你却转身逃开,那么我会感到受伤,这种伤痛是源自于我的友谊、我的慷慨和同情吗?所以,只要我感觉受到了伤害,只要存在着恐惧,只要我帮助你是因为希望你可以回报我——也就是所谓的服务——那么你会发现,这种动机并不是爱。一旦你认识了这个,便会有答案了。

问:什么是宗教?

克: 你是希望从我这里得到一个答案呢,还是想探明有关何谓宗教

[①] 《薄伽梵歌》,印度教的重要经典,古印度的瑜伽典籍、哲学训导诗。——译者

这一问题的真理呢？你是想从他人那里寻找到解答吗，无论这个人是多么的伟大或愚蠢？抑或，你是想努力探明什么是真正的宗教？

如果你试图弄清楚什么是真正的宗教，那么你必须怎么做呢？你必须要把挡在路上的一切都推开。假如我的窗户被涂上了颜色或是脏兮兮的，而我渴望看到那明媚的阳光，假如我想知道那真正的光亮是怎样的，那么我就得把窗户抹干净或是打开它，又或者干脆走到户外去。同样的道理，若你想探明什么是真正的宗教，你就应该首先弄明白什么不是宗教，要想懂得什么不是宗教，你必须以逆向的方式着手——也就是说，要像推开窗户那样。你必须首先弄清楚什么不是宗教，尔后将其抛到一边，如此一来你就可以探明了，就可以实现直接的感知了。

我们将要去探究何谓真正的宗教，所以让我们首先弄明白什么不是宗教吧。礼拜、仪式是宗教吗？你在祭坛或神像跟前一遍又一遍地重复着某种仪式，这或许会带给你某种愉悦感、满足感，但这就是宗教吗？穿上神袍便是宗教吗？显然不是。因此，我们必须探明称你自己是佛教徒、基督徒、印度教教徒，认可某些传统、教义、仪式，这一切究竟是否是宗教。答案显然是否定的。所以，只有当心灵懂得了这一切并将其抛置一旁，才能够领悟宗教的真谛。宗教并不是感觉的产物，对吗？你是个穆斯林，我是名基督徒，我相信某个东西，而你则不信。你的信仰同宗教毫无关系，无论你我信不信神，与宗教全无关系，因为你的信仰是由你所处的社会环境决定的，不是吗？你周围的社会在你的心灵里烙上了信仰、恐惧、迷信，它让你的心灵去相信某些东西。信仰跟宗教没有任何关系，你信仰这个而我却相信那个，因为我碰巧出生在英国、苏联或美国。信仰只是环境和限定的结果，所以它同宗教毫无关系。

寻求个人的救赎是宗教吗？我渴望获得安全；我希望达至涅槃或是去往天堂；我必须寻到一处能够靠近耶稣、靠近佛陀、靠近某个神灵的地方。你的信仰没有让我获得深刻的满足与慰藉，于是我便皈依某种能够带给我满足和慰藉的其他信仰。你的心灵应该挣脱这一切，唯有这样，你才能领悟什么是真正的宗教。

宗教仅仅只是行善、服务或帮助他人吗？还是不止于此呢？——这并不意味着我们不应该与人为善、待人慷慨，可是这难道就是宗教的全部吗？宗教难道不是某种比单纯的心智的观念更加伟大、更加澄明、更加博大与宽广的事物吗？想要懂得什么是真正的宗教，你就得认识所有这些东西，这就如同走到户外的阳光里去。尔后，我不会再问什么是真正的宗教了；尔后，我将会知道答案；尔后，我将直接地体验真理。

问：假设某个人不快乐，而他渴望自己能够开心起来，那么这是欲望吗？

克：你有在听先前讲过的内容吗？你并没有在听，假如你知道如何真正聆听正在谈论的内容，那么你就能立即探明何谓真正的宗教了。这就好像有人跟你说道："去打开门，你将知道什么是阳光。"坐在屋里，你很懒散，不想动，于是你说道："请告诉我什么是阳光，我会很仔细地听的。"但是我回答："去到门那里，打开它，如此，你不需要询问就能知道答案了。"假如你真的有在听我的讲话，你应该已经走到门那里了，然后见到了阳光。这便是彻底聆听的美丽所在，因为你已经打开了门，沐浴在了阳光之中。

这位女士问道："假如我希望帮助某个陷入痛苦中的人，那么这是欲望吗？"如果一个人不开心，而他希望变快乐，这是欲望吗？什么是真正的欲望？我不快乐，我的父亲或儿子去世了，我饥肠辘辘，我不幸福。身陷悲伤，遭遇痛苦，生理上的疼痛，情感上的折磨，内心的或外部的痛苦，失去了某个我所热爱的人——这一切我们全都十分了解。那么变得快乐的过程究竟是什么呢？你明白吗？当我快乐的时候，我能否知道呢?只有当我已经感受过快乐,我才会知道。在我身处快乐之时,我是永远不会知道的。只有当快乐、欢愉结束时,我才会知道。在你身处欢愉的时刻,你是不会觉察到它的。唯有几分钟之后,你说道:"它是多么快乐啊!它是多么让人开心啊!"你说道:"我很痛苦,我希望让这痛苦终结。"这是欲望吗?这是每一个人的自然本能,这不是欲望。那么,我们每个人的自然本能难道不就是没有恐惧,没有生理或情感的苦痛吗?然而生活却是你不断在遭受着痛苦:我吃的食物让我感到不适,我肚痛难忍;有人对我说了些什么,而我因此受伤了;我渴望去做某件事情,但却遭到阻止,于是我倍感沮丧和难过。因此,生活始终在我身上发生着作用,无论我喜欢与否——生活是伤人的,总是让人感到挫败,总是会产生痛苦的反应,难道不是这样吗?所以我必须要去做的便是认识这整个的过程,但是我却逃得远远的。

你知道,所谓幸福便是:我内心痛苦,我求助于他人,我逃避自己的痛苦感——我阅读书籍,或者打开收音机,或是前去做礼拜,所有这些都表明我在逃避痛苦。假如你逃避某个事物,那么你显然就没有认识它。当你去审视痛苦,你就会开始懂得它里面包含的问题,而寻求对问题的认知并不是欲望。可当你想要去逃避痛苦,当你依附于它,当你与其对抗,当你渐渐在它的周围确立起一大堆的理论和希望,便会滋生出欲望。于是,你开始去逃避的事物以一种更加隐蔽的方式变得重要起来,它之所以会变得重要,是因为你使自己跟它认同,你使自己跟你的国家、你的地位、你的神认同,而这便是一种欲望。

(在瓦拉纳西学校的第十二场演说,1952年12月23日)

重要的是理解而非记忆

或许可以从不同的角度来着手我们在过去的两周时间里一直讨论的问题。你知道我所说的并不是要被记住的东西。你知道"记住"是什么意思吗？它是指努力将你听到的、见到的或是读到的东西储存在你的脑子里，以便日后回忆，以便去思考或理解。但我们在这里并不打算这么做，你不要试图去记住我告诉你的话，如果你去记住我对你说的话，那么它就仅仅只是记忆，不会是鲜活的。这不像是那种需要你一边听一边记笔记的课堂，这么做只是让你记住了听到的内容。假使你仅仅去记忆的话，你就没有理解你所听到的内容。真正重要的是理解，而非记忆，我希望你能明白记忆与理解之间的不同，理解是即刻的、直接的，是你强烈体验到的东西。但倘若你只是去记住你在这些上午听到的内容，那么你记下的东西就会犹如向导、指南，你会拿它做比较，会遵从它，它会像是标语口号，就等于你记住了某个应当去遵从、效仿的观念，这观念犹如指南、榜样，而你的生活正是建立在它之上的。但理解则是你不必去记住的事情，它是一种持续的印象。

因此，一旦你理解了我一直在谈论的内容——理解，而不是记住——那么你就会认识到，你的行为、你所做的事情，都跟你的理解、认知有关。如果你去记忆，你就会试图把你的行动跟你记住的东西进行比较，抑或是修正它，使其符合你记住的东西。这便是为什么聆听格外的重要，不是去记住，而是直接的理解与认知。

假若你记住了某些句子，记住了某些在这里被唤醒的感觉，某些语句,那么你就会试图把自己的行为跟你记住的东西作比较,于是,你记住的与你的行为之间总是会有间隙存在。但倘若你去理解,就不会有任何模仿了,因此,重要的是去意识到你是真正理解了。任何傻子都能够记忆东西,只要具备一定能力的人都可以通过考试,因为他把这些东西记忆下来了。可一旦你理解了你看到的、听到的、感受到的东西,理解了其中的涵义,那么这种认知就会带来行动,而你则不必受到引导、影响和控制了。假如你去记住的话,你就总是会去比较,而比较则会滋生出嫉妒,我们的整个社会都是建立在嫉妒和获取之上的。所以,仅仅跟你记住的东西进行比较,不会有助于带来认知,而爱就蕴含在认知之中。这不是单纯的理智化,理智化是一种智力思考,是一种智力的过程,你在其中比较、模仿、遵从,这里面总是会有领导与被领导的危险。你懂了吗?

在这个世界上,社会结构是基于领导与被领导,榜样与对榜样的遵从、效仿,英雄与对英雄的崇拜。若你超越了这种遵从和被领导的过程,就会发现,只要你去遵从,就不会有任何的创新,你或领袖就无法获得自由,因为你塑造、控制了领袖,正如他控制了你一样。假如你去遵从那些榜样——自我牺牲的榜样、伟大的榜样、成功的典范、爱的典范——那么这些榜样就会变成要被记住和遵从的理想,于是理想与行动之间就会出现界分。如果一个人真正认识了这一点,他就不会怀有任何理想,不会有任何榜样,不会去遵从任何人。对他来说,没有什么上师、圣人,没有历史领袖,因为他始终在理解他所听到的东西,无论它是来自于父母还是来自于老师,或者某个像我一样偶然与他的人生相遇的人。

此刻你正在聆听,你应当去理解,而不是去遵从。在这里你不要去模仿,尔后你就不会有恐惧,于是爱自然便会到来。

因此,重要的是凭借你自己的力量清楚地洞悉这一点,如此一来你才不会被那些英雄、榜样、理想迷惑住。被记住的东西不久就会忘却,所以必须要有某个图景、理想、标语来不断地提醒你。假如你怀有理想或榜样,你便会去遵从,而这仅仅是一种记住,在这种记住里面没有丝毫认知。这不过是把你的真实模样与你渴望成为的样子进行比较罢了,正是这种比较滋生出了权威,这里面没有丝毫的爱存在。请好好去理解这一切,请仔细地聆听这一切,这样你才不会怀有任何领袖,才不会有任何需要去效仿、遵从的榜样或理想,这样你才会是个有尊严的自由的人。若你永远都在把自己跟某个理想、跟你的应有面目做着比较,那么你就无法获得自由。一旦你认识了你的真实模样,不管它是多么的丑陋或美丽,不管它是多么的可怕,你就无需去记住了,记住不过是记忆。然而,观察、觉知、意识到你的真实模样,便是一种认知、理解的过程,而这不是记忆。

假若你真的领悟了我所谈论的内容,假若你充分地聆听了我的话,你就能挣脱老一代人制造出来的这一切。它们是彻头彻尾荒谬的、错误的,没有任何的意义。你将不会去记住,记住只会让心智走向愚钝,只会滋生出恐惧和嫉妒。如果你真的明白了我的话,你便会仔细聆听,你在无意识中可能会听得很深入,我希望你是如此。尔后你会发现它将带来一种非凡的能量,只要你懂得了怎样去聆听,就可以不再费力去记住什么了。

问:美是主观的还是客观的?

克:你为什么要问这个问题呢?是要以此为题作一篇文章吗?你知道,在中学、大学里面,你会被要求撰写文章,那么,你会如何做呢?你会去收集资料,你会阅读书籍,就像松鼠一样,从书本或者其他人那里收集各种观点,然后将它们做一番整理,再搬到纸上,最后交到某个检查者的手里。这就是你提问的原因吗?请听好。还是说你真的希望知道美究竟是主观的还是客观的?你是真的想探明吗,而不是去记住,然后说道:"是的,他是这么说的",抑或"这是对的还是错的"?如果你真的想要认识该问题而不是仅仅去记住的话,那么让我们来着手展开探究吧。

你看见了某个美丽的事物,比如从你廊前流淌而过的一条河。假如你缺乏感受力,你就会对它视而不见。你看见一个衣衫褴褛的孩子在哭泣,若你对自己周围的事物不存欣赏,若你不去觉察周遭的一切,那么这将毫无价值。一位妇人头顶重物,浑身脏兮兮的,又累又饿。你是否意识到了她的步态之美或是对她的处境生出了一丝同情之心呢?你是否看见了她身上那件纱丽的颜色,哪怕它布满了尘土?这些便是你周围的客观影响,如果你没有这种感受力,你就永远无法欣赏到它们,不是吗?假使你拥有感受力,那么你不单单要意识到那些被称作美的事物,而且还得觉察到那些被唤为丑的东西——去看看河流,看看绿色的田野以及远处的树木,看看夜色阑珊,或者去观察一下那些尘土满面的村民,那些衣衫褴褛、几乎没有思考或感受能力、连肚皮都吃不饱的人们。我们把前者视为美丽,把后者看做丑陋。若你有聆听我的谈话,你会发现,这里面重要的是你会去依附那些美丽的、永久的事物,你观察着美的事物,却对丑陋的事物予以排斥。重要的是对这二者都具有感受力,对被你唤作丑的和美的事物都具有感受能力,不是吗?正是由于缺乏这种感受力,才使得我们把生活划分为了丑陋与美丽。但倘若你对丑的事物也能够像对待美的事物那样抱持一种开放、接纳、欣赏的态度,拥有相同的感受力,那么你会发现它们的意义——你会发现它们充满了意义,会发现它们让生活变得丰富和充实。

那么,美究竟是主观的还是客观的呢?如果你是个盲人,如果你耳聋,无法听见任何音乐,那么你就因此与美擦身了吗?抑或美是一种内在的东西呢?你可能无法用眼睛去看,你可能无法用耳朵去听,但倘若这种非凡的感受是开放的,倘若你能够欣赏万事万物,哪怕你听不见或看不见,倘若你去觉察自己内心发生的一切,觉察你的每一个想法、每一个感觉——那么这难道不也是美吗,这难道不也是主观的吗?但是你知道,我们以为美是一种外在的东西,这便是为什么我们会去购买画作然后将其挂在墙上的缘故了。我们希望拥有漂亮的纱丽、裤子、外套、头巾,我们希望拥有外在的一切,因为我们担心倘若没有一个提醒物的话,我们的内心便会迷失。可是你能够将生活的整个过程划分成主观的和客观的吗?它是一种双重的过程,对吗?它是一种完整的过程,没有外在便无所谓内在,没有内在也就无外在可言。

问:为何会有恃强凌弱的现象呢?

克:你是否会去压迫弱小呢?让我们来一探究竟吧。在争论中或者在身体力量方面,你为什么会把你的弟弟、把那个比你幼小的人推到一边去呢?这是为什么?因为你想要声张你的权力,因为你想要显示你的力量,于是你便去声张权力,便去占据支配地位,便把那个小孩子推到一边去。你之所以要以势欺人,是因为你希望显示出你是多么的强壮、多么的优秀、多么的有力量。成年人也是一样,他们通过书本知道了比你稍微多一点儿的知识,他们拥有地位、金钱和权威,于是他们便去压迫你,便把你推开。你接受了被推开的命运,因为你也想要压迫那些比你低的人。所以,位于你之上的人压迫你,而你则去压迫那些低于你的人。每个人都想声张自己的权力,都想居于支配地位,都想显示出超越他人的力量。展现你的权力、力量让你感到十分满足,让你觉得自己是个人物,因为你们大多数人都不希望自己是个无名小卒,都想要功成名就。

问:为什么会有大鱼吃小鱼?

克:因为它们想要活下去,小鱼靠吃更小的鱼生存,而大雨则靠吃小鱼生存。在动物世界里，或许大鱼吃小鱼是一种自然的现象，这是我们无法改变的事情。但是，强大的人不必以压制弱小的人为生。只要你懂得怎样去运用你的智慧，你就可以避开"人吃人"的残忍，不仅在身体上，还在心理层面。如果你明白了这个问题，认识了它，也就是如果你拥有了智慧，那么你们就不会彼此相食了。然而你却希望以压迫他人为生，所以你便去利用、压制那些比你弱小的人。自由并不意味着你可以为所欲为。只有当你拥有了智慧，才能获得真正的自由，而只有当你认识了你我之间、我们跟其他人之间的关系，理智才会到来。

问：科学发明真的使我们的生活变得更加舒适、便捷了吗？

克： 它们难道没有让生活变得更加舒适、方便吗？你有了电，对吗？你打开开关，然后便有了光明。这个房间里头有电话，如果你愿意的话，你就可以听到远在纽约或是巴拉纳斯的朋友的声音，这难道不是一件便捷的事情吗？抑或，你可以搭乘飞机去到新德里或纽约。这些全都是科学发明，它们令生活更加的舒适、快捷、方便。科学还带给了你那能够毁灭全人类的原子弹。科学不仅帮助着去毁灭人类，也帮助着治疗疾病。但倘若我们不带着智慧和爱去运用科学的话，那么最终我们将毁灭自己，因为如今科学发明越来越多，有能够消灭人类的原子弹。也就是说，假若心中不怀有爱，那么运用科学就只会彼此毁灭，尽管科学的确有助于让生活变得更加便捷。

问：什么是死亡？

克： 何谓死亡？这个问题居然来自于一个小女孩！你知道，你看见过被抬往河边的尸体，你看见过死去的鸟儿、凋零的落叶、枯死的树木以及腐烂的水果。你难道不曾见过那些早上还生机勃勃、互相追逐和叫唤的鸟儿吗？然而到了晚上它们却死去了。白天还活生生的人，夜里可能就被疾病夺去了生命。我们目睹过这一切，死亡对于我们所有人来说都是一样的，我们终会走向它。你或许活了三十、四十岁，享受过欢乐、遭受过痛苦、充满了恐惧，然而到了四五十岁的尾声时，你便不会再有这些了。

我们所谓的生与死指的是什么呢？这真的是个复杂的问题，我不知道你是否想要去探究它。我们所说的生是指什么，我们所说的死又是指什么？若我能够懂得何为生，那么我便可以认识何谓死了。一个人或者惧怕死亡，或者不认识什么是死亡。抑或，他失去了某个他所爱的人，他感到失落和孤独，所以他以为这跟生没有丝毫关系。你把死亡与生命分隔开来了，可生与死是分离的吗？生命难道不就是一种死亡的过程吗？

对我们大部分人来说，生命意味着什么呢？它意味着累积、选择、痛苦、欢笑。而它的背景，这一切的欢愉和痛苦背后的是恐惧——害怕终结，害怕明天将会发生什么。请仔细聆听，在我讲话之后去问一问你的老师，向他们提问，展开探寻。所以，在这一切背后的是恐惧——担心没有名望、地位、财富，你希望这些东西能够永续下去。那么，你认为死后会发生什么呢？什么是死亡？那个终结的事物是什么？是生命吗？

什么是生命呢？生命难道仅仅只是吸入氧气、呼出二氧化碳的过程吗？这是生命吗？进食、憎恨、热爱、获得、占有、比较、嫉妒——这便是我们对生命的认识。对我们大多数人来说，生命是一场永无止境的战役，其间我们遭受痛苦、感受欢愉。这一切会终结吗？我们难道不应当死去吗？秋天叶子会从树上飘落下来，而到了春暖花开之时，树枝上又会再次吐露新绿。所以，我们难道不应该终结昨日的一切，抛掉我们所有的累积、希望，抛掉我们累积的一切成功吗？我们难道不应该终结这一切，尔后在明日揭开崭新的一页，就像一片新鲜的叶子那般鲜活、柔嫩、富有感受力吗？对于一个始终在除旧布新的人来说是没有所谓死亡的，然而对于那个声称"我是大人物，我必须永垂不朽"的人来说——对他来说，死亡是一种常态，而他不会懂得何谓爱。

（在瓦拉纳西学校的第十三场演说，1952年12月24日）

嫉妒带来了衰退

今天上午我将要谈论的内容可能比较难懂，如果你不理解其中的全部涵义，那么你也许可以跟你的老师展开一下讨论，通过一起探讨来得到更多的收获。

人的衰退有许多因素、许多感觉、许多方式。你知道什么是衰退、瓦解吗？何谓完整？完整——也就是成为一个整体，以便你的感受、你的身体是一个统一体，朝向一个方向，而不是彼此矛盾，如此一来你便是一个没有冲突的完整的人，这就是完整的涵义。瓦解则是相反的——意即分裂、破碎。人类毁灭自己、走向瓦解的方式有许多种。依我之见，其中一个主要因素就在于嫉妒感，这种感觉如此的隐蔽，被冠以不同的名称——被认为是有价值的、有益的、值得赞扬的，被认为是一种进取、努力。

你知道什么是嫉妒吗？在你很小的时候它便开始萌芽了——嫉妒你的朋友，因为他比你长得好看或者拥有的东西比你好。如果他在班级里面比你优秀，如果他的分数更高，如果他的父母更好，如果他来自于某个更高贵的家庭，那么你便会心生嫉妒。所以，嫉妒在你年幼的时候便开始了，然后逐渐变为了竞争的形式——得到更好的分数，成为更优秀的运动员，做了荣耀的事情，更重要，更有价值，胜过他人，让别人相形见绌。当你还在学校念书的时候它便开始了，随着你年纪的增长，它变得越来越强大——富人嫉妒更富有的人，穷人嫉妒富人，有经验的人嫉妒经验更丰富的人，写作的人嫉妒那些写得更好的人。渴望变得更加优秀，渴望拥有更多，渴望成为有价值的人，渴望得到更多的经验，这种渴望正是获取的过程——获得、积累、占有。只要你去留意一下，就会发现，我们大多数人的本能便是获取，以便得到更多的纱丽、更多的衣服、更多的房子、更多的财富。若你要的不是这些，那么当你长大之后，你就会渴望拥有更多的经验、更多的知识，你希望感觉自己知道的要比其他人更多，或者是你与某个政府里的高官更加亲密，抑或是精神上、心理层面上的，希望知道你比他人拥有更多的经验，在内心意识到你是谦卑的、你是有德行的，你能够去解释而其他人则不能。所以，你获取的越多，这种分裂、破碎就越为严重，你获取的土地、财富越多，你累积的名声、经验、知识越多，就会走向越大的瓦解。你渴望获得更多，由此导致了嫉妒这一普遍性的心理恶疾。你难道不曾在你自己以及你周围那些大人们的身上注意到这个吗？——老师是何其渴望成为教授，教授是何其渴望当上校长，抑或你自己的父亲母亲是何其渴望拥有更多的财富、更大的名声。

当你为了获取去奋斗、去努力、去挣扎的时候，你就会变得残酷无情。获取里面没有爱，在这种生活方式里，你始终都处于交战的状态，跟你的邻居、跟社会交战，始终都会有恐惧，而这一切被认为是正当合理的。于是我们便接受了这一切，认为这是不可避免的，认为我们必须怀有嫉妒，必须去获取——尽管我们给了它冠冕堂皇的名称，不说这是贪婪或嫉妒。我们称其为进步、发展、努力，我们声称这是不可或缺的。但是你知道，我们人部分人都没有意识到这个，没有觉察到自己是贪婪的，总是渴望获得些什么，我们的心灵被嫉妒吞噬了，我们的头脑在走向衰退。当我们意识到这个的时候，则会为其辩护，抑或声称这是错误的，试图去逃避。

所以，嫉妒是很难被发现或揭示的东西，因为心智是嫉妒的中心。心智充满了嫉妒，心智的结构就是建立在贪婪与嫉妒之上的。比如，审视一下你的那些念头吧，看一看你的思考方式吧。思维方式通常是单纯的比较——"我可以解释得更好，我拥有更好的记忆。"这种"更多"、"更好"，便是心智的运作方式，你知道这便是它的生存之道。抛掉这些，看一看心智会发生什么。假如你无法从"更多"的层面去思考，你会发现，如此一来思考就会变得格外困难。所以，"更多"是一种比较性的思想过程，它会制造出时间——需要时间去变得如何如何，需要时间成为大人物。因此，比较性的思维方式："我是这样子的，某一天我将会变成那个样子；我很难看，但我有一天会变得美丽"——这是一种嫉妒、贪婪的过程。结果，贪婪、嫉妒、比较性的思维就会导致不满以及永无宁静。为了与此对立，于是我们便声称我们应该满足，应该满足于我们所拥有的，这便是人们对那些立于阶梯顶峰的人所说的，全世界的宗教都在宣传知足常乐。

满足不是贪婪的对立面，这只是人们通常的理解。满足是比贪婪、嫉妒的对立面——即变成一株植物、一个死寂的没有活力的实体，就像大多数人那样——更加广阔、更有意义的东西。大部分人都非常的安静，但他们的内心已经死去了，因为他们培养出了对立面的感受，即培养出了事物的对立面，他们说道："我心怀嫉妒，我不应该如此。"为了抵抗永远处于嫉妒的挣扎之中，你或许会去排拒你的一切，排拒你的真实模样，你可能会说你不会去获取，你可能会说你打算只系一条缠腰布。然而，渴望变得良善，渴望去追求嫉妒的对立面，这种欲望依然处于时间的领域之内，依然处于嫉妒这一感受的范畴之内，因为你还是想要变得如何如何。但满足并非如此，满足要更富有创造性，要更为深刻。满足不是当你选择它的时候出现的，它不是以这种方式到来的。一旦你认识了自己的本来面目，认识了真正的自己，而不是你的应有面目，自然就能做到知足了。

你认为当你得到了自己想要的一切，便会感到满足了。你想要成为一个税务官或是最伟大的圣人，你觉得你将会满足于此。所以，你希望经由嫉妒的过程来达到满足，也就是说，你想通过一个错误的过程来达至正确的结果。满足并非如此，它是极富生命力的东西，它是一种富有创造性的状态，在它里面，你认识了事物的实相。假如你时时刻刻、日复一日去认识你的真实模样，假如你追求这个，假如你理解了这个，就会发现，由此你会感到一种非凡的广阔，会获得无限的觉知。意思便是说，如果我是贪婪的，我希望认识这个，而不是怎样变得不贪婪，那么，想要变得不贪婪，依然是一种贪婪。

我们的宗教结构、我们的思考方式、我们的社会生活，我们的一切，全都是建立在获取之上的，全都是基于一种嫉妒的体系。无数个世纪以来，我们都是这样被教育长大的。我们受着如此的限定，以至于我们的思考无法跳脱出"更好"、"更多"的层面。由于我们无法脱离这些层面去思考，因此我们把嫉妒变成了一种美德，我们不将它称作嫉妒，而是换了名称。但倘若你超越了语词的层面展开审视，就会懂得这种不同寻常的感觉是一种自我本位，是一种局限性的思想。

假如心灵为嫉妒、"我"所囿，假如它因为想要获得外物或美德而被束缚住，那么这样的心灵便永远不可能成为一个真正虔诚的心灵。虔诚之心是不会去进行比较的，虔诚之心会洞悉实相，认识它背后的全部涵义。这便是为什么说，重要的是去认识你自己，认识你的心智的运作，认识你的那些动机、意图、憧憬、欲望以及追逐的压力。正是这些东西导致了心灵的嫉妒、贪婪和比较。只有当你终结了这一切，才能真正认识"当下实相"。尔后，你将懂得什么是真正的宗教、什么是神。

问：真理是相对的还是绝对的？

克：首先，让我们透过表面的涵义来审视这个问题的重要性。我们渴望某种绝对的事物，不是吗？某种永恒的、确定的、不会改变的、永久的东西。人类渴望永恒的、不会衰败、不会终结的事物，如此一来心灵就可以去依附那永恒的观念或感觉了。抑或心灵寻求着绝对的、不会死亡、不会衰败的思想或感受。抑或心灵说道："是否存在着永恒的事物呢？"在我们能够理解该问题并予以正确的解答之前，必须首先认识这一切。

人类的心灵在一切事物当中寻求着永恒——在关系里，在我的父亲身上，在我的妻子那里，在我的丈夫那里，在我的财产里，在美德里——寻求着不会被毁灭的事物，于是我们声称神是永恒的，或者真理是绝对的。那么什么是真理呢？真理是非凡的、超越的、外在的、无法想象的、抽象的东西吗？又或者真理是你可以时时刻刻、日日夜夜去发现的事物呢？假如它能够通过你的经验被累积，那么它就不是真理，因为，存在于这种累积背后的依然是获取、贪婪的思想。真理是遥不可及的东西吗，只能通过深刻的冥想被发现吗？那么便会有获取的过程，与此同时还会有否定、牺牲的过程。

我们可以在每一个行为、每一个想法、每一种感觉中发现和理解真理，不管这些行为、念头和感觉是多么琐碎或短暂。我们可以审视、聆听真理——可以在丈夫或妻子的话语中，在园丁或者你的朋友的话语中抑或在你自己的想法里面发现它。探明你的思想的实相——因为你的想法可能是错误的，可能是有局限的——探明你的思想是局限的，这便是真理。发现你的念头是局限的，这就是真理。正是这种发现能够将你的心灵从局限中解放出来。如果我发现自己是贪婪的——发现这一点，而不是由你告诉我说我是贪婪的——那么这种发现便是真理，这一真理将会对我的贪婪发生作用。真理不是你可以去累积、储存的事物，你不可以将其作为指南去倚赖。假若你这么做的话，那么它就仅仅只是另外一种形式的占有。对于心灵来说，要做到不去获取、不去累积是非常困难的。一旦你认识到了这个，便会领悟到真理是何其非凡的事物了。真理是永恒的，因为，就在你捕捉到它的那一刻——就在你说："它是我的"、"我找到了它"、"它是这样的"，它便不再是真理了。

所以，真理是否是绝对的、永恒的，这得取决于心灵。因为，绝对的事物是无法改变的，当心灵声称："我渴望某种绝对的、永远不会衰败、不会死亡的事物"，这样的心灵渴望的是永恒，于是它便会制造出永恒。但倘若心灵意识到了外部以及自身内部所发生的一切并且洞悉了其中的真理，那么这样的心灵本身就是永恒。也唯有这样的心灵才能认识那超越了语词、超越了名称、超越了永恒和短暂的事物。

问：什么是外部的觉知？

克：你难道没有觉察到你正坐在这座礼堂里头吗？你难道没有觉察到树木与阳光吗？你难道没有听见乌鸦在呀呀地叫、鸟儿在啁啾、小狗在犬吠吗？你没有看见花朵的颜色、树叶的摆动还有那些行走着的路人吗？这便是外部的觉知。当你看到夕阳西下、夜幕上的点点繁星，当你看到飞鸟翱翔天际，看到水面上月影浮动,这一切便是外部的觉知,对吗？如果你能觉察到外部的事物，那么你同样也可以觉察到你的想法、感觉、动机、欲望、偏见、嫉妒、贪婪、骄傲，等等。你难道没有展开内部的觉知吗？内在的觉知会开始苏醒，通过反应，你会越来越有意识——对他人看法的反应，对你所读到的东西的反应。你对自己与他人的关系做出的反应或许是外部的，但这种反应却是源自于内在的焦虑和恐惧。外部的觉知与内部的觉知会让你获得对自身的完整认识。

问：什么是真正的、永久的幸福呢？

克：正如我某天所说的那样，当你意识到某个事物，意识到它是这样子的时候，会发生什么呢？让我换种方式来表述好了。你什么时候会有意识？你什么时候会觉察到事物呢？你何时会意识到你生病了，意识到你肚子痛呢？当你无病无灾、身体健康的时候，你是不会注意到你的身体的。只有当出现了疾病、矛盾、麻烦，你才会意识到。如果你身体强健，你会意识到它吗？只有当你感到疼痛的时候，才会意识到你有一具身体。当你真正能够自由地去思考，你是不会意识到思考的。只有在出现了矛盾、阻碍和局限的时候，你才会开始有所感觉，才会开始觉察到。幸福是你可以去意识到的东西吗？当你健康的时候，你会意识到你身体健康吗？当你快乐的时候，你会意识到自己的喜悦吗？只有在你不快乐的时候，才会渴望幸福，于是也就会生出如下的问题："什么是真正的、永久的幸福？"

你知道心智是如何捉弄人的。由于你不快乐、悲伤，由于你身处穷困的境地，诸如此类，所以你便渴望某种永恒的事物，渴望永久的幸福。那么这样的事物是否存在呢？不要去询问是否有永恒的幸福，而是应当去探明怎样才能摆脱那正在啃噬着你的疾病，怎样才能摆脱痛苦，不仅是生理上的，还有心理上的痛苦。一旦你拥有了自由，你就不会去询问究竟是否存在永恒的幸福抑或什么是幸福了。这就好像一个蹲监狱的人，他想要知道什么是自由，那些懒惰、愚蠢之辈会告诉他何谓自由。然而，对于一个身陷囹圄的囚徒来说，自由不过是一种想象罢了。假如他知道如何走出那座监狱，那么他就不会去询问什么是自由了，因为自由就在那里。同样的道理，探明我们为什么不幸福，难道不比询问什么是幸福更加重要吗？为什么我们的心灵如此的裹足不前？为什么我们的思想如此的局限、琐碎、偏狭？假如你能够认识这个，能够洞悉其中的真理，自由便会到来。而这种自由便是去探明有限的思想，这种探明就是真理，而真理又会带来自由。

问：人为什么会去渴望那些外物？

克：当你饥肠辘辘的时候，你难道不会渴望食物吗？你难道不想有衣服穿，不想有房子可以遮风挡雨吗？这些都是正常的欲望，不是吗？健康的人自然会怀有欲望，只有身患疾病的人才会说："我不想吃东西。"一个扭曲的心灵，要么拥有许多的房子，要么头上片瓦不存。

你的身体之所以会感到饥饿，是因为你耗了精力，所以它会渴望更多的食物，这是十分正常的。但倘若你说道："我必须拥有最可口的食物，必须拥有我所喜爱的食物，能让我的舌头感到愉悦的食物"，那么扭曲便开始了。我们所有人都得有食物、衣服和居所——不单单是那些富人，而是世上的每一个人。可如果这些必需品很有限，被人控制了，被少数人瓜分了，那么就会出现扭曲，就会出现违反自然的过程。在生理层面，我们必须得有食物、衣服、住所，不仅是你，还有那些村民。但如果你声称："我必须累积，我必须拥有一切"，那么你就会去剥夺他人的日常所需。然而你知道，这一切并不是这样简单，因为，我们除了日常生活的必需品之外还渴望其他的东西。我或许并不想要太多的衣服，我或许满足于很少的衣服、很小的房间，尽管你可能希望住在大房子里头，而不是蜗居在斗室中。但我渴望其他的东西——我想要成为一个知名人士，我想要拥有许多的钱财，我想要离神最近，我想要我的朋友们对我赞誉有加，我想要出名，我想要成为诗人，我想要有很多的钱，除了生理上的必需品之外，我还想要许多的东西。这些内心的欲望妨碍每一个人的外部的利益。这个问题有点儿困难，原因在于，这些心理的欲望，觉得"我是最富有的人"、"我是最有权势的人"、"我想要出人头地"，诸如此类，这些都依赖于外物，包括食物、衣服、居所。为了在心理上感到自己是富有的，于是我便去依赖这些东西，因此，只要我处于这种状态，那么我就不可能实现内心的富足,不可能拥有一颗彻底简单的心灵。

(在瓦拉纳西学校的第十四场演说,1952年12月25日)

知识和经验会毁灭创造力

或许你们有些人对我昨天就嫉妒发表的观点很感兴趣,我没有使用"记住"一词,因为,正如我所解释过的那样,记住词语或句子,只会让脑子变得愚钝、沉重、缓慢、昏昏欲睡,于是也就失去了创造力。记住事情只会带来破坏。尽管有现代教育,但重要的是我们年轻的时候应当去认知、理解,而不是去培养记忆,因为认知会带来解放,会带来批判性的分析。一旦你洞悉了事实,或许就能加以阐释了。然而,单纯去记住某些语句或观点,则会妨碍你去审视嫉妒这一事实。如果你认识了嫉妒——它潜伏在德行、慈善、宗教的背后,潜伏在你那想要成为伟人、圣人的欲望的背后——一旦你真正认识了它,就会发现你将挣脱嫉妒的罗网。

就像我所指出来的那样,真正重要的是去认知、理解,因为记忆是死的,或许便是导致我们走向衰退的主要因素之一,尤其是在这个充满了模仿和遵从的国家里。在这里,我们制造出了那些理想、英雄,于是图像、符号、语词也就逐渐留存了下来,语词留存了下来,它背后空无一物。现代教育尤其如此,因为现代教育仅仅只是让你为通过考试做好准备——也就是说,仅仅去记忆。这是没有创造力的,这不是认知,这不过是记住你在书本里头读到的内容,记住老师教给你的东西。于是,你终其一生渐渐培养起了记忆，而真正的认知却被毁灭了。请仔细聆听这一切，因为认识到这一点十分的重要。认知，而不是记忆，是富有创造力的，认知会带来解放，而不是去记住你储存下来的那些东西。认知不在将来，培养记忆会带给你有关将来的观念。但倘若你直接地认识了这个，倘若你格外清楚地洞悉了这一点，那么就不会再有任何问题存在，只有当我们没有清楚地洞悉时，才会出现问题。

正如我所阐明的那样，生活中重要的不是你知道些什么，你累积了些什么，你有多少知识或经验。真正重要的是去认识、洞悉事物的实相，直接地洞悉它们，因为觉知是直接的、即刻的。这便是为什么经验和知识会变成生活里一种衰退性的因素。在我们大多数人的眼里，经验是分外重要的，知识是分外重要的。可一旦你真正超越了语词，洞悉了知识、经验的意义，就会发现它是衰退的主要原因之一。这并不意味着它在生活的某些层面是不对的——知道怎样栽种树木，怎样去灌溉它，怎样去喂养鸡鸭，怎样用适宜的方式去养家糊口，怎样修建大桥。与科学有关的大量知识都是正确的、合理的，例如，我们应当知道如何操作发电机、发动机，这是对的。然而当知识仅仅只是记忆，那么它就会带来破坏，你会发现，经验同样也会变成一种破坏性的因素，因为经验会导致记忆。

我不知道你是否曾经留意过某些成年人是如何像官员一样官僚化地思考问题的。他们是老师，他们的唯一职能便是为人师，而不是与生活一同脉动的人。他们知道某些语法的规则，抑或是数学、历史，由于他们的记忆，他们的经验、这种知识正在毁灭他们。生活不是你可以从他人那里学习到的东西，生活是你要去聆听，去时时刻刻认识的事物，同时你不能去累积经验。因为，毕竟，当你有了经验，当你说道："我拥有许多的经验"，当你说："我知道那些词语的涵义"，你拥有的是什么呢？记忆，对吗？你有了某些经验，你知道怎样去管理一间办公室，怎样修建大楼或桥梁,依照它们,你有了更多的经验。于是,你培养起了经验,而这种经验便是记忆,你带着这种记忆去迎接生活。

生活就像河流——奔涌、流动、易变、永不停息。你背负着记忆、经验的重负去迎接生活,因此你自然无法接触生活。你只是在迎接你自己的经验,而经验会强化你的知识,结果知识跟经验渐渐成为了生活里最具破坏性的因素。

我希望你能深刻地认识到这一点,因为我所说的都是事实,如果你明白了这个,就能适当地运用知识了。但倘若你仅仅去累积知识和经验,将其作为认识生活的手段,作为强化你在世上的地位的手段,那么它就会带来最大的破坏,就会毁灭你的创造力。在这个世界上,尤其是在这儿,我们大部分人都背负着权威、他人的看法、《薄伽梵歌》或是那些理念,以至于我们的生活变得如此麻木、迟钝。然而这些全都是记忆,它们不是被认知的事物,不是鲜活的东西。背负着这些记忆是无法迎来任何新事物的,生活是常新的,而我们无法去认识它,结果生活就变成了一件繁重、难以承受的事情了。我们没精打采,我们在智力和身体上都走向了肥胖和丑陋,认识到这个格外的重要。

所谓简单,便是心灵摆脱了经验和记忆。我们以为简单便是节衣缩食,我们以为简单的生活便是拥有很少的外物。这或许没错,但真正的简单则是挣脱知识的羁绊,不去记住那些知识,抑或不去积累经验。你难道不曾注意过那些拥有很少的东西、那些声称自己十分简单的人吗?尽管他们或许只在身上系一条缠腰布、拄着拐杖,可他们满脑子都是理念。你有听过他们说话吗?他们的内心十分复杂,总是在与他们自己制造出来的念头和信仰交战着,他们怀有许多的信仰,在心理层面,他们分外复杂,他们并不简单。他们脑子满是书本、观念、教义、恐惧,然而在外部,他们却只有一根拐杖、几件衣服。真正简单的生活,是指意识彻底空无,心灵率真,不去累积知识,不怀有任何的信仰、教义,不恐惧权威。只有当你真正认识了每一个经验，才能做到这种简单。假如你懂得了某个经历，那么这种经历便结束了，但由于我们并没有认识它，由于我们记住了它的痛苦或欢愉，所以我们从不曾实现过内心的简单。因此，怀有宗教倾向的人便会去追逐那些可以带来外部简单的东西，然而在内心深处他们却是混乱的、困惑的，背负着无数的憧憬、欲望、知识，他们害怕生活、害怕体验。

当你审视这一切，就会发现，嫉妒是一种根深蒂固的记忆。它是一种具有极大破坏力的因素，会带来严重的衰退，经验也是一样。一个满是经验的人不是睿智的，请仔细聆听，一个有经验并且依附于它的人，不是聪明的人，他就像那些读书、从书本累积信息的学生一样，这样的人不是智慧的。聪明之士是率真的，从心理上挣脱了经验的制约，这样的人拥有简单的心灵，尽管他可能在尘世应有尽有抑或拥有很少的东西。

问：智慧是否能塑造个性？

克：你所说的"个性"指的是什么？请仔细聆听正在谈论的所有内容，包括问题和回答。

我们所谓的"个性"是指什么意思？我们所谓的"智慧"又是指什么？让我们来探明我们所说的这两个词语究竟意指为何吧。每一个来自新德里的政客抑或你自己当地那些敲击桌子、发表滔滔不绝演讲的传教士，都在使用着诸如"个性"、"理想"、"智慧"、"宗教"、"神"等词语。我们全神贯注地聆听着这些词语，因为它们似乎格外的重要，我们依赖词语过活，使用的词语越是高雅，我们就越感到满意。所以，让我们探究一下我们所谓的"智慧"和"个性"指的是什么意思吧。不要说我没有给你确切的回答，寻求解答是头脑的一个小把戏，它意味着你实际上并不想去认知，而只是希望明白词语的表面涵义罢了。

什么是智慧呢？假如一个人恐惧、焦虑、嫉妒、贪婪，假如他的脑子只知道复制与模仿，塞满了他人的经验和知识，假如他的思想受着社会与环境的局限和定型——这样的人会是睿智的吗？答案显然是否定的，对吗？一个深感恐惧、缺乏智慧的人能够拥有个性？个性是某种具有独创性的事物，而非仅仅去重复传统的"做"与"不做"。个性是值得尊敬的东西吗？你是否理解"可敬"一词的涵义呢？受到大多数人的尊敬，被你周围的人尊敬。那么，你的家人、大众尊敬的东西又是什么呢？他们尊敬那些他们希望去保护的东西，他们所渴望的东西，尊敬那些被他们视为目标或理想的东西，那些相比之下要高于他们自身状态的东西。也就是说，你之所以受人敬重，之所以享有体面、名望，是因为你拥有金钱、权势抑或是个大人物，因为你在政治舞台上享有盛名，因为你撰写过书籍，于是你就会受到大多数人的尊敬。你的谈话或许是一派胡言，可是当你讲话的时候，人们会说你是个大人物。就像你对人们的了解那样，当你赢得了众人的尊敬，那么他们的追随、效仿会让你觉得自己是可敬的，这种感觉便是"安全"。罪人要比那些可敬的、有名望的体面人士更加接近神，因为后者披着伪善的外衣。

模仿能塑造个性吗？因害怕他人的言论而畏首畏尾，能够塑造出个性吗？仅仅去强化自己那些怀有偏见的倾向，会带来个性吗？遵从印度、欧洲或美国的传统，会带来个性吗？这便是通常所说的具有个性、能力——成为一个强有力的人，受人尊敬。然而，当你感到恐惧的时候，你会拥有智慧吗，会拥有个性吗？当你去模仿、遵从、崇拜，当你怀有那些你想去效仿的理想，这条道路会让你成为可敬的、体面的人，但是却不会带你走向觉知。一个心怀理想的人是值得尊敬的，可他永远无法接近神，永远无法懂得什么是爱。理想只是一种手段，用来掩盖他的恐惧、模仿和孤独。

因此，倘若没有认识你自己——你是怎样思考的，你是否在复制，是否在模仿，是否感到恐惧，是否心怀嫉妒，是否在寻求着权力——倘若没有认识你身上发生的这一切，即你的心智，那么你便不可能拥有智慧。正是智慧创造出了个性，而不是英雄崇拜，不是理想，不是图景。认识自我，认识那个格外复杂的自我，将会开启智慧的大门，而智慧又会带来个性。

问：为什么当一个人被他人注意时会感到不安呢？

克： 当有人看着你，你会觉得紧张吗？当某个被你视为下等的人，比如仆人、村民看着你的时候，你会感到紧张吗？你甚至不知道他在看着你，你就只是从他身边经过，你甚至不知道他在那里，你不会对他投以丝毫的关注。可当你的父亲、你的母亲、你的女儿看着你的时候，你就会感觉不安，因为你认为他们要比你知道的更多，他们可能会发现与你有关的某些事情，于是你不安。如果你爬到了更好的位置，如果政府官员、牧师或某个人注视你，你则会开心不已，你希望从他身上有所得，比如一份工作或是某种奖赏。但倘若一个并不想要从你那里获得任何东西的人，一个对你漠不关心的人盯着你看——既不想得到你的恭维，也不想被你侮辱——那么你就会希望弄清楚他为什么要看你。你不应当紧张，然而你应该去探明当这样一个人注视你的时候你的内心会发生什么，因为表情代表了很多东西，因为一丝笑容也含有某种意味。

你知道，不幸的是，你们大部分人都对这一切毫无觉知。你从来不曾留意过乞丐，你从来不曾留意过背负重物的农民或是飞过的鹦鹉。你如此忙于你自己的那些悲伤、憧憬、恐惧、例行公事，以至于你从来没有去觉知生活里的这些东西，所以当有人看着你的时候，你便会焦虑不安。

问：我们难道无法培养理解力吗？理解是否是一种体验呢？当我们不断地试图去理解，这难道不就意味着说我们想要体验理解吗？

克：理解是可以被培养出来的吗？它是能够被实践的东西吗？你打网球、你弹钢琴或者唱歌跳舞，你一遍又一遍地阅读某本书，直到彻底熟悉了该书的内容。那么，理解也是同样可以被实践的东西吗？——即重复，实际上也就是培养记忆。假如我始终都可以记住的话，那么这是理解吗？理解难道不是时时刻刻发生、无法被实践的事物吗？

你什么时候会实现理解呢？当理解到来，你的心灵与头脑处于何种状态？当我说经验以及关于经验的记忆会带来破坏，是一种衰退性的因素，当你听到这个的时候，你的头脑会处于什么样的状态呢？当你听到我说嫉妒会带来毁灭，嫉妒是破坏关系的主要因素，你对此会作何反应呢？你会发生什么？你是否会说："这百分百正确，我懂了。"还是会说："如果我心怀嫉妒会发生什么呢？"——也就是加以阐释。当你听到了有关嫉妒的真理，你会立即洞悉其中的实相吗？抑或你会开始对其展开思考、谈论、讨论、分析，明白它的全部涵义，尔后看一看你是否能够摆脱嫉妒的束缚？理解是否是一种阐释、分析的渐进化的过程呢？当你听到关于某个事物的真理——比如"嫉妒会带来破坏"——你会马上明白它的确是如此吗？你懂了没有？

理解力能够被培养起来吗，就像你的园丁栽种果实或花朵那样？你可以培养理解力吗？这实际上是指洞悉事物，没有任何语词的障碍，不怀有任何偏见或动机，直接地领悟事物。

问：每个人都具有相同的理解力吗？

克：假设事物呈现在了你的面前，没有丝毫的障碍，那么你便会非常迅速地、直接地洞悉关于它的真理。我有许多的障碍和成见，我心怀嫉妒，我的内心因为嫉妒而被啃啮着，我满脑子都是有关自己如何重要的念头。你的内心没有充斥着自身的重要性，所以你能够马上领悟。你急切地想要去探明，可是我在生活里干了许多事情，我并不渴望去认知。你没有任何障碍，于是你可以立即洞悉。我不想去查明，所以我也就未能实现理解。

问：我可以通过不断质疑来消除这些障碍。

克：不，我能做的唯有消除障碍，而不是努力去认知。

你听见某个人说嫉妒是有害的，你聆听并理解了其中的涵义和重要性，于是你说道："是的。"尔后你便摆脱了嫉妒、忌恨的感觉。

我并不希望洞悉，原因是，若我聆听了关于它的真理，那么它将会摧毁我整个的生活结构。那么我要怎么办呢？我要去移除结构还是障碍呢？当我真正认识到了没有障碍的重要性——这意味着我必须觉察到这些障碍——才可以将其移除。

问：我感觉到了必要性。

克：你什么时候会有如此感觉呢？你之所以要去移除这些障碍，是出于环境的因素呢，还是因为有人告诉你应该如此？抑或，当你自己从内心领悟到怀有各种障碍将会让心智渐渐走向衰退——也就是说，当你自己懂得了消除障碍的重要性——你会去消除它们吗？你什么时候会认识到这个呢？在你遭受痛苦的时候吗？然而，痛苦并不会必然唤醒你去排除障碍，相反，痛苦助推你去制造更多的障碍。当你自己开始去聆听、去探明，你才能移除障碍。移除障碍是没有任何理由的，既没有外部的理由，也没有内部的理由，一旦你制造出一个理由来，你便并没有移除障碍。所以，最伟大的奇迹和神恩，便是让你的内心有机会去清除障碍。可是你知道，当我们渴望去移除障碍时，当我们着手去消除它的时候，当我们声称必须要去消除它的时候，这一切都是心智的运作，而心智是无法清除障碍的。任何仪式、任何强迫、任何恐惧，都无法消除障碍。可一旦你意识到没有东西能够消除障碍，意识到你所做的任何尝试都无法将其消除，那么心智就会变得格外的安静，而在这种静寂里，你将发现真理。

（在瓦拉纳西学校的第十五场演说，1952年12月26日）

不要为语词所困

你或许记得我们一直都在谈论那些让人类的生活走向衰退的因素。我们认为，恐惧便是导致这种衰退的一个根本原因，我们还指出，任何形式的遵从权威，无论是自我施加的还是外部确立的权威，都会破坏创造力。我们一直都在说，任何形式的模仿、复制、遵从，都会有害于创造力，都会妨碍我们去发现真理。我们主张，真理不是可以被寻求到的东西，而是必须要去发现的事物，你无法通过任何书本、任何累积的经验寻觅到真理。正如我们某天所讨论的那样，经验本身会变成一种记忆，而记忆将会破坏那富有创造力的认知。任何形式的恶意、嫉妒，不管它是多么的渺小——这实际上是一种比较性的思考方式——都有害于这种富有创造力的生活。如果生活丧失了创造力，就不会有幸福。幸福不是可以被购买到的东西，不是当你去寻求它、追逐它就会出现的东西。只有当一切冲突消失，幸福才会到来。我们不单要聆听这几天上午我们所展开的讨论，而且还要真正凭借你自己的力量去探明——不仅是在你年轻的时候，而且还有当你逐渐长大成人的时候,这是分外重要的,难道不是吗?

可是在我们展开探究之前,难道不应当趁自己尚在学校念书的当儿努力去领悟词语的涵义吗?对我们大多数人来讲,符号已经成为了一种会带来巨大破坏的事物了,但我们却并没有意识到这个。你知道我所说的"符号"是什么意思吗?真理的影子,阴影便是关于真理的符号。唱片不是真正的声音,但声音、声响被刻在了它上面,而你则去聆听。图像也是符号,它是关于原来那一事物的影像。语词、符号、图像,对图像的崇拜,对符号的尊敬,赋予词语涵义——这一切全都是有害的。因为,尔后,语词、符号、图像会变成最为重要的东西,那些庙宇、佛塔、教堂就是这样成为非常重要的组织的。符号、形象、观念、教义,使得心灵无法超越,无法发现什么是真理。所以,不要为语词、符号所困,这些东西会自动培养起习惯。当你想要实现创造性的思考,习惯会是最大的破坏性的因素,习惯就是以这样的方式出现的。或许你并不理解我的观点的全部涵义,但倘若你去思考一下,就能明白。你自己偶尔出外散散步,思索一下这些问题,弄明白"生活"、"神"这类词语究竟指的是什么意思,还有像"责任"、"合作"这类我们很随意便去使用的词语究竟意指为何。

"责任"一词是什么意思呢?对什么负有责任?——对年长的人负有义务,对传统的观念负有责任,为了你的父母、你的国家、你的神去牺牲自己吗?对我们来说,"责任"一词分外的重要,它被赋予了许多的涵义,而这些涵义又被强加在了我们身上。凭借你自己的力量探明什么是真理——不是你渴望什么,不是你喜欢什么,不是什么让你快乐,什么给你痛苦——这要比对某个事物负有责任来得重要得多——对你的国家、你的神灵、你的邻居负有责任。然而,"责任"一词对于探明何谓真理毫无意义,原因是,父母或社会把它作为一种手段,以便让你去符合他们的特性、他们的思想习惯、他们的喜好、他们的安全。因此,你应当凭借自己的力量去探明，花费时间，保持耐心，展开分析，加以探究，不要去接受、认可"责任"一词，因为，只要有责任，就不会有爱。

"合作"一词也是同样。政府希望你们与其合作。同某个事物合作，并非实相。当你去复制的时候，你不过是在模仿罢了。一旦你认识了、领悟了关于某个事物的真理，你便会与之共存，它将会是你的一部分。展开觉知分外重要，认识所有束缚你思想的语词、符号、形象十分的必要。认识它们，看一看你是否能够超越它们，这是至关重要的，如此一来你的生活就将富有创造力，不再有任何的破碎与瓦解。你知道，我们使用"责任"一词来杀死自己，责任——对国家的责任、对父母的义务、对各种关系的职责——牺牲了你，它让你出去斗争、杀人，让你变成残废，因为那些政客、领袖声称保家卫国是你的职责所在，消灭其他人是你对你的团体负有的责任。于是，为了你的国家去杀戮他人便成为了你的责任的一部分，你渐渐被军国主义的思想洗脑了，这种思想让你去服从，让你接受了身体上的训练。但是在内心，你的心灵遭到了毁灭，因为你在模仿、遵从、仿效，结果你渐渐沦为了那些年长者、政客、宣传家的工具。于是你逐渐学会去杀戮，为了保卫你的国家，你接受了杀戮的行为，认为它是不可避免的，因为有人这样主张。谁主张的无关紧要，你应当凭借自己的力量展开审慎的思索。

杀戮显然是生活中最具有破坏性、最为堕落的行为，尤其是杀死其他的人类。原因是，当你去杀戮的时候，你的心中满是仇恨，你在他人那里制造出了敌对。你可以因为一句话、一个行为去杀戮，然而，杀死他人从来不会解决我们的任何问题，战争从来不曾让我们任何一个经济的、社会的、人际关系的问题得到解决。可是全世界永远都在备战，因为他们有许多理由要去杀戮人类。但是请不要被这些冠冕堂皇的理由裹挟而去，因为，你可能有某个理由，而我则有另外的理由，你的理由或许比我的更加强大。然而，没有哪一个理由是必需的。首先，探明其中的真理，懂得不去杀戮是何等的必要。谁说的不重要，不管这个人是最高的权威还是一介草民。从内心探明那些普遍原则的真理，一旦你在内心对这一切清楚明了了，便能得出理由。但不要从理由开始着手，因为每个理由都可以遭到驳斥，每个理由都可以有一个相反的理由，而你则会被困在其中。应该凭借你自己的力量懂得什么是真理，尔后你便可以使用理由了。当你依靠自己的力量认识到什么是真理，当你懂得杀戮他人并不是爱，当你的内心领悟了"不应该怀有任何敌意"这句话的真意，当你真正在内心领悟了其中的真理，那么再多的理由也无法将其摧毁了。没有哪个政客、神职人员、父母可以为了某个理念或为了他们的安全而去牺牲你。

老一代人总是牺牲年轻人，而轮到你的时候，待你长大成人，你便会去牺牲年轻人。但你必须阻止这一切，因为这是最具有破坏性的生活方式，也是导致人类走向衰退的最大因素之一。为了阻止这种衰退，为了终结这一切，你必须凭借自己的力量探明真理。作为个体的你，从属于任何团体、组织的你，应该领悟如下真理：不去杀戮，心中怀有爱，认识到不应该有任何敌意。尔后，多少话语、多少理由都无法说服你了。所以，在你年轻的时候，尤其是身处这样的学校之中，你应当对这些问题展开思索，以便为发现真理奠定基础，这是十分重要的。

我们要从这所学校有所收获，尽管它距离应有的状态还差一点。你我、作为老师和学生的你们、我们大家一起要从中有所收获，我们要建立一所这样的学校——在这里，你被教授的不仅仅只是单纯的信息，而且还要去发现真理——如此一来，当你长大成人，终其一生你都会懂得怎样凭借自己的力量去探明，不会怀有任何的权威，不会去遵从，而这便是实相。否则你将变成带来破坏和衰退的因素之一，不会再有比这更为严重的堕落了。请仔细聆听这一切。假如现在就奠定了正确的基础，那么当你长大成人之后，你就会知道如何去行动了。

问：创造的目的是什么？

克：你真的对这个问题感兴趣吗？你所谓的"创造"指的是什么？生活的目的何在？我们所说的"活着"意指为何？你为什么要活着，为什么要去读书、学习、通过各类考试？各种关系，比如你同父母、配偶、子女的关系，其目的何在？什么是生活？你就是你所指的涵义吗？创造有什么作用？你什么时候会询问这样一个问题呢？当你没有清楚地洞悉，当你感到困惑，当你身处黑暗，当你十分盲目，当你没有实现认知，当你没有凭借自己的力量去认识这一切，你就会想要知道生活的目的是什么。当你的内心没有达至澄明，当你遭遇不幸和痛苦，你就会询问："生命的意义何在？"

许多人都会告诉你生活的目的是什么，他们会告诉你宗教典籍上就这一问题所做的主张，那些聪慧之士将会继续发明出各种生活的目的，政治团体会有一种目的，宗教组织则会有另一种目的，诸如此类。那么，当你自身都混乱不清的时候，生命的意义会是什么呢？当我感到困惑、混乱，我便会向你提出这个问题："人为什么活着？"由于我希望经由这种混乱得到某个答案，因此我会找到一个答案。可当我自己都身处混乱之境的时候，我怎么可能寻找到正确的解答呢？你明白没有？若我是混乱的，我就只能得到一个同样混乱的答案。假如我的心灵是困惑的，假如我的心灵处于不安的状态，假如我的心灵不是美丽的、宁静的，那么，无论我得到的是怎样的答案，都会是源于混乱、困惑、焦虑和恐惧，结果答案也就会是扭曲的。所以，重要的并不是去询问："生活的意义是什么"，而是要去清除你内心的混乱。这就好像一个盲人询问"光是什么？"一样，如果我试图告诉他什么是光，那么他的聆听便是建立在他的失明和黑暗之上，但假设他能够看见，他就永远不会去询问"什么是光"这样的问题了，因为光就在那里。

同样的，只要你能够澄清内心的混乱，就将探明生活的目的是什么，你将不必去询问，不必去找寻。你唯一要做的，便是摆脱那些带来混乱的因素。导致混乱的原因很清楚，它们就深植在那个因为嫉妒、仇恨、模仿而不断想要膨胀自己的"我"的身上，其表现便是忌恨、贪婪、恐惧以及渴望去效仿，等等。只要你的内心是这样子的，你便会处于混乱的状态，你便会始终从外部寻求答案。只有当混乱被清除的时候，你才会懂得生命的意义何在。

问：什么是"业"？

克：你们全都对这个问题感兴趣吗？你为什么要询问这样的一个问题呢？尽管这是一个我们很少会去使用的词，但它却会让我们的思想困于其中。穷苦人会说："这是我的命，这是我的因果报应。"他不得不去接受这种关于生命的理论，他不得不去接受不幸、饥饿、肮脏、悲惨。他之所以不得不去接受这些，是因为他没有能力，因为他没有足够的食物，因为他无法去冲破这一切，无法带来一场革命。于是他不得不去接受生命里的一切，于是他说道："我命该如此。"那些政客、那些大人物鼓励他去接受生命里的悲惨、不幸、肮脏和饥饿。你并不想反抗这一切，不是吗？当你只给穷人杯水车薪而你自己却拥有许多东西的时候，会发生什么呢？于是你渐渐发明出了"业"这个词语，被动地去接受生活里的所有不幸。如果一个人处于社会的上层，有所成就，继承了许多财产，受过教育，应有尽有，那么他则会说："我命该如此，我前世积德，由于因果报应，今生我得到了奖赏。"他希望各方面都居于人上，希望拥有许多的房子，希望拥有权力、地位以及各种腐化的手段。认命，这就是业吗？你懂了没有？业、因果，便是抱着接受命里的一切的心态吗？——许多老师以及你自己都怀有这样的心态——没有一丝革命的火焰，只是准备去接受、去服从。所以，你发现，由于我们不积极、不主动，结果词语就这样轻易地成为了一张将我们困于其中的罗网。

然而,"业"这个词语里面蕴含有更大的意义,我们必须去认识它,但不应当将其视为一种理论。假如你说:"《薄伽梵歌》就是这么写的",那么你就无法认识它。你知道,一个做着比较的心灵是最为愚蠢的,因为它没有去思考,它说道:"我已经读过了那本书,你的观点跟那本书很像。"当你有这样的心智,这便意味着你已经停止了思考,已经没有去探究、探明什么是真理,没有做到不去管书本或上师是怎么说的。一旦你去比较,你的心灵难道不就停止了思考吗,难道不就停下了发现真理的脚步吗?当你阅读莎士比亚或佛陀的著作,抑或当你聆听你的上师时,假设你去对他们进行比较,那么你的心灵会发生什么呢?你的心灵没有在探明,没有在发现,没有抛开那些权威去展开探究。所以,重要的是去探明而非比较。正如我曾经向你们指出来的那样,比较便是权威、模仿、不假思索。不去醒悟,不去发现真理,这正是我们心灵的特征。你说道:"这个观点佛陀已经说过了,就是这样子的。"你以为,由此你便将自己的那些问题给解决了。但若想发现某个事物的真理,你就得处于积极、能动、富有活力的状态,就得依靠自己的力量。如果你从比较的层面去思考的话,就无法做到自立。请仔细聆听这一切。若你不去依靠自己,那么你就会丧失展开探究、探明何谓真理的全部能力。自立会带来自由,在这种自由的状态,你将能够去发现,而当你做着比较的时候,则会将这种自由挡在门外。

因此,有关业的问题实际上相当的复杂,我不知道我们是否应当在这里展开探究,或许这不是个对的地方。因为,我们不打算着手老一代人的问题以及他们那格外复杂的心灵,我们在这里要去应对的是年轻人在与老师、父母、社会的关系中所遭遇的问题。

问:尊敬里面究竟是否包含有恐惧呢?

克：当你对你的老师、父母、上师表现出尊敬而对你的仆人傲慢无礼的时候，你会做何看法？你对那些小人物冷漠视之，而对那些位高权重的人，比如长官、政客和大人物阿谀奉承，这里面难道没有恐惧吗？原因是，你希望从那些大人物身上得到些什么，希望从老师、主考官、教授、父母、政客或银行家那里获得好处。可那些穷苦人能够给你什么呢？所以你对他们毫不理会，所以你轻视他们，当他们从你身边经过的时候，你甚至都不知道，你甚至不会去看他们一眼，你甚至不知道他们在寒风中冻得瑟瑟发抖，他们又脏又饿。但是你却对那些有权有势的人毕恭毕敬，目的是想从他们身上得到好处，所以这里面难道不是明显存在着恐惧吗？这里面丝毫没有爱存在，假如你心中有爱的话，你会尊敬那些一无所有的人，就像你尊敬那些应有尽有的人一样。尔后，你不会害怕那些有权有势的人，也不会漠视那些无权无势的人。因此，从这种意义上来说，尊敬的确源于恐惧。爱则不是因为恐惧，爱里面没有恐惧。

（在瓦拉纳西学校的第十六场演说，1952 年 12 月 28 日）

宁静无法通过努力获得

我们一直都在试图指明在我们的生活、行为和想法当中那些会导致人类衰退的因素。我们认为，冲突便是带来衰退的主要原因之一。宁静不也是一种破坏性的因素吗，就像通常理解的那样？宁静可以由心智带来吗？假如我们心智宁静，这难道不也会走向腐化、衰退吗？若我们不处于高度觉知的状态，那么我们将会掩起那扇看世界的窗户，它的视野会变得很小，可唯有通过这扇窗户我们才能看到世界，才能实现认知。我们可以把"宁静"变成如此狭隘的词语，以至于我们只会看见天空的一角而非全部。只有当我们能够感知到天空全部的广阔、巨大和壮丽，唯有这时，才会拥有宁静——不是通过单纯地追求宁静，这势必是一种思想的过程。或许认识这个有点儿困难，我将努力讲得浅显易懂一些。

我觉得，只要我们能够认识到这一点，只要我们懂得何谓宁静，那么或许我们就可以理解爱的真正涵义了。我们以为宁静是通过心智、通过理性得来的东西，可是，任何思想的控制、支配能够带来宁静吗？我们全都渴望安宁，对我们大多数人来讲，宁静意味着独处，不受干扰，用各种观念在我们自己的心智周围修筑起一道高墙。这在你们的生活中是分外重要的，因为，随着年岁的增长，你将面对战争与和平的问题。安宁是可以寻求到的东西吗，是可以被心智获得与驯服的东西吗？对我们大部分人来说，安宁意味着缓慢的衰老，不管我们是什么样子的人，停滞都会到来。我们以为，通过依附某种观念、通过修建起安全、观念、习性、信仰的高墙、通过追逐某个原则、倾向、幻想、愿望，我们就可以获得安宁了。这就是我们大多数人所渴望的，不是去付出努力，而是不费任何努力活在某种停滞的状态里。当我们发现自己无法拥有这种宁静的时候，就会付出巨大的努力去得到它，就会在世界上寻觅到某个角落，或者在我们内心寻觅到某个角落，在那里，我们可以缓慢爬行，活在自我封闭的黑暗之中。我们大多数人在与丈夫、妻子、父母、朋友的关系里面所渴望的便是这个。我们无意识中不惜任何代价渴求着安宁，于是我们便去追逐它。

那么心智能否寻觅到宁静呢？心智本身难道不就是干扰的来源吗？心智只会去累积、拒绝、断言、记忆、追逐。宁静——它之所以如此重要，原因在于，如果没有宁静，你便无法生活，无法去创造——是通过努力、通过拒绝、通过牺牲就可以实现的事物吗？你是否明白我所说的内容？随着年纪的长大，除非我们格外聪明和警觉，否则，尽管我们可能在年少的时候怀有过不满的火焰，但这种不满将会被疏导，变成某种形式对于生活心平气和的顺从。心智始终都希望去制造某个隐蔽的习惯、信仰、欲望，它可以生活其中，与世界和平相处。但心智无法找到宁静，因为它只会从时间的层面去思考——作为过去、现在、将来的时间，曾经如何，现在如何，未来如何——只会去谴责、评判、衡量、追逐自身的虚荣、习惯、信仰。心智永远无法获得安宁，虽然它可以蒙蔽自己进入到某种宁静的状态，但这并不是宁静。它可以通过词语、通过反复念诵某些句子，通过仅仅去追随他人，通过知识来麻醉自己，可这样的心智并不是安宁的，因为它本身就是吸引的中心，心智就其本质来说便是时间的要素。所以，你用来思考、权衡、发明、比较的心智，这样的心智是无法获得宁静的。

宁静并非源于理性，可是当你观察那些组织化的宗教，你会发现，它们都被困在追逐心智的宁静之中。然而，宁静是跟战争一样具有活力和破坏性的东西，要想获得宁静，一个人就得认识美。这就是为什么说当我们年少的时候重要的是去领悟身边的美——建筑物的美、比例适当的美、真正的欣赏、洁净的美、年长者安静交谈的美——如此一来，一旦我们领悟了何谓美，就将懂得什么是爱以及为什么心灵的美丽就在于心灵的宁静。

宁静属于心灵，不属于头脑。因此你必须弄清楚什么是美。你说话的方式分外重要，因为你将通过你所使用的词语、你做的手势、你心灵的高贵优雅去探明。原因在于，美是无法被否定的事物，无法用言语解释的事物。一旦心智迈入了静寂，就可以呼唤美、认识美了。

所以，在你年轻的时候，在你富有感受力的时候，你以及那些对年轻人、对学生负有责任的人们应该去创造出美的氛围。你穿衣打扮的方式、你的坐姿、你的言谈举止、你就餐的方式、你身上的一切都是格外重要的。原因是，当你长大成人，你将遇到生活里所有丑陋的东西——难看的建筑、丑陋的人、歹意、嫉妒、野心、残忍——假如你的心灵里面没有感受到那植根在你身上的美，那么你很容易就会随波逐流，尔后你将终日努力去获得心智的宁静，将会被困于其中。心智制造出了何谓宁静的观念，然后努力去追逐它，最后被困在词语、想象、幻觉的罗网中。

因此，只有当你懂得了什么是爱，才能获得静寂。原因在于，假如你只是因为经济安全或其他安全获得了宁静——通过金钱抑或通过某些教义、仪式、反复念诵语句——那么你便不会有任何的创造力，不会迫切地想要给世界带来根本性的变革。因为，尔后，宁静只会走向满足与顺从。可一旦你认识到了那种蕴含有爱和美的宁静，认识了它的非凡和奇妙，你就会获得宁静——这种宁静不是心智可以认识的。正是这种宁静会带来生机与活力，会让一个人内心变得秩序井然，清除那些混乱和困惑。但这不是通过任何努力得来的。当你不断地去观察，当你对美的丑的、好的坏的、对生活的所有起起伏伏都能具有感受力，便会获得这种静寂。因为，宁静是极为广阔的事物，而不是琐碎的、渺小的，不是由头脑制造出来的。只有当心灵是充实的，才能迈入静寂。

问：我们为什么会在那些高自己一等的人面前感到卑微呢？

克：谁是高你一等的人？你认为谁是高你一等的人呢？那些知识渊博的人吗？那些拥有头衔、地位的人吗？或者那些你希望从他的身上得到奖赏、职位的人吗，你对他有所求的人吗？你会把谁视为高等人呢？在你把某个人看做高你一等的时候，你难道不就把其他人看做比你低一等了吗？

我们为什么会有这种高等与低等的划分呢？只有当我们有所渴求的时候，才会有此界分。我可能不如你聪慧，我可能拥有的东西没你多，我可能内心不像你那么快乐，抑或我对你有所求，所以我便觉得自己低你一等。你或许更加睿智，你或许更加聪明，你或许拥有天赋异禀，而我可能并不拥有。然而当我试图去模仿你，当我想要从你那里有所得，我马上就会变成比你低一等的人，因为我把你放到了一个高高在上的宝座，我赋予了你某种价值。结果，我制造出了高等人和低等人，我在心理上制造出了拥有者与贫乏者之间的这种差别。

难道无法带来一个没有贫富之分的世界吗？你明白这个问题没有？也就是说，世界被划分为了两个阵营：一边是那些富人、有权势有地位的人、应有尽有的人，另一边则是贫苦卑微的人。在这个世界上，人与人在能力上是极为不平等的——有的人会发明直升机，有的人则只会犁地耕田。人和人能力上有着巨大的差异——智力上的、言语上的、身体上的。我们赋予了某些职业不同寻常的价值跟意义，我们认为总督、首相、发明家、科学家是分外重要的工作，我们赋予了这些职业极大的重要性，于是职业也就代表了身份和地位。只要我们把地位赋予了某种职业，就必然会导致这种不平等，以至于有能力的人跟没能力的人之间的差异变得无法跨越了。但倘若我们能够让职业跟身份脱钩——正是身份赋予了职业地位、名望、权力、金钱、财富、愉悦——就可以带来一种平等的意识。即便如此，假如没有爱存在，那么依然无法实现平等，正是爱能够消灭不平等的意识，消灭所谓的低等和高等。

你知道，世界上发生的情形是：由于看到了这道横在有能力者与没能力者之间的鸿沟，于是那些政客和经济学家们便试图通过经济和社会的改革来解决这一问题。他们的做法或许是正确的，但只要我们心中没有爱，只要我们没有认识这种敌对、妒忌、歹意的整个过程，就无法迎来真正的革新。唯有当我们心中有爱，才能实现变革。

问：当我们同环境对抗的时候，我们的生活能够拥有宁静吗？

克：我们所说的环境是指什么？何谓环境？我们认为环境便是社

会——即我们所处的经济、宗教、民族和阶级的环境以及气候风土。我们要么努力去适应它，要么想要逃避它。作为个体，我们大部分人都在努力去适应环境，都在努力调整自己去融入环境。我们希望从中得到一份工作，希望能够得到这个社会的全部好处，因此我们努力去融入社会或者让自己去适应它。那么社会是由什么组成的呢？你可曾思考过这个问题？你可曾审视过这个你生活其间的社会，这个你试图让自己去适应的社会呢？这个社会是建立在你所谓的宗教之上的，是建立在一系列的传统以及某些经济价值之上的，对吗？你是这个社会的一部分，你正努力让自己融入其中。你可以活在一个基于攫取的社会吗，你可以活在一个源于嫉妒、恐惧、贪婪、占有欲，只是偶尔才会闪现出一丝爱的火光的社会里吗？你可以吗？假如你试图成为一个睿智、无惧、不怀贪念的人，那么你能够让自己去适应这样一个社会吗？所以，为什么要与这样的社会共存呢？

你必须创造一个你自己的新的社会——这意味着，你必须从占有、嫉妒和贪婪中解放出来，必须挣脱民族主义、爱国主义以及一切狭隘的宗教思想的束缚。唯有这时，你才不会去努力挣扎，而是创造新的事物，创造一个全新的社会。但只要你努力让自己去适应当前的社会，那么你就仅仅只是在遵循一种由嫉妒、权力、名望以及那些腐朽的信仰构成的模式。

因此，年轻的时候，趁你还在这个地方的时候，你要去认识这些问题并且让内心获得真正的自由，这是极为重要的，不是吗？因为，如此一来你将会创造出一个崭新的世界、一个崭新的社会，你将会带来一种全新的人与人的关系。而这显然便是教育的真正职责所在。

问： 人为什么会受苦？人为什么无法摆脱死亡、悲伤和灾难这类痛苦呢？

克：我们为何会遭受痛苦？能否摆脱死亡和灾难呢？

医药科学正是努力通过卫生设施、干净的生活条件以及干净的食物让人类摆脱某些疾病的困扰。通过各种外科手术，他们正试图找到治疗不治之症诸如癌症的良方。一位有能力、有效率的医生，尽自己所能在减轻和消除疾病。

死亡是可以被战胜的吗？你这个年纪便对死亡如此感兴趣，这真是一件奇特的事情。这是否是因为你看到周围有如此多的死亡呢，是否是因为你看到了那些被抬往河边焚化的尸体呢？你为什么会被这个占据了全部的思想？你知道，如果一个人没有热情、没有欲望，如果他的身上没有生机与活力，那么他会感到痛苦，他关心这个，他关心的就是他自己的痛苦。所以，同样的，你之所以关注死亡，是因为你对死亡的景象如此的熟悉，它离你这样近，于是你便对它生出了恐惧。

我在某一天曾经解释过这个问题，可你并没有在听。我可以换种方式来解答好了。但倘若你不去聆听，倘若你不去真正的探明，倘若你没有真正懂得死亡的涵义，那么你就会从一个牧师转向另一个牧师，从一种希望转向另一种希望，从一种信仰转向另一种信仰，试图寻找到有关死亡这一问题的答案。你理解了吗？我上周回答过这个问题了，如果你感兴趣的话，不妨读一读纸上印刷的我们讨论的内容。读一下，不要不停地发问，而是应当努力去探明。你可以提出无数的问题，总是去询问，但却从不曾努力去探明和发现——这是一个琐碎心灵具有的肤浅个性。

你知道，只有当我们如此执着于生的时候，才会有所谓的死亡。一旦你认识了生与死的整个过程，那么你自然就会懂得死亡的涵义了。死亡仅仅只是存续的消失以及对于无法继续存活下去的恐惧。但是，正如你所看到的那样，凡是持续的事物永远都不会具有创造力，唯有能够自愿终结的事物才会富有创造力。请你好好思考一下这个，你将凭借自己的力量发现真理。正是真理能够将你从对死亡的恐惧中解放出来，而不是你去阅读,不是你去信仰轮回转世说。只要你认识了生命的整个过程,只要你凭借自己的力量有所探明,那么尔后你将发现,在那会腐烂的事物背后一无所有。

(在瓦拉纳西学校的第十七场演说,1952年12月29日)

信仰是一种腐蚀

幸运的是,当一个人正值青春年少的时候,生活的主要冲突、焦虑、烦恼、逝去的欢愉、生理上的病痛、死亡、精神上的扭曲都不会影响到我们。幸运的是,年轻时我们大多数人都处于生活的战场之外。然而,随着年纪的增长,痛苦、不幸、疑惑、经济上的挣扎、内心的斗争则会向我们逼近。我们希望找到生活的意义,希望懂得关于生活的全部,我们并没有轻易地满足于那些经济上的解释或定义,我们想要了解与这些斗争、痛苦、贫穷、灾难有关的一切,想要知道为什么有些人衣食无忧而其他人则没有,为什么某个人身体康健、智慧超群、天赋异禀、颇有能力而另外一个人则没有这些?我们想要知道原因,然而很快我们便被困在某个假说、理论或信仰之中,因为我们必须找到答案。从不曾有真正的答案,而是我们发明出来的,我们发明出了关于该问题的理论、信仰。因此,我们从探寻开始入手,但却没有足够的自立、魄力、理智和纯真,结果我们很快就为理论、信仰所囿。

我们认识到生活是丑陋的、痛苦的、悲伤的,我们渴望某种能够解释这一切的理论、推论或学说,于是我们便被困在了解释、语词、理论之中。渐渐的，信仰变得根深蒂固和不可撼动，因为，在这些信仰、教义的背后是对未知的永远的恐惧。但我们从来不曾去审视这种恐惧，而是远远地逃开，结果信仰、教义变得越来越强大。当我们去检视这些信仰的时候——基督教、印度教、佛教——我们发现，它们导致了人与人的界分。每种教义、信仰都有一系列的仪式、一系列的强迫，这些东西束缚了人，同时也带来了人和人的隔离。所以，我们一开始是想去探寻，弄明白何谓真理，弄明白这种不幸、痛苦、挣扎的意义何在，但不久我们却为信仰、仪式、理论所困。我们既没有自立，也没有魄力或纯真去抛开这一切、展开探寻，于是信仰渐渐变成了一种会导致衰退的因素。

　　信仰是一种腐蚀，因为，在信仰和道德的背后潜伏着"我的"、自我、私心——它成长得越来越强大、有力。我们以为相信神、相信某个事物便是虔诚，我们以为相信就是虔诚。你明白没有？假如你不去相信，就会被看作是个无神论者，就会遭到社会的谴责。这个社会会谴责那些有神论者，另一个社会则会谴责那些无神论者，但这二者其实并无二致。于是，宗教变成了与信仰有关的东西，信仰对心灵产生了相应的影响，尔后心灵永远无法获得自由。然而，唯有在自由的状态里，你才能探明什么是真理、什么是神，而不是依靠任何信仰。原因是，你的信仰会制造出你所认为的神，你所认为的真理，你懂了吗？如果你相信神便是爱，神便是慈悲，神是这样的或那样的，那么正是这种信仰妨碍了你去认识什么是神，什么是真理。但是你知道，你想要忘却自己，你想要牺牲自己，你渴望去仿效，渴望抛开这种在你内心上演的永远的争斗，渴望追求美德。

　　总是有挣扎、斗争、痛苦、野心，在这一切当中，有的是永远的痛苦和转瞬即逝的欢愉，欢愉来了又走。但你的心灵却渴望去依附某种广阔的事物，某种超越了自身的事物，某种你可以让自己跟它认同的事物。于是，那个超越自身的事物就被你称作神、真理，你通过信仰、皈依、合理化的解释以及各种形式的戒律和道德让自己与之认同。但这种认同——即被思想视为巨大的事物，它是心智发明出来的东西，同时制造出了猜想——依然是"我"的一部分，依然是斗争、挣扎的一部分，依然是被心智制造出来的，以便逃避生活的磨难。你让自己跟某个国家认同——印度、英国、德国、苏联或美国——你把自己认同为一个印度人，为什么？你可曾审视过这个，可曾超越语词表面的涵义，超越那困住了你心灵的语词？你为何要让自己跟印度认同？因为你生活在一个小镇上，过着悲惨的生活，满是挣扎、家庭的纷争，因为你不满意、不满足，于是你便希望跟某个叫做印度的事物认同，这让你感到一种广阔、巨大，感到一种心理上的满足，所以你说道："我是个印度人。"为此你愿意献身，愿意去杀戮他人，愿意成为残废。同样的，因为你很渺小，因为你始终在跟自己交战，因为你困惑、悲伤、不确定，因为你在寻求，因为你知道世上有死亡，所以你希望跟某个超越的、广阔的、有意义的事物认同，即你所谓的神。因此你声称它便是神，你让自己与它认同，这让你感到十分的重要和有意义，你觉得无比的幸福。所以，伴随着认同的过程而来的是一种自我膨胀，它依然是"我"，依然是自我、斗争。

因此，宗教是一系列信仰、教义、仪式、猜想、偶像崇拜、法术和上师，它们可以带领你达至你所渴望的终极目标，正如我们通常对它的认识一样。终极真理是你自己制造出来的，这便是你所渴望的，它能够让你感到幸福，能够让你进入到一种所谓永生的状态。于是，为这一切所困的心灵便制造出了宗教——即教义、神职人员、猜想、偶像崇拜——你被困在其中，心灵走向停滞。这是宗教吗？宗教是信仰吗，是关于他人的经验和主张的知识吗？抑或信仰只是遵循道德呢？你知道，道德相对而言是很容易的事情——做这个、不做那个，由于它很容易，所以你可以效仿某种道德体系。在这种道德的背后，潜伏着自我、私心，它不断在长大、膨胀、扩张、占据主导地位。但这是宗教吗？

你必须要去探明何谓真理，因为这是唯一重要的事物，而不是你究竟是穷是富，不是你是否婚姻幸福、有儿有女，因为这一切终会结束，死亡是不可避免的。所以，你应该去探明，不要怀有任何形式的信仰，你应该拥有魄力，应该依靠自己，应该富有创造精神，如此一来，你才能凭借自己的力量懂得什么是真理、什么是神。信仰不会给你任何东西，信仰只会带来腐化、束缚、黑暗。唯有通过魄力、自立，才能迎来心灵的自由。很明显，教育的作用便是培养像这样不囿于任何形式的信仰、道德、责任的个体，尤其是在这里。因为，这背后潜伏着"我"，这个"我"是如此的重要，它渴望受人尊敬。这类教育中心的职责显然就是让个体拥有真正的虔诚——这里的虔诚指的是探明以及直接地体验神是什么、真理是什么。这种体验，永远无法通过任何形式的信仰、仪式、追随他人、偶像崇拜来获得。这种虔诚摆脱了所有的上师。作为个体的你，终其一生都能够时时刻刻去发现真理，从而获得自由。

你以为摆脱世俗世界的物质的羁绊便是实现虔诚的第一步，其实不然，这是最容易做的事情之一。首要之举是自由地思考，充分地、彻底地、独立地思考——不为任何信仰、环境、限定所囿——如此一来你才能成为一个完整的人，富有能力，魄力十足，自立自强，如此一来你的心灵才会是自由的，不抱持任何偏见，不受任何局限，能够探明什么是神、什么是真理。很明显，这个中心存在的目的，正是帮助每一个到这里来的人能够自由地去探明真理，不去遵循任何体系、信仰、仪式、上师。个体必须通过自由去唤醒自身的智慧，而非通过任何形式的训诫——训诫意味着抵抗、强迫、压制——以便个体可以依靠这种智慧、这种自由去发现那超越了心智的事物。原因是，只有当你直接地体验了那一广阔无垠的事物，才能够认识它——它是不可命名的，是无法用言语衡量的，它是无限的，它里面有爱，而爱不属于心智。心智无法构想出这一切，由于它无法构想，所以它一定会格外的静寂，会处于一种令人惊异的安静的状态，没有任何欲念。唯有这时，才能迎来那非凡的事物，即我们所说的神或真理。

问：什么是服从？能够在没有理解指令的情况下去服从吗？

克：能否在没有理解指令的情况下去服从呢？我们大多数人难道不正是这样干的吗？父母、老师、长辈说道："做这个。"他们说这句话的时候，或者彬彬有礼，或者带着棍棒，于是我们感到害怕，继而去服从。这也正是政府所做的事情，这也正是军队所做的事情。我们从孩提时代起便被训练着要去服从，但却完全不理解命令的涵义。政府越是专制、越是极权、越是独裁，我们越是被强迫。自年幼开始我们便被影响、被定型，我们一味地去服从，根本就不知道为什么。我们被告知要思考些什么，我们的心灵被清除了那些不为政府、权威认可的思想。我们从来没有被教育或者被帮助着去探明怎样思考，而是必须去服从。神职人员告诉我们要如何如何，宗教书籍告诉我们要怎样怎样，我们自己内心的恐惧迫使我们去服从，因为，假如不去服从的话，我们便会混乱和迷失。

结果我们就一味地去服从。那么我们为什么要去服从呢？你理解没有？社会结构、宗教环境，迫使我们盲目地遵从由他人制造出来的模式，指望着由此可以得到奖赏或幸福。可我们为什么要去服从呢？我们必须如此吗？我们是如此缺乏思考，思考是件痛苦的事儿，若要思考，我们就得去质疑，就得去探寻，就得弄明白大人们是怎样不希望我们发现他们没有耐心，发现他们太过忙于自己的那些争吵、忙于他们的野心和成见，忙于他们出于道德和体面而去做什么、不做什么。所以，大人们没有耐心，年轻的我们害怕做错事，因为我们同样希望受人尊敬。难道我们不都渴望身着同样的制服、看起来一个模样吗？我们不想去做标新立异的事情，独立思考、卓尔不群是十分痛苦的事，于是我们便选择了随波逐流。

服从、遵从、模仿——我们为什么要做这一切呢？为什么？因为，我们的内心害怕不确定，我们渴望感到确定——我们渴望拥有经济层面和道德层面的确定感——我们想要被认可，想要处在一种安全的位置，想要永远不必面临麻烦、痛苦、悲伤，想要被安全的栅栏包围起来。结果，出于恐惧，我们有意或无意地就去服从主人、领袖、牧师、政府。恐惧还控制我们不去干可能会对他人有害的事情，因为我们害怕受到惩罚。所以，在所有这些行为、贪婪、追逐的背后，潜伏着的是对确定的渴望、对安全的渴望。因此，倘若没有消除恐惧，倘若没有挣脱恐惧的束缚，那么仅仅去服从抑或被人服从便是毫无意义的。真正有意义的是每时每刻意识到这种恐惧，意识到它是怎样以各种方式表现出来的。只有当你摆脱了恐惧的制约，才能获得内心的觉知，才能做到独在。在这里面，没有知识或经验的累积，单单这本身就能清除你在追寻真理之路上的种种屏障。

（在瓦拉纳西学校的第十八场演说，1952年12月30日）

什么是智慧？

随着年纪的增长，在接受了所谓的教育之后，我们会离开这所学校，尔后将不得不去面对各种难题。我们要选择哪种职业才能通过它让自己得到充实和幸福呢，才能感到满足，不去盘剥他人，不会对他人残忍无情呢？我们将不得不面对死亡、痛苦、不幸。我们必须认识饥饿、人口过剩、性、痛苦、欢愉以及生活中诸多令人困惑的矛盾的事物；必须认识人与人或者男人跟女人之间的争斗、冲突；必须认识内部与外部的冲突、斗争、战争、军国主义思想、野心；还必须认识那个叫做"宁静"的非凡之物，它要比我们以为的更加重要。我们必须认识宗教的涵义，而不是单纯的偶像崇拜，也不是单纯的猜想——我们觉得这些东西让我们有了表现虔诚之感的理由。此外我们还要去认识爱这一格外复杂和陌生的事物。我们必须认识这一切，而不是仅仅被教育着去通过那些考试。我们应该懂得生活的美——去观察鸟儿的飞翔，去关注那些乞讨的人，去审视那些灾难和贫穷，去看一看人们修建的那些难看的房子、肮脏的道路以及更加污秽的庙宇——我们应该直面所有这些难题。我们同样还要去审视那些追随者、不去追随的人以及我们是否应当去追随他人。

我们大部分人都关注于在这里或那里做些改变，我们满足于此。随着年纪的增长，我们不希望任何深刻的改变，因为我们恐惧。我们不从转变的层面，而只从改变的层面去思考。当你去探究这种改变——它仅仅只是新瓶装旧酒，而非根本性的变革——就会了解的。你应该去审视所有这些事情，从你自身的幸福到大家的幸福，从你自己那些利己主义的追逐和野心到他人的欲望、动机和追逐，你必须直面自己与他人身上的争斗和腐化，还有心灵的衰退与空虚。你应该认识这一切，直面这一切，可是你并没有做好准备。当我们离开这里步入社会的时候，我们知道的是些什么呢？我们跟来到这里的时候一样的愚钝、空虚和肤浅。我们在学校里的学习跟生活，我们同老师的接触以及他们跟我们的接触，并没有帮助我们去认识这一格外复杂的生活的难题。老师们是愚钝的、麻木的，于是我们也就变得跟他们一样了，他们心中感到恐惧，我们也是如此。所以，我们的问题、你以及老师的问题便是认识到，当你离开这里的时候，应该带着成熟和思想，没有丝毫的恐惧，如此一来你才能理性地、睿智地直面生活。因此，找到所有这些问题的答案看起来似乎很重要，但实际上并没有所谓的答案。你唯一能够做的，便是在这些十分复杂的问题出现的时候带着理性和智慧去应对。

请仔细思考一下这个，请务必理解。你希望找到解答，你以为，通过阅读、通过追随他人、通过学习书本，你便可以解决所有这些分外复杂跟棘手的问题了。但你并不会找到解答，因为，这些问题是由那些可能和你一样的人制造出来的。饥饿、残忍、丑陋、悲惨、贫穷、令人惊骇的冷漠无情、冷酷——这一切都是由人类制造出来的。所以，你必须去认识人类的心灵和头脑，也就是认识你自己。单纯从书里面找答案，或者通过上学校去探寻，或者遵循某种经济体系，哪怕它许诺了种种美好愿景，或者听从某种宗教的荒谬和迷信，抑或是追随某个上师、做礼拜，都无法帮助你去认识这些问题，因为它们是由你以及其他跟你一样的人们制造出来的。由于问题是你制造出来的，所以，倘若不去认识自我，那么你是无法理解问题的。要想在你活着的时候认识自己，每时每刻、日复一日、年复一年地认识自己，你需要智慧、相当的洞察力、爱以及耐心。

因此，你显然应该探明什么是智慧，不是吗？你们使用这一词语全都十分的随意，通过不断重复该词语，你以为你就变得聪慧了。政客们不停地重复某些词语，诸如"完整"、"新的文化"、"你应该睿智"、"你应该建立一个新世界"，但它们全都是空洞的字眼，没有任何意义。所以，如果没有真正理解它们的话，就不要去使用。我们要努力去探明何谓智慧，原因在于，一旦我们懂得了什么是智慧，一旦我们能够拥有智慧的感觉——不是仅仅去解释什么叫智慧，因为任何一本字典都可以给出释义——而是去认识它、理解它，随着我们长大，它将有助我们每个人去应对生活里那无数的难题；一旦我们拥有了智慧，就将懂得怎样去应对这些难题了。假若没有智慧，那么无论你怎么做——阅读、学习、积累知识、打架、争吵、改变、在社会的模式里带来些微的变化——永远都不会迎来转变和幸福。所以，询问我们所谓的智慧指的是什么意思，这是十分必要的，不是吗？什么是智慧呢？不是有关这一词语的定义，而是它究竟意指为何？我将要去探明它的涵义，或许这对你们有些人来说有些困难，但不要费力地去认识它，不要费力地去理解词语，而是应当去感受我谈话的内容。努力去感受某个事物，感受它的特性，尔后，随着你长大，你将开始懂得我所说的话的意义。因此，不要去聆听语词，而是应当去领悟它的内在涵义。

我们大多数人都认为，获得更多的知识、更多的信息、更多的经验，拥有知识以便去运用该知识，拥有经验以便带着这一经验去应对生活，如此一来就可以累积或培养起智慧了。但生活是一件非同寻常的事物，它从来都不是静止的，它就像是一条河流，有着奔涌的活力，从不曾是静止不动的。我们觉得，只要拥有了更多的经验、更多的知识、更多的美德、更多的财富，我们就能探明什么是智慧了。这便是为什么我们会去尊敬那些知识渊博的人、那些学者、那些经验丰富的人。智慧源于"更多"吗？这种"更多"的过程——拥有更多、渴望更多——究竟是什么呢？它背后是什么？我们关心的是累积，不是吗？所以我们说道："假如我知道的话，我就能够去应对生活了"，"假如我能够认识生活的目的是什么，我就可以沿着这条道路去追寻了"，"假如我拥有更多经验，我就可以应对生活里那些格外复杂的难题了"。因此，从孩提时代开始直至老迈，我们一直都关心着"更多"的问题，拥有更多、更多、更多。

那么，当你累积了知识、经验、地位的时候，会发生什么呢？不管你拥有的经验是什么，它都会被转化成"更多"，结果你也就从不曾去体验，你总是在累积，而累积是心智的过程。心智便是这种"更多"的中心，因此，当它去累积的时候，总是会出现越来越多的累积。这个"更多"便是"我"、自我，便是这个自我封闭的实体，它唯一关心的是"更多"，要么是主动的，要么是被动的。于是它便带着这种意识、带着"更多的"累积的经验去迎接生活。所以，在迎接生活的过程中——这里面总是有经验——它只是关注于"更多",于是也就从来不曾去体验,它只是在累积,结果也就变成了单纯的累积的工具,没有任何真正的体验。当你总是想着从经验、从"更多"当中得到些什么的时候,你怎么可能去体验呢?所以,一个进行着累积的人、一个渴望更多的人,永远都无法去体验生活。只有当心智不再关心着"更多",不再关心着去"累积",才能拥有智慧。当心智关注于"更多",那么每一次经验都会让自我得到强化——它是自我封闭的,"我"是一切冲突的中心——每一次经验只会强化这种生活的自我中心的过程。请好好思考一下这个。你认为经验是一种解放的过程,其实不然,原因是,只要心智关注于累积,关注于"更多",那么,你得到的经验越多,你越是被困在自我中心、自私自利、自我封闭的想法之中。

只有当你真正摆脱了自我、"我"、私心,只有当心智不再是渴望得到"更多"的中心,不再是渴望更加伟大、更加广泛、更加辽阔的思想之域的中心,智慧才会到来。所以,智慧便是挣脱了时间的压迫,不是吗?因为,"更多"意味着时间,心智是时间的产物。所以,培养意识并非智慧,理解意识的整个过程便是认识自我,认识自己的本来面目,这里面没有那个在进行着累积的中心。尔后,由此会迎来那能够去应对生活的智慧,这种智慧是富有创造力的。

看一看你们自己的生活吧——何等麻木、何等愚昧、何等狭隘和凝滞,因为你没有创造力!你或许会生儿育女,但这并不是创造力,你或许是个官僚,但这并不是创造力,这里面没有丝毫的生命力可言,它是僵死的例行公事,徒留厌倦与乏味。你的生活被恐惧包围着,于是便会有权威和模仿,于是你不懂得何谓创造力——我并不是指绘画、写诗或是能够唱歌,而是指创造力更为深刻的本质。一旦发现了创造力,它就会取之不尽、用之不竭——唯有依靠智慧才能发现创造力,因为这是一种永恒的源泉。但心智无法找到它,因为心智是"我"、自我的中心,不停地有念头在渴望得到"更多"。一旦你认识了这一切,不是口头上的,而是深刻地懂得了这一切,那么你就会发现,创造力将伴随着智慧而来,而它便是真理、便是神。它是无法被猜测或思考的,冥想、祈求"更多"抑或是逃避"更多",不能让你获得它。只有当你时时刻刻去认识在你面对歹意、嫉妒的时候心智所处的状态以及那些复杂的反应,创造力才会到来。认识这一切,将会迎来我们所说的爱,爱便是智慧,伴随着这种智慧,你将迈入富有创造力的状态,这种状态是永恒的。

问: 社会是基于我们之间的相互依赖,医生必须依靠农夫生产粮食,而农夫则依靠医生治疗疾病。那么,一个人怎样才能彻底实现独立呢?

克: 生活即关系,如果不拥有某种关系,你便无法生存于世。即使是流浪的乞丐和苦行者也处于各种关系之中,他或许会声称自己同世界断绝了关系,但实际上他却依然与世界相联。因此,生活便是关系的过程,你无法从关系中逃离。由于关系引发了许多的冲突,由于关系里有恐惧,于是你要么依赖你的丈夫或妻子,要么依赖父母,抑或是依赖社会。只要我们没有认识关系——你明白我所说的关系是指什么意思,不仅是父母同子女的关系,还包括老师、厨子、仆人、总督、指挥官以及整个社会之间的关系,毕竟,这是一个人与他人之间关系的延伸——只要我们没有认识这种关系,就无法摆脱依赖,正是依赖导致了恐惧和利用。唯有通过智慧方能获得自由,只有智慧才能应对关系。倘若没有智慧,那么单纯地寻求独立或是试图摆脱各种关系的束缚就只是在追逐一种幻象,毫无意义可言。

所以,重要的是要去认识关系——正是关系带来了冲突、痛苦、不幸和恐惧。一旦揭示出了那些潜藏在心灵中的诸多事物,那些孤独,就能获得觉知。随着我们对关系的认知,将会迎来自由,但这自由并非是摆脱各类关系,而是挣脱了那些会带来不幸的冲突。

问：为什么真相会令人不快？

克：如果我觉得自己美丽非凡，而你则告诉我并非如此，你的看法或许属实，但我会乐于听到你的这番话吗？如果我觉得自己聪慧万分，而你却指出我实际上是个相当愚蠢的家伙，那么我会高兴你的这番逆耳之言吗？这会让我十分的不快，但你之所以还是要指出来，是因为这能带给你愉悦，不是吗？指出我的愚蠢能让你感到愉悦，能满足你的虚荣心，这表明了你是多么的聪明。指出我的愚蠢给你带来了开心，可一旦涉及到你自己的愚蠢，你就不希望去探明自己的真实模样了。你会想要去逃避真实的自己，你会想要将自我隐藏起来，你会希望掩盖自己的空虚、孤独和愚蠢，于是你便跟那些永远不会将你的真实模样告诉给你的人交朋友。你希望展现给其他人的并不是你的真实模样，但倘若有人指出你的缺点，指出你的真实面目，你就会十分不快。因此，你不愿去认识那能够揭示出你自身内在本质的东西。

问：迄今为止，我们的老师对于如何教育学生一直都满怀自信，然而在听了您的演说以及参与了讨论之后他们却变得手足无措起来。一个聪明的学生会知道怎样去应对问题，但那些并不聪明的人又该如何是好呢？

克：那些手足无措的老师是谁呢？他们对什么感到不确定？应该不是对该教些什么感到不确定，因为他们可以按照通常的课程表来教授数学、地理等学科，这不会是他们不确定的对象。他们不确定的是怎样去应对学生以及他们跟学生之间的关系，对吗？他们之所以对与学生的关系感到疑惑，是因为一直以来他们从来不曾关心过学生，他们只是走进教室、教授课程，然后再步出教室。现在，他们开始关心自己跟学生的关系，关心他们是否带来了恐惧，是否利用自己的权威让学生去服从，从而毁掉了他的创造力。他们开始关心自己究竟是压制了学生，还是帮助他去找到自己正确的职业，关心自己究竟是鼓励了学生的创造精神，还是强迫他去服从。他们关心自己以及跟学生之间的关系，这自然会让他们感到不确定。但是很明显，教师也和学生一样感到迷惑，也有太多的问题要去询问和探究。这便是生命从开始到结束的整个过程，不是吗？——永远不要停在某个地方，然后声称"我知道它是如此"。

一个聪慧的人永远不会停滞，他永远不会说"我知道"，他始终都在探询，始终都处于不确定的状态，始终都在寻求、探明。在他说"我知道"的那一刻，他便已经没有了生机和活力。我们大部分人——不管是年轻还是老迈，由于传统、强制以及我们宗教的荒谬，由于官僚主义或恐惧——全都了无生机、死气沉沉、没有活力、没有独立自主的精神。所以，老师也必须去探明。他应该凭借自己的力量去发现自身的官僚主义的倾向，如此一来他才不会去腐蚀他人的心灵。而这是一个极为困难的过程，需要相当的认知。

因此，聪明的学生必须帮助老师，而老师也得帮助学生，这就是师生之间应有的关系。那些并不太聪明或者迟钝的男孩、女孩又该如何呢？显然，没有哪个孩子愚钝、麻木到无法去感受，无法去认识这种困难。原因是，当老师不确定的时候，他会更加宽容，会对那些愚钝的学生更富有耐心和情感，于是或许便能够对那些迟钝的学生助上一臂之力了。

问：农夫必须依靠医生治疗身体上的病痛，这是否也受着依赖性行为的支配呢？

克：这里面有恐惧的元素。正如我已经阐释过的那样，这是有关关系的问题。假若我跟你的关系建立在恐惧之上，我在经济、社会或心理层面依赖于你，只要有恐惧存在，就不会有独立。让心灵挣脱恐惧的束缚是一个格外复杂的问题，对此我们已经展开过讨论了。

你知道，在所有这些问题和回答里面，重要的不是一个人说了些什么或是如何回答的，而是不断去询问、寻求，不为任何体系方法所囿，从而在自己身上探明该问题的真理，因为正是这种探寻会带来创造力和智慧。然而，仅仅满足于某个答案则会让心灵走向愚钝。所以，当你在这所学校期间，对你来说，重要的是不去盲目地接受，而是不停地去探寻和认知，凭借你自己的力量自由地发现生活的全部意义。

（在瓦拉纳西学校的第十九场演说，1952 年 12 月 31 日）

PART 03

印度浦那

在你的心中找到真理

由于只会举行四次演讲,所以我觉得,重要的是建立讲演者跟你们自己之间的关系。演说中的态度通常是指向演说者的,听众聆听演说者的某些看法,演说者发表他希望向听众阐发的观点。然而不幸的是,我关心的并不是这个,我不是演说者,我不是要做一场演说让你去赞成或驳斥。

我们今天要去做的,是一起对问题展开思考,如果我们可以的话。因为这是你的问题,也是我的问题。假如你的聆听仅仅只是为了批评、接受或排斥,那么这将是彻头彻尾的徒劳,因为这并非我的意图所在。在这四场演说期间,我们要做的是共同去探明问题的真理,你不是要聆听我观点里的真理,不是单纯地听我讲话,而是我们一同去发现,我们、你和我,将要携手对问题展开讨论和思索。我觉得记住这个十分重要,否则我们的讨论将仅仅停留在口头层面。

因此,若容我建议的话,请仔细聆听,但不是为了驳斥我的看法抑或是确证你的观点,而是为了真正去探究那些摆在我们面前并且与日俱增的问题。让我们一起去探明真正的答案,一起——请把这个牢牢记在心里。这是你我共同的问题。我们将会展开讨论,将会去探究有关问题的真理,所以,请你们带着这样的意图去听我的演讲。

重要的是懂得如何聆听,不是仅仅听我一个人,而是听所有人。重要的是知道怎样聆听,因为,假如我们懂得如何正确聆听,那么我们的身上就会发生不同寻常的事情。原因是,尔后我们就可以立即对问题追根溯源，不抱持任何成见。但倘若我们展开许多的争论、制造诡计或矛盾，以便看看谁是对的谁是错的，倘若我们带着自己的脾性、观点，就根本不可能探明问题的实相，我们关心的只是自己的结论、自己的看法。所以，如果允许我建议的话，我想说，我们应当正确地聆听，这是十分重要的。原因在于，只要我们能够懂得怎样去聆听，那么真理将会彰显出自身。我们不必去探究问题，可如果我们知道怎样聆听鸟儿的鸣叫、聆听他人的声音，如果我们能够静静地聆听音乐，不做任何解释，那么心灵一定会变得澄明。所以，同样的道理，假如可以的话，让我们带着这样的意图去聆听吧——不是为了驳斥或赞成，而是为了凭借我们自己的力量直接地探明真理。

我们目睹了世界上由社会和个体导致的无数的难题，在解决某个问题的时候，我们似乎发现问题变多了，我们制造了新的问题出来。我们立即解决了某个问题，诸如饥饿或是任何其他的问题——经济的、社会的或精神层面的——但却唤醒了其他无数的问题，不是吗？正如我们所发现的那样，在解决一个问题的过程中会冒出其他的问题，结果心灵也就越来越被困于这些问题之中，从来不曾确定地、最终地解决过任何一个问题，反而问题总是与日俱增。我不知道你是否在自己的日常生活里注意过这个现象，你以为你解决了某件事情，但是在解决的过程中，你发现又有五六个问题出现了。

那么，能否彻底地解决某个问题，不会让它变得更多，不会引发其他的问题呢？这便是我们在生活中的主要关注点，因为我们在世界上有诸多经济的、社会的、宗教的问题——破坏性的战争、人与人之间的关系、思想的方式、究竟是否存在上帝，诸如此类。

我们渴望被爱也希望去爱人，我们希望能够去发现、去探明什么是真理——真理不是他人的道听途说，它是无法从书本里头学到的，不管这本书是多么的伟大。我们想要认识真正的自己，想要直接地体验真理，不做任何阐释。

我们有许许多多的问题，生活里满是各类难题——我们应当采取怎样的行动，我们应当从事怎样的工作，渴望有所成就，如果没有实现认知，便会有一系列的挫败。为了解决这些问题，我们通常会去求助他人——求助书本、求助某种体系方法、求助某位领袖、上师或是我们自己累积的直接的经验。只要我们仔细观察一下就会发现，想要依靠他人来找到解答——通过上师、通过书本、通过某种政治的灵丹妙药、通过追随他人——只会让我们走向挫败。我们大多数人的生活难道不就是这样子的吗？你在政治层面追随他人，你曾经锒铛入狱，你曾经被自由或国家主义的热情席卷，到最后你得到了什么呢？你有了"自由"这个词语，但词语不等于自由本身。

你有许多的宗教书籍、哲学著作，你举行许多的仪式，在这一切的背后是恐惧、挫败以及那永远无法实现的希望，是痛苦和焦虑。我们大家都是如此。

当我们成长时，我们的经验越来越多，我们过着一种越来越沮丧和挫败的人生，这时我们发现自己身上正在失去某种最重要的东西，那便是信心，难道不是吗？我所说的信心，不是指你们通常使用的涵义，即对领袖、上师的信任，对书本的信任，对你自己的经验的相信。你或许并不相信任何东西，但不去相信是十分正确的，如果你不去相信，就能够有所发现了。然而不幸的是，什么也不信会导致愤世嫉俗，会导致一种肤浅的享乐的生活，会让你做好事只是流于表面。假如我们不去变成愤世嫉俗者，就能够处于能动活跃的状态，就会去做好事，然而，创造性的思考所必需的火焰却被熄灭了。我觉得，我们应该去找到的正是这团火焰——而不是某个问题的答案，因为回答问题相对来说容易得多。

如果你拥有智慧，如果你能力非凡，如果你精力充沛，那么研究问题相对来说就会简单一些。对问题展开完美的研究，这本身就是解答，答案并不在问题之外。但要想探究问题，要想探明问题的真理，你就需要拥有生机与活力。当你去追随他人，当你去追随你的上师，当你去追随你的政治领袖或是去遵循某种经济体制，你就把这种生机和活力挡在了门外。在追随的过程中，在你训戒自己的思想去符合某种行为模式的时候，你便失去了所有的创造力。一旦领袖失败或过世，一旦发生了某个事情，你便会孤独无依了。

那么，能否拥有这种富有创造力的信心呢？假如我可以使用这一词语，不将它界定为某种思想模式。我这里指的并不是相信某个上师、某本书籍抑或你自己的经验，而是指那种你依靠自己的直接体验获得的信心——不是传统的经验，不是你的老师的经验，而是你自己对问题的直接认知，是你带着充沛的精力去应对问题，由此拥有了那一非凡的信心，能够探明某个问题的真相。答案显然就在于此，不是吗？因为，若没有这个，我们就不是富有创造力的人。这便是当前世界迫切需要的东西——不是领袖、体系、方法、无数的上师，而是个体能够凭借自己的力量发现真理。

真理不是你的，也不是我的，它不属于个体。当心灵处于澄明、简单、直接和静寂的状态，真理便会到来。它只会在这种状态出现，你无法去追逐它。当你因为急切地想要找到问题的答案而手足无措的时候，你便会努力去追逐它。

所以，我们此刻需要的是有信心去探明什么是真理。如果我们的心灵受着局限，就无法发现真理。毕竟，那扇我们透过它去看生活的窗户是受限的，我们被限定为了印度人、穆斯林、基督徒、佛教徒——也就是说，我们被限定着以某种方式去思考。行动者、行为模式，自孩提时代开始便已经灌输进了我们的脑子里。因此，长大之后，随着我们开始去体验，我们便经由这道限定的屏障去体验，这是一种显而易见的心理的影响，不管我们喜欢与否。

我们从未曾自由地去发现，迄今为止我们已经尝试了某种形式的限定——资本主义或是社会主义。如今我们说道："这种形式是愚蠢的，所以，让我们成为共产主义者吧。"成为共产主义者，同样是另外一种限定。经由限定，你能够解决问题吗？相反，要想解决某个问题，你就得自由地去思考，直接地去体验那个问题。由于我们在宗教、经济、气候风土等领域受着如此多的限定，因此各个方面我们都无法自由地去审视、观察、探明。我们受着束缚，尤其是在这个国家，我们无法不依靠任何上师、书本、领袖而是凭借自己的力量自由地、独立地去思考。请认真思考一下这个，因为这正是问题所在。由于我们是偶像崇拜者，所以我们有如此多的榜样、如此多的英雄。我们的心灵为模仿所囿，以至于我们无法把那些书本和领袖统统抛到一旁，无法凭借自己的力量去对每个问题展开思考，进而发现真理。

在探明关于事物的真理的过程中，你会感觉到我们必须一起展开思考。你明白这里面的涵义吗？迄今为止我们一直都在追随他人，在这种追随中我们制造出了界分。声称我们因追随某个领袖而团结在一起，这是毫无用处的，因为我们是孤立的、隔离的，结果也就从来没有过携手去创建的感受——从来没有感觉说这是我们的地球，没有我你便无法生存于世，没有你我也没法存活。意即感觉我们必须一起去创建，而不是得由某个政治或宗教领袖抑或某个强有力的人来制定计划——认为这是我们的地球，认为这个破碎的文明可以被重建，认为你我要一同来创建一个崭新的文明。

假若你我没能自由地去发现真理——真理不属于你我——就不会产生这种"我们一起"的感觉。只有当你探明了什么是真理，才会生出如下感受：即我们要携手去创建，我们要一同生活，我们要一起来美化这个地球。请认真思考一下我的话，不要就只是将它抛到一边，认为这不过是我们通常会听到的那种演说。不要将其置之一旁，因为这正是当前迫切需要的。

我们正处于巨大的危机之中，无论我们是否认识到了这个。在这场危机里，你不可以去遵循某个过时的书本或领袖，而是必须在你自己的心中找到真理。只有当你的心灵不受局限的时候，你才能发现真理。只要存在着限定——正是限定令你去追逐、遵循、制造意识形态、崇拜——只要把一个人限定为印度教教徒、共产主义者、社会主义者、资产阶级，随便你怎么称呼，那么你便无法找到关于问题的真理。只有当你我发现了真理——它不是个人化的——才能带来真正的变革，这种变革不是观念上的，而是关于真理的变革，当前急需的正是这个。

探明你同那富有创造力的真理、神——随你怎么称呼，名称无关紧要——是何关系亦是十分重要的。若你的心灵充塞着各种毫无意义的观念和词语，那么你便无法找到那富有创造力的实相。若你的心灵无法让自己挣脱传统思想的束缚，你就不可能找到或发现真理。

真理不是由心智构成的，心智无法感知真理，真理并非心智的产物。相反，只要心灵活跃着，只要它试图去谋划、发现、探明，它就无法找到真理。只有当它获得了觉知，从而让心灵得到了解放，只有当心灵处于格外静寂的状态，才能迎来真理。心灵的静寂是不可或缺的，这种静寂不是由训戒、强迫、说服得来的。一个受着训戒的心灵不是自由的心灵，而是狭隘的、受限的，结果也就无法探明何谓真理。但倘若心灵实现了觉知、彻悟，那么它就可以在行动、关系、日常生活中去展开直接的体验。这样的心灵将会发现真理，正是真理能够让我们摆脱那些难题。

这里有一些问题，我将试着加以解答。在回答的时候，我关心的不是问题，也不是找到答案。当你聆听我发言的时候，如果你在寻求答案，你将永远不会找到解答。可一旦你懂得怎样去探究问题，怎样去审视问题，那么你就能在问题里面寻找到解答，而不是在问题之外。

不幸的是，你们大多数人都怀着小学生的心态，也就是寻求答案。

你只关心在书本的末尾找到答案，抑或是从老师、上师、体系、方法、报纸、书本那里得到解答。也就是说，你希望从问题之外找到答案，希望在某种灵丹妙药、某个词语、某个名称那里寻求到答案，你以为你已经将问题给解决了。所以，在回答这些问题的时候，请牢牢记住，我们并不是要寻找到答案，我们应当努力去认识问题，正是在对问题的认知中我们才会找到解答。尔后，答案与问题并不是分离开来的；尔后，你不必拥有那个你试图去实践的答案；尔后，答案就掌握在你的手中。请仔细思索一下这个，要不然你将无法领悟我所谈论的内容。

我们的心态是坐等他人给出答案，尤其是在这类会议中。但我们要去做的是一起对问题展开思索，一起领悟其中的真理。原因在于，并没有所谓的问题的解答，问题是由我们的思想、我们的生活、我们的行为制造出来的。我们想要从我们的想法、日常的行为、日常的关系之外去寻找答案，于是我们永远都在等待由他人来告诉我们该怎么做。由于有些人十分乐意告诉我们该做些什么，因此我们便称其为领袖。到了探寻的最后，我们将会走向挫败、绝望和痛苦，虚度了生命，尔后我们的生活将出现破碎、瓦解。所以，唯有在探究问题的过程中，才能找到真正的答案。

问： 在一个像印度这样欠发达、经济落后、刚刚才实现了政治自由的国家，物质重建的问题显然是最主要的。对于在这里建立一个新的社会秩序，您有何建言呢？

克： 那么，这里面涉及的是什么问题呢？我们渴望一种经济层面的生活方式、一种新的行为模式、一种经济领域的新的人际关系——尤其是在一个最近才获得了自由、所谓的欠发达的国家里头。这里没有足够的食物来养活全体国民，这里的变革只是流于表面而非根本性的转变，这里只有领袖的更替而非生活的方方面面抑或观念上翻天覆地的改变。

我们声称希望建立新的社会秩序、新的经济秩序，但却没有从根本上转变自我，在这种情况下我们却渴望彻底的解决问题。你明白没有？

这位提问者询问我对此有何建议，他想要得到解答，想要一种经济层面的灵丹妙药，想要为这个国家求得某种体系方法。那么，作为生活在现实世界里的人，你能否在意识形态、思想观念上处于自由的状态，不去依靠任何其他的国家呢？你们的经济关系，难道不是基于其他国家吗，难道不是跟其他国家有关联的吗？所以，没有任何方法能够解决经济独立的问题，所有国家在经济层面都无法离开其他国家存在。

因此，第一个谬误便是希望获得经济上的自由，希望脱离其他国家来解决这个国家里人民的经济难题。问题相当迷惑，它要比经济上的灵丹妙药或是重建这个国家更为深刻，它是有关生活在这个地球上的所有人的问题。先生们，请不要冲我点头，这实际上毫无意义。我们需要的是变革——不是经济改革，不是新的经济秩序，不是观念的革命，也不是用一种体系替代另一种，而是从根本上转变我们的思想。

这位提问者想要知道我有什么建议可以来解决粮食的问题，因为民以食为天。那么，我们、你我要从哪个层面、哪个视角来着手该问题呢？我们全都承认吃饭是个大问题，没有粮食，你我就无法坐在这里了，粮食的问题是至关重要的，必须立即得到解决。可是，让我们首先去探究和认识这个问题吧。我们说粮食是重中之重，但对于个人来讲这真的是首要的吗？难道没有其他更加深刻的东西吗？

你或许有饭吃，但你是否解决了那格外重要的人际关系的问题呢？也就是说，你可能吃饱了肚子，你可能为每个人组织起了经济的安全，然而在带来这些的过程中，你或许迷失了自我，你或许不再是自由的了。先生们，这便是世界上发生的情形。

当你把粮食视为最重要的东西，你就把你的自由以及你自由、独立的思考、探明真理的能力拱手交给了某个人或某种体系，正是在这个过程中，你沦为了奴隶，你的创造力被毁灭了。让我换种方式表述好了，首要的必需不是粮食，而是每个人的创造力，假如心灵有把握是富有创造力的，那么其他一切都不重要了。尔后，我们强调的不再是粮食，不再是经济规划或制度，而是其他的东西，它将会让人类获得经济上的安全。

我们每个人都怀有野心，你想要在这个世界上出人头地，如果你是个小职员，你就会希望当上经理、总裁、董事，如果你是法律事务方面的办事员，你就会想要成为法官，你希望不断地往上爬。因此，只要有野心，只要你渴望在这世上飞黄腾达，你就会破坏那旨在让人类得到安全的经济计划。所以，只要你的驱动力是想成为大人物——成为伟人，功成名就，拥有名望、地位、权力——那么你就无法解决粮食这一主要问题。先生们，这是被一再证实的真理，而不是我自己发明出来的。当你观察该事实的时候，请你不要强调粮食是重中之重，而是应当认识到，若想解决粮食这一必需的问题，我们的思想就得发生根本性的变革。你必须抛掉你那些界分、等级以及人类所有狭隘的观念，不应该再有国家主义、民族主义，不应该再有任何人为的划分，唯有这时，才能满足人类最为必需的粮食问题。

所以，为了经济发展展开的变革应该是内部的，而不是外部的。你同意这一切吗，同意吗？但你声称你无法实现内在的变革，因为你没有活力，没有自立的意识，因为你疲惫不堪，因为你在你的生活里干了这么多的蠢事，因为你追随了如此多的领袖、老师，因为你说你在精神上已经耗尽了。这种内在的转变——在这种转变里，心灵不是在通过野心去寻求实现、获得——需要内心展开大量的探寻，需要心灵的觉知。这意味着必须抛掉一切野心，专心去探明、去解决这个最为重要的问题——也就是世上的每个人都有饭吃、有衣穿、有屋住。只有当你从内心意识到这是我们的地球，我们为全人类负有责任，才能实现上述的目标。只有当我们每个人不再为了出人头地而去努力、争斗，才可以做到这个。先生们，这才是根本性的变革，它将给你带来新的社会秩序。

问：对人类来说，科学发明已经从一种赐福变成了诅咒。您难道无法帮助人类逃离由那些最聪明、最有权力的人导致的罪恶的愚行吗？

克：先生，这是你的职责，不是吗？我们知道世界的情形是怎样的，假如我们不是格外聪慧，世界就将走向毁灭。有刚刚爆炸的原子弹，它的爆炸让一切灰飞烟灭，你或许读过有关这种可怕的发明的新闻，战争似乎是人类永远的职业。那么，我们怎样才能解决这一难题呢？科学发明是必需的，原子能可以被用来制造人类生活的必需品，它或许是最为低廉的能源了。然而，我们必须弄明白为什么人类想要彼此毁灭，为什么我们希望杀戮他人，这才是问题的关键，而不是科学发明。原因在于，我们越是能够发现科学对自然的运用，就越有自由去享受人生，去欣赏树木、天空、飞鸟、河流、日落。

所以这不是科学的过错。我们必须懂得为什么你我想要去杀戮我们邻邦的人民——苏联人、美国人、英国人或是穆斯林，为什么？这才是问题所在。我们为何会去仇恨，我们为何会制造敌意，我们的心中为何没有爱？如果我们能够真正去探究这个问题，如果我们能够知道爱究竟指的是什么意思，那么我们或许就可以阻止战争的爆发了。

我们被告知，导致战争的一个根本因素是经济。然而，比这个更为根本的原因则是信仰。当我相信某个事物的时候，我会想要劝服你去相信我所抱持的观念，假如你并不赞同我的话，我就会对你进行清算。你有某个灵丹妙药，你有某种体系方法，你有《圣经》或是某本由马克思撰写的满是真理、高等的信条、训诫的著作。若我不赞同你的思想方式，若我不像你那样是个有神论者，那么你就会把我消灭。我们必须要去认识的，便是我们为什么会在彼此之间制造出敌意和对抗。

所谓的宗教,难道不是导致敌意的原因之一吗?请好好思考一下这个,不要将其置之一旁。你认为你是个印度教教徒,我则从儿时起就被告诉说我是个穆斯林,我做某些仪式,你则不然。所以,信仰、仪式把我们划分开来,不是吗?你是个婆罗门①,我则不是,你相信唯一的救主——马克思、耶稣或者佛陀,如果我不同意你的看法,你就会把我赶到一边去。

所以你发现,导致人们之间敌对的一个根本原因便是信仰。生活里我渴望某种安全,我有钱,我有地位,但我渴望更为深层的安全。于是我的脑子里出现了欲望,这欲望迫使我在某种高等的观念、某个超人、某个高等的信念或结论中去寻找安全。因此,我出于自身的欲望制造出了信仰,制造出了安全的观念、有神论或无神论的观念,而我的心智则依附于此。所以,正是我的信仰给了我安全感、确定感。我声称它是我的欲望,它是我的,原因是,你因你所抱持的信仰而与我隔离开来。渐渐的,由这一切滋生出了界分或对抗。你是英国人,我是黑人,你是资产阶级,我是共产主义者。因此,信仰,心灵渴望在某个结论、某种信念中寻求到安全,是导致人与人之间敌对的原因之一。

爱不属于心智。我想知道你是否爱你的孩子?我对此深表怀疑,原因是,假如你爱你的孩子,世界上就不会有战火硝烟了。因为,若你爱你的孩子,你便不会在思想里面制造出印度人、穆斯林这样的界分;若你爱你的孩子,你就不会有职员和经理这样的划分。如果你爱孩子,你便会帮助他成长为一个拥有理智的人,不会有任何的限定,如此一来他的理智才能冲破生活的全部局限。

所以,战争的根源不在我们外部,而在我们内心。我们倡导非暴力,我们怀有团结友爱的理想,我们运用如此多的没有意义的词语。理想主

---

① 婆罗门,印度种姓制度中的四个种姓之一,为最高贵的种姓。——译者

义者是最糟糕的好战分子。(笑声)先生们，请不要发笑。宣扬友爱的人并不是友善的，这就是为什么他会标榜团结友爱的缘故。一个视他人如兄弟的人是不会谈论兄弟情义的。当一个人怀有了兄弟友爱这一理想，这恰恰表明他待人并无爱心，而他打算某一天能够做到友善对人。我们发明了拖延以及理想主义的哲学，若一个人宣扬某种理想，那么他显然并没有达到他认为自己应该成为的样子。只有当我们认识了自己的真实模样，不是理论上的，而是真真切切地认识了我们的本来面目，才能让自己摆脱敌意。

我们必须洞悉真理——人类是如何通过各种理论、教义、原则、哲学、信仰把自己划分成了不同的阵营的；每个人是如何努力想要功成名就，努力想要在这世上出人头地的；这一真正导致战争、破坏、衰退的因素究竟是怎样的。但我们不想面对这个，我们渴望经济上的安全，我们想要改变外部的环境，但却没有从根本上去转变自身的思想和感受。只有当我们领悟了这一真理，才能制止战争，才能认识到，那些会带来令人惊骇的破坏的科学发明，并不会给人类造成更大的不幸和浩劫。

问：您摒弃一切训戒，这只会让年轻人走向已经十分猖獗和狂热的身体崇拜。除非所有的欲望得到了升华，否则，某种形式的自我修炼难道不是绝对必要的吗？

克：先生，让我们仔细探究一下这个问题，洞悉其中的真理。我们首先应该认识事物的本来面目：世界已经沉溺于感官价值，这种所谓的身体崇拜、影视媒介等等已经被培养起来了。由于认识到了这个，于是你主张我们必须自我修炼。

那么，什么是训戒呢？让我们首先理解一下这个词语的涵义，然后我们便能着手问题了。我们所谓的训戒指的是什么？很明显，它是一种抵制的过程，对吗？是用其他的欲望来控制另一种欲望，是一种遵从。

我认为这是唯一的方式,我必须遵从它——遵从某种社会模式、遵从我的长辈、遵从上师抑或是遵从某个政治党派。我必须压制我的想法和感受,我必须遵从党派制定的制度、规划,我不应该离经叛道,我不应该想法不同,因为制度所说的就是绝对的;明天领袖就可能改变制度,但同时我却要去遵从它。这是一种态度,它是遵从、抵制,要么是升华,要么是替代。当我们谈论训戒的时候,指的便是上述这一切。

在我们进行训戒时,会发生什么呢?当你遵从某个上师,迫使你的心灵和头脑去符合由他制定的某种模式,你会遭遇什么呢?你不再是个活生生的人,而是有一个完全被训戒、被控制、被塑型的头脑。在这种塑型背后的是恐惧——惧怕公众会说些什么,惧怕没有遵从党派、领袖,惧怕你可能会丢了工作,惧怕做错事。在训戒——即抵制——和遵从背后的是恐惧——惧怕你的父母会怎么看,你的妻子、丈夫或上师会如何评论,惧怕会发生什么不好的事情。所以,训戒的基础是遵从、抵制或替代,而这背后潜伏的则是恐惧。

那么,只要驱动力是恐惧,心智如何才能认识遵从即模仿的问题呢?你明白没有?重要的是去认识恐惧的过程,由此拥有智慧——这并不表示遵从、抵制抑或寻找替代物。训戒会毁掉智慧,这是一个显而易见的事实。每个在学校的老师都会训戒。由于他有许多的孩子要对付,他必须训练,他必须恐吓他们,所以他开始去训练他们,结果他也就毁灭了智慧——所谓智慧,即从孩提时代开始便能从我们生活的方方面面自由地探明真理。

所以,训戒不会带来智慧。只有当你实现了自由,不再有丝毫的惧怕,才能迎来智慧。一个受制的心灵永远无法探明真理——这意味着,一个源于恐惧的心灵永远不会领悟什么是爱。请认识到这一点,请务必洞悉其中的真理。

不要说什么:"如果我不训戒自己的话会发生什么?"迄今为止你都

遭遇了什么呢？你认为应当训戒自己——至少你说你在自我训戒。你发生了什么呢？你永远都在跟你的应有面目和你的真实面目交战。

为什么不抛开这种你应当如何的意识形态化的理论呢？它不是事实，它里面没有任何真相。事实是你现在的模样，为何不去认识你的真实模样呢？认识你自己不需要训戒，相反，你可以去探究它，探明关于它的真理。但是你知道，我们大部分人都不愿意去认识自己的本来面目，我们始终都在追逐我们的应有面目，指望由此可以逃避真实的自己。认识自己的本来面目，这便是唯一的实相，在这种认知中，你将探明关于自我的真理，而真理从来不是静止的。但这要求心智不背负着恐惧，不因于有关训戒的想法，不因为我的父亲、母亲会说什么，我的上师、我的社会说什么而裹足不前。

训戒是智慧的绊脚石，智慧源于挣脱恐惧的羁绊。然而你发现，你认为你不应当摆脱恐惧，你认为恐惧让人不敢偏离正道，所以你应该训戒你的孩子不去反抗你，你教育他说你的想法是正确的，于是你出于恐惧而开始限定他，你希望他去遵从你的社会的模式。结果，你渐渐把恐惧根植在了他的心里，从而毁掉了他的智慧。这便是我们大多数人身上发生的情形，对吗？聪明、博学、有能力去辩论、引经据典——这些都不是智慧的象征。一个睿智的人是无所畏惧的，任何强迫或遵从都无法驱散恐惧。恐惧是一股毒液，它会慢慢在你的身体里发挥效力，从而破坏清楚的觉知。

因此，当你审视有关训戒的问题时会发现，训戒并不重要，真正重要的是去认识心智的过程、行为者的过程，不仅是在你自己身上，还有你的周围。认识你自己是不可或缺的。认识你自己不是退隐于世，不是去当和尚或隐士，在孤立隔绝的状态，你是无法认识自我的，你只能在跟他人的关系里头认识自己。因为，爱便是处于关联之中。要想认识自我，你就得运用关系这面镜子，而这需要一种巨大的能力，没有丝毫的恐惧，心智不可以说什么"这是错的"或者"那是对的"——总是去谴责、评判，这是小学生的心态，这是不成熟的思想。

所以，这个问题里面真正重要的是，我们所谓的训戒究竟意指为何。一个智慧的心灵是不需要训戒的，它始终都在自我训戒——也就是说，它始终都在观察、调整，它从不曾呆在你所说的训戒这一刻板的框框里头。先生，一个富有创造力的心灵是最为自我训戒的心灵——这种训戒不是源于恐惧，而是当心智实现了觉知，当它不停地去观察自己的行为以及自身欲望的运动而出现的训戒。这样的觉知不需要训戒。只有懒惰、无能、破碎的心灵才会害怕成长，于是它说道："我必须训戒，我必须是这样子，我必须是那样子抑或我不应该是那样子。"这样的心灵永远无法探明真理，一个受训戒的心灵，永远无法发现什么是真理。

受训戒的心智永远不会懂得什么是爱，所以我们从不曾知道何谓爱，我们只晓得性的感觉抑或是被爱、爱人的虚荣，我们不知道什么是爱。爱不属于心智，爱不是源于一个盲目信仰、局限自身或是充满恐惧的狡猾的心灵。只有当心灵认识了嫉妒的方式，爱才会到来。当它认识了自身想要功成名就的方式，当它认识了自身的欲望以及对挫败的惧怕，当所有这些都终止了，唯有这时，爱才会到来——爱不是单纯的感官、感觉，它将让我们所有的问题迎刃而解。

（第一场演说，1953 年 1 月 24 日）

受限的心灵是痛苦的来源

在思考痛苦和悲伤的问题时，或许我们可以凭借自己的力量直接探明有关受限的心灵的全部问题。我们不是仅仅讨论各种各样的痛苦——生理的、心理的、身心的——而是整个痛苦的问题。它显然与受限的心灵有关——所谓受限的心灵，是指无法理解整体、全部，只关心局部、个别、有限的部分。假如我们能够认识这个，而不是仅仅思考什么是整体，进而发明出一大堆的词语，假如我们认识了整体、全部，就将战胜痛苦，摆脱痛苦了。

我们的视角、我们的着手方式通常是由局部到整体，我们希望经由局部去认识整体。也就是说，指望通过局部——这个局部便是"我"——能够去认识我们的痛苦、我们与世界的关系、我们的态度、我们的悲伤、我们的挫败。经由局部即"我"，我们希望去理解生活这一复杂的难题。毕竟，"我"、心智是你我唯一拥有的工具，心智如此受限，以至于它只能够从有限的价值观念、看法、行为去思考。我们想通过认识局部、"我"去了解整体。整体不是理论、不是猜想，不是某个老师怎么说，不是政府的看法，不是关于神或者存在状态的观点。然而，直接体验整体——不是猜测，而是切实的体验——能够最终让一个人走出痛苦的泥沼。

由于我们、你和我是受限的，被我们的思想局限，所以我们的心灵无法去认识那个我们未知的"整体"。所有的思想都是受限的，不管你可能把它置于哪个层面，它都是局限的。你不希望承认这个，你觉得你的身上有某个部分不是受限的，超越了所有会带来限定的影响——气候的、风土的、宗教的、社会的影响，还有教育、记忆、经验。你认为有某个事物超越了一切的限定，它不属于"我"的范畴。可当你去思考那个你所谓的不受限的状态，正是这种思想会带来局限，而那个超越了一切限定的事物依然是受限的，如果它同思想有关联的话。这不是单纯的推测抑或狡猾的争辩。

如果你能够探究受限的心灵这一问题，就会领悟到，思想没有某个部分是不受控制、不受限定的。或许正是这种限定是一切痛苦开始与结束的来源。假如我们可以去探究它，假如我们不停留在口头的层面——你知道我所说的口头层面是指什么意思：仅仅去思考它，仅仅去猜想心灵究竟能否不受限定——假如我们可以认识这个，那么或许在这种认知中我们将会有许多发现。

首先，如果我们展开觉知，如果我们去观察自身心智的状态，就会认识到思想是受限的，并没有不受限定的思想。只要我们承认了这一点，只要我们意识到了这个，就可以从不同的方式来着手问题了。也就是说，我承认我是受限的，根本不可能存在不受限定的心灵，尔后我试图通过不再去相信某些观念或理想而改变这种限定。但是在这一过程中，我被限定着去接受其他的观念或理想。所以，限定里面有一种过程，这是我们大部分人所关心的。我们希望在社会、经济、宗教方面取得进步，或者我们跟他人的关系能够有所进展。由于受着局限，因此我们承认说所有的痛苦永远都无法终结，痛苦只会略作改变，还有各种形式的对痛苦的逃避。

可一旦我们实现了认知，一旦我们彻底地、充分地意识到自己的整个思想都是受限的，没有任何部分是不受限定的，那么我们就能够探明是否有某种事物超越了心智，超越了心智制造出来的各种观念。我认为这一点是十分重要的，假如你能够真正去探究该问题，假如我们在谈话的时候可以真正去体验这个，或许就将真正解决我们怀有的无数难题了，就能够彻底消除我们的悲伤与痛苦了——不仅包括身体上的痛苦，而且还有更为严重的心理层面的痛苦、内心的挣扎、矛盾、挫败、绝望、憧憬。

因此，重要的是去探明以及真切地体验，是否有一种不受限定的状态，不受心智的限定与控制，也不是由心智构想出来的整体、全部。我们用受限的心智去寻求所有问题的解答——社会的、经济的或是宗教的——所以，不管答案是什么，它都是局限的，从不曾超越限定。也就是说，我们如今崇拜的字眼不是"神"，而是"国家"，我们以为，使用了"国家"这个字眼就是取得了巨大的进步。抑或假若我们不喜欢"国家"这一字眼，就会用"科学"、"辩证唯物主义"等字眼，仿佛如此一来就能够把我们所有的问题迎刃而解了。也就是说，我们总是在以受限的思想去着手问题的解决。

思想总是受着限定，没有不受局限的思想。正如我所指出来的那样，你或许理解最高等的自我，但即使是处于最高等的层面，它依然是受限的。一旦我们认识到了这一点，不是流于理论层面，而是真真切切地感受到了这个，一旦我们观察心智的运作，就会知道心智是如何始终带着背景去思考的。没有记忆就没有思想，没有记忆、没有心智的过程就不会有经验，于是这里面会有矛盾。这是我们所知道的状态，我们从这一视角出发去着手问题。然而，我并不认为这种方式，即仅仅从某个视角出发去应对问题就可以将我们的问题解决。只有当我们理解了"整体"，才能解决问题。只要思想、念头在运作，就无法认识"整体"。请好好思考一下这个，不是在你回家的时候，而是在我跟你们谈话的时候就展开思索。

困难在于，我们大部分人都会对自己听到的东西进行解释，去做比较。你明白没有？你声称《奥义书》① 上是这么说的，这是《薄伽梵歌》

---

① 《奥义书》，印度古代哲学典籍，最早出现于公元前9世纪左右。——译者

里面的话,所以你在做着解释,你并没有去认知,结果,你的知识就会妨碍你去直接的体验。因此,必须压制知识,必须把一切知识抛到一边——我谈论的并不是有关如何修建桥梁的知识,这是必需的;我也不是谈论那些基础知识,这么做是荒谬的——抛掉那些比较性的知识,抛掉那些解释他人观点的知识。解释代表了一种自我实现,表明想要得到安全与确定,于是心智总在做着比较,说道:"书本上是这么主张的。"正是这种阐述、这种解释,终结了进一步的检验和探究。

心智显然必须处于一种彻底不确定的状态——这意味着它要处于一种彻底无为、不知的状态,这样的心智不会说什么:"我知道","我有经验","它是这样子的"。声称"我知道"的心智,无法解决任何生活的难题,因为生活是时刻运动着的,而不是静止不变的。你或许会对生活加以阐释,你或许会作为一个社会主义者、共产主义者、唯物主义者去解释它,你或许会去解释生活,结果也就把它束缚在了解释的语词之中。但实相是鲜活的事物,通过局部即思想是无法着手这一活生生的事物的。请务必认识到这一点,尔后真理将会向你彰显出自身。只要你真正去聆听它,就会有非凡之举,就将立即冲破心智的局限,尔后,心智便会处于格外警觉的状态,如此一来,"整体"不是某种不可思议的事物,不是超越了心智的事物。只有当你认识了限定的整个过程,当你真正领悟到通过受限的思想是无法解决我们的任何问题的,唯有这时,你才能体验"整体"、全部。一旦你有了这类体验,一旦你感知或者体验了"整体",就将迎来翻天覆地的心灵的转变,这是唯一的变革——不是经济改革,这只是改进的思想和依然受限的行动。

因此,我们必须认识到自己的思想是受限的,然后从这一角度出发去着手我们的问题。无论你怎么做,积累心理学方面的知识,阅读世界上所有的宗教典籍,假如你带着这样的知识去着手有关生活的难题——它始终都是鲜活的,它是永无止息的——那么你永远都不会找到答案。

但倘若你带着对"整体"的认知去体验了"整体",认识了受限的思想,那么,伴随着对于"整体"的认知,就可以解决每一个问题了,不是从略作改进的受限的层面,而是彻底消除每一个问题。

就像我昨天指明的那样,世界上发生了所谓的进步,但痛苦却越来越多,破坏、不幸、窒息、挫败越来越多。你可能并没有觉察到这个,因为你的鼻子习惯了每日的例行公事。但倘若你展开觉知,就会发现这是生活的过程——不断的挫败,永远没有尽头,你越是想要去实现,就会越遭遇挫败。在自我实现里面,在想要功成名就的欲望里面,会有更多的欲望、更多的痛苦。原因是,你行为的根源、你行为的推动力便是自我实现——在你的儿子、你的家庭身上实现你自己,在国家或者社会那里实现你自己——自我实现的欲望以及由此展开的行动带来了挫败。只要遭遇了挫败,你就会感到绝望。所以,心智通过国家、神或是其他可以借此实现自我的事物寻求着希望,结果我们也就再一次地困在那个链条之中。

所以,假若你希望展开一种不属于某个体系方法或某种理论的行动,假若你我应该携手去行动——不是为了去实现什么、达成什么的行动——那么我们就得认识心智是如何受到限定的。让心智挣脱自身的局限和束缚,这是至关重要的事情,尔后便会有合作,尔后我们就可以共同去行动,而不再是你我各自展开。这是千真万确的。这一切自然需要相当的觉知,你无法在书本里头购买到这个。这才是真正的冥想——不是受到控制的思想的冥想,不是只会让思想局限的冥想,而是广泛的觉知带来的冥想。广泛的觉知便是去观察思想的整个过程——观察心智是怎样运作的,观察每一个反应、每一个体验、生活的每一次入侵,观察意识在每时每刻是怎样运作的,观察每一个反应,但不要去控制它、指挥它、训戒它。在这种广泛觉知的状态里,心智会变得异常的安静,它不再关心获取、自我实现,不再关心是什么或不是什么。这种静寂的状态不是强迫或训戒能够得来的,这是一种不属于心智的存在状态,于是心智会安静下来,在这种静寂中,你便能够认识"整体"了。

问:像我这样的普通男女大多关心那些迫在眉睫的问题,比如饥饿、失业、疾病、冲突。我怎样才能真正关注生活里那些更加深刻的问题呢?我所寻求的全部,似乎便是摆脱那些迫近的不幸。

克:我们全都希望马上摆脱我们的不幸。我们都是凡夫俗子,不管我们可能居于怎样的高位——官僚的、社会的、宗教的。日常生活里有一些很小的不幸,有嫉妒、愤怒、不被爱的痛苦、被爱的狂喜。如果你能够认识生活里的这些小事情,就可以在它们那里发现自身头脑的运作。你或许是个家庭主妇,一辈子都不过是煮一日三餐,对丈夫言听计从,又或者你是妻管严的老公,这些全都无关紧要。在充满了痛苦、欢愉、不幸、绝望、希冀的关系中,假如你是从非常浅的层面着手,你将发现——若你能够去观察、等待、觉知,既不去谴责,也不去评判——那么头脑对于这些问题会探究得越来越深刻。但倘若你只是关心逃避某个问题,那么你的头脑就将停留在肤浅的层面。

让我们思考一下有关嫉妒的问题,因为我们的社会正是建立在嫉妒之上。嫉妒是贪婪、获取。你拥有,而我则没有;你是个大人物,我则是个无名小卒,于是我便会为了出人头地跟你展开竞争;你知识更渊博、荷包更暖和、经验更丰富,而我则不如你。结果便会有永无止境的努力、争斗,你总是在前,而我则始终落于人后,你是个上师,我是学徒或追随者,你我之间的沟壑巨大——你总是遥遥领先,而我却屈居人后。假如我们可以认识到这个,那么这些努力、争斗、痛苦,这些小疾病以及日常生活里的其他琐碎之事就会蕴含无尽的意义。你不必阅读《吠陀经》[①]

---

① 《吠陀经》,印度教的著名经典。——译者

全集，不必博览群书，你可以把它们统统抛到一边，它们丝毫也不重要。真正重要的是在这些生活的琐事里获得直接的认知，尔后它们将拥有截然不同的意义。毕竟，当你观察一棵树的美丽、鸟儿的飞翔、河面上的日落，它们会向你传达许许多多，还有当你审视生活里那些丑陋的东西——肮脏、贫穷、绝望、压迫、恐惧——它们同样也会揭示出思想的基本过程。但倘若心灵仅仅关心逃避，关心某个灵丹妙药，倘若心灵不在一切关系里去探明、去发现，那么我们便无法觉察到这一切了。

不幸的是，我们没有耐心，我们想要立即的解答，我们的心灵对于问题如此缺乏耐心。但只要心灵能够对问题展开观察——不去逃避它，而是与其共处——那么问题就会开始彰显出它那不同寻常的特性。心灵触及了问题的内在，于是它不会再是被环境、灾难摆布的东西。尔后，心灵会像一个池子，犹如静水流深，唯有这样的心灵才能迎来静寂、安宁与平和。

问：信仰辩证唯物主义让新中国获得了一股如洪水般汹涌的生机与活力。信仰宗教似乎使人类自鸣得意，活在现实之外。精神层面的良善，能否同唯物主义者那生气勃勃的行动结合起来呢？

克：诚如你一定注意到的那样，对国家、自由、和平或战争的热情，使得我们去跟国家、神或某个理念认同，这相对来说要容易得多。也就是说，忘却自我——通过国家、神或辩证唯物主义的观念——抑或实现自我，相对而言是容易的，这让你产生了惊人的热情与力量。

你怎么看待战争？——战争需要残忍无情的杀戮，它会鼓励敌对、忍受、牺牲，把一个人所有的责任都抛开然后去往前线厮杀。为此，你必须拥有惊人的热情、精力、欲望、仇恨以及所谓的对国家的热爱，它会让一个人在战争的行为里得到一种自我实现。所以，对这样一个人来说是没有任何问题的。同样的，跟我们所谓的神、国家认同，跟某个被视为比"我"更巨大的理念认同,显然会让一个人拥有惊人的力量和活力。这跟宗教是一样的,如果我是一个所谓的虔诚的信徒,这同样会让我拥有巨大的信仰、力量和动力。在这个国家里面,这一切你们都占全了。当你为了自由去斗争的时候,你可以做任何事情。

为自由而战是一种自我实现,那个你与之认同的国家,其实是你逃避自我的手段。为了建立一个新的世界、一个新印度而展开的斗争、承受的痛苦,都是人为的忘却自我的手段,它们全都是以各种各样的方式在实现着那个"我",它们全都带来了短暂而非凡的力量与热情。然而在这背后,总是存在着那个"我",它永远都在寻求着自我实现,永远都想要达至什么、获得什么,结果也就导致了冲突。

正如你们所知道的那样,正如你们所实践的那样,宗教是一种枯燥的例行公事,是毫无生命力的东西,因为它受着传统的束缚,因为它受着商羯罗①或佛陀的观点的束缚。于是心灵便制造出了商羯罗的看法、《薄伽梵歌》的观点,你通过这一途径去实现自我,于是你的阐释、你的评论就会变得分外的重要。当你去达至什么、获得什么的时候,伴随而来的会有这种巨大的活力,但它是虚假的,不是真正的创造力,它不过是略有了改进,不过是受限的思想略有了进步。然而,有一种行动远远超越了这种想要自我实现的欲望,只有当你不再怀有各种各样自我实现的欲望,这种行动才会到来。

先生们,好好思考一下这个吧,不要轻易地去反对或赞成。真正地聆听,尔后去检视,这才是至关重要的事情,这会让你具有无法描述的力量,让你拥有一种崭新的生活,不再有伤害、强迫、被迫的奴役。这会带来一种创造力,在它里面,没有那个不断想要实现自己的"我"。

"我"与国家或某个体系的认同,带来了不幸,带来了立场、敌意

---

① 生于公元 788 年,婆罗门哲学家,神秘家,印度教改革家。——译者

和仇恨。假如你让自己跟某个阶级认同，你难道不会感受到一股惊人的热情想要去维系该阶级以及展开斗争去消灭其他的阶级吗？所以，同样的，仅仅跟某个更加巨大的事物认同并不是问题所在，也无法解决问题。看一看我们的心智是怎样运动的，怎样指望着通过局部去认识整体。我们以为这个"整体"便是国家、群体、民族或者某个理想。"整体"不是上述这些东西，因为它们全都是思想构想出来的，而思想永远都是受限的，这便是为什么你无法通过宗教或书本洞悉"整体"的缘故。

只有当心智彻底意识到自己是受限的，才能探明并体验"整体"。尔后，作为"我"的中心的心智，那个始终都在寻求着实现并由此通过热情去逃避的心智，会认识到它能够在任何方向运动并且迈入静寂。然后，在这种静寂中，会有一种崭新的活动，不再是单纯的制造、发明，而是具有创造力的。对于我们每个人来说，若想消灭灾难、不幸、破坏的根源，就必须具有这种创造力。你我虽是普通人，但倘若我们发现了这种创造力，那么这个世界就将属于我们，你我将携手去建设它，你我将一起展开行动，创造一个新的世界，不会再有痛苦、悲伤、饥饿。可如果没有这种创造力，那么一切其他的创造都不过是略作改进，让不幸少一点，让受限的思想略有进步罢了。

问：一个人怎么想，他就会变成什么样。懂得怎样不被自身那些邪恶的、任性的念头支配，这难道不是至关重要的吗？

克：首先，这位提问者以这样的问题开始："一个人的想法导致了他去行动。"我们无法直接地去思考，这难道不奇怪吗？我们有无数的引经据典以支撑我们的理论——《薄伽梵歌》怎么说的、马克思怎么说的、商羯罗怎么说的、丘吉尔怎么说的或者毛泽东是怎么说的。我们的心灵无法直接地审视事物，无法直接地去体验事物。引文的知识摧毁了我们凭借自己的力量去探明真理的能力。（笑声）是的，先生们，你们发笑，你们不知道这笑声背后的灾难。

现在,你的心灵被束缚住了,一个受限的心灵不可能是自由的。只有当它认识到自己是受限的,它才会获得自由,尔后也就可以展开行动了。如果心灵声称:"我没有被束手束脚"、"我知识渊博"、"我能够引经据典",这样的心灵是无法探明何谓真理的。一个有着这样心灵的人,只会活在二手经验的层面。

问题的第二部分是:"懂得怎样不被自身那些邪恶的、任性的念头支配,这难道不是至关重要的吗?"这个问题里面包含有两方面。他说道:"我如何才能摆脱邪恶的、任性妄为的念头呢?"请仔细思考一下这个,因为这非常重要。原因在于,只要我们能够真正懂得其中的涵义,超越语词的层面,那么你就能有所发现了。不要仅仅只是口头上理解了我的话,也就是说,不要只是听那些语词、语词的发音,而是展开探究。

思想者跟思想是分开的吗,跟邪恶的、任性的念头是分开的吗?请观察一下你自己的思想。我们说道:"有一个想要摆脱邪恶的'我',它在那些游走的念头之外。"这也就是说,有一个"我",它说道:"这是任性的想法"、"这是邪恶的行为"、"这是好的"、"这是坏的"、"我应该克制这种念头"、"我必须保持这种想法"。这就是我们所知道的。那么,这个"我"、思想者、评判者,这个做着判断的人,这个监察者,与想法是分开的吗,与邪恶、嫉妒是分开的吗?这个声称自己位于邪恶之外的"我",永远都在试图去战胜自我,试图把自我推开,试图变成其他的面目。于是你便会努力抛掉那些想法,便会努力不去任性妄为。

正是在思想的过程中,我们制造出了努力的问题。你明白没有?然后你会去训戒、控制思想——"我"会去克制不好的念头,"我"会努力变得不嫉妒、不暴力,变成这样或那样。所以,当存在着这个"我"以及它去控制的对象时,你便进入到了努力的过程之中。这正是我们日常生活里面发生的切实情形。

那么,这个在做着观察的"我"——这个观察者、思想者、行动者——跟行动、思想以及它所观察的事物是分开的吗?迄今为止我们一直都认为"我"与思想是分离的,所以,让我们继续这样的主张——即思想者与思想是分开的。思想者说道:"我的想法是游走的、邪恶的,因此我必须控制它们、塑造它们、训练它们。"在这个过程中出现了一样东西——那就是努力的问题以及"不去怎样"这一否定的、排拒的形式。请认真聆听我的话,不要去做解释,如果你可以做到仔细的聆听,那么你就会发现非凡之物。正如我所指出来的那样,你滋生出了各个形式的努力、否定、断言,这便是我们每日的生活。

然而,思想者与思想之间有界分吗?请好好探明一下这个,有吗?也就是说,假若你不去思考,会有一个"我"存在吗?假若没有任何想法、念头、记忆、经验,会有"我"存在吗?你指出"我"是高等的自我,是一个超越了思想的事物,它在指引着你、控制着你。那么,假如你这么认为,请再一次去检验一下它,不要盲目地接受。若你这么认为,那么那个在冥想着梵我的实体就依然处于思想的领域之内,这个能够被思考的事物依旧在思想的范畴内。也就是说,当我想到你的时候——我知道的某个名字——当我想起的时候,你就已经处于思想的领域之中了,不是吗?所以,我的思想跟你是相关的。于是,梵我或者高等的自我,随便你使用什么词语,仍然是在思想的范畴内。因此,思想者和思想之间总是会有关系,它们并不是两个分离开来的状态,而是一个统一的过程。

所以,存在的只有思想,它把自己划分成了思想者和思想,把思想者变成了更加突出的事物。思想制造出了"我",而"我"成为了突出的东西,因为,毕竟,这就是它所寻求的——它在我与我的妻子、我的孩子、我的社会的关系里寻求着安全、永恒、确定,它总是渴望得到确定。思想便是欲望,于是那寻求着确定的思想、欲望便制造出了"我"。

尔后,"我"为所谓的永恒所困。然后它说道:"我应该去控制我的想法,我应该抛掉这个念头,采取那个念头",就仿佛这个"我"与想法是分开的。重要的是真正去体验这个事物,在它里面,思想者即思想。这是真正的冥想——探明心智是怎样始终都围绕着把思想者跟思想划分开来而运作的。

我们关心的是思想的整个过程,而不是那个"我"——它想要去看,它在制造、支配、控制、升华思想。存在的唯有一个过程,那就是思想。思想说道:"这是我的房子",这背后潜伏的是渴望在那个房子里面得到安全。同样的,当你说"我的妻子",这个想法里面存在的是安全。于是,"我"在确定中被赋予了永恒。存在的只有思想的过程,没有一个同思想分离开来的"我"。

因此,当你认识到这个的时候,当你实现了这种认知,那如蝴蝶般、如猴子般四处游走、跳跃的想法会发生什么呢?一旦不再有监察者,一旦不再有那个声称"我应该去控制想法"的实体,会出现怎样的情形呢?先生们,请认真思考一下。尔后,还会有四处游走的想法吗?你明白没有?不会再有一个运作着、评判着的实体,于是,每个想法就只是想法而已,没有好坏的比较,因此也不会再游走、波动了。

当思想说道:"我在游走,我不应该那么做,我必须这么做",才会出现四处游走的念头。一旦不再有任何思想者——那个声称自己必须去控制想法的实体——那么我们关心的只有想法而非它应当如何。然后你将发现真正去观察每一个想法及其涵义是何等的美好,因为,尔后不会再有游走的念头了。你摆脱了努力的问题,因为你通过努力无法至真理,要想迎来真理,就必须停止努力。你应该能够获得真理,它不是奖赏或惩罚,社会关心的是你是否体面,是否受人尊敬,但真理不是。

若想拥有真理,思想就必须迈入静寂。思想不应该去寻求奖惩,它不应该关注于这些东西。唯有当心智不去寻求，唯有在这种状态，真理才会到来。有所求的真理根本就不是真理，它不过是自造出来的自我实现的声音罢了。所以，一旦你洞悉了这一切，一旦你看到了心智运作的画面，就不会再有被控制的想法了，尔后，想法便具有了意义。思想也在展开着观察，就像观察者观察自己的想法一样，要体验这个格外困难，因为这需要相当的感知以及心智的静寂。每个想法都是记忆的结果——记忆不过是一个名称。毕竟，你用语词进行思考，你的思想是记忆的产物，记忆是由形象、符号、语词构成的。只要有"构想"，就一定会出现思想。因此，如果一个人关注于去认识自己的各种想法，那么他将会懂得命名、记忆、心智的整个过程。唯有这时，心智才能获得彻底的宁静，这种静寂伴随着觉知而来。尔后，真理将会赐福那个人，将会朝他走去，将会让他摆脱所有的难题。唯有这时，他才会成为富有创造力的个体，而不是仅仅懂得绘画、写诗、一天工作十个钟头的人。

问： 称念神的名字是让不停游走的思想安静下来的最有效的方式。那么您为何反对这些帮助追寻者摆脱生活阴影的入门训练呢？

克： 我们大部分人渴望的是被语词、声音催眠。我们想要得到宁静，于是便发明语词或者去吸毒，好让神经得到暂时的安静。

如果你只关心让心灵得到表面的宁静，那么，通过反复念诵语句，称念神的名字确实可以办得到。不必反复称念神名，就只是念叨几遍"二二得四"，你的心灵也会变得格外安静的。（笑声）

请仔细思考一下这个。心灵想要一个不会受到干扰的工作，毕竟，这是我们大多数人所渴望的——你不希望在工作中被打扰，不希望在与你的妻子、你的邻居的关系里处于不安的状态，你想要有稳定的收入，你希望自己的生活是有保障的，你想有休息的时间，你不想受到政治、宗教方面的干扰。只有当你饥饿的时候，才会感到不安，一个肚子不饱的人多少会需要一种不受烦扰的状态，毕竟，暴政和集中营里满是烦躁不安的人。所以，质疑会妨碍一个人去探寻，这就是你们的宗教的主张，这就是你们的那些政客、领袖所宣扬的。因此，心灵不希望处于不安的状态，于是它求助于各种各样的手段让自己安静下来。

毕竟，满足是宁静所必需的东西。你应该去观察头脑和心灵，观察一下什么是真理——不是终极真理，而是蕴含在日常生活的运作中的真理、思想的真理。你应该保持觉知的状态，而不是仅仅因为重复某些语词昏昏欲睡。真理不是终极的事物，它是要时时刻刻在生活里去发现的东西。真理不是累积得来的，不属于时间的范畴。为时间所困的事物并非真理，它是记忆，而记忆说道："我不应该不安"，"我拥有对真理、神、日落的最美妙的体验"或是"感受过自我实现的欢愉"，"我怀有某种欲望"，"我不应该焦躁不安"。

所以，心灵永远都在寻求着某种可以得到宁静的方法，在这里面，它能够以习惯的方式运作。毕竟，你的全部经验都不过是既定的习惯罢了，在这种习惯中，心灵会变得安静。于是你发明出了称念神的名字的练习，你反复念诵某些语句，你的表层的意识被人为地变得安静下来。但你渴望进一步，渴望变得如何如何，渴望取得成就，你会有一些野心勃勃的念头、奋发努力的念头，而你必须去认识这些想法，它们会在你同你的妻子、你的孩子的日常关系里，会在你从事的工作里彰显出来的。

因此，生活是一种关系的过程，这里面会有烦躁、不安、干扰。必须得有扰乱，扰乱是一面镜子，你可以从中去发现。你将发现你的头脑、你的心灵的状态，你要看一看它是怎样运作的，怎样运动的。但倘若你去谴责它，那么你就会妨碍它，你就无法去超越它。所以，那个做着评判、比较、谴责的实体依然是思想——试图变得如何如何的思想、野心勃勃的思想——这样的思想永远不会发现真理。一个有野心的人是政客,而政治的世界从来不会解决任何人类生活的难题,任何国会、政治领袖都无法认识和带来世界的内在的转变。

世界就是你,你的世界就是你与你身边的人共存的世界。心智必须发生变革,让你自己昏昏欲睡是无法带来这种革命的,唯有那富有创造力与活力的终极真理才可以带来心灵的转变。只有当你认识了生活的方方面面,方能迎来这种变革。认识心智便是"聆听的开始",冥想便是认识心智的整个过程。

(第二场演说,1953年1月25日)

教育能塑造完整的人吗?

我们许多人都思考过有关瓦解的问题。几乎我们所触及的一切事物,不久之后都会走向瓦解,任何有创造力的、有价值的行动,最后无不是以复杂、焦虑、不幸和混乱告终。我们许多人一定都曾思考过为什么应当是这样子的,为什么我们生活的各个层面都会走向那可怕的枯萎、凋零、衰退。我们必定注意过这个并且找到了某种答案,我们接受了这一切,认为它是不可避免的,我们找到了某个有价值的抑或仅仅只是口头上的解释,我们对此感到满意,因为无论我们做什么都想要得到某个解释、某些让人感到满意的话语,好让我们那活跃的脑子安静下来,结果我们不久便迷失在了解释的丛林中。

今晚,我们打算讨论一下"教育"的问题。在我看来,导致各个方面衰退的一个主要原因便是所谓的教育。我们将尽可能谈得简洁一些。不过，在我探究这一复杂问题之前，我认为，你我不应当仅仅只是接受或者排拒我要提议的内容。它可能是新的看法，也可能是老话重谈，可如果仅仅只是排斥或接受，但却没有真正认识教育这一复杂问题的全部，那么这么做将会完全没有价值。所以，若容我建议，在你聆听的时候，请不要说什么："这是不可能的"，"这是不切实际的"，"这是毫无价值的"，"这一切我们早已知道了"等等。这些话难道不就代表了一个非常懒惰的心灵吗，一个不愿意去探究和认识问题的心灵吗？我们的心灵是迟钝的，尤其是在干了一天没价值的例行公事和愚蠢无聊的生活之后，我们来到这里通常是为了找乐子，为了有东西可听或者为了之后有东西可谈。在这个会议上，我建议大家去思索一下有关教育的问题，一同展开探究——而不是我提出问题，你来审视。

我们所说的教育是指什么意思呢？我们为什么希望受教育？你为什么把你的孩子送去学校读书？是单纯获得某种技术知识，好让你具有一定的能力，由此你可以谋生，你可以运用该技术得到一份赚钱的工作吗？我们所说的教育，就是为了通过考试，然后成为一个职员，再由职员升到管理层吗？还是说，我们教育我们的孩子或是让自己受教育，是为了认识生活这一复杂难题的全部呢？我们送孩子去念书抑或自己接受教育，到底是出于怎样的意图呢？很明显，事实是，你之所以接受教育，是为了得到一份你所满意的工作，这就是你关心的全部——能够通过某些方式来谋生。所以你去念大学或学院，尔后你步入婚姻，养家糊口，还没等你弄清楚自己身处何方，你便已经当上了祖父或外公，了此余生。这就是我们大多数人接受教育的目的，这就是事实情形，我们大部分人都满足于此。

但这便是教育吗？这是一种完整的过程吗，在其中可以认识生活的全部吗？也就是说，你是否希望教育你的孩子去认识生活的全部，而不是仅仅局限于生活的某个方面，比如生理的、情感的、智力的、心理的或精神的方面，不是局部地看待生活，而是将其视为一个整体？当然，这里面包括了谋生的技能。那么，我们渴望的是哪一种呢？——不是理论层面的，而是切切实实的。什么是我们需要的呢？依照这个，你有了大学、中小学、考试或没有考试。然而，仅仅狭隘地谈论语言学上的划分，在我看来完全是徒劳的。作为成熟的人——如果有这样的人存在的话——我们必须要做的是对这个问题展开探究。你希望你的孩子被教育成受人尊敬的职员、官僚，过着完全悲惨、琐碎、无意义的人生，如同体系里的机器一样吗？还是希望他能成为完整的个体，拥有智慧、能力以及勇敢无畏呢？或许我们可以去探究一下我们所说的"智慧"是指什么意思。仅仅获取知识不等于智慧，它并不会塑造出一个睿智的人。你或许拥有十八般技艺，但这并不必然意味着你就是个睿智的、完整的人。

那么，那个能够给生活带来完整，能够给人带来智慧的事物究竟是什么呢？这就是我们所渴望的，至少这就是我们希望在教育里面发现的东西，假如我们具有理性并对教育怀有兴致的话，这便是我们试图要去做的事情，对吗？先生们，你们对这个话题感兴趣吗？你们似乎相当犹豫，还是说你们希望讨论一下灵魂的问题呢？先生们，如果教育不是生活里面最重要的问题，起码也是我们的主要问题之一。因为，正如我所指出来的那样，我们周围以及内心的一切事物都在走向衰败，我们不是富有生机与活力的人，我们不过是技师。倘若我们想要创建一个新的世界、新的文明，那么显然我们的生活观就必须发生彻底的变革，而不是仅仅去接受事物的现状或是改变事物的本来面目。

那么，通过教育、正确的教育，能否塑造完整的人呢？完整的人即能够从整体而非局部去思考，作为一个完整的个体思考，而不是沉溺于局部的、片面的思考。通过教育，人能否拥有智慧——也就是无所畏惧？如此一来心灵便能够自由地思想，不会从印度教教徒、穆斯林、基督徒或共产主义者的层面去思考。只有当你的心灵不受局限，意思便是说，没有被限定为天主教教徒、共产主义者，诸如此类，你才可以自由地思想，于是你便能够审视那些不断在限定着你的来自生活的全部影响，从而可以展开检验和观察，让你自己摆脱这些限定与影响，如此一来你便能够是一个理性的人，没有丝毫的畏惧了。

我们的问题便是怎样通过教育塑造崭新的个体——拥有创造力、能力和智慧，这种智慧没有任何重负，不局限在某一个方向，而是一个整体，不从属于任何群体、阶级或宗教。如此一来，依靠教育和智慧，他就可以达至成熟，从而能够让他不是一个单纯的技师，而是活生生的完整的个体。

所以，这就是我们的问题，不是吗？由于目睹了实际上发生的情形，尤其是在这个工业落后的国家里出现的景象，因此我们努力想要在工业方面追赶世界上的其他国家，我们以为这么做会让我们自己以及我们的孩子赶上世界的其他国家。因此我们关心的是这个，而不是生活的全部——在它里面有痛苦、悲伤、死亡、性的问题、思想的问题，快乐地、充满生机地活着。我们把这一切抛到一旁，仅仅关心某些特殊的技能。但我们应该塑造截然不同的个体，所以很明显，我们的整个教育体制都必须经历彻底的变革，这实际上意味着，必须教育教育者。也就是说，教育者自己显然应该是自由的，或者努力摆脱自己身上一切会带来破坏和局限的特性。

我们应该培养富有创造力的全新的个体，这一点十分重要，不是吗？如果一个班上只有一个老师但却有一百个学生或者三四十名学生，那么我们就无法实现这个——这实际上意味着，每个老师都应该只教授数量很少的学生，而这又意味着需要巨大的花费。因此，由于看到了复杂性，于是父母们希望自己的孩子多少接受些教育，以便他们能够在某个办公室里度过自己的余生。但倘若作为父母的你们真的爱你的孩子——对此我深表怀疑——倘若你真的关心自己的孩子，倘若你真的对他们的教育怀有热情和兴趣，那么你显然就应该认识如下问题，即"什么是教育"，你应该揭示出这一问题，对吗？

基于现状以及这种教育体制还有所谓的考试，能够培养出完整的人吗，能够培养出可以认识生活抑或努力去认识生活的人吗？——所谓生活，即谋生、结婚、所有的关系的问题、爱、善良。只有当你不再怀有任何的野心和欲望，才能实现这个。原因是，一个有野心的人并不拥有智慧，他会残忍无情，他的野心可能是在精神层面，但他同样也会冷酷。能否塑造出没有野心的人？能否有正确的教育培养出这样的人？——这实际上意味着具有精神品格的人。使用这个词语我有些犹豫，因为你马上就会把它解释为某种宗教方面的渴求或迷信。但倘若你真的关心教育，那么这难道不就是我们的问题所在吗？

你立即的反应会是：用什么法子？你想要知道方法是什么，如何才能带来这个。那么，有方法吗？请好好聆听这个，不要将其抛置一旁。能够向教育者提供什么方法，以便带来人的完整的状态吗？还是说压根儿就没有办法呢？我们的老师必须对每一个学生格外的关心，必须对每个人展开观察。由于每一个人都是一个鲜活的个体，所以教师必须去观察他、探究他，激发他身上那非凡的智慧，这将帮助他获得自由、智慧和勇敢。能否有方法做到这个呢？方法难道不意味着立即把一个学生局限为某个在作为教育者的你看来十分重要的模式吗？你认为，通过向他灌输某种模式——即你认为一个智慧的人应当怎样——你将帮助他成长为一个理性的、睿智的人。你把这个称作为教育，感觉你仿佛已经建立起了一个非凡的世界，在这个世界里，你们全都仁慈、快乐、富有生机。

我们并没有建立一个美丽的世界，但倘若我们懂得怎样帮助孩子成长为有智慧的人，那么他或许能够带来一个截然不同的世界，不会再有战争的硝烟，不会再有人与人之间的敌对。如果你对此感兴趣，那么每一个成年人的责任难道不就是认识到必须带来这样的教育吗？——这实际上意味着，老师只可以去教授很少的学生，不应该再有什么考试，而是要去观察每个学生以及他的能力。这实际上表示，不会再有所谓的大众教育，也就是，两三个班级里面挤满了上千个学生，这不是教育。

所以，只要你对此怀有热情，你就能够创造正确的教育者并且帮助孩子获得自由，建立一个新的世界。这不是某一个人的工作，这是教师、父母以及学生共同的责任。培养崭新的个体，培养智慧的、无畏的人，这不仅仅只是教师的职责。原因在于，教师或许尝试这么做了，然而当孩子返回家中的时候，那里的人会开始腐蚀他的心灵，会开始影响他，他的祖母会去限定、约束他的思想。所以，这是一场永无止息的斗争。很明显，除非作为父母的你们与老师携起手来，带来正确的教育，否则只会有越来越严重的衰退。怎样着手该问题——这就是睿智的人关心的事情。然而你们大部分人都声称自己根本就不想思考这些问题，而是希望被告知该怎么做，希望遵循某些体系方法，把其他事情抛到一旁。你唯一关心的是生儿育女，然后把他们送到老师的手上。

但倘若你真的关心正确的教育，那么很显然，作为成年人的你的责任就应该是认识到，唯有通过正确的教育才能带来正确的生存之道，而不是任何老旧的、过时的生活方式。正确的生存之道显然意味着不参军、不当警察、不做律师。很明显，只要你真的关心正确的教育，就不会从事这三种职业了。我知道，先生们，你们之所以发笑，是因为这对你而言是个笑话，是令人惊奇的事情，可如果你真的认真思考一下的话，就不会发笑了。世界正在毁灭自己，有越来越多的方式在毁灭人类，那些发笑的人并没有真的关心那始终都如影随形的死亡的阴影。导致人类衰退的一个原因，显然就是我们当前这种错误的教育方式。

要想培养出拥有智慧的人，我们的思想就必须发生彻底的转变。一个睿智的人意味着他是勇敢无畏的，不为传统所囿，这并不表示他是没有道德的。你应该帮助你的孩子自由地去探明,去创造一个新的社会——而不是依照某种模式诸如马克思主义、天主教的或是资本主义的社会。这需要大量的思考、关注和爱——而不是仅仅去讨论爱。若我们真的爱自己的孩子,就会领悟到必须得有正确的教育。

问:即使是遵从了英国的规章制度,我们的教育体制还是没有发生根本性的改变。压力和要求是为了专业化——技术的和职业的训练。那么如何才能通过教育实现真正的解放呢?

克:先生,我们所说的真正的解放是指什么意思?政治上的自由吗?还是自由地去思考你所喜欢的东西呢?你可以随心所欲地思考吗?思想会带来自由吗?一切思想难道不都是受限的吗?那么,我们所谓的真正的自由指的是什么呢?

就我们所知,教育便是受限的思考,对吗?我们唯一关心的是谋到一份工作,或是运用知识得到自我满足、自我膨胀,在世上出人头地。重要的是懂得我们所说的真正的自由是何意思,难道不是吗?假如我们认识了它,那么为了职业的专门化而培训某些技能或许就会具有它的价值。然而,仅仅培养技能却没有认识什么是真正的自由,这只会带来衰退以及更加严重的战争,这便是当前世界上所发生的情形。所以,让我们弄清楚我们所说的真正的自由是指什么吧。

很明显,对于自由来说,首先必须的是无所畏惧——不仅是社会施加的恐惧,而且还有心理上的不安全感。你或许拥有一份非常不错的工作,你或许攀上了成功的阶梯,但倘若你怀有野心,倘若你努力想要出人头地,这难道不就代表恐惧吗?这难道不就意味着,那个格外成功的人并没有得到真正的自由吗?所以,由传统施加的恐惧,由所谓的社会法定的义务施加的恐惧以及你自身对于死亡、不安全、疾病的恐惧——这一切妨碍了心灵获得真正的自由,不是吗?

因此，只要有任何形式的外部或内部的强迫，就不可能拥有自由。当你渴望去遵从社会的模式或者由你自己制造出来的好或坏的模式，就会出现强迫。模式是由思想制造出来的，而思想又是过去的结果，它源自于你所浸染的传统、你所受的教育以及你所有基于过去的经验。所以，只要有任何形式的强迫——政府的、宗教的强迫或是你自己出于想要功成名就的渴望而制造出来的模式——就不会有真正的自由。要想做到或认识我们所说的真正的自由，都不是一件容易的事情。但我们可以领悟到，只要有任何形式的恐惧，我们便无法懂得什么是真正的自由，只要有个体的或集体的恐惧、强迫，就不会有任何的自由。我们或许可以去猜想真正的自由，但真正的自由与关于自由的猜想是截然不同的。

所以，只要心灵寻求着任何形式的安全——这正是我们大多数人所渴望的——只要心灵寻求着任何形式的永恒，那么它就无法获得自由。只要我们在个体或集体层面寻求着安全，就一定会出现战争，这是一个显而易见的事实，这也是当今世界正在发生的情形。因此，只有当头脑认识了这种对于安全、永恒的渴望，才能迎来真正的自由。毕竟，这就是你在你的神灵、你的上师那里希望得到的东西。你渴望从你的社会关系、你的政府那里得到安全，于是你便赋予了你的神终极的安全，它在你之上。你给这一形象披上了如下观念，即作为个体的你是一个短暂的存在，至少在它那里你拥有了永恒。所以你一开始就怀着这样的渴望，那就是想要通过宗教得到永恒。你所有政治的、宗教的、社会的活动，不管它们是什么，全都是基于对永恒的渴望——想要得到确定，通过家庭、通过国家、通过某个理念、通过你的孩子让你自己永生不朽。这样的心灵——始终都在有意或无意地寻求着永恒、安全——怎么可能获得自由呢？

我们实际上并没有寻求真正的自由，我们寻求的东西跟自由不同，我们寻求更好的条件、更好的状态。我们并不渴望自由，我们想要更好的、更优越的、更高等的条件，而我们把这个称作为教育。这种教育能够给世界带来和平吗？答案显然是否定的，相反，它会让战争和不幸愈演愈烈。只要你是个印度人、穆斯林、天晓得还有什么，那么你就一定会给自己、给你的邻居和国家带来争斗。我们意识到了这个吗？看一看印度发生的情形吧，我不必告诉你们，因为你已经知道了。

你的思考是局部的，你不是一个完整的人，你的行为是碎片式的——你是马哈拉施特拉人、你是古吉拉特人、你是泰米尔人——你们全都在争斗，而这一切源于这种所谓的自由和所谓的教育。你们声称在宗教上实现了统一，但实际上你们却在彼此对抗、毁灭，因为你并没有领悟生活的全部，因为你唯一关心的是明天抑或是得到更好的工作。听完我的讲演之后你会走出去，然后一如既往地生活。你将变成一个马哈拉施特拉人，忘却了世界的其他。只要你从这些层面去思考，你就一定会带来战争、不幸和破坏。你将永远不可能得到安全，无论你还是你的孩子都不会是安全的，尽管你渴望安全，于是你便从这种狭隘的、地方主义的角度去思考问题，只要你怀有这样的思考方式，就注定会迎来战争。

你现在的生活方式说明你实际上并不希望拥有自由，你渴望的不过是更好的生活方式、更多的安全、更多的满足，你的工作有保证，你的地位有保证——宗教的、政治的地位。这样的人无法创造一个新的世界，他们并非是真正虔诚的信徒，他们毫无智慧可言。他们思考问题的出发点是希望得到立竿见影的结果，就像所有的政客一样。你知道，只要你把世界交到政客手上，你就一定会遭遇破坏、战争、不幸。先生们，请不要笑，这是你的责任，而不是你的领袖的责任，这是你自己的个人的职责。

自由是截然不同的。自由将会自己到来，它是无法被寻求得来的。当你不再感到恐惧，当你的心中怀有爱，自然就会迎来自由了。假如你从印度教教徒、基督徒、穆斯林、帕西人——天知道还有什么其他的名称——这些层面去思考，那么你就不会有爱。只有当心灵不再在传统或知识那里寻求自身的安全，自由才会到来。一个为知识所困或者背负着知识重负的心灵，不是自由的心灵。只有当心灵能够每时每刻去迎接生活，迎接每个事件、每个念头、每个体验所揭示出来的真理，它才会获得自由。只要心灵为过去所囿，那么它便无法获得这种揭示。

老师的责任便是塑造崭新的个体，培养勇敢无畏、自立自强的人。这样的新人类将会建立自己的社会——这个社会与我们的社会完全不同，因为我们的社会是建立在恐惧、嫉妒、野心、腐朽之上的。只有当我们拥有了智慧——也就是认识生活的全部——方能迎来真正的自由。

问：现代生活客观上有赖于那些受过高等训练的人们，那么，您对大学教育有何看法呢？我们如何才能防止高等技术知识的滥用呢？

克：先生，很明显，这完全取决于你是出于什么目的接受教育的。假如你受教育只是为了通过大学教育得到一份专业化的工作，你在其中根本就没有思考过生活的全部——所谓生活的全部是指爱、真理的问题、死亡的问题、嫉妒以及其他的一切——假如你仅仅只是关心得到某类知识而非有关生活的问题，那么你显然就会制造出一个充满混乱、黑暗与不幸的世界，于是你便会询问怎样才能阻止这一切。

那么，先生们，你们打算如何去阻止这个呢？你和我打算怎样避免这个呢？先生们，这难道不是你们的责任吗？还是你会说道："我们命该如此，我们尽一切可能想要活下去，但生活对我们来说实在是太过沉重了"，于是便把这一切留给所谓的命运了呢？你难道不觉得这是你自己的职责吗？作为父母，你难道不认为黑暗正在逼近，衰退正在每个人的身上迅速发生吗？你难道不认为我们已经不再具有真正的创造力了吗？单纯绘画或被训练着画画抑或是偶尔写写诗，这并不是我所说的创造力，创造力是截然不同的东西。当你在社会、宗教、政治等层面不再只是关心自己,当你不再怀有以美德为幌子的恐惧,创造力便会到来。一旦这种关心、恐惧消失不见,就能迎来创造力的火花了。

正确的教育难道不就是去认识思想的整个过程——正是思想确立起了"我"——并且将其消除吗?假如果真如此的话,那么大学难道不应当帮助着达至这一目的,与此同时又让学生有机会培养起能力吗?然而现在我们关心的却是培养能力、天赋以及不断提高效率的倾向,我们把生活的全部挡在了门外,殊不知这才是更加深刻、更加真实、更加复杂的东西。所以这是你的职责所在,不是吗?先生们,个体的问题便是世界的问题,你的问题便是世界的问题,那些问题与你日常生活里遭遇的难题并不是分开的。

你是怎样生活的、你是怎样思考的、你的所作所为,将会创立世界抑或是毁灭世界。我们并没有意识到这个,我们没有懂得这一职责所在,于是我们说道:"技术知识将带来人类的毁灭,如何才能阻止这一切呢?"我将向你们做出解释并给出法子,聆听之后你会离开这里,然后一如既往地生活。因此,解释不再重要,对理论进行描述不再具有任何价值,现在真正重要的是,作为个体的你实现觉知并且为你自己的行为负起责任来,你是有责任的。如果怀着同样的热情和兴趣,那么你和其他人就可以创造出一个新的世界。你要以崭新的角度去思考问题,而不是去制造出新的模式——共产主义的或其他宗教的形式。

真正的变革不会仅仅只是发生在表层、经济层面,真正的变革是在我们的心灵、我们的头脑。只有当我们日复一日地在每一种关系里去认识自身存在的整个过程,才能迎来这种变革,唯有这时,才能阻止技术知识被用来毁灭人类。

问:全世界的教育都为道德教育的问题所困扰。那么教育如何才能唤醒一个人以及他人内心深处的正直与良善呢?

克：善并不是"可敬的"、"体面的"。体面的人永远无法懂得什么是善，我们大多数人都是体面的，因此我们不知道何谓善。唯有当爱被唤醒，才能实现道德教育，而不是通过培养体面、可敬。但我们并不懂得什么是爱。爱是被培养出来的吗？你能够在学院、中小学那里学到爱吗？你能够从老师、技师那里学到爱吗？通过遵从你的上师，你能够心中怀有爱吗？献身是爱吗？假如它是的话，那么一个可敬的、虔诚的人能够懂得爱吗？你是否明白我所说的"可敬"是指什么意思呢？可敬就是心灵去培养美德，变得有德行。可敬的人会有意识地努力不去嫉妒，他遵循传统，他说道："人们会怎么看呢？"很明显，可敬的人从不曾懂得什么是真理，什么是善，因为他关心的唯有自己。

能够带来道德的是爱，没有爱就不会有道德。你或许是个伟大的人、有道德人，你或许非常善良，你或许不嫉妒别人，你或许没有什么野心，但倘若你的心里没有爱的话，那么你在本质上、在内心深处就不是道德的、良善的。你可能拥有一切外部的善行，可如果你的心里没有爱，那么你就不可能是一个有道德的人。爱是可以在学校里面教授到的吗？请好好思考一下这个。是什么妨碍了我们拥有爱呢？假如你可以在学校、在家里教授到爱，那么爱会是何其简单的东西啊，不是吗？许多书本都撰写过有关爱的问题，对吗？你学习它们，你背诵它们，你知道爱的一切表征，但你并不拥有爱。

爱能够被教授吗？请注意，先生们，这真的是一个格外重要的问题，请务必思考一下。如果爱无法被教授，那么是什么妨碍了爱呢？心智的产物、想法、嫉妒、苦闷、观念、追逐、它们的压制、心智的动机——这些或许便是妨碍了爱的事物。由于许多个世纪以来我们一直都在培养心智，所以很可能正是心智使得我们无法去爱。因此，或许正是你教育给你的孩子的那些东西，你通过大学、学院学到的那些东西，才是破坏爱的罪魁祸首。原因在于你只是发展了一个方面——智力的一面，所谓的技术的方面——而这在一个工业社会里头变得越来越重要,其他的东西则变得越来越没有价值、逐渐褪色。如果爱可以在学校里通过书本被教授,可以在电影院里通过荧幕被展现出来,那么我们就可以培养起道德了。若道德是有关传统的问题,那么这就非常简单了,尔后你可以约束学生成为有道德的人,可以约束他成为共产主义者或社会主义者,可以要求他们沿着某种路径去思考,声称这条路径是好的路径、是正确的道路,任何偏离都是不道德的,最终的结局便是集中营。

  道德是可以被教授的东西吗?——这意味着,心智能够被限定成有道德的吗?抑或道德是自发地、愉悦地、富有生机地产生的呢?只有当你的心中怀有爱,才会成为有道德的人。当你去培养心智,即"我"的中心,我们大部分人身上每一天最至高的东西——这个"我"是如此的重要,这个"我"永远都在试图去实现什么,试图功成名就——爱就不会到来。只要有这个"我"存在,那么无论你做什么,你的所有道德都将毫无意义,它不过是去遵从某种基于安全的模式罢了,是为了有一天你可以出人头地,如此一来你就能够没有任何恐惧地生活了。这样的状态并不是道德的,它只是一种仿效,社会越是好模仿,越是去遵从传统,它就越会走向衰退。重要的是去认识到这个,凭借你自己的力量探明自我,"我"是如何让自己不朽的,这个"我"始终都在思考着美德,努力变得有德行并且为自己和他人确立起道德准则。因此,遵循善的模式的良善之人是可敬的,但可敬的人并不懂得什么是爱。唯有懂得何谓爱的人,才是真正有道德的人。

(第三场演说,1953 年 1 月 31 日)

真理不会通过选择而得来

今天是在这里的最后一次演说,加上无法对某些观点展开更加仔细的思索,因此,若容我建议,请你们不要去排斥或接受我的观点,不要说什么:这并不适合我,抑或这只是针对少数人的,不要把我的话跟你已经知道的观点去做比较。

我们的问题格外复杂,因为我感觉我们已经彻底地失去了——抑或我们从来不曾拥有过——自由、自立以及寻找幸福和探明关于问题的真相的能力。我们不幸福,顶多不过是身体方面幸福;我们有太多的重负、太多的焦虑;我们的生理的及心理的安全,始终都受着威胁;我们不再相信任何东西,不再怀有憧憬,我们曾经有过的信任已经消失不见。领袖们带领我们走向了更多的混乱、困惑、不幸与争斗,我们出于这种混乱选择了我们的上师、我们的政治领袖,当我们出于混乱、不幸、争斗而挑选某个领袖或上师的时候,我们选择的对象自然也会是混乱的,也会处于争斗的状态。因此,当我们追随他人时,我们永远都会去追随那些反映了我们自身状态的人,而不是跟我们自己完全不同的人,那些代表了我们自身状态的人或许身上比我们多一些荣光,但他们从来不是和我们相反的人。

我认为,重要的是内心的澄明,尤其是在我们面临危机的时候,因为不会再有人代表我们了。我觉得,这里面并没有什么非凡的道理,如果我们认识到不会再有领袖、不会再有上师的话,原因是我们已经对他们彻底失去了信心。我们无法求助于任何政治的灵丹妙药来解决问题,所以我们始终必须依靠自己的力量去思考问题，去洞悉我们此刻正面临的问题的真理，去解决摆在我们面前的所有个体的和集体的问题，假如我们能够做到的话。

真理、幸福，随便你怎么称呼都好，不会通过选择而得来，它不是有关选择的事情。但我们的心灵只会去选择、区分，于是也就无法洞悉问题。我们的心灵琐碎、渺小、狭隘、肤浅，心灵是否博学多闻、经验丰富并不重要，这样的心灵依然是肤浅的、琐碎的。因此，假如你对我的话、我的提议做一番思考，不去排斥它，不去说什么："这对我不适用，这对我太难了"，而是展开探究，那么你将凭借自己的力量有所发现的。

只要我们在好与坏、高尚与不高尚、这个上师和那个上师、这个政治领袖和那个政治领袖之间进行着选择，只要有选择存在，就不可能迎来真理。选择只是心灵区分的能力，而区分的行为源于混乱、困惑的心灵，不管你可能经过了客观的分析或是通过调查一切条件、环境来做出多少选择，这种选择依然必定会带来冲突。现在需要的不是在这个和那个之间进行选择，而是不去进行比较和判断，从各个方面对问题展开深入的探究，抛开一个人自身的倾向与成见，展开真正的探究，从而彻底地认识每个问题本身。请认真思考一下这个，不要仓促地加以排拒。

如今，我们的心灵这般狡猾、混乱和扭曲，以至于我们无法直接地、立即地在某种体验里面洞悉真理。我们渴望得到确认，而一个寻求确认的人永远无法发现或体验真理。但是对我们来说，要想让自身的思想发生彻底的转变十分困难，因为我们的心灵如此肤浅，因为我们习惯于从明天或者立即的结果这样的层面去思考。假如我们希望创造一个截然不同的世界，一个不是建立在共产主义、资本主义或者宗教的理念之上的世界，就必须得有这样根本性的变革。

我们的思想必须发生彻底的转变，只有当我们真正去探究有关选择的问题——这并不意味着我们应当固执己见——才能实现这种改变。如果心灵总是去做分析,知道什么是有价值的、什么没有价值,尔后做出选择,那么它不可避免地会建立起一个基于结果、记忆、紧迫需要的社会。所以,这样的心灵完全没有能力建立一个新的世界——在这个新世界里,人们是以完整的观点去看待生活的全部过程的。

因此,若容我建议的话,假如你真的怀着严肃而热切的态度,那么就请思考一下我所说的话吧。我们的问题如此复杂,以至于只可以用一种简单而直接的方法去着手。通过书本、哲学、体系方法或是通过领袖,你是无法将它们解决的。唯有认识你自己,在日常关系中去认识你自己的本来面目,而非你的应有面目,你才可以将它们解决。这种"应当如何"总是一种选择,总是在逃避"当下实相"。真正重要的是"我是什么样子的",而非"我应当是什么样子"。"我应当如何"是理论上的、观念上的,没有任何价值,它不过是对我的真实模样的逃避。我们的社会、我们的宗教和道德结构都是建立在"应当如何"之上的,这实际上是在逃避"我的本来面目"。重要的是每时每刻去探明"我的本来面目",这里面,没有所谓的选择。只要心灵不去选择"应当如何",那么它就可以应对"当下实相"了。"当下实相"不只在行动的世界里是重要的,在心理的、内心的世界里也是如此。只有当我认识了自己的真实模样而非我所渴望的样子,才能展开直接的行动。

只要我们在行动里有所选择,那么这种选择就是基于我们那受限的思想,于是也就无法摆脱恐惧,结果始终都会有争斗和痛苦。若我们可以认识"当下实相"——它始终都在变化着,从不曾静止不动——那么这种认知就会具有活力,从而富有创造力,在这里面,将会迎来自由。我们应该时时刻刻、日日夜夜去观察我们的关系,观察我们实际所处的状态,而不是努力把它转变成某种高尚的事物。你无法将愚蠢变成智慧,你唯一能够去做的就是去认识愚蠢,认识愚蠢即智慧。请务必洞悉这其中的重要性,尔后我们将会创造一个崭新的世界。只要你努力想要成为与你的本来面目不同的样子,就一定会导致破坏、不幸与混乱。只有当我时时刻刻去认识我的真实模样,那么这种对于自我的认知才会让我触及自身更为深层的潜意识的层面,从而挣脱恐惧的羁绊。一旦摆脱了恐惧,自然就会迈入幸福的状态了。

问:您似乎暗示说一切行动、思想、观念都是各种形式的自我实现。您声称:"生活即处于关系之中","没有关系便是死亡",这让我们更加混乱了。您一下子赞成轮回转世,一下子又驳斥该观念。您所说的自我实现是指什么意思呢?如果一个人不以这种或那种方式实现自我的话,那么他能够生存于世吗?

克:每个人难道不都努力想要在某个东西里面去实现自我吗?登山者攀登高峰,对他来说,这便是一种自我实现的行为;你试图通过婚姻、儿女,通过你的孩子去实现自我;一个面前有大批群众、得到了众人欢呼的政客,借由民众去实现自我。假如你排斥这些外部的自我实现的行为或活动,那么你就会转向内部的、心理的、精神层面的活动,你渴望在观念、神、美德那里得到自我实现。所以,我们每个人都在以各种各样的方式试图去实现自我——也就是说,通过认同来功成名就。你希望通过跟某个政党进行认同以实现自我,你否定自我,声称政党才是最重要的,政党代表说你的信仰是正确的,于是政党成为了你实现自我的手段。登山者因为攀登了最高峰而欣喜若狂,在这种巨大的愉悦中他得到了自我实现,一个野心勃勃的人的自我实现,就在于达至了自身的欲望。所以,这就是你所做的事情,难道不是吗?

想要有所实现,想要变得如何如何,想要去获取,这就是我们的关系,对吗?我希望从你那里有所得,于是我便对你格外的友好和礼貌,我为你献上花环,而那些对我来说没有价值的人,我对他们则极为不屑。这就是我们的生活。先生们,真的有"自我实现"这样的东西吗?你明白没有？生活即意味着处于关系之中，这是一个显而易见的事实。如果不跟某个事物有关联，我便无法生存，这个事物便是我试图通过它去实现自我的东西——我的妻子、我的孩子、我的房子、我的财产、我的画作、我的诗歌抑或是我此刻发表的演说。假如我这么做的话，那么它显然就是一种自我膨胀，重要的是我，而不是你，也不是我所谈论的内容。因此，对我你来说，自我实现的手段变得比探明究竟是否存在自我实现这回事更加重要起来。

所有的行动都是建立在自我实现的基础上的，就像当下的情形一样，这便是我们所知道的。我们或许会试图将其掩盖起来，我们或许会使用那些冠冕堂皇的字眼，然而从本质上来说，每一个行动都是源于想要通过该行动来实现自我。当我说印度的时候，我让自己跟印度认同，于是印度便成为了我实现自我的手段，这些是极为显见的事实。让我们稍微更加深入地探究一下这个问题吧。有实现、达成、圆满这回事吗？从孩提时代到长大成人直至死亡，我们一直都在寻求着各种各样的实现，不是吗？于是总是会有挫败，在你实现的那一刻，便会出现其他更为高等的实现，结果你始终都处于努力、争斗的状态。因此，在我们的实现的背后，在我们渴望实现自我的背后，潜藏着的是对于挫败的恐惧。观察一下你们自己的心灵和头脑，你会发现我所说的究竟是对是错，你不必去接受我的观点。

只要有欲望存在，只要你有意或无意地想要实现自我，就一定会有对挫败的恐惧。于是，我们的行动不可避免地将会带领我们走向挫败。由于遭受了挫败，我们便去寻求更多的实现，以便逃避那一挫败，结果我们便被永远地困在了这座实现和挫败的监牢之中。重要的是让心灵不再渴望在行动、观念或某个事物中去实现自我，难道不是吗？当我希望通过我的妻子、我的孩子去实现自我的时候，这是爱吗？当我试图通过对或多或少的听众发表讲话以实现自我，我关心的究竟是真理，是想要让人类获得解放，还是希望借由你去实现自我呢？

先生们，这不是一场讨论会，因此重要的是去探明是否无法以另外的方式去思考这个问题，以不同的方式去着手——即我们的行动不再是基于自我实现，不再是寻求得到结果，对吗？不要说什么："是的，《薄伽梵歌》就是这么主张的，《奥义书》就是这么说的"，尔后将其抛到一边。当你这样主张的时候，你实际上并没有在聆听他人的观点。重要的是去聆听，实际上，一旦你懂得了怎样聆听，就将迎来奇迹。若你能够聆听纯粹的声音，聆听两个音符之间的静默，那么你或许就可以探明事物的真理了。但只要你去比较、排斥、接受以及不断解释和反驳这类行为，那么你实际上并没有在聆听。

我的建议是，或许可以有不同的行为方式，这种行动里面不会再有自我实现，也不是只针对少数人的。如果我能够实现认知，如果我能够在日常行为中去观察自己，观察我是怎样始终都在实现自我，从而活在挫败与恐惧之中，只要我真的认识到了这一切——不是仅仅去接受——那么我就会领悟到，在任何事物中都没有所谓的自我实现。当你每时每刻在你的日常行为里去观察，当你认识到每个行为是如何刺激了自我实现，认识到自我实现永远都会带来挫败，一旦你意识到了这整个的过程，一旦你醒悟到了这个，没有任何争论、反驳，不去试图进行比较——你知道心灵玩弄的各种把戏——那么，由此你就一定会展开新的行动，这种行动不是自我实现，而是截然不同的。

很明显，当我们每个人努力去自我实现，便会导致社会的无序和混乱，而为了克服这种无序，我们的心灵会诉诸于某种模式或条件。如果你能够认识到这一切，如果你真的在聆听我所说的内容，那么你将洞悉这其中的真理，即并不存在任何自我实现。无论你怎么做，无论你攀至了哪种高峰——都不会有自我实现这样的东西。只要一个人真正地懂得了这个，在内心感受到了这个，那么他就能够展开全新的行动，这种行动不是源于强迫、恐惧、挫败。

问：您似乎只是强调个体的重要性，但若想有效率，难道不需要集体的行动吗？为什么您要谴责所有社会的、政治的、宗教的组织呢？

克："您似乎只是强调个体的重要性但若想有效率，难道不需要集体的行动吗？为什么您要谴责所有社会的、政治的、宗教的组织呢？"先生们，这便是问题。

那么，让我们探究一下我们所谓的集体行动是指什么意思吧。有集体行动这样的东西吗？我知道这是十分流行的词语——群众行动、集体行动，以合作的精神去做些事情。然而，集体行动究竟指的是什么呢？我们能够一起来绘一幅画吗？请好好思索一下这个。我们可以一起写一首诗吗？我们可以一起耕种一块田地或是在工厂里干活吗？很明显，我们在这里所指的并不是集体行动，我们指的是集体的思想而非行动，我们指的是源于集体的思想的行动。因此，我们关心的是集体思想，而不是集体行动。那么，行动或许可以产生于集体的思考；也就是说，假如你们能够一致同意什么对印度、对国家来说是好的，假如权威们能够这样限定你的思想，那么就能展开集体的行动了——这种行动呈现一种集体的形式，由作为个体的你去执行。如果你没有执行它，总是会有种种方式让你去做的——诸如强迫、清算、惩罚、奖赏，等等。

集体行动从本质上来说便是集体思想。那么，我们所说的集体思想又是指什么呢？你、我以及千百万人能够一同去思考某个经济的、社会的、政治的、宗教的或其他什么问题吗？我们可以独立地去思考问题吗，还是被惩罚、奖赏、传统、局限性的影响而说服呢？能够有集体的思考吗？请务必弄明白这个，观察一下你们自己，好好思索一下。你难道不正是集体思想的产物吗？当你自称是印度教教徒、婆罗门、基督徒的时候，这难道不是出于集体的思想吗？集体的思想将你限定为了印度教教徒、佛教徒、基督徒、天主教教徒或是共产主义者，每个群体、每个社会、每个宗教都对心灵进行着限定，将其观念灌输给了它。当我们一起受着某种限定时，能够展开集体的思考吗？我们是群体，我们无法单独去思考。没有所谓独立的思考，因为思想来自于一个受限的心灵，思想是对记忆的反应的符号，所以一切思想——有意识的和无意识的——都必定是集体的。你无法单独去思考，原因在于你的心灵已经被限定为了共产主义者、天主教教徒，诸如此类。先生们，不存在思想的自由，集体行动即集体思想。

当我们声称我们努力要让人有不同的思想，不是囿于旧的模式而是新的思维方式，这依然是新瓶装旧酒，只不过是延续经过了一定修正、改变的旧模式罢了。这便是我们所关注的全部，这便是我们所谓的集体思想。当我们怀有这样的集体思想，就一定会有宣传以促使我们以某种方式去思考，就一定会有报纸。于是我们成为了权威的奴隶，屈从于隐蔽的心智的强迫，不断地将各种各样的观念置于我们身上。所以，集体思想或许会带来个体的行动，但它将会是一片受限的思想之域，于是也就没有自由可言。只有当我们认识到了这个，只有当我们彻底承认自己是受限的，才会获得自由。尔后，我们将能冲破这一切束缚，发现一种没有限定的思想的状态。一旦你我领悟了这其中的真理，那么这种领悟就会带来真正的集体的行动，同时又不受集体思想的局限。

当你我声称我们的所有思想都是受限的——无论是作为天主教教徒、共产主义者、印度教教徒、佛教徒还是穆斯林——当我们认识到了这个；当你不再希望我成为共产主义者抑或我不再想要你变成天主教教徒，因为这是新瓶装旧酒，这里面包含着恐惧、威胁、强迫、清算、集中营以及各种各样的宣传让你去做某些事情；当你我认识到我们的所有思想都是受限的，结果也就无法实现社会的根本性的变革，那么你我、我们或许就能认识真理了。真理不是源自于受限的思想。只要你我懂得了这个，就可以展开真正的集体的行动了。

我们的任务、你我的任务，难道不就是去发现那超越了受限的心智的真理吗？如此一来你和我就可以携起手来一同工作，创造一个崭新的世界，这个世界是我们的、是你的、是我的，是我们的——不是共产主义的、不是资本主义的、不是社会主义的，也不是印度的。但或许你会说这是一种无法实现的状态，我们很少有人能够实现这个，于是将其置于一旁。先生们，它是我们的世界，我们可以改变世界，我们可以凭借自己以及全人类的力量带来世界的转变，但我们应该审慎地思考这一切。只有当作为个体的你能够认识这整个的过程，才可以展开真正的集体的行动——不是受限的心智的集体行动。这便是为什么说各种组织——政治的、宗教的或社会的——皆无法给人类带来幸福。

一个人或许能够拥有他所渴望的所有衣服、食物、房子，但生活中有比单纯的获取外物更加有意义的东西。这并不表示你应当成为一个圣人、一个苦行者，躲进山洞里面，这么做完全是一种逃避。可一旦我们认识到了不受限的思想指的是什么，由此展开全部的行动，那么我们就能迎来真正的革新了。

问： 您所说的"整体"是指什么意思？它是否只是用新的术语去界定"绝对的神"呢？除了通过形象、观念、热望，我们能否将我们的观念由局部彻底改变为整体呢？

克： 我并不是用"整体"一词来替代神或真理，这是你干的事情，我没这么做。我试图要指明的是，经由局部我们是无法认识"整体"的。等一下，先生，我们将要去探究什么是"整体"。

通过研究一幅画的局部、取某个角落，你不会认识整幅画作。如果我们观察整幅画，懂得了画家希望传达的东西，那么或许我们就可以研究局部了。但倘若我们从研究局部开始着手，从某个角落、角度开始而不是去探究整幅画，就永远无法认识整幅画的涵义，这是一个十分简单的事实。也就是说，假如我们只强调生活的经济的方面，把我们全部的思考、经验都给了解决人类的经济问题,那么我们就会遗漏一个人的所有努力、挣扎、斗争,遗漏他的生活的全部,他的各种状态——心理的、生理的、内部的、外部的。探究局部能够让你认识人的全部吗?由于我们大部分人——专家、那些经验丰富的人、博学的人、伟人——全都只关心局部,从局部出发制定法律规章,所以我们或许漏掉了某些东西——人的全部、人的生活的全部。假如我们能够认识人的全部,那么就可以找到不同的解决方法,就可以用更快捷的方法解决我们的经济问题了。毕竟,这个事物便是我的、你的生活的全部,它是由所有这些部分组成的,不是吗?我是身体、我所穿的衣服、饥饿、干渴、外部的一切;从内部来说,我是所有的欲望、野心、心理的挣扎、斗争、挫败、想要实现自我、想要寻求某种超越心智的事物与压力,我是这一切的全部,正如你也是一样。

重要的是去帮助彼此认识你和我的全部过程,而不是仅仅从我的某个部分、某个层面去着手,难道不是吗?先生,我需要食物、衣服、住所,你也是,我们还需要更加本质的东西,我们渴望自我实现,我们想要成为画家、作家、圣人、救赎者,我们想要成为邪恶的家伙,我们怀有憎恨、野心、嫉妒等感受。你如何能够把这一切抛到一旁,就只是关心你自己的某个部分,尽管它可能是值得夸赞的一个部分?你如何能够谈论某个局部而带来变革呢?我的生活难道不是一个完整的过程吗,难道不是我在各个层面的存在吗,包括意识和潜意识?你难道不曾思考过这一切,你难道不曾审视过我的整个存在吗?——它不属于某个非凡的神。这个"我"跟"整体"有关,而整体便是每个人的"我",我并不是独立于它之外存在的,我不可能做到这个。必须去认识我和你的全部,只要你我能够认识自身的全部,认识整个生活的全部,关注自我的"整体"而非局部,那么我们就将找到不同的方法来解决我们所有的问题了。然而,局部的丰富和光荣并不能解决"整体"的问题。

让我们自己忙于局部要容易得多。我们关心局部——这说明我们很肤浅,说明我们的心灵十分的琐碎。只有当我们能够时时刻刻、日复一日地在我们的关系中认识自身存在的全部过程,才能发现那超越了心智的事物。通过强调局部,我们是无法发现那超越心智的事物的。若没有发现这一超越心智的事物,我们就不会拥有幸福,不会给人类带来和平与安宁,我们的生活就将会是一场永无休止的争斗和不幸。这些都是显而易见的事实,你不必在无数的心理学书籍里面去探究它们,你不必通过考试,你不必懂得某种技术来时时刻刻探明你的心灵和头脑里面是什么。它唯一需要的是观察,而不是去追随某个上师或领袖,它不需要任何训戒,就只是去观察某些简单的东西——愤怒、嫉妒、想要实现自我的渴望、想要获取的渴望、想要拥有权势的渴望。你在自己的关系、自己的日常生活中去观察这些东西,尔后你将看到你的整个心智是如何运作的,你将知道你是否是中心以及若中心不发生根本性的转变,那么你是否能够带来外围的变革。只要我们去镀亮外部——不是说外部不应当变得明亮——那么这样的着手方式就无法将我们的问题解决。但倘若我们能够认识自身存在的整个过程,那么我们或许就可以超越,从而去着手我们的全部问题,尔后我们就将找到正确的答案,尔后,解答不会再产生出更多的问题、更多的不幸与痛苦。

问:我每夜每夜地做梦,这带给我很大的烦扰。一个人难道无法让自己摆脱这一令人精疲力尽的过程吗?

克:让我们一起来探明怎样才是对这个问题的正确解答吧——你和我一起,不要只是听我说,仿佛我是演说者而你是听众;而应共同探明其中的真理,因为这是你的问题。

你所说的清醒和做梦是指什么意思呢?你什么时候是清醒的?至少我们认为什么时候自己是醒着的呢?什么时候我们觉得自己在做梦呢?请注意,这并不是一个心理上的问题。就只是一步一步地、简单地去思考,不要做解释，不要说什么："是的，商羯罗、佛陀这么说过"，然后便走开了。我要谈的十分简单，实际情形是什么？我们认为我们什么时候是醒着的呢？是当我们的心智在运作的时候，对吗？也就是说，每一天心智都在运作着，当它运作的时候，我们便是醒着的，当你在工作的时候，当你在学习的时候，当你搭乘电车或巴士的时候，当你斥责某个人的时候，当你怀有野心或性欲的时候，你是醒着的。意思便是，我们认为整个白天我们都是醒着的，当我们睡觉时，我们觉得处于一种心智沉睡的状态——更确切地说是心智被置于睡眠的状态。

那么，心智是否会睡着，它是否会休息呢？心智包括意识与潜意识，意识显示的东西其实是非常少的，我们所说的意识其实是非常浅层的。然而在意识下面还存在着一个可怕的部分，它是未被发现的、暗藏着的，也就是潜意识。我们的心智包括这两个部分，意识受着潜意识的驱动或阻挡。你可能会觉得从外部来讲你是个非常宁静的人，你没有什么野心，但你的内心深处却在怒吼——你的欲望、强迫、渴求、动机。潜意识储藏着人类的全部过去，不单单有你自己的过去，还有你的父亲、你的父辈们、你的国家以及人类的过去——种族的传统、阶级的偏见，这一切都包含在潜意识里面。

白天心智都在忙于那些琐碎的事情，我们将这个称为清醒的状态。当我们睡去的时候，心智继续处于活跃中，它依然在思考与白天相关的被潜意识掩盖起来的问题，当潜意识希望把某个念头、某个印象置于心智的时候——它在白天无法这么做——你便会做起梦来。也就是说，你的心智在整个白天都是忙碌的，它无法接收到新的想法、新的刺激、新的暗示，因为它是如此的忙碌。尔后你沉沉睡去，潜意识将它的念头、想法投射进了处于半活跃状态的心智之中。当你醒过来的时候，你说自己做了个梦，然后你开始用心智去对那个梦进行解释，于是你声称你有了一种非凡的体验。

所以，只要你在那个时间段里面——整个醒着的时间，整个醒着的期间——没有有意识地去觉察潜意识的刺激、推动，只要你没有向来自潜意识的每一个念头或暗示敞开，那么你就一定会继续做梦，意识跟潜意识之间就一定会有冲突。先生们，这些全都是十分简单的事实。假如你观察一下自身的意识，观察一下你自己的想法、你的日常活动，假如你觉察到了它们，就会发现这便是实际发生的情形，这里面没有什么神秘的东西。

整个过程——潜意识、意识、刺激、暗示、印象以及意识对所有这些刺激、驱动所做的解释——这一切都是你的实相。若你没有对它们敞开，若心智没有向这整个过程敞开而是只关注于局部，那么自然会出现梦境——梦便是潜意识的念头与投射。所以，意识与潜意识之间会始终上演着这种争斗，因为意识永远无法跟潜意识竞争，因为意识试图根据某些需求、活动和结果去解释每一个念头。

先生们，只有当我们着手去认识自身存在的全部过程，认识我们所处的真实状态，才能够成为完整的个体。这显然便是冥想的开始，不是吗？冥想不是仅仅聚焦于某个念头、某幅画作或是想要有所成就——这只是不成熟的、幼稚的做法，这不是冥想。冥想是去认识整个过程，是观察、觉察受限的思想对每一个挑战所做的反应，以便心智始终觉察到自身的内容、活动、追逐以及它那些潜藏的动机。如此一来，通过这种不做任何选择的不断的觉知，就能迎来自由和完整了——这整个的过程便是冥想。如果心智能够展开观察，不做任何的选择，按照事物的本来面目去认识它们，不去试图对它们进行解释，不去歪曲它们——那么这样的心灵通过觉知就能够懂得什么是宁静了，尔后，这样的心智就将迈入真正的静寂。唯有这时，唯有在这种静寂之中，实相、真理才会到来。然而，一个寻求得到结果的心灵永远都无法发现真理。

（第四场演说，1953年2月1日）

PART 04

印度孟买

聆听才能带来真正的变革

我们将要举行十场演说,在我看来,重要的是演说者跟你们之间应当确立起一种关系,要不然的话,先生们,我们将会有误解,而这些误解不可避免地又会导致其他的误解。你知道,我的演说不是为了说服你们任何人去接受某种理论、某种行为模式抑或是灌输某些观念,因为我的意图并非任何形式的宣传,宣传意味着限定心灵去遵循某些立场,这根本不是我的意愿。如果你怀有一些希望被说服的观念,如果你希望抱持、遵从某些观念,如果你渴望得到某个确定的思想路线以便带来某些结果,抑或如果你想要带来观念的革命,那么我担心你有所误会了。原因是,我觉得最根本、最重要的是潜意识必须发生转变——而不是意识的革命。随着我们进一步展开探究,我会对这个做一番解释的。

然而在我们展开之前,正如我所指出来的那样,你我应该去认识彼此,不是单单在口头层面,而是更加深刻的层面,假如我们能够做到这个的话。原因在于,一旦我们可以认识彼此的意图,便能够聚在一起就我们的问题展开讨论了。但倘若你怀有某些根深蒂固的观念,而我则抱持相反的看法,那么我们之间显然就没有交汇点。所以,我认为我们应当从一开始就在彼此之间确立起正确的关系,这是格外重要的。我不是你的上师或领袖,因此你不可以仰赖于我,我觉得,追随某个政治的、宗教的领袖抑或是某个上师,是无法解决我们的问题以及我们当前身处的危机的。就像我所指明的那样,这需要潜意识发生根本性的转变,而不仅仅是表层的观念的革新。

所以，重要的是去探明我即将发表的观点抑或是我已经表达的看法，不是吗？因为，我并不打算说服你去相信任何东西，这不是在做宣传，我是认真的，我来这里并不是要让你去相信某个观念，劝服意味着排拒和接受，确认或否定，这压根儿就不是我的意图所在。我们努力要去做的是探明真正的答案，找到解决我们全部问题的正确方法。只有当你不去制造任何观念，当你不去单纯地接受某个观点以及排斥你自己的思维模式，你才能够找到正确的解答。我们关注于思想的整个问题，而不是要去思考些什么。也就是说，假如不展开正确的思考，那么我们的一切行为显然就会让我们走向更多的混乱。因此，我们关心的不是排斥或接受某些观念，而是怎样一起展开正确的思考——意思便是说，我们一起的关系——以便探明如何正确地去思索那些摆在我们面前的难题。我使用"正确"一词并非是指对立的涵义；只存在一种思考方式，而不是正确的或错误的。我们将探明是否能够对某个想法追根溯源，探明有关那一想法、那一问题的真理。

区分听见和聆听是很重要的，对吗？当我们听见某个声响的时候，大部分人都是很随意地听到了，我们逐渐习惯于听某些声响，尔后将它们忽略。我们阅读文件，我们听见周围熟悉的声音。但听见和聆听是有不同的，不是吗？在聆听的过程中，既不会去接受，也不会去排斥，你的聆听真的是为了探明。你聆听他人，以便弄清楚他想传达的是什么，不是单纯停留在口头的层面，而是想要更加深刻地去了解。但倘若我们仅仅只是去反对或者提出自己的看法，而不是真正去聆听，以便探明他人实际表达的内容，那么我们就会把聆听拒之门外了。毕竟，我们知道自己的想法，如此一来就不必去聆听它了。但倘若我们能够做到真正的聆听，不做任何解释，倘若我们能够实现真正的聆听，那么或许就将带来潜意识层面的根本性的变革了，而这是唯一有价值的变革。

我们怀有无数的问题，我们越是有意地去思考它们，努力想要将其解决，问题就会变得越是复杂，就会与日俱增。由于我们应对的问题不是表层的意识产生的，而是源于深层的潜意识的挣扎、冲突、斗争、野心、欲望，所以，如果深层的潜意识没有发生根本性的改变，单纯在表面上做一些修修补补的变革——经济的、社会的、政治的或是其他层面的——将会意义甚微。你可以发现，革命并没有从根本上改变我们的生活。意识层面的转变不过是一种经过了修正的继续，因为意识在表层做着权衡、判断、盘算，然而权衡、判断、盘算的过程是受限的意识的继续。所以，经由这个你根本就不会解决问题，你只不过对它做了一定的修正，改变了它的路线，但这路线依然是混乱的。

只要我们对问题的处理停留在表层，用一种观念去反对另一种，用一种争论去反对另一种，用逻辑对抗逻辑，用狡猾应对狡猾——这些全都是心智表层的反应——那么心智思考的结果显然就是源于受限的思想。因此，在这个过程里面不会有根本性的、深刻的心理的变革。我觉得，现在重要的不是表层的革新，而是深层的、潜意识的转变，因为我们的生活更多的是在潜意识的层面而非表层。

所以，重要的是去聆听，以便潜意识能够去吸收，如果我可以这么表述的话——如此一来变革就不是意识革命了，对吗？在我看来，聆听是格外重要的，只有这样潜意识才会发生转变，我们的整个生活观才不会是有意的、刻意的改变，而是真正的革新，无需刻意的思想过程。

毕竟，我们在各个层面都有如此多的问题，经济的、社会的、宗教的——爱的问题，死亡，关系的问题，饥饿，什么是神，是否有永生，何谓不朽，那种"永恒"的状态是什么，什么是创造力，诸如此类。我们有无数的问题，我们处理这些问题的时候，总是通过心智——心智怀有许多的念头，它是时间的产物，是传统的结果，是所谓的教育的结果——这是一种限定的过程，局限于某种思想、模式或行为，诸如共产主义的、社会主义的、资本主义的或是天主教的。我们带着这样的限定去应对无数的问题，而受限的心智显然永远无法将这些问题给解决。

我们应该以截然不同的方式去着手，应该有完全不同的变革——心理层面的、内部的、根本性的变革。我认为，只有当你懂得了怎样去聆听万事万物，不是只聆听我的发言，而是聆听你周围的所有交谈——你同你的妻子、你的丈夫、你的孩子、你的老板之间的谈话，公车上、巴士上的谈话，当你聆听穷人或是一首歌曲，当你聆听鸟儿的鸣叫或是大海的波涛，唯有这时，才能够迎来心理层面的根本性的转变。一旦你懂得怎样去聆听，不做任何解释，就可以实现潜意识层面的变革了。在我看来，这是当前最为需要的变革——不是领袖的更替，不是你应当遵循那种政治体制，因为它们全都彻彻底底地失败了，因为他们倡导或建立的体制都是源于受限的思想，所以他们的结果依然会是局限的。于是你将永远被困在问题的罗网之中，以这样的方式不会带来人类的幸福和创造力，不会探明什么是真理。

真理的发现不是通过有意识的努力得来的。一旦我们真正认识了这个——在这些演说期间，我的目的便是从各个视角来对该问题展开分析——就将迈入一种状态，那便是心智认识到自己无法应对这些问题。尔后，或许就可以揭示一种不同的行动的源泉了，通过这种不同的行动之源，抑或是通过对它的发现，我们将会找到新的思考、感受、生活、存在的方式。

我们的问题不是个人的——因为并不存在"个人"这样的实体。个人、你，或许拥有不同的名字、不同的形体，你或许住在单独的房子里头，但你的心智的内容也是我的心智的内容，你的所思所想，我也有，你怀有野心，我也是，你是什么样子的，我就是什么样子的，你的邻居也会是什么样子的。这是一个集体的问题，而非个人的。作为个体的你，受某套观念的局限，于是无法解决这一有关生活的问题。只有当你我能够一起去思考问题而不是各自地、单独地展开，你才可以将其消除。只有当思想不是集体的，才能有集体的行动。然而，正像我们如今所知道的那样，集体的行动意味着集体的思想，而集体的思想是受限的思想，这便是我们所关心的，通过各种各样的宣传、教育、强迫、集中营，等等，你被迫展开集体的思考，你的思考囿于传统，无论这传统是新还是旧，你被迫去遵从，被迫沿着集体的路线去思考，由此指望着你可以带来集体的行动。可是，当集体的思想是受限的思想时，就无法实现集体的行动。

随着对问题分析的深入，我们将逐步展开讨论。但是显然存在着一种行为方式，它不属于你的或我的，不属于共产主义、社会主义、天主教、基督教、印度教或是佛教。这种行为方式源于对真理的发现。探明真理并不依赖你我，并不取决于你那受限的心智抑或是我的受限的心智。只有当你我能够认识自身受限的心智、受限的状态，才可以探明什么是真理。

只要你我能够发现何谓真理，那么由此就可以迎来集体的行动了。然而，集体的思想不会带来集体的行动，它只会导致更多的不幸，这便是当前实际发生的景象。但倘若我们可以发现真理——你和我要携起手来，因为这不是我领导你，你跟随我——那么我们就将探明自身思想的过程了。我无法为你揭示出它，你不可以仅仅只是去接受或否定，你必须在我们一起展开探究的过程中去发现它，你必须时时刻刻在你的关系里面去观察自身心智的状态，不仅包括意识的层面，而且还有潜意识的层面，不单是在你身处这里聆听我讲话的时候，而且还要在你离开这里之后。

发现真理的感受并不是个人化的，真理既不是集体的也不是个体的。只有当你懂得了思考的整个过程，真理才会到来。思考是集体的，你无法独自去思考，不存在所谓个人的思想，你的所思所想便是集体的思想，因为你被限定为了印度教教徒、基督徒或穆斯林，因为你把自己局限在了传统的框框里头，而传统便是集体的思想。你可能被局限在了假想的个体的框框内,但这个框架依然是集体的,抑或你可能被限定为了共产主义者,但这种限定仍旧是集体性的。集体永远无法发现什么是真理,个体也是,因为并不存在所谓的个体的思考,因为这一切都是集体的思想。

请仔细聆听这个,不要去排斥,请探明我的观点是否道出了真相。

毕竟,我所使用的词语、我所表达的想法、我们的思考方式,这一切全都来自于集体的思想和行动。尽管我可能会自称是独立的个体,给我自己一个名字,住在陋室或豪宅,但我的全部过程都是集体的。那么,集体能否发现真理呢?集体是受限的心智,而心智又是囿于传统、权威以及各种形式的恐惧,不管是有意识的和无意识的。正是心智在不断地寻求着安全,这样的心智——它实际上是集体的心智——能够发现真理吗?真理是无法被污染的,无法被构想出来的,无法被预先思考,无法被支配,无法在书本里头读到,无法由他人带给你。解决我们问题的唯一方法,便是探明何谓真理,这是唯一能够从根本上影响我们的日常生活、日常关系的变革。

探明何谓真理极为重要,极富意义,因此我们应当在接下来五周的会谈期间认真探究一下心智是否能够挣脱自身的所有局限,或许由此就可以懂得什么是真理了,对吗?有意识地展开努力,并不能让我们探明什么是真理。我认为,重要的是必须认识到你无法去追逐真理,真理只会是不请自来的,它只会静悄悄地到来。各种期待、憧憬都是一种投射——"我"的投射,这个"我"即集体。所以,我们的问题便是去认识日常生活里头的那些冲突和斗争,认识我们的各种关系、我们的野心、欲望、追逐、模仿以及在我们内心发生的可怕的衰退、腐化还有那潜藏在内心深处的黑暗——觉察到这一切,发现那超越心智的事物。只有当我们认识了自身心智的过程,才能迎来这种状态,而不是当我们试图去想象它是什么抑或对它展开推测、猜想的时候。只有当我们理解了自身思考的过程，认识到我们的心智是怎样受着完全的局限，唯有这时，才会探明何谓真理。单单这种探明本身，就可以让我们摆脱自身的问题。

在每场简短的演说之后，我将会回答提问。我担心，假如你等待某个答案的话，那么你将会失望的。一个期待答案的心灵是小学生的心灵，因为你只关心结果，就像小学生在书本的最后去寻找答案，却没有真正地研究问题或者展开深入的探究。当你提出问题的时候，你渴望得到解答，你们大多数人都对问题不感兴趣，你们就只是希望得到答案——答案便是解释或者解释的汇总。因此，寻求答案的你并非真的关心问题。

先生们，请不要拍照。先生们，我可以说点看法吗？这是一场严肃的会谈，我将其视为一场虔诚的谈话——我所说的"虔诚"是从词语的深层涵义来讲的，而不是宗教意义上的，否则会很愚蠢。应该怀着某种庄严感，当你要求签名、拍照或是打哈欠，就不可能是庄重的，它需要严肃认真的态度。当你抱持严肃的态度，你就会安静下来，不会烦躁不安，你会格外专注，会去仔细聆听。所以，请不要拍照或是记笔记，因为尔后你就不会专注了，你就不会仔细聆听了。这是一场十分严肃的会谈，你们是怀着认真的目的来到这里的，所以让我们花一个钟头的时间去认知，去探明，因为我们的问题是如此的巨大，因为我们正在彼此毁灭。

正如我所说的那样，如果心灵只关心答案——答案也就是结果，它实际上是各种解释的汇总——那么它就会满足于语词，这样的心灵永远无法认识问题。我只关心问题而非答案，所以假如你在等待答案的话，那么你会失望的，你会说："我无法做到这个。"但倘若我们能够领悟到答案就蕴含在问题之中，那么一旦我们认识了关于问题的真理，就可以解答问题了。然而，发现真理是一个十分艰辛的过程，需要成熟的思考——而非不加思索的回答、结论或判断，或者是左的，或者是右的，或者是你从书本里头学到的，或者来自于你的经验——它需要真正的思索。我们关心的只是去揭示、去探明自身思考的方式，从而懂得怎样才能带来根本性的变革，因此我们或许可以携起手来在这座问题的迷宫中对这些问题展开探究。

问：这个国家发生了饥荒，人们正忍饥挨饿，可您却坐在这里谈论这些不会填饱肚子的事情。您这么做，难道不是帮助我们丧失对我们那些饿着肚子的邻居们具有的责任感吗？

克：假如我通过某些方式来提供一种逃避，比如辩证的、宗教的或是某种虚伪的争论，这就是一种不负责任的行为，对吗？但倘若我们能够一起去探明怎样解决这个问题，不仅是这个国家的问题，还有全世界的问题，那么或许我们就不是坐在这里发表徒劳无用的谈话了。体制、经济体制、经济的或者政治层面的改革，能够填饱这些此刻空空如也的肚子吗？如果你有某种新的改革——你怎么称呼它无关紧要——它将会改变官僚体系的上层，那么这会解决我们的问题吗？我们以为它可以，我们希望说，只要有了价值观念、经济体制的变革，我们就可以让全世界的人们都有饭吃了。这可能吗？经济改革是整个过程的革新吗，而非仅仅只是局部的过程？毕竟，我们已经有了许多基于经济体制的革命，但它们并没有让世上的人们有饭吃，它们总是许诺说不会让人们饿肚子，然而在这样的许诺里面却总是有集中营、专制主义、极权、战争、毁灭以及更多的灾难与不幸。我们对此十分的熟悉，每天早上的报纸标题都是这些内容。

我们的问题是属于局部的，即经济改革呢，还是有关整体的问题，即我们思想的变革呢？当我们谈论饥饿的时候，我们关心的是给饥肠辘辘的民众提供食物——这只是局部，只是通过一个不可或缺的局部，但这仅仅是我们生活的一个方面。我们越是聚焦在我们生活的一个方面、一个部分，就越是无法解决问题。只有当我们认识了整幅图景，才能够将问题消除。尔后我们便可以实现充分的认知，尔后我们便可以将我们的认知运用到局部了。但倘若我们从局部出发的话，那么我们就无法走向整体。我们的所有变革都是建立在局部的改变之上的，而不是整体的转变。

我谈论的是我们生活的全部，而非局部。真正的变革应该是思想的全部，而不是局部。我们不是只靠面包活着的，我们需要面包，我们需要食物、衣服、住所，可如果我们只是强调这些，如果我们只关心经济领域的变革，就必然会带来更为严重的混乱与不幸。可一旦我们能够认识生活的全部从而带来心理层面的革新——带来我们内在本质的改变——那么我们就可以将这种变革、这种觉知运用于局部了。这显然便是我们的问题所在。请不要误解，不应该忽视衣食住行，相反，它们必须得到保障。但必须以正确的方式去着手，而正确的应对方式不是流于表面的，只有当我们的生活、我们的思想、我们的心理状态发生了根本性的改变，才能够正确解决上述问题。我们尝试过了经济改革，而它们并没有让人们吃饱肚子，相反却导致了更多的不幸、破坏和战争。只有当我们认识了整体从而带来了根本性的、深刻的变革，才可以消除饥荒的问题。

问：我们听您的演讲已经有许多年了，但我们依然吝啬、丑陋、充满仇恨。我们经常觉得被您抛弃了，我们知道您并没有收我们为徒。可是您需要彻底推卸对我们的责任吗？您难道不应当带领我们摆脱这一切吗？

克：先生们，这等于拐弯抹角地在询问："为什么您不当我们的上师呢？"（笑声）那么，先生们，问题不在于抛弃你们还是带领你们走出困境，因为我们应该都是成年人了，至少从生理上来说我们都是大人了。然而心智上我们却处于十四、十五的年纪，我们渴望一个身上有光环的人——救赎者、上师、大师——来带领我们走出自身的不幸与困惑，向我们解释这一无序的状态。我们想要得到解释,不是让我们的思想发生变革,而是把它解释过去,我们关心的是这个。

当你提出这个问题的时候,你希望找到办法来摆脱这种混乱,你希望挣脱恐惧、仇恨的束缚以及生活中一切琐碎的事情,于是你便求助于他人,希望他能向你伸出援手。抑或,其他的上师或许没能给你一剂鸦片、给你某个解释从而让你昏昏睡去,结果你转而求助于这个人,你说道:"请帮助我们渡过难关吧。"这就是我们的问题吗?——用新的上师代替旧的、用新的大师代替旧的、用新的领袖代替旧的吗?请仔细听好。他人能够带领你达至真理吗,能够帮助你发现真理吗?当你被他人带领的时候,你会有所发现吗?假如你被带领着达至真理,那么你是否发现了真理、体验了真理呢?他人可以带领你获得真理吗?——这个人是谁并不重要。当你声称你应该追随他人的时候,这难道不意味着真理是静止不动的,它就在那里,等着你被带领着走向它,等着你去眺望和到达呢?

那么,真理是可以由他人带领你去发现的东西吗?如果你可以被带领着达至真理,那么问题就非常简单了,尔后你会找到某位最让你满意的上师或领袖,而他将带领你达至真理。但是很明显,你所寻求的关于某个事物的真理超越了解释的状态,它不是静止不动的,你必须去体验它,必须去发现它,而你无法通过指引去体验它。若我被告知说:"这是原初的,去体验它吧",那么我怎么可能自发地体验某种原初的东西呢?你的问题是仇恨、吝啬、野心、琐碎,而不是去发现真理。你无法用一颗琐碎的心灵去发现真理,一个肤浅、爱讲闲话、愚蠢、充满欲望的心灵——这样的心灵是永远不会发现真理的。琐碎的心灵只会制造出琐碎的事物,它将是琐碎的、空虚的,它将会制造出一个肤浅的上帝。所以,此刻我们的问题不是去探明什么是上帝,而是首先认识到我们是多么的琐碎。

先生,看一看吧。如果我知道自己是琐碎的,如果我知道我是不幸的、悲伤的,那么我就可以去应对它了。但倘若我是琐碎的,我说道:"我不应该如此琐碎,我应该做一个大写的人",那么我就会去逃避——逃避便是琐碎。请好好思考一下这个。

重要的是去认识和发现"当下实相",而不是把"当下实相"改变成其他的样子。毕竟,一个愚蠢的心灵,即使它努力想要变得聪明、睿智,依然还是愚蠢的,因为它的本质便是愚蠢。我们并没有在聆听,我们希望有人带领我们由琐碎、渺小走向伟大,我们从不曾去接受"当下实相",从不曾去审视自己的真实模样。探明"当下实相"格外重要,这是唯一紧要的事情。在任何层面——经济的、社会的、宗教的、政治的、心理的、逻辑的——重要的是切实地探明本来面目,而不是应有面目。

请听好,这个问题里包含了几个方面。这位提问者希望有人帮助他摆脱生活的混乱,于是他便去寻求某个领袖。他所寻求的领袖,源于他自身的混乱、痛苦,因此这位领袖自己也将是混乱的。先生,你难道不知道世界上发生的情形吗?你困惑于这一切混乱,某个政治领袖出现了,你出于自身的混乱选择了他,结果你便制造出了一个同样混乱的政客,而他则去指引你。同样的,你所选择的上师、老师或领袖,你出于自身的困惑,你因为想要得到满足、想要得到安全而挑选了他,所以你制造出了你所渴望的东西,这位上师就是你制造出来的。由于他将会让你得到满足,于是你便接受了他所提供的东西——这表示你从来不曾直面你的"当下实相"、你的本来面目。只有当你的心灵不再去逃避、躲避或者去追逐理想——意思便是,当心灵说道:"不应当这样,应当那样",诸如此类——你才会知道怎样去应对"当下实相",尔后你也就能够将问题解决了。只有当你探明了"我"的真实模样,你才可以解决问题。假如你知道自己是琐碎的,知道你的心灵是肤浅的,知道你憎恨他人,一旦你觉察到了这一事实,你便能够应对它。我们可以讨论一下怎样去应对该事实。但倘若你说"我不应该去憎恨,我必须心中有爱",

那么你就进入到了一个理想化的世界中——这是最为愚蠢的逃避"当下实相"的方式。

因此，在这个问题里面，我们关心的并不是去认识自身问题的真理。唯有真理才能让我们获得解放。只有当我们不再去追随任何人，当不再有任何形式的权威——或者是传统的权威，书本的权威，上师的权威，或者是我们自身经验的权威——我们才会实现觉知。我们自身的经验源于我们所受的限定、所处的环境，这样的经验是无法帮助我们发现真理的。

所以很明显，那些真正抱持严肃认真的态度的人，那些真的希望探明关于这些问题的真理的人，必须把一切权威统统抛到一旁。要做到这个极为不易，因为我们大部分人都是如此的恐惧，我们希望有人可以去依靠，希望有人给予我们鼓励，希望某个大哥来指引我们——苏联、英国、美国、喜马拉雅山后面或是拐角处的某个大哥——我们全都渴望有人来帮助自己。只要我们去依靠他人，就永远无法认识自身思想的过程，于是也就不能凭借自己的力量发现真理了。

请仔细听好，不要排斥，因为你并没有解决你的问题，因为你的不幸福一如既往。当你去追随你的上师或你的政治领袖，你是混乱的、困惑的。只有一个法子可以解决这一问题，那就是时时刻刻、日复一日在你的关系里面去认识你自己——认识你的敌意、仇恨、欲望、短暂的爱，等等。你被困于其中，只有当你接受了这一切，当你审视自己的本来面目，方能将问题解决。只有当你解决了问题，才可以让心灵摆脱自身所受的限定，从而迎来真理。

问：您是否有什么技巧可以让我学习学习呢？如此一来我就也能够将您的讯息传递给那些深陷悲伤的人们了。

克：先生，你所说的传递讯息是指什么意思？你是指复述我的话也就是宣传吗？究其本质来讲，宣传就是局限心灵，各种形式的宣传——共产主义的宣传、宗教的宣传，诸如此类——都是对思想、心灵的局限，不是吗？假若你学习某个技巧，正如你所称呼的那样，某个方法，你把它记在心里，尔后重复它，那么你将会是一个优秀的宣传者。如果你敏锐、聪明，如果你能说会道，你就会局限住那些听你话的人的心灵，虽然是以新的方式而不是旧的方式，但这依然是限定，依然是局限。我们的问题便是这个，对吗？

我们的问题之所以会出现，是因为我们受着限定，我们的教育局限住了我们。那么，心灵能否挣脱限定呢？你只能够去发现这一状态，你不可以说它能还是不能。当你询问道："您是否有某个技巧"，你指的是什么意思呢？你或许是指某个方法、体系，你会像一个小学生那样去学习它，尔后重复它。先生，问题显然是更为基本的东西，是截然不同的东西，不是吗？没有什么技巧、方法可以学习，你不必去传递我的讯息，先生们，你传递的是你自己的讯息，而不是我的。

这种生活、这种不幸和混乱是你的问题。假如你认识了它，假如你能够认识受限的心灵的体验并且去超越的话，那么你自己就会成为一个教育者，尔后也就不会再有所谓的老师和学生了。但是之后你必须去认识你自己，而不是学习我的方法或是传递我的讯息。先生，重要的是去认识到这是我们的世界，认识到我们可以一同来建立一个幸福的世界，认识到我们——你和我——彼此紧紧相连，认识到真正重要的是你我的所作所为，认识到我们的思考方式是十分重要的，认识到思想总是受着局限，因此无法解决我们的问题。能够解决我们的问题的是去了解我们的思考方式，一旦我们知道自己是怎样思考的，就能迎来内在的根本性的转变了。我们将不再是印度教教徒、基督徒、共产主义者、社会主义者或是资本主义者，我们将是人类，富有激情、爱与关怀的人类。单纯去学习某个方法、技巧抑或是去传递他人的讯息，并不能带来这个。

通过技巧、方法你是无法拥有爱的,借由技巧你可以获得感觉,但这并不是爱。爱是无法通过报纸或宣传被告知、被传递的东西,你必须去感受它、认识它。但倘若你去模仿爱,这将毫无意义。一旦心灵迈入静寂,当它挣脱了自身的局限,挣脱了它的焦虑和恐惧,你就会懂得爱了。爱才是真正能够让我们的整个生活发生转变的革新。

(第一场演说,1953年2月8日)

有意识的努力会带来改变吗?

正如我们在上周日所说的那样,有意识地展开努力,希望让一个人的价值观念、看法发生改变,并不能带来根本性的、彻底的变革。我或许必须对这个问题做一番深入的探究,因为在我看来,重要的是我们应当去认识如下问题:即怎样带来根本性的转变,这个过程是什么以及如何才能让它发生。

我们大部分人都以这样或那样的方式有意地努力去遵从、去符合某种行为模式——政治的、宗教的或者所谓精神层面的模式。我们有意识地付出努力,目的很明确,那就是带来某种改变,或者是自身内部的改变,或者是社会的、经济的、文化方面的革新。我们在自己心智的表层有意识地做着各种各样的努力,以便带来我们所谓的变革。这样的转变是根本性的革新吗?还是仅仅只会带来流于表面的短暂的影响——意即并非是根本性的变革呢?我们越是去发现,越是在世界和自己身上观察这种表层的改变,越会认识到这种改变只会导致更多的问题,不仅是在我们自己身上，而且还有我们的关系以及社会里。

我觉得这是显而易见的，即我们越是有意识地去努力改变，努力让自身发生转变，问题就越多，只要你稍微深刻地思索一下，就会发现这个。也就是说，我渴望改变，我易怒，我贪婪，随便你怎么说都好，我有意识地努力去改变。在这种改变的过程里，有各种形式的抵抗、压制、升华，有不断的人为的努力。所以，当我渴望带来自身的转变时，也就包含了更多的问题。

我不知道你是否注意过，我们越是去努力，问题就会变得越多、越是复杂。因此，或许我们可以用不同的方式来着手这一问题。不管受限的心灵如何努力去改变自身，它难道不会带来更多的局限吗，难道不会带来更多的让我们的问题与日俱增的反应和行为吗？所以，如果我们意识到了这一点，就应该用不同的方法来着手这一有关改变的问题，即让我们自身发生根本性的转变。上周日我曾建议，这种转变、这种革新只能在潜意识的层面，而非意识层面。原因是，一切努力都是一种模仿的过程，结果也就不会有根本性的转变。

只有当意识停止一切的努力，这实际上意味着，潜意识的层面实现了觉知，才会迎来根本性的、彻底的变革。这便是为什么我会说，重要的是我们怎样去聆听自己周围的一切——不单单是聆听我的发言，还有聆听每一个事件、每一个想法，聆听你周围的声响，聆听鸟儿的鸣叫，聆听大海的波涛——如此一来，当你聆听的时候，你便开始实现了认知，同时无需展开任何有意识的努力。一旦你有意识地去努力，就会出现模仿的过程——模仿，意即出于经验、理想以及想要得到某个结果而去遵从既定的模式。只要我们真正认识到了这个，我觉得，我们自身就将发生根本性的转变。一旦我们领悟到，一切心理层面的努力、任何形式的努力都会带来模仿、遵从，那么我们就会懂得，当我们渴望变得有效率，当我们的努力带着方向性和目的性，就一定会出现模仿、遵从的过程，于是也就压根儿不会有改变。有的只是行为模式从一种模式变成另外一种模式,从一种反应变成另外一种反应,于是我们只会让我们的问题与日俱增。

能否不费力地带来外部的和内部的变革呢?请注意,这不是一个可以轻易抛到一旁的愤世嫉俗的问题。我们发现,我们付出的所有努力并没有带来我们寻求、渴望以及为之奋斗的那个东西——政治、宗教或是经济层面皆如此。所以,这种着手方式必定是完全错误的。假如这不是正确的方法,那么我们就应该用不同的方式去应对我们所有的问题。

心智是时间的产物,它源于模仿、对安全的渴望以及遵从,这样的受限的心智——无论它怎样努力——能否带来转变呢?这样的心智能够带来自身的革新吗?换种方式来提问题好了:有意识的努力、有意愿的行动,会带来改变吗?我们习惯了有意愿的行为——"我应该这样或者我不该那样","我应当如何或我不该如何","这个一定是好的,那个一定是坏的","必须得有不同的社会状态,不同的行为模式","我是暴力的,我应该做到不暴力",诸如此类——这便是带着意愿的人为的有意识的努力。在这种"应该如何"、"不该如何"的过程里,会有无数的控制、压制的问题,会有各种各样的由压制、控制带来的心理的欲望。在得到你所以为的真理的过程中,会有各种人为的努力、斗争、失败和挫折。如果你对此做一番认真的思考,如果你觉察到了这一切,就会认识到这是我们的问题,不单单是个体的,也是集体的、社会的、世界的。一个严肃认真的人,一个希望让自身发生彻底转变的人,要如何带来这种改变呢?通过有意识的努力,还是通过聆听如下真理,即努力是错误的、虚妄的呢?

洞悉有关努力的全部涵义,领悟这里面的真理。你能否就只是去聆听正在谈论的内容,不做任何的解释呢?一切努力都是一种模仿的过程,而模仿总是会带来局限,受限的心智永远无法探明有关问题的真理。那么，你我能否就只是去聆听，不做解释和判断吗？我能否审视、发现、聆听其中的真理呢？心智必须不再努力去认知，不再努力去模仿。不但在意识的层面这么做，还应该包括潜意识的层面。只有当心智静下几秒钟，聆听真理——心智日日夜夜都是如此的活跃，永不停息地在建立、破坏、改变、塑造——方能实现这个。我认为，这才是我们的问题所在，而不是做什么——如何养活穷人，抑或是怎样带来经济的变革，或是我们应当皈依哪种神灵或哪种仪式。

我们的问题从本质上来说，便是让我们的思考方式发生心理层面的、根本性的转变。任何有意识的努力都无法带来这样的改变，因为，正如我所指出来的那样，心智被传统和经验包围着，而传统和经验则是来自于受限的行动。所以，那在思考、计划并依照该计划去行动的心智——通过强迫、通过遵从、通过模仿——这样的心智，无法找到我们全部问题的解答。我们自孩提时代开始就被教育着去培养我们的记忆，在我们生活的某个层面，记忆是不可或缺的，但记忆并不会给任何问题带来正确的答案，它只会依照自身的局限、自身的经验去对问题进行解释。毕竟，假如作为印度教教徒的你经历了某个事物，你就会根据你那受限的心智去对它进行解释，抑或假如你是个共产主义者，你则会从辩证唯物主义的层面去应对那一经历或者对它予以解释。所以，你从来不曾怀着不受限定的心智去迎接某种体验，而受限的心智会制造出某种模式、某种行为，这只会导致更多的问题、痛苦与不幸，这便是我们必须要认识到的。在我看来，重要的是领悟到任何形式的努力、内在的努力都是一种模仿的过程，努力便是模仿、遵从，通过遵从，不会带来任何彻底的转变。

那么，我能否聆听这类观点并且洞悉其中的真理呢？依我之见，生活是一种模仿的过程，我所使用的语言是模仿的结果，是记忆、知识的培养。获取信息是模仿的过程，渴望变得良善源自于恐惧，而恐惧促使我去遵从。我认识到，记忆、经验、知识在我们生活的某些层面是不可或缺的，原因是，假如我不知道怎样运用语言的话，我就无法交流了。可一旦我努力带来心理的转变，努力想要变得不同，那么，正是这种希望变得不同的过程会导致其他问题出现，结果我便被困在了由无数问题织成的罗网里，于是也就没有任何自由可言。但倘若我能够去聆听正在谈论的内容的真理，不进行解释，那么潜意识的层面就将迎来解放了。你可以自己去检验这个，尔后你便会发现其中的真理。

先生们，这并不是一场讨论会，这次会谈不接受任何形式的讨论。

这里有一个十分困难的问题：无数个世纪以来，心智都在培养着记忆，这是我们唯一拥有的工具，我们用这一工具去解决我们的问题，我们推崇智力——这并不表示我们应该变得多愁善感或是虔诚。我们很难认识到心智的局限，很难认识到通过心智、通过运用思想的过程是无法解决我们的问题的——因为思想总是受限的。思想没有任何的自由，因为思想便是记忆，它是种种过去的经验的产物，所以是局限的。这样的思想，当它被用来解决我们的问题时，只会让问题愈演愈烈，只会带来更多的问题。那么，我能否领悟关于思想的真理并且让潜意识的层面发生转变呢？原因是，在潜意识的层面，没有任何局限，没有任何遵从，因为在那里，心智并没有干预进来寻求某个结果，因为在那里，心智并没有试图去压制或是变成任何东西，唯有在这个层面，心智才能够懂得什么是真理。真理不是分析的过程，也不是单纯的观察知识。只有当心智迈入静寂，不去干预，不去解释，才可以在潜意识的层面认识真理。一旦我们从根本上认识到了这个，就会发现我们的思考方式将出现彻底的转变。然而，正如我所说的，心智被训练着去进行干预，不停地在行动里寻求结果。唯有在潜意识的层面才会有爱，而单单爱本身就可以带来变革。

问：谁才是真正虔诚的人呢？通过什么才可以认识他的行为呢？

克：什么是宗教呢？在我们界定何谓一个虔诚的人之前，应当先弄清楚什么是宗教。所谓宗教，是指举行某些仪式，接受某些教义，从孩提时代起便被某些信仰限定为了印度教教徒、基督徒、佛教徒或是穆斯林吗？用某种信仰局限心灵，这就是宗教吗？因为我自称是个印度教教徒或其他什么教徒，这就会使我变得虔诚了吗？还是说，虔诚是一种心灵的状态，在这种状态里有体验，但不是记忆，在这种状态里，不再有一切时间的限定了呢？虔诚是指信神吗？一个不信神的人，是否就是不虔诚的呢？一个行善的人，一个活跃于社会的人——给穷人提供食物，始终都履行自己的职责，关心改革，关心人的改善——这样的人是虔诚的吗？一个追求美德的人，追求不施暴、不贪婪的人，是虔诚之士吗？抑或他只是在遵从某种模式，某种他为了自身的自我满足而制造出来的模式呢？所以，我们难道不应该首先探明我们所说的虔诚是指什么意思吗？

领悟真理显然并不依赖于任何信仰，相反，信仰会妨碍对真理的认知。一个有信仰的人，一个为教义所困的人，永远无法懂得什么是实相，永远无法体验狂喜和爱。教义、信仰和经验都是绊脚石，因为经验不过是记忆的持续，一个拥有丰富的记忆、经验和知识的人，永远不会探明什么是神，一个不断宣称自己对神的信仰的人，永远不会发现真理。只有当心灵是自由的，当它迈入静寂，没有任何训诫、强迫，才能迎来真理。当心灵处于静寂，才会有潜意识层面的变革。

你能否通过一个人的善行去判断他的行为呢？你根据什么知道他是否虔诚呢？你要如何去判断他呢？请注意，这不是什么诡辩。你通过什么标准、什么条件去判断他呢？假如他对自己的邻居行善，假如他给穷人食物，假如他赤足而行，身披藏红色的袍子，剃光脑袋，假如他摒弃世俗的享乐，那么你会称他是个虔诚之人吗？摒弃外物是一种麻醉和沉迷，一个被自己的行为麻醉的人，将永远无法领悟真理。只有当你彻底地抛却"我"、自我、私心、自负,才能发现真理,任何努力、意愿、有意识的行动都无法带来这个,唯有当心灵怀有爱,它才会是虔诚的。

然而,声称什么是爱,质疑爱是否是这个或那个,培养爱,这些都不是爱。这一切需要相当的觉知和理解。心灵的认知只会制造出更多的混乱。可一旦我觉察到了"我"的整个过程,觉察到"我"正在努力想要功成名就——宗教的、政治的或社会的层面——就会认识到,只要这个"我"渴望变得有德行或是不暴力,它就只是在遵从受人尊敬的模式。一个为了达至神而摒弃外物的"我",只是一个沉溺于自身的想象的人,这样的人永远无法探明什么是爱、什么是真理。

我们对这个心知肚明,我们在潜意识里深深感觉到必须要认识到这个,然而世界对我们来说太过沉重了,压力、传统、榜样都太过沉重了。我们被无数的琐碎之事裹挟着,因为自孩提时代起我们就被教育着去效仿那些榜样、英雄、伟人,结果我们自己也就变得琐碎起来,变得卑微、渺小、偏狭起来,我们从不曾探明什么是真理。真理是唯一的宗教,一当心灵迈入彻底的静寂,不再去渴望什么,不再去制造什么,不再希望做什么或者不做什么,唯有这时,才能发现真理——说得确切一些,才能迎来真理。这并不意味着退隐于世,并没有所谓的退隐、隔绝,生活即意味着处于关系之中,在这种关系里,我们将探明什么是真理、什么是爱。

问:我是个作家,几年前我听过您的演说,自那以后我就不再感觉有写作的冲动了。外部表现的缺乏,是否为自知的不可避免的结果呢?

克:你为什么写作?你写作是为了自我实现吗?你写作是为了出名吗?你写作是为了赚钱谋生吗?还是没有任何目的——因为你的心灵如此充实,富有生机与活力,以至于写作只是一种自然的、本能的表达,不是职业,不是自我实现的手段?如果它是一种实现自我的手段,那么,你越是认识自己,越是探究自己,拥有越多的对自我的认知,语词的结果就越少。只要你通过某种状态去自我实现——通过政治、通过宗教、通过活动、通过行善、通过写诗或绘画——只要你想通过某种行为去达至什么、实现什么,那么,你对自己的认识越多,这种活动就会越少。

只要你希望通过某种行动得到满足,只要你希望借由该行动得到愉悦或者在职业上有所成就——成为一个政客、伟人、知名人士——只要你把外部的活动当做一种自我膨胀的手段,那么,你越是自知,就越会减少这种行为。认知是格外重要的,因为我们大多数人都在通过某些东西、通过妻子或丈夫、通过孩子、通过美德来实现自我。假若对着一大群的听众发表演说或是写诗可以让你出人头地,只要这个"我"在变得如何如何,在渴望功成名就,那么你越自知,就越少"变成",于是也就不会再有通过任何行动来实现"自我"了。

但是你发现,自孩提时代起我们便被教育着要有所成就,要实现自我。我们有无数的英雄、圣人,有如此多的权威要去遵从,有那些将会让我们的渴望得到满足的上师,因此我们永远被困在那张自我实现的罗网之中。只要有自我实现,就会有挫败,伴随着挫败将会出现恐惧,结果我们也就再一次地困在网中。然而有一种创造力的释放,它不是源于自我实现,一旦我们真正认识到了这个,我们的行为就将发生巨大的转变了。目前,通过我们的行动,我们并没有释放这一充满生机与活力的能量,通过我们的社会改革,通过我们的写作,通过修建桥梁,通过画画,我们并没有在创造。毕竟,当你自称是个印度教教徒、基督徒或者共产主义者的时候,你难道不是在自我实现吗?当你作为共产主义分子、社会主义分子抑或宗教人士而活跃的时候,这种活动难道不会赋予你——你、"我"——想去变成、行动、成为以及继续该行动的动力吗?你难道不会制造出问题来吗?你难道不是冷酷无情的吗?你难道不会分裂、破坏、清算、建立集中营吗？对你来说这或许就是虔诚和解放，然而在这种解放的过程中，你不仅给自己带来了灾难，而且也给他人带来了不幸。这显然不是创造力，这并没有真正让心灵摆脱想要有所实现的欲望。

我认为有一种不同的解放和创造力，它不为受限的行动所困。只有当我认识了努力的过程，当我不再去模仿，才能迎来这种创造力。一切努力皆为模仿，当我努力想要出人头地，努力想要变得如何如何，就会有模仿。只有当"我"消失不见，当我彻底地安于是个普通人——这不是美德，不是要努力去追求的东西——我才会进入到一种非凡的状态，即了解自知的整个过程。唯有这时，才会迎来彻底的、永恒的自由，而创造力就蕴含在这种自由里面。

问：人的行为是受着自身内在本能的驱使，好像他是被迫为恶的，尽管他不情愿。那么是什么驱使他去干坏事的呢？

克：什么是恶？我们所说的坏事或好事是指什么？先生们，请仔细聆听，通过聆听，探明一种不为所有这些词语所囿的自由，如此一来，在这种自由里，在这种生机与活力里，不会再有罪恶，不会再有错误的行为，只会有一种状态，爱的状态，而爱永远都不会是错误的。由于我们并不拥有爱，所以我们便用所谓的善恶对错把我们的心灵和行为围困起来，我们被困在这种二元性之中。因为被困其中，于是我们努力想要逃避，制造出另外的二元性的对立物。对我们大多数人来讲，道德即传统，我们是环境、社会、传统的奴隶，我们屈从于我们的邻居、上司、政府、党派的言论。任何形式的偏离党派的路线都被视为罪恶，无论这个党派是宗教的还是政治的。任何对传统的背离，对所谓的体面、受人尊敬的反叛，都被看作是恶。我们自孩提时代开始就是在这种状态下被教育的，所以，但凡想要背离传统，都被我们视为罪恶。此外我们还渴望去遵从，这种遵从则被看作是好的、值得尊敬的。

因此，我们的问题不在于什么是好的、什么是坏的、什么是罪恶、什么是正确，而在于要挣脱恐惧的羁绊。一个摆脱了恐惧的人将会懂得爱，一个心中有爱的人不会为恶，不会被除了爱以外的任何行为或任何东西驱使。如果你心怀恐惧，你就不可能拥有爱，只要心灵寻求着安全——在宗教、在信仰那里寻求安全，在你的妻子、你的孩子身上寻求安全，在你的名声、你的财产、你的银行账户里面寻求安全——就会有恐惧。只要有安全，就必定会有恐惧，一个身处安全状态的人——心理层面的安全和确定，沉溺于知识——这样的人，他的内心深处是恐惧的，这样的人总是会知道什么是恶、什么是善，于是也就困在这种二元性的冲突之中。然而，一个没有恐惧的人，他的心灵不会去寻求安全，而这样的心灵就会生出爱。

只有当一个人心中有爱的时候，他才能摆脱恶，摆脱所有会导致反社会的行为的欲望，因为爱是唯一真正的变革。可是要迎来爱并非易事。当你使用"爱"这个字眼的时候，假如你的心中怀有恐惧——恐惧会通过遵从、认可权威等等表现出来——那么你口里所说的爱将会毫无意义。假如心灵囿于传统知识，假如它始终都在寻求得到结果，那么这样的心灵将永远无法挣脱恐惧的束缚。黑暗的、恐惧的事物，永远不可能寻觅到光明。

问：我曾经与死神十分接近，虽然危险暂时没有了，但我知道死亡将会是无法避免的。您能否教教我要怎样去面对死亡呢？

克：先生，这不是一个可以被教授的问题，我无法教给你。不要成为任何人的学徒，不要去追随任何人，不管他可能带给你多大的慰藉和满足。这是一个格外复杂的问题。

我们所说的死亡是什么意思呢？消逝、终结、不再存活。你什么时候不是死去的呢，你什么时候知道自己不是死寂的呢？你可曾觉察到你没有死去、你是活生生的？请好好理解一下这个。你可曾意识到自己是活着的，你什么时候知道、什么时候意识到你是活着的？你是否觉察过这个？只有当你身处矛盾、冲突之中，你才会意识到你是活着的，对吗？在你欢愉、快乐、热爱的时候，你会意识到吗？在你处于欢愉的那一刻，你会说自己是快乐的吗？一旦你觉察到你是快乐的，快乐难道不就消失不见了吗？它已经变成了记忆。先生们，请务必好好想一想所说的这些内容，这并非是诡辩。

有一种状态超越了死亡，我将尽力去表达、指明——不是告诉你怎样达至该状态，而是让你凭借自己的力量去探明、去体验。你不可以去累积那些能够保证你会达至那一状态的经验，原因是，一旦你去累积经验，你就在丧失活力，于是死亡也就会到来。

你什么时候会意识到生命、意识到你是活着的呢？只有当你遭遇了疾病的时候，只有当你认识到自己失去了健康的时候。在你身体无恙时，你根本不会意识到自己的健康。只有当你陷入矛盾、冲突、痛苦之中，当你不断地想要变得如何如何，那么你才会知道、才会意识到你处于一种冲突的状态，也就是活着的状态。当你无病无灾，当一切事情都很顺利平稳，没有任何冲突、阻碍，你便无法意识到自己是活着的。

所以，我们的生活是一种冲突的过程，只有当我们认识到挣扎、斗争、痛苦、悲伤、不幸，这时候我们才是活着的，当我们嫉妒的时候，我们知道，当我们贪婪的时候，我们知道，当我们追逐外物的时候，我们知道——这便是我们的生活，我们把这个称作是活着。害怕丢掉工作，害怕没有实现我们着手去做的事情，害怕不再如何如何，害怕不能享受明天或是不会再见到我们所爱的人，我们把这一切叫做爱，这就是我们所知道的全部，至于其他的东西我们则一概不知了。当我们知道那个被我们叫做欢愉的事物时，它就已经是过去的东西了，我们活在记忆里，活在过去，结果，无论年轻人还是老年人都是没有生机和活力的，都是死寂的。所以，死亡总是伴随着我们，我们永远都在死去，永远都在惧怕死亡，死亡于我们如影随形，这便是我们知道的全部。因为，我们所做的一切，我们的所有行为，我们双手触及的一切，全都会衰退、消逝、凋零，毁灭的阴影总是在我们左右。我们摧毁了我们热爱的东西，我们欣赏的、爱慕的，都逝去了，我们珍惜的，都腐朽了，我们接触过的一切，都将衰亡。这不是什么想象，这是切切实实发生的情形。所以我们只知道死亡——腐朽、退化——这便是我们的生活。只有当我们认识到了这个，当我们真正洞悉了事物的本来面目，不试图逃避它，当我们与之共处，懂得它是什么，才能超越这种心智，超越记忆。因为，凡是持续的事物必定会在自身内部种下衰退、毁灭的种子。

请仔细听好。我们只关心永生，我们希望自己的名声、财产得以永续，我们希望通过国家、政府，通过我们的孩子来实现自我，我们希望事物不朽。然而，凡是持续的事物都是破坏性的，它里面有衰退的种子。只有在那些会终结的事物身上，才会有更新，才会有活力。如果我能够去体验，同时不去持续，如果只有经历没有记忆——要做到这个十分不易，因为我们体验的一切事物，日落或天幕上的一点孤星，都会被马上储存为记忆，因为心灵渴望去累积、储存、维系，它害怕失去——才能实现更新。

我们是什么样子的呢？我们是许多的困惑和混乱，是无数燃烧着的欲望和冲突，是永无止境的痛苦和艰辛。由于我们始终都处于死寂的状态，由于死亡总是如影随形，所以我们仅仅关心永续。假如你真正去聆听这一切，不去进行解释，不把它同《薄伽梵歌》或是《奥义书》作比较，假如你直接地体验它，哪怕只是短短的一秒钟——直接的体验是指这样一种状态，即心灵不为时间所困，在这种状态里面，没有作为记忆的体验，没有时间，在这种状态里，心灵是静寂的——尔后你便会发现不再有死亡，因为每时每刻都是一种结束。这不是什么诗意的表达，这是你能够去体验到的切切实实的存在，而这种体验并不是来自于任何行为模式或者是追求美德。它必须向你走来，真理只会向你走来，你无法去邀请它。只有当你抱持开放的心态，当你不再怀有欲求，真理才会到来。只有当你的杯子是空着的时候，彻底的空无，当你知道自己是死气沉沉的，才会迎来崭新的状态，即杯子是满满的，永远不会空空如也。唯有这时爱才会登场，而爱是永远不会终结的。

（第二场演说，1953 年 2 月 11 日）

睿智的人必定是严肃认真的

我认为，抱持严肃认真的态度是我们最大的困难之一，因为我们被如此多的无聊琐事以及各种娱乐、消遣这些让人分心的东西包围住了，被如此多的老师、体系方法、哲学家们包围住了，以至于我们很难做出正确的选择，尤其是如果我们非常博学，如果我们已经遵从了某种行为模式的话。我们越是致力于某种思想、观念或行为的模式——尽管我们可能看起来非常的热切、认真，但实际上我们并不是警觉的、机敏的、睿智的。原因在于，认可、接受某个体系、方法——宗教的、政治的、科学的或是社会的——显然会局限住我们的生活，会带来衰退。在我看来，大部分人很难做到严肃认真，不被某种思想体系束缚住，或是不被困在某个行为的窠臼里头。因为，一旦我们是严肃认真的，就会渴望有所成就，就会希望展开行动，就会想把自己投入到某个行动、改革、革命中去，我们以为，凡是不立即被转变为行动的东西就不是严肃的、重要的。

我认为，重要的是去思考一下这个：不是说不该有行动，不是说不应当有变革、改变——经济的、社会的，等等——而是说在我们投身于任何行动之前，难道不应该清楚地知道我们所说的严肃以及我们所说的智慧是指什么意思吗？所有严肃认真的人都是智慧的吗，所有有智慧的人都是严肃认真的吗？所谓的有智慧的、博览群书的人，拥有最新的科学知识或是哲学思想体系的人——就是严肃认真的吗？我们每个人都应当去探明所谓的严肃认真指的是什么，这难道不是十分重要的吗？原因在于，如果不抱持严肃认真的态度，如果不怀有真正的热切，生活就将毫无意义。

对于定期参加讲座的你们中的大多数人来说，假如你只是因好奇心被吸引，假如你希望找到某个问题的解答，那么你难道不应当去思考一下为什么说重要的是必须怀有严肃认真的态度吗？你听这些演讲，尔后离去，这对你的生活会有什么影响呢？它只是重复某些语句吗？它是学习某个新的技巧方法、新的语词从而让头脑变得敏锐吗？还是说，通过真正的聆听，而不是单纯的听见——听见和聆听之间是有不同的——一个人就可以探明什么是严肃认真呢？这并不是一个人去追求某种美德的那种严肃认真，追求美德只会带来受人尊敬，所以这是要避免的事情，因为一个受人尊敬的体面的人将永远无法获得欢愉，永远无法体会到那种充满了生机与活力的幸福。

所以，凭借我们自己的力量探明我们在多大程度上是严肃认真的，这难道不是十分重要的吗？原因是，我们必须抱持严肃认真的态度。严肃认真难道不是伴随着智慧吗？一个真正睿智的人必定是严肃认真的。让我们弄明白这种智慧指的是何涵义吧。

所以，若容许我建议的话，让我们重复一下我在某天所说过的话，请不要太过厌烦。如果你能够正确地聆听，不去进行解释或者比较你已经读到的或听到的东西，你便可以十分享受地去聆听并且努力去发现和探寻，不去阻碍，而是真正的探明——这跟听讲座是完全不同的，我们习惯于参加讲座，我们听了许多的演讲，一大堆的词藻，或华美或粗俗。然而，真正的聆听所产生的效果，要比某个行动更加具有革命性。若我懂得怎样聆听你，怎样聆听音乐、聆听波浪的声响，若我知道如何去聆听它，让这声响没有任何阻碍地渗透到我的耳朵里、心灵里，那么这种聆听将会带来非凡的行动，无需我有意识地去努力为之。

所以，或许我们可以尝试一下这种聆听的方式——它不是被某种观点或行动迷惑。我并不是在建议任何行动或态度，我只是努力去探明，你和我共同去探明这种智慧究竟是什么——它是如此的不可或缺，它会带来严肃、献身，它是自愿地投身于生活而不是某种行为，因为生活不是某个活动，它是一个完整的过程。难道不能无意识地、自愿地、自由地投身到生活的全部吗？要想做到这个，一个人就必须拥有非凡的智慧，洞若观火，必须不被腐蚀。那么，这种智慧是可能的吗？因为我们阅读得越多，比较越多，就越是会被困在这一切知识的混乱里头。

难道无法探明什么是真正的智慧，从而在这种智慧的运作下去发现正确的行动吗？正确的行动是不被任何人强加的行为——不被马克思、社会主义者、资本主义者或是其他某个聪明的人强加的行为——不被一个人的野心、知识、博学所支配的行为。由于我们或许从来不曾拥有过这种智慧，因此我们一直都被他人操控着，正是这种被支配、被控制的过程，使得我们无法去培养或者发现真正的智慧。

在我看来，智慧是没有任何权威的，只要有权威存在，就不会有智慧——党派的权威、传统的权威、书本的权威、一个人自身经验的权威。原因是，只要存在权威、支配、控制，就一定会有选择，而只要有选择就无法迎来智慧。

请听好：就让我的话渗透进你的心里，仔细聆听，伴随着我们的探究，你将发现其中的真理。我依赖自身的经验，以为它将会带来智慧，但是我的经验能够带来这样的智慧吗？经验能够产生出智慧吗？我的经验究竟是什么呢？它是对无数生活的挑战做出的一系列的反应。你可能会奉承我，而我对此做出反应，抑或是我对美做出反应。这种不间断的挑战跟反应之间的关系便是经验，对吗？而这种经验是建立在受限的背景之上的，所以，限定、受限的背景在对其他的挑战做出反应，我从挑战出发去做出选择，我依照我的背景，依照我的选择去做出反应，结果，我的经验渐渐变成了权威——我的真实模样来自于权威，我的选择来自于权威，我的思考来自于权威。于是，选择成了权威，知识即经验的权威——不管是我的、你的还是博学之人的。

  只要有选择的能力，还会有智慧吗？选择是经验的结果，我的或者他人的经验，而经验是基于受限的背景做出的反应。我们的全部生活都是建立在选择之上的，我选择这个东西或者那个东西，我选择这朵花或者那种芬芳，我选择这种哲学，我选择那个上师、那个哲学体系、那位领袖，等等。我的所有生活都是基于一系列的解释和选择，我的选择越是高等，我越会觉得自己有区分、辨别的能力，越会觉得自己是有智慧的。是这样吗？显然，在生活的某些层面，在思想、生活、行动的某些领域，选择是必需的，然而在心理层面，基于权威的选择难道不是束缚住了、妨碍住了智慧吗？因为，毕竟，当我的内心做出选择的时候——我不是在谈论选择的心理事实——而是当我在心理上有所选择的时候，这种选择难道不是源于我所受的限定、我的经验吗？因此，我越是依照自己的经验做出选择，我的头脑就越会被局限住，于是我也就越是会依照某种思想体系、依照传统、依照自身的背景和限定去进行选择。

  这种基于权威做出选择的过程，难道不会破坏智慧吗？智慧难道不是不可或缺的吗，尤其是在一个充满了危机、充满了权威的控制跟强加的世界里？让我们自己挣脱一切权威的束缚——这意味着摆脱所有的选择——以及探明真理，难道不是十分必需的吗？原因在于，真理并不是选择的结果，并不是权威的产物，假如我去选择，那么它就不是真理。我的选择是依照我的背景、我的经验抑或是根据权威——权威带给了我安全，通过权威我将自我实现，通过权威我将会实施某些行为，这些行为能够保证我得到我想要的东西。因此，正如我们所知道的那样，正如我们每天所做的那样，选择能够带领我们走向智慧吗？如果它不能，那么重要的便是去探明是什么妨碍了智慧的运作，也就是摆脱各种各样的权威，难道不是吗？

能否生活在一个这样的世界里呢，它的社会结构不是建立在权威之上，不是建立在社会、经济、宗教、文化等领域的强加和控制之上？能否摆脱权威生活，能否没有任何形式的强迫、抵制将我们束缚在某种行为的模式之中呢？对我们来说，重要的是去探明是否能够对这种不做任何选择的智慧报以认真、热切的态度，不是吗？原因在于，尔后你便会展开没有奖赏、没有目的的行动——它是不断的革新，这样的行动是必需的，尤其是在我们身上，因为我们是如此的混乱和困惑。所有的老师、所有的上师、所有的书本，一切的一切都失败了，所有的英雄都只不过是挂在墙上而已——而不是在我们的心里、脑子里——他们全都失败了。对我们而言，重要的是去摆脱各种权威的制约，探寻真理，不再怀有权威，不再去选择，难道不是吗？因为，一旦我们不去进行选择，一旦我们不去干预那种没有选择的行动，那么这样的行动显然就会带来变革，不是仅仅流于表面的变革，而是根本的、深刻的、心理层面的革新。

正是这种富有创造力的行动才是不可或缺的——这种创造力没有选择，它里面没有任何形式的权威。原因是，尔后心灵将会摆脱恐惧。只有心灵才会惧怕选择，而一个充满恐惧的心灵不是智慧的心灵。一切选择难道不都是基于恐惧吗？心灵能否彻底地摆脱恐惧呢？只有当心灵不去寻求结果，当它不去追逐结果，当它不为任何信仰、权威所囿，才能挣脱恐惧的羁绊，唯有这时，才能带来变革与新生，才能让人的心灵和思想发生转变。

问：我的身心似乎是由根深蒂固的冲动以及有意识的和无意识的恐惧构成的。我观察心智，但通常的情形却是，这些基本的恐惧似乎支配了我。那么我该怎么办才好呢？

克：先生，让我们弄清楚我们所说的恐惧是指什么意思吧。何谓恐惧？恐惧只存在于跟某个事物的关系里，它本身不能单独存在，它只存在于同某个事物的关系中——害怕你对我会有什么看法，害怕公众会怎么看我，害怕失去工作，害怕到了老年没有安全，抑或是害怕父母过世，等等。恐惧就是对某个事物的惧怕。

那么我怎样才能摆脱恐惧呢？任何形式的训戒，能够驱除恐惧吗？训戒便是抵抗，是学习着培养起抵制，这会让心灵挣脱恐惧吗？还是只会让心灵去逃避恐惧呢？——就像建起一堵墙，但是另一方面恐惧却依然存在？通过抵制，通过培养勇气，显然无法摆脱恐惧。因为，勇气就其本质来说便是恐惧的对立面，当心灵被困在恐惧和勇气里，不可能会有解决，只是培养了抵制，所以，培养勇气并不能战胜恐惧。

那么我该如何摆脱恐惧呢？先生们，请好好思考一下这个，这是我们的问题，是你的问题、我的问题，是每一个想要挣脱恐惧的人的问题。原因是，一旦我能够摆脱恐惧的制约，那么那个给世界带来了如此多的不幸与灾难的"我"、自我就会消失不见了。自我，究其本质而言便是恐惧的根源，不是吗？因为我想要获得安全，如果我在经济上没有得到安全，我就希望在政治、社会等层面获得安全，希望在名望里面得到安全，我想要在来世拥有安全，我想要得到神的保证，拍拍我的后背说道："来生你将会有更好的机遇。"我希望有人来告知我，给我鼓励，给我慰藉，给我庇护。所以，只要我以任何形式去寻求安全，就必定会有恐惧，由此滋生出一切基本的欲望。因此，假若我能够懂得什么是恐惧，那么或许我就可以摆脱不断的选择的过程了。

那么我要怎样才能知道什么是恐惧呢？我要怎样——没有训戒，没有抵制，不去逃避恐惧，不去制造出其他的幻觉、其他的问题、其他的上师、哲学家的体系方法——真正地直面它、认识它、摆脱它、超越它呢？只有当我不去逃避恐惧，当我不去抵制它，才可以认识它。所以，我们必须探明这个在进行着抵制的实体究竟是什么。这个在抵抗恐惧的"我"是什么呢？先生们，你们明白没有？这也就是说，我感到惧怕，我害怕公众会怎么说我，因为我希望成为一个受人尊敬的体面的人，我希望在世界上功成名就，我希望拥有名望、地位、权威。因此，我的一部分在追逐这个，而在内心深处，我知道我所做的一切都将走向挫败，我渴望去做的一切都将成为我的绊脚石。于是，我的身上有两个过程在运作——一个是那个想要取得成就，想要变得体面，想要功成名就的人，另一个是始终惧怕我可能不会有所得的人。

因此，在我自己的身上有两个过程运作着，有两种欲望、两种追逐——一个说道："我希望拥有幸福"，另一个知道或许这世上不会有幸福。我渴望富有，与此同时我又目睹了成千上万的穷苦人，但我的野心是成为富翁。所以，只要对安全的渴望摆在我的面前，驱使着我，就不可能会有丝毫的自由。与此同时，我的内心还怀有悲悯、爱和同情。于是便不断地上演着一场战役，这战役投射了出来，变得反社会，依此类推。那么我该怎么做呢？我要如何摆脱这场战役，摆脱这种内心的冲突呢？

如果我能够观察某个单独的过程，不去培养二元化的过程，那么我就可以应对它。也就是说，若我能够观察恐惧本身，不去培养美德，不去培养勇气，我就能应对恐惧了。意思便是，一旦我认识了本来面目而不是应有面目，我就可以去应对本来面目。对于大多数人来说，我们并不认识"当下实相"，因为我们大部分人关心的是应当如何。这个"应当如何"制造出了二元性,而"当下实相"从不会导致二元性。"应当如何"带来了冲突和双重性。

那么,我能够观察"当下实相",同时不制造出对立面的冲突吗?我能够审视"当下实相",不进行任何抵制吗?原因在于,正是抵制带来了对立面,不是吗?也就是说,当我感到恐惧的时候,我可以不带抗拒地审视它吗?因为,一旦我去抵制它、抗拒它,我就已经被带入另外的冲突之中了。我能否不做任何抵制地审视自己的本来面目呢?如果我能够做到这个,我就可以去应对恐惧了。

那么什么是恐惧呢?恐惧是一个词语、一个概念、一个想法,还是切实存在呢?之所以会感到恐惧,是因为恐惧这个词语呢,还是说恐惧是不依赖词语存在的呢?先生,请跟我一起好好思考一下这个,不要感到厌倦,不要让你的心智游走开去。因为,假如你真的关心恐惧的问题,关心你的本来面目,每个人的本来面目——害怕死亡,害怕你的祖父或祖母过世——既然你背负着极大的黑暗,那么你难道不应该去探究一下这个问题,而不是仅仅将它抛到一旁?若我们对问题做一番仔细的探究,就会领悟到,只要我们以各种形式抵抗着恐惧,逃避它,建起栅栏抵挡它,诸如培养勇气等等,那么这种抵制就会带来对立面之间的冲突,而经由对立面的冲突,我们将永远不会获得觉知。

认为正题和反题之间的冲突会带来合题,这是不对的。能够带来认知的,是理解了本来面目的事实,而不是制造出对立面。那么,我能够直面恐惧、审视它,同时不去抗拒它、逃避它吗?那个在审视恐惧的实体是什么呢?当我说我感到恐惧的时候,这个"我"是什么,这个"恐惧"又是什么?它们是两个不同的状态吗,是两种不同的过程吗?我与那个"我"感受到的恐惧是分开的吗?如果我和恐惧是分开的,那么我就能够对恐惧进行运作,尔后我就可以去改变它,就可以抵抗它,将它推到一旁去。但倘若我和恐惧并不是分开的,就会有一种截然不同的行动了，难道不是吗？

先生们，这对你们来说是不是有点儿抽象和难懂呢？请让我们一起展开探究吧。请仔细聆听，就只是聆听，不要争论从而干扰，因为，唯有通过聆听而不是展开争论，你才能理解我所谈论的内容。

只要我在抵抗恐惧，就不可能摆脱恐惧，而只会带来更多的冲突与不幸。当我没有去抵制，就只会有恐惧存在。那么，恐惧与那个声称"我很害怕"的观察者即"我"是分开的吗？这个"我"，难道不是由那个被我唤作恐惧的感受构成的吗？这个"我"，难道不就是恐惧这一感受本身吗？假如没有恐惧的感受，就不会有"我"，因此，"我"与恐惧是一体的，并不存在一个独立于恐惧之外的"我"，所以恐惧便是"我"，于是存在的只有恐惧。

那么便会出现如下的询问：恐惧仅仅是一个词语吗？恐惧这一词语、概念、符号、状态——是由不依赖事实的心智创造出来的吗？请听好，恐惧即"我"，不存在一个位于恐惧之外的独立的"我"。这个人，这个"我"说道："我很贪婪"，权威即"我"，这个贪婪的个性与"我"并不是分开的。只要这个"我"说道："我应该摆脱贪婪"，它就会去努力，然而"我"依然是贪婪的，因为它渴望变得不贪婪。同样的道理，当这个"我"说道："我必须摆脱恐惧"，它就会培养起抵制，结果便会有冲突，而它则永远无法挣脱恐惧之网。因此，只有当我认识了如下事实，即恐惧便是"我"，我不可以对恐惧做些什么，唯有这时，才能摆脱恐惧的束缚。请务必审视这个声称"我很害怕，我必须要对恐惧做些什么"的"我"。只要它对恐惧有所行动，那么它就只会带来抵制，从而让冲突愈演愈烈。可一旦我认识到恐惧便是"我"，就不会有"我"的行动了，唯有这时，才能摆脱恐惧。

你发现，我们如此习惯于对恐惧做些什么，对某种欲望比如性欲去做些什么，以至于我们总是去作用它，仿佛这种欲望是独立于"我"存在的。所以，只要我们将欲望视为独立于"我"之外的事物，就必定会出现冲突。没有"我"就不会有欲望，我便是欲望，这二者并不是分离开来的，请务必认识到这一点。一旦你感受到恐惧便是"我"，贪婪便是"我"，它与"我"并不是分开的，那么你就会迎来非凡的体验了。

没有思想者就不会有任何思想可言，只要有思想存在，就会有思想者，思想者跟思想并不是分开的。但思想制造出了思想者，把他隔离出去，因为思想永远都在寻求着永恒，于是便制造出了作为一个永恒实体的"我"，制造出了这个控制思想的"我"。但倘若没有思想的话，就不会有"我"存在，当你不去思考的时候，当你不去识别，当你不去区分，还会有"我"存在吗，还会有"我"吗？正是思考的过程制造出了"我"，尔后"我"又对思想加以操作，于是便会暗暗上演争斗。

假如你希望彻底摆脱恐惧的制约，那么你就必须认识如下真理：即恐惧便是"我"，恐惧和我并不是分离开来的，这就是事实。当你直面事实，便会有所行动——这种行动不是由心智带来的，这种行动是真理，它里面没有选择，没有抵制。唯有这时，心灵才能挣脱各种各样的恐惧。

问：我的生活是不断地去适应我的丈夫，适应我的各种关系。我认为我是幸福的。我听过您的演讲，可是我生活的黯淡、无趣还是展现无遗。假如您谈论的东西不会给我的日常生活带来光明，那么我听您演讲又有什么作用呢？

克： 摆脱一切幻觉难道不是十分重要的吗？探明一个人的真实模样，探明世上的万事万物，这难道不是非常重要的事情吗？你不可以通过社会主义、共产主义、资本主义或是宗教的视角去做这个，你应该按照事物的本来面目去审视它们，尔后你便可以应对它们了。但倘若你活在一个幻觉的世界里头，然后通过这种幻象去审视各种问题，那么你是无法将问题解决的。

问题似乎是这样的：一个人是否应当摆脱这些幻觉去真正审视自己的真实模样？觉察到、意识到这种黯淡、无趣难道不是十分必要的吗？毕竟，我们是没有欢愉、没有幸福的人类，我们深陷悲伤，我们剥削他人，这就是我们的真实状态——利用他人来实现自我，或者是国家，或者是党派，或者是观念。我们是空虚的人，在内心，我们孤独、恐惧，依赖如此多的人、如此多的观念，我们的心中没有爱，这就是我们真正的模样。我们难道无法去审视这个吗，我们难道不应该去认识它吗？我们试图通过看电影、读书、各种各样的活动来逃避它，但事实依然存在于这些活动的背后。我们是麻木、迟钝、无聊的人，我们不快乐，我们活在满是不幸的状态里。直面这一事实，认识到我们的真实模样，这难道不是非常重要的事情吗？当我们认识了自己的本来面目，会发生什么呢？尔后我们就会努力去改变它，就会有意识地带来改变。先生们，你们明白我所说的话没有？

我们生活在一个充满了逃避的世界里，生活在一个满是幻觉的世界里，我们逃避事物的本来面目，当有人把它们带到我们的面前让我们去审视它们的实相，我们就会不喜欢。于是我们试图对"当下实相"做些什么，而这种做法又会制造出抵制，又会去逃避"当下实相"，因此这便是我们的难题所在。假如我知道我是孤独的，假如我是个反社会分子，假如我很贪婪，假如我觉察到了这个，那么我马上的反应便是对它做些什么，结果我让这个恶性循环一直上演——也就是，对它做些什么，抵制它、抗拒它。如果我可以审视事实，与其共处，如果我可以了解它所有的复杂，那么我就能够超越它了。但只要我想去对自己的本来面目做些什么，我便永远无法去应对它。我很孤独，我很恐惧，我不快乐，若我能够审视自己的真实模样，不做任何解释，就将在无意识中发生改变了。

我们希望有意识地展开行动，我们的有意识的行动其实是非常局限的,因为我们的心智始终都受着限定。谁的想法无关紧要,一切思想都是局限的,所有的想法都是反应,想法是不具有创造性的,它不会带来自由。只有当心智安静下来,当整个存在平静地接受了事实情形——接受了孤独、恐惧的事实,接受了"我仇恨"的事实,接受了"我野心勃勃"的事实——才会迎来自由。一旦心智平静地接受了事实真相,就会在不知不觉中实现转变了。这种转变将会释放出创造力,要想建立一个富有生机与活力的社会,这种转变是不可或缺的。然而你知道,我们从来不曾领悟到这一点,我们总是希望对事实做些什么——事实便是我很不快乐,事实便是我很沮丧,我充满野心——一旦我认识到了事实,我的心智就会对它做些什么以便去改变它,就会想去看看能否控制它、影响它,这就是我们的心智。

心智没有直面事实,与事实共存,不去渴望改变它。真正的接受指的是洞悉事物的本来面目,尔后,我向你们保证,潜意识将会发生转变,这种转变是没有任何动机的。这是唯一真正的变革,因为在这种变革里面将会释放出创造力,而创造力就是爱。

问:我听您的讲演,有时候我感觉自己理解了。当其他人引用您的话时,我就不会理解。那么被理解的究竟是什么呢?

克:你所说的"理解"是指什么意思?你什么时候会理解?当我说"我理解你"的时候,我的含义是什么?我所聆听的仅仅只是话语呢,还是一种更加深刻的过程在运作着呢?也就是说,我聆听你,我对你所说的话进行解释,然后说道:"是的,我懂了。"这便是我们所谓的理解吗?抑或理解是截然不同的东西呢?理解并不仅仅是口头上的聆听,而是懂得了你所说的话的真理或谬误。

那个实现了理解的事物是什么呢?是一种状态,是一种反应吗?请听好。探明这个问题格外重要,因为我们或许能够就此找到一把钥匙,打开理解、认知的大门。当我们去进行解释的时候,我们是在聆听吗?当我去解释你所说的话时,我能够懂得你的观点吗?比如,当你说道:"应当做一个良善的人",这对我会有什么影响呢?你这么说的时候,是否怀着满满的意图,怀着良善的感受,没有一丝的保留和抑制?我能否聆听你的话,不做任何解释,不去说:"我怎样才能在身处的环境里面做一个良善之人呢?"我能否就只是聆听,不对你的话进行解释,使其符合我的背景、环境?我能否不设置任何障碍地聆听你的观点?唯有这样,才能实现理解,难道不是吗?

任何努力都无法带来理解,对吗?假如你努力去理解我,那么你所有的知识都会在努力的过程中耗尽,你并没有在聆听我。如果你不去努力,如果你就只是去聆听,没有任何强迫,不去进行解释,不去展开比较——这意味着,你要让话语、想法、感受、正在谈的内容、所蕴含的全部内容都渗透进来——那么,你难道不就同我所看到的、你也看到的东西有了直接的交流吗?于是,理解——它不是你的也不是我的,它就是理解本身——便是洞见真相了。所以,理解不是个人的,它既不是你的也不是我的,它是一种心灵能够获得真理的状态。倘若心灵困于权威和传统,那么它便无法获得真理,尔后心灵就会把所说的话跟《薄伽梵歌》、跟《圣经》,跟这个或那个进行比较。所以,理解显然是一种这样的状态,在它里面,心灵不再去进行比较,在它里面,不再有任何的权威。它是一种不做任何选择的觉知,于是心灵也就获得了直接的洞悉,不去解释,没有任何中介。因此,如果你我都能够领悟到这个,如果你我处于这种状态,那么我们显然就能立即感知到真理了。

然而对于大部分人来讲,我们的知识、我们的经验、权威、强迫以及日常生活中的各种活动,全都妨碍了我们去直接地体验真理。无论你多么频繁地听我的讲演,你的心灵都被权威、知识、经验所囿,以至于你无法直接地洞悉事物。因此,只有当心灵迈入了真正的宁静,没有任何强迫，才能迎来觉知。一旦心灵处于静寂，它便能够获得真理了。如果理解不是累积，你就不会去累积理解，不会把它储存起来。觉知源于灵光一现，这表示心灵必须格外宁静，应该专注地聆听，不去做任何选择。然而，一个受限的心灵，一个因为强迫而被训戒、局限的心灵——这样的心灵无法获得觉知，无法直接地体验真理。正是时时刻刻去体验真理，才能带来创造力的释放。

问：您谈到了潜意识层面的变革，可由于潜意识是思想未知的领域，那么我如何才能觉察到出现了深刻的改变呢？您难道不是在用这些话语对我们进行催眠，使我们去想象某种状态吗？

克：潜意识难道不就是意识吗？也就是说，正如我们所知道的那样，意识便是斗争。只有当我处于矛盾、冲突的状态，当我遭遇到挑战，当我陷入不幸，当我有意识地努力去做什么或者不做什么，我才会有觉知。可是在这种有意识的努力的背后，难道没有许多暗藏着的动机吗，难道没有许多的强迫、欲望以及我继承了无数个世纪的传统吗？我既是意识，也是潜意识，这二者都是思想的过程，不是吗？假设我举行仪式、做瑜伽，这种行为源于我所成长的那个伟大的传统，而这个传统是基于恐惧、渴望获得安宁、希望、奖赏，诸如此类。是潜意识的动机在让我去做某个行为的。意识的整个过程难道不是思想的结果吗？你可能没有在想某个念头，潜意识可能没有在想它，但这一切难道不是思想的过程吗？我或许没有想过瑜伽，但其他人思考过它，我已经被限定在其中了——这便是我内心深处的潜意识。我已经被当做一个资本主义者、共产主义者或是社会主义者教育长大，我的行为和反应皆由此而来。潜意识的动机、欲望、限定，都是我或他人思想的结果，是社会环境的产物。

思想能够带来变革吗？请好好思考一下这个。思想是受限的，思想总是受着局限，那么它能否带来那必不可少的变革——彻底的变革，而不是单纯的经济或局部的改革？思想能带来深刻的、根本的变革吗？思想既是意识也是潜意识，它是一个完整的过程。我的潜意识或许被掩盖住了，我可能没有去应对它，但潜意识依然在那里，它是思想的结果——我的父辈们的思想、书本的思想、知识、经验——这一切便是"我"，包括意识与潜意识，它是思想的产物。于是我认识到，这整个的过程便是思想，我领悟到思想是局限的，那么思想如何能够带来彻底的变革呢？然而还有一种变革，它超越了思想，它在那里，超越了意识、超越了思想，必须迎来翻天覆地的革新。

爱是可以被培养起来的东西吗？当我爱着的时候，我是否知道呢？爱是一种有意识的过程吗？假如我知道我爱你，这是感觉而非爱，难道不是吗？若我意识到我是谦卑的，若我意识到我是和善的，这还是谦卑，还是和善吗？所以，爱、谦卑难道不是一种我没有意识的状态吗，假如从思考的涵义上来说的话？

只有当作为反应、作为受限的状态的思想终结时，才能实现我所说的变革，唯有这时，才会迎来革新。先生们，不要将其视为疯狂的想法而抛到一边，而是去发现、去探明、去感受。你将会领悟到，任何形式的思想都是受限的——共产主义的、社会主义的、天主教的或是宗教人士的思想。它是局限的，只要我们在一个局限的领域内行动，你就会面临由受限的行动带来的更多的问题，这里面没有丝毫的解放，没有丝毫的创造力。只有当心灵迈入彻底的静寂，才会迎来自由与生机。这种静寂不是能够有意识地被培养起来的东西，我不可以去培养它，原因在于，有意识地努力去带来它，这源于受限的想法、欲望，所以不会有任何变革，总是存在着目的、结果，而一个寻求结果的心灵并不具有革命性。

所以，唯有静寂的心灵才会获得真理——不是某种不寻常的非凡之物，而是每时每刻的真理，是一个人的所见、所说、所感、所想中蕴含的真理。只有当心灵迈入真正的宁静，没有任何强迫，没有任何欲望的驱使，变革才会到来。这种变革是真理带来的思想的革命，不是通过任何形式的培养，而是当你聆听正在谈论的内容时将会迎来的转变。但倘若你同我争论——这并不表示我在对你催眠——那么你就无法聆听。毕竟，每一天，报纸、政客、慈善家、你的宗教、《薄伽梵歌》、《圣经》、支配你或逼迫你的人，那些有目的、有方向的行为，全都在对你进行催眠。这一切难道不是一种麻痹的过程吗？宣传便是一种催眠的方式，而你则被困于其中。

我谈论的是截然不同的东西，这二者是不可比的，它们是完全不同的两个世界。我所说的重点便是：只要我们能够做到真正的聆听，那么真理就将在人的身上释放出富有创造力的活动。如果没有创造力，我们就会变得彻底混乱和无序，就会导致巨大的破坏，无论我们的意愿何等崇高，我们的所有行为都将带来不幸和灾难。这种富有生机与活力的行为便是爱，没有爱就不会有任何变革，爱不是一种有意识的行为，爱超越了思想。只有当心灵迈入彻底的宁静，才能认识、感受、懂得、体悟爱，唯有这时，世界才会发生翻天覆地的改变。

（第三场演说，1953年2月15日）

重要的是探明如何思考而非该做什么

在我看来，我们最大的一个困难便是交流。我想告诉你些什么，我自然必须使用语言，语言背负着如此多的不同的涵义，以至于对我们大多数人来说，很难直接地、简单地彼此交流我们想要表达的东西。尤其困难的是在我们应对某个有些棘手的问题时,它不太明确,所以需要的不是单纯的口头上的交流,而是超越了语言层面的交流。心灵反抗它无法摆脱的事物。

对我们大部分人而言,困难在于我们渴望明确的行动方向,我们想要知道该做什么,该如何行动,尤其是当我们感到困惑的时候,当我们选择的对象出于我们自身的混乱时。如果我们出于自身的混乱去选择某个领袖、某种理念或体系方法,那么这种选择只会带来更多的混乱、不幸与痛苦。原因在于,假如我因为自身的混乱去选择某个行动,那么这种行动必然会导致进一步的混乱,这是一个十分显见的事实。不幸的是,我们大多数人却并没有对此展开过思考。由于大部分人都急于找到某个法子、某个行动的方向,因此在我看来,重要的不是去探明该做什么,而是如何去思考。

我们许多人都习惯于想要知道该做些什么,我们有许多可以去效仿的榜样、英雄、规则、理想。然而,真正重要的是我们的思考方式,原因在于,如果我们的思考方式能够发生转变,那么或许就可以让我们的行动有所变化了。因此,重要的是去弄明白怎样思考而不是该做些什么,不是吗?因为,一旦我们被某个行为、某种思想体系局限住了,我们的行动就会变得越来越复杂,越来越混乱,越来越乏味、受局限、受训戒、被塑型,由此也就滋生出了更多的混乱。所以,依我之见,重要的是去探明如何思考,或许尔后便能让我们的思想发生转变,从而带来新的生活方式、新的行为方式。"是什么"的状态才是变革,"变成"的状态则是混乱。我们大多数人都习惯于去"变成"——变得更加怎样,改变行为方向使其符合某种思维模式,追随领袖,培养美德,由贪婪变得不贪,培养或者实践某些思考方式——这一切难道不都意味着一种根本就不是改变、不是革新的"变成"吗?"变成"只是一种继续,在它里面没有任何的革新、没有丝毫的转变。唯有在"是什么"的状态里,才能迎来转变或革新。因此,"变成"永远无法认识"是什么",当"变成"去观察"是什么","是什么"就消失了。

请逐字逐句思考一下这个问题,我觉得重要的是去理解,因为我们的心智如此习惯于"变成",习惯于去累积经验,由此滋生出了更多的经验,我们的思想建立在知识、经验、榜样、记忆之上,而这一切全都是在持续的模式之中,这是稍作了改变的持续,但并没有任何的革新或转变。

"变成"总是试图去超越自身,我源自于时间、记忆、经验、不停的选择、区分,我是过去的时间的持续,我的心智在效仿、排拒、接受、抵制,它始终都在"变成"的领域内,始终都是一种"变成"的模式,对吗?我今天是某个样子的,明天我则会变成其他模样,明天其实正是今天的继续。这就是我的思想所习惯的,它是累积、记忆的结果,不是吗?这并不复杂。你观察一下自己的思想,观察一下你的行为方式、你的种种欲望,将会发现情形正是如此。我们总是试图变得如何如何——职员想要变成经理,经理想要变成主管,政客想要变成最伟大的领袖,诸如此类,永远都在渴望变得如何如何,渴望出人头地。我们希望在这里面带来革新,带来转变,但这是不可能的,因为,凡是持续的事物永远无法带来自身内部的改变。

那么,我们抱着这样的心态,抱着这种思想去观察"是什么"——我们未知的真正的神,随便你怎么称呼都好。"变成"总是在猜想"是什么","变成"总是在观察"是什么",试图去抓住它,试图让自己符合它。所以,当你、当努力想要"变成"的"我"试图去抓住"是什么","是什么"就会消失不见。由于我的心智习惯于从时间的层面去思考问题,由于我的心智是时间的产物,因此我无法超越"变成"或是不去"变成"这一层面,从其他的层面去思考。结果,正是在这种变成的过程中出现了冲突,而我们希望经由冲突得到某个结果,这便是我们的生活。我们想要得到结果,于是我们通过各种各样的手段去获取——我们总是在努力,总是面临着复杂和选择,渴望这个,接受那个,诸如此类,这就是我们的生活,对吗?所以,"变成"始终都在努力去遵循某种行为模式——崇拜英雄、培养美德,等等——它永远都在试图去抓住"是什么"的状态,单单在这种状态里就能够迎来变革。在我看来,重要的是我们应当认识到,"变成"里面不会有任何转变,不会有根本性的改变。那么一个人该如何是好呢?你们明白没有?

我想要告诉你们一些东西,而我必须运用语言,你将会根据你的背景、你所受的限定去对这些话做解释,结果你我之间便停止了交流。我希望跟你说一个非常简单的例子:"变成"里面没有幸福,没有改变,没有革新,唯有在"是什么"的状态里才会发生彻底的变革。然而,"变成"永远无法认识"是什么",你越是去观察,"变成者"越是去观察"是什么","是什么"就会变得越是静止,从不改变。所以,心智所选择的东西总是被困在这种"变成"之中,被困在这种想要去做些什么的过程里。你领悟到问题没有?

一直受着限定的我——我所受的全部教育,我的成长背景,我的宗教,我的每一个努力都是要变得如何如何——这样的我怎样才能停止去"变成"呢?我不知道你是否思考过这个问题,然而,正如我所谈论的那样,你是如何看待这个问题的呢,你对其有何感想呢?我们所有的教科书,我们所有的宗教、所有的上师、所有的思想过程,全都是要变得如何如何——你应该经由地方主义到国家主义,最后是世界大同;你先是个孩子,然后长大成人,最后死去,你必须经历这种进化、发展的过程,直到你达至终极真理。我们的心灵为这种思考方式所囿,即认为世界是可以被逐渐改变的,变革不可能一蹴而就,必须经历时间的渐进的过程,我们应该专注于某种方式,我们应该以某种行为方式去思考,诸如此类。我们熟悉这种思想过程。我认为,经由这样的方式是不可能迎来变革的,不可能会有改变,不可能会有任何形式的转变。但是,要想建立起一个截然不同的世界,就必须得有革新。

你看见路边那些食不果腹的乞丐,那些被遗弃街头的婴孩。孩子需要照料,需要食物,需要关爱,需要真正的自由,需要没有恐惧的教育。那么,世界能否立即发生改变,而不是在好几个世纪以后呢?这难道不也是你的问题吗?有饥肠辘辘的孩子,我们发明出了最终可以养活这些孩子的理论,诸如社会主义的、共产主义的理论,但与此同时孩子们却饿死了。在建立某种体系方法的过程中,会出现许许多多的复杂、破坏、不幸、清算、集中营——这一切全都是"变成"的过程,不是吗?

因此,必须以不同的方式去着手这一问题。我的思想如此为"变成"所围,那么它能否停止这样,能否接受那个变成者无法观察、无法认识的"是什么"的状态呢?我是时间、记忆的产物,我总是想要去变得如何如何,总是在主动或被动地接受、排拒某些东西,这样的我,怎样才能让内心发生价值观念、思想、欲望、各方面的根本性的变革,以便不只是我的内心而且还有我跟世界、跟他人的关系能够充满欢愉呢?这难道不也是你的问题所在吗?如果这既是我的问题,也是你的问题,那么我们该如何行动呢?我们是要从"变成"的层面去行动呢,还是从"是什么"的层面去行动?只要有"变成",就不会有"是什么"。

正如我昨天所说,请仔细聆听,聆听真理格外重要,因为聆听真理将会对心灵产生非凡的影响。如果我懂得怎样去聆听,如果我能够领悟美,但却不做任何阐释,那么美就会对我产生极大的影响。只要我足够敏锐,能够洞察美,就像洞察生活里那些丑陋的事物一样,那么这就会产生出巨大的影响。同样的道理,若我知道如何聆听真理,聆听正确的东西,不做任何解释,不把它同某个老师说过的话抑或是《薄伽梵歌》或是某本书的观点进行比较,若我能够就只是去倾听,不进行阐释,那么这种聆听、这种对真理的接纳,将会具有非凡的效果。一旦我能够做到真正的聆听，就会在无意识中迎来变革了。

请仔细听好下面的话——只有当你处于"是什么"的状态，才能展开正确的行动。但只要心灵被困在这种不断去"变成"的过程里，就不会有任何转变，不会有爱，而只会有不幸，只会有更多的仇恨与战争。那么，心灵应该做些什么呢？它无法转变到其他的状态，心灵本身就是一种"变成"的过程，所以无法跨越到其他的状态，无法处于"是什么"的状态。它可以去寻求"是什么"，一旦它觉察到"是什么"，"是什么"就死去了，不再是个活生生的事物，它不再舞蹈，不再活着，不再有任何有目的的行动。那么，一旦心灵意识到无法带来自身的转变，它会去做些什么呢？请仔细聆听，不要去回答我的问题，就只是聆听。

行动是必需的，必须停止战争，必须消除饥饿。我们认识到变革是不可少的——根本性的、广泛的变革，而不是狭隘的、局部的、有限的改变。必须得有一场彻底的、完整的革新。在探究的过程中，我们发现，心灵无法带来这样的革新。共产主义、社会主义或是所谓的宗教人士，都不能带来完整的、彻底的变革，他们可以做些局部的改革、局部的转变，但这将是略做了修正的过去的持续。要想建立一个不同的世界，这个世界既不是你的也不是我的，而是我们共同的，就必须实现彻底的革新。只有当我们处于"是什么"而非"变成"的状态，才能迎来这种变革。所以，不管你怎样努力去改变"是什么"，实际上你是把革新挡在了门外。也就是说，假如我努力去认识"是什么"的状态——这里面会有根本性的转变——那么这种"是什么"就会沦为一种死寂的状态。因此，当我的心灵认识了整个事物，它就会变得格外安静，尔后你将懂得整个有关"变成"的过程。

心灵无法迎来"是什么"，只有当心灵迈入彻底的静寂，不再怀有任何追逐，不再去寻求结果，不再去变得有德行，才会迎来"是什么"的状态。因为，自我就是"变成"，"我"就是那个变成者，只要有"我"

存在，就无法步入"是什么"的状态。这个"我"会披上不同的颜色，自以为它在改变，从而带来革新，但在中心部分，"我"依然存在着，通过训戒、控制、牺牲，通过效仿榜样，并不能让"我"终结。"我"之所以存在，是因为它努力想要这样或者不这样。所以请仔细聆听。

只要心灵在付出努力，这种努力就会让"我"得到强化——这个"我"与国家、党派、美德、某些思想体系、宗教相认同，随便你怎么称呼都好。因此，经由这种过程是不会出现任何变革的，只会有更多的不幸、更多的混乱、更多的战争与仇恨。一旦我认识到了这个，一旦心灵领悟到了这一点，就将迎来静寂。要想迈入"是什么"的状态，这种静寂是不可或缺的，唯有这时，才能实现彻底的转变。

问：我有自杀的念头，生命于我来说毫无意义。我目光所及皆是绝望、痛苦和仇恨。我为什么应当在这样一个丑陋的世界里头继续苟活呢？

克：为什么我们会有自杀的举动？难道没有各种各样的自杀方式吗？当你与国家进行认同，难道不是在自杀吗？当你成为了某个党派的一员，当你加入了某个派别，难道不是在自杀吗？当你信仰某个事物，难道不是在自杀吗？也就是说，你把自己全交付给了某个更加伟大的事物，这个更加伟大的事物是你自己构想出来的，你以为你应当如此，你去跟某个更伟大的事物进行认同——更加伟大是你想要变得更加高尚——这其实是一种自杀。先生们，请仔细聆听，不要将其抛到一旁。

你们许多人都让自己跟国家认同，你曾经锒铛入狱，你曾经斗争过。你难道不是为了某个非常渺小的事物自杀吗？也有人自杀是因为他没有信仰，他是个愤世嫉俗的家伙，他全部的理性生活，带给他的只有绝望和不幸，于是他便选择了自杀。有信仰的人和没有信仰的人都是以各自的方式在自杀，因为他们都想逃避自我，他们希望通过国家、通过民族主义的理念，通过神的观念去逃避自我。当神和国家主义失败的时候，抑或是国家或者国家树立起来的理想失败时，他们就会陷入黑暗。当我或你依赖某个朋友，依赖某个我们热爱的人，一旦这种依赖被拿走，我们就会再一次地站在黑暗的边缘，随时会将自己投向黑暗。因此，我们所有人——通过跟某个更加伟大的事物认同，通过信仰，通过各种各样的逃避——试图去逃避自我。当我们只可以依靠自己的时候，就会感到迷失和孤独，就会陷入绝望，于是我们便有了轻生的念头。这就是我们的状态，不是吗？你爱的人离开了，你很嫉妒，这表明你的心灵和头脑的空虚，这让你感到恐惧，于是你打算转向其他的逃避，诸如此类。

因此，假若没有认识自己，那么我们就会始终立在黑暗的边缘。我们说世界是个可怕的地方，满是悲惨，但世界其实是我们自己制造出来的，世界就是你与他人的关系。在这种关系里面只要有依赖，就会生出恐惧，就会有挫败、沮丧和幻灭，由此滋生出了想要自我了断的念头。如果你怀有某种强烈的信仰，它束缚住了你，正是这种信仰有意识地在局限你的心灵，于是你便会去关注内在的探寻，这种信仰其实是你在逃避自我。你越是怀有宗教倾向，就越不太可能自寻短见。

你越是去询问，越是去探究，就越会害怕认识到自身的孤独。所以，你难道不应该直面自己的空虚，不去依赖任何事物吗？你难道不应该达至彻底独自的状态并且认识这一状态吗？为了发现那独在的事物，那不会被污染、无法被猜想的事物，你难道不应该做到独在吗？但倘若你害怕孤独，那么你就无法做到独在了。我们大部分人都害怕面对自己，结果我们便有了各种各样逃避的手段和方式，当各种逃避的方式都失败的时候，我们就不得不直面自身。我们必须要关注、要思考的正是这一时刻，我们必须要去探究自身，必须认识这种空虚，而不是通过仪式、通过娱乐、知识或信仰去逃避它。

只有当心灵彻底关注于此，当你认识了它，同时不去解释它，也不去想着改变它——要做到这个十分不易——你才能审视这种空虚。由于大多数人都很懒惰,所以我们逃进某种信仰里头,抑或是自我了断。因此,只有当一个人认识了什么是孤独并且经历它,他才会得到升华,才可以做到独在。唯有这种独在才能够应对"是什么"的状态,在它里面,没有"我"及其所有的努力、矛盾与混乱。

问:我知道一些安静的时刻,我感觉到了彻底的宁静,但这种时刻是稍纵即逝的。那么,怎样才能让这种宁和持久呢?

克:你为什么想要保持这种宁静的状态?这跟想要永生,想要一直拥有你已经得到的一切难道不是一样的吗?幸福是一种体验,是一种宁静的感受,你曾经有过这种体验,于是你希望保持它。正是这种想要维系的愿望,给了它持续性,不是吗?而凡是持续的事物,永远无法体验新的东西,这便是我们的难题所在,不是吗?

我们如此受着传统的制约,以至于我们的心智为传统所囿,困于昨日的美、昨日的悲伤、昨日的经历。心灵被许多的昨天充满,任何新的体验都无法渗透进来。偶尔渗透进来,我们就希望紧紧抓住,结果,安静的时刻就成了习惯性、传统性,于是它也就不再是一颗静寂的心灵。心灵因为太多的获取而被压垮了,一个背负着过去重担的心灵,不可能获得宁静,它只是活在记忆里,就像老人一样。老迈的心灵,背负着过去的心灵,是无法认识静寂的心灵的。请好好聆听这个,你将会知道怎样把过去抛开,拥有一颗鲜活的心灵。

我们的困难不在于采纳新的方法、新的行为方式,而在于如何具有创造力。我们的生活、我们的思维方式、我们的行为,统统没有创造力,没有丝毫的生机与活力。我们不过是一部部的机器,每日做着例行公事,我们的教育只是在培养这种例行公事,也就是记忆。由于我们不具有生命力,因此,任何新的透着生机的呼吸都会变成陈旧的东西,都会为传统所困，尔后消逝不见。所以，假如你能够做到真正的聆听并且认识它，那么你将发现，累积美德、记忆或财产，只会成为心灵的重负，结果心灵无法去认识新事物，无法处于鲜活的、崭新的状态，而当前世界急需的正是崭新的、富有生机的心灵——而不是一个善于发明的心灵。当心灵渴望变得如何如何，当它去占有，当它被困在记忆的过程里，就不可能富有创造力。

所以，如果心灵去累积快乐的体验，那么它就不是具有生机和活力的心灵。一个背负着过去的重担，从而背负着恐惧的心灵，是无法带来生活的变革的。只要你能够聆听这个，在不知不觉中让其中的真理发挥作用，心智不去展开任何有目的的行动，那么你会发现心灵将摆脱过去的羁绊，不是在某个遥远的将来，而是马上就能获得自由。这意味着，你必须能够做到专注地聆听，不去进行任何阐释，唯有这时，心灵才会获得生机。

问：先生，我明白您在强调人的内心必须发生转变，而且您坚决反对单纯的理念。但是先生，我们的生活方式影响了我们的心理。您为何不去提倡自愿地重新分配财产与土地，从而帮助营造正确的氛围，让那些普通的男男女女能够理解您的教诲呢？您为什么不设定一个寻求真理的人必须要达至的最低条件呢？

克：先生，这个问题里面关键的是什么？设定一个寻求真理的人应该达至的最低条件吗？你的那些书本里头早已有了这些东西，不是吗？你从一开始就被告知应该慷慨，应该行善，应该把你拥有的东西分给别人，应该怀有爱心，应该消除贪念，难道不是吗？这些全都是好的观念，对吗？由于你的心中没有慷慨，所以对你来说心灵的慷慨便是一种理念。事实，要比你应当达到的最低标准重要得多。

重新分配土地会带来正确的氛围吗？每个人都拥有足够的土地、食物、衣服、住所，能够为人类、为那些探寻真理的人们营造出正确的氛围吗？先生，这个问题的核心是什么？我们的心灵如此琐碎、渺小，我们以为，通过管制，通过营造起正确的氛围，通过重新分配土地，通过经济改革，就可以让心灵变得辽阔博大起来。问题不在于土地的分配或是我们应当采取什么样的经济体制，问题在于我们心灵的琐碎、偏狭，我们没有认识到这个。

是什么导致了心灵的琐碎呢？重要的并不是向我提出的问题，而是提问者，因为它代表了那个提出这些问题的心灵。问题本身能够被理解，我们可以解决土地分配的问题，可以提供衣食住行，这一切都能够得到重新分配和组织。然而，在这一切分配、组织的背后，我们应该认识的是人的心智。正是心理层面必须发生转变，琐碎的心灵无法带来变革，即使它是在思考神，它依然还是琐碎的，因为它本身是琐碎的。当心智带来了变革，那么这变革必定是琐碎的，原因在于，不管你如何做，你的心智仍旧是琐碎的，因为思想受着限定，无论你做了什么，思想始终是局限的——为马克思主义、基督教、佛教或印度教所限，诸如此类。只要心灵受着限定，它就会是琐碎的，这样的心灵无法带来革新。它可以带来这里或那里的转变，但这种转变将会导致更多的不幸，由琐碎的思想、偏狭的心灵带来的革命，必定会以专制、暴政、集中营告终。

因此，我们的问题不是重新分配土地或是更好的经济体制，而是怎样冲破这种如此局限、狭隘、渺小以至于根本无法展开思考的心智。先生，认识这个问题格外的重要，因为我们全都希望在这个世界上有所作为，有如此多的苦难、饥饿，如此多的残忍、无情，人们的心中没有爱，我们全都知道爱在我们的日常生活里彻彻底底地缺乏，我们想要做些什么，但我们的心智从来不曾带来过革命，它们带来过某些改革、转变，但这些转变却让战争愈演愈烈，让不幸与日俱增。请务必认识到这个，请让事实真相渗透到你的心智里，尔后你将会有所探明。所以，思想永远无法创造出一个幸福的世界,思想只会带来更多的混乱、更多的不幸,因为我们的思想总是受着限定。没有自由的思想,因为思想是建立在记忆之上的,记忆便是经历、体验,而体验则是受限的反应。自孩提时代起你就是作为一个印度教教徒、一个共产主义者、社会主义者被教育长大的,你受着局限和影响,你被束缚在了框框里面。革命人士声称这个框框不好,他会把你放进一个新的框框里头,假如你不去适应他的框框,就会遭到他的清算。所以,这是不断改变思想的过程,而非真正的革命,这不过是流于表面的转变罢了。因此,只要我们关注于思想、观念、经验,那么我们的世界就会陷入混乱与不幸的状态。

所以,我们的问题不在于如何重新分配土地或是放弃某个东西,而在于怎样去思考,怎样带来心灵的静寂,从而迎来一种崭新的状态。只有当思想终结的时候,才能够实现变革。只有当我了解了思想的整个过程,了解了它是如何产生的,才可以停止思考。思想源于记忆,思想即语词。我们的一切行动都是建立在经验与知识之上的,而经验与知识又始终是局限的。如果我努力去停止思想,那么它依然是受限的。因此,一旦心灵认识到了这个,它就会变得格外的安静,这就是真正的冥想。当心灵——没有任何训戒、强迫和抵制——认识了思想的全部过程,继而迈入静寂,唯有这时,才能迎来深刻的、根本性的变革,由此才能展开行动,这种行动不再是受限的。继而能够建立起一个截然不同的世界,在它里面,这种人与人之间的冲突——你应有尽有而我则一无所有——将会终结,在这个世界里,虽然你拥有的东西比我多,但我并不介意,因为我拥有其他的东西。

只有当心灵不再渴望自我膨胀、自我扩张,不再去寻求结果,不再希望通过观念带来行动,才能迎来变革。这种变革不属于心智的范畴,不是思想的产物,这种变革是生活的革新,是真理、爱的革新。这不是感情用事,不是迷信,不是宗教里的恶鬼幽灵。这不是神话,而是每个人都可以发现的真理。只有当你真正抱持热切认真的态度，当你懂得怎样聆听真理，让它发挥作用，让心灵清除所有的念头，才能发现真理。

(第四场演说，1953年2月18日)

依赖滋生出恐惧

对大部分人来说，成见或偏见对我们的生活具有强大的影响。多数人都没有觉察到自身怀有的偏见，没有觉察到它们是如何局限住了我们的生活。我们的偏见是如此的强大，以至于任何新的事物要想渗透进这堵由偏见和局限性的影响垒成的厚厚高墙几乎不可能。我们越是有意识地努力去冲破这堵高墙，越会进一步强化我们怀有的偏见，而且还会培养出新的偏见。我不知道你们是否观察过，以任何形式有意识地努力去摆脱某个特性、成见或偏见，都会带来其他形式的偏见、其他的局限，都会竖起另外一堵抵制的高墙，而我们则由此得到了行动、生活和继续的力量。

在聆听今晚讲座的过程中，假如我们努力去冲破偏见的高墙，以便领悟我话语的意义，那么这将十分的不幸。因此我觉得，正确的聆听格外的重要。我反复强调，聆听是讲究艺术的，它不是培养起某个新的想法或新的抵制，相反，聆听的过程实际上是一种无意识的觉知，在这种无意识的觉知里面，在聆听里面，将会迎来新的感悟、新的认知，而任何努力都会破坏和妨碍认知。只有当心灵迈入彻底的静寂，当你愿意去探明问题的真理，才能够实现觉知。但倘若你展开努力从而制造出抵制，你就无法揭示出问题的真理了。所以，若容许我建议的话，让我们努力去聆听，不是聆听单纯的语词或是某个词语的定义，而是所说内容的全部涵义。一个人越是以这样的方式去聆听，不做任何努力——不怀有任何方向性的目的，即利用所说的话，在生活里面对它做些什么，利用它去展开行动，把它作为工具去消除我们的冲突和不幸——我们越是能够以一种无为觉察的状态去聆听，一种随意的、轻松的觉察的状态，不做任何选择，怀着一种机敏，在这种机敏的状态里，语词的意义会自然显现出来，无需我们做任何努力。

假如可以的话，今天晚上我希望讨论一下我们所说的影响——那些让我们像机器一般做着沉闷、乏味的例行公事的动力、信仰、力量、所谓的目的——这些东西已经变得根深蒂固起来，赋予了我们某种驱动力，某个念头、某个目的、目标的驱使，想要获得结果，这让我们有了继续的力量。对于大多数人来说，我们的心中怀有欲望，我们渴望得到结果——不管是个人还是国家，抑或是党派的、群体的——当我们跟某个观念认同的时候，我们从中得到了许多力量，从而可以继续下去，这给了我们力量和推动。我们越是运用这种力量，就越能够取得结果，可是在这种能力的尾迹里面却总是伴随着痛苦、悲伤和挫败，于是我们便渐渐地失去了信心。

我不知道你们是否在自己的身上注意过，假如你努力去追逐某个观念，假如你努力想要得到某个结果，你或许可以取得它，但是在这种获取的过程里，总是会有挫败，而挫败里面又会有恐惧，会缺乏信心。由于意识到了信心的缺乏，于是你便去跟某个支撑你、维系你的事物进行认同，由此具有了力量，这种力量使得你继续下去。如果我不怀有任何理念，我信仰神，那么这种信念将会让我有了前行和继续的动力，我用这种信仰去解释所有的麻烦，抑或信仰支撑着我度过困难。然而，我们大部分人实际上压根儿就没有任何信仰，我们口头上宣称信仰，所以我们总是在寻找着什么，某个观念、某个人、某位上师、某个政治党派、某种体系方法，我们跟国家、观念去认同，由此获取继续前行的力量，我们当中能够如此的人，把这种能力作为一种手段来维系、支撑我们的努力。

只要有内在和外在的信仰，就总是会有恐惧。我们大多数人都试图通过某种体验来唤醒自信心，比如体验神、体验知识、体验某个受限的状态。我相信某个宗教，相信某个理念，相信神，我从这种信仰中汲取支撑我的力量。结果，正是在这种能量维持的过程里，将会培养起"我"、自我、自负、私心。假如我们对自己没有信心，就会努力去学习某些实践的技巧，从而确立起规范、惯例，确立起某种思维习惯，这些东西让我们有力量去面对日常的冲突与斗争。我们越是理性、机敏，就越是不会去相信任何东西。

那么，难道没有一种不存在自信的生活方式吗？让我们稍微对此做一番探究吧。年幼的时候，我依赖我的父母，随着长大成人，我开始依赖社会，依赖一份工作，依赖能力，当这些都令我失望的时候，我便去依赖信仰。我总是在依赖，总是在相信某个人或某样东西，这种依赖支撑着我，给我力量。伴随着一切依赖总是会滋生出恐惧，结果我便让冲突不断地上演。抑或，由于不怀有任何信仰，于是我便去遵从、便去符合，我在生活中不断去遵从我所抱持的观念。正是这种做法消灭了我的自信心，我越是去遵从、去符合，我就越少力量，就越是模糊不清。自我一致——符合某个行动，符合某个形式——就是我们大多数人想要达到的，这其实是培养自信。

所以，只要我们展开努力，就总是会希望依赖某个事物给予我们力量——依赖某个人，依赖某种观念，依赖某个党派，依赖某个体系方法或是依赖某种经验。因此，我们总是在依赖某个东西来给我们支撑，随着我们的依赖越来越多，便会生出恐惧。之所以会有依赖，是因为我们的内心空虚而孤独。我有所依赖，于是我便发展出了信仰，结果我们必定会拥有更多的知识，随着我们变得越来越有文化，越来越博学——物质上或精神上——我们必定会怀有信仰，抑或变得愤世嫉俗。

那么，如果内心不去依赖任何东西的话，难道行动——做某件事情或是生活——就没有了动力吗？对我们大部分人来说，自信是必需的。对多数人而言，信心只是经验或知识的延续罢了。自信能够让心灵挣脱自身那些局限性的影响吗？这种经由努力而得来的信心，会带来自由吗？还是只会局限思想和心灵呢？难道无法让心灵获得自由吗，无法消除一切依赖吗？也就是说，我是否能够觉察到自身的孤独以及彻底的空虚，觉察到它，同时又不去逃避，不因为任何形式的知识或经验去恪守陈规呢？这便是我们的问题所在，对吗？大部分人都在逃避自己的真实面目，我们培养起了各种各样的美德，以帮助我们去逃避。我们培养起了各种各样的信心、知识、经验，我们依赖信仰，然而在这一切的背后却是巨大的孤独感。只有当我们能够去审视它，与它共处，充分地认识它，才能够展开行动，同时又不会带来一系列的努力，因为，正是努力让思想和心灵为某个行动所囿。请仔细聆听，尔后你将会有所发现的。

终其一生我们都在努力去符合某个想法或某种思想模式，正是这种想要去符合的欲望带来了能量、动力，赋予了我们力量，结果也就局限住了心灵。一个竭力去符合某种模式的心灵是非常渺小、非常琐碎的心灵，渺小的心灵有无穷的能力来获得能量，它从自身的琐碎中获取了许多的力量，于是我们的生活也就变得格外的渺小、局限、狭隘起来。我们能否认识到这种依赖的过程呢？我们从这种依赖里面获得力量，在这种依赖里面会有冲突，会有恐惧、嫉妒、忌恨和争斗，这将让我们所有的努力都变得狭隘，因此也就总会有恐惧。

难道无法觉察到我们的孤独和空虚吗？难道无法去认识它，同时又不逃避它吗？认识它并不是谴责它，而是要无为地觉察到它，聆听这种孤独的全部涵义。这实际上意味着超越自我，超越"我"，而行动也就由此展开。因为，我们当前的行动是在"我"的领域之内，它可能会被扩大、延伸，但它总是"我"跟某个人或者某个理念去认同，这种认同给了我们许多的力量，使得我们能够去行动，去做些什么，去成为什么。这种认同让"我"、自我得到了强化，在它里面永远都会有冲突和不幸，结果我们所有的行为都走向了挫败。由于认识到了这个，于是我们便去求助于信仰，求助于神，将其作为力量的源泉。这同样也是"我"的扩张，也是在强化"我"，因为"我"在逃避自身，逃避自己内心的孤独。当我们能够直面孤独，既不去谴责也不去辩护，审视它，认识它，聆听"我"的全部内容，聆听"孤独"的全部涵义，唯有这样，才会拥有一种不属于"我"的力量。唯有这时，才可以创造出一个截然不同的世界或文化。

问：您就美谈了许多，那么您能否跟我们谈谈丑呢？

克：我们逃避丑陋，我们背对着它。我们将被我们视为恶的东西推开，然后培养起我们所谓的善，我们抵制所谓的恶，培养美德。我们逃避那些丑陋的事物——难看的街道、难看的脸庞、糟糕的习性——我们总是去追逐我们眼里的真、善、美和高尚。那么，在这种过程中会发生什么呢？当我们背对丑，面向美的时候，会发生什么呢？我们会变得没有感受力，不是吗？

当你把丑放到一边、抵制它，背对着它，然后面向那个被视为美的事物，你都做了些什么呢？你只是在观察生活的一个方面而不是生活的全部，生活的整个过程既包含丑陋，也包含美丽。有丑陋这样的事物存在吗？心灵难道不应该对美和丑都具有感受力吗？它难道不应该既觉察到仇恨也觉察到爱意，而不是将其作为彼此的对立面，作为一种二元化的过程呢？请好好思考一下这个。对我们来说，爱与恨是两个对立物，我们希望避开恨，我们希望培养爱。在逃避恨的过程中，我们培养起了抵制，制造出了丑陋。我们变得丧失了感受力，我们没有感受到被我们称作丑的这整个的部分，我们努力意识到了我们所谓的美的全部。

于是便出现了一种二元化的过程——逃避我们所谓的丑以及抓住我们所谓的美——在这种冲突中，心灵变得迟钝、麻木，它失去了感受力，变得无知无觉。这就像行走在路上，只是去看那美丽的天空，抑或只是去看青翠的树木、闪烁的繁星。但生活不是只有蓝天、星辰、绿树，而是还包括灰尘、肮脏、丑陋、不幸、饥饿的孩童、眼泪与欢笑，这所有的过程便是生活。但心灵不愿意拥有感受力去认识这整个的过程，它想追逐某种思维模式。追逐某个想法被视为是高尚的、良善的、富有美德的，这只会带来受人尊敬，而一个受人尊敬的心灵将永远无法发现神。（笑声）不，先生们，请不要发笑！这便是我们所渴望的，我们希望受人尊敬，因为我们全都想要去符合社会规范，正是这种符合让我们有了自信。只要自我得到了强化，就会受人尊敬，不管是通过美德还是通过抵制美德。

因此，生活不仅仅是去追寻美，还必须去认识我们所谓的罪恶和丑陋。这需要你具有相当丰富的感受力，需要你抱持相当的机敏和警觉，需要你以无为的状态去觉察到这二者。尔后我们将发现，既没有丑陋，也没有美丽，有的只是心灵的状态。然而，通过培养美德抑或是追逐某个被你视为美丽的想法，你是无法进入到这种心灵的状态的。只有当我们认识了自身存在的全部过程——愤怒、嫉妒、忌恨、爱、仇恨、我们生活里的那些丑陋的东西、眼泪和欢笑、生活的全部——才能迎来这种心灵的状态。如果一个人逃避肮脏，在他的屋子里挂起一幅绘画，崇拜这绘画，那么他的生理和心理永远都不会得到满足的。

很明显，重要的不是培养美或者避开丑，而是去认识我们生活的全部，认识我们的一切。假如我们仅仅关注做判断，就不可能认识万事万物，因为我们大多数人通过评判他人或是评判我们自己的个性、自身的状态而获得力量。我们怀有各种价值观念，我们依照这些价值观念去评判人、经验、想法，这种判断给予了我们力量，我们活在这种力量、这种判断里，由此获得展开进一步行动的信心。这样的行动，这样的行为，这样的判断，显然会束缚住我们，使得我们没有能力去认识生活的全部。这便是为什么我们大部分人很难充实地生活，我们的内心很难彻底地敞开，不去怀有任何背景——活在每时每刻，内心不去累积那些判断，不去追逐美德或是抵制罪恶——因为我们并未有意或无意地觉察到这整个的过程，没有觉察到"全部"。

你既有恨也有爱，但是，仅仅培养爱，有意识地努力去追求爱，那么爱就不再是爱。一个意识到爱的人并不懂得爱，同样的，一个意识到自身谦卑的人，显然也就不再是谦卑的，这只是在关心培养局部。所以，在认识这个问题的时候，重要的不在于什么是丑、什么是美，而在于充分感受到生活的全部，也就是意识到你所有的关系，毕竟，社会即关系。一旦我认识了这种关系——冲突、欢愉、痛苦、悲伤、丑陋、残酷，认识了这一切，那么我就会是一个成熟的人。但要想认识生活的全部，认识意识和潜意识，需要大量地聆听自我的全部内容——这意味着，不应该谴责或评判。

你知道，不去谴责、不去比较地生活是何等困难，因为我们的心灵总是在做着比较，永远都在判断。伴随着这种比较和判断，我们会获得力量，我们对这种活力、力量感到很满足——这是非常有破坏性的。假如我希望获得认知，那么我就必须不做任何比较，不进行任何判断，而是应当去聆听、去展开探究。这需要相当的耐心和关爱——这意味着一个敞开的心灵。心灵不是空洞无物，而是一种无为的警觉。但心智会抵制这一切，心智只活在比较、判断之中，这是心智的作用。当你让心智不去判断、比较，就不会再有心智了，心智不会再有落脚点，而心智正是活在这里面的。所以我们害怕这个，于是就去培养各种各样的美以及逃避各种各样的丑，结果我们永远都被困在二元性的冲突之中。但倘若我们能够把它作为一个整体来认识，就不会出现二元性的冲突了，于是心智也就能够超越自身，能够迈入静寂、安宁，如此一来你便将迎来真理。

问：我如何才能摆脱嫉妒呢？

克： 什么是嫉妒？嫉妒难道不就是渴望得到"更多"吗？更多的知识、更多的权力、更多的爱、更多的奉承、更多的理解——拥有更多的物质、观念、知识。"更多"意味着比较，不是吗？请仔细聆听。

你将会发现，人是可以彻底挣脱嫉妒的制约的，不是在将来的某个日子，而是立即、马上，假如他懂得怎样聆听下面这句话所蕴含的真理，即"心智是嫉妒的温床"。心智永远都在寻求得到更多的东西，我们的整个文明都是建立在获取"更多"之上的，渴望得到更多的财产、更多的金钱，等等，于是我们总是在做着比较，结果也就有了永无止境的争斗。由于认识了嫉妒，所以我们声称应该培养不嫉妒，其实这是另外一种形式即否定形式的"更多"。那么，心灵难道不能不从"更多"的层面去思考问题吗，难道不能不去比较、判断吗？这并不是退隐于世，相反，当心智不去寻求"更多"，当它不去做比较，你就不会再关心时间了。

时间意味着"更多"——"明天我将会出人头地"，"将来我会得到幸福"，"我将会成为一个富翁"，"我将会有所成就"，"我将会被爱"，"我将会去爱人"，等等。一个做着比较的心灵，一个渴望获得"更多"的心灵，处于时间、明天的范畴之内，不是吗？因此，当这样的心灵说："我不应该嫉妒"，那么这就是另外一种时间的形式，对吗？比较的另外一种形式是，"我已经是如此了，我要少一些这样"。那么，不停渴求"更多"的心灵，能否彻底不再去渴望"更多"，也就是彻底摆脱嫉妒呢？先生们，你们明白问题没有？

问题不在于如何摆脱嫉妒——这是一个非常小的事情——而在于怎样才能不从"更多"的层面去思考，怎样才能不怀着比较的心态，怎样才能不从时间的层面去想问题，怎样才能不去想着"我将会"？心灵能否不去想着"更多"？不要说这是不可能的，你并不知道，你唯一知道的只是"更多"——更多的知识、更多的影响、更多的衣服、更多的财富、更多的爱。如果你不能获得"更多"，你就会希望少一些、更少一些。

那么，心灵能否不从这些层面去思考呢？首先该提出这个问题，而不是"帮助我去摆脱嫉妒"。心灵能够不再以"更多"为出发点去想问题吗？提出问题，尔后聆听——不仅是现在，而且还有当你返回家中的时候，当你搭乘电车的时候，当你坐在巴士上，当你独自走路，当你看到一条纱丽的时候。当你见到大政客或大商人坐在豪车里面，提出这个问题，去探明、去聆听。尔后你将领悟该问题的真理，尔后你将发现，真理会让心灵不再去渴望得到"更多"，于是心灵也就不会再努力让自己挣脱对于"更多"的渴求了。当心灵有意识地努力不去渴望得到"更多"，这便是同一个事物即"更多"的否定形式，因此在这里面并不可能解决问题。但倘若你提出问题，只有当你不去进行评判，当你不去渴望得到某个结果，当你不想着用它带来行动，你才能够聆听它。只有当你聆听的时候，真理才会到来，从而让心灵不再去渴望获得"更多"。

问： 您谈论过一种没有认识的状态，那么这种状态如何才会出现呢？

克： 首先，让我们探明认识的状态是如何出现的吧。没有记忆就没有心智，没有命名就不会有任何心智。假如我没有认识到，那么我就没有去经历、体验，对吗？没有认识，就不存在体验，不是吗？若我没有认出你，我便不会有与你相遇的体验，不是吗？因此，所有的经历都是一种识别的过程，对吗？心智便是识别、认出、命名、描述、记忆就是所有的识别。所以，我的心智——它是识别的工具——永远无法发现新事物，它只能认出那些既有的东西。一切经验都是受限的，它们从来不曾带来解放，因为每一个经历都被我识别为了好坏、美丑、值得与不值得。正是这种识别的过程、这种经由识别去体验的过程，进一步增强了心智的局限。所以，经历、体验不会带来任何自由，因为，毕竟，经历是一种识别的过程。我之所以能够认出来，是因为似曾相识，如此一来，过去也就成为了一种识别的过程。我们声称经历、体验会带来解放，我们指出经历得越多，对某个经历的认识越多，积累经验，就会拥有越多的智慧。真是这样子的吗？任何经验只会让我的思想受到局限，不是吗？思想是识别、描述、命名的过程。因此，我的思想因为经验局限了它自己，这些已经被识别的经验来自于背景，来自于心智本身。所以，我的心智是识别的机器，它永远无法懂得什么是真理。

真理是原初的、崭新的，是完全无法被识别的事物。假如我可以认出它，它就是我自造出来的，是我已知的，于是也就不是真理。请仔细思考一下这个，请务必聆听，这要胜过思考。人在渴望幸福的过程中所追求的一切神灵、一切体验、一切形象和符号，全都是他自身认知和经验的投射。经由知识或者积累认知——这实际上是经历、体验的过程——无法获得自由。

我们知道，我们觉察到，一旦我们认出了某个经历，那么它就不再是崭新的了。心智能否处于不去识别的状态呢？不要说"不"，请别摇头，就只是去聆听，继而去探明。假如心智永远无法处于不去识别的状态，就没有可能迎来任何新事物，没有可能迎来真理或神。能够被识别的真理，能够被识别的神，根本就不是真理，不是神，它只不过是我的过去的投射。你必须洞悉如下事实的真理，即只要心智在识别，就不会有任何新的事物，任何时候都不会有创造性，没有任何事物超越于这种识别的状态之外。那么，能否有一种不属于识别的状态呢？如果我说"是"，我便没有回答，因为这是我的看法，全无价值，而是你自己必须去探明关于该问题的真理。探明问题的真理，便是提出问题，尔后展开探究，让心智，让那些潜在的、深层的东西给出关于那个无法被识别的事物的线索。你难道不曾在某个时候体验过这个吗？心智格外的安静——或许只是那么短短的一秒钟——当某个新事物出现在了它的内心，它便会处于这样的状态。然而，这种没有去识别的状态马上就会被识别，被过去的记忆、过去的欲望追赶上。这种状态是崭新的，但心智却抓住了它、识别了它，渴望得到更多，"更多"就是它所关注的全部。

难道不会有这样一种状态吗，那便是心智不去识别，它彻底地安静下来，甚至不再渴望某种体验，完全不再渴求"更多"，不再想要去获取。唯有如此，才能迎来不去识别的状态。当心智如此静寂，没有任何识别的过程，唯有这时，真理才会到来。可一旦你认出它是真理，它就不再是真理了，它已经被困在时间的网里。由于真理是时时刻刻出现的，所以你无法去累积它、使用它。假若你去累积它，假若你去使用它，它便不复为真理，尔后它就只是一种记忆，一种出现过又消逝的事物。真理是不可累积的。心智永远无法认识真理，因为心智是一种识别的过程。心智永远不能去体验真理，真理是活生生的，心智无法认识鲜活的事物，因为心智是过去的产物，是死的东西。

由于真理、实相不属于时间的范畴，因此心智无法去认识永恒。心智可以制造出各种各样的幻觉，投射出种种的欲望、符号，但这并非实相。只有当心智处于不去认识的状态，实相才会到来，而这种状态并不是被培养出来的。如果你认识了它，它就不是真理，它不过是记忆，让你囿于某种行为。因此，询问何谓真理、何谓实相的心智，永远无法找到它，它可以去发明，可以提出理论，但它永远无法认识真理。

只有当心智懂得了自身的过程，认识到它是如何受限的，尔后摆脱了自身识别的过程，才会迎来真理。唯有这时，心智才会迈入彻底的静寂，从而获得真理。真理是永恒的，它不属于时间，所以它无法被捕捉到，无法被拿来使用，抑或是被记住、被重新命名。因此，真理富有创造性，它始终都是崭新的，而心智永远无法去认识它。

（第五场演说，1953 年 2 月 22 日）

要发现真理就必须保持不满

我觉得，认识有关不满的问题十分重要。假如我们能够探明不满的深层涵义，或许就可以找到解决我们无数问题的正确答案了。大多数人都对自己不满意，都对我们的环境、我们的观念、我们的关系不满意，因而渴望带来改变。出于不满，一个村民可以提升成为一个十分博学的人，假如他不被困在自己的知识里面，假如他不会成为自身学识的奴隶的话。不满的火焰让我们展开各种行动，我们想要找到通往满足的道路。如果你感到不满，你会希望寻觅到一条能够达至幸福的道路；如果你的内心交战不休，你会希望找到通往安宁的道路。由于不满，因此你便想要得到一个可以让人感到满意的答案，所以心灵始终都在摸索着去探明真理——解决其不满的真正答案。有些人在自己的满意里面找到了解答，在某个他们为自己确立起来的生活目标中得到了解答，并且找到了让欲望得到实现的途径，于是便觉得自己已经获得了满足。

满足是可以被寻找到的吗？安宁是可以通过智力的过程被寻觅到的吗？通过认知，通过制造出本来面目的对立面，能够获得幸福吗？这种不幸、这种不满——是我们的生活必须经历的吗？事实情形是我们不满于"当下实相",不满于我们的真实模样。之所以会有不满,是因为比较,我之所以不满,因为我发现你博学、富有、幸福、有权有势。这便是不满的根源吗?还是说,当我寻求着某种方法来摆脱"当下实相",就会导致不满呢?如果我能够认识不满的方式,或许就将获得幸福和满足了。幸福、满足是没有路径可循的,满足和幸福并不是停滞的过程,原因是,假如我不满,假如我希望得到满足,那么这样的方式将会带来一种停滞的满足,而这便是我们大多数人所渴望的。但是有路径可循吗?

我们能否去探明、探究有关不满的问题,不去努力制造出它的对立面,不去试图寻求它的对立面呢?因为,毕竟,年轻的时候我们会对社会的现状不满,我们希望改革,希望带来转变。于是我们加入某个团体、某个党派、某个政治组织或是宗教协会。不久,我们的不满被疏导了、控制了、毁掉了。因为,尔后我们仅仅关心的是去实践某个将会带来结果的方法、体系,从而将我们的不满抛到了一边,这难道不就是我们最大的问题之一吗?我们是多么容易满足啊!

不满在我们的生活里难道不是不可或缺的吗?质疑、询问、探索、发现真理,这些难道不是生活中至关重要的吗?或许在念大学的时候,我的心中曾经燃烧过这团不满的火焰,尔后我有了一份不错的工作,于是这团不满之火便熄灭了。我很满足,我努力养家糊口,我必须赚钱谋生,结果我的不满就被平息了、毁掉了,我变成了一个对生活心满意足的凡夫俗子,我不再怀有那团不满的火焰了。然而,这团火焰自始至终都应该熊熊燃烧,如此一来才会有真正的探寻,才会真正去探究什么是不满。由于心灵很容易就会渴望一剂麻醉药,好让它满足于那些美德、品性、观念、行动,于是它确立起了规范、惯例,尔后被困于其中,我们对此十分的熟悉。但我们的问题并不是如何平息不满之火,而是怎样让它熊熊燃烧、永不熄灭。我们所有的宗教书籍、所有的上师、所有的政治体制都旨在安抚心灵,让它平静下来,影响、控制心灵使其安静下来,把不满抛到一边，沉溺在某种满足之中。但要想发现真理，就必须始终保持不满，难道不是吗？

我们为何会不满？不满是否会带来革命、改变、转变？是否只有当我们认识了不满的本质，方能迎来变革呢？不满会伴随着什么而来？我们究竟对什么感到不满？当你能够真正去探究这个问题，就将找到答案。我们对什么不满呢？显然是对"当下实相"，这个"当下实相"可能是社会秩序，可能是关系，可能是我们的本来面目、我们的真实模样——也就是，丑陋、游走的想法、野心、挫败、无数的恐惧，这就是我们的样子。在摆脱它的过程中，我们认为我们将找到自身不满的解答，因此我们总是在寻求某个可以改变"当下实相"的方法——这就是我们的心灵所关注的东西。如果我不满，如果我希望找到某个获得满足的方法、途径，我的心灵就会忙于各种各样的方法，忙于去实践该方法，以便达至满足，所以我不再关心不满、关心那团熊熊燃烧的不满的火焰。我们没有探明在这不满的背后是什么，我们只关心逃避那团不满之火，逃避那紧迫的焦虑和不安。

我们显然是不满于"当下实相"。探究本来面目，而非应有面目，时时刻刻去检视我的真实模样，要做到这个相当不易。这不是去探究那个由心智制造出来的高等的自我，而是去探究我的本来模样。这很难，因为我们的心灵在探究"当下实相"的时候从不曾获得满足，它总是想把"当下实相"改变成其他的样子——这是一种谴责、辩护或比较的过程。只要你观察一下自身的心智，就会发现，当它直面"当下实相"的时候，它就会去谴责，就会将其跟"应有面目"做比较，抑或进行辩护，诸如此类，结果也就把"当下实相"抛到了一边，把那个导致不安、痛苦、焦虑的事物搁到了一边。

保持不满的状态难道不是必需的吗？不要让不满之火熄灭，而是要添加燃料，使其不断燃烧，继而展开探寻，如此一来，伴随着对"当下实相"的认知，满足将随之而来。这种满足，不是那种由某种思想体系带来的满足，而是在认识了"当下实相"之后产生的满足。这种满足不是心智的产物——心智在寻求宁静，在寻求某个方式去逃避"当下实相"时，就会处于受干扰、激动不安、不充实的状态。因此，心智试图通过辩护、判断、比较来改变"当下实相"，希望由此可以达至一种不受干扰、十分宁静的状态。当心智被社会环境干扰——被贫穷、饥饿、衰退，被令人惊骇的不幸和灾难干扰——目睹了这一切，于是它希望去改变，继而被困于改变的方式、体系、方法之中。但倘若心智能够审视"当下实相"，既不去比较，也不去评判，不去想着把它变成其他的东西，那么你会发现将迎来一种满足，这种满足不属于心智。

满足是心智的结果，它是一种逃避，它是死的，毫无生机。然而还有一种满足，它不属于心智，一旦你认识了"当下实相"，就会迎来这种满足，在它里面将有能够影响社会和个体关系的深刻变革。所以，不应该平息掉不满，不应该将它置之一旁，不应该用某些思想体系来麻醉它。它是至关重要的，必须一直燃烧，如此才能实现探明。

我们彼此冲突，我们的世界正在走向毁灭，一场危机接着一场，战火硝烟不断，到处都是饥饿与不幸，一边是锦衣华服的体面人士，一边则是食不果腹、衣不蔽体的穷苦人。要想解决这些问题，需要的不是新的思想体系，不是新的经济改革，而是认识"当下实相"——不满，持续不断地探寻"当下实相"——这将会带来观念的转变无法企及的真正的变革。要想建立起不同的文化、不同的宗教、不同的人际关系，这种变革是不可或缺的。

问：您是谁？聆听您讲座的我又是谁？您一边说道："不要依赖任何上师"，一边又指出："请听我讲"。聆听您便是聆听最伟大的上师，这让我很是迷惑，那么我该如何是好呢？

克：讲演者是谁真的很重要吗？麦克风是谁发明的显然无关紧要，要紧的是麦克风传达到你耳朵里面的是什么。声音一点也不重要，它是谁的声音，说话的人是否受过教育，是否很有文化，这一切根本不重要。真正重要的是它说了些什么、它要传达的是什么。它说了些什么以及对它的认识，这取决于你，而不是上师、不是声音，取决于你是怎样理解它的，你是怎样解释它的，你是怎样将它付诸于行动的。所以，声音并不重要，重要的是去聆听。

你是怎样聆听的呢？你是带着你自造出来的那些东西去听的吗，你是经由你的投射、你的欲望、野心、恐惧、焦虑去听的吗？你是只听自己想要听的那些东西吗？只听那些能够让你感到满意，给你慰藉，能够暂时安抚你的痛苦的内容吗？假如你透过自身欲望的屏障去聆听，你显然听的就是你自己的声音。那么，是否还有其他形式的聆听呢？探明怎样聆听，不单单是聆听正在说的内容，而且还包括聆听万事万物——街道上的声响、鸟儿的啁啾、电车的声音、大海汹涌的波涛，聆听你的丈夫、你的妻子、你的朋友所说的话，聆听孩子的哭声，这难道不是十分重要的吗？只有当一个人不投射出自身的欲望然后经由这些欲望去聆听，聆听才是重要的。那么，一个人能否抛开所有的屏障呢？——我们是透过这些屏障去聆听的。

这种聆听指的是什么意思呢？这就是我们关心的全部——不是演说者是谁，这无关紧要，不是他究竟是善还是恶，是否是位上师，名气大或小。然而，在聆听演说者的过程中，你要去探明你是如何聆听的，你是如何观察你自己的。不要仅仅只是听我的讲话，而是应当观察一下自身心智的过程——你是怎样投射东西的，你是怎样逃避的，你是怎样因为一些言论而感到害羞的，你将会如何去抵制，你将会如何把某个新的观念、新的看待事物的方式抛到一旁。这一切都表明了你自身的心智的过程，不是吗？当你抛下所有这些心智构想出来的东西，不就会有另外一种聆听方式了吗？一个人能否把它们统统抛下从而实现真正的聆听呢？

那么，有上师存在吗？上师始终都是必需的吗？我们全都认为从始至终上师都是不可少的。假如上师在起点之后不是必需的，那么他从一开始就不是必要的，因为终点就蕴含在起点中，一个寻求真理的人必须从一开始就展开探寻，而不是在终点。由于我们如此懒惰、缺乏耐心、满是怀疑和不满，所以希望找到某个人来带领我们走出我们的不满。必须要认识到的是这个，而不是那个带领我们的人，也不是某种能够带领我们摆脱自身本来面目的体系方法或思想。

所以，重要的是去认识到你是怎样聆听的，对吗？当你没有制造出一些东西，就只是去聆听，会发生什么呢？请仔细思考一下。当你不去投射出你的欲望，不去经由你的欲望去聆听，不经由它们去做出解释，以符合你个人的倾向和个性，会发生什么呢？当你不去投射你的欲望，你要如何聆听呢？你的心灵能否去聆听？它会让你去聆听吗？当你能够去聆听，当你正在聆听的时候，会发生什么呢？一个如此专心聆听的心灵，会发生什么呢？这才是真正重要的，而不是究竟是否有上师存在，不是你是否在聆听上师所说的——他道出了真理，而你正在聆听，这使得上师对你来说是不可或缺的。一旦你不去透过屏障，不去透过自身投射出来的那些东西去聆听，你会听到些什么？你明白没有？

我们总是在聆听一些东西——某个声响、某个人的话语、激荡的大海。但倘若你不去透过投射物去聆听，那么你是否聆听到些什么呢？请观察一下你自己的心智，而不是我所说的话。如果你去观察我所说的，你就对我有依赖，一旦你依赖我，你便会有恐惧，尔后你就会被我捆绑，这是一种束缚，这是一种痛苦，而你必须要去超越它。因此，从一开始就不要对任何人有所依赖，不要去追随、遵从任何人，因为你一开始是怎样的极为重要，而不是你最后如何。

所以，当心灵不再去遵从，不再去聆听由它制造出来的那些东西，不再去聆听它的欲望、野心、满足，那么，对于一个正在聆听的心灵，会发生什么呢？它会聆听到什么吗？这难道不是一种彻底的敞开吗？在这种状态里面，没有任何反应，没有聆听任何东西，在这里面，没有专注于某个想法，没有被某个观念吸引。这难道不是一种无为的有为吗？即心灵格外的宁静，不去特意地聆听什么，就只是聆听，不去构想任何东西，而是迈入彻底的静寂。那么，在这种状态里会有上师吗？在这种状态里，还需要上师吗？这种状态难道不能从一开始就有吗？也就是说，假如我想要认识某个根本性的事物，我难道不应该始终处于那一状态吗？大部分人都在投射出自身的欲望，所以你们许多人都没有在聆听，你总是在听着些什么，你没有仅仅只是去聆听，你始终在聆听你自己的声音，这声音总是表达着绝望、希冀、欢愉、安全。但倘若你不去聆听什么，倘若你仅仅只是去听，心灵难道不会就此迈入彻底的静寂吗？而这种静寂并不是通过任何形式的训戒得来的，也不是到了遥远的终点才能实现的，而是从一开始就被认识到的，从现在直到你的余生。

你能否彻底地、充分地抛下上师、唤醒者、提供慰藉的人、带领你走向真理的人这整个的观念呢？我认为，一旦你认识到，聆听到什么便是聆听你自己构想出来的那些东西，便是聆听你的欲望，这么做是在对它们进行解释以迎合你自己，你就能够将它们彻底扫除了。当你懂得了这个，就不会去聆听什么了，你就仅仅只是在聆听。这种聆听将是永恒的，因为它不属于时间的领域，不属于心智的范畴。

问： 什么是幸福？难道不正是出于对幸福的寻求才使得心灵去渴望新的体验吗？是否存在那超越了心智的幸福的状态呢？

克： 我们为什么要去询问"什么是幸福"呢？这是正确的着手方法吗，这是正确的探索途径吗？我们并不幸福，如果我们幸福的话，世界就将是完全不同的模样了,我们的文明、我们的文化就将会彻底地不同了。我们不幸福,我们琐碎、偏狭、卑微、不幸,我们争斗不休,我们苦苦努力,我们很空虚,我们用那些没有价值的东西把自己团团包围住了,我们满足于那些琐碎的欲望,满足于金钱和地位。我们是不幸福的人,尽管我们可能拥有知识,尽管我们可能腰缠万贯、住着豪宅、儿女成群、开着香车、经验丰富,但我们不幸福,我们很痛苦。由于深陷痛苦,我们才会如此渴望幸福,于是也就被那些向我们许诺了这种幸福的人牵引着——社会的、经济的或精神层面的幸福。所以我们渴望逃避"当下实相",逃避我们的本来面目——痛苦、悲伤、孤独、绝望。我们想要逃避它,正是这种逃避让我们得到了体验,而我们把这种体验叫做幸福。那么,是否有其他形式的幸福呢?

当我遭遇痛苦的时候,询问是否有幸福又有什么益处呢?我能够认识痛苦吗?这才是我的问题,而不是怎样获得幸福。当我没有受苦,我是幸福的,可一旦我意识到了它,它就不再是幸福了。是这样吗?因为,在我认识到我是有德行的那一刻,我便不再是有德之人了;在我认识到我很谦卑、勇敢、慷慨的那一刻,在我意识到了这个的时候,我便不再是如此了。所以,幸福跟美德一样,并不是可以被寻求到的东西,并不是可以被邀请到的东西。当你去培养美德,美德就变成了邪恶,因为它让"我"得到了强化,因为它带来了受人尊敬,而这正是自我、私心。所以,我必须认识什么是痛苦。当我的一部分心智在逃避,在寻求摆脱痛苦的方法,我还能够懂得什么是痛苦吗?因此,假若我希望认识痛苦,那么我难道不应该跟它彻底地结合成一体,不去抵抗它,不去为它辩护,不去谴责它,不去比较它,而是完全与它共存并且去认识它吗?

我能否不去构想、投射出任何东西,就只是去聆听痛苦的声音呢?当我寻求幸福的时候,我无法做到真正的聆听,于是我探寻的不再是何谓幸福,也不是究竟是否有超越我的心智之外的幸福,不是幸福是否是一种体验从而可以被积累起来。当我去这么做的时候，幸福就已经消失不见了，结果也就不再是幸福。但倘若我懂得怎样去聆听，就将领悟到何谓幸福这一真理了。我必须知道如何聆听痛苦，只要我能够聆听痛苦，就可以聆听幸福，因为这就是我的实相。

我很痛苦，我惧怕死亡，我渴望死后的安全，我想获得永生，我想拥有地位、财富、舒适，我内心满是孤独的痛苦。那么，我能够去聆听这一切吗？尔后，我的问题不再是怎样达至幸福，而是探明如何聆听痛苦的声音，就只是聆听，不去试图解释它。这是一个相当艰难的过程，因为心灵不断地抗拒与痛苦共存——审视它、不去解释它、不去为它辩护、不去阐释它、不去谴责它，而是观察它、认识它的内容、了解它、热爱它。只有当心灵不再逃避痛苦，不再躲进某个徒劳的想象或幻觉之中，不再渴望得到满足，它才会聆听到那超越了痛苦的声音。

因此，重要的不是究竟是否存在着幸福，而在于从一开始就去探寻什么是痛苦，与之共处，直到迎来正确的答案。如果你去寻求，就不会获得正确的解答，一旦你去寻求正确的答案，心灵便在构想，因为它希望得到解答，于是它就不会关注于去聆听痛苦，它关心的不是聆听，而是那能够抵抗痛苦的方法。当你想要去抵抗什么东西的时候，你便会找到一个让你满意的答案，所以它寻求的是心灵的满足，而不是去认识痛苦。毕竟，这便是我们所有人渴望的东西，我们想要得到满足，要么是在地位里，要么是在关系里，要么是在某种观念里。我们越是满足，痛苦就会越多，因为，一个满足的心灵从来不会不受扰乱，它总是会遭受到来自生活方方面面的挑战。所以，一旦心灵认识到自己正在寻求满足——想要找到抵抗痛苦的方法便是希望得到满足——就会彻底放下这一切。于是它将只是去聆听，将会懂得它是怎样在逃避痛苦，它是怎样从来不曾与痛苦共处——比如直面恐惧。只有当你去逃避它的时候，才会生出恐惧，恐惧就存在于你去逃避的过程中，而不是当你去直面某个事物的时候。只有当你去逃避某个东西,正是在这种逃避的过程中才会制造出恐惧——而不是当你去观察那一事物、观察"当下实相"的时候。

所以,同样的道理,我能否审视痛苦,不去逃避它呢?——逃避会带来不幸,会滋生恐惧,从而妨碍我去直面痛苦。若我可以审视它,那么我就能够聆听痛苦,不去进行解释,不去评判,不去阐释抑或寻求某个结果。唯有这时,才能实现真正的聆听,才能努力去发现那超越了意识的事物。

如果我们不认识"当下实相",如果我们无法直面"当下实相",就不可能迎来那超越了心智的事物。这需要大量的关注,需要展开无为的觉知,既不去辩护,也不去评判,就只是去观察、就只是去聆听。在这里面,将会迎来转变,在这里面,将会迎来幸福,这是一种时间、心智无法衡量的幸福。

问:您就智慧谈了许多,那么智慧是指什么呢?

克:一个愚蠢的心灵能够领悟何谓智慧吗?一个琐碎的心灵、一个肤浅的心灵,能够懂得什么是伟大吗?先生们,请仔细聆听这个。一个琐碎的心灵去追寻神,就好像一个富人在盘剥了民众、聚敛了财富之后去修建庙宇一样,他询问道:"什么是神?"这样的心灵会探明何谓神吗?他的心灵腐朽、残忍、吝啬、不仁、琐碎、渺小,披着信仰的外衣,这样的心灵能够懂得什么是真理、什么是实相、什么是神吗?他或许会用形象、符号、祈祷、话语、书本把自己包围起来,但这样的心灵可以领悟何谓神吗?他的心灵是琐碎的,那么他的神也会是琐碎的。因此,一个询问何谓智慧的愚蠢的心灵,永远无法认识什么是智慧。但倘若它意识到自己的愚蠢,那么它就已经在走向智慧了。请务必仔细聆听,这不是可以一笑而过的事情。

由于我们大部分人都是如此的琐碎、渺小、狭隘,所以我们制造的世界反映的是我们的形象，而不是神的。因此，重要的不在于什么是智慧，而在于认识到我们自身的狭隘、愚蠢、琐碎，不去试图改变它，不去说什么"我应该让它变得智慧，我应该让它变得聪明"。当琐碎的心灵觉察到了自己是琐碎的，尔后努力去改变，那么它的行为依然会是琐碎的。假如我意识到我很愚蠢，假如我觉察到自己的愚笨，假如我着手去改变这种愚蠢，那么这种行为便是源于愚蠢，对吗？但是我能否觉察到自己的蠢笨、聆听它、理解它、认识它，不去挑战它呢？愚钝的心灵依然会是愚钝的，它无法改变自己的方向，它唯一能够做的就是认识到，无论它作何选择，都依然是琐碎的。请观察一下你自己的内心，不要仅仅只是听我说，而是去观察你的心灵，洞悉我话语里道出的真理。

由于选择是一种会导致衰退的因素，因此选择在任何情况下都是琐碎的。我们所有的文化、宗教，都是从区分到区分，通过选择越爬越高。然而选择是由琐碎的心灵做出的，原因是，只要有选择，就会有心灵的琐碎。一个源于仇恨、偏见、局限的心灵，不管作何选择，都依然是受限的，不管有何经历，都依然是局限的。所以，对于一个琐碎的心灵，选择并不能让它摆脱自身的琐碎。因此，当心灵选择某个伟大的事物时，这种伟大依旧是琐碎。当琐碎的心灵选择上师，选择某个上师去追随，那么这是琐碎的心灵所选择的，于是上师也就会是琐碎的。所以，所有的上师都是琐碎的，因为是你们选择的他们。

因此，智慧显然不是通过选择、通过经验、通过知识就可以被培养出来的东西。一个琐碎的心灵会始终停留在琐碎的状态，尽管它可能拥有无数的经验，原因在于，它的中心是琐碎的。你或许阅读了全部的《吠陀经》、《奥义书》、《薄伽梵歌》，你或许阅读了所有东西方的宗教典籍，但你的心灵仍然是琐碎的、偏狭的，于是你的知识依旧是琐碎的。心灵难道不总是琐碎的吗？它可以不止于琐碎和渺小吗？重要的不是去探明什么是智慧，而是心灵进行选择、行为、区分的方式。难道不是吗？重要的是凭借你们自己的力量去探明,去观察你自己的心灵的状态,而不是听我讲话,不是阅读有关何谓智慧的书籍,对吗?只有当你揭示了实相,智慧才会到来,一旦你认识了"当下实相",便将迎来那富有创造力的智慧了。

问:每个宗教都提倡祈祷。请您解释一下祈祷的力量以及祈祷与冥想有何不同。

克:你会做祈祷,对吗?你什么时候祈祷呢?是当你幸福的时候吗?还是当你遭受痛苦和压力的时候呢?每个早上当你做瑜伽的时候,你会祷告,这是一种例行公事,传统而乏味,没有多少意义。当你遭受痛苦,你便会去祈祷,难道不是吗?你恳请、哀求,想要找到法子消除你的痛苦。有一种祈祷,它里面没有任何的例行公事,它也不是源于恳求,而是一种彻底的聆听。

反复念诵话语,这是我们惯常的祈祷,它显然会产生某种结果,你越是去反复念诵,越是宁静。然而,这种由反复念诵带来的宁静,实际上是一种停滞,因为反复念诵话语会让心灵昏昏睡去。你以为,假如能够通过反复念诵让心灵安静下来,你便已经干了件神奇的事情,但是这种宁静没有任何的生机与活力,不是吗?它沉闷而乏味,就像是一个只关心家务事的琐碎的人在祈祷,在反复念诵某些话语,因为,在反复念诵的过程中,它的宁静是蕴含在它的渺小之中的。

当痛苦袭来的时候,我们便会去祈祷、恳求。请仔细思考一下这个,请仔细聆听。当我感到痛苦,我会渴望找到解答;当我的儿子死去,我会希望得到慰藉,我会希望有人来告诉我说他没事;当我垂垂老矣、行将就木,我会希望有某个上师、某本书或者某个朋友向我保证说一切都会安好,我会很安全。于是我便去恳求、询问,在我恳求的时候,在我询问的时候,会收到我想要的回应,因为我渴望的是安全和慰藉。由于我面临着黑暗的深渊，由于我面对着孤独以及彻底的灰飞烟灭，不知道前路会是什么，所以我请求有人来给我我想要的答案——也就是向我保证说在那一头会有万丈光明，会有天父的陪伴。所以，在深陷痛苦的时候我便去祈祷，而我的祷告会依照我的渴望得到答复。这不是愤世嫉俗的回答，而是切切实实的情形。

我深陷痛苦，有人走过来告诉我说，我之所以会受苦，是因为我施加给成千上万的人的苦难，是因为我的所作所为。我不想去面对这个，我渴望宁静和慰藉，于是我渴望某个能够带给我满足的人。抑或在那种痛苦的处境里，当我祈祷的时候，我想到了些什么——想到光明、想到鸟儿、想到大海、想到一幅绘画——于是我的痛苦便消失不见了，我暂时地将它抛到了一旁。你难道不曾注意到，假如你能够让你的思绪不去想身体的疼痛，就会感觉痛苦变少了一些吗？同样的道理，祷告的时候，若你能够不去想当前的冲突，不去想此刻的不幸，心灵就会变得宁静。然而这不过是一种逃避，会带来衰退，但它让你获得了某种安宁、和平，你的心灵得到了休憩，这种宁静就像是麻药。你喝威士忌或许就跟祈祷一样，因为你关心的只是不感到痛苦，而不是询问，不是探明，不是超越。你唯一关心的是得到慰藉，所以祈祷会回应你的渴望，你越是渴望，你的愿望越是强烈，得到的满足就会越大。

然而，一个人能够用祈祷这一已经被如此滥用的词语来获得某种完全不同的东西吗？如果我可以认识什么是冥想，或许就将懂得何谓祈祷了——正确的祈祷，而不是琐碎的心灵所做的愚蠢的祈祷。

那么什么是冥想呢？要想探明何谓冥想，你就得知道什么是冥想者——不是某个高等的实体，而是冥想者，那个在冥想的人，那个端坐下来、紧闭双眼、开始冥想的人。没有认识这个实体，那么一切都将是徒劳，你无法懂得何谓冥想，因为你不可以将冥想与冥想者分离开来。没有冥想者就不会有冥想，如果冥想者没有认识他自己，就无法拥有心灵的静寂。因此，要想弄清楚什么是冥想，一个人就必须认识什么是冥想者，也就是必须认识自我，尔后才能迎来智慧。不要就只是听单纯的话语，而是应当去认识你自己。

认识自我将会开启智慧之门，倘若心灵是渺小的，那么哪怕它冥想十年、二十年，依然会是渺小的。这正是那些冥想的人们的悲剧，他们将自己深深地封闭在了自身的局限里面，以至于没有任何东西可以渗透进来，他们依旧琐碎、焦虑，永远都在寻求。冥想者必须开始去时时刻刻、日复一日地认识自己——在他搭乘电车的时候，在他跟妻子说话的时候，在他责备仆人的时候，在他谄媚的时候去认识到自己是什么样子的、不是什么样子的——他必须在所有这些时刻去探究自己。

那么，一旦他去认识自我，就会探明冥想者的运作，冥想者是如何形成的，就会领悟到，冥想者和冥想不是分离开来的，存在的只有冥想——而不是在展开冥想的冥想者。唯有这时，当存在的只有冥想，才能迎来宁静。因为，心灵不再去冥想什么，不再渴望借由冥想去得到什么、发现什么。存在的唯有冥想，正如存在的唯有聆听，没有一个在冥想着某个事物的冥想者。尔后，观察者就是所观之物，于是恐惧将消失不见。唯有这时，静寂才会到来。心灵无法去寻求这种静寂，因为它始终都是琐碎的、渺小的，永远不可能变得伟大。伟大的东西不是心灵能够邀请到的，心灵只可以邀来自身的琐碎，无法邀请到伟大，无法邀请到真理、实相。所以，只有当心灵迈入静寂，只有当它抱持敞开、接纳的姿态，当它卓然独在，当它懂得怎样去聆听，才能迎来真理。

（第六场演说，1953年2月25日）

创造力是一种独在的状态

依我之见，我们的问题之一便是平庸。我使用这个词语，没有任何不敬的意味。然而，一个十分显见的事实是，我们绝大多数人都是平庸的。有没有什么方法，宗教的或者身体上的技术、方法，可以让我们摆脱这种平庸呢？抑或难道不应该反对这种倡导技巧、方法的整个观念吗？因为，在我看来，一个人越是去观察，就会发现有创造力的人正在越来越少。我所说的创造力，不是指绘画、写诗或者搞些发明。在我们展开讨论的过程中，将会探明何谓创造力。

可是在我们懂得何谓创造力之前，难道不应当去询问一下，为什么我们大部分人会如此轻易地受到影响吗？为什么这么多人会允许生活里有那些干预？为什么我们想要去干涉，为什么我们在评判他人的时候是这样的有效率？或许，一旦我们对这些问题展开探究就会领悟到，在那些我们如此小心翼翼培养起来的东西里面——评判、发展某个身体的抑或所谓精神上的方法的能力——可能就埋下了平庸的种子。只要没有去反抗技术、方法，就会出现模仿、权威，就会去发展起某些能力，就会去遵从某些观念，心灵就会始终去符合、去遵从——这一切表明了一个平庸的心灵的结构。

请仔细聆听，不要记笔记，这不是上课，我不是向你发表讲话的教授，这样你就可以做笔记以便课后去思考了。在讲演的过程中，让我们一起来展开思索。我仅仅只是在道出显而易见的事实，如果你不去聆听的话，就可能无法立即体验那富有创造力的状态——或许，通过认知，也就是说，通过直接聆听是什么导致了平庸，我们可以一同来发现这种状态。

创造力是一种独在的状态。当心灵没有做到完全的独在，是不可能具有创造力的。只有当心灵能够摆脱一切影响、一切干扰，能够实现彻底的独在——没有任何依赖，没有任何陪伴，没有任何限定性的影响和评判——唯有在这种独在的状态中，才能迎来创造力。然而，一个平庸的心灵、一个培养起某种实践的心灵，一个懂得如何、怎样、方法的心灵，是无法认识独在的状态的。

世界上正在发展越来越多的方法、技巧——关于怎样通过宣传、强迫、模仿、榜样、偶像崇拜、英雄崇拜去影响人们的方法、技巧。有无数的书籍都是关于如何去做某个事情，如何有效率地思考，如何修建房屋，如何制造机器。于是我们渐渐丧失了原创力，丧失了凭借自己的力量去思考、去创造的能力。在我们的教育里、在我们与政府的关系里，经由各种各样的方法，我们在各种影响之下去遵从、去模仿。当我们允许某个影响来说服自己抱持某种立场或是采取某个行动的时候，我们自然就会去抵制其他的影响。在这种抵制其他影响的过程中，我们难道不就以一种否定的方式屈从于它了吗？

我们是无数影响的产物，难道不对吗？我们的心智、我们的社会结构、我们的生活，难道不是一张由无数的影响——经济的、风土的、社会的、文化的、宗教的影响——结成的网吗？它是被影响的心灵，我们带着这样的心灵去寻找我们渴望创造的事物。但这样的心灵只会去模仿，只会把其他的事物拼凑到一起，这便是为什么世界正在发展越来越多的技术、方法的缘故。一个训练技术、方法的人，永远无法成为有创造力的个体。他可以修建一栋非凡的房子、制造出一架飞机，但他不是有创造力的人。因为他的心智受着影响，他的心智不是完整的。

当我们是各种各样的影响下的碎片，怎么可能拥有完整的心智呢？我们的心智是这些影响的产物，我们的心智受着所有这些影响的局限，我们被限定为了印度教教徒、穆斯林、基督徒。由于受着限定，由于屈从于各种各样的影响，于是我们说道："我将选择某种好的、高尚的影响和上师，我将通过各种实践、各种方法来培养起这种高尚。"但我们的心灵依然受着影响和控制，依然在追逐着某个确定的结果。这样的心灵永远无法处于反抗的状态，不是吗？原因是，当这样的心灵去反抗的时候，它实际上是处于一种混乱无序的状态。所以，平庸的心灵永远不会去反抗，它只会从一种受限的状态转向另一种受限的状态，从一种影响转向另一种影响。

心灵难道不应当始终处于反抗之中，以便去认识那些一直都在冲击、干扰、控制、限定自己的影响吗？导致心灵走向平庸的原因之一，难道不就是因为它总是在恐惧吗？由于身处混乱和困惑，于是它渴望有序，渴望持续，渴望某个可以指引它、控制它的模式。然而，这些模式、这些各种各样的影响却导致了个体的矛盾和混乱。你被限定为了印度教教徒或者穆斯林，另一个人则被限定为高贵的，或是被限定着抱持了某些经济的或宗教的观念。很明显，在各种影响之间所做的任何选择，依然处于平庸的状态。如果心灵在两种影响之间去选择，然后按照某个影响去生活，那么它仍旧是平庸的，不是吗？因为，它从不曾处于反抗的状态，而要想有所探明，反抗却是必需的。

当心灵从来没有做到独在，它怎么可能富有创造力呢？只要你去检视自己的心灵，就会发现它是多么害怕犯错。心灵总是在寻求安全与确定，希望在某种思想模式中得到安全。这样的心灵、从不曾独在的心灵，如何能够有创造力呢？我所说的独在，不是指那种带有绝望的孤独，而是指没有任何依赖的独立——不去依赖传统、习俗、陪伴。心灵难道不应该处于毫无畏惧的状态吗？原因是，在我去依赖的那一刻，便会滋生出恐惧，于是，所有的创新——不是古怪、反常，而是思考的能力——便都消失不见了。心灵难道不应该拥有领悟力——不去模仿，不去被影响——以及勇敢无畏吗？这样的心灵，难道不会实现独在从而富有创造力吗？这种创造力不是你的，也不是我的，它不属于任何人。

请仔细聆听这一切，因为我们大多数人都是平庸之辈。能否充分地、立即地变得有创造力呢？原因在于，这正是当今世界急需的东西——不是改革者、不是思想家、不是伟大的哲人，而是你我意识到自身的平庸之后马上带来那种没有任何依赖、没有任何恐惧的独在的状态——它是完完全全的独在，不受任何影响，没有任何遵从与效仿。你我能够一起立即带来这样的心灵的状态吗？因为，若没有这样的心灵，那么无论你怎么做，你的改革都将会带来更多的不幸与混乱。

一个一直处于平庸状态的心灵，一个一直受着干预、影响、控制的心灵，一个一直去依赖的心灵，能够立即认识那种独在吗？不要说什么："这或许可能，但我无法做到，其他人可以。"就只是去聆听，不是听单纯的话语，而是听语词的涵义。如果心灵一直受着干预，如果它是干预、影响和时间的产物，那么这样的心灵能够把这一切抛到一旁做到独在吗？因为，创造力就蕴含在这种独在的状态中。你使用什么字眼并不重要，这种创造力不为时间所囿，不是你的或我的。只要你去培养技术、方法，那么你就无法处于无我的状态，因为我们大多数人的心灵都想着怎样去做这个，怎样才能不再受到影响，怎样才能摆脱我们所受的限定。当一个人说道："我会实践这个，我会得到那个"，"我将训戒自己，尔后我就不会受影响了"，抑或是"我要建起一堵墙包围住自己，以抵抗一切影响"，这表明心灵在寻求方法、技巧。这样的心灵能够获得自由吗，能够处于反抗的状态吗？这样的心灵难道不是平庸的吗？所以，这样的心灵永远无法实现独在。

假如你想要创造一个新的世界、新的文明、新的艺术，全新的一切，不受传统、恐惧、欲望的污染，假如你想要创造出不为任何人独有的事物以及一个新的社会，在这个社会里面，没有你或我，而是"我们"，那么心灵难道不应该做到彻底的无我从而实现独在吗？这意味着，必须反抗遵从、反抗想要受人尊敬、获得体面的心态，因为受人尊敬的人是平庸的，因为他怀有欲求，他依赖影响力来获得幸福，依赖他的邻居是怎么想的，他的上师是怎么想的，《薄伽梵歌》、《奥义书》、《圣经》或是基督是怎么说的，难道不是吗？他的心灵从不曾是独在的，他从不曾独自散步，而总有人陪伴，有他所抱持的观念的陪伴。

重要的是去洞悉干扰、影响的全部涵义，探明"我"是怎样确立起来的。"我"正是无名、无我的矛盾面，对吗？懂得了这一切，势必就会生出如下问题：能够立即让心灵和思想迈入崭新的状态吗？——不受影响，不会被自身的经验或是他人的经验影响，不会被腐蚀，卓然独立。唯有这样，才能带来一个不同的世界、不同的文化，带来一个能够实现幸福的社会。

问：在四十天大的时候，我变残废了。您谈论安全，但我从来不曾拥有过——没有家、没有朋友、没有工作。那么我要如何去面对我的人生呢？

克：我们该怎样去面对生命，无论是健康还是疾病？我们究竟要如何去面对呢？

如果你有经济上的保障，如果你拥有某种天赋，如果你有才能，如果你有支持或者影响力，那么你就可以很好地面对生活了，不是吗？然而大多数人都没有安全，没有大人物具备的影响力，他们要么是身体上残疾，要么是精神上残疾。那么他们该怎样去面对人生呢？显然会尽他们的全力。这便是实际发生的情形。

可是，那些能够以新的视角去思考这整个的问题，没有被束缚，渴望去发现一种不同的生活方式的人——也就是精神上没有残废的你和我——能够找到不同的行为方式和思考方式吗？你和我显然有责任去创造一个新的世界，因为你有闲暇、你有能力去思考，你相对来说拥有经济上的保障。你的责任便是去帮助那些没有思考能力，身体上、精神上或者智力上残疾的人，那些不得不带着恐惧去面对人生的人，难道不是吗？这便是我们的职责所在，对吗？假若你不去做，还会有谁去做呢？

有什么其他的法子可以让这位提问者谋到工作吗？我们大部分人都无法提供给他一份活干，如果我们给了他一份工作，就总是会去对他指指点点、发号施令。我们无法把自己拥有的东西施与他人，我们已经失去了慷慨，我们已经丧失得一干二净，倘若我们曾经拥有过的话。因此我们始终都是虚弱的，我们总是在仰视那些强者，结果也就让自己继续虚弱下去。

所以，这就是我们的生活——混乱、平庸、痛苦、内心贫乏、压制着无数燃烧的欲望之火。除非我们彻底地反抗这一切，否则将无法建立起一个不同的世界——这种反抗不是说去加入某个团体，不是摆脱这个组织、加入共产主义或社会主义的阵营。我所说的是完整的革命，原因在于，唯有这样，心灵才能独在，才会不再受到任何影响，从而拥有力量。这并不意味着顽固，并不意味着经由经验和知识来获得的力量——它不是独在，只要有知识和经验，就会有依赖。这种独在是指彻底摆脱了心灵的一切支撑。这种反抗、革命，不是仅仅只想某个事物，而是一个完整的过程。唯有这样，才能迎来一个截然不同的世界，唯有这样，这位提问者才能找到可以解决其问题的正确答案。

问：您能否解释一下您所说的两个想法之间的间隔？我们大多数人的想法都是琐碎的，毫无意义的。有必要去探究这样无聊、微不足道的想法吗？

克：先生，你是否注意过，当你思考的时候，两个念头之间会有间隔呢？不管想法多么的琐碎、多么的愚蠢，都会有间隔的，对吗？它并不是一种连续不断的思考。若你去观察一下，若你去觉知，就会发现存在着间隔。假如我们没有认识或者观察两个想法之间的间隔，那么，仅仅去探究、分析、意识到某个想法将会是完全无意义的。因为，毕竟，当我去思考某个念头的时候，无论多么的渺小，一个去思考它的心灵依然会是琐碎的、渺小的、平庸的。一个评判、比较、谴责的心灵在探究某个想法的时候，是无法认识它的。声称："我不应该去判断，我不应该去比较"，这还是会束缚住心灵，因为在我声称自己不应该去判断的那一刻，我就已经局限了思想，我就已经在抵制判断，从而让思想受到更大的约束。但倘若我观察到想法之间有间隔，倘若我的心灵去关注那个间隔，去观察它，那么我就会发现，那些琐碎的、无意义的念头将消逝不见，不再有判断、比较、训戒、强迫。原因是，在这种间隔里面是没有思想运作的。想法之间会有间隔，或许只是短短的一秒，可当你希望这一秒变成十秒，你就已经在行为里注入平庸了。

请仔细思考一下这个，你将清楚地认识到你是否在正确地聆听。也就是说，如果你观察两个想法之间的间隔，由于觉察到了这种间隔，于是心灵希望在间隔中也能继续，希望让间隔延长。当你怀有这样的渴望，你就让某种你所希望的影响运作起来了，从而将心灵局限为了某种影响、某种体验，结果也就把心灵降低到了一种平庸的状态，一种琐碎、渺小、狭隘的状态，对吗？当心灵希望去经历某种体验并且去维持那一体验，这难道不就表明了持续吗？一个渴望永生的心灵难道不是平庸的吗，难道不是充满了恐惧的吗？所以，不管这样的心灵会如何去探究、分析某个想法，分析者依然是一个为平庸所困的人。

因此，如果不去追逐，不去试图确立起间隔，不去延长这种间隔——这实际上意味着无限的认识自我，不是吗——那么觉察到间隔便已足够。因为你无法去维持那一间隔，所以在这种间隔里面将会迎来新的、不同的感受。可一旦你去追逐这种间隔，努力去延长它，那么心灵就会去干预，就会去影响、局限。所以，你越是觉察到思想和间隔的过程，就越会自知——自知不是源于书本，不是去依照某种思想模式，而是时时刻刻、日复一日、年复一年地去认识你自己的模样。这是一个相当艰辛的过程，没有这种认知，就无法认识受限的影响，于是心灵便会屈从于各种各样的影响和干预，结果也就会永远处在局限、依赖和恐惧之中。

请仔细聆听这个，一旦你真正懂得了这一点，就不必有意识地去做某个事情了。你之所以不必去做某件事，是因为一切有意识的干预都会带来限定。这便是为什么说重要的是去聆听，如此才能实现潜意识的、深刻的变革，而不是由意识、心智的表层带来的变革。因为，心智的表层是影响、干预、限定的结果，这种心智的干预不会带来新事物，不会带来截然不同的东西。所以，重要的是去认识自我，不做任何评判，认识自己的本来面目，不去依照某种评判，难道不是吗？

只有当我们去比较的时候，才会认识自己，至少我们以为认识了自己。然而，比较妨碍了我们去认识事物的本来面目。我丑陋、贪婪、善妒，在我把自己跟某个心怀嫉妒的人去做比较的时候，我难道不就在使用、浪费和扭曲我的精力吗？我应该完全去关注"当下实相"，对吗？原因是，当我去比较的时候，我就会想要把"当下实相"改变成其他的样子。希望把"当下实相"改变成其他样子，这难道不是完全在浪费精力和时间吗，这难道不是一种逃避吗？那么，我能否不去进行比较而是审视"当下实相"呢？能否审视我的真实模样，没有比较性地认知呢？请好好思考一下这个。当我声称我很贪婪，这本身难道不就是比较性的吗？我只认识贪婪，因为我在比较那种感受——"更多的"感受，渴望更多的权力、更高的地位、更大的安全、更多的经验、更多的知识。这个"更多"就是比较性的。当我的心灵习惯去做比较，我能够审视自己的想法，不去进行比较吗？所以，当我发现我的心灵能够去思考、审视、观察，同时不去做比较，那么还会有贪婪存在吗？请好好想一想所有这些问题。

由于我的心灵习惯于去做比较，当它说道："我不应该贪婪"，这便是一种谴责，正是这种谴责导致了一种比较的状态，这会强化该状态。我能否不做比较地去审视贪婪——贪婪是因为渴望"更多"呢？这难道不是让心灵挣脱贪婪的唯一途径吗？

所以，自知将会开启智慧之门，而智慧是无法被购买到的，任何上师、任何书本、任何经验都无法带来智慧，因为经验属于时间的范畴，经验是累积性的，它意味着"更多"，意味着通过经验去培养技巧、方法。只有反抗经验、反抗技巧、反抗"更多"，才能让心灵获得解放，从而实现彻底的独在。

问：什么是宽恕？宽恕和怜悯是一样的吗？原谅他人或许是可能的，但这难道不需要忘却自我吗？

克： 什么是宽恕？你什么时候会宽恕呢？宽恕是必需的吗？我曾经伤害了你，你把这种伤害留在了心里。要么时间会治愈它，要么你会有意地开始去培养忘却、宽恕的品行。你首先是记住了伤害、存储了伤害，尔后你去忘却它。但倘若没有存储、没有累积，就没有忘却、宽恕的必要了。

宽恕难道不是有别于怜悯的吗？一个受过伤害、宽恕了伤害的人，能够懂得怜悯吗？爱显然是一种没有伤害的状态。只有当"我"在爱里面居于主导地位，当我在爱里面有所期待，才会出现伤害，不是吗？当我渴望被爱，那么在爱里面我就依然是主导性的因素。当"我"有所渴望的时候——"我渴望被爱"，"我渴望被照顾"，"我想念那个人"——我就仍然是中心。这个中心会受到伤害或者得到欢愉，当它遭受伤害，它就会把这伤害存储起来，尔后它在压力、干预和影响之下去忘却这伤害。怜悯的状态是"我"——中心、自我——意识到自己怀有同情心吗？在怜悯里面，必须意识到"我"吗？

当你知道你心怀悲悯，当你意识到你有同情心，这还是怜悯吗？当你知道你在宽恕,这还是宽恕吗?一旦我意识到了美德,这还是美德吗?所以,有意识地去宽恕的行为,这种有意识的行为难道不会让"我"这一总是在累积、总是在比较、判断、权衡的实体得到强化吗?这样的实体能够获得自由吗,能够懂得什么是爱、什么是慈悲吗?请凭借你自己的力量去探明,不要仅仅只是听我讲话。

何谓慈悲?请依靠自身的力量去探明一个受过伤害的心灵能否做到宽恕。一个能够被伤害的心灵可以做到宽恕吗?一个能够被伤害的心灵,一个培养美德的心灵,一个有意做到慷慨的心灵,这样的心灵能够是慈悲的吗?慈悲就像爱一样,是不属于心智的事物。当心灵怀有怜悯和爱的时候,它是不会意识到的。可一旦你有意识地去宽恕,心灵便会在它所受的伤害中强化自身的中心。所以,一个有意去宽恕的心灵永远无法做到真正的宽恕,它不会懂得何谓宽恕,它的忘却只是为了不受更多的伤害罢了。

所以,重要的是去弄明白为什么心灵实际上是在记忆、在存储。原因是,心灵永远都在渴望膨胀自己,想要成为大人物,想要出人头地。当心灵不再渴望成为什么,当它彻底地甘于做个无名之辈,在这种状态里,才会迎来悲悯。在这种状态里,既没有忘却,也没有伤害。但要想认识这个,一个人就必须了解"我"的有意识的发展——这个"我"在生长,在变得有德行、有权威、受人尊敬,这个"我"最终想要发现神。也就是说,一个人必须认识到他始终都在强调自我、培养自我,不管他是把自我置于高等的还是低等的层面。

因此,只要有意识地去培养影响力、培养美德,就不可能会有爱,不可能会有慈悲,因为爱和慈悲并非源自于有意识的努力。

问:我怎样才能摆脱过去?

克:假如我能够知道我的心智都在忙着些什么,或许就会懂得如何让心智走出过去了。

那么你的心智都在忙着些什么呢？它忙于过去的东西，忙于你应当干些什么，你应当想些什么，你有哪些经验，你是多么的痛苦，你是多么渴望幸福，你曾经是多么地受伤，你是多么渴望有所成就，难道不是吗？你的心智、你的意识便是过去，对吗？"你应当如何"源于你没有怎样，将来其实是过去的投射，不是吗？所以，我们的心智忙于过去的那些事情，我们的心智停留在过去，于是你问道："我怎样才能摆脱过去？"然而，询问该问题的我依然是过去，这个"我"与作为过去的心智并不是分开的。也就是说，我的心智说道："我希望挣脱过去的羁绊。"而这个"我"便是心智的一部分——不是吗？它是思想的一部分，对吗？思想是过去的产物。

当心智说道："我应该摆脱过去的制约"，这难道不是在把它自己跟过去分离开来吗？这难道不是渴望让它自己摆脱整个过去，难道不是想把"我"与过去分隔开来吗？存在的只有一种状态，那就是过去，它把自己投射进了将来，难道不是如此吗？因此，当心智忙于过去，这样的心智怎么可能让自己获得自由呢？请认真思考一下这个：我的心智是过去的产物，是时间的结果，那么这样的心智如何能够摆脱过去呢？当你去检验什么是心智，会发现心智就是记忆，心智就是经历，心智是在时间中成长的——而这便是过去。

所以，心智即时间，心智即过去，当心智询问："我如何才能挣脱过去"——这有效吗？一旦你懂得了这整个的过程，你提出的那个问题，即"我能否获得自由"，将会面临怎样的回应呢？如果我说你能够得到自由，这将毫无用处，这不是你的体验，这也不是事实。尔后你唯一要做的就是试图获得自由，让心智摆脱过去的一切。但倘若你认识了过去的整个结构，就永远不会提出那个问题了。不去提出那一问题，你便会找到正确的解答，因为心智——它是经验、影响的总和，它是被集合而成的——永远无法洞悉永恒，永远无法领悟那并非构想出来的事物。原因在于，心智永远无法体验、认识或理解什么是永恒。永恒跟心智是截然不同的，因为它不属于时间的范畴，而心智属于时间。假如心智认识到自己属于时间，是时间的产物，是记忆、经验、影响、干预的结果——当它充分地认识到了这个，自身就会发生转变，而这种革新不是由心智带来的。

只要心智通过经验去寻求永恒，它就永远不会发现那永恒之物。这就是为什么你会提出如下问题："心智怎样才能摆脱过去？"当它认识了自身的全部过程，当它觉察到它提出了这一问题并且由此认识了自身的结构，便可以摆脱过去的制约了。你将发现，由这一结构而来的任何运动都依然是过去的产物。一旦心智懂得了这个，就不会再有任何运动，于是也就迈入了彻底的静寂。来自过去的任何运动都属于时间的领域，这样的心智是无法实现觉知的，无法处于一种能够迎来永恒的状态。

问：神不是可以轻易界定的。您对神这一概念予以了抨击，那么您对这个世界有何贡献呢？如果不信神，生活就将枯燥无味，就将走向邪恶、堕落，只会通往黑暗。

克：无论你信或不信神，无论我是把神这一概念抛到一旁还是加以破坏，真理都存在于那里。真理是无法通过任何信仰被发现的，因为信仰源于渴望得到安全。心灵充满恐惧，它焦虑不安，希望有东西可以去依赖，它意识到了世界的短暂，于是便制造出了某个概念。然而，关于神的概念并不是神本身，神不是心智可以构想出来的东西，因此，任何时候心智都不可能认识神。

你信仰神，这显然导致了人与人的隔离和敌对。因为，对你来说，重要的不是神而是这种信仰。你难道没有因为你的信仰而让世界变得更加黑暗吗？审视一下你们所抱持的无数的信仰吧。你们以上帝之名去杀戮，不是吗？那个扔下原子弹的人，他也信仰上帝，但这不妨碍他在眨眼间杀掉成千上万条性命。一个无神论者,比如共产主义分子,也会为了建立一个更好的世界而去破坏。所以,你们并没有多大的不同,不是吗?有神论者和无神论者,都给人类带来了破坏与灾难。基督徒信神,印度教教徒也信神,但他们却各立山头、相互争斗,全都野心勃勃,彼此毁灭、清算,但他们全都宣称信仰神。神可以被否定吗?神是否是我们的心智投射、构想出来的?

很明显,真理、实相,随便你怎么称呼,是超越心智的事物。但倘若心智不去认识自身,那么你就无法探明实相。如果心灵不处于宁静的状态,它便不会懂得什么是真理,不会懂得那一非凡的事物。

但信仰并不是能够让心灵变得安静的东西,相反,信仰会束缚住心灵,会局限心灵,会毁灭心灵。一个充满恐惧的心灵,渴求安全,希望有东西可以去依赖的心灵——这样的心灵是没有丝毫价值的。于是,信仰的作用便是保障个体的安全,于是,信仰不再是无名的,而是你可以去依靠的东西。信仰把人们划分开来,信仰给人类带来了破坏。这样的心灵能够发现真理吗?既然洞悉了这一切,心灵难道不应该处于机敏、警觉的状态,让自己挣脱一切信仰的束缚吗?——这实际上意味着摆脱恐惧。唯有这时,心灵才会迈入彻底的静寂,不去构想什么,不怀有丝毫的欲念,没有书本,没有憧憬。一个绝望的心灵永远无法发现实相,当心灵处于绝望之中,它便会寻求希望,于是希望会变成一个绝望中的心灵构想出来的真实。

所以,一旦领悟了这一切,心灵就会变得格外的宁静,唯有这时,实相才会到来。你无法邀请它,你无法贿赂它,无论你做何牺牲都无法得到它,无论你培养何种美德都无法得到它。只有当心灵迈入了彻底的静寂——不去期待,不去憧憬——真理才会向这静寂的心灵走来。

(第七场演说,1953年3月1日)

知识或经验能终结痛苦吗？

我觉得，可以说我们大多数人的生活都非常的混乱，由于混乱和困惑，由于始终处于努力和争斗之中，因此我们试图找到走出混乱的法子。于是我们便去求助于任何一个可以给予我们帮助的人，当我们遇到经济压力的时候，就会求助于经济学家或是政客；当我们遭遇了心理的困惑，就会去求助于宗教。我们求助于他人以便找到出路、方法，以便摆脱自身的混乱、困惑与不幸。假如可以的话，今天晚上我希望探明以下的问题：通过累积知识或经验，是否有法子来战胜我们的痛苦？还是说有一种截然不同的过程、态度和方法，它比寻求体系、技巧、方法，比培养习性重要得多？

所以，如果可以的话，我想慢慢地、静静地对这个问题做一番探索。在探索的过程中，你也要参与进来，因为这也是你的问题。问题便是某个可以帮助我从根本上消除根源，消除心智的本质的方法，因为正是它导致了问题的出现。通过各种各样的累积，累积知识或者累积经验，能够实现这个吗？知识是外部的累积，即技术知识的积累，还有内部的累积，即累积经验，"知道"，认识的能力。这些东西真的有助于带来彻底的自由吗？——不是暂时的缓解，而是充分的自由——完全摆脱那些在我的内心不断上演的争斗。因为，正是这种争斗、冲突，这种永远的不确定，导致了那些会带来不幸、混乱和个人欲望的外部行动——渴望出人头地以及一种自我膨胀、自我扩张性的生活态度。

我认为，重要的是去认识到，培养某种姿态或是发展某种知识、技术，是否就可以让痛苦与不幸终结？还是说，只有当心灵不再去寻求，不再去累积，不再去获得所谓的知识，才能够让痛苦结束呢？我们大部分人都抱持着某种生活态度和某些价值观念，我们怀着这些态度与观念去展开各种行动，从而制造出了某种模式。我们在文化、外部或内部确立起了这种模式，于是我们说道："我知道，我知道该做些什么。"我们真的了解我们所知道的都是些什么吗？我们应当展开热切地努力，探究一下我们所谓的"知识"究竟是指什么，我们是否真的能够认识某个事物，声称"我知道"是否是一种虚妄的想法，难道不是吗？重要的是去探明，当心灵声称"我知道"的时候，它所知道的究竟是些什么，对吗？这种知识是否始终都在消除心智的冲突的过程呢？——正是心智制造出了一个人身上无数的冲突以及如此多的挫败和恐惧。

问题是：知识能否消除痛苦？我们懂得，当身体患上了生理或心理的疾病时，在某个层面上技术知识是可以消除痛苦的。从某个层面来说，知识是不可或缺的，是必需的。此外，当我们关注于贫穷带来的罪恶，知识也是必要的，我们拥有的技术知识可以让贫穷终结，可以让人们有衣穿、有屋住，要想让生活在物质层面变得更加便捷，就必须得有科学知识。然而，我们累积的知识，心灵为了得到自由、为了不受痛苦而去累积的知识——实践、技巧、冥想，心灵为了没有冲突所做的各种调整、适应——这些东西能够让冲突结束吗？你阅读了各种书籍，努力想要找到某种生活的方式、生活的目的，抑或你步出家门，从他人那里寻求，你依照这一目的去行动，你努力生活，但痛苦却依然上演，冲突依然发生。

不断地让"本来面目"去适应"应有面目"，这种努力是一种会带来衰退的因素。所以，我们的生活从内心来说充满了眼泪、混乱与痛苦。应该以不同的方法去迎接生活，而不是通过累积知识或经验，在这种新的方法里面不会再有争斗。我们知道我们是怎样去迎接生活的，是怎样总是在用知识、经验、过去去应对挑战的。也就是说，我声称："我知道"，

"我已经积累了大量的经验","生活已经教会了我",于是我总是用知识、用某种经验的残渣去着手,我带着这些东西去应对我的痛苦。这种痛苦便是我的本来面目跟应有面目之间的冲突。我们知道痛苦的内在本质——某个人的去世、贫穷带来的痛苦、心理上的挫败和沮丧、心灵的贫乏、努力想要有所成就、永远处于恐惧之中以及由此导致的痛苦——我们总是用知识去应对痛苦,不是吗?于是我说道:"我知道该怎么做","我相信轮回转世,相信因果,相信某种经验,相信某种教义",我带着这些东西去应对生活中每日发生的事件。

现在,我想质疑一下我们所谓的知识,就是那个我们声称可以用它去迎接生活的事物。一个声称"我知道"的心灵,永远不会懂得什么是彻底的谦逊。然而还有一种谦逊,那就是声称:"我不知道"。当你迎接生活的时候,当你遇到某个问题的时候,当你遭受痛苦的时候,当你面临死亡的时候,这难道不是一种不可或缺的状态吗,难道不是绝对必要的吗?谦逊的意识不是可以被诱导出来的,不是可以被培养起来的,不是可以购买到的,也不是能够被构想出来的。所谓谦逊,就是感到你并不知道。

你知道的都是些什么呢?你懂得死亡吗?你看见那些被焚烧的尸体,你看见亲朋好友离去,然而,除了你所学到的那些东西以外,除了你所抱持的信仰以外,你还知道些什么呢?你并不懂得什么是未知。心智是时间的产物,是累积的结果,它源于全部的过去。这样的心智能够认识那未知的事物吗,也就是"死后会怎样"?成千上万的书籍都是关于死后会如何,但心灵并不知道死后的事情。

所以,为了发现真理,难道不应该怀有彻底的谦逊,认识到自己是无知的吗?唯有这时,才会获得认知。只有当我不知道什么是神的时候,神才会到来。

但我却以为我知道,我已经领略了有关什么是神的观念——不是神,而是关于神的概念,我已经寻找到了他。我遭受着痛苦,于是我便去求助于上师、书本、庙宇。我的心灵已经瞥见了真理的闪光,我知道,我有一点儿经验,我阅读,我体验。于是我便生出了自负,而这种自负正是基于我所拥有的知识。但我的知识不过是记忆和经验——它是受限的反应,是日常生活的运动。所以我是带着这种自负开始的:"我知道神在对我说话","我拥有知识","我拥有智慧",我将其称作智慧——这是荒谬的,我组织起思想的流派,我去积累。从来没有一刻我会怀着彻底的谦逊和完整的诚实说"我不知道",因为我以为我知道。可我的知识只是过去的经验、记忆的累积,它们并不能解决我的痛苦,或是让我知道应该怎样去应对生活中的一切混乱、矛盾、拉扯、影响和强迫。

你的心灵已经被自负、知识、经验给污染了,这样的心灵能够彻底自由吗?它会做到彻底的谦逊吗?不知道便是谦逊,对吗?请认真思考一下,请仔细聆听。一旦你意识到自己是无知的,你便踏上了探明之旅。然而,无知的状态是无法被培养起来的,只有当你怀着彻底的谦逊,才能迎来不知的状态。尔后,当这样的心灵有了问题时,它就是不知的,于是问题也就有了答案——这意味着,要想给出解答,心灵就得没有丝毫的自负,在内心深处没有一丁点的自负,处于一种完全不知道的状态。先生们,观察一下你们自己的心灵,你将发现,要让它直面自身,声称"我不知道"是何等的困难。心灵很抵抗这样的声明,因为它渴望有东西去依靠,它希望说:"我知道怎样去生活","我懂得什么是爱","我遭受过痛苦","我知道它是什么意思"——这实际上是心灵披着知识的外衣,以为自己知道一切,因此它从来不曾处于天真、无知的状态。只有率真的心灵才会说"我不知道",它没有任何自负,没有任何装饰。唯有这样的心灵才能发现真理,才能找到正确的答案,唯有声称"我不知道"的心灵,才会迎来真理。

当心灵询问怎样才可以获得自由、怎样才能达至真理,当它询问心理的技巧，那么它唯一关心的便是积累知识，指望着由此消除那些在内心不断上演的争斗。然而，知识并不会让争斗消除。你知道这个，不是吗？你从你的书本、从你日常生活的那些经验获取了充分的知识，可是这就使你不再遭受痛苦了吗？

　　心灵难道无法处于一种不知的状态，以便能够拥有感受力，以便能够抱持敞开、接纳的姿态吗？思想的最高形式，难道不就是一种完全否定、逆向的状态吗？不再有累积，于是也就处于一种彻底的"贫乏"——这种贫乏，其实是最高贵、最深刻的。这是一片崭新的土地，这是一个没有被知识污染的心灵，因此便是无知的、率真的。唯有这时，才能迎来那未知的事物，已知永远无法认识未知。先生们，这并不是单纯的观点，但倘若你去聆听它，倘若你聆听它的真正涵义，就会懂得其中的真理了。然而，一个自负的人，一个拥有知识、学位的人，一个追逐结果的人，永远不会认识未知，因此也就不可能成为一个有创造力的人。当前我们日常生活需要的正是有创造力的人，而不是一个拥有新技术、新的灵丹妙药的人。假如有知识的残留，就不会有任何的创造力。心灵必须彻底的空无，如此才能富有创造力。这意味着，心灵应该做到彻底的谦逊，唯有这时，创造力才会到来。

　　问： 在一个需要集体行动的世界里，您为什么却要强调个体的自由呢？

　　克： 要想实现合作，自由难道不是必不可少的吗？为了能够与我协作，抑或是我同你协作，你难道不应该拥有自由吗？当你我怀有某个共同的目的，自由会到来吗？当你我在智力上、口头上、理论上确立起了某个共同的目标，你我携手工作，我们真的会一起协作吗？共同的目标会捆绑住我们吗？你认为我怀有共同的目标，可是当我有了共同的目标时，我是自由的吗？我确立起了某个目标，由于我拥有的知识、经验，由于我的博学，于是我声称这是人类的目标。当我确立起它的时候，这一目标难道没有困住我吗？我难道不是它的奴隶吗？所以，会有创造力存在吗？要想拥有创造力，我们就得摆脱共同的目标。

集体的行动是可能的吗？我们所说的集体行动是指什么意思呢？因为我们是个体，所以不可能出现集体的行动，你和我无法一起来绘制一幅图画。没有所谓集体的行动，只有集体的思想，不是吗？正是集体的思想把我们聚到了一起展开共同的行动，所以，重要的不在于集体的行动，而在于集体的思想。

那么，能否有集体的思想呢？我们所说的集体的思想是指什么？我们什么时候会思考一致呢？当我们全都是共产主义分子的时候，当我们全都是社会主义者或天主教徒的时候，尔后，我们全都会限于某种思想模式，于是我们大家才会一起行动。当有了集体的思想，会发生什么呢，会出现怎样的情形？这难道不意味着集中营、大清算、思想钳制吗？如此一来你就不会怀有跟党派相异的思想了，你就不会偏离少数人确立起来的这一切。所以，集体的思想会带来更多的不幸，集体的思想会导致人类的毁灭，会引发残忍和暴行。需要的不是集体的思想，而是正确的思想——不遵照右翼的思想，也不遵照共产主义、社会主义，重要的是懂得怎样去思考，而不是思考些什么。

我们以为，通过限定心灵去思考些什么，就能实现集体的行动了。殊不知这么做只会毁灭人类，不是吗？当我们知道想些什么的时候，难道不就终结了一切富有创造力的探究以及彻底自由的意识吗？所以，我们的问题不在于集体行动抑或集体思想，而在于去探明怎样思考。但这并非可以从书本里头学到的东西，思考的方式只能在关系里面发现，只能源于对自我的认知。如果你不自由，如果你害怕自己将会丢掉工作，如果你担心你的妻子、你的丈夫、你的邻居会说些什么，那么你就无法认识自我。

因此，在认识自我的过程中将会迎来自由，正是这种自由能够带来集体的行动，而不是一个被迫去展开行动的受限的心灵。所以，只要有任何形式的强迫、高压或是奖惩，就不会有集体的行动。只有当你我能够通过认识自我探明什么是真理，才会获得自由，尔后也就可以展开集体的行动了。

当你我怀有共同的目标时，不会有集体的行动。我们全都渴望一个幸福的印度、一个文明的印度、一个文明的世界，我们全都声称这便是我们的目标。我们知道这个，我们重复着这个，可我们难道不总是将它抛到一边了吗？我们全都主张必须怀有兄弟友爱之情，必须和平，我们倡导神的博爱，这就是我们共同的目标。但我们难道不是在彼此毁灭吗，尽管我们宣称怀有共同的目标？当左翼分子声称应该通过集体的思想带来集体的行动，他难道不就在破坏吗，不就在带来灾难、战争和毁灭吗？所以，共同的目标、共同的理念、上帝之爱、和平的爱，并没有将我们凝聚在一起。

能够把我们凝聚在一起的是爱，一旦我们认识了自己，一旦我们获得了自由，爱便会到来。"我自己"并不是一个孤立隔离的单位，我处在与世界的关联之中，我便是世界，我便是这全部的过程。因此，一旦认识了这整个的过程，也就是认识了"我"和"你"，就能迎来自由了。这种认识自我并不是把"我"作为一个孤立隔离的个体去看待，"我"是我们每个人的总和，因为我不是孤立的，没有这样的事物存在，没有任何东西可以生活在孤立隔绝的状态。"我自己"是人类的全部过程，"我自己"就是与他人的关系里的"你"。只有当我认识了"我自己"，才能实现自知，而自由就蕴含在这种自知里面。尔后，世界就会变成我们的世界——不是你的世界、不是印度教的世界、不是天主教的世界、不是共产主义者的世界。这是我们的世界，是你们的和我的世界，在这个世界里，我们可以幸福地生活，充满了创造力。假如我们为某种观念所囿，假如我们怀有一个针对我们所有人的共同目的,就无法迎来这个崭新的世界。唯有在自由的状态里才能认识"我"——这个"我"是人类的全部过程——才能有集体的思想和行动。

这便是为什么说,在这个被各个宗教、信仰、政治党派弄得四分五裂的世界中,我们每个人都应当清楚地认识到这一点,这是格外重要的。原因是,集体的行动里面是不会有救赎的,这种方式会带来更多的灾难、破坏和战争并且会以专制告终。但我们大部分人都渴望某种安全,一旦心灵去寻求安全,它便会迷失。只有不安全的人才是自由的,而不是受人尊敬的人、不是得到了安全的人。请仔细听好。充实心灵、信仰、体系、方法,这些永远不会带来自由。由于心灵在某种行为模式中是安全的,由于它所受的束缚,于是它便导致了会带来更多不幸的行为。唯有自由的心灵——也就是说,当你懂得了自我、"我"的过程及其所有的内容,心灵才会获得自由——才能建立一个新的世界。尔后这便是我们的世界,它是我们唯一能够携手去建立的东西,而不是去制造某种专制的模式或是神。于是你和我就可以展开工作,尔后它便是我们要去建立、滋养和创造的世界。

问:当我看到您、倾听您的演讲,我感觉摆在我面前的是一片宽广无垠的静寂之海。我对您立即的反应便是尊敬和奉献,这显然并不表示我视您为我的权威,难道不是这样吗?

克:先生,我们所说的尊敬和奉献是什么意思?尊敬与奉献并不是针对某个事物。当我献身于某个人,当我尊敬某个人,我便会制造出权威,因为这种尊敬和献身无意识地会给予我慰藉,会让我感到某种满足,结果我便会对其产生依赖。只要我献身于某个人,只要有对某个事物的尊敬,我便会沦为奴隶,不会有任何自由。

尊敬、奉献难道是无法单独存在的吗?也就是说,你尊敬一株树、一只鸟儿、一个街上的孩子、乞丐或是你的仆人，尊敬不是针对某个事物的，不是针对某个人的，而是就蕴含在你自己的身上，应该是从你的心里感到尊敬。尊敬某个人——难道不是基于恐惧吗？尊敬的感受难道不是应该比尊敬神、尊敬某个人更加重要和根本吗？如果有这种感觉，就会有平等。那些政客、律师、共产主义者努力去建立的平等，并不是真正的平等。因为，当你比我能力更强、脑子更好使、天赋更多的时候，就总是会出现不平等。可一旦我拥有了这种尊敬，不是对某个人的，而是尊敬本身，那么这种自发的、本能的尊敬便是爱，而不是对某个事物的爱。当我意识到我在尊敬着外部的某个事物、某个人或某种形象，就不会有爱存在，尔后，我所尊敬的人即你与比你卑微的我之间便会出现界分。

因此，当我开始去认识生命的全部过程，奉献和尊敬显然就会成为自发的、内在的。生命并非仅仅只是行动中的"我"，还有动物的生命、大自然的生命、街上乞讨的孩子的生命。我们多久会去凝视一株树木呢？你是否凝望过一株树木或是一朵花？当你这么做的时候，会有尊敬的感受吗？——不是对正在枯萎凋谢的花儿的尊敬，而是对那朵花的美丽，对生命里那陌生的事物的尊敬。这实际上意味着彻底的谦卑，同时却又没有任何恳求的意识。尔后，你的心灵本身便是静寂的，在这种静寂里面，没有你或我，有的只是静寂。正是在这种静寂中，你将发现，尊敬不是在某个事物里面，而是蕴含在它本身。于是，生活将会富有无比的生机与活力，不会再有任何的权威，心灵将迈入了彻底的静寂。

问：当我觉察到我的想法和感觉时，它们便会消失不见。之后，它们又会在不知不觉中冒出来，将我压垮。那么，我能否摆脱所有折磨我的念头呢？我必须总是忽而沮丧、忽而兴高采烈吗？

克：先生，思想的方式是怎样的？什么是思想？我在问你问题，我相信你会给出答案，你的脑子立即活跃起来并且做出回答。它并不会说："我不知道，我将去探明。"观察一下你自己的心智，你将找到这一问题的答案。

什么是思想？不是正确的思想和错误的思想，而是思想的整个过程。你什么时候会思考？只有当你受到挑战的时候，当你被问到某个问题，你便开始依照你所处的背景、你的记忆、你的经验去做出回应。所以，思想是对挑战予以回应的过程，诸如"我很不开心，我想找到出路"，于是我便开始去探寻。"我希望找到解决的法子"——这就是我的难题。若我没有找到外部的答案，就会开始在我自己的内心询问，我依赖我的经验，依赖我的知识，而我的知识和经验总是会做出回应——也就是找到解答，于是我便开始了思想的过程。

思想是过去的反应。我不晓得怎么去你家，你告诉我，因为你知道。我向你询问什么是神，你马上给出回应，因为你已经阅读过相关书籍，你的心灵和思想受着局限，这种限定在做出回应。抑或假如你并不信神，你同样会依照你所受的限定、所处的背景去做出回应。所以，思想是过去的反应的言语化。

现在的问题是：我能否觉察到过去，从而终结思想？当我充分地思考，集中精神去思考，也就不会有任何思想了。观察某个念头或行动——聚焦在某个事物身上——仍然意味着思考，因为你在集中思想，这里面会有排他。思想聚焦于某个念头、写信、思考问题，在这种专心致志里面有排他的过程，这里面存在着有意或无意的思想的过程。

可一旦你展开充分的觉知——不是觉知某个念头，不是聚焦于某个想法，而是觉察到思想的整个过程——就不会有任何专注，只会有无排他的觉知。当我开始询问怎样摆脱某个想法，这里面意味着什么呢？

请好好思考一下，你将懂得我所说的觉知指的是什么意思。有某个念头令你心烦意乱，于是你希望摆脱它，所以你开始寻觅某个法子去抵抗这一念头。但是你想保留那些愉快的想法、开心的记忆、快乐的念头，你希望摆脱那些痛苦的想法，保留下那些让人开心的，因为它们让你感到满意，带给你生命力、能量、动力。所以，当你想要摆脱某个想法的时候，你同时是在留下那些让你快乐的东西，那些开心的、带给你力量的记忆，那么会发生什么呢？你关心的不是思想的整个过程，而是仅仅关心如何去保留那些开心的想法、摆脱那些不开心的。然而在这里我们关注的是思想的全部——而不是怎样摆脱某个想法。如果我能够认识全部的过去，而非仅仅是怎样摆脱某个过去的经历，就可以摆脱全部过去，而不是某个过去了。

但我们大多数人都希望保留开心的，摆脱不开心的，这是事实。然而当我们去探究有关过去的整个问题——思想就是由过去而来的——就不可以从好的想法和坏的想法，即好的过去与不开心的过去这一视角去审视它。于是我们关心的只是过去，而不是好的和糟糕的念头。

那么心灵能否挣脱过去、挣脱思想的羁绊呢？——不是摆脱好的念头或坏的念头。我该怎样去探明？心灵可以摆脱某个想法即过去吗？我要如何探明？只有懂得了心灵在忙些什么，我才能弄清楚。如果我的心思都在忙着想那些好的或是忙着在想那些不好的，那么它就仅仅是在关注过去，被过去占据了，它没有摆脱过去。所以，重要的是去探明心灵是怎样被过去占据的。若它被占据了，它就是在忙于过去，原因是，我们的所有心智都是过去。过去不只在表面，而且还在最高的层面，强调无意识，也是过去。那么，心灵能够摆脱它所忙于的一切吗？先生们，观察一下你们的心智就会有所发现的。

心灵能否不被这些东西占据呢？也就是说，心灵能否彻底的空无，让记忆、让好的或坏的念头就这样经过、流走，不做任何的选择呢？当心灵聚焦于某个好的或坏的想法，那么它关注的便是过去。这就好像一个人一动不动地坐在墙垛上，看着路人们的来来去去，不去聚焦于任何记忆和想法，无论其是好是糟，无论其是开心的还是不快的——这意味着完全摆脱过去，而不是仅仅摆脱某个过去的经历。假如你真正去聆听——不是停留在单纯的口头的层面，而是深刻地聆听——就会发现你将迎来一种宁静，它不属于心智，而是挣脱了过去的束缚。

然而，我们永远无法将过去抛到一边。当过去经过的时候，静静观察它的流逝，但不是一门心思都放在它的身上。于是心灵便会自由地去观察，不作任何选择。只要你在记忆的河流流淌时去做出选择，那么你的心思就会忙于这些东西，当心灵被这些东西占据，当你的脑子一刻不得闲，就会为过去所困。当心灵被过去占据，它便无法领悟真理，无法发现那崭新的、原初的、未被污染的事物。

一个被过去充塞的心灵——过去便是心智，它说道："这是好的"，"这是正确的"，"这是不好的"，"这是我的"，"这不是我的"——永远无法领悟真理。然而，一个不被过去占据的心灵，将会迎来那未知的事物。这不是某个瑜伽修行者或圣人才可以达至的非凡之境。就只是去观察一下你自己的心灵——看看它有多么的直接和简单，看一看你的心灵是何等的忙忙碌碌。让你的心灵去思考一下这个，而这答案将会让你认识过去，从而摆脱它的制约。

你无法把过去抛到一旁，它就在那里。重要的是心灵的忙碌——心灵关心着好的或坏的过去，它说道："我必须拥有这个"抑或"我不应该拥有这个"，心灵想要让那些好的记忆维系下去，同时想让不好的记忆消失。如果心灵只是静静地看着记忆流过，不去做选择，那么它就是自由的心灵，就将挣脱过去的羁绊。过去依然在涌动着，你无法将其抛到一旁，就像你不可能忘记回家的路。可是当心灵为过去占据——在这里面没有丝毫的自由，这种占据制造出了过去，心灵永远都忙于好的话语、美德、牺牲、寻求神、幸福——这样的心灵永远无法获得自由。过去就摆在那里，它如影随形，始终都带给我们威胁、激励和沮丧。因此，重要的是去探明心灵是如何被占据的——它在忙于什么念头、什么记忆、什么意图、什么目的。

问：烦您跟我们讲讲冥想。

克：你此刻难道没有在冥想吗？冥想是指心灵不去获知、不去渴望、不去追逐，而是展开真正的探索，不是朝着某个观念，不是针对某个形象、某种压力，心灵只是去寻求——不是寻求某个答案、某个观念，不是为了发现什么。你什么时候会去寻求？不是当你知道了答案的时候，不是当你怀有渴望的时候，不是当你想要得到满足的时候，不是当你希望获得慰藉的时候。那时，它不会再去寻求。只有当心灵懂得了想要获得慰藉和安全的全部涵义，抛掉了一切权威，只有当心灵获得了自由，才会展开寻求。这难道不正是冥想的全部过程吗？所以，寻求难道不就是献身吗，寻求本身难道不就是尊敬吗？

因此，当心灵不再有所欲求，不再激荡不安，不再为了获得满足而去寻求，就会迈入彻底的静寂，而这便是冥想。冥想并不是指反复念诵话语，培养美德。心灵若是去培养美德、念诵话语、吟唱赞美歌——这样的心灵是无法展开冥想的。这是自我催眠，在自我催眠中你可以制造出非凡的幻象。然而，一个能够获得真正自由，挣脱过去束缚的心灵，是不会被过去占据的，从而可以迈入非凡的静寂。这样的心灵不会有任何构想，这样的心灵处于冥想的状态。在冥想里面，没有冥想者——我没有在冥想，我没有在体验静寂——存在的只有静寂。当我去体验静寂，那一刻它就变成了记忆，于是也就不再是静寂，它已经逝去了。当心灵忙于已逝的事物，就会为过去所困。

所以，冥想中没有冥想者，于是也就没有一个聚精会神、盘腿而坐、紧闭双眼努力去冥想的人。当冥想者努力去冥想的时候，那么他冥想的东西便是他自己造出来的，只不过披着自身的想法这一外衣。这样的心灵无法展开冥想，它并不懂得何谓冥想。

但倘若一个人认识了他的心灵在忙于什么，在这里面他不做任何选择，那么这样的人将会领悟什么是静寂——这静寂是从一开始就有的，这静寂便是自由。自由不是在终点，而是在最初。你无法训练一个心灵实现自由，它必须从一开始就是自由的。在自由的状态里，心灵将迎来静寂，因为它没有做任何选择，它没有在专注，没有被任何东西吸引。在这种静寂里，那未知的事物在冥想。

（第八场演说，1953 年 3 月 4 日）

渴望有所实现就必然会生出痛苦

假如我们能够探究有关首创的问题，或许就可以认识自我实现了。对于我们大多数人来讲，这种或那种形式的自我实现是十分急切和必要的。在自我实现的过程中，会出现如此多的问题、矛盾和冲突，会有不尽的痛苦。但我们不知道如何躲避它，如何才能不为了实现、达成而去展开行动，因为，由此展开的行动必定会带来痛苦。

行动不是仅仅去做某个事情，行动难道不也是思考吗？我们大多数人都关注于去做某个事情，假如行动让人满意，假如它可以充分保证一个人的欲望、渴求、憧憬能够实现，那么我们很容易就会平静下来。但倘若我们没有探明是什么动机使得我们想要去实现、达至、获取，那么我们显然就会始终受着恐惧的困扰，此外还会不停地遭遇挫败。因为，探明那驱使着我们的动机究竟是什么，这难道不是十分必要的吗？它或许披着不同颜色的外衣，出于不同的意图，具有不同的意义，但如果我们能够试探性地去探索有关动机的问题，就将开始认识某个并非因为有意想要去达成、实现而生出的行动或想法了。

我们的大多数动机都源于欲望，源于骄傲，源于想要得到安全，或是希望得到人们的赞誉和尊敬。那么，你我或许会声称自己的行动是因为想要行善，想要探明正确的价值观念，想要做真正有价值的事情，等等。然而，在所有这些冠冕堂皇的话语背后，其动机——这种或那种形式的动机——难道不就是欲望吗？我寻求大师、上师，我渴望有所得，我想要达至某个目标，我想要获得慰藉，想要体验没有冲突的心灵状态。我的动机便是想达至某个结果，并且确保这个结果可以得到，用的方法就跟人聚敛金钱、寻求安全一样。因此，这些推动、驱动，即我们所说的欲望，我们的一切行为、观点都是建立在它之上，我们的精力也都用在了这上面。我们的行动，能否去除掉这些欲望，能否不去想着达至什么、获取什么呢？也就是说，我渴望有所实现——我希望通过我的国家、我的孩子，通过财产、名声去达到目的、得到满足——我渴望出人头地。出人头地的骄傲格外的巨大，因为它无需做什么就能让你感到充满力量，单单这种骄傲感本身就足以令我有力量前行，令我有力量去抗拒、控制、影响。

你观察一下自身思想的运作，将会发现那些活动，将会意识到，在它们的背后，不管你如何用美妙的字眼加以掩盖，动力都是为了功成名就、出人头地、达至某个结果。在这种欲望的驱使中会有争斗和无情，而我们的整个社会结构就是建立在这之上的。一个野心勃勃的人被视为是有价值的，被视为是对社会有用之人，他将通过自己的野心建立起正确的环境，等等。当野心是世俗层面的，我们便会加以谴责，当它是所谓精神层面的，我们则不会予以责难。一个退隐于世的人并不会受到谴责，可他难道不也是在欲望的驱使之下吗，不也是为了有所得吗？

我们每个人都想要达至某个目的，都想要有所实现，都想要功成名就——通过理念去实现，通过能力去实现，通过在绘画、写诗、热爱、慷慨、努力得到人们的赞许中获得的释放去实现。因此，我们的全部行为难道不是源于这种想要有所实现的渴望吗？这种推动力的背后便是欲望。当我听到了这个，当我懂得了这个，当我认识到只要渴望有所实现就必然会生出痛苦，那么我该怎么做才好呢？你们明白我所说的话没有？

我领悟到我的生活是建立在欲望之上的，尽管我努力想要将其掩盖起来，尽管我很痛苦，尽管我为了某个理念牺牲了自己，但我的全部行为都是自我实现的出口。你看见我为此耗尽，于是你让自己去做有价值的事情，这个"有价值"依然是为了达至、实现、获取。这便是我们的生活，这便是我们永远的渴望、永远的追求，不管是有意识的还是无意识的。一旦我认识到了这个，一旦我懂得了这一切努力、竞争的涵义，那么我要如何做呢？

想要有所实现、想要出人头地，这是我们最根本的问题之一，不是吗？渴望去达至、实现、获取，既存在于那些微小的事情里面，也存在于那些大事上头——在我的家中呼风唤雨，支配我的妻子、我的孩子，在办公室里面为了升迁、为了有一天能够出人头地而委曲求全、一味地屈从上司。因此，这便是我的生活，这便是我们所有人的生活。那么，这样的心灵如何才能抛下对于功成名就的欲望呢？我要如何让自己挣脱欲望的罗网？

我意识到，欲望是一种自我实现，只要有自我实现，就总是会有沮丧感、挫败感，总是会有恐惧，会感到彻底的孤独、绝望以及永远的希冀。这就是我们的生活，对吗？这就是我们每日的状态。在这一切的背后，潜伏着的是欲望，是想要出人头地，是野心，对于权力、地位、名誉的野心，想要得到人们的尊敬和赞誉。懂得了这全部的涵义，那么一个人要怎么做呢？

有没有心灵的活动是不基于上述这些的？你明白没有？假如我把欲望放下，假如我去控制它，这依然还是欲望，因为我说道："我做这个不会有好处，但倘若我去干那个则会有收益。"如果我声称我不应该去达至、实现、获取，便会产生不去实现的冲突，便会去抗拒欲望。而抗拒想要功成名就的欲望，则会变成另外一种形式的实现。

为什么心灵会渴望成就呢？为什么心灵、"我"即思想是骄傲的、野心勃勃的呢？我能够理解这个吗？心灵能否认识到那始终都在从外部推动它的东西是什么吗？当心智的外部运动被终止时，它就会向内转，结果也就会再一次地遇到阻挠。

所以，我们的心智便是这种不断的呼进呼出——想要成为重要人物和不想成为重要人物，接受和排拒——这就是我们日常生活里心智的运作。在这背后，心智在寻求着出路。假如我可以认识这个，假如心智可以思考一下这个，懂得它的全部涵义，那么或许它就能够展开一种崭新的行动，在这种行动里面，没有欲望、没有骄傲，不是为了达至什么、实现什么，它不属于心智。

寻求神，努力去找到神，这是另外一种形式的骄傲。那么你我能否探明是什么使得我们不停地出去、进来、又出去又进来吗？我们难道没有觉察到，我们的内心如此的空虚、绝望、孤独、无可依赖、无人仰望吗？我们有时候会没来由地感到极度的孤独与痛苦，当攀上成功的阶梯，满怀骄傲，被关爱包围，却会生出一种绝望感，难道不是吗？我们难道不知道这种孤独？这种孤独总是在推动着我们去出人头地，得到人们的尊敬和赞许，对吗？

我能否与这种孤独共存，不去逃避它，不去试图通过某种行动来自我实现呢？我能否与孤独共生，不去试图改变它，不去试图控制它、支配它呢？如果心灵可以做到这个，或许就能超越这种孤独、这种绝望。这并不意味着要进入希冀，进入一种献身的状态，而是恰恰相反。若我能够认识这种孤独并且与其共处——不是去逃避它,而是活在这种陌生的孤独之中——当我感到厌倦,当我感到恐惧,当我感到忧虑,不是出于任何原因或者带着某个原因,就会生出这种孤独感——当我认识到这种孤独感,心灵能否与它共处,不试图将其抛到一旁呢?

请仔细听好,不要仅仅只是听话语。正如我所言,假如你观察过自己的心智,就会达至那种孤独的状态了,它现在就伴随着你。这不是催眠,而是切切实实的,因为我在提议。若你已经懂得了你自己的心智的运作,就将迈入孤独的状态——摆脱了一切,摆脱了所有的伪装、骄傲、美德、行为。心灵能否与孤独共处呢?心灵能否与孤独共处,没有任何形式的谴责?它能否审视孤独,不去干预——不是作为观察者去审视它呢?尔后,心灵本身难道不就是那一状态了吗?你们明白没有?

如果我去审视孤独,心灵就会对孤独展开运作,试图去影响它、控制它抑或是逃避它。心灵本身不是作为一个观察者,是独立的、空无的。它无法忍受哪怕一秒钟的彻底的空无,无法忍受一种没有"认知"行为的状态。因此,心灵一旦明白了这个,就会对此惧怕,于是逃到某种自我实现的行为里。

那么,若心灵能够体验那种摆脱了一切的状态,摆脱了所有的观念、支撑、依赖,不就可以实现超越了吗?不是理论层面的,而是切切实实的。只有当它能够充分地体验那种独立、空无的状态,那种没有任何依赖的状态,唯有这时,才能带来一种没有欲望的行动,唯有这时,才能建立一个崭新的世界,不再有争斗,不再会残酷无情地去追逐自我封闭的行动。尔后,行动不再是经由"我"这一狭隘的渠道,这种行动不是自我封闭的。你将发现,这样的行动富有生机与活力,因为它没有动机,没有野心,它不是去寻求某个结果。但要想领悟到这个,心灵就必须经历这一切吗?它难道不能实现突然的飞跃吗?

只要我懂得怎样聆听,心灵就能实现飞跃。假如我现在就能做到正确的聆听，没有任何障碍，不做任何阐释，打开一扇发现之门，就将迎来自由。单单通过这种自由本身，我便会有所发现。

这种自由是指摆脱了恐惧的束缚，不再想着要得到人们的尊敬和赞许，不再骄傲，不再渴望去实现什么、达成什么。唯有完全地清除一切念头，当心灵迈入彻底的空无，卓然独立，当它处于一种既没有绝望也没有达成、实现、满足的状态，自由才会到来。唯有这时，才能建立起一个崭新的世界，在这个世界里，残酷、无情、争斗都将终结。

问： 您一直在谈论自由。自由难道不需要责任吗？我对社会、对我自己负有怎样的职责呢？

克： 自由和责任是可比的吗？一个孝子能够是自由的吗？我能否一方面履行对社会的职责，一方面保持自由呢？我能否尽忠职守、恭敬顺从，但同时又具有真正意义上的革命性从而保持自由呢？还是我仅仅只能去模仿、复制？这整个的方法难道不是模仿吗？做一个恭敬孝顺的儿子，谨遵父亲的指令行事，做符合社会准则的事情——这些行为本身难道不就意味着模仿吗？我的父亲希望我成为一名律师，那么我的职责便是当律师吗？我的父亲说我应该加入某个宗教组织，那么我的义务就是要做这个吗？

职责是否与爱同行？只有你的心中没有爱，当你没有丝毫的自由，"责任"一词才会变得格外重要起来。尔后，责任会取代传统。我们生活在这种状态里面，这就是我们所处的情形，不是吗？——我必须尽责，必须恭敬顺从。

我对社会负有什么义务？我对我自己的责任又是什么？先生们，社会对你们的要求很多很多，你必须去服从，你必须去遵从，你必须参加某些典礼，举行某些仪式，必须去信仰。这使得你囿于某些思想方式和信仰。如果你发现了真理——不是对社会负有什么职责，不是努力去遵从某种模式——如果你试图探明真理，那么你难道不应该是自由的吗？

自由，并不表示你必须把某种东西抛到一旁，必须去对抗一切，这不是自由。自由，意味着不断地去觉知自身的想法，意味着探明责任的涵义，唯有如此，而不是通过仅仅抛弃某种自由，自由才会到来。倘若你去谴责、辩护或是跟某种想法、念头认同，你就无法认识一切传统，无法领悟它们的全部涵义。

当我开始去询问我对自己或者对社会负有什么义务时，我将如何去探明呢？标准是什么？抑或，是否要去弄清楚为什么我们会依赖这些字眼？一个寻求、探询的心灵，多么快地就会被"责任"这个字眼给抓牢啊！年迈的父亲对儿子说道："你有义务赡养我。"儿子也觉得自己有责任去养活父亲，尽管他可能希望去干别的事情——比如绘画。只是画画这一谋生之道无法让他养活父亲跟自己——于是他声称自己的责任是挣钱养家，而将真正希望做的事情抛到一边。他的整个余生都被困在其中，都会在痛苦中度过，他的内心满是痛苦，他把钱交给父母。这就是我们的生活，我们活在痛苦之中，并且带着这种痛苦死去。

由于我们的心中实际上并没有爱，由于我们没有丝毫的自由，因此我们用那些字眼去控制自己的思想，去钳制自己的心灵和感受，我们对此感到满足。显然，爱或许是唯一能够带来变革的事物，是唯一的途径。可我们大部分人都反对变革，不仅包括表层的经济的改革，还有更为本质、更为深层、更有意义的思想的革命、创新的变革。因为我们抗拒这个，所以我们总是去做一些流于表面的改变，用字眼、胁迫和野心做些这里或那里的修修补补。

在这个问题的最后，你会说我并没有回答你的问题，即"我对社会、对我的父亲以及我自己负有什么责任？"我认为这是一个错误的问题，只有一个不自由的心灵，一个没有处于反抗之中的心灵，一个温驯、屈服的心灵，一个没有爱的心灵，才会提出该问题。当心灵被驯服，当它不怀有真爱,当痛苦与它如影随形,这样的心灵能够对社会或者它自己负上责任吗?这样的心灵,能够创造出一个崭新的世界、崭新的社会结构吗?

不要摇头。你知道你所渴望的是什么吗?你并不希望发生变革,你并不期待思想的革新,你想让你的孩子在你所浸染的背景下成长,你想以同样的方式去谴责他们,想让他们按照同样的路线去思考,跟你一样也去做礼拜,与你抱持相同的信仰。所以,你从不曾鼓励他们去发现、去探明,所以,你想要毁灭他们,正如你所受的限定毁灭了你一样。因此,问题不在于我对社会有什么责任,而在于怎样探明或者怎样唤醒这种爱与自由。一旦你心中有爱,就根本不会再有所谓的尽责或是恭敬顺从了。

爱是最具有革命性的事物,但心智无法构想出爱,你无法去培养爱,它必须就在那里,它不是可以在你的花园里生长的东西。只有当你不断地去探寻,永远燃烧不满的火焰,勇于去反抗,当你从来不会去遵从权威,当你毫无畏惧——这意味着,当你能够犯错误并且从错误中找到答案——爱才会到来。一个无所畏惧的心灵不会是琐碎的,它能够拥有真正的深刻,尔后,这样的心灵就将懂得什么是爱、什么是自由。

问:烦您向我们解释一下您所说的时间和永恒是指什么意思。能否摆脱时间的制约?

克:解释相对来说总是容易些,把语词整理排列一下便是解释了,我们大多数人都满足于解释和结论。但想真正去体验,就需要心智付出非凡的艰辛,而不是说什么"对我来说语词便够了"。

心智显然是时间的过程,思想是反应的言语化,是时间的产物,语词属于时间的范畴,正如解释也属于时间一样。一个满足于语词、解释和时间的心灵,试图通过解释、语词、符号、有关永恒的符号去超越时间。虽然心灵试图运用符号去超越,但它显然依旧处在时间之域——时间便是记忆,我对于昨天的记忆以及把昨天投射进了今天和明天。昨天、今天、明天是时间的过程、思想的过程。

那么,有种时间是指从童年到成年到死亡——这是一种年代层面的时间过程。明天或是来生我将成为大人物,现在我只是个小职员,三年后我则会变成大老板。有一种时间指的是培养美德。我很害怕,我很暴力,于是我便去培养非暴力——这是一种甜蜜的欺骗。一个暴力的心灵永远无法做到无暴力,实践无暴力,恰恰是暴力。先生们,别发笑,请仔细聆听。

实践美德会强化暴力,也就是那个"我"。这便是时间。为时间所困的心智说道:"请向我解释一下什么是永恒,请帮助我去体验那不属于心智的事物。"心智就其本质来说便是过去,过去是将来,过去亦是现在。这样的心智在展开探寻,在努力探明何谓永恒。它只会找到自己构想、制造出来的东西,无法发现永恒,因为它所运用的工具本身即心智是属于时间的。

心智可以推测,可以争论,可以构想出它所认为的永恒,诸如此类,但它永远无法体验永恒。假如它在短短几秒种里体验了永恒的状态,就会把它表达出来,将其储存到记忆库里。例如,"昨天我体验了日落之美,今天我必须再一次地拥有这种美妙的体验。"于是,心智所做的每一件事情都是在捕捉那些不可思议的生命的运作,然后将其放进过去。

请仔细聆听。那么,问题并不是探明何谓永恒,不是我怎样才能发现永恒,不是心灵如何才会获得永恒,而是探明这样一种状态——在它里面,心灵能够去体验永恒,这是一种正在体验的状态,而不是单纯的体验、经历。一旦我意识到我已经经历过了,那么它便已经是过去了,经历是属于过去的。

请仔细聆听,你将懂得我所谈论的内容,它并不神秘。你不必去探究轮回、礼拜之中所蕴含的深层的麻醉,你应该要做的是认识心智的结构、思想的结构。当你认识了这个，当心灵意识到自己是如何被困在时间的网里，它就能够做到全神贯注了，它就会投以完全的关注。这种专注不是排他性的，在这种专注里面有心智的来去，有对火车的隆隆声的反应，反应就是记忆。与此同时，心智不是简单地聚焦在某个东西上面，而是十分的专注——不是通过运用意志力，而是心智被充分地唤醒去关注自身，在外围、在边缘，总是有印象和反应在上演。

可一旦心智意识到思想的作用是什么，意识到了整个时间的过程，它就能够做到完全的专注。不是专注于某个事物，而是专注地聆听。当心智迈入彻底的静寂，就将迎来永恒。但倘若一个人人为地让心智安静下来，那么他依然被困在时间之网里。所以，这要求保持相当的警觉，这种状态便是体验。没有一个在体验的体验者，存在的只有体验，那一刻，没有体验者，有的只是体验。稍后它就变成了体验者，结果我们就被时间困住了。

心智能否处于体验的状态呢？不是那种我们所知道的体验的状态，不是累积的过去，不为时间所囿。请向你自己提出这个问题，然后聆听答案，你将凭借自己的力量找到解答。我并不是在用话语去麻醉你。

心智能否处于体验的状态呢？这种体验的状态是不为时间所囿的，在这种体验中，没有累积，没有认知，没有一个声称"我在体验"的实体。一旦有了体验者，他就会引来时间。

那么，心智能否处于体验的状态呢？这便是冥想——冥想不属于追逐，不属于某个观念，冥想不是单纯的专心致志，因为专注是一种排他。在冥想里面，只有体验，没有体验者。我向你保证，要做到这个十分不易，它并不是仅仅端坐下来，紧闭双眼，产生某种想象的画面和幻觉。

如果我懂得怎样正确地聆听，如果我知道如何聆听思想，那么思想必然就会带来这种状态——在这种状态里面，没有任何体验者，于是也就没有累积者，没有一个在累积、在储存的人。因此，体验是一种始终不去认知的状态，所以它是永恒的，不为心智所困。

问：现代科学家们使得美国、苏联的政治统治者手里掌握了巨大的破坏力。人与人之间单纯的善意似乎已没有一席之地了。在这个残忍无情的时代，人的生活还有什么意义呢？

克：这位提问者声称：如今人和人之间已无单纯的善意。你和我有这种简单的善意吗？由于我们并不拥有这种善意，所以我们才制造出了美国、苏联这样的霸主。请不要把你自己跟美苏划分开来，我们有成为美苏的潜力，我们内心其实就是美国人、苏联人。我们高举自由解放的大旗，一旦得到了解放，我们就会变成暴君。你在你的家中、在办公室里头难道不是暴君吗？你难道没有对你的孩子、你的妻子高高在上吗？抑或是你的妻子对你颐指气使？（笑声）是的，先生们，我们冲这些事情发笑是何其容易的事情啊！

尽管我们或许生活在距离美国、苏联十万八千里的地方，然而正是我们制造出了这个世界，是你和我。我们的问题便是世界的问题，因为"你"即世界。你、史密斯先生，你、罗尔先生，你就是世界，就是美国、苏联，他们的灾难便是我们的灾难。虽然我们可能喜欢把自己划分开来，虽然我们可能喜欢去谴责他们，说他们在政治上这样那样，说他们在试图利用这个那个——你知道报纸宣传的这些东西——你和我就是苏联人、美国人。我们全都渴望权力、地位和名望，我们全都残忍无情，我们全都骄傲自满，我们全都洋洋自得。那么，我们如何能够做到和善，不去猜疑，天真无邪呢？我们无法办到。谴责美苏毫无意义，与他们对抗就会变得跟他们一样。

所以说，我们的思维方式必须发生革命。当我们不再把自己与印度认同，不再去认同某个政治或宗教体系，当我们只是普通的个体——不去贴上印度人、苏联人、德国人、英国人、美国人、基督徒这些标签——

唯有这时，才能迎来和平，否则断无可能。斯大林会来了又去，其他人也会出现，除非我们的内心发生真正的革新，否则战火将不会停息。

任何经济改革或是流于表面的转变是无法带来这种变革的，因为，这样的转变不过是经过了修正的过去的持续，而非真正的改变。若是有强迫，就无法实现那不可或缺的变革，它必须是我们自己内心自发的。由于我们并不渴望变革，所以便会去诉诸于战争，诉诸于各种各样的改革。殊不知，这些改革需要更多的改革，结果我们也就永远地被困在里面了。

问：什么是神？什么是爱？什么是死亡？

克： 难道不能展开探究，以便弄清楚什么是神、什么是爱、什么是死亡吗？既然我们坐在这里，那么我们难道不能去探明吗？不要就只是听我解释，我不打算做出解释，因为解释无法让一个饥渴的人得到满足。假如我饥肠辘辘，那么你跟我描述食物是毫无用处的。

既然我急切地想要去探明什么是神、什么是爱、什么是死亡，那么我能否找到答案呢？我只能够探明心灵是否可以完全摆脱已知的束缚。若心灵能够放下它所学到的一切——若它能够彻底清除自己所受的全部限定，唯有这时，才可以认识和体验生活的状态。

一个人能否懂得何谓死亡？死亡是未知的。但倘若心灵依附于已知，日复一日地持续着现有的状态，那么它便无法认识未知。未知就是死亡，不是吗？死亡没有任何"已知"。尽管我或许阅读过许多关于死亡的描述，但我必须放下所有的符号，必须把一切语词抛到一旁，对吗？那么我能否将它们抛下——不做任何努力的，就只是去聆听？

我能够彻底进入"不知"的状态吗？尔后，虽然我还活着，我也能够迎来未知，也就是死亡。这意味着，必须毫无畏惧，不害怕死亡——死亡也就是持续的终止。凡是持续的事物都会走向衰退，唯有在终结里面才能迎来新生。

那么，我能否在活着的时候认识死亡呢？死亡不是一个字眼，不是尸体，不是你在路上见到的那个被抬着送去焚烧的东西，它不属于语词，是一种"不知"的状态。我显然能够将其探明。

神是可以被心智发现的事物吗？神不属于时间的范畴。我可以想象，我可以认为这是神、那不是神，但我不知道何谓神。神这一字眼并不代表神本身。因此，由于我并不知道，那么心灵能否处于一种没有终结的状态呢？——心灵实现彻底的空无，迈入完全的静寂，没有任何构想，不去希望找到什么，保持率真的状态，这里面没有任何要求与询问。当你去询问，你会得到答案，然而你被给与的东西却带着诅咒。心灵永远不可以去询问，因为，它只会听到依照那些字眼、依照过去给出的答案。那么，心灵能否只是去聆听，能否迈入静寂，不去询问、不去期待呢？

爱难道不也是无法由心智带来的事物吗？当心智意识到自己在爱着的时候，那么它显然就不再是爱了，对吗？我难道不能够在心智静寂之时感受到那被我们称作神的事物吗，哪怕只是一瞬间——并且超越单纯的语词，去认识、去体验那种未知的状态，也就是死亡？"爱"这一字眼，它不属于心智，不属于时间。处于静寂之中的心智能否感受到爱呢？不是能够去认知，因为，一旦你去认知，它便属于时间了。所以，必须要处于不去认知的状态，必须要有一种没有体验者的体验。唯有当心智迈入彻底的宁静，才能迎来那不可知的事物。

（第九场演说，1953年3月8日）

选择导致了心灵的衰退

依我之见,假如我们探究如下问题,即心灵是何等迅速地走向衰退,以及是什么主要因素导致了心灵麻木、钝化、缺乏感受力、迅速做出反应,或许会有些价值。我觉得,如果我们能够探究为什么心灵会衰退,将会十分有意义,因为,一旦认识了这个问题,我们或许就能弄明白什么是真正简单的生活了。

我们注意到,随着年纪的增长,心智——它是我们认知的工具,是我们探索问题,是我们探寻、质疑和发现的工具——如果被误用的话,便会走向衰退和瓦解。在我看来,导致心灵衰退的一个主要因素便是选择。

我们的全部生活都是建立在选择之上的,我们在生活的各个层面做着选择,我们在白色和蓝色之间选择,在这朵花和那朵花之间选择,在喜欢和厌恶的心理驱动之间选择,在某些观念、信仰之间选择——接受其中的一些,丢弃另外的。因此,我们的心理结构是基于这种选择的过程,不断地努力去进行选择、区分、丢弃、接受、抵制。在这种过程里面会付出不断的努力。我们从来没有实现过直接的理解,而总在进行着单调乏味的累积、区分,它们的基础便是记忆、累积知识,于是也就不停地因为要做选择而去努力。

那么,选择难道不是野心吗?我们的生活便是野心,我们想要出人头地,我们想要受人尊敬,我们想要达至某个结果。假如我并不聪慧,那么我会希望变得睿智。"变成"便是野心的过程。不管我是想变成最大的政客还是最完美的圣人，渴望变得如何如何，这种野心、驱动、推动就是一种选择的过程、野心的过程。从本质上来说，野心是基于选择。

所以，我们的生活是一系列的努力、斗争，是从一种思想观念、准则、渴望转移到另一种。在这种变成的过程中，在这种努力的过程中，心灵渐渐走向衰退。这种衰退的真正本质便是选择，我们以为选择是必需的，殊不知野心源于选择。

那么，我们能否寻觅到一种崭新的生活方式呢？它不是以选择为基础，它如花般绽放，不去寻求某个结果。我们所知道的生活，只是一系列为了达至某个结果的努力和斗争，而这些结果又会被更大的结果抛弃。这便是我们所知道的全部。

当一个人独自坐在洞穴里，当他努力想要使自己变得完美，在这种过程里面会有选择，而这种选择便是野心。一个暴力的人试图变得不再残暴，这种变得正是野心。我们不是要试图探明野心究竟是对还是错，在生活中是否不可或缺，而是要探明它是否有助于带来一种简单的生活。我并不是指仅仅拥有几件衣服的简单，这不是简单的生活，系一条缠腰布，并不代表这就是个简朴之人，相反，这可能是通过摒弃外物心灵却变得更加的有野心了，因为它努力想要坚持自己构想、制造出来的某个理念。

所以，如果我们去观察一下自己的思维方式，难道不应当对野心这一问题展开探究吗？我们认识到，野心滋生出了争斗——无论是在孩提时代、在学校里头还是在那些大政客们当中，在所有高高在上的人们当中——都在试图打破纪录。这种野心带来了某些工业上的好处，但在它的尾迹里，显然会让心灵变得黑暗，会导致技术层面的限定，如此一来心灵便失去了柔韧和简单，结果也就无法直接地体验。我们难道不应当去探寻吗？不是作为一个群体，而是作为个体——你和我——我们难道不应当去探明这种野心指的是什么以及我们是否在生活中觉察到了它？

当我们投身于服务国家的事务，做高尚的工作，这其中，根本的因素难道不是野心吗，不是一种选择的方式吗？所以，选择是我们生活中的一种腐化性的影响，因为它妨碍了生命的绽放，对吗？一个生命绽放的人，是不会去"变得"如何如何的。

一个如花般绽放的心灵跟一个努力想要变得怎样的心灵，这两者之间难道没有不同吗？一个想要变得如何如何的心灵，总是在膨胀、在变成、在积累经验和知识。我们在自己的日常生活里面清楚这种过程，及其全部的结果、冲突、不幸和争斗，但我们并不懂得生命的绽放。这二者之间难道没有差别吗？我们必须要在自己的生命过程中去探明这种差别——不是通过努力去区分，而是去发现。一旦我们探明了这个，或许就能把这种野心和选择放下，从而发现生命的绽放。这是一种崭新的生活方式，将会带来正确的行动。

所以，假若我们仅仅声称不应该怀有野心，却不去发现那种如花般绽放的生活方式，那么，单纯地扼杀野心同样会让心灵腐蚀，原因在于它是一种意志力的行动，是选择的行为。因此，我们每个人难道不应该在自己的生活中去探明关于野心的真相吗？我们全都被鼓励着要有野心、要有抱负，我们的社会便是建立在这之上的——不断地推动着去达至某个结果。野心里面有法律试图去消除和改变的不平等。或许这种生活方式从本质上来说是错误的，可能有另外的生活方式，它如花般绽放，它里面没有任何累积。毕竟，我们知道，当我们意识到自己在力求得到些什么，当我们想要出人头地，这就是野心，就是去寻求结果。

然而有一种力量，它里面没有强迫，没有累积，没有"我"、自我的背景，这是创造力的方式。没有认识到这个，没有真正体验这个，我们的生活就将变得格外的乏味、毫无生机，就会变成一系列永无止境的冲突，这里面不会有丝毫的生机与活力，不会有幸福。若我们能够实现认知，不是通过放下野心，而是通过认识野心的种种方式——通过抱持敞开的姿态，通过理解，通过聆听关于野心的真相——或许就将拥有生机与活力。这里面有不断的表现，但不是表现为自我实现，而是表现为能量，但却没有"我"的局限。

问：当身处最悲惨不幸的处境时，我们大多数人都是靠希望活着的。若没有希望，生命似乎必然糟糕透顶。然而，这种希望更多时候却只是幻觉。那么您能否告诉我们，为什么希望对于生活来说是不可或缺的？

克：心智的本质难道不就是制造幻象吗？思想的过程难道不是源于记忆吗？而记忆是思想的言语化，它会制造出心灵去依附的观念、符号和形象。

我深陷绝望与悲伤，我没有办法将其解决，我不知道怎样去消除它。假如我认识了它，就不需要什么希望了。只要我不懂得如何去解决问题，我便会依赖神话，依赖希望这一观念。只要你去观察一下自己的心智，就会发现，当你处于苦恼、冲突、不幸之中，你的心灵就会去寻求某个法子来摆脱这一切。逃避问题的过程，就会制造出希望。

心灵对问题的逃避会滋生出恐惧，逃避问题的行为便是恐惧。我之所以处于绝望，是因为我干了不对的事情，或是遭遇了不幸，或是做了极其错误的事情，或是我的儿子过世了，或是我饥肠辘辘没东西吃。由于无法解决问题，于是我的心灵制造出了一种确定性，制造出了它可以去依附的某种事物，某种它用手或脑子制造出来的形象。抑或心灵去依附某个上师、某本书籍、某个理念，当我身处困难、不幸、绝望之时，这些东西支撑着我，于是我声称下辈子我将会拥有更好的人生，诸如此类。

只要我无法解决自己的问题，无法消除痛苦，就会去依赖希望，希望就会变得不可缺少。尔后我便会为了希望而战，我不愿意任何人来干扰到这种希望、这种信仰。我把信仰变成了组织化的东西，而我之所以依附于它，是因为我想从信仰中获得幸福，因为我一直无法解决摆在面前的问题，于是希望就变成了必需。

那么，我能否将问题解决呢？如果我可以认识问题，希望就没有必要了，也就不必去依赖某个理念、形象或是某个人，因为依赖意味着希望，意味着慰藉。所以，问题在于希望是否是不可或缺的，我是否能够解决自身的问题，是否有法子去探明怎样才能不深陷痛苦——这才是我的问题，而非如何摒除希望。

那么，要想认识某个问题，必需的因素是什么呢？很明显，如果我希望认识问题，就必须没有任何公式、准则、结论、评判。但倘若我们去观察一下自己的心灵，就会发现，我们的心灵被各种结论、准则充塞着，我们指望着由此可以将问题迎刃而解，于是我们便去评判、便去谴责。因此，只要我们怀有公式、准则、结论、判断，只要我们抱持谴责的态度，就无法认识问题。

所以，重要的不是问题，而是我们怎样去应对问题。因此，若心灵想要去认识某个问题，那么它就不应该关注于问题，而应去关心心智的运作机制。你们明白没有？

我一开始便确立起了希望，声称它是不可或缺的，原因是，若无希望我便会迷失。于是，我的心思整日都在想着所谓的希望，我用希望把心灵给填满了。但这并不是我的问题，我的问题是痛苦、悲伤、错误。我的问题究竟是这个呢，还是怎样应对问题本身呢？所以，重要的是心灵是如何看待问题的。

我已经抛却了希望，因为希望是幻觉，是不真实的。我无法去应对不真实的事物，它是由心智制造出来的，并非实相，而是幻象，所以我无法解决它。真实的是我的悲伤、我的绝望、我所做的事情、那些拥挤的记忆以及我生命里的苦恼和痛苦。重要的是我要怎样去应对生活里的这些苦恼和痛苦，而不是希望。因为，只要我懂得了如何去对待它们，就能够加以应对了。

所以，重要的不是希望，而是我怎样去看待我的问题。我认识到我总是根据判断去对待自己的问题——要么是去谴责、接受，要么是试图去改变它——抑或通过他人在《薄伽梵歌》里确立起来的准则或是佛陀、耶稣的主张等一系列的屏障去审视它。于是乎，我的心灵被这些准则、评判、语录束缚住了，结果也就永远无法认识问题，永远无法审视它。那么，心灵能否挣脱这些累积的看法呢？

请仔细思考一下这个——不是我的话语，而是你该如何去应对你的问题。我们始终都在做的是追逐希望以及永远遭受着挫败，假如我的某个希望落空了，便会用另一个希望来替代，于是我便开始了这样的循环。由于我不知道该怎样着手，怎样去认识问题本身，结果我便去求助于各种各样的逃避。但倘若我知道该如何应对问题，也就无需什么希望了。所以，重要的是去探明心灵是怎样看待问题的。

你的心灵在审视某个问题，而它显然是带着谴责的心态去看待它的。当心灵去辨别它，对它做出反应或是想要把它变成并非原来的样子，这便是一种谴责。如果你很残暴，你希望变得不暴力。不暴力是虚假的，不是真实的，真实的是暴力。洞悉你是如何着手问题的，是以怎样的心态去着手的——你是否在谴责它，是否还记着那些所谓的老师们对问题发表的看法——这才是紧要的。

心灵能否消除那些限定，能否让自己挣脱这些局限而去审视问题？它能否不去关心怎样摆脱这些限定？如果它关注于此，那么你便会由此制造出新的问题。但倘若你能够懂得这些限定是怎样使得你无法去审视问题，那么这些限定就不会有任何价值了，因为重要的是问题，重要的是痛苦，重要的是悲伤。你无法把痛苦视为一种观念尔后将其抛到一旁，它就在那里。

因此，只要心灵无法审视问题，只要它无法解决问题，就必定会用各种各样的方式去逃避问题，而这些逃避便是希望，它们是一种保护机制。

心灵总是制造出问题，然而，必要的是，当我们犯错误的时候，当我们深陷痛苦的时候，不去评判，而是审视问题，不做任何谴责，与之共处，让它们经过。只有当心灵处于不去谴责的状态，没有任何公式和准则，才能够做到这个。这意味着，当心灵迈入彻底的静寂，唯有这时，才可以认识问题。

问：请您告诉我们您所说的我们的职业究竟是指什么意思。我认为，您的意思不同于这些语词通常的涵义。

克：我们每个人都在追逐着某种职业——律师、士兵、警察、商人，等等。有些职业显然对社会有害——律师、士兵、警察以及并没有让其他人也同样富裕起来的工业家。

当我们怀有渴望，当我们选择某个职业，当我们训练我们的孩子去遵从某种职业，我们难道不是在社会内部制造冲突？你选择某个职业，我选择另外的，这难道不会引发我们之间的冲突吗？这难道不就是世界上正在发生的情形吗？因为我们从不曾去探明什么才是我们正确的职业，我们只是在社会、在某种文明的限定下去接受某些职业，而这则会导致人与人之间的竞争和仇恨。我们懂得这个，我们目睹了这个。

那么，是否有其他的生活方式呢？在其中，你我能够在我们正确的职业中发挥作用。难道没有一种适合人去干的职业吗？先生们，请听好。对人来说有不同的职业吗？我们认识到是有的，你是个职员，我是个擦鞋匠，你是个工程师，我是个警察，我们发现有三百六十行，我们发现它们全都彼此冲突。所以，由于职业，人与人之间便有了矛盾和仇恨，我们知道这个，我们对此十分熟悉。

现在，让我们探明一下是否没有一种适合人的职业。假如我们能够发现它，那么才能上的不同就不会带来人与人之间的冲突了。我认为，只有一种职业是适合人的，只有一种，而非许多。人要做的唯一事情，人唯一的使命、天职，便是去探明真理。先生们，请不要舒舒服服地坐着，这不是神秘主义的答案。

如果你我想要探明真理，探明什么才是我们应当从事的正确的职业，那么，在探寻的过程中，我们就不要处于争斗之中。我不会跟你竞争，我不会与你对抗，尽管你可能以不同的方式来表达这一真理，你或许是总理，我不会心怀野心，不会想要取代你的位置，因为在探寻真理上面我跟你是平等的。所以，只要我们没有弄明白什么才是人正确的职业，就必然会彼此争斗、彼此仇恨。不管你会通过何种立法，从这个层面来说，你只会带来更多的混乱。

那么，难道不能够从孩提时代开始就通过正确的教育、正确的教育者来帮助孩子、学生自由地去探明关于万事万物的真理吗？不是抽象意义的真理，而是探明蕴含在所有关系里面的真理——孩子同机器的关系，他同自然的关系，他同金钱的关系，他同社会的关系，他同政府的关系，等等。这需要有不同的教师，难道不是吗？他关注的是帮助孩子、学生获得自由或者给予学生这种自由，如此一来他才能开始探究智慧的培养。智慧，永远不会被一个始终在走向衰退的社会限定。

那么，难道没有一种职业是适合人的吗？人无法在孤立隔绝的状态下生活，他只能生活在关系里面。当他没有在关系中去发现真理，发现有关关系的真相，便会出现冲突。

你和我有唯一的使命，在展开探寻的过程中，我们将发现不会带来冲突的表现方式，我们不会再彼此毁灭。但这显然必须通过正确的教育、正确的教育者来开始。从根本上来说，老师不是仅仅提供信息，而是应当让学生拥有发现真理的自由以及让他们勇于去反抗。

问：当您回答我们的问题时，记忆或知识有何作用呢？

克：这真的是一个十分有趣的问题，不是吗？那么让我们来一探究竟吧。

知识和记忆是一样的，对吗？没有知识，没有知识即记忆的累积，你能回答问题吗？回答便是反应的言语化，不是？问题是这样的：记忆或知识有何作用？我只是说记忆和知识从本质上来讲是相同的，因为，假如你拥有知识但却没有去记住它，那么这将毫无价值。

你询问当我回答问题的时候，知识和记忆有何作用？知识在起作用吗？记忆在起作用吗？对我们大多数人来讲，那在起作用的究竟是什么？请认真思考一下。当你提出问题时，于我们大部分人而言，是什么在运作呢？显然是知识。当我询问去你家的路怎么走时，知识在发挥作用，记忆在发挥作用。对我们大多数人来说，起作用的便是这个，因为我们从《薄伽梵歌》、《奥义书》那里，从马克思、斯大林的言论那里，从你所喜欢的上师的主张那里，从你自己的经验、从你自己累积的反应那里积累了许多的知识，你从这些背景出发去做出回答。这便是我们所知道的一切，这便是实际发生的情形。在你从事的工作中，就是这个在起作用，当你修建大桥的时候，就是这个在起作用。

当你写诗的时候，这二者都在运作——言语的描述、记忆以及创造的冲动。创造的冲动并不是记忆，可一旦将其表现出来的话，它就变成了记忆。

因此，如果没有记忆、言语的描述、言语化的过程，就无法进行交流。假若我不去运用语词、英语词汇，我就无法跟你交谈。交谈、描绘，便是记忆的作用。现在的问题是：当演说者提出问题的时候，是什么在发挥作用，是记忆还是其他东西？显然是记忆，因为我在运用词语。但这就是全部了吗？

我的回答，是否源于我所累积的对于过去二十年间发表的无数场演说的记忆呢？我一直都像个留声机一样在不停地重复着这些内容。这便是我们大多数人的实际情形，我们有过某些行为、某些思维模式，我们始终都在重复着它们。然而，语词的重复跟这个截然不同，因为这是交流的方式。在经验的重复中，体验被积累和储存了下来，如机器一般，我通过这种经验、这个储存的仓库去重复。在这里也有重复，于是记忆再一次发挥作用。

所以，你询问，在我讲话的时候，我是否能够真正去体验，而不是根据体验去做出回答？重复体验与自由地去体验，这二者显然不同，后者是通过记忆表现出来，是言语化的过程。请仔细聆听，这不难理解。

我希望探明野心的全部涵义。那么，当我讲话的时候，我能否真正地、重新地去探究野心的整个过程呢？抑或，我只是重复了我在昨天对野心展开的探究，因此我的讲话只是单纯的重复呢？难道无法始终展开全新的探究和体验吗，而不是仅仅依照记录、记忆、昨日的经历去做出回答？难道无法始终去绽放吗？也就是说，在我讲话之时，不去重复昨日的经验，尽管我用语词来进行交流。

你的问题是：当我讲话的时候，是什么在运作？假如我只是在重复十天前说过的内容，那么这将毫无价值。但倘若我在讲话的时候展开体验，不是想象性的感受，而是切切实实的，那么会是什么在运作呢？是生命的绽放，不是通过自我表现，不是通过"我"来运作，即记忆的作用。

所以，重要的是去探明，我们是否能够让自己的心灵走出这座储存着无数过去的仓库，心灵是否能够在生命的河流上保持稳定平衡，让记忆就这样漂浮而下，不去执着于某个记忆，并在必要时运用那一记忆，就像我们在交流的时候需要运用记忆一样。这不单单对我来说是重要的，对我们所有人都是如此。这意味着，心灵不断地让过去飘逝而过，从不让自己跟它认同，从不为其占据，如此一来心灵才会是稳定的，不会为经验、记忆、知识所困，而是在过程之中保持稳定，在不断体验的方式中保持稳定。

所以，这是一种不会带来衰退的因素，如此一来心灵才会始终获得新生。一个进行着累积的心灵已经处于衰退之中。然而，若心灵允许记忆就这样经过、流逝，那么它在体验方式上是稳定的——这样的心灵永远都是鲜活的，永远都在发现新的事物。只有当心灵迈入彻底的静寂，才会具有这种能力。这种静寂、这种安宁不是被诱发出来的，任何训戒、任何意志力的行动都无法带来心灵的静寂。可一旦心灵懂得了累积知识、记忆、经验的整个过程，就将迎来静寂。尔后，它将把自己扎根在那始终流动、鲜活、充满生机的生命之河上。

问：心灵应当忙于些什么呢？我渴望冥想，烦您告诉我应该冥想些什么才好？

克：现在，让我们探明一下什么是冥想。你和我将要展开探究，我并不打算告诉你何谓冥想，我们要一起从崭新的视角来发现它。

若心灵已经学习了冥想即专注，若心灵已经学习了怎样把一切排开，局限在某个问题上——这样的心灵无法冥想。而这便是我们大部分人所渴望的，我们希望学习如何专心致志，如何聚焦在某个念头上面而排斥其他的想法，我们把这个叫做冥想。但这并非冥想，冥想是截然不同的，我们将会去探明。

因此，我们的首要问题便是心灵为什么要求自己应当聚焦于什么、应当忙于什么。你明白没有？我的心灵说道："我必须忙于某件事情，忙于焦虑、记忆、情欲，或是怎样才能不为情欲支配，或是怎样摆脱某个东西，或是找到某个可以帮助我建造桥梁的技术。"所以，如果你去观察一下，会发现，心灵要求不断的忙碌，对吗？这便是为什么你会说："我的思想必须聚焦于 OM 这个词语上头。"抑或你不停地重复 Ram Ram，抑或你不断地去想"饮酒"。OM 一词、Ram Ram 一词或饮酒一词，全都是一样的，因为心灵希望有所忙碌，因为它认为，假如不去忙些什么，就会造成危害，假如不去忙些什么，就会逝去。如果心灵不去忙碌，那么生活的意义何在呢？于是你便发明出了某种生活的目的——高尚的、不高尚的、超越的——并且执着于此，而你则为此忙碌不已。心灵究竟是忙于思考神还是忙于商务，这并没有区别，因为心灵有意或无意地声称自己应该被某个事物占据。

所以，接下来的事情便是去探明为何心灵需要忙碌。请认真思考一下这个。我们此刻正在展开冥想，这就是冥想。冥想不是在终点才出现的状态，自由不是在最后才获得的东西，自由是在一开始。如果你一开始是不自由的，那么到了最后你也不会是自由的。如果你现在心中没有爱，那么十年之后你照样不会有爱。因此，我们现在要去做的便是探明何谓冥想。探寻什么是冥想，这本身就是冥想。

心灵说道："我应该专心于神、美德、我的焦虑或是我的事务。"于是它永远活跃于自己的忙碌之中，所以，只要它是活跃的，只要它在行动中意识到自身，它才能够存在。当心智处于忙碌状态，当它在展开行动，当它有了一些结果，它才会认识到自己是存在的。当它处于运动之中，它才会知道自身的存在。运动便是忙于去达至某个结果、某个观念或是以否定的形式来排拒该观念。

因此，只有当有进进出出的运动时，我才会意识到自己。所以，心智便是这种外部的和内部的行为的运动、反应、回应、记忆的呼出，然后再把它们收集回来。于是我的心灵说道："我是。"只有当我在思考的时候，当我与某个事物发生冲突的时候，当我遭遇痛苦的时候，当我忙碌的时候，当有压力的时候，当做出选择的时候，才会如此。

所以，当心灵怀有欲望，把自己费力地拖向那里，它便会在运动中认识自身。由于意识到欲望是阴暗的，于是它说道："我将让我自己忙于对神的思考。"让心灵忙于去思考神，这跟忙于金钱其实是一样的，我们以为一个忙于思考神的人要比整天想着钱的人神圣，殊不知这二者事实上是相同的，他们全都渴望得到结果，全都需要被某个东西占据。那么，心灵能否不去忙碌呢？这便是问题所在。

先生们，心灵能否实现空无，不去做任何比较呢？因为，"更多"是心灵认识自身存在的途径。认识到自身存在的心灵，从来不会满足于"当下实相"，它总是在获取、比较、谴责以及要求更多。在这种要求中，在为了得到"更多"而展开的运动中，它认识到自己是活着的。这便是我们所谓的自我意识，表层的意识与潜意识。这就是我们的生活，这就是我们日常生活的方式。

我想要知道什么是冥想，因此我说我希望展开冥想。我想要探究何谓冥想，结果我的心灵又一次地被冥想占据。那么，一个忙忙碌碌的心灵——请认真思考一下这个，请仔细聆听这个——一个忙忙碌碌的心灵能否展开冥想呢？冥想显然是指认识思想的方式，假如我不知道我的心灵是如何运作的，那么我如何能够去冥想呢？我如何能够真正洞悉真理呢？所以，心灵应该探明它是怎样被占据的，然后领悟到所有的忙碌都是一样的，因为，尔后心灵会用语词、观念、不停的运动把自己填满，结果也就从来不曾安宁过。

当心灵让自己忙于去探明什么是爱，这是另外一种形式的忙碌，不是吗？这就像一个人忙于情欲一样。

当你声称你必须发现真理，你会找到真理吗？抑或，只有当心灵不为任何东西占据，当它实现彻底的空无，可以去接纳，不去累积，真理才会到来呢？原因是，唯有这时你才能够接受真理。但倘若你把自己接受到的东西变成记忆，尔后被其占据，那么你将永远无法再次接受到真理。因为，接受是时时刻刻的，所以它不为时间所囿。

心智属于时间的范畴，因此它无法接受永恒。所以心智必须彻底的静寂、空无，任何方向都没有运动。只有当心灵不为任何东西占据——

不去想着得到"更多",不去想着某个问题、焦虑、逃避,不去想着任何信仰、形象、经历——方能实现这个。只有当心灵获得了完全的自由,唯有这时,才会迎来那无限而深刻的静寂。在这种静寂里面,那永恒的事物将会到来。这就是冥想。

(第十场演说,1953年3月11日)

PART 05

英国伦敦

培养美德，不会带来真理

我认为，在这个相当混乱的世界里，我们最为严重的一个问题便是"该怎么做"。亚洲发生了饥荒，此外还有战争的阴霾正在逼近。我们在科学方面取得了非凡的进步，虽然我们可能希望在道德层面也跟上这一所谓的进步，但实际上却滞后了。身处这种混乱，困难在于探明——即使是在智力层面——如何行动以及思考些什么。因为，尽管我们诉诸于领袖、睿智的哲学家或是科学家，但依我之见，难就难在我们不再相信哲学家、老师、科学家。我们越是展开观察，就会发现混乱越为严重。虽然我们或许拥有一个幸福、安宁的国家，但我们的内心却是这般的贫瘠。从外部层面来看我们或许应有尽有——房子、食物、衣服——这些东西会带来舒适，但我们的心灵却十分的贫乏、痛苦、困惑，不知道该做什么，不知道去哪里寻觅幸福、救赎或是真实感，这种真实感不依赖于任何宗教或是哲学。

既然意识到了这一切，那我们显然应该着手去探明我们所谓的有道德的生活是指什么意思。道德跟进步是一致的吗？道德能否被有意识地计划出来、培养起来，以便去迎接人类在其他方向取得的非凡进步呢？心灵的进化是否可能？如果没有道德层面的有意识的努力，人类能够获得幸福吗？道德是可以培养起来的吗？当道德被发展起来，会带来幸福、创造力与自由吗？抑或，道德并不是能够被培养起来的事物而是一场无意识的变革？

我们可以培养美德、慈悲、爱，然而，智力上的培养——刻意地要变得如何如何，变得高尚，等等——这样的有意识的行为，会让我们摆脱现代社会以及我们自身的局限施加在我们每个人身上的限定吗？显然，重要的是去弄清楚，不断努力以便获得越来越大的智力上的进步，是否能够解决我们的问题，抑或是否应当采取截然不同的着手方式，难道不是吗？原因是，假如我有意识地去遵从某种行为路线，去规划我的人生，在智力层面对它展开思索和分析，确立某种路线，那么我自然会取得某些结果。但这会带来自由与创造力吗？自由和创造才是真正的体验。还是说，这种创造力、这种自由必须通过完全不同的过程才会到来呢？

或许我们可以研究一下这个问题，探明通过刻意的过程，通过心智的培养，通过各种各样的训戒和强迫，心智能否超越自身。原因是，智力上我们已经相当的进步了，但内心却很贫乏，并不充实。我们依赖他人来获得心理上的安宁，于是便会有恐惧、挫败、焦虑以及一种被束缚的感觉。那么，通过培养美德能否冲破这种单纯的智力的进步呢？智力可以让我们摆脱自身的束缚吗，智力可以让我们挣脱恐惧的羁绊吗，智力可以培养起慈悲感吗？然而这就是我们努力去做的事情，不是吗？

尽管我们或许拥有一个安康的国家，在这里一切都为我们规划好了，但我们还是觉察到情感与爱的缺乏，我们的内心依旧充满了恐惧。我们智力上着手去培养各种各样对恐惧的抵制——抵制焦虑或者去分析它，经由智力、经由心智对它展开格外仔细的探究。心智能够解决那些由它自己制造出来的问题吗？我们培养美德、道德，以便跟上我们在科学技术方面取得的进步，然而，通过智力去培养道德，会带来人的幸福吗？

所以，这便是我们的一个主要问题，对吗？我们在科学方面获得了非凡的进步，于是我们对自己说道："道德上我们也必须有所进步。"但是，我们越是去培养美德，抵制就会越强烈，我们把它称作为"我"、自我，难道不是这样吗？当我有意识地、刻意地去培养谦卑或勇敢无畏，我会是谦卑的吗，我会摆脱恐惧吗？当我有意识地试图做到无暴力，我会是无暴力的吗？抑或，美德压根儿就是无法被培养起来的事物呢？假如一个人认识到自己是有道德的，那么他显然并无道德，不是吗？然而道德却是必需的，必须得有无意识的道德上的进步，而这并不是源于智力上去培养某种美德。

我不知道我是否把意思阐释清楚了，因为，在我看来，这便是我们最大的问题之一。原因是，要想应对这种进步，显然就必须摆脱自我意识，否则我们将会给自己带来更多的灾难与不幸。那么，摆脱自我意识，是否来自于培养美德呢？因为，所有的宗教都刻意地在信众身上培养某些品性，这种有意识的培养显然会带来智力的发展，但却不是美德。我越是意识到我是有德行的，我就越少美德。然而，宗教人士的每一个行为，一个试图去应对世界难题、世界危机的人所做的每一个行为，都是刻意的培养，都是有意识的努力，以便获得某种形式的美德，以便达至道德、幸福。我想知道，这样的努力是否会带来道德，是否会给人带来幸福，从而能够赶上世界取得的进步。

真正的变革不属于心智的范畴，而是在截然不同的层面，难道不是吗？因为，有计划的变革——经济的、社会的或是任何其他类型的变革——都依然是在智力的层面上，而智力无法带来真正的革新，智力只会带来一种经过了一定修改的持续，但这种改变根本不是变革。由心智规划出来的经济的革新，并不是能够给人类带来幸福的革命，它不过是某个单独的、狭隘的层面的转变。假如我们关注于人的彻底革新——不是在某个层面发展起某种特性——那么我们就不应该仅仅关心表层的、意识层面的革新，而且还得包括我们深层心理的转变，难道不是吗？

意识能否探究或者分析潜意识，从而带来革新呢？原因是，我们自身显然需要根本性的、彻底的转变，而这种转变无法通过心智带来，心智无法带来这种变革。只有当我们直接体验了真理、神——随便你怎么称呼——才会迎来这种真正的转变。然而，智力无法去体验这个，即便展开各种努力它也无法认识这一真理。培养道德、信仰、教义，依然是在智力的层面，依然是在表层。可我们却试图带着这种心智、这种智力去领悟、去体验某种超越心智的事物。

神、真理，随便你如何称呼，是能够依靠心灵、智力去发现的吗？抑或，只有当心智的全部——不仅有意识，还有潜意识——当整个心智迈入彻底的静寂，不再努力去达至某个结果，不再努力去发现什么、获得什么，不再试图去超越自身，才能体验真理和神呢？在我看来，认识到这个格外的重要。迄今为止，我们的一切努力都只是在智力的层面，因为这便是我们拥有的全部，这便是我们经由多少个世代培养起来的东西。我们试图带着这样的心智去发现那能够带给我们幸福、美德，能够让我们每个人内心获得安宁的真理、实相、神灵。这些事物真的可以通过心智去发现吗？但倘若没有真理，那么无论我们怎么做，无论我们取得了怎样的进步，都只会导致更多的混乱、痛苦、战争和界分。如果没有发现真理，进步将毫无意义。

那么，一个人要如何去发现这种崭新的状态呢？要怎样醒悟到真理和创造力呢？这不单单是口头上的表达抑或是神秘、幻想，这是要被发现的事物，但它无法通过心智被发现。心智只是时间、记忆、反应的产物——是存放过去的知识的仓库。心智即过去，究其本质，它是经由时间、年代形成的。我们试图去发现那超越时间的事物，它是无法被命名的，无法诉诸于语言，是任何描述都难以涵盖的。假若没有发现它，那么生活就将意义甚微，就会变成一系列的努力和争斗——痛苦、悲伤、不幸以及永远的焦虑。那么，一个人要怎样去发现它呢？

当我的整个心智迈入彻底的宁静，难道不就发现它了吗？更确切地说，它难道不就出现了吗？因为，在那种状态里面，我没有在寻求任何东西，我既不是有美德的，也不是无美德的，我没有认为我自己在进步、发展，我没有在寻求得到结果，不再有欲望的驱使，不再想着让世界变得有序。只有当我发现了真理，世界才会变得有序，真理将会带来秩序，而无需我努力去做些什么。所以，重要的是我应当认识自己，认识自身的思维方式，难道不是吗？因为这种认知会带来静寂的状态，在这种状态里面，将会迎来无意识的革新——在这种变革中，"我"不再是重要的。因此，一旦我懂得了这一切，心智就会变得格外的宁静，不再去寻求，不再怀有欲望，不再努力想要出人头地。在这种安宁里，在这种静寂里，真理将会到来。这不是想象，不是某种东方的神秘主义。倘若没有这种真理，那么无论你怎么做，都只会带来更多的战争、更多的毁灭，人与人之间将始终处于对抗的状态。

我认为，如果没有自知——自知是时时刻刻从关系之镜里面去发现的，唯有这样才能清除一切的幻象，心智才不会确立起那些幻觉和逃避——真理就不会降临。当心智不再为信仰所困，便会开始去认识"当下实相"了——关系里的"当下实相"。因此，在自我、"我"的行为里展开不断的觉知，一个人就能发现自身的思维方式。它就像是一本书，无法一次看完，如果一个人声称："我必须一次读完它，彻底地认识它"，那么他将永远无法认识心智。它是要不停地读下去的，一个人阅读的东西，不应被作为知识累积起来，原因在于，知识会妨碍真理，知识是累积的记忆，知识属于时间的范畴，属于所谓的演进。但真理不为时间所囿，它无法被储存和运用。只有当心智迈入彻底的静寂，它才会到来，这种静寂不是通过任何训戒得来的，而是通过认识自我、"我"、思想的方式，通过觉察一切的关系。

因此，训戒、培养美德，不会带来真理，培养美德只会成为真理的绊脚石。若没有真理，生活制造出来的种种问题便将永远继续下去。只有当我开始去认识自己，心智才会变得宁静，唯有在这种宁静里，在心智的静寂里，那富有创造力的真理才会来临。

这里有一些提交上来的问题，我将试着加以回答。但是在我回答提问之前，我觉得必要要弄清楚一两个问题。如果你渴望的是一个答案，我担心你将会失望。因为问题要比答案更加重要，一个人如何应对问题，比寻求解答更重要。只要他懂得怎样去应对问题，那么答案便会蕴含在问题里面，而不是在问题之外。可是我们却如此急切地想要找到答案，找到解决办法，想要被告知该做什么，以至于我们从来不曾对问题本身展开探究。

我认为，懂得如何聆听同样也是非常重要的。原因在于，我们很少去聆听，我们的脑子里满是自己抱持的观念、反对、偏见，抑或我们博览群书，我们知道的如此之多。我们自身的经验、我们的知识、他人的知识，这些东西全都妨碍了我们去聆听演说者以及生活中的一切。我们越是聆听，认知就会越多。但聆听并非易事，若想聆听，一个人就必须格外的安静——不是专心致志，因为专注只是一种排他的过程。可一旦他展开真正的聆听去探明，那么他就会有所发现的，因为，尔后他便会抱持开放的姿态，不再有任何的障碍，他自己的成见已经消失不在，他在心理上没有欲求。

所以，懂得怎样聆听是格外重要的，对吗？不是仅仅聆听我的讲话，这并不太重要，而是聆听万事万物——聆听你的邻居，聆听你的妻子、你的孩子，聆听那些政客——如此一来，在聆听的过程中将会迎来自信，但这种自信不属于"我"。原因是，我们大部分人都缺乏信心，于是我们渴望去培养信心。然而，这种信心仅仅是一种"我"以自我为中心的确定，是一种自我封闭的信心。但倘若我知道怎样聆听，不单是聆听我周围的一切，还包括聆听我内心所有的压力、欲望、渴求，不做任何解释，那么我便将开始去认识"当下实相"的事实。

所以，由此我或许能够回答这些问题当中的某一些。

问：一个生活在幸福国度的人，有什么必要来参加像这样的会议呢？

克：先生，你或许拥有国家提供给你的一切物质方面的需求，那么这之后呢？重要的是去探明为什么人要追求物质上的乌托邦，不是吗？我们渴望物质层面的救赎，我们渴望一个秩序井然的社会，我们渴望完美的人、完美的国家。在规划完美国家的过程中，我们迷失了，我们以为沿着这个路线将取得进步，但却把人的全部过程忘在了脑后。人并非仅仅是这种外部的物质层面的实体，还包括所有心理的过程，包括那些抵制、恐惧、焦虑和挫败。只应对人的某个部分却不认识人的整体，这么做显然无法给人带来幸福。探明其他的部分，探明那些暗藏着的不同的层面，而不是单纯地聚焦于物质上的康乐，这同样也很重要，难道不是吗？

这并不意味着我们应该忽视物质层面的安宁，躲进某个修道院里去，与世隔绝。但是我们难道不应当去应对人的全部吗？假如你强调的只是朝着一个完美的乌托邦去进步，忽略了人的深刻、难题、抗拒和恐惧，那么你显然就无法将问题解决。依我看来，若没有认识人的全部，你是不可能拥有一个乌托邦的。很明显，宗教——不是信仰、不是组织化的仪式，诸如此类，而是真正的宗教——便是去发现人的全部，如此一来才能够超越心智的局限。心智并不能解决我们的问题，所以我们需要某种不同的特性，而这种特性唯有伴随着内在的变革才会到来。

你参加这次会议，或许是为了凭借自己的力量去探明如下问题：作为个体，是否能够超越思想的局限，超越它那些限定性的影响——从而独立地去发现。因为，我感觉，如果没有体验真理，那么单纯的经济规划，试图由此建立起一个完美的国家，并不会带领我们到达任何地方。我认为，我们是从错误的目的出发去着手的，假如我们是从正确的目的也就是发现真理开始，就能够达至正确的结果了。尔后，完美的国家、完美的社会便具有了意义。然而，从完美的社会开始着手，排拒另一个，这么做只会让我们走向更多的混乱、走向集中营，只会让我们去清算那些与自己意见不同的人，于是我们也就会永远处于彼此对抗的状态。

通过认识限定的过程，通过认识心灵、思想是怎样受到局限的——无论它展开怎样的活动，无论它投射出来的东西是什么，它都始终是受限的——通过认识这些，或许就可以实现超越了。这可能也是你们有些人来到这里的原因。

问：我观察了自己的所思所感，但这似乎并没有带领我走得更远，因为我不断地滑回到了老路上头，那就是偶然的逃避和念头，那么我该怎么做才好呢？

克：一个渺小的心灵、一个琐碎的心灵，即便去观察它自己的想法和感觉，它也依然处在自身的局限之内，难道不是吗？假如我的心灵琐碎、肤浅、渺小，我可以始终去观察自己的想法，但这自然不会带领我达至任何地方。原因是，我那渺小的心灵渴望得到某些结果，于是它便去观察、等待结果。我的心灵琐碎而渺小，那么无论我思考的是什么都会是同样渺小的，我的神灵、我的信仰、我的行为、我的抗拒、控制、训戒依旧是琐碎的、渺小的，被我自身的局限束缚着。这才是真正的问题所在——不是如何观察心智，而是渺小、琐碎、狭隘的心灵能否超越自身？

仅仅观察你的想法和感受，并不会帮助到一个琐碎的心智，不是吗？毕竟，我观察我的念头是为了带来改变，我观察我的感觉是为了去转变它们。然而，那个在展开观察的实体，那个试图去改变想法和感觉的实体，它自己便是思想和感受的产物。人与思想和感受并不是分开的，如果没有思想与感受，就没有人存在。我是由我的想法、感觉、体验、限定等等构成的，我是这一切。我的一个部分说道："我将会去观察各种念头、各种感觉，然后试着去改变它们，试着带来转变。"然而，试图对这些想法做些什么的"我",依然处在思想的领域之内。因此,心灵把自己划分成了更加高等的事物,尔后试图去控制、改变想法或感觉,可它仍旧是思想和感觉的一部分。

请务必同我一道来思考一下该问题。我与我的所思所感并不是分开的,对吗?我就是由思想和感觉构成的——恐惧、焦虑、挫败、憧憬、无数的欲望——我便是这一切。我的一个部分在展开观察,试图去控制和改变想法与感觉,但这显然不会带来任何结果。我可以改变它们,但那个在做着改变的实体依然是琐碎的、渺小的。那么我该怎么做呢?因为,我意识到我的思想必须发生根本性的转变——我想要把野心以及各种各样的恐惧抛到一旁,我认识到这是极为必要的。那么我该怎么做呢?"我"是由这种欲望构成的,"我"是由恐惧、挫败构成的,"我"本身就是挫败的一部分,当这个"我"试图去超越或者去自我实现的时候,只会导致更多的挫败。

一旦我懂得了如下真理,即不管我去对挫败做些什么——努力想要变得快乐,努力去自我实现,抑或试图抛下想要达至什么、实现什么的欲望——都只会让我走向更多的挫败,一旦我懂得了这里面的真相,那么还有必要去与挫败抗争吗?尔后我就不必去观察自己的思想和感受了。我观察我的所思所感只是为了改变它们、控制它们,为了训练它们去适应某种思想或行为的模式。但这个"我"与那些想法和感受并不是分开的,"我"无法去改变那些念头。它可以对它们进行修正,可以改变模式,但它却无法带来思想的革新。只有当"我"不再有意识地努力去改变,才能迎来变革。

请认真思考一下这个。当你想要去改变某个想法或感受的时候,你会有意识地努力去改变它。然而,意识本身就是源于努力、争斗、痛苦、挫败、渴望取得某个结果,所以它是心智、"我"、某个思想过程的有计划的行为。这并不是革新,这只不过是做了一定的修改去继续某个念头罢了。所以,一个人难道没有领悟到重要的是潜意识应当发生根本性的转变吗?当一个人不再展开有意识的努力,潜意识就一定会发生根本性的革新。只有当我懂得了自身思想的全部过程,才会迎来这样的改变。所以我故意不去做任何事情,我认识到,我所做的任何有意识的行为,都只会妨碍无意识的变革。

只有不展开任何意志力的行动,一个人自身才会出现根本性的转变。只要我有某个方向的行动,我就只是在培养、强化那个总是急切地想要获得结果、想要带来改变的"我"。请好好思考一下这个,你将发现,只要你希望让习惯、思想发生改变,希望去改变某种关系,希望让自己摆脱恐惧,只要你有意地着手去改变恐惧,你就永远不会成功。但倘若你能够觉察到恐惧的整个过程,不去对它做些什么,那么你会发现将出现无意识的转变,将发生根本性的变化,在它里面,不会再有任何的恐惧。

然而对于我们大多数人来说,困难在于我们想要有所行动,我们想要去改变。可心智无法带来彻底的变革,心智可以去修正,但它无法带来摆脱恐惧的彻底的自由,因为心智本身就是由恐惧构成的。所以,假如你能够认识这整个的过程,假如你在聆听这一切的时候能够理解它,那么你将看到,尽管你付出了有意识的努力,但是会有转变到来,它将让心智挣脱恐惧的束缚。

心智无法让自己摆脱任何事物,它可以去修正,可以去改变,然而在它的背景里面,依然有恐惧存在。要想彻底挣脱恐惧,就必须去觉察恐惧,任由它出现,不做任何评判,不去试图对它做些什么。就只是认识到有恐惧存在,保持心智的安静,唯有如此才会带来根本性的改变,在它里面,恐惧不会再有一席之地。

(第一场演说,1953 年 3 月 30 日)

让心灵摆脱限定

受限的心灵——心灵被束缚、被局限,为信仰、经验、行为模式、偏见和态度所限——难道不是导致混乱的一个主要原因吗?这样的心灵显然会带来混乱,因为我们每个人都是受限的——你被限定为了基督徒,另外一个人则被限定为了印度教教徒、佛教徒或是共产主义者、社会主义者,诸如此类。所以,无论这种限定是经由教育从外部强加的,还是因为我们自身的恐惧、经验、知识、能力从内部施加的,只要心灵是受限的,那么它显然无法获得自由。在我看来,唯有在自由的状态下一个人才能发现真理,只要心灵受着局限,它就无法去探明。只有当心灵发现了真理,人与人之间才会有和谐,才会有真爱。

那么能否摆脱这种限定呢?是什么因素导致了这种限定?假如我们能够认识到它是什么,不去努力让心灵和思想不受局限,那么或许我们就将探明怎样摆脱心灵施加在自己身上的各种各样的局限了。

毕竟,每个社会、每个群体、各个宗教全都把某些限定强加在了我们身上。从孩提时代开始我们就受着限定——风土的、地理的、宗教的、社会的、经济的限定,这些影响不断地撞击着我们的心灵与思想。我们似乎无法让自己挣脱这些自儿时起便强加在自己身上的局限抑或是那些我们得到的经验——经验便是在反应的时刻过去跟现在的连接。

能够摆脱这种限定吗?毕竟,只要我是个印度教教徒、佛教徒或者基督徒,我就会从我所浸染的那个框框里面去思考真理或神。我相信只有通过某一个教会才能获得救赎,或是只有通过一种经济体制才能挽救社会，抑或我怀有无数的信仰，它们是因为焦虑、因为恐惧而施加在我身上或者被培养起来的。很明显，这样的心灵无法发现任何真理，它只能发现它被限定着要去发现的事物。如果你受着某种方式的限定，我则受着另外一种方式的限定，那么我们的行动、我们的态度、我们的关系必然会出现冲突和争斗。我们每个人都是在某个框框里头长大的，每一个群体都认为只有他们才能发现确定和实相，只有他们的方式才是最佳的。然而，生活处于不断的运动之中，不可能把它束缚在某种思想体系之内，结果，受限的心灵与那鲜活的生命的运动之间便总是会有冲突。

由于认识到了这个，于是我们说道："难道无法让自己摆脱限定吗？"很明显，我们唯一能够去做的，便是把心灵置于某个更好的模式、更好的框框里头，让它变得更加友善、更加道德。一个被如此限定的心灵能够发现真理吗？是什么因素使得心灵受限的呢？一旦我们认识了这个，或许就能立即走出局限了。逐渐地让心灵摆脱限定，这实际上是不可能的，因为，正是在逐渐摆脱限定的过程中，你从另一个方向上局限了心灵。

那么，是什么因素让心灵受到局限呢？难道不是因为心灵有能力去获取然后依附于它所得到的东西吗？心灵始终在寻求知识、安全、经验，它变成了一个仓库，我们经由这道屏障去解释一切。只要心灵拥有这种能力，有获取的欲望，那么它显然就必定会始终局限着自己。它从不曾处于自由的状态，它被它自己获取的东西、被它自己的知识、自己的能力给局限住了。

那么，心灵能否摆脱这种获取的能力，能否不再去维系它所得到的东西呢，不管它是知识、能力还是经验？它难道不能让经验、知识就这样经过，保留下来但却没有任何的限定吗？我难道就不能认识到我是怎样被局限为一个印度教教徒、基督徒，如此等等吗？我难道就不能懂得这种社会的、道德的限定是如何在我的关系里面产生出来的吗？我难道无法领悟到处于限定中的心灵是怎样感觉到安全，感觉到它已经获得了某些知识、某些经验从而对自身十分确定的吗？知识难道无法被运用于行动，同时行动或知识又不会去局限心灵和思想吗？

我们必须要去思考这些东西，这不是一个要被说服着去抱持某个态度的问题。我们必须要做的，是探明受限的心灵究竟能否让自己彻底摆脱这种内在的局限。因为，尔后心灵或许就能获得充分的自由，以便去发现真理、发现神。在我看来，如果心灵无法让自己摆脱这种不停的获取——渴望变得如何如何，渴望出人头地，渴望获得确定，渴望保护自己——如果心灵继续保持着这种把它所学到的东西储存起来、积累经验并加以依附和维系的能力，那么心灵显然始终都是受限的。我们一直都在体验，可是，心灵难道无法实现真正的体验，让经历就这样发生、经过，不去束缚它，不去跟它认同，不去把它唤为"我的"吗？

很明显，若我们能够去探究这个——不是在智力层面，不是作为某个抽象的观念，而是真正地审视、思考，直接地体验这个在获取、储存尔后去行动的心灵——那么我们显然就能理解这种崭新的状态了。在它里面，心灵在展开体验，让那些经历发生、流过，同时它自己又不会被困在经验之中。在我看来，尔后将会迎来真正的自由，而不是处于某个受限的状态的框框里头的所谓自由。

身为基督徒或是印度教教徒，一个人声称自己是自由的，但这并不是自由。在一个受限的框框里面的自由，依然是受限的，在这种状态下，显然无法发现真理，发现那"最高等的"存在。受限的心灵构想出来的任何东西，仍旧源于它自身的经验，源于它过去所受的限定。那么，当我认识到我是局限的，认识到了那些束缚我的因素、那些原因，我能否觉察到这一切，不做任何努力，不展开任何意志力的行动，能否让经验、知识就这样经过，思想不被困于其中？毕竟，思想便是记忆，对吗？思想就是过去，它属于时间的范畴。我们大部分人都被记忆占据了，我们无法有意识地将记忆抛到一边，但我们可以让记忆就这样经过、流走，不去腐蚀心灵，不被某个开心的或难过的记忆占据。正是这种占据局限住了心灵，正是因为关注于孩提时代的某个记忆或者昨天我所得到并依附的东西的记忆，才让心灵被束缚住了。

能否探究这种获取的全部过程并且摆脱它呢？我们似乎认为，只要我们在经济上受着束缚，就不可能获得自由。我们或许始终会受着经济层面的约束，我并不觉得自由存在于那个方向。但或许寻求物质层面的舒适并不能让你找到自由，而是当你不再去获取，当你挣脱了限定，如此一来心灵才会始终处于宁静的状态，不受任何经历或阴影的干扰。假如一个人希望认识真理，认识真正的创造力，那么他显然就必须迈入这样的状态。

问：我总是很饥饿，我在哪里才能找到永远可以填满我肚子的食物呢？

克：我们渴望得到满足，不是吗？我们希望在某个行动、某个人、某个理念那里实现自我。我们做了一个又一个的尝试——加入某个协会，加入一个又一个的群体，让自己依附于某些观念、信仰，尔后，当它们不再让人满足的时候，当它们不再满足我们的渴望时将其抛到一旁。所以，我们始终都在转向，永远都处于饥饿之中。只有当你感到饥饿却没有东西可食的时候，它才会变成痛苦。可一旦它找到了某个可以作为主食的东西，痛苦便没有了。只有当我肚子饿却没法得到食物时，才会觉得痛苦，但倘若在饿肚子的时候找到了吃的，就不会有痛苦了。

由于饥渴，由于内心不充实、挫败，所以我渴望找到某种能够带给我永远满足与幸福的事物。于是我便去寻求，一次又一次的尝试，这便是我们的状态，不是吗？因为不满、因为饥渴、因为挫败，所以我们希望在某个地方找到出路，在那里，一个人可以得到满足，在那里，没有挫败这回事。因此，我努力通过理论、通过解释、通过让自己跟国家认同，让自己投身于某个社会活动里去或是参加某个协会、某个宗教群体来平息我的不满。然而，饥渴、焦虑、恐惧和不满却总是存在着。

那么，为什么我不应当不满呢？不满有什么问题？很明显，只有当我想要去改变它的时候，才会生出痛苦。不满本身并不痛苦，只有当我希望得到满足时，它才会是痛苦的，只有在与满足的关系里面，才会生出不满的痛苦。由于不满，于是我便去寻求满足，当我无法获得它的时候，便会感到痛苦。因此我从这扇门走向那扇门，从这个大师转向那个大师，从这个圣人走向那个圣人，从一个老师转向另一个老师，因为我的意图是获得满意、满足以及永远的安宁。在内心，我处于混乱、困惑、挫败之中，我无法找到法子来改变这种状态，这种状态便是我的真实模样，并由此滋生出了痛苦。

那么，我能否认识什么是不满并且不去询问如何改变它、如何变得满足？怎样获得满足，这十分的简单，不是吗？我可以吸毒，可以让自己去接受某些信仰，可以在社会、政治层面积极活跃，亦或是遵从某种权威，诸如此类。这么做很容易就能获得满足，然而在这种满足的背后却依然有痛苦和恐惧。但倘若我能够认识不满——认识这团火焰，认识这始终在活跃、探寻的事物，认识这不满足的事物——这种认知，而不是满足，或许才是必不可少的。假如我无法不断地去探寻，不断地去观察出现在我身上的那些事物——那些想法、感觉、体验——假如我无法展开质疑和探寻，唯有这时，不满才会变成一种痛苦。而我则希望去逃避这种痛苦，所以我想要找到那永远能带给我满足的食物。

必须让不满的火焰燃烧，不去找到某个容易的渠道来平息不满，难道不是吗？不满，展开探寻以便懂得什么是真理，内心处于反抗的状态，这些都是不可或缺的，对吗？尔后，这团火焰将会带来一种崭新的生活，带来一种同万事万物的全新的关系，如此一来，才能够烧毁心灵制造幻觉的能力。通过经验是无法将制造幻觉的能力烧毁的，因为经验也会制造出幻象。只有当你认识了累积经验的过程，才能迎来自由。

所以，重要的是不去寻求满足、满意、永远的食物、神赐的食物，不去渴望这些东西，对吗？原因是，一旦你去寻求，你便会被给予，而你被给予的东西将会变成灰烬。拥有这种不满——或许这个词并不准确——的能力难道不是十分重要的吗？——不会轻易地被满足，根本就不去寻求满足，不去追逐任何形式的满足，永远处于反抗的状态，没有质疑——质疑在它里面没有一席之地——而是去询问、探测、查究。这样的心灵不会被局限，因为它从来没有停泊，从来不把什么东西唤作是"我的"。

我们显然应该拥有这样的心灵。可一旦你询问："我怎样才能拥有这样的心灵？"那么方法就会变成导致你受限的因素。如果我们能够懂得这里面的真理，从内心去感受它——不仅仅在智力或口头层面上——就将迎来一场无意识的革命了。尔后，心灵不会再是心满意足的，它永远不会被满足，尔后它根本就不会从满足的层面去思考。于是，心灵不会再为挫败、沮丧、绝望和希冀所困，不会被这个术语或那个领域所束缚。

那么，一个人、你我——就只是普通人，不是什么天才，而是寻常的、平凡的、苦苦挣扎的人们——我们能否让自己摆脱对于满足的渴望呢？原因是，当我们感到满足的那一刻，便不再具有创造力了。创造力不是单纯写一首诗或者画一幅画，我谈的不是这个，我谈的不是那个由心灵构想出来并将其称作真理的事物，而是当心灵能够接纳、敞开时将会登场的真理，单单这种真理本身就是创造力。因此，心灵难道不应当始终处于反抗的状态吗？不去获取，不拥有一个会让它觉得安全的地方，始终处于这种状态，在它里面，任何经验都无法令其充实。因为，一旦你得到了充实，变革便会止步，于是也就没有了创造力。

所以，一颗寻求食物以满足自身的心灵，难道无法永远处于一种不去获取的状态吗？如此一来它便不再去努力和争斗，于是也就迈入了非凡的静寂。原因是，在这种静寂里面，或许就会迎来创造力与永恒。

问：睡眠对于身体的健康来说是必不可少的。除此之外，睡眠还有什么功能呢？

克：假如不把睡眠以及睡眠期间发生的事情变成各种各样神秘兮兮的胡言乱语——你知道我们发明出来的这一切——那么我们难道就无法探明真正发生的情形，探明事情的真相吗？——不是心智发明出来的东西，不是心智希望发生的事情。原因是，在睡觉的时候确实有事情发生，问题得到了解决，有了新的发现。我可能思考某个问题已经好几天了，突然，在睡觉的时候，答案浮现了出来。睡眠是必需的。通过认识它、探究它，我们或许将能探明实际发生的情形——不是理论上的，不是我们希望发生的，不是各种科学家所发明出来的关于睡眠期间发生了些什么的解释。可是我们难道不能把这一切抛到一边，真正深入地去分析它、研究它，从而探明该问题的真相吗？

显然，睡眠不仅对身体的健康来说是必需的，对于心理的健康也是分外必要的。原因是，在睡眠期间，所谓的心智、活跃的心智、白天里运动的心智——去往办公室、围着厨房打转、唠叨、抱怨、争吵、永远都在忙于某个愚蠢的事情、关心着你的邻居会说些什么、忙于典礼仪式、诸如此类——这个心智变得安静下来，当你睡觉的时候，它实际上处于安静的状态。但这只是心智的一个部分，非常表面的部分。心智的其他部分则继续在运动着，它显然从不曾睡着。你可以发现，当触及某个深层的问题或麻烦，或清醒的心智中的某个根本的问题，却没有找到解答，那么那个不曾睡去的深层的心智将会依然在询问、在探究。由于它的探究没有了表层心智的干扰——表层的心智整天都忙于那些日常的琐碎之事——因此深层心智的探究会更加的自由。这便是为什么我们在早上会突然醒来说道："老天，我想到答案了！"抑或，你有了某个新的念头、看法或印象。当所谓的表层的心智安静下来，新的印象便会冒出来，不是吗？我探究某个问题，从各个方面审视它，谈论它，讨论它，当我放弃了找到答案的希望而去睡觉的时候，正确的答案就会冒出来，这种情形我们每个人都碰到过。或许是因为表层的心智不再进行干扰的缘故吧。

所以，睡眠也就变得格外的重要起来。但由于我们大多数人都活在心智的表层，因此我们从不曾触及心智的另外一个部分。或许，偶尔通过梦境，这个部分会给出暗示，但这些暗示又由琐碎的心智去解释，在这种解释的过程中，有意义的东西也会被弄得琐碎起来。

因此，睡眠和清醒——白天的时候保持着充分的清醒——这二者都有意义，不是吗？那么，白天的时候我能够不去保持清醒吗？不去屈从于表层的心智，而是醒悟到心智的整个过程、意识的各个层面，不是仅仅活在某个层面，某个我所选择的层面，某个我声称"这就是完美的状态，我要活在这种状态里"的层面。难道无法在白天的时候觉察到心智的全部过程，而非某个局部吗？在睡眠期间去认识这个过程会更有意义，于是，醒着的心智又一次变得更加重要起来。

所以，重要的不在于睡眠期间会发生什么，不在于去解释梦境及其复杂性，而在于觉察到心智在白天的整个过程。如此一来，夜晚的睡眠才会让我们能够更加深入地、深刻地去认识发生的情形。因为，在睡眠中会有许多意识没能想到的暗示。

然而，只要有阐释者、解释者、审查者，只要有一个在评判或谴责的人，就无法理解心智的全部过程。可以没有一个人在审视心智和解释那些暗示。通过局部，通过一个人观察和解释，是无法认识心智的全部的。这便是为什么必须要有一个静寂的心灵，一个不再去进行谴责和判断的心灵。尔后，心智的整个过程将会经由每个行动、每个词语彰显出自身。所以，醒着的心智和睡着的心智这二者都很重要，因为，尔后，意识更加深层的部分将会彰显。

问：我的儿子去世了，我如何才能直面这种痛苦呢？

克：我们怎样才能直面痛苦？我们是否有面对它？我们不知道什么是痛苦，我们永远都在逃避它，这便是我们所知道的全部。假如我懂得怎样去应对它，怎样去应对事实，那么事实就会对我做些什么。我无法对事实做什么，但我希望对它做些什么。所以，我想要去解释事实的渴望帮助我去逃避它。

看一看实际发生的情形吧。我的儿子死去了，我深陷悲伤，于是我那处于痛苦、焦虑、恐惧之中的心灵渴望得到某种慰藉。我的本能反应——不是受了文明教化后的反应——是，"我渴望得到安慰，以摆脱那种痛苦、恐惧和孤独"。于是我便去求助于某个东西——信仰、降神会、灵媒、轮回或者是死亡这一事实的合理化——希望获得某种保证。因此，心灵永远都在对事实做些什么。事实是——我的儿子去世了。我无法面对这一事实，于是心灵开始去发明、用符号去表现、在某个事物里面得到保证和希望，结果它从来不曾去直面痛苦。

当你询问"我如何才能直面悲伤"，你关心的不是怎样去面对痛苦，而是如何对付它——你应当对痛苦做些什么，采取怎样的态度，抱持怎样的价值观念。所以，你真正关注的不是直面痛苦，而是如何以一种自我保护的态度去应对它。毕竟，当我相信轮回转世说，相信来生我将会与我的儿子重逢，我就不是在直面痛苦。抑或，假如我求助于降神会，那么我当然也没有在直面我的痛苦。或者我试图通过活跃于社会生活，通过各种各样的法子去忘却痛苦，那么我依然是在逃避痛苦。这便是我们实际上所做的事情。

假如我想要直面痛苦，那么我的心灵就不应该去逃避事实——这并不表示我要去接受事实，事实就是事实，我没有必要去接受它，它就是如此。若我培养起了接受的态度，那么我又会再一次地使得我自己无法直面事实。所以,心灵永远都在寻找法子、手段,而不是去面对事实。然而,只有当我去直面痛苦的时候,才能认识它。只有当心灵真正迈入了静寂,不去解释,不去接受,不去试图寻找理由、解释,不去沉溺于理论和猜想,唯有这时,才能直面痛苦。

当心灵迈入了彻底的宁静,不是因为它想去认识事实,而是因为它懂得了自身的过程,唯有这时,我才能直面死亡这一不同寻常的体验——怀着一种"不知"的状态去探究什么是死亡,抛开无数就死亡问题撰写的书籍。只有当心灵实现了彻底的静寂,我才能认识事实:存在的只有痛苦,没有任何解释。很明显,在这样的心灵的状态下,当它在死亡这一事实面前实现了彻底的静寂,才会迎来非凡的事物。这不是什么许诺,所以不要去培养心灵的静寂。可一旦心灵不去寻求任何解答,不怀有任何信仰,不怀有任何希望,一旦心灵迈入了彻底的静寂,唯有这时,它才能直面痛苦,而在这种状态里,痛苦将会消失不见。

(第二场演说,1953 年 3 月 31 日)

我们在寻求什么?

假如我们能够探明是什么因素导致了衰退,或许就可以摆脱平庸,实现认知或是感受到什么是生机与活力。我们的问题之一,抑或是主要的问题,难道不就是我们始终活在死亡与衰退的阴影之下吗?周围的环境、生活的种种压力,让我们变得平庸、封闭、效率低下,结果不久便走向了衰退,不仅是生理层面的衰退,更为重要的则是心理上的衰退。

如果我们可以探明我们到底在寻求着什么，我们渴望的是什么，那么就能够解决平庸和衰退的问题了。

为什么我们大部分人的内心都是这般的空虚和痛苦，为什么我们总是在寻求，追逐那些外物，试图去探明，渴望某个我们似乎永远无法得到的东西呢？这难道不是我们的问题之一吗？如果我们能够真正努力去探明我们寻求的究竟是什么，或许就可以回答或者超越这种心理的衰退、心灵的平庸了。

我们可以看到，对于大多数人来讲，在某个层面上我们寻求的是舒适、慰藉、物质上的幸福——安逸、金钱、爱、外物、享受、旅行、能够做某些事情。我们渴望的这一切都是在表层。假如我们稍稍深入一些，会发现，在另外一个层面，我们渴望幸福，渴望自由，渴望能够干些伟大的事情。若再深入一些，我们想要探明死亡背后的是什么，什么是爱，想要为了某个理想、某个完美的国家而去努力。若再进一步的话，我们还希望知道什么是真理，什么是上帝，这种如此富有创造力、这种常新的事物是什么。我们被困在这许多的层面之间，不是吗？我们想要拥有这一切，我们想要生活在完美的关系之中，我们想要集体的协作，想要拥有正确的职业，等等。我们不停地在寻求，即使我们可能并没有充分地意识到这个。或许我们从来不曾去探究这一问题，我们就只是随波逐流，被环境裹挟着、推动着，直至死亡的来临，这是事物的终结，但或许又是新的折磨的开始。

所以，我们从未曾真正坐下来去审视自己，去探明我们寻求的、追逐的究竟是什么。我认为，假若我们能够探明该问题，不是仅仅在表层，而是从根本上、从深层探明我们渴望的是什么，那么我觉得我们就能解决平庸和衰退的问题了。因为，我们大部分人都是平庸之辈，我们的身上没有生机与活力，没有创造力，没有新事物，我们创造出来的东西是如此的空虚、如此的华而不实、如此的没有意义。所以，我们难道不应当去探明我们渴望的究竟是什么吗?

只要我们真正去检验它、探究它,就会发现我们渴望的是某种永恒的事物,对吗?——永远的爱,永远和平的状态,永远不会消逝、不会褪去的欢愉,认识美、认识完美。我们渴望的难道不是一种欢愉和永恒的状态吗?这便是我们大多数人寻求的东西——获得一种永恒的状态——某种不会被心智、被环境、被身体的疾病摧毁的东西,某种超越了心智的事物,某种不取决于身体的欢愉、不依赖于心智那衰退性的影响的创造力。这显然就是我们大部分人所渴望的东西,对吗?或许不是在我们年轻的时候,但随着年纪的老去,随着我们越来越成熟、越来越审慎,我们会渴望某种永恒的事物,这就是我们大多数人所寻求的,不是吗?用你喜欢的任何其他的词语来表达都可以,但这就是我们努力的方向。

那么,有永恒的事物存在吗?虽然我渴望它,虽然在我的憧憬、我的寻求、我的努力中,我不断地渴望着这种永远不会被毁灭的状态,这种超越了心智的状态,但真的存在着心智可以拥有的永恒的事物吗?我们大多数都渴望一种永恒的爱的关系,一种永恒的体验,一种永远不会被毁灭的事物,这便是大部分人所渴望的,假如我们超越了那些表层的、直接的需求的话。然而,这种对于永恒、经验、知识的渴望,这种想要让某个状态永远持续下去的渴望,难道不正是导致衰退的一个主要原因吗?因为,有永恒的事物存在吗?但心灵永远都在追逐、寻求一种始终都不会改变的状态,如果我有了某种带给我快乐的体验,我就会希望这种状态能够永远持续下去,我不想它被干扰,结果心灵也就依附于这一体验。

所以,假如我希望去探明,那么我难道不应该询问一下是否存在着永恒的事物吗?很明显,要想探明是否存在着某种超越心智的事物,我就必须抛下我内心里面任何对于持续的状态的渴望,不是吗?因为,毕竟，若想获得创造力——不是单纯地写一首诗或者画一幅画，而是真正的创造力，它不属于时间的范畴，不是由心智发明出来的，不是单纯的能力或天赋，而是那种始终在更新自身的创造力——心灵就必须拥有热情与活力，必须坚持不懈地去探寻，难道不是吗？随着年龄的增长，大多数人都渐渐失去了热情——不是指表层的某些行为的热情，不是当一个人带着预见的目的去探寻，当他得到奖赏的时候所具有的热情，而是不依赖于身体的热情，是始终都展开探索、询问、查究，永远不会满足的热情。

那么，要想自由地探寻，难道不应该拥有美德吗？因为，那能够带来自由的美德，并不是那被追逐、被捕捉、被培养起来的美德，因为后者只会带来受人尊敬，而这正是平庸的表现。假如一个人希望探明没有任何幻想的真理，那么他就不应该去培养美德，而是实现真正的德行。所以，我想要探明是否存在着超越心智的事物，是否存在着永恒的事物。若想探明这个，就必须自由地去探寻，心灵就必须拥有非凡的活力，不依赖于任何生理的状态。若想探寻，就必须拥有自由，而美德会带来自由，但不是一个人培养起来的美德，这不过是一种束缚。

因此，若想探寻，难道不应该保持一种不受经验污染的无知和率真吗？原因是，假如经验被用来作为一种探寻的指南，那么经验就会局限思想，对吗？无论我拥有怎样的经验，都会束缚住将来的体验，一切知识都会令将来的知识受到限定，不是吗？因为我的经验在解释每一个反应，所有的经验都是用过去的经验在解释，所以经验从来不会带来解放，而是始终都在局限。那么，心灵能否实现无知、率真，能否摆脱知识、记忆、经验的制约呢？因为，毕竟，这便是天真、无知，对吗？一个背负着知识、经验、记忆的心灵，这样的心灵不是率真、无知的。

所以，为了弄清楚是否存在着一种永恒的状态，就必须拥有那种美德、那种热情、那种天真无知，不是吗？在我看来，唯有这样，我们才能超越那些心灵的欲望。因为，当心灵展开探寻的时候，它永远无法发现真理，心灵只会从自己过去的经验去构想、投射、制造，而它发现的东西将会源于它自身所受的限定，源于它自身的知识与经验。

那么，一个人能否探明什么是创造力、什么是神——随便你如何称呼都行？因为这便是让一切事物常新的一个因素。尽管我可能是伴随着死亡的阴影生活着，可一旦拥有了这种创造力，死亡便会具有完全不同的意义了。这种创造力让心灵摆脱了一切平庸、一切衰退。如果这便是我所寻求的东西，那么我难道不应该格外的清醒，如此一来才不会去制造幻觉，如此一来才能让心灵自由地展开真正的探明吗？——这显然意味着心灵应该迈入彻底的静寂，以便有所发现。因为，创造力是无法被邀请到的，它必须向你走来，向心灵走来。神无法被邀请到，它必须向你走来。当心灵没有自由，它就不会出现，自由不是来自于训戒。

所以，我们的问题真的相当复杂。我们无意识中就在追逐，在渴望某种永恒的特性、永恒的状态。这种对于永恒、对于安全的渴望，导致了平庸与衰退。因为我们所渴望的是心理上的安全，不是吗？我们试图通过各种间接的方法去获得它。可一旦我们真正认识到并不存在所谓的心理上的安全，就不会再有任何衰退了，对吗？因为，尔后，不会再有停泊的地点。只有当存在着永恒的事物、持续的事物，才会出现衰退。可一旦有不断的终结、不断的死亡，便会有不断的新生，不再是持续。

请注意，这不是什么神秘的东西。如果你真的在聆听我所说的内容，那么你就将直接地体验某个事物，它可以让心灵摆脱这种试图在某个角落得到安全的可怕的事情。只有当心灵获得了真正的自由，它才能拥有创造力。

问：您真正想要做的是什么？而您是否真的在做它？您就只是希望发表演说吗？

克：我不想与你争执，但你究竟是为了什么来到这里呢？你为何要来聆听我的讲话？你为何参加这些会议？我或许可以回答我为什么要发表演讲，然而，更加重要的则是你探明自己为何要来这里，不是吗？因为，假如你来这里只是为了听另外一场演说，为了领悟某种神秘的东西或是其他，那么这显然就是在浪费时间，对吗？但倘若你来此处是为了探明，为了真正凭借自己的力量去发现、去体验，那么探明你我之间的关系就将变得十分的重要。如果我们的关系是我在教授你、指导你，你在聆听和遵从，那么你就永远不会有所发现，你只是追随者、遵从者罢了。于是也就不会有任何的创造力，你的身上不会有更新。若你的聆听只是为了发现一种状态、一种感受，你可以将其带回家中继续，那么我们的关系显然就不是相互的。

但倘若你在聆听的过程中去发现你自己，去探明你的心智是怎样思考、怎样运作的——这是生活的整个问题——那么，随着你去发现它、认识它，你来这里便有了价值，不是吗？如果在聆听的时候有觉醒，有词语的真正涵义上的变革，如果有深刻的、心理的革新——这种革新会带来一种更有意义、更加广阔的认知——那么你来到这里才有价值、有意义。

我努力要去做的是什么呢？演说只是一种交流的方式罢了，不是吗？我希望告诉你一些东西，或许是探明真理的方法——不是作为体系的方法，而是怎样去着手它。假如你能够凭借自己的力量发现这个，就不会再有什么演说者，而是我们大家一起在讲话，一起在表达那些蕴含在我们生活中的真理。这才是真正重要的，对吗？因为，在一个混乱的世界里，在一个有着这么多的噪音的世界里，一个人的声音是没有多少意义的。但倘若我们每个人都在发现真理，就会出现更多的我们，尔后，我们或许就可以带来一个截然不同的世界了。这就是为什么我要发表讲话的缘故，我希望这也是你聆听我讲话的理由。如此一来我们每个人才能活跃起来，才能富有创造力，才能自由地去探明真理、神、实相。不是在终点，而是时时刻刻去探明，不怀有任何累积的意识。

真理是无法被累积起来的，被累积起来的东西总会被毁灭，总会走向衰退。真理永远不会凋谢，因为你只有每时每刻在每一个想法、每一个关系、每一个词语、每一个手势、每一个笑容、每一滴眼泪里面去发现它。假如你我能够发现它、与它共存——真正的生活便是去发现真理——那么我们将不会变成宣传者，而是富有创造力的人。不是完美的人，而是具有创造力的人，这二者有着很大不同。我认为，这就是为什么我要发表演说的原因，或许这也是你来这里听我讲话的原因。

问：我怎样才能摆脱我所受的限定呢？

克：由于这是一个相当重要和复杂的问题，所以让我们耐心地对它展开探究。因为，通过仔细地分析该问题，我们或许就可以让心灵立刻挣脱自身的局限了。

我们大部分人都是受限的，对吗？我们可能没有觉察到这个，但我们被限定为了基督徒、英国人、法国人、德国人、共产主义者、印度教教徒，诸如此类，我们全都受着限定。也就是说，我怀有某些自儿时起便经由教育以及各种各样的强迫施加在我身上的信仰、经验和知识，我自身的经验同样也局限着我。你和我有意识地或无意识地在宗教、政治、经济等层面都受着这样或那样的限定。或许我们并没有觉知到它，当我们觉察到它的时候，会发生什么呢？

我觉察到一直都被限定为了印度教教徒，我被限定着去抱持某些信仰。由于对这些信仰不满，于是我便转向其他形式的信仰，我变成了一个基督徒、佛教徒或是共产主义者。所以，我的行动总是从我的本来面目转向我所认为的更好的状态，这便是始终都在出现的情形，对吗？我离开我的本来面目，指望着通过从我的本来面目转向某种更好的面目，转向另一种限定来冲破我的本来面目，冲破我所生活的受限的状态，情形总是如此，不是吗？

请注意，这不是要去争论、讨论、撕成碎片的问题，而是在我们的日常生活中切切实实发生的景象。我们从一种受限的状态转向另一种受限的状态，我们以为后者更好、更宽广、更有意义、更有价值、更有帮助。当这位提问者询问道："我能否摆脱限定？"他所指的究竟是彻底的、完全的自由，还是在寻求一种更好的限定呢？作为印度教教徒的我，是希望彻底打破我所受的限定，还是希望转向一种更好的限定呢？

请问一下你自己这个问题，因为，正确的答案取决于事情的真相。如果我觉察到了限定，我是希望完全打破我所受的局限，还是仅仅希望转向另外一种更好的、更高等的限定呢？假如我只是希望转向一种更好的限定，那么问题便会完全不同了。可能会有更好的限定，也可能没有，或许只是另外一个将心灵困于其中的幻觉。但倘若我希望去探明，希望去冲破所有的限定，那么我的问题就将截然不同了。因为，尔后我关心的不是转向某种其他的东西，我关心的是去觉察到限定的整个过程。

如果我实现了这样的觉知，那么，那个限定我的事物是什么？那个局限心灵的事物是什么？我是个印度人，什么是印度人？某些传统、信仰、习俗，等等，所有的观念和想法，对吗？作为基督徒的你则被其他一些观念、信仰所局限。因此，一个人受着观念的限定，只要有观念，就必然会有限定。只要我是作为一个印度教教徒去信仰的，那么这种信仰就会限定我，只要你相信某些形式的救赎，这种观念便会局限你。所以，只要存在着观念，就会有限定。

当你说道："我希望挣脱限定"，你的立即反应会是什么呢？你明白没有？也就是说，我说道："我必须摆脱限定。"对这个问题的立即反应是："我怎样才能摆脱呢？"对吗？"怎样"变得格外重要，"怎样"就是你会做出的立即反应，不是吗？如果我觉察到了自身所受的限定，我领悟到了打破限定的重要性,这之后我的立即反应会是询问自己:"我如何才能打破它?"

所以,"怎样"同样是一种想法,对吗?于是我也就再一次地被"怎样打破它"这一想法所困。于是,"怎样"变成了一种行为的模式,局限了我的思想。所以说,只要我带着"怎样打破它"的念头去审视我所受的限定,那么这个"怎样"就会制造出另外一种模式,而心灵则会被困于其中。

那么,我要如何去审视自身的限定呢?要带着什么观念去审视它呢?抑或,我是要打破它吗?我不知道我是否把问题给说清楚了。原因是,在我看来,重要的是去弄明白我们究竟是在应对观念还是在应对事实。因为,毕竟,当我自称是共产主义者的时候,那么我就会怀有某些观念,假如我希望冲破这些观念,我会通过引介其他的观念来做到这个,不是吗?所以我始终都在应对观念,而观念显然是一种会带来限定的因素。

因此,只要我在应对观念,局限便会继续。原因是,我的受限的状态不过是一系列的观念。只有通过摆脱所有的观念,我才能冲破这种限定,而不是通过更多的观念。作为一个基督徒,我相信某位救赎者,这是一种观念。我不可以引介其他的观念出来,但这正是心灵一直都在做的事情。只有当观念消失不见,我才能获得自由。所以,通过观念,受限的心灵是永远不会获得自由的,因为观念本身、想法、信仰都会局限住心灵。唯有当心灵不再去制造观念,才可以立即摆脱限定。

问:过去我做过一些坏事,那么我如何才能获得心灵的安宁呢?

克:我们全都会犯错,不是吗?我们全都伤害过人,我们都犯过很大的过错,这会留下某个记号、会留下悔恨。那么,一个人要如何摆脱他所犯过的错误呢?懊悔能够消除错误吗?错误已经犯下了,我感到十分悔恨,这会让错误烟消云散吗?我将其称为罪孽,这会让它消失不见吗？抑或，向你忏悔它，这会消除它吗？什么才能让我的心灵、我的头脑摆脱错误、摆脱我曾经犯下的某个重要的过错呢？

这显然就是我们的问题，对吗？因为，当我们声称"我们永远不应该犯错"的时候，我们便是在为某个理想去努力——一个完美的人——这依然是一种会局限心灵的观念。我们都会犯错，这是事实，那么，我们要如何去应对曾经犯下的严重的过错呢？

心灵对这个过错做了些什么？心灵是怎样回应的？我知道我犯了错误，我伤害了某个人，那么我该怎么办？我可以去道歉，但事实依然存在，我的伤害依然造成了。那么，心灵如何去应对这个呢？它接下来会有什么行动呢？它会希望去纠正错误，对吗？它已经纠正了错误，意思便是说，它去到那个人那里，为自己的所作所为向其道歉，诸如此类。这是通常会做的事情，但错误、伤害依然在那里。所以，对我来说，重要的是探明我的心灵是如何去应对我所犯下的过错的，不是吗？

它难道不会整天想着那个过错，确立起它、扩大它、永远关注它、梦见它、谴责自己吗？这便是我们大多数人做的事情，对吗？因此，心灵整天忙于已经犯下的过错，这本身就是另外一个错误，由此会生出原谅、悔恨等想法——心灵不停地关注于某个错误。错误已经犯下了，你试图去纠正它，但心灵整天想着这个过错，这是心灵以另外一种形式试图去纠正它，可惜毫无效果。

所以，只要我关注于错误、过失、伤害，我的心灵被它占据，那么它就会变成一种固执，不是吗，就会变成另外一种障碍。事实是：我已经犯了错，我现在唯一关心的就是探明心灵为什么要让自己整天想着这个过错，以及为什么心灵害怕犯错。因为，只要我活着、你活着，我们就会以这种或那种方式彼此伤害，尽管我并不希望伤害你，你也不想伤害我，但我们还是会以十分隐蔽的方式伤害对方。那么我该怎么办呢？我是否要彻底退隐于世呢？我的存在、我的呼吸都会带来破坏，我在剥削、利用他人，他人也在盘剥我。既然意识到了这个，那么我是要退隐于世吗？

但倘若我懂得怎样去面对我所犯下的错误、过失，那么我就会获得自由，不是吗？尔后我就会知道该怎么做了，于是我不会对自己说："一个完美的人永远不会犯错。"可是，在犯了错误之后，我难道无法承认它，然后让它过去，不去整天想着它吗？因为，这会让心灵获得自由，意识到一个人已经犯了错，承认它，做必须要去做的事情，然后让它过去，不去整天想着它。

这需要大量的认知，需要许多隐蔽的自由。认识到一个人可以犯错，没有某个他必须要去遵照的标准，以这样的方式心灵会自由地去犯错，或许会犯更多的错误。然而，懂得如何应对错误才是真正重要的，重要的是去承认错误，不去管它，不去焦虑，不去终日忙于它。

问：个体能否变得完美，从而创造出一个完美的世界呢？

克：个体、你我能否变得完美，从而带来一个完美的世界？我们又一次地在应对观念，不是吗？完美的人是理想化的人，是心灵构想出来的完美的个体。心灵构想、制造出了那一模式，而我则按照这一模式去生活。心灵构想出了完美的国家的观念，并且试图建立一个完美的国家。也就是说，当我们询问："一个人能够实现完美吗？"我们关心的只是心智。当你说："我们想要建立一个完美的国家"，这依然是在心智的领域之内。

所以，当完美、革新处于心智的范畴之内，那么，建立一个完美的国家便会伴随着残酷无情，于是就会有大清算、集中营、暴政、专制——你知道这所有的一切。因此，只要我们认为人是可以变得完美的，残忍便将永无止境。于是，心灵只是在应对观念，而观念与实相毫无关系。

可是，心灵能否发现实相呢，而不是关于实相的理念？心灵能否允许实相的出现呢？如果它可以，那么人与人的关系、人与社会的关系就将完全不同了。毕竟,假如我想要建立一个完美的国家,那么我不仅会强迫自己按照某种思维模式生活,而且还会强迫他人去按照那一理想的模式生活。完美的人永远不会是自由的,认为人应当变得完美——这是物质形式的达成、实现,压根儿就不是精神层面的。

然而,人可以发现真理、实相、神。尔后,真理便能够运作起来,尔后,真理会带来一种崭新的国家状态,它有别于心智能够想到的完美的国家。因此,我们必须首先去寻求真理,而不是如何让我们自己变得完美或是让社会变得完美。

那么,受限的心灵、永远都在寻求完美以获得安全的心灵,这样的心灵能够摆脱有关完美的观念而去寻求真理吗?因为,我们并不知道什么是真理。心智只能够应对观念,它无法去应对事实,它可以去解释事实,可以去阐释事实,但心智不是事实。所以,只要我在寻求完美,我就不是在寻求真理、神。如果我寻求一个完美的国家,那么我势必就会制造一个充满强迫的社会,结果就必定会出现各种各样的高压、训戒、专制。但倘若我去寻求真理,寻求那未知的、不可知的事物,那么我就能够创造一个截然不同的世界了。

但要想发现未知,心灵就必须迈入非凡的静寂,不可以去构想任何观念。因为,正是观念控制了思想、局限了心灵。一个受限的心灵不是完美的,不是自由的。只有当心灵摆脱了观念的制约,才能迎来创造力。

(第三场演说,1953年4月1日)

抛掉心灵的幻觉

我认为，假如一个人能够认识那制造迷信的力量，或许就会懂得什么是真正的宗教。但倘若没有认识或者深入探究这一有关幻觉的问题以及是什么滋生出了幻觉，倘若没有深刻地、充分地认识它，那么要想探明何谓真理就几乎是不可能的事情。我们大部分人都怀有如此多的幻觉、如此多的迷信，我们不仅怀有经济上有关完美国家的迷信，有关培养完美的人的迷信，而且还有关于什么是真理或者什么是神的迷信。那么，能否让心灵不再去制造、滋生以及抛掉任何一种幻觉呢？唯有这样我们才能懂得何谓真理，没有任何的障碍，不做任何解释，带着一颗澄明的心灵，一颗不会预先构想出观念、理论、猜想的心灵去简单地、直接地审视它。

在我看来，重要的是我们是否能够怀着极大的热切和真诚去探明这种幻觉感究竟是怎样出现的，为什么会感觉一个人被困在了由他自己制造的事物里面。所以，我们或许能够真正去探究它、消除它，不是一点一点的、缓慢的、逐步的，而是彻底的。因为我觉得，并不存在所谓渐渐消除某个观念、迷信或欲望，要么一个人彻底地将其消除，要么根本就无法把其消除。

那么，能否消除制造幻觉的能力呢？纵观世界，我们的大部分宗教都是仪式性的、教义性的，它们局限住了我们的思想。我们一直都是在某种思想或行为模式中长大的，我们的心灵对其依附。由于成长在某种哲学或组织化的思想的模式中，所以，似乎让心灵摆脱我们自孩提时代起就在学习的那些符号和语词几乎是不可能的。

显然,要想探明真理,心灵就必须拥有非凡的自由,没有任何符号,不会对语词做出任何反应,不会制造出观念或者它曾经有过的经验。如此一来心灵才能格外的澄明、简单和直接,不会再有任何幻觉或者制造幻觉的能力。

那么是什么导致了幻觉呢?难道不是因为渴望获得慰藉、满足、救赎、基本的安全吗,难道不是因为内心深处渴望某种希冀,渴望逃避挫败和沮丧吗?当心灵伸出手来恳求,想要获得认知的时候,难道不就会制造出幻觉吗?因为,在这种欲望的背后是整个无意识的背景:我们所受的限定、所处的环境,无数的冲动、恐惧、焦虑,某个种族、某种哲学思想的限定。伴随着这一背景,我们渴望获得救赎、慰藉与希冀。由于我们无法在这个世界获得幸福、自由感、完完全全的没有丝毫恐惧和挫败的实现,于是我们便转向了另外的世界。我们知道自己在这个世界上无法实现完美,人无法让自己变得完美,因为他只会通过自身的心智来让自己变完美,而心智永远不会让自身完美,心智永远无法摆脱思想,思想局限住了心智。所以我们便去求助于各种各样的救赎,努力去探明什么是真理、神、幸福、不朽,努力去发现某种超越短暂的事物。因此,已经身处自身欲求之中的心灵便通过自己的欲望制造出了更多的幻觉。

这样的心灵,渴望去发现的心灵,能否探明真理呢?我觉得,对这个问题展开探究尤为重要。因为,只要我们是在没有认识背景的情况下去寻求,那么我们将会找到寻求的东西,只不过它将会是幻觉罢了。

那么,我能否不经过分析的过程就摆脱自身的背景呢?因为,我可以发现,通过分析背景,我并没能解决问题。我可以强行地剥去,我可以解释,我可以懂得包含在里面的各种涵义,但我并没有摆脱它,心灵依然在不知不觉中被它束缚。原因是,仍然有一个分析者在进行着观察,于是分析者总会依照他所受的限定对自己观察到的东西进行解释。

那么我能够完全摆脱背景的制约吗？不是在某个遥远的将来，而是现在，如此一来才可以不去制造出任何形式的对于真理、幸福、某种未知事物的渴望。因为，欲望难道不是导致心灵所依附的幻觉的根源所在吗？我可以摆脱心理的欲望吗？不是通过任何强迫，不是通过训戒，而是通过认识这种对于更多的渴望。我渴望更多的知识、更多的美德、更多的自由、更多的幸福，我渴望认识更多。很明显，正是因为渴望得到"更多"才会导致幻觉的出现——这并不表示我应该满足于我所拥有的。如果我满足于自己拥有的，那么这同样是另外一种形式的幻觉，因为我永远不会满足于自己的本来面目，永远不会满足于我已经累积的那些东西。

所以，心灵能否挣脱这种对于"更多"的渴望呢？这实际上意味着，心灵能否认识"当下实相"，同时不去试图改变它，不去努力把"当下实相"改变成应有面目？一个人能否在内心深刻地认识到，正是由于渴望"更多"才制造出了幻象？原因是，尔后，心灵便发明出了时间的过程："最终，通过完美，通过让心灵完美，通过培养美德，我将达至幸福。"于是，心灵永远都在为了获得自由，为了认识真理而去努力、体验、累积。

那么，我能够让自己彻底摆脱这种对于更多的渴望吗，能否完全把它从我身上剔除呢？我认为，假如一个人懂得了这整个的涵义，假如他真正去聆听这种欲望的内在本质，聆听那一刻的无意识的冲动，他就可以完全摆脱它。我觉得，尔后他便能够摧毁那种制造幻觉的能力了。毕竟，这便是我们全都渴望的，我们渴望更多的舒适、更多的幸福、更多的保证、更多的确定。由于被困于其中，于是心灵便制造出了那能够带来"更多"的行为模式。

我们显然拥有足够的解释、描述。如果我们抱持严肃认真的态度，如果我们真正怀着热切的意愿想要去探明真理，那么我们显然就必须把所有的解释、语词抛到一边去，我们应该直接关心的是努力去发现。但只要我们渴望更多，那么我们的心灵就无法去探明。

所以，在我看来，重要的是心灵应该处于这样一种状态，那便是它能够让自己不去要求，不去渴望——这并不表示接受，而是心灵真正迈入了静寂。心智即思想——思想是用言语去描述某些经历、体验，思想是记忆，它在探究、询问——这样的思想难道无法终结吗？如此一来心灵才会不再去制造、构想任何东西，迈入彻底的静寂。因为，唯有这时心灵才能摆脱一切幻觉，唯有这时，我们才能探明真理——不是对真理的描述，不是解释，不是某个体验过真理的人所发表的关于真理的看法，这些东西完全没有价值，它们毫无意义。可一旦心灵真正进入这样的状态，即我们所知道的思想走向了终结——思想总是在强化着受限的心灵的背景——那么我们就将发现那不可命名的事物了。

但心灵很难安静下来，很难不去构想、制造，不去寻求，不去努力发现。这种静寂的到来，不是通过任何形式的制定好的行为模式，而是只有当我们认识了如下问题，即心灵能够制造出它所渴望的一切——大师、救赎者、各种各样将我们困于其中的无数迷信。那么，心灵，你我的思想能否不通过任何形式的强迫而迈入到这种并非是由心智构想出来的非凡的静寂与安宁呢？只有当我懂得了静寂的必要性，当我在游走过了整座幻觉的迷宫之后将其终结，才有可能实现。唯有这时，真理才会降临。

问：看着电车或地铁上的我的这些同类们，我发现每个人包括我自己在内全都如此的平凡、如此的庸庸碌碌。那么我如何才能忍受这种日常生活的丑陋呢？

克：我们自己全都是凡夫俗子，全都是丑陋不堪的。我们不必去看邻居，不必去看坐在地铁或巴士对面椅子上的男人女人。我们已经失去了所有的生命力，所有的热情，已经不懂得去真正欣赏美。我们的生活是无聊乏味的例行公事，其实没有多大意义，结果我们自己也就变得丑陋和平庸起来，那么我们对此应该如何应对呢？当我认识到我是如此丑陋和平庸，认识到我的整个生活没有多少意义，不过是我必须要完成的例行公事罢了，一旦懂得了这一切，那么我的立即反应会是什么呢？我会去谴责它，对吗？我谴责平庸，我想要变得美丽，我想要拥有不同的特性，我想要获得欢愉，我想要感受到自由。于是我便去依附美，难道不是吗？我渴望拥有美，结果我便去培养美，谴责平庸和丑陋，这就是我们通常的反应，对吗？

当我去谴责的时候，我是否会实现认知，是否会以某种方式得到改变，是否会出现新的事物？我唯一关心的是去培养美，我渴望这个，我渴望对美具有感受力，我渴望消除丑陋。然而，抛掉丑陋、依附美、执着于美，这么做会让我变得缺乏感受力，不是吗？请认真审视一下这个。当我否定丑陋，排斥丑陋，谴责它，努力把它从我身上剔除，我难道不会变得对美越来越缺少感受力吗？这就好像是砍掉了我难看的臂膀，试图在其他的方向培养起美一样。

重要的是具有完全的感受力，而不是仅仅只感受到某一个事物，对吗？通过谴责某个我认为丑陋的事物，能够带来感受力吗？假如我谴责嫉妒，说它是丑陋的，那么我能够感受到那种嫉妒的状态吗？我难道不应该对嫉妒和不嫉妒的状态都具有感受力？所以，重要的是感受力，对吗？——不是怎样变得更加美丽或者更有美德，不是怎样逃避日常生活里的丑陋，而是感受到这二者。假若我去谴责，假如我去依附某个想法、观念，抑或是某幅我所认为的美丽的绘画，那么我便无法具有感受力。只要我领悟到了这一切，我就不会去谴责了，不会说："它是丑陋的、平庸的。"尔后我会发现，这个词语具有神经学的意义，它会对我产生作用，就像"美丽"一词对我起作用一样。

因此，重要的是既感受到丑陋，也感受到美丽，难道不是吗？尔后才能够不加谴责地去观察、审视丑陋。这种感受力将会带来某种新的事物，将会带来爱。然而，爱并不是可以被培养起来的东西，只有当我们认识了我们的谴责的整个背景，爱才会出现。每个社会、每个宗教、每个文化都在谴责，我们从小就被教育着去谴责、评判、衡量，声称"这是对的，那是错的"——这并不是说没有对错。我们的本能反应便是去谴责，这其实是一种抵制，经由抵制，我们无法感受到美丑。

但倘若我们不去谴责，或许就会拥有新的呼吸，新的活力，就会生出爱的情感。它将会带来转变，将会让我们用截然不同的眼光去看待我们日常生活里的丑陋。

问：我感到非常的孤独，我渴望某种亲密的人际关系。既然我可以发现没有这样的伴侣，那么我该怎么做呢？

克：很明显，我们的难题之一便是，我们渴望通过某个事物、某个人、某个符号、某个观念，通过美德、通过行动、通过伴侣来获得幸福。我们以为，幸福、真理，随便你如何称呼都好，能够依靠某个事物来获得。因此我们觉得，经由行动、伴侣或者某些观念，就可以得到幸福。

由于孤独，于是我希望找到某个能够让我经由它获得幸福的人或观念。但孤独依然存在着，它一直都在那里，只不过被掩盖了起来。但由于它让我感到恐惧，由于我不知道孤独的内在本质是什么，因此我希望找到某个可以去依附的事物。所以我认为，通过某个事物、某个人我便能够达至幸福。结果，我们的心灵总是关注于去找到什么、获得什么。我们希望通过家具、通过房子、通过书本、通过人、通过观念、通过仪式、通过符号来获得些什么，获得幸福。于是，外物、人、观念变得无比的重要，因为我们指望着通过它们就能够有所发现、有所获得，于是我们便开始去依赖它们。

然而，即使有了这一切，依然还是没有认识、没有解决这个事物，焦虑、恐惧仍旧存在着。即使当我发现它仍旧在那里，我还是希望利用它，希望去经历，去发现那超越的事物。所以我的心灵把一切东西都用作了手段，以便去超越，结果也就使得一切都变得琐碎起来。如果我利用你来完成自我实现，来获得我的幸福，那么你就会变得分外的重要，因为我关心的是我的幸福。所以，当心灵关注于如下观念，即通过某个人、某个事物或者某种观念它便可以获得幸福，那么我难道不会让所有这些手段都变成短暂即逝的吗？原因是，尔后我关心的是其他的东西，是走得更远，是获得某种超越的事物。

因此，重要的是我应当去认识这种孤独、这种巨大的空虚感带来的痛苦，不是吗？原因在于，假如我认识了这个，或许就不会利用某个东西来获得幸福了，就不会把神作为一种手段以便得到安宁，或者是利用某个仪式来获得更多的感觉、兴奋、刺激。那个啃噬着我的心的事物便是这种恐惧感，便是我的孤独与空虚。那么我能否认识它呢，能否消除它呢？我们大多数人都是孤独的，不是吗？我们做了一切，广播、书籍、政治、宗教，但这些东西并没有真的掩盖孤独。我可以活跃于社会层面，我可以让自己跟某些组织化的哲学认同，然而无论我做什么，孤独都依然存在着，深藏在我的潜意识里面，抑或藏在我心灵的深处。

那么我要如何去应对它呢？我是怎样让它出现的，又要怎样彻底地消除它呢？我的整个倾向又一次地是去谴责，对吗？我惧怕那个我不认识的事物，恐惧源于谴责。毕竟，我并不认识孤独的特性，不知道它实际上是什么，但我的心灵却已经通过声称它是可怕的而对它做出了评判。它对该事实怀有诸多的看法，它对孤独有着许多的想法，正是这些看法、观念导致了恐惧，使得我无法去真正审视孤独。

我希望我把自己的意思给讲清楚了。我很孤独，我害怕孤独。是什么引发了恐惧呢？难道不是因为我并不理解孤独里面所蕴含的涵义吗？只要我认识了孤独的内涵，我就不会惧怕它了。但由于我怀有它可能是什么的观念，于是我便去逃避它，正是这种逃避制造出了空虚，而不是去审视孤独。要想审视它,与它共处,我就不可以去谴责。一旦我能够去直面它,那么我就可以去热爱、探究它了。

那么,我所惧怕的孤独是否仅仅是一个词语呢?它难道不是一种不可或缺的状态吗,难道不是一扇经由它我就能够去发现、去探明的大门吗?原因是,这扇门或许会带领我走向远方,如此一来心灵便可以认识那种它必须迈入的独在、不受污染的状态。因为,一切远离孤独的行为都是偏离、逃避、分心。如果心灵能够与孤独共处,不去谴责它,那么,经由这个,心灵或许就将发现那种独在的状态了。这时候,心灵不再是孤独的,而是独在的,没有任何依赖,不去寻求某个事物以便有所获得。

要想认识这种独在,不必非要孤独一人,这种独在不是任何环境带来的,这种独在不是与世隔绝,而是充满了生机与活力。当心灵不再去寻求幸福、美德,也不去制造抵制,便可以实现独在了。唯有独在的心灵才能有所发现——而不是已经被污染的心灵,被自身的经验腐蚀的心灵。因此,假如我们懂得怎样去审视孤独,假如我们能够觉察到孤独,或许就将开启通往真理的大门了。

问:我主要是在心理上依赖他人,我希望摆脱这种依赖。请您告诉我如何才能摆脱呢?

克:我们在内心依赖仪式、观念、他人、外物、财富,不是吗?我们存有依赖,我们希望摆脱这种依赖,因为它让我们痛苦。只要这种依赖让人满足,只要我在它里面找到了幸福,我就不会想要摆脱它了。可一旦这种依赖让我受伤,一旦它带来了痛苦,一旦我所依赖的对象离我而去,消失了,凋零了,或者转向其他人了,那么我就会渴望去摆脱它。

可我究竟是希望彻底地摆脱所有心理上的依赖呢,还是仅仅想要摆脱那些带给我痛苦的依赖呢?显然是想摆脱那些让我痛苦的依赖和记忆,我并不希望完全摆脱一切依赖,我只想摆脱某个依赖。于是我便去寻求各种方法、手段来让自己获得自由，我希望其他人帮助我去摆脱某种带来了痛苦的依赖，我并不想挣脱整个依赖的过程。

那么，他人能否帮助我摆脱依赖，摆脱某种依赖或者是全部的依赖？我能够告诉你法子吗？——法子便是解释、语词、技巧。通过告诉你方法、技巧，给你某个解释，你就可以自由了吗？你依然存有问题，不是吗？你依然怀有痛苦，不管我告诉给你多少法子去应对它，不管你同我讨论多少次，都无法让你摆脱依赖。那么，一个人要怎么做呢？

请务必理解这里面的重要性。你在寻求可以让你摆脱某种依赖或是全部依赖的方法。方法便是解释，对吗？你打算去实践它，打算与它共处，以便获得自由。结果，方法变成了另外的依赖，当你努力让自己摆脱某种依赖的时候，你便导致了另外形式的依赖。

但倘若你关心的是彻底挣脱一切心理上的依赖，倘若你真的关心的是这个，那么你就不会去寻求所谓的方法了，尔后你将会提出完全不同的问题，对吗？你会询问自己是否有能力去应对它，是否能够去应对这种依赖。所以，问题不是如何让我自己摆脱某种依赖，而是"我是否有能力去应对这一问题？"如果我有这种能力，那么我就不会去依赖任何人。只有当我声称我没有这种能力，我才会要求说："请帮帮我，请告诉我法子。"可一旦我能够去应对依赖的问题，我就不会请求他人来帮助我解决它了。

我希望我把自己的意思阐释清楚了。因为我觉得，重要的不是询问"如何"，而是"我能否去应对问题？"原因在于，只要我懂得怎样去应对它，那么我便摆脱了这个问题，尔后我便不会再去请求某个方法。但是，我有能力去应对依赖这一问题吗？

那么，当你向自己提出这个问题的时候，你的内心会发生什么呢？当你有意识地提出如下问题："我是否有能力让自己摆脱依赖？"你的内心会发生什么呢？你难道不是已经摆脱了这种依赖吗？你在心理上存有依赖，现在你说道："我能够让自己自由吗？"显然，当你急切地询问自己这个问题的那一刻，你便已经摆脱依赖获得了自由。

请注意，我希望你不是只在口头上领悟了，而是真正去体验我们在讨论的问题，因为这便是聆听的艺术，对吗？不是单纯聆听我的话语，而是聆听在你自己的内心真正发生的一切。

当我知道我拥有这种能力的时候，问题便会消失不见。但由于我并不具备该能力，所以我便希望有人给我指出法子。于是我制造出了大师、上师、救主，制造出了某个将会拯救我、帮助我的人，尔后我变得依赖他们。但倘若我有能力去消除问题、认识问题，那么它就会十分的简单了，尔后我就不会再去依赖了。

这并不意味着我充满了信心，通过自我、"我"产生的信心，不会带领你达至任何地方，因为这种信心会带来自我封闭。然而，提出"我能否发现真理"这一问题，给予了一个人非凡的洞见和力量。问题不在于我有能力——我没有能力——而是"我能够拥有它吗？"尔后我将知道怎样打开那扇心灵一直因为自身的怀疑、焦虑、恐惧、经验和知识紧紧关闭的大门。

所以，一旦你洞悉了这整个的过程，就有能力摆脱依赖了。然而，这种能力不是通过任何行为模式来获得的。我无法通过个别来认识整体，通过分析某个特殊的问题，我是不会理解全部的。那么，我是否有能力去认识整体呢？不是去认识某个事件、某个发生的事情，而是去认识我生活的全部过程及其悲伤、痛苦、欢愉，对舒适、慰藉的永远的渴望。如果我可以热切地提出这个问题，就有能力去洞悉了。

带着这种能力，我便可以去应对出现的一切问题。总是会有问题、事件、反应，这便是生活。由于我不知道如何应对它们，所以我便去求助于他人来探明，渴望获得应对它们的方法。可一旦我提出"我能否拥有这种能力"的问题，那么我就已经开始拥有了信心。这种信心不属于

"我"、自我，不是通过累积形成的，而是会始终更新自身，不是通过某种经验或者某个事件，而是通过认知、通过自由得到的信心，如此一来心灵便能够发现真理了。

（第四场演说，1953 年 4 月 7 日）

思想能否让自身发生彻底的改变？

今晚，我希望我们能够思考一个或许探究起来相当困难的问题，我想跟你们谈谈有关心智的问题。因为，如果没有认识心智的作用，以及心智是什么，那么，无论一个人多么热切地希望去改变自己，多么想要让自身发生深刻的、根本性的变革，在我看来，都是没有可能的。这显然是一个非常困难的话题，因为，不幸的是，我们每个人对于心智是什么或者应当如何怀有明确的看法。在阅读了大量的书籍之后，我们对于什么是心智有了明确的结论。但倘若我们能够抛下我们的知识、学到的那些东西、经历过的那些事情，倘若能够做到这个，以新的视角去检验，或许就将探明如何带来这种根本性的转变了，而不是仅仅流于表面的改变。

那么，心智的作用是什么呢？思想能否让自身发生彻底的改变？"我"、自我，与心智是分开的吗？不管一个人把"我"、自我置于哪个层面，不管他多么努力想要带来自身的改变，难道不依旧是在心智的领域之内吗？能否有一种转变——不是持续意义上的永久，而是它自身的彻底的变革——没有任何理由，没有任何动机，不去想要寻求结果？

我认为，假如一个人能够审慎地、深入地探究以下问题，即什么是心智以及心智的作用为何，那么我们就将懂得何谓智慧了。

那么，什么是心智？这个始终在运作的事物，这个在做着选择、在展开努力的事物，这个在制造理想、形象、符号的事物，这个让自己被限定同时又渴望获得解放的事物，这个感受到痛苦，逃避任何含有恐惧的追逐的事物，究竟是什么呢？这个不停在寻求永恒、慰藉、安全、舒适以及它所谓的神的事物，究竟是什么？这个完整的事物——不是只有因为恐惧而退缩或者因为欢愉而膨胀的表层部分——是什么？这个"我"始终都在努力想要变得更好，这个"我"为了达至某个结果而让自身受着束缚，它被野心和欲望驱使着，它总是想要去克服障碍，于是也就总是害怕受挫——这个"我"是什么？它的中心在哪里？所有这些难道不就是我们所说的心智吗？——不单单是那日常运作的心智，而且还有那暗藏着的心智，种族的心智，它里面根植着过去的一切传统。一个人学到的东西，一个人获得的经验、成见等等，还有那个试图去超越限定的"我"，这一切难道不就是我们的心智吗？

潜意识难道不也是人的整体的一部分吗？我的潜意识难道不是全体印度人的思想的一部分吗？就像你的潜意识是另一个种族、另一种风土的组成部分一样？

这一切、这整个的过程，难道不就是我们所谓的心智吗？这难道不就是意识吗？——意识是时间的产物，是培养的结果。"我"总是由接触、感觉、欲望以及经由欲望而累积的经历所构成的。当我们谈论经历的时候，它难道不是记忆、语词、符号、观念吗？所以，由于我们——普通寻常人，不是在神学上有很高造诣或者博学广闻之人——知道这个，这便是我们的心智，对吗？这就是我们的意识——欲望、体验、记忆、知识——我们在这个范围内活动。

"我"的心智会带来智慧吗？知识会带来智慧吗？——不是书本的

智慧，不是一个人通过上学得到的智慧。

因此，我希望去探明的是，作为时间产物的意识——它是由经历、记忆、符号构成的，它不停地在渴望、希冀，感觉自己受挫，处于束缚、痛苦、不幸之中，它永远都在选择，而这种选择又被更大的选择、更好的选择所困——这种意识能否发现智慧、真理、神？如果心灵体验了真理，那么，当它体验真理的时候，意识难道不就是真理的本质吗？

你明白我所说的没有？我领悟到我的意识是时间的产物，这是十分显见的，我们不必对此展开详细的探究。它是由几代人的经验构成的，我是世界上所有的思想、努力、痛苦、迷信的产物，我的意识便是这个。然而，这个意识在寻求着某种真理，而真理显然不应该属于时间的范畴，是无法被累积起来去运用的。但意识是我们能够感觉、体验的唯一工具，很明显，在体验真理的时刻，意识便具有了真理的特性，永恒的特性。

那么，这种转变要如何发生呢？作为时间的产物的"我"，能否带来自身的改变呢？因为，这就是我们的问题，不是吗？我渴望改变，我想要让自身发生转变。原因是，我的生活非常的乏味、沉闷，我很不快乐，我受着局限，构成"我"的是伴随着欢愉和沮丧的永无休止的努力和争斗。在这种意识里面，在这个中心，必须发生变革，我不想只是在外围改变，因为这没有任何意义。假若我怀着严肃认真的态度，我就会希望中心层面的转变，这种转变不为时间所围，不是为了方便起见，不是仅仅改变了模式而已。除了意识，我没有其他的手段。我的所思所感，我的欲望、憧憬、恐惧、爱、恨、不可避免的死亡以及未知——这一切就是我。在自我意识的中心，必须发生革新。

这如何才会可能呢？潜意识同样也是时间的产物，它能带来变革吗？潜意识可以帮助意识不再去累积吗，以便中心能够实现彻底的放弃？我觉得这是非常重要的，即使我表述得比较笨拙，使用了对我们每个人来说不同意义的词语，但这是根本的问题，不是吗？因为，每一个尝试都会走向沉寂，走向例行公事、衰退、缓慢的衰亡，某些时刻是极度的幸福、狂欢，尔后，几天之后，一切都褪去了。

那么，懂得了这所有的复杂，难道不需要探询一下是否可以在没有心智干扰的情况下实现那种变革、那种内在的转变呢？心智能够改变自身吗？我知道有些时刻它会感知到不经邀请而来的真理，这时候，它便是真理。当"我"不再有意或无意地去努力，不再试图变得如何如何，当"我"对自身完全无知无觉，这时候，将会迎来崇拜的状态、实相的状态。所以，那一时刻的意识便是真理，便是神。

因此，问题便是：作为时间产物的意识，作为自我的意识——不管它可能多么喜欢把自己划分成高等的自我和低等的自我，划分成观察者和所观之物——这个"我"，它的全部意识都源于累积经验、记忆、知识，能否终结，能否不去渴望，不去憧憬着消除"我"？原因是，我只有一个工具，那便是意识，在做着权衡、判断、谴责的意识。这样的心智属于时间的范畴，不属于真理——心智懂得知识，但知识不是真理——它突然中止了，如此一来，其他的意识，那个体验实相的意识，意识本身就是真实的了。

我认为，通过询问，通过认真的探究，一个人将会找到答案。作为我们唯一工具的意识、自我，能否不再去累积？那一直都在积累知识、经验、记忆的心灵，能否让自身获得彻底的自由？它是否能够让自己就只是静静地观察着那些记忆、经历、知识经过，而它自己则留在河岸上，不去依附于、执着于任何记忆、任何经历从而获得自由，始终保持自由呢？

由于我们无法抛下我们的知识、经验或记忆，因此它们始终都在那里。但我们可以静静地观察着它经过，不去依附于它们，不管它们是开心的还是痛苦的。这不是要去实践的事情，因为，一旦你去实践，你就会去积累，只要有积累，就会去强化"我"。"我"属于时间的范畴，追逐美德、培养美德的"我"，将会去积累。真理与获取美德无关，但是，必须得有不去积累的美德。只要一个人观察自己的经验、记忆、知识，静静地看着它们经过，那么他不会去要求美德，不会去积累。当心灵不再去积累，当它醒悟到意识的整个过程及其所有的记忆，几代人、几个世纪以来的无意识的动机、冲动，能够让它们就这样经过，那么思想难道不就摆脱时间的制约了吗？尔后，尽管意识觉察到了那些经历，但它却根本不会去依附于它们，不会再被时间之网困住，难道不是吗？

因为，构成时间的是记忆的占据，是能够区分各种形式的记忆。意识能否保持在时间之外、知识之外呢？知识即记忆、经验、语词、符号，它能够挣脱这个从而走出时间的制约吗？尔后，难道不就会迎来根本的变革或是中心的转变了吗？因为，尔后，心灵不再努力去获得、去累积、去达至。尔后，不会再有恐惧。尔后，心灵本身就是未知，本身就是崭新的、未被污染的。所以它便是真理，是那无法被腐蚀的事物，不属于时间的范畴。

问：我发现我非常害怕放弃某些让我感到愉悦的习惯，但我觉得我必须放弃它们，因为它们对我的束缚太强大了。那么我能够做些什么呢？

克：可以打破某些习惯同时又不会制造出其他的习惯吗？很明显，我的问题并不是我想要放弃某个让人痛苦的习惯，抑或是依附于某个让人开心的习惯，而是我能否摆脱这整个养成习惯的行为方式？我能否摆脱这整个的行为模式呢？不仅是摆脱某一种行为模式，而是摆脱整个制造模式的思想方式。也就是说，我能够冲破、摆脱那已经形成了无数个世纪的思想、模式，同时又不会制造出其他的模式吗？这便是我们大多数人沉溺其中的东西，我们冲破了某一种模式，尔后又加入了、制造出了另外的模式。如果我是个印度教教徒，我冲破了这一限定，变成了一个共产主义者，但这依然是一种思维模式，依然是一种组织化的哲学。抑或，假若我是个共产主义分子，我冲破了这个限定，成为了天主教徒。

所以，我从一种模式转向了另一种模式，这便是我的生活，我总是在寻求更好的行为模式、更好的思想模式、更好的参照框架，我反抗一种模式，采纳了另一种。

因此，问题是：我能否、心智能否冲破一切模式？它能否处于反抗的状态，不是仅仅反抗某一种模式，而是从本质上处于反抗的状态？当我们处于反抗的状态，我们就会去反对某个东西，不是吗？作为一个传统的基督徒，我或许会反对共产主义，抑或共产主义者可能会反对资本主义。我们总是在反抗着某样东西，对吗？正是反抗某个事物制造出了模式，当作为印度教教徒的我去反抗基督教或是共产主义的时候，这难道不会制造出另外的行为模式吗？那么，我能够处于反抗之中，不是去反对什么，而是从本质上处于反抗的状态呢？

这便是问题所在，对吗？即如何在内心燃烧反抗的火焰，而不是怎样去打破某个让人愉悦的习惯、某种行为模式，或是怎样找到一个更好的框架，找到另外的理念作为参照——因为，我们始终都在经历这一过程，永无止境。但倘若我关注的是冲破整个制造模式的心智，那么我难道不应该处于反抗之中吗？不是去反抗某个单独的事物，而是我本身处于反抗之中。很明显，只有当我不去反对某个事物的时候，模式才会终结。

当我去反对某个事物，当一种观念与另外一种观念对立，会发生什么呢？如果作为印度教教徒的我去反对基督教，那么我的观念就会反对你的观念。正是这种观念制造出了模式，即使它可能是所谓的新思想。所以，假若我希望挣脱所有的模式，那么我的反抗就必须没有任何动机，没有任何新的观念。这样的反抗显然富有生机与活力，这种状态就是创造力，它是一种纯粹的事物，未被污染、未受腐蚀，因为甚至连希冀都没有。它不反对任何事物，不为任何模式所困。

然而，只有当心灵认识了模式的整个结构，认识了观念与观念对立、信仰与信仰对立、经验与经验对立的整个过程，才能迎来转变。只要心灵被自身的经验、知识所困,它就永远无法获得自由,就一定会出现模式。显然,心灵可以认识模式是如何产生的。形成心灵去依附的观念,依附于某种信仰、习惯、欢愉,所有这些都会制造出模式、框架,而心灵则被束缚其中。那么,心灵能否挣脱观念的羁绊呢?

思想制造出了模式,思想总是受限的,思想里面没有自由。因为,我所思考的东西源自于我的背景,一切思想都是对背景的反应。所以,问题不在于怎样摆脱某种模式或者思维习惯,而在于心灵能否不再去制造观念,不再去依附信仰,不再去依附经验、知识、记忆。唯有这时,才能冲破模式的制约,才能彻底摆脱所有的模式。

问:基督徒,包括罗马天主教徒,都许诺了天堂。那么您能提供什么呢?

克:你为什么寻求天堂?你为什么怀有渴望?你为什么说:"其他人都给了我些东西,那么你有什么可以提供的?"假如你之所以会被许诺什么是因为你伸出手来去乞讨,那么你得到的会是真理吗?

什么是天堂,什么是地狱?宗教提供的天堂是什么?这种或那种形式的安全,对吗?希冀,奖赏,更好的生活,另一个层面的更大的幸福,超越死亡的救赎,我们每个人在来生的一个安全之所,这便是我们全都渴望的东西。每个宗教都许诺了终极奖赏,所以每个宗教都把天堂视为自己的专利。这就是我们渴望的,我们为自己制造出了所有这些天堂和地狱。不单单是宗教提供了它们,它们便是我们所渴望的东西。我们渴望安全,渴望永远的幸福,我们希望永远不会处于一种不知道的状态。

然而,未知便是真理。天堂是一种未知的状态,地狱是已知的状态,我们被困在已知和未知之间。由于我们的生活是一种已知的状态,因此我们总是害怕那未知的事物。神、真理、天堂,这些便是未知。我们想要在未知中有一席之地,所以,任何宗教、任何国家、任何政治党派，只要它们许诺给我们一个安全之所，我们便会去接受，于是我们成为了天主教徒、共产主义者或是加入其他组织化的哲学。只要我们寻求着一个永恒之所——一种没有变化的幸福，一种永远不会受到干扰的安宁——我们就会找到它，就会组织起能够让我们满足的哲学、宗教。

所以，只要我寻求永恒，我就会制造出教义和信仰，而我则会被困在这些教义、信仰和理论之中。这便是我们渴望的全部。从根本上来说，从内心来说，我们从来不希望处于一种未知的状态，即使我已知的事物已经变成了令人厌烦和乏味的例行公事，未知依然是我所惧怕的。我渴望在未知里面有一席之地，因此我总是在已知和未知之间交战，而这便是我的地狱。

那么，心灵能否抛下自己所有的知识、经验、记忆，迈入一种未知的状态呢？这是神秘的，不是迷信、教义、救主、大师的神秘，而是未知的神秘。心灵难道无法变得未知吗？这需要彻底摆脱已知，不是吗？所以，背负着已知这一重担的心灵，努力去捕捉未知，于是，过去与那心智无法认知的事物之间——心智囿于过去——便会始终展开交战。

可一旦心灵摆脱了过去，摆脱了过去的经验、记忆、知识，那么心灵就处于一种未知的状态。对于这样的心灵来说，没有死亡。

除非你体验了这一切，否则这些只是单纯的话语罢了。除非它是由未知带来的直接的变革，要不然，仅仅重复话语将会毫无意义。那么，像我们这样的普通人能否迎来这一事物呢？我们越是简单，越会接近真理。博学的人、经验丰富的人、背负着无数记忆的人，永远无法领悟它。然而不幸的是，平凡人、普通人却在努力想要变得"更加如何"，变得更聪明，获得更多的知识。但倘若他保持简单、寻常，不去获取，那么心灵本身就能够变成未知之物了，不是吗？于是，心灵自己就会成为天堂，成为那高深莫测的事物。

问:"思想者与思想是一体的"这句话,似乎让我无法理解并且引发了我的抵触。您能否告诉我为什么我觉得这个观念是如此的难以理解呢?

克:这个观念难以理解,或许是因为你是带着观念去迎接观念的,因为我们从儿时起就受着限定,认为这二者是两种不同的状态——思想者和思想,高等的自我和低等的自我,神和非神——一个试图去控制、支配、影响另一个。这便是我们一直被教育的观念,对吗?我们被局限为了这样的看法,怀有了如此成见。我们以为这两种状态是分开的,因此思想者和思想之间便始终在交战。

请注意观察一下你自己的心智,你会发现,这是一个普通的、日常的事实——即有一个思想者在控制、训戒、影响自己的想法,让它变得更加高尚、更加有德行、更加受人敬重、更加克制。这便是我们所做的事情,对吗?

如果你保持高度的警觉,那么你为什么不去询问如下的问题呢,即思想者是否位于思想之外?是否存在着思想者这一脱离思想之外的实体、这一精神性的存在——随便你怎么称呼都好——这一高等的自我?思想者是否与思想这一特性是分开的?答案显然是否定的。假若我不去思考,就不存在思想者,所以是思想制造出了思想者。

请注意,你不必去接受我所说的观点,就只是观察你自己的思想的方式。

因此,我们始终处于冲突之中,思想者和思想之间的冲突。我想要集中精神,但我的想法却在四处游走;我心怀嫉妒,但我不应该如此;一方面我是高尚的,另一方面我却是丑陋的,于是便会上演战役。假如一个人希望去超越这种交战,摆脱这种永无止境的争斗,那么他难道不应该探明思想者是否是一个真实的存在,是否有一个脱离思想存在的思想者?思想是短暂的,对吗?——它们会改变。由于认识到了这一巨大的短暂的思想之链，所以心灵自然渴望去确立一个无法被毁灭的思想者，于是，"我"、思想便赋予了自己一种不朽的特性。结果，我通过思想确立起了一个思想者——它在认知，在累积，它能够做出选择，能够战胜一切困难。然而，思想者是思想的一部分，存在的只有思想。

思想的过程能否摆脱为了想要有所得而展开的争斗，能否不去渴望永恒呢？毕竟，思想是已知的产物，思想是已知、记忆、经验、知识的反应，没有语词、符号或记忆，你便无法去思考。当思想努力想要变成更加伟大的事物时，就会制造出理想，于是便有了理想与现实，应有面目与本来面目。结果就会上演交战，会为了获取、为了变成、为了更好而不断地去努力、去争斗。

但人真的希望实现认知以及摆脱这种努力和争斗。因为，争斗、冲突不会带来创造，就像所有的战争一样，它是破坏性的。假如想要迎来最高意义上的创造，就不能够有冲突。若我真心希望探明怎样才能终结冲突，那么我就必须清楚地知道这个观察者与所观之物的问题。只要有一个位于体验、所观之物、思想之外的体验者、观察者、思想者，就必定会出现冲突。

既然懂得了这整个的过程，懂得心灵是怎样发明出了思想者、单独的实体、自我、高等的自我、梵我，那么心灵难道无法不去划分自己而是仅仅关注于思考吗？心灵难道不能够摆脱观念、思想吗？——思想即记忆和背景，经由这一背景便有了通过语词、表达、符号所做的反应。

很明显，当心灵挣脱了争斗和冲突，当它迈入了静寂，当它迎来了不是由背景、思想制造出来的静寂，唯有这时，一切冲突才会停止。这种静寂不是观念，而是事实，它是深不可测的、不可知的。尔后，心灵便会迎来真理。

（第五场演说，1953年4月8日）

意识的彻底革新

今晚，我想跟你们再次谈谈有关新生的问题——不是在来生，而是能否带来意识的彻底革新、重生，不是一种持续、永生，而是彻底的变革。在我看来，这是应当去探究和思考的最重要的问题之一——意识作为我们感知、认知、调查、发现的唯一工具，是否能够实现彻底的更新？如果我们可以探明这个，如果我们不是仅仅聆听话语而是真正去体验这种更新的状态、这种彻底的新生、这种崭新的事物，那么或许就能够一边过着充满例行公事、琐碎、恐惧、错误的寻常生活，一边又赋予这些错误和恐惧截然不同的意义。因此，今天晚上谈论一下这个问题可能十分有价值——即潜意识是否能够发生彻底的转变。一旦认识了这个，我们就将懂得意识的真正作用是什么了。

那么，在我谈话的时候，假如你并非仅仅聆听话语而是通过观察自身的意识真正去体验这些话语的涵义，不单单是理解我所说的内容，而且还要在你聆听的时候去观察一下你自己的意识的运作，或许将会十分有价值。因为，我觉得，如果我们能够对这一问题展开探究，就可以找到开启创造力之门的钥匙，就将迈入那种彻底的状态，而在这种状态里，将会迎来那不可知的事物。

我们知道生活是一系列的努力、挣扎、斗争、调整、适应、局限以及永远的压力，这便是我们的生活。在这个过程里面，没有任何更新，没有任何新的事物出现。偶尔会有来自潜意识的暗示，但意识会对这种暗示进行解释，使其符合我们日常生活的便利模式。我们所知道的是努力，不停努力以便取得某个结果。我们的生活中充满了正题和反题之间的冲突、斗争，我们指望着由此可以达至一个合题——但这种斗争会带来某种崭新的、原初的、清晰的、未被腐蚀的事物吗？

我们的生活是例行公事，是虚掷年华，毫无生机，一片死寂——所谓死寂是指持续性的终结，而不是那种会带来新状态的死亡。我们知道这个，这便是我们的生活，不管是有意识的还是无意识的。这种机械化的意识，它是时间的产物，是由经验、记忆、知识构成的——所有这一切都是一种持续，是一种已知的机制——这样的意识能否彻底地更新自身，变得率真、无知、不会腐化呢？你我的意识被各种各样的习惯、情欲、渴望、欲求所困，永远都在遵循一系列便利的、给人带来愉悦的习性，抑或努力想要冲破那些不开心的习性——这样的意识能够抛下自己的所有活动成为未知的吗？

因为，在我看来，这便是我们生活的一个主要问题——怎样才能终结过去的一切？如何才能实现这个？心灵能够终结过去的一切，终结那些记忆、憧憬、各种限定、恐惧、受人尊敬吗？假如不能，就不会有任何希望，对吗？因为，尔后，我们唯一知道的便是那些一直存在的事物的持续，我们始终都在意识里面确立这些事物。意识不断地通过记忆、经验、知识带来一种持续的状态，这便是我所知道的全部。我渴望永续，抑或我希望通过财富、通过家庭、通过观念能够获得这种永续。那么，心灵一直都在寻求着安全，在欢愉或者努力中去寻求永恒，或者试图超越自身的恐惧，以便确立起一种永恒的状态，这是它对于永续的渴望的一种反应——这样的意识能否终结？

原因是，凡持续的事物永远不会新生，永远不会带来新事物。然而，我们每个人的内心深处全都渴望永生，渴望继续现在的状态，只不过做了一定的修正，变得更好、更高尚，通过我们的行为、我们的关系让生活具有更加重要的意义。所以，正如我们所知道的那样，意识的作用便是带来持续，带来一种状态，在这种状态里面，时间作为一种"变成"的手段扮演着重要的角色。因此我们不停地努力去维系这种持续性，这种持续便是"我"、自我，这就是迄今为止意识的作用，这就是我们所知道的全部。

那么，这样的意识，如此深陷于时间的意识，能够终结自身，迈入那种未知的状态吗？意识之所以是机械化的，是因为记忆是机械性的，经验是机械性的，知识也是机械性的，尽管它或许是令人兴奋的。意识的背景始终属于时间的范畴，这样的意识能够不再从时间的层面、变成的层面、"我"的层面去思考吗？"我"即观念，而观念又是记忆、经验、努力、恐惧。意识能否在不渴望终结的情况下自然地结束呢？

当意识想要达至某个结果的时候，它可以在智力上迈入那种状态，它可以把自己催眠到那种状态。意识能够制造出各种各样的幻觉，然而幻觉里面是不会有新生的。

因此，问题便是，既然认识了意识的运作，那么这样的意识能否让自身获得更新？抑或，这样的意识是否无法发现新事物或者接纳新的、未知的事物，于是它唯一能够去做的便是彻底安静下来呢？在我看来，这便是它可以做的全部。意识是如此的忙碌、不着边际、四处游走，不断在累积、抵制——请务必认识你自己的意识——这样的意识可以立即终结，迈入静寂吗？

因为，在这种静寂里面将会迎来新生，这种新生是为时间所囿的意识无法理解的。可一旦意识迈入了静寂，挣脱了时间的制约，它就将是完全不同的意识了，在它里面没有经历的持续，原因是没有一个在进行着累积的实体。在这种静寂里面，在这种状态里面，将会迎来创造力，迎来神或真理。正如我们所知，这种创造力不是持续。但我们的意识、那个机械化的意识却只会从持续的层面去思考，所以它才会寻求神、真理，认为自己应当是永续的。然而，机械化的意识、通常的意识、我们每天运用的意识无法去体验真理，这样的意识永远不可能更新自身，这样的意识永远不会认识那不可知的事物。

但倘若那持续的意识——属于时间范畴的意识，在记忆、知识、经验里面运作的意识——倘若这样的意识能够迈入那种非凡的静寂，那么，在这种静寂中将会迎来那富有生机与活力的真理。真理不是持续性的，它只会是时时刻刻的，因为在它里面没有任何累积的意识。

所以，从寻常意识的层面来讲，创造力是永远不会永续的事物，它总是在那里。然而，即使声称"它总是在那里"也不是真实的，因为，认为它总是存在着，这种看法会给予它一种永久性。可是，一个能够迈入静寂的心灵将会认识这种永远具有生机与活力的状态。这便是意识的作用，对吗？意识的作用不单单只有它那机械化的一方面，不单单是如何去整理、构想事物，如何去努力，如何去打破以及再一次地聚拢。这一切便是日常的意识、通常的意识——这里有来自潜意识的暗示。然而，意识的整个过程都是在时间之网里面——意识在不断地做出反应，否则我们就是死寂的人。我们无法摒弃这样的意识，这样的意识源于技巧，你越是追求技巧——"如何"、方法、体系——越是无法达至真理，越少创造力。但我们必须拥有技巧、方法，我们必须知道怎样做事。可一旦机械化的意识——由记忆、经验、知识构成的意识——依靠自身存在，依靠自身运作，与创造力无关，那么它显然就必定会走向衰亡。因为，从智力上来说，如果没有这种创造力，现实就将毫无意义，只会带来战争，带来更多的灾难和痛苦。所以，能否一方面迎来这种创造力的状态，与此同时机械化的、技术化的意识又依然在运作呢？此会排斥彼吗？

很明显，只有当智力也就是机械化的东西变得最为重要，当观念、信仰、教义、理论、智力发明出来的事物变得最为重要，才会排拒实相。可一旦意识安静下来，这种富有创造力的实相到来，那么寻常的意识就会具有完全不同的意义了。尔后，寻常的意识同样不断在抵制着技巧、"如何",这样的意识永远不会询问"如何",它不再关心美德,因为真理超越了美德。静寂的心灵——心灵迈入了彻底的静寂,领悟到了那富有生机的真理——不需要美德。因为,在它里面没有任何努力,唯有一个努力想要变得怎样的心灵才需要美德。

所以,只要我们强调智力,强调知识、信息、经验、记忆这类思想意识,就无法迎来真理。一个人偶尔会捕捉到真理的闪光,但这种闪光立即会从时间的层面去予以解释,会需要进一步的体验,于是便会强化记忆。但倘若洞悉了这一切——这整个意识的过程——那么心灵自然就不会再被困于信仰、观念的罗网之中,尔后它将会迎来静寂,一种不会被预先构想出来的静寂,不是通过意志力、通过抗拒带来的静寂。尔后,在这种静寂里面将会迎来那富有创造力的真理,它无法被衡量,无法被变成一种目的或是受制于机械化的意识。在这种状态里面,幸福将会登场,而这种幸福是一个机械化的心灵永远无法体悟的。

这不是源于东方的神秘主义,相反,这是人的问题,不管他身处何方,气候风土为何。假如一个人可以真正去观察意识的整个过程以及它的运作,那么,无需任何努力就能让心灵迈入那种非凡的静寂。在这种静寂里,那富有生机与活力的真理将会到来。

这里有许多的问题,假如没有一一回答的话,我希望那些提问的人能够原谅,因为问题实在是太多了。但是每个夜晚我们都在努力回复那些有代表性的问题,如果你的问题没有得到回答,那么,在聆听其他被回复的问题时,你或许就能够解决或认识你自己的问题了。

正如我所言,懂得怎样聆听十分的重要,聆听万事万物,而不单是聆听我的讲话,后者其实并不多么要紧。但倘若一个人知道如何聆听,就不会再有任何的权威,不会再有任何的模仿。因为,在聆听的过程中将会迎来自由。当我无法聆听的时候,我便会制造出抵制以及去打破这种抵制,我需要更多的权威、更多的强迫。可如果一个人懂得怎样聆听,不去解释、判断、扭曲，不去把自己受限的反应带入其中，如果他可以把这一切统统抛下，仔细聆听万事万物，聆听他的妻子、他的孩子、他的邻居，聆听那些难看的报纸，聆听发生在我们周遭的一切——那么这些东西就将具有非凡的意义了，就将是一种启示。

我们如此受困于自身的判断、看法、成见，受困于我们想要去认知的事物，但倘若一个人能够去倾听，那么他就会深受启发。只要我们能够真正去聆听发生在我们意识里的一切，聆听自身的冲动、欲望、嫉妒、恐惧，就将迎来我之前谈到过的那种非凡的静寂。

问：当个体的兴趣如此分散的时候，如何能够展开集体的行动呢？

克：我们所说的集体行动是指什么意思？让我们首先思考一下这个，然后看一看我们是否怀有跟集体行动相冲突、本质上分散的兴趣。

我们所谓的集体行动意指为何？是指我们大家一起去做某个事情，一起做一些有创造力的事情，一起修建桥梁，一起绘画，一起写诗，或是一起耕作农场吗？显然，只有当有集体的思想时，才会出现集体的行动。我们指的并不是集体行动，而是指集体思想，集体思想自然会带来一种我们全都会去遵从的行动。

那么，集体思想是可能的吗？这便是我们全都渴望的，所有政府、所有宗教、组织化的哲学、信仰，它们全都渴望集体思想。我们应该全都是基督徒、共产主义者或是印度教教徒，尔后世界就完美了。那么，有可能实现集体思想吗？我知道，如今，通过教育、通过社会秩序、通过经济强制、通过各种各样的控制、通过国家主义，等等，是能够实现集体思想的。集体思想是可能的，在它里面，你们全都是英国人、德国人、苏联人，随便你怎么称呼都行。通过宣传、通过教育、通过宗教，产生出了各种弹性的框架，在它里面，我们大家的思想都是相似的。由于我们是各具特性、气质、爱好的个体，我们有着自己的欲望、冲动、野心、因此这个框架变得越来越牢固，如此一来我们就不会偏离它了。假如我们这么做了，就会受到清算，会被逐出教会，会被踢出党外——这意味着丢掉饭碗。

所以，我们一起被某种意识形态的框框如此地束缚着，不管我们喜欢与否。这个框框越是牢固，我们越是开心和轻松，因为身上没了责任、义务。因此，每个政府、每个团体都希望让我们变得思想一致。我们也希望如此，因为思想一致会让我们感觉到安全，不是吗？我们觉得安全，我们总是惧怕，唯恐没有给人留下好的印象，担心人们会怎么说自己，因为我们全都希望受人尊敬。

于是集体的思想就成为了可能。当发生危机的时候，出于集体思想，我们全都会聚在一起，正如在战争中一样，抑或当我们全都受到了宗教、政治的或者是其他方面的威胁。

那么，如此受限的个体会有生机与活力吗？尽管我们可以屈服这种限定，但我们的内心从来不曾快乐过，总是会有抵制。原因是，当屈服于集体的时候，不会有任何的自由，个体的自由仅仅只是口头上罢了。由于个体受着习俗、传统的如此制约，因此他总是在表达自己，希望通过野心来成就自我。于是，社会再一次地钳制了他，而个体跟社会之间也就出现了冲突，上演着永无休止的战争。

我们大家难道无法怀有一个使命吗？不是分散的才能和兴趣，而是怀有共同的真正的兴趣，那便是认识真理、认识实相。显然，这就是我们大家应该怀有的真正使命——不是你成为工程师、船员、士兵或律师——很明显，我们每个人的真正使命便是探明真理。因为，我们是遭受痛苦、展开探寻的人，假如我们从一开始就通过正确的教育怀有了真正的使命，拥有了自由，假如我们能够领悟真理，就可以在自由的状态下一同协作，而不是抱持那些永远都在局限着我们、使我们展开共同行动的集体思想了。若作为个体的我们能够发现真理，唯有这时，才可以展开真正具有创造力的行动。

问：我们那贫瘠的、不完美的人类之爱，如何才能变得不会腐蚀、变质呢？

克：会变质的东西，能够变得不腐蚀吗？丑陋的事物，可以变得美丽吗？愚蠢会变成聪慧吗？假如我觉察到自己十分的愚蠢，那么我能够努力变得睿智吗？努力想要变得聪明起来，这本身难道不就是十分愚蠢的吗？原因是，我从本质上来说是蠢笨的，尽管我可能学习了所有聪明的伎俩，但从本质上来讲我依旧愚笨。同样的道理，假如我的爱是会变质的，我希望让它变得纯粹、不会被腐蚀。我认为这是不可能的，这种变成正是一种腐蚀。我唯一能够去做的，便是觉察这种爱的全部涵义及其嫉妒、不安、恐惧、束缚、依赖。我们知道这个，当我们声称自己在爱着的时候，我们知道这里头的意思是什么，知道蕴含在这个字眼背后的巨大背景是什么。我们希望这整个的背景能够变得不会腐蚀——这意味着，心灵又一次想要让爱这种具有时间性的事物变得永恒。

请认真思考一下这个。由于心灵懂得爱的痛苦、焦虑、不确定、分离、恐惧、死亡，因此它说自己必须要改变这个，它希望把爱变成一种不会腐蚀变质的事物。渴望去改变爱，难道不会把它变成一种属于思想、属于感觉的东西吗？心灵无法将某个已经腐蚀的事物变成高尚的东西，而这却是我们试图去做的事情，对吗？我心怀嫉妒，我希望变得不嫉妒，于是我便去努力，因为心灵感觉到了嫉妒的痛苦，渴望去改变它。我很暴力，这会带来痛苦，于是心灵想要把暴力变成非暴力——这依然是在时间的领域之内，因此也就从未曾摆脱暴力、摆脱嫉妒、摆脱爱的衰亡。只要心灵把爱理解成一种属于时间范畴的事物，就必然会有变质。

那么，人道主义的爱难道是不可能的吗？只要一个人真正懂得了心灵是如何腐蚀爱的，就能探明这个问题了。正是心智带来了毁灭。爱不是会腐蚀变质的东西，可心灵却觉得自己没有在被爱，觉得很孤独，正是心智毁掉了爱。我们是带着自己的头脑去爱的，而不是带着心灵去爱。一个人必须探明这指的是什么意思，他应该对此展开探询和研究，而不是人云亦云。

但倘若一个人不知道心智的作用是什么，那么他是无法理解它的。他必须懂得"我"的整个意识，这个"我"如此害怕没有被爱，抑或，当它拥有爱的时候，又会十分急切地想要维系这种依赖他人才会存在的爱，这便是心智的全部。这个"我"说道："我必须热爱神和真理"，于是它便制造出了符号，每天去往教堂，或是一周一次，或是随便什么时候。这个"我"依然是心智的一部分，无论心灵带着自己机械化的记忆、知识、经验去接触什么，都会腐烂。

因此，当我们面对这样一类问题的时候，重要的是去探明如何应对它。只有当心灵懂得了自身的运作，尔后终止，一个人才能应对该问题并且带来那不会变质的特性。显然，唯有这时，爱才不会衰亡。

问：因为存在着许许多多的个体，所以难道不会有许许多多达至真理、神的道路吗？瑜伽或者自制难道不是方法之一吗？

克：那不可知的事物有路可循吗？道路总是通往已知，而不是未知。如果我们真正洞悉了这个，在我们的心灵、脑子里去思考它，懂得了其中的真相，就可以冲破宗教许诺的天堂以及我们自己怀有的欲望，即想要找到一条能够发现真理的道路。

假若真理是已知的——就像你知道回家的路一样——那么这就会十分简单了，你可以有路到达它。尔后，你可以有某种纪律，你可以用各种各样的瑜伽、戒律、信仰让自己去遵从它，以便不会再游离。可真理是已知的事物吗？如果它是已知的，它还是真理吗？显然，真理是时时刻刻的，只有当心灵迈入了静寂，才会发现真理。所以，对真理来说无路可循，尽管有那么多的哲学思想，因为，真理是不可知的、无法命名的、不可思考的。你能够对真理所做的思考，源自于你所处的背景，源自于你的传统、你的知识，但真理并不是知识，它不属于记忆和经验。假若心智能够制造出一个上帝，那么这显然就不会是真正的神，难道不是吗？它不过是个词语罢了。心智只会从语词、符号、形象这些层面去思考，凡是被心智制造出来的东西，都不是真实的。

我们唯一知道的便是语词。相信由心智制造出来的那个神，显然会给予我们某种力量，这便是我们知道的全部。我们阅读了许多书籍，我们一直受着限定——被限定为了基督徒、佛教徒、共产主义者，随便你怎么称呼都成——这种限定便是我们知道的全部。对于已知总是有路可循的，但未知则不然。训戒能够带领我们达至未知吗？——训戒便是抵制、压制、升华、替代。我们希望找到某个真理的替代品，由于我们不知道怎样迎来真理，所以认为通过训戒、通过美德真理就会到来。于是我们便去培养美德，这又是心灵的机械化的习性，结果把美德——美德带来的不是自由，而是受人尊敬——当做了抵挡恐惧的堡垒。

当我们采用戒律的时候，不会有任何认知。很明显，一个受着控制、影响、支配的心灵，永远不会是自由的心灵——自由地去探寻、发现，迈入静寂。因为，它所学到的全部便是强化思想的过程——思想其实是记忆的反应，是依照某个受限的渴望做出的反应——指望着由此得到某种幸福，也就是它所谓的真理。

那么，我们难道不能洞悉这一切吗？懂得心智、意识是如何运作的，懂得"我"是如何始终在寻求、积累，只为获得安全，只为达至那能够给人带来庇护的天堂与上帝，其实这些东西不过是它自造出来的，是因为想要获得安全，想要变得非凡、卓越。这样的心灵显然无法达至真理。如果心灵受着压制，从来不曾审视自我，总是惧怕它会在自我里面发现什么，于是始终在逃避"当下实相"，这样的心灵显然永远无法发现未知。

只有当心灵不再去寻求,不再去恳求,才能迎来未知。尔后,一旦心灵充分认识了自我的全部,自然就会迈入那种非凡的静寂,而那富有创造力的真理就蕴含在这种静寂里。

(第六场演说,1953年4月9日)

PART 06

美国加利福尼亚州

彻底摆脱恐惧

在我看来，懂得怎样聆听分外的重要，可是我们大多数人都抱持着无数的看法、观念、经验以及先前的结论，然后经由这一切去过滤我们所听到的一切，结果也就从来不曾聆听任何新的事物，我们总是根据某种成见去解释听到的东西。所以,重要的是懂得如何聆听,不做任何解释，但这是一个相当困难的问题。

我们大部分人都不愿意充分地、彻底地聆听某个事物，因为，在这个过程中我们或许会发现自己的真实模样，于是我们总是会竖起一道道的屏障，立在我们自己跟正在说的内容之间。因此，很明显，如果我们能够实现简单的聆听，这将会是一件极好的事情。原因是，我们有许多的问题——不仅有个人的，而且还有社会的、政治的、经济的——对于所有这些问题，我们都必须找到正确的解答。我觉得，通过任何观念、通过任何书本知识，或是通过聆听讲座，包括听我的演讲，我们是不会找到正确答案的。显然，要想找到正确的答案，我们就必须懂得如何去聆听问题，聆听问题本身。当我们仅仅去解释问题，使其符合自己的癖好或观念，那么我们就没有在聆听。必须要正确地解决我们的所有问题，然而，分析、判断、比较或是学习，并不会带来正确的解答。只有当心灵静静地、几乎漠不关心地聆听，才可以没有特殊动机、没有意图、没有目的地去思考问题——要做到这个十分不易，因为我们大多数人都渴望结果，渴望让人满意的答案——唯有这时，才会获得正确的答案。若想找到解决人类问题的正确答案，我们就必须十分耐心，尤其是我们当中那些习惯于活在一个机械化的世界里的人，因为在那里很快就能找到答案来解决如此多的技术问题。假如我们有了某个问题，就会希望立马找到答案，于是我们便去求助于书本、医生、心理分析师、专家，抑或为了找到解答而在内心展开交战。我们如此不耐心，如此急迫地想要得到结果，因此便陷入到了不断的冲突之中。

所以，即使我们之前或许已经听过了这些谈话期间将会讲到的内容，但倘若我们能够抱着极大的耐心去聆听的话，还是会有所裨益的。很明显，重要的是我们每个人能够永远摆脱一切冲突，摆脱无数给心灵带来如此多的混乱的反应，从而我们或许就能发现那超越心智的事物。但是在我们得到自由之前，显然应该认识什么是自我、"我"。

你我能否摆脱自身的难题、痛苦以及无数的欲望获得自由？自由意味着彻底的独立，也就是挣脱恐惧的羁绊。唯有这时，我们才是真正的个体，对吗？只有当恐惧彻底地消失不见——惧怕死亡，惧怕邻居们会说些什么，由我们自己的欲望和野心滋生出来的恐惧，惧怕没有成就，惧怕自己只是个无名小卒——我们才会成为真正意义上的人。显然，独在跟孤独是完全不同的，正是由于我们的孤独才导致了恐惧。我们怀有许多的障碍、许多的观念、庇护和安全，我们大多数人都不是真正的个体，对吗？我们是社会各种影响的产物，是我们累积的印象和影响的产物，是那些碾压着我们的心灵和思想的内在难题的产物。我们不是真正意义上的个体，因为我们并没有摆脱恐惧的制约。在我看来，倘若没有挣脱恐惧，我们就永远无法找到正确的答案来解决人类的难题。

那么，我们能否彻底摆脱恐惧呢？我们到底在惧怕些什么呢？惧怕不安全，惧怕不能拥有物质上渴望的一切，惧怕没有遵照某种政治或宗教的体系，等等。渴望获得安全，意味着在我们跟彼此的关系里怀有恐惧。要想表达出我们洞悉的真理，不顾周遭的一切威胁，这需要我们的思想发生重大的革命，不是吗？我们每个人能否彻底摆脱对于安全的渴望呢？

因为这种渴望会滋生出恐惧。只要我们可以深刻地认识这一问题，我认为，我们的许多问题都将会迎刃而解了。显然，摆脱恐惧是唯一的革命，因为，一旦我们不再恐惧，那么我们就既不是美国人也不是印度人，不会再从属于任何组织化的宗教，不会再怀有野心的意识，不会再渴望功成名就，于是也就不会再把力气都花在彼此争斗上面了。

摆脱恐惧并不是一个观念，也不是要去追求的理想。然而当一个人向自己提出如下问题："我能够摆脱恐惧吗？"那么他的内心反应会是怎样的呢？恐惧是我们所有关系里头的一种根本的障碍，是我们寻求真理途中的绊脚石。你我能否在不去展开一系列努力、不去分析的情况下摆脱这种会带来如此多问题的不良思想呢？一个人能够完全挣脱恐惧的罗网吗？对于每个人来说，这是一个十分难以回答的问题，不是吗？摆脱恐惧，实际上便是不再渴望经济或社会的安全，不再想要在自身的经验里面获得安全。这显然是一个十分重要的问题，原因是，我们的全部看法都因为恐惧而变得存有偏见了，我们的教育、我们的宗教、我们的社会结构、我们在各个领域的努力，从本质上来说都是建立在恐惧之上的。通过实践，通过某种形式的训戒、忘我、自我牺牲，通过追求信仰或教义，或是通过跟某个国家认同，这些做法可以让一个人摆脱恐惧吗？很显然，它们全都无法让我们摆脱恐惧的束缚，因为，模仿、遵从、自我牺牲，这些行为本身就是根植于恐惧的。当一个人认识到了这些做法是毫无作用的，当他懂得了心灵在各种活动中是如何始终在信仰、知识里面寻求保护的——这里面全都潜伏着恐惧——那么他该怎么做？尔后他要如何摆脱这种我们所说的恐惧的状态呢？假如我们抱持着格外认真的态度，那么这难道不就是我们必须要询问自己的一个基本问题吗？从儿时起我们就被教育着从恐惧的层面去思考，我们的所有抵制，心理上的和生理上的，全都是基于恐惧。一个受着如此教育的心灵，一个受着如此限定的心灵，如何能够让自己挣脱恐惧的束缚呢？心智的任何活动，会给自身带来自由吗？心智、思想本身，难道不就是恐惧的过程吗？思想能否排拒恐惧呢？

请注意，这不是一个可以轻易回答的问题。然而，一个人能够去做的便是觉察到恐惧，不去对抗它，不去分析它进而竖起其他的防护和抵制。当心灵真正迈入静寂，在各种各样的恐惧出现时以一种听之任之的姿态去觉察它们，不采取任何行动去对抗，那么，在这种静寂里，恐惧便会消失不见，这是唯一正确的、根本的解决之道，尔后才会出现真正意义上的个体。只要有恐惧存在，就不会有独立，不会有个体。当前我们大多数人都只是社会、经济、政治、气候风土等各种影响的产物，我们不是真正的个体，因此也就不具有创造力。创造力不是表现为某种天赋异禀，只有当恐惧消失不见，也就是说，当个体实现了彻底的独立，创造力才会到来。

怎样摆脱恐惧这个问题，显然是我们最为主要的问题之一，对吗？它或许是唯一的问题，原因是，正是恐惧潜伏在我们心灵和思想的最深处，从而束缚了我们的思想与生活。所以，在我看来，我们现在需要的并不是更多的哲学、更好的体制或者更重要的知识与信息，而是彻底摆脱了恐惧的真正的个体，因为，只有当恐惧消失不见，爱才会降临。

那么，你我能否着手去让自己挣脱恐惧的羁绊呢？我们能否放下一切观念、教义、信仰呢？这些东西不过是恐惧的外在表现罢了，归根结底，我们能否摆脱恐惧本身呢？正如我所指出来的那样，创造力显然不是指单纯的天赋、才能——它远远超越这一切，只有当心灵迈入了彻底的静寂，不再为恐惧、判断、比较所困，当它不再背负着知识和信息，创造力才会到来。然而，我们大多数人的心灵都是激荡不安的，它怀有许多的问题，它始终都在寻求自身的安全，这样的心灵怎么可能做到独在、不受影响、毫无畏惧呢，怎么可能理解创造力和真理抑或是探明是否存在着创造力的状态呢？只有当心灵完全摆脱了恐惧，才会带来根本性的变革——这与经济或政治的变革无关——摆脱恐惧需要的不是立即的判断，而是不断的觉知、大量的耐心以及坚持去观察思想的整个过程。唯有在关系里面、在日常的行为里面，才能观察思想的全部过程。发现自我来源于认识"当下实相"，而"当下实相"便是思想每时每刻的真实过程。这显然就是冥想，它需要心灵的静寂，它里面没有任何的欲求。只有当你我开始去认识自己，心灵才能挣脱恐惧的制约，尔后一个人才可以获得内心的安宁与外部的幸福。

问： 如果没有戒律或书本的话，我们如何能够知道什么是对、什么是错呢？

克： 你为什么希望知道何谓对错？有人可以告诉你吗？书本、老师能够告知你有关什么是对、什么是错的知识吗？如果你遵从书本或老师的权威，你就仅仅是在模仿某种思想模式，对吗？通过模仿、通过遵从，你会有所发现吗？你之所以遵从是为了获得某个结果，这种过程难道不是建立在恐惧之上的吗？经由恐惧能够探明那正确的事物吗，还是只有通过直接的体验呢？很明显，只要心灵被困在这种对与错的二元化的过程之中，就必然会有永无止境的冲突。可是，难道无法始终探明真理，同时又不会被困于对错的冲突之中吗？这便是我们的问题所在，对吗？什么是对、什么是错，会依照每个人所处的背景、限定和经验而变化，所以并没有多大的意义。然而，始终懂得什么是真理——这显然才是真正重要的。

请务必格外仔细地聆听这个。只要我们被困在这种二元性的冲突之中，也就是在对错之间做出选择，那么我们自始至终都无法认识真理。什么是对、什么是错，这或许只是一种看法罢了——我们从孩提时代开始就被这样教育长大，就被打上了文化与社会的烙印。只要我们去模仿、遵从某种模式，不管它有多么的高尚，就必定会永远在对与错之间进行选择——总是渴望做对的事情，于是也就会害怕犯错误，这么做只会带来受人尊敬。可是我们应当始终在内心深刻地认识真理——这不是一种观念、判断或教义，真理并不依赖于任何信仰。探明真理便是去时时刻刻认识"当下实相"，而这要求保持相当的机敏和警觉，不做任何判断或比较，要求心灵必须抱持一种敞开的姿态，自由地去观察、去感受，必须十分的敏锐，富有感受力。真理不会引发冲突，可一旦心灵在对错之间进行选择时，这种选择就会带来冲突。我们大部分人都被教育着要思考正确以及避开那些据说是错误的东西，因此我们的心灵总是在寻求这个、躲避那个，这种思考过程本身就是一种冲突，不是吗？这个所谓的"正确"或许是牧师的主张，是你的邻居或你的政治领袖的看法，所以便会出现一种遵从的模式，而一个去遵从的心灵永远无法处于反抗的状态，于是也就从来不会发现那永远都具有生机与活力的事物。

那么，能否始终发现真理呢？显然，只要有选择的冲突，就不可能有所发现。要想发现真理，心灵就必须迈入静寂，就必须不再害怕犯错。然而我们渴望成功，不是吗？从儿时起我们就被教育着要从成功的层面去思考，所有的书籍和杂志全都在树立那些成功的典范——穷孩子登上了总统的宝座，诸如此类。为了在成功里面寻求到安全，心灵就必须去遵从那些所谓对的东西，结果便有了对与错之间的交战，有了永久的二元性的冲突。在这种冲突中，一个人永远无法探明真理。真理便是"当下实相"以及认识了"当下实相"之后迎来的自由。请正确地聆听这个，好好思索。只要你能够时时刻刻认识真实发生的一切，便会懂得什么是摆脱了对错之间冲突的自由了。假如你去评判抑或谴责"当下实相"，或是将它同过去的经历作比较，那么你就无法实现这种认知。当你没有认识"当下实相"，自由也就不会到来。要想认识"当下实相"，心灵必须摆脱一切谴责和评判，但这需要极大的耐心，这会让你的生活发生非凡的变革，然而心灵却惧怕这个，因此你从不曾去审视"当下实相"，你仅仅只是给出了关于它的看法。只要心灵被困在什么是对、什么是错的选择之中，它就会始终处于不成熟的状态，而这正是我们的困难之一，对吗？我们的心灵很不成熟，我们一直被告诉说何为对、何为错，我们渴望去遵从。遵从，恰恰是一个不成熟的心灵的本质，但认识"当下实相"则是一种会带来创造力的变革性的因素。

问：尽管我觉察到我对于赞美会沾沾自喜，对批评则会怀恨在心，但我的心灵继续被这些影响左右着。它就仿佛磁铁面前的罗盘针一般受着吸引和排斥。要想获得真正的自由，接下来该怎么做呢？

克：困难在于你只是渴望自由，却不想认识问题。你对于赞美和批评都抱持敌意。当受到批评的时候，你会怀恨，与此同时你又希望招人喜爱，希望受到赞美，但你鄙视自己这般的幼稚，你希望摆脱这二者，于是你便有了三个问题，不是吗？我们总是在这么做，有了某个我们不知道如何解决的问题，尔后又制造了其他的问题出来，结果使得问题一个接一个。

那么问题究竟是什么呢？不是如何才能不受赞美和批评的影响，而是你为什么希望被人称赞，又为什么如此介意受人批评？这才是问题关键，对吗？你为何渴望他人的钦佩、赞扬呢？因为当你受到称赞的时候你会感觉十分开心，这带给了你鼓励，令你工作得更加卖力。你之所以想要获得鼓励，是因为你的内心并不确定，于是你便求助于他人来给你支撑。你对批评这样的敏感，原因是批评揭示出了你的真实模样。这就是为什么你总是会逃避批评，期待钦佩、鼓励、称赞的缘故，结果你又一次地被困在这种渴望与不渴望的交战之中。这一切显然表明了一个人内心的贫瘠，对吗？内心深处没有信心，我并不是指那种因经验而产生的信心，这种信心只会让"我"得到强化，所以毫无意义。我谈论的是那种当你开始去认识自我，当你开始去领悟赞美、鼓励、批评的全部涵义而产生的信心。认识你自己并不依赖于他人，如果你展开觉知，保持警觉，如果你时时刻刻去面对"当下实相"，不做任何评判，那么你就会认识自我了。认识自我会带来信心，在它里面，自我变得不再重要。这种信心，不属于那个累积无数经验的"我"，不属于那个银行账户上有许多个零的"我"，抑或是那个拥有大量知识的"我"，在这里面，没有任何信心，有的只是恐惧。然而当心灵开始觉察到自身及其反应，当它时时刻刻去认识自己的活动，不怀有任何比较或谴责的意识，那么，由这种认知将会带来一种不受自我约束的信心。这样的心灵不会渴望得到赞美抑或是逃避批评，它不再关心这些，因为它在时时刻刻认识"当下实相"的过程中获得了自由。

"当下实相"便是心灵在某个片刻的反应、欲望和冲动，只要你真正去观察"当下实相"，充分觉察它的全部涵义，你会发现将迎来一种非凡的自由，无需心灵去寻求。当心灵去寻求自由的时候，这是想要摆脱某个事物，因此压根儿就不是真正的自由，只不过是一种反应罢了，就像政治革命只是对现有制度的反抗而已。伴随着认识"当下实相"而来的自由，并不是反抗某个事物，它是一种富有生机与活力的解放，所以它本身就是完整的。然而，认识"当下实相"需要相当的洞察以及心灵的静寂。自由不是通过任何形式的强迫、吸引、欲望而来的，只有当心灵展开觉知，不做任何判断，不去进行选择，如此一来每时每刻它都会洞悉自己的真实模样，唯有这时，自由才会到来。一个寻求自由的心灵永远都不会找到自由，原因是，寻求自由便是一种妨碍，便是在逃避"当下实相"。可一旦心灵开始认识"当下实相"，同时不做任何选择，那么这种认识将会带来一种富有创造力的解放，也就是自由。自由是独在的，它是真正的个性，在自由里面，将会迎来极乐。

（在欧加橡树林的第一场演说，1953年6月20日）

中心层面的变革才是真正的变革

今天上午如果可以的话，我想谈谈有关改变的问题。鉴于世界的形势——饥饿、战争、争斗，人与人之间永无止息的冲突，某些国家极度繁荣而东方则是极度的贫穷，在那里，成千上万的人一天只有一顿饭吃甚至更少——考虑到这一切，所以必须得有某种根本性的、革命性的转变。我觉得，假如一个人思考过这个问题，那么他就会发现，任何通过遵从、强迫或恐惧而来的改变，压根儿就不是改变，这一点是极为显见的。单纯的外围的改变、外部的调整适应，无论是经济的、政治的、社会的甚至是所谓宗教层面的，都不是真正的变革。变革必须是在中心，而不是在外围、外部。那么，如何才能发生中心的变革呢？我使用"变革"一词是经过了深思熟虑的，因为，假如中心发生了改变，那么这便是一种革命，是思想的彻底转变，唯有当中心层面有了这样的变革，外围的改变才会有意义。然而我们大多数人关心的并不是中心层面的变革，而是外部的改变，我们希望拥有更好的经济地位、更多的财富、更多的舒适、更多的繁荣、更多的奢侈、更加多样化的娱乐，我们大部分人关心的是这个。抑或我们从某种活动转变为另一种活动，从一种宗教转变为另外一种宗教，从一种教义转变为另外一种教义，这些做法仅仅只是从旧的转向新的。如果我们多少抱持着严肃认真的态度，那么我们就会去谈论有关制止战争的问题——又是在思考如何带来外部的改变。科学研究、社会改革、政治调整，全都关注于外部的改变，各种宗教和教派团体也是如此。

那么，一个人怎样才能带来中心层面的改变呢？这便是我们大部分人的问题所在，对吗？假如我们怀着严肃认真的态度，并且认识到仅仅寻求更好的工作或是希望立即解决我们的难题，无论是经济的、政治的还是宗教的，都是停留在表面，那么我们自然就会希望知道是否能够带来中心的改变了，而中心的改变反过来又会让我们与家庭、与父母继而与社会的关系发生转变。

我不知道你们是否思考过这个问题，但我认为这是一个根本性的问题，不可以随随便便搁到一边。许多年来我们都在试图从外部去改变自己，我们一直都寻求着改变自己的举止、思想、行为乃至社会，可惜这么做并没有带来根本性的改变和那富有生机与活力的解放。在我看来，倘若没有中心层面深刻的、心理的变革，那么不管我们多么努力地去改变那些外部的事物，都将是完全无用的。这种做法或许会带来一些暂时能够让人满意的改变，但如果变革不是发生在中心，那么仅仅改变外围将会意义甚微，这么做可能最终会导致更大的不幸。所以，既然认识到了这个，那么让我们探明一下如何才能带来这种中心层面的变革吧。

什么是中心？很明显，中心就是心智，我们将要探明心智是否能够转变，是否能够让自身发生变革。心智显然是由意识与潜意识层面构成的，努力在意识层面改变自身，这依然是停留在外部。请务必懂得这里面的重要性。

正如我昨天指出来的那样，假如我可以换一种不会让你觉得厌烦的方式来重复一下的话，重要的是懂得怎样去聆听。当你有意识地努力去聆听、去认识，那么这种努力恰恰会破坏认知。当你的全部注意力都放在了努力去探明上面，你的心灵就会处于一种紧张的状态，于是也就无法去聆听，无法实现感知和领悟，无法自发地去应对某个尚未充分认识的事物。然而，聆听要求投以一定的注意力，你不可以就只是昏昏睡去。但聆听跟听见是截然不同的，你或许听见了我在说的内容，理解这些话语的意思，但倘若心智没有超越你我之间单纯的口头的交流，就无法实现真正的认知。我努力要去传达的，更多的并非是口头上的涵义，而是那蕴含在语词、想法间隙里的东西。如果心智能够安静下来，关注语词之间蕴含的内容，如果它能够做到如此敏锐，就将实现充分的、完整的聆听了。或许正是这种聆听可以带来变革，而不是有意识地努力去实现认知。

我们大部分人都只知道有意识地努力去改变、控制思想，因此我们所说的改变只是一种局部的过程而非完整的革新。我谈论的是完整的、全部的变革，而不是局部的、表面的行动。我们有意识地展开努力，这么做无法带来完整的革新。我们知道何谓意识，我们熟悉那个在思考、在渴望的意识，熟悉那个受着冲动、欲望的驱使以及去遵从的心智。心智始终都在朝着某个方向努力着，要么是因为恐惧而去遵从，要么是出于恐惧而改变自己去适应某种行为模式。所以，有意识地努力去改变，一定会受到遵从、恐惧、想要成功的欲望的影响，抑或是为了取得某个结果而去提升自己，要么是在这个世界上，要么是在圣徒的世界里。必须得有深刻的变革，但这种变革显然应该是无意识的，原因在于，假若我有意让自身发生转变，那么它就会是欲望、记忆、时间的产物。我希望更加优秀，我希望取得某个结果，我希望探明神和真理，我希望变得更加快乐——因此我声称必须得发生改变。积极的或消极的努力，努力成为什么或者不成为什么，这些全都是基于恐惧，基于想要去获取，想要有所得，想要获得慰藉、安全与宁静。所以，任何通过有意识的努力带来的改变，根本不是真正的变化，不过是调整着去适应某种模式罢了。一个人必须要彻底洞悉这其中的真理。就像所有的经济改革一样，不管是左的还是右的，都依然不是中心层面的改变，这二者都会带来苛政。因此，睿智之人根本就不会关心外围的改变，他关心的是内在的革新，也就是中心层面的革新。那么你我要如何带来这种改变呢？

我不知道你们是否懂得了这个问题的重要性。所有的宗教流派、所有的宗教团体，都希望通过有意识的努力，通过训戒、遵从、恐惧，通过渴望达至一种更好的状态，不管是社会的、宗教的还是心理上的，带来一种改变——这一切都是在外围。但是很明显，一个有意识地变得有美德的人其实是不道德的，因为他的美德是为了自身的安全、舒适和快乐。我们谈的不是这样的改变。

那么，一个人要如何带来这种中心层面的变革呢？我们发现，日常思想刻意的、有意的努力无法实现这个。那么无意识能够做到吗？你知道我们所说的无意识是指什么意思吗？无意识是过去的残留，对吗？它源于种族的本能、文化的烙印，它源于我们在过去的一切，源于人的全部努力及其暗藏的欲望、强迫和动力。无意识是否有助于带来中心层面的变革呢？无意识跟意识之间有不同吗，有间距吗？很明显，意识、白天醒着的意识，在我们的日常活动中运作的意识，仅仅是无意识的外部边缘，对吗？这二者之间没有本质的差别。就像树叶是来自于深植在土地里的根，所以意识是来自于暗藏的无意识，它们之间没有界分，这二者并不是不同的。但我们只是不熟悉无意识罢了，我们熟悉意识，日常的贪婪、争斗、嫉妒、渴望这个、不想那个、无休止的努力——但同样的欲望也是在更加深刻的层面，不是吗？那么，一个人能否求助于无意识带来根本性的转变呢？

如果你真正聆听我正在说的内容并且很容易就明白了，那么你将会找到答案。找到正确的答案就是中心层面的革新。当既没有意识的努力也没有无意识的努力，心灵会处于怎样的状态呢？尔后还会有中心吗？对于我们大多数人来讲都存在着一个中心，这个中心就是"我"、自我，不管这个中心是处在高等的还是低等的层面，都没有太大意义。中心便是"我"，是渴望有所得的本能，表现为占有财产，表现为渴望变得更好，表现为通过训戒来获得美德以及其他相关的一切。恐惧、焦虑、爱、憧憬、希冀、失败、挫折——这便是我们所知道的中心,对吗?这一中心彻底终止便是唯一的变革,但这种变革无法通过意识或无意识的任何努力而得来。

那么,当一个人懂得了所有一切,他的心智会处于怎样的状态呢?很明显,首先的反应便是感到极大的焦虑和恐惧,不知道即将会发生什么。那个在累积着无数的反应,无数文化的、政治的、宗教的影响的"我",那个中心——正是这个中心一直在运作着。如果为了心灵的纯洁、不受腐蚀、独在而要求这一中心必须彻底消失的话,那么第一个反应显然会是一种巨大的否定,我们很少有人能够忍受这个,也就是直面自己的真实模样,于是中心层面就会出现恐惧。我们从这一中心出发去制造抵制,我们依附于天赋、能力,结果也就导致了我们的真实面目跟应有面目之间不断出现冲突。然而,在那些理性的时刻,我们领悟到,这种单纯的与外部事务的交流永远不会带来深刻、永久、根本性的变革。所以,我们当中那些抱持严肃认真的态度并且怀有宗教倾向的人们,显然必须要去关心这个中心层面变革的问题。

既然意识和无意识都不会带来中心层面的根本性的转变,那么心智该怎么做呢?心灵能够做些什么吗?正如我们已经发现的那样,心智是思想、反应、记忆的有意识和无意识的活动。心智是时间的产物,而时间不会带来变革,相反,唯有终止时间才能让中心层面发生根本性的改变。这个中心习惯于时间,这个中心就是时间——心理上有关昨天、今天、明天的整个过程,"我曾经怎样"、"我现在怎样"、"我将会怎样",挫败、恐惧和希望。所以,意识无法带来革命,当它这么做的时候,便会制造出更多的残忍、更多的暴政、更多的恐怖以及彻底的高压。假如心智无法带来彻底的革新,那么心智的作用在哪里呢?

我希望你们明白我所说的这一切,因为我不仅是为自己在讲话,而且也是在为你们来谈的。我感觉,假如这一非凡的革命能够发生在我们每个人身上的话，那么我们就将带来一个截然不同的世界，我们将会是完全不同的传道者，不是转变者，而是解放者。

那么，当心智领悟到自身有意识的努力或无意识的欲望都无法带来彻底的转变，它会做什么呢？它只会安静下来，对吗？它所做的任何改变自身的努力，都源自于它所受的限定，源于它的恐惧，源于它对成功的渴望，源于它对一切将会变得更好的憧憬，这样的努力只会妨碍和破坏我们去发现正确的答案，请务必懂得这里面的重要性。假如我认识到根本性的变革无法通过心智的任何有意识或无意识反应而来，认识到所有这样的反应都是基于渴望有所得的恐惧，基于记忆、时间，因此也就是基于外部、外围——假如我认识到了这个，那么心智就必须迈入彻底的静寂，对吗？所以，心智的作用只是懂得这些反应是如何出现的，而不是渴望获得某个状态，或是试图通过意志力的行为带来中心层面的改变。它唯一能够做的便是观察自身的反应，但是观察需要相当多的耐心，如果你缺乏耐心，那么这种观察就会变成一件苦差事，因为你想要有所进展，想要得到结果。只有当心智不断觉察自身的诸多反应，比如恐惧、贪婪、嫉妒、希冀，这些反应才会停止。但倘若有任何的谴责、比较、评判，它们就无法终止。通过单纯的观察，通过彻底停止一切选择，它们才会结束。尔后，心智会变得格外的安静、彻底的静寂，在这种静寂里面，将会迎来中心层面的转变。唯有这时，才能成为真正的个体，因为，尔后，心智便是独在的、不受任何影响。这种状态就是创造力。不会再有一个去经历的体验者，只要有体验者存在，就会出现时间的过程。

因此，这种显然不可或缺的中心层面的革新，是无法通过任何形式的强迫或训戒而得来的，强迫、训戒是幼稚的做法。只有当心智迈入彻底的静寂，不做任何选择地觉察到自身那些外部与内部的反应，将其作为一个完整的过程去看待，才能让中心发生转变。尔后你将发现，内心会感到一种非凡的极乐——它不是许诺，也不是奖赏你几天或几年来一直勇敢坚定地努力去达至它——这种幸福、这种极乐，并不是痛苦的对立面，它与痛苦无关。可一旦你认识了痛苦，一旦你挣脱了痛苦的束缚，这种状态便会到来。

在思考这些问题的时候，我希望你们能够和我一起真正对它们展开思索，你们不要坐等我的答案，因为我不会给出答案。像学堂里的老师那样，提供答案，给出是或非，这十分简单。重要的是你我能够共同在问题中揭示出答案，这才是唯一正确的答案。要想做到这个，你我就得保持警觉，正确的答案不是轻易就能够找到的。我们大部分人都是如此急切地想要找到答案，然后着手下一个问题，以至于我们从来不曾去检视问题本身。只有一个问题存在，虽然它可能有不同的表现。通过问题的种种表现去认识它，这需要相当的智慧、洞察以及一种并非懒惰的耐心。若想实现洞悉和认知，心智就必须摆脱一切权威和书本知识，必须摆脱他人之前的言论。不幸的是，我们大多数人都阅读了如此多的书籍，我们对于佛陀、基督或是其他人的主张了然于胸，以至于无法直接地去思考问题。可如果我们希望一起找到正确的解答，那么你同样必须去对问题展开思考、探寻与研究。

问：您指出，摆脱自我是一项艰巨的任务，与此同时您又主张，为了获得自由而展开的任何努力都会妨碍自由。这难道不是一个恶性循环吗？一个人要怎样才能在不做任何努力的情况下完成这一艰巨任务呢？

克：我们所说的努力是指什么意思？你什么时候会去努力？如果没有任何努力，这是否意味着懒惰、停滞？所以，让我们着手去探明我们所说的努力意指为何，我们的努力用在什么方向以及为什么我们要去努力。

当我们谈及努力的时候，通常指的是为了取得某个结果而去努力，对吗？我们渴望更好的健康、更好的理解、更好的社会、经济或政治地位，等等，这意味着我们总是在努力达至什么。抑或我们努力去移除某些心理的障碍。假如我们心怀嫉妒，那么我们就会声称不应该嫉妒，于是我们便会去抵制嫉妒。或者我们想要格外的博学，为了给人留下印象，我们渴望更多，抑或是拥有一个更好的工作，因此我们便去阅读、学习。这就是我们所知道的全部努力，不是吗？对于大多数人来说，努力要么是积极主动的，要么是消极被动的，它是一种变成或者不去变成的过程，而这种过程就是自我的中心，对吗？假如我嫉妒，而我努力做到不嫉妒，那么这个在做着努力的实体显然依旧是自我、"我"。努力去控制自我，不管是积极的还是消极的，都仍然是自我的一部分，于是也就只会让自我得到强化，而一个人则被困在这种恶性循环里头。所以，问题在于如何冲破这个恶性循环，冲破这个连绵不断的努力的链条，因为它只会赋予"我"更多的力量。

现在，请务必思考一下这个。只有当你把这个恶性循环当做一个整体去观察，才能将其打破。当心灵发现自己怀有嫉妒，它会希望变得不嫉妒，因为它觉得，不嫉妒会以其他的方式让它有所回报，它从努力不去嫉妒当中获得了某种满足，留下了精神的印记。所以，在不嫉妒的过程中，心灵找到了安全与庇护。这个做着努力的实体依然是"我"、自我，请就只是意识到这个。尔后便会出现如下问题：当我嫉妒的时候，我会怎么做？我习惯于去否定、抗拒嫉妒，现在我意识到这种做法是徒劳的，意识到，当我是一个整体时，我的一部分却在抵抗着我的另外一部分，这实在是太荒谬了。那么我该怎么办呢？但是我们从来不曾认识这个，从来不曾领悟到我们既是嫉妒又是那希望不嫉妒的想法。当我们嫉妒的时候便会努力去控制嫉妒，我们以为这种努力是有益的，将会让我们挣脱自我的束缚，其实它不能。可一旦我充分觉察到嫉妒与那想要不嫉妒的渴望其实是一个整体，那么还会有努力吗？尔后将会出现截然不同的事物，对吗？今天上午讲了这么多，是不是太多了？

听众：不，不。

克：好的。当我们意识到自己嫉妒、愤怒、忌恨，就会开始去谴责，只要一个人在谴责，就无法实现认知。嫉妒、愤怒、忌恨这些字眼，意味着评判、比较、谴责，不是吗？经由几个世纪以来的教育、文化、宗教训练，这些词语已经暗含了谴责，它们代表了某种应当被抛到一边、应当受到抵制、对抗的事物，而我们的全部反应便是在这个方向。所以我发现，当我去命名某些感受的时候，我已经处于一种谴责的姿态了，而这种谴责、抵制某种感觉的行为，恰恰会让它得到强化。如果我不去谴责嫉妒，我会屈服于它吗？我会变得更加嫉妒吗？很明显，嫉妒总会是嫉妒，不会多也不会少，需求、方向可能会改变，但嫉妒总是一样的，不管它的对象是一部福特还是卡迪拉克，是一栋大房子还是一间小屋。因此，不去命名，从而不去谴责嫉妒，便是不沉溺于它里面。当一个人认识到嫉妒一词暗含着谴责，认识到抗拒嫉妒实际上是植根在这个词语本身，那么他就会迎来自由了。这种自由并不是嫉妒的对立面，也不是摆脱嫉妒，摆脱某种品性压根儿就不是自由。假如一个人摆脱某个事物，那么他就跟反对政府的人是一样的，只要他在反抗某个东西，他就是不自由的。自由本身是完整的，它不是摆脱某个姿态或是反抗某种状态或特性。

所以，为了战胜某个事物、摆脱某个事物而展开的一切努力，只会让"我"、自我得到强化。当一个人真正懂得了这个，当他觉察到特性与其对立面是一个统一的整体，当他知道语词本身是如何暗含了谴责或鼓励，他就不会再为语词所困了，于是心灵也就能够自由地去审视、去观察"当下实相"了。认识"当下实相"以及随之而来的自由，并不是源于持之以恒的实践，也不是来自于你每天早上花了许多的时间去献身的苦差事。只有当一个人在一天当中去觉察那些树木、飞鸟，觉察他自己的各种反应，觉察内部、外部发生的一切，将其作为一个整体去看待，自由才会到来。只要你去谴责、评判、比较或认同，就无法认识"当下实相"，而这便是为什么很难实现觉知的缘故。"当下实相"只能够时时刻刻去认识，这意味着一个人必须充分觉知到自己在做着评判，每个语词都是在赞成或否定。只要心灵只是在口头上表达自己的限定，它就永远不会是自由的，唯有当心灵清空了一切念头，自由才会登场。

（在欧加橡树林的第二场演说，1953年6月21日）

恐惧滋生出了权威

今天晚上，或许我们可以思考一下权威在生活中的意义以及权威跟恐惧之间的关系。在最近的两次演说当中，我们一直都在探究个体自由的问题以及能否有摆脱恐惧的个体。我建议，只有当恐惧彻底地消失不见，才会出现真正的个体。挣脱恐惧的制约是最大的困难之一，因为恐惧有如此多的形式。当心灵完全被某个观念吸引时，这种吸引或许是一种逃避。如果一个人让自己的心灵去遵照某种思想模式，那么他依然会为恐惧所困，当我们去遵从某种含有权威和强迫的道德标准，那么我们会摆脱恐惧的制约吗？以任何形式去遵从权威，没有充分认识权威的全部涵义，显然就会背负恐惧的重担。

所以，让我们探究一下权威的问题吧，不过在我们这么做之前，我想建议你们务必做到正确的聆听。正确的聆听是指不去做结论，当你跳入任何结论之中，你就不会抱持敞开的姿态去探明、去发现了。你无法被带领着去发现，发现必须是自发的，假如你的聆听是为了被引导，那么你永远不会有所发现，这一点十分的清楚，对吗？如果你坐等着被指引，你将永远无法凭借自己的力量探明任何东西，你只会发现演说者希望你去发现的事物。所以你必须认真聆听，不单是聆听我所说的内容、我所给出的描述，更应当去聆听在你自己的心灵和思想里面发生的一切——也就是保持觉知的状态。尽管我或许会运用某些词语来作为交流的工具，但我真正描述的是我们每个人都在思考的东西，不管是有意识的还是无意识的。假如你仅仅只是聆听我的讲话，那么你就不会去聆听你自己，你只是在理解某个描述而已。但倘若通过这种描述你开始去觉知心灵的活动及其倾向和习性，那么你就能够有所发现了，就能够充分意识到在你自己身上实际发生的情形，在我看来，这是非常重要的。

我并没有在说很难理解的东西，可如果你只是去聆听话语，那么你将错过整个问题的关键。我描述的是在我们自己的内心实际发生的情形，不管是有意识的还是无意识的。这出现的情形是很复杂的东西，需要十分耐心的关注，需要相当的觉知，在它里面，不做任何评判，不做任何选择。若我们能够带着这样的心态去聆听的话，我认为，我们就将开始认识权威的全部涵义了。显然，只要心灵为权威所困，它就根本不是一个真正意义上的个体。要想探明真理、神、实相，要想发现那无法命名的事物，一个人难道不应该是个彻底的个体吗？一个真正的个体，意味着完全摆脱了一切恐惧和强迫，不再想要寻求正确的生活方式。这就是我们所渴望的，这就是我们心里的叫喊——找到正确的行动方法、正确的行为方式，找到幸福生活、内心安宁的正确途径。这种呼喊难道不会制造出权威吗？书本的权威、人的权威、观念的权威。我们希望被告知该做什么，如何生活，以怎样的方式去战胜我们怀有的无数难题。带着这样的内心渴望，我们去追随那些能够满足我们这些渴望的人，那些我们认为将会带领我们达至真理、幸福、神的人。于是我们就确立起了一个人、一个老师，其实他是我们自己造出来的产物，我们用自己的欲望给他披上了一件外衣。希望通过老师、书本，通过某种形式的强迫来让我们的生活得到指引，这实际上是渴望获得安全，不是吗？这便是我们渴望的——在我们的关系里获得安全，在此生或来世得到安全。

现在，对安全的渴望使得如下的机械化的过程开始运作起来：强迫、抵制、遵从某种模式、观念或者表达该观念的人。这便是我们的生活，对吗？所以，一个人难道不应该彻底摆脱这种对于安全的渴望吗？因为它会产生出权威。权威是一个十分复杂的问题，有各个层面的权威，政府的、社会的、宗教的以及一个人自身经验的权威。从孩提时代开始我们就被强迫着去遵从，我们的教育、我们的社会与宗教的训练、我们的整个环境，全都鼓励我们去遵从、去抵制或是去符合，这便是我们日常思想的机制。只要你我处于这种状态，那么我们能够成为自由的个体吗？如果我们不是自由的，那么我们显然就永远无法发现真理。自由需要清楚地认识这一有关权威的问题，你不能就只是抛掉所有外部的权威，遵从你所渴望的东西，原因在于，正是遵从你所渴望的，导致了权威的出现。你或许可以抵制外部的权威，但还有内在的经验的权威，而经验是基于你所受的限定。抵制所有外部的权威是很容易的事情，但一个人依然是权威、传统、社会、文化、文明的产物。抵制外部的权威，遵从内部的权威，这么做并不能摆脱权威的制约，权威显然是一个整体的过程，外部的权威跟内部的权威之间是没有界分的——存在的只有权威。假若心灵去遵从某种形式的权威，那么它会发现真理吗？

请格外仔细地聆听这个，不要很快就做出结论。强迫、抵抗、训戒、遵从权威，这些全都源于恐惧。一个为恐惧所困的心灵，会是自由的吗？只有当心灵获得了自由，才能出现真正的个体。然而让心灵得到自由则是极为困难的事情——困难是指，单纯的渴望、单纯的努力，并不会带来心灵的自由，欲望和努力都是对我们所受限定的反应，而反应不是自由。那么，心灵能否不再去进行任何的抵制，能否不再去渴望找到我们问题的出路呢？

我不知道我是否把自己的意思给阐释清楚了。这是一个应对起来相当不易的问题，因为，当我们着手它的时候，就会立即直面这样的想法："如果我没有任何权威，没有任何行为模式，那么我如何在明天指导自己呢？若我不能运用自己过去的知识来发现真理，那么我要怎么做才好呢？"

难道无法时时刻刻去生活吗，无法在每一个事件、每一个经验、每一种关系出现的时候就去认识它吗？难道无法每时每刻去洞悉关于事物的真理吗？我必须背负着知识、经验的权威才能探明真理吗？要想实现认知，心灵难道不应该彻底挣脱过去吗？难道不应该不再依照已变成权威的自己先前的知识去解释当下的经历吗？但这正是我们在做的事情，对吗？当我们有了某个问题的时候，我们要如何去应对它呢？我们会从自身所受的限定这一背景出发，从我们先前的经验出发去解释问题，我们会依照我们确立起来的标准或者社会既定的规范去对它做出评价。在解释问题的过程中，我们从来不曾自由地去认识该问题的真相。通过经验或知识的权威，能够了解人类问题的真相吗？所谓智慧，难道不就是时时刻刻自由地去认知吗？

生活是十分复杂的，心灵则更为复杂，同时还带着非凡的能力。要想认识人类的问题，心灵就应该让自己获得更新，不再从一个累积的中心出发，难道不是吗？毕竟，这便是富有创造力的认知，对吗？那个在做着累积的中心就是"我"、自我，因此，源于那一中心的任何行为都只会让问题愈演愈烈。真理、神，随便你怎么称呼都可以，必须是全新的事物，是之前从来不曾体验过的事物，是完全崭新的。心灵是时间、过去、权威、强迫、抵制、恐惧的残留物——这样的心灵能够懂得真理的涵义吗？然而，每个教会、每个宗教组织、每个派别始终都在谈论神，那些信神的人们怀有诸多的想象和幻觉，这些想象和幻觉强化了他们抱持的信仰。很明显，凡是你能够意识到的东西都是已知的，因此并不是真理。真理是从不曾知道的事物，所以心灵必须以全新的姿态去迎接它。我们的一个主要问题便是如何让心灵摆脱一切强迫、恐惧、抵制和权威，以便它能够自由地去观察、聆听、认知。明天从来不是一样的，下一个反应是从来不曾有过的，正是因为我们从过去的层面去解释每一个反应、每一个明天、每一个接下来的时刻，所以才会出现越来越多的复杂。我们从来没有一刻去审视过生活，去观察那些树木和飞鸟，我们从来不曾有一刻去自由地、充分地观察每一个事件。

那么，很明显，问题不在于怎样摆脱难题抑或如何挣脱权威的束缚，而在于我们能否带着一颗纯洁、新鲜、未被污染的心灵去审视生活中那些格外复杂与棘手的问题。只有当我们摆脱了恐惧的羁绊，才能够做到这个，因为，正是恐惧滋生出了权威，不管它是某个人的权威还是教会、信仰、教义的权威。尽管我们或许可以摆脱教义和信仰的制约，但倘若我们屈服于邻居们的看法或是我们已知的东西，那么显然我们依旧为恐惧所困。

所以说，正是恐惧导致了权威。那么，心灵能否摆脱恐惧，不再害怕我们所有关系里的不安全，不再害怕未知？当我们渴望获得安全，当我们惧怕未知，便会制造出天堂和地狱，制造出神灵和幻觉——这些东西全都是源于我们自己的心灵。在内心深处，我们本能地会害怕彻底的孤单一人，于是狡猾的心灵便开始去累积财产、知识、经验。由于被困在这个过程里面，因此我们便构想出了神或真理应该是什么样子的，这种构想不过是猜测、推想罢了，所以毫无意义。我们制造出了无数种形式的信仰，而心灵则躲在这背后寻求庇护。

那么，心灵能否摆脱这整个的过程并且日复一日简单地生活，在生活开始的时候，时时刻刻去认识它呢？毕竟，这便是那永恒的、无法命名的实体——当心灵自己是未知的时候。现在心灵是已知的，它是时间、昨天的产物，是累积的知识、经验和信仰的产物，这样的心灵永远无法认识未知。这不是某种模糊的神秘主义。很明显，假如我希望认识某个以前从来不曾体验过的事物，某个不属于时间的事物，某个无法被置于权威的框架内的事物，那么我的心灵就必须彻底摆脱过去，这意味着它必须挣脱恐惧的罗网。对此你的立即反应会是："我怎样才能摆脱恐惧？我知道自己怀有恐惧，可是我如何才能不为恐惧所困呢？"这难道不就是你的本能反应吗？请仔细聆听问题，你将会找到答案。制造出恐惧的心灵，能够让自己挣脱恐惧吗？当心灵渴望获得安全的时候，它便会在信仰里面寻求庇护，由此滋生出了恐惧并且令自己无法去面对未知。一个滋生出恐惧的心灵，能否摆脱恐惧呢？显然，它之所以渴望摆脱恐惧，正是源于恐惧，因此，心灵为了摆脱恐惧而展开的任何努力，都依然是恐惧的一部分。心灵唯一能够去做的，便是觉察到恐惧，不去对它做些什么，在这种无为的觉知中，没有任何选择，没有战胜或克服。当心灵实现了这样的觉知，你就会发现，不会再有任何的恐惧了。但只要你展开努力去克服恐惧，心灵就无法处于这样的状态。

请仔细聆听，你将懂得其中的真理。心智即思想，正是它制造出了恐惧，不是吗？我们大多数人都是孤独的，我们不知道孤独指的是什么意思，我们从来不曾去探究它、认识它，因为我们总是在通过某种形式的分心去逃避它。只有当我们能够去审视孤独，才会认识它，只有当我们不再惧怕孤独，才能够直面它。当我们逃避孤独的时候，便会出现恐惧，这种逃避本身就是恐惧。所以，心灵始终都在制造恐惧——害怕明天会发生什么，害怕我们死后会怎样。思想是过去的产物，它把自身投射到了未来，制造出了恐惧。

只要心灵努力去逃避恐惧，它就永远无法摆脱恐惧的制约。它唯一能够去做的，便是觉察到自己是惊恐的，然后完全不去对恐惧做些什么，没有任何选择。尔后你将发现，心灵会变得格外的静寂，在这种静寂里，恐惧的问题将会被迎刃而解。一旦心灵迈入静寂，权威就会彻底地消失不见。当你时时刻刻都在寻求真理的时候，你还需要有权威吗？真理并不依赖于评价、判断，当心灵充分认识到了这个，那么它本身就既是体验者又是被体验之物，从而能够超越自身。

这一切需要你展开大量耐心的觉知，在这种觉知里面，没有渴望变得如何如何，没有逃避，也没有获取。正是因为我们永远都在渴望有所得，有所成就，抑或是想逃避某个东西，所以我们才会制造出恐惧。恐惧让问题变得与日俱增，恐惧束缚住了心灵，使其为过去所困，所以心灵本身便是恐惧的中心。只有当心灵懂得了不渴望功成名就的全部涵义，只有当它迈入了静寂，不是空洞，而是彻底的空无，彻底的静寂——唯有这时，心灵才能在每个问题出现的时候将其解决。

问： 我希望自己能够不与人竞争，但是在这样一个高度竞争的社会里头，一个人怎样才能没有争斗地生活呢？

克： 你知道，我们理所当然地认为我们应该活在这样一个充满竞争的社会里，于是便设定了一个前提，而我们则从这个前提出发。只要你说："我必须生活在这个竞争的社会中"，你就会变得争强好胜。这个社会是建立在贪婪、获取之上的，它推崇成功，如果你也渴望成功的话，你自然就会去与人竞争。

但问题要比单纯的竞争更加深刻、更有意义。渴望去竞争的背后是什么呢？在每所学校里面，我们都被教育着要去竞争，不是吗？竞争表现为划定分数，比较笨孩子和聪明孩子，不停地指出穷孩子有朝一日也可以当上总统或是通用汽车的老总——你知道这一切。我们为什么要如此强调竞争呢？这背后的意义是什么？首先，竞争意味着训戒，对吗？你必须控制，你必须遵从，你必须听从命令，你必须跟其他人一样，抑或唯有更优秀,于是你便为了成功而去训戒自己。请好好思考一下这个。只要鼓励竞争,就必定会控制心灵去符合某种行为模式,这难道不是控制男孩、女孩的方法之一吗?假如你希望出人头地,你就必定会去控制、训戒、竞争。我们一直都是这样被教育长大的,尔后又把这样的价值观念传递给了我们的孩子,可我们如今却在谈论着让孩子自由地去探明、去发现!

竞争掩盖了一个人自身心灵的状态。如果你想认识自己,你会跟他人竞争吗,你会去拿自己跟别人做比较吗?通过比较,你会认识自我吗?通过比较、判断,你会认识事物吗?通过把一幅画跟其他的画做比较,你就认识了这幅画吗?还是只有当你的心灵充分去觉察、体悟这幅画,不做任何比较,你才会认识它呢?

你想激发你儿子身上的竞争的精神,因为你希望他在你失败的领域获得成功,你希望通过你的儿子或者你的国家来圆满你自己、实现你自己,你觉得这种进步、发展来自于判断、比较。但是你什么时候会去比较、会去竞争?只有当你对自己不确定,当你没有认识自我,当你的心里怀有恐惧,你才会与人比较和竞争。认识自我便是认识生活的全部,认识自我将会开启智慧之门,但倘若没有认识自我,就无法实现任何觉悟,有的只会是无知,持续无知不是成长。

那么,需要竞争才能认识自我吗?为了认识我自己,我就得与你竞争吗?为什么世人会崇拜成功?一个没有创造力的人,一个内心空虚的人——只有这样的人才总是伸手出来想要去获取,想要出人头地。由于我们大部分人的心灵都是贫乏的,所以我们便会为了外部的富有而去展开残酷的竞争。炫耀外部的安逸、地位、权威、权力,令我们目眩神迷,因为这些东西便是我们所渴望的。

这一切显然是真相,但倘若你抱着如下想法去聆听,即你必须要在这个世上生存,那么你就没有在聆听,你就只会去比较。如果你不去竞争,你可能会丢掉工作，若你失去了工作，你背负的那些责任义务该怎么办呢，谁来养活你的孩子呢？于是你徘徊不已。假如一个人想要探明真理，假如他处于一种反抗的状态，那么他显然就必须经历许多物质上的苦恼，不是吗？他可能会失去工作。为什么不呢？一个依附于安全的心灵，永远无法发现真理。只有当心灵认识了真理，直到那时，我们的问题才会得到解决。无论我们怎么做，无论我们的心智多么聪慧狡猾，除非我们发现了真理——真理是要时时刻刻去发现的——否则将永远无法解决我们面临的诸多人类的难题。

当你渴望获得成功，渴望出人头地，不管是在物质世界里还是在知识或心理的层面，就会滋生出竞争。只要心灵去竞争、比较、评判，它就永远无法认识真理。只有当心灵完全不做任何选择——不去比较、判断或谴责——才能时时刻刻洞悉真理，从而解决我们所有的难题。

（在欧加橡树林的第三场演说，1953年6月27日）

自我是一切不幸的根源

我认为，重要的是我们是抱着怎样的态度来参加这些会议的，因为，在我看来这是个十分严肃的问题。你们来这里不是要来会见友人的，这个以后可以去做，也不是花费一个钟头来娱乐的，或是仅仅展开口头的讨论，用一种观点、看法去反对另外一种。我们努力要去做的是探究生活这一格外复杂的难题，为此必须抱持十分严肃认真的态度。请务必把这个牢记于心，拍照或者索要签名显然是不适合的，这是我们并未真正怀着热切态度的时候才会去做的诸多轻率的事情之一。我请求你们不要把我们在这里的聚会看作是少数人的一次好奇的聚集，而应当是那些认真展开努力去探明生活全部意义的人们的一次汇聚。至少，我是抱着这样的态度的，我对此是非常热切的。这个世界上有如此多的无序、不幸和混乱，不管我们的聚会规模多么小，只要我们能够极为迫切地去对这个问题展开探究——并非只是在周六下午或周日上午的一个多钟头的时间里，而是整个一周内不断地去讨论——尔后或许我们就将迎来崭新的时刻，那便是，我们自己也成为了传道者，而不是单纯的听众，我们自己也开始经由深刻的认识与体验去谈论这些事情。所以，我在这里发表讲话的意图并不是要自我表达或自我实现，这么做显然是幼稚的，而是看一看我们究竟是否无法一起来唤醒智慧，唤醒一种完整的、全面的生活观。这种智慧和全面的生活观，将会让我们每个人成为星星之火，从而让我们自身的思想迎来根本的、彻底的转变，并最终让我们周围的世界发生变革。如果我们能够营造出静寂、庄严的氛围并且相互尊重的话——这需要我们双方都投以同样的关注——那么或许我们就可以对这些问题展开深入的探究，不再满足于描述，满足于单纯的浅尝辄止。

假如可以的话，今天上午我希望谈谈什么是体验这一问题，以及如果我们不带来中心层面的根本性的革新，是否能够去体验，除了作为单纯的过去经历的持续之外。那么，这个中心是什么呢？很明显，这个中心就是"我"、自我、心灵——如此敏锐、有着这般非凡能力的心灵，能够认识这么多样的体验，能够储存无数的记忆，能够发明，能够设计出以六百英里的时速翱翔于四万英尺高空的飞机。这个中心，这个具有无限潜能的复杂体系，被"我"的念头围困住了——我的欢愉、我的安全、我的自负、我的财产、我的优势、我的成就。它是所有的爱、恨、逝去的欢愉、嫉妒、贪婪、痛苦的中心。那么我能够带来中心层面的变革吗？如此一来，自我，"我"就将消失不见。因为，"我"是一切不幸的根源，不是吗？尽管"我"可能拥有过逝去的满足、表面的快乐和情感，但它不断地让问题变得越来越多，不断地制造出痛苦。无论我可能把自我置于怎样高等的位置，置于哪个层面，它都依然是在思想的领域之内。对我们大多数人来说，思想便是痛苦，是我的本来面目跟应有面目之间永无休止的交战。但是，这部机器，这个始终都在考虑自己以及自身安全的心灵，还是可以做到无限的敞开的。

我不知道你是否曾经思考过诸如"爱"、"死亡"这类深奥的词语对心灵具有怎样非凡的意义。但心灵及其所有隐蔽的、迅捷的运动，都受因于"我"的念头——没有得到爱，应该被爱的"我"，应当去爱人的"我"，将会死亡的"我"。这个"我"、自我，是否能够彻底终结呢？这便是我们最基本的问题，对吗？一切宗教——不是组织化的教会，而是所有真正的老师、所有的文明——都在一直努力去清除这个"我"。各个政府都展开了格外的努力，想要通过左翼或右翼的专政，通过极权化的方式控制"我"的念头来消灭这个"我"，想要带来一种协同工作的文化。但这个"我"不断地宣称自己的主张，它总是从自己的中心出发去解释每一个体验、每一个反应、思想的每一个运动。"我"、自我，便是一切冲突、痛苦的根源，也正是因为它，人们才会永无止境地努力想要变得如何如何，想要有所得。如果我们没有懂得这个事实，那么，不管心灵多么有能力、多么博学、多么深奥，都只会带来更多的问题和灾难。所以，我们当中那些真正抱持热切认真态度的人们，显然应该把我们探寻的方向放在探明这个"我"是否能够终结上面。

那么，这个"我"是什么呢？它是一种认知的过程，对吗？它是经历、恐惧、欢愉、逝去的成就、记忆的中心。假如"我"消失不见，就没有被心灵认同为我的经历的体验了。

我并不是在告诉你什么新鲜事儿，相反，我只是在描述在我们每个人身上真实发生的情形。我的口头表达势必是非常有限的，但倘若你在聆听的时候能够在自己的身上观察这个过程，那么你就将开始懂得自身思想的错综复杂与微妙了，你将会觉察到你自己的中心，觉察到这种争强好斗的消极的心灵状态，也就是所谓的"我"，它不停地通过接受或否定伸出手去获取。

因此，"我"是认知和体验的中心，由于心灵总是从这中心出发去解释每一个经历，所以它永远都在局限自己。只要有"我"存在，心灵就无法超越，不管它可能多么的有能力、多么的深奥。当每个经历都从自我、从好恶的层面去解释，心灵怎么可能实现超越呢？如果心灵受困于追求满足、逃避痛苦，总是因为它的努力、欲望、恐惧而局限了自身——这样的心灵如何能够体验或者理解那超越自身的事物呢？但倘若我们抱持热切认真的态度，那么这便是我们所寻求的，对吗？当然，假如我们满足于被日常生活的欢愉和痛苦所困，就不会有任何的问题，我们就仅仅只是用一种痛苦去替代另一种痛苦，用一种欢愉去代替另一种欢愉，用一种信仰或教义去替代另一种信仰、教义。但倘若我们想要实现超越，想要去探寻、去发现，那么这个永远都在束缚、局限心灵的"我"显然就必须终结。

那么，这个"我"、自我、思想的这种自我中心、自我封闭的运动，如何才能终结呢？这个中心是由经历供养的，对吗？什么是经历，它是有意识的还是无意识的？请注意，这是一个十分重要的问题，所以让我们一起来展开思索吧。

经历便是记忆的持续，对吗？假如我遇到你，而你是个完全陌生的人，那么我就不会认出你。但倘若我认识你，就会出现识别的过程，也就是体验欢愉和痛苦、奉承和侮辱。所以，心灵始终都在从已知的层面去解释经历。因此，那无法探明的未知就变成了某种可怕的东西——明天、死亡、将来。由于害怕，于是心灵便确立起了理论、希冀、观念，这一切全都让"我"得到了强化，这便是我们所知道的过程。可如果我们能够探明怎样才能不在任何层面喂养"我",不管是高等的还是低等的层面,那么或许我们就将被动地让这个"我"走向终结了。不能积极地做这个,只能够被动地探明这个"我"是如何滋养着自己继续存活的。很明显,"我"、心智,只会从过去的经历、从已知出发去思考。我们的宗教、我们的文化、我们的观点、我们的理想,全都是在已知的层面。心智、"我"依附于这些东西,通过自己已知的知识让自身得到强化。

那么,一旦觉察到了这整个的过程,心灵能否摆脱已知,达至一种可以迎来未知的状态呢?这显然是唯一的变革——不再害怕未知。只有当心灵懂得了已知的无益,变革才会到来。但我们总是有意或无意地寻求着已知,正是我们对已知的渴望制造出了上帝、天堂、理想的未来、完美的国度,我们构想出了应有面目,迫使人们去适应已知,这便是我们的乌托邦。

人永远无法让自己变得完美,因为他的完美总是已知的。请注意,重要的是去思考一下这个。我们努力想要让自己变得更加的完美,不管是在技能上还是在心理层面。努力带来技术上的完美,这个是可以理解的。但渴望让自己在内心更加完美,这么做总是会去遵从已知,遵从某种已经被体验过的事物——这意味着,心灵只会从过去或者对过去的反应出发来让自己完美。就像共产主义社会是对它不断反对的资本主义国家的反应一样,心灵努力让自身完美,这其实是对它所受限定的一种反应。而反应永远不会是完美的,它只不过是已知的一种延伸罢了。

"我"是一个完整的实体。尽管我们在谈论着意识和无意识,但真实存在的只有一种状态——意识。我们觉察到了那个被我们唤作意识的部分,对另外的部分则几乎毫无觉知。然而意识是一个统一的过程,既有内在的意识,也有外围的意识,既有暗藏的意识,也有敞开的意识。那么,一个人能否觉察到这个完整的意识也就是"我",还有它全部的欲望、焦虑、恐惧、动机、不断地想要让自己变得更好的努力,想要有所成就的渴望——一个人能否充分觉察到这个过程，同时又不会让"我"的行为得到强化呢？这整个"我"的过程，会否停止？显然，通过意志力的行为无法让它终止，通过玩弄技巧、重复话语或是让自己迷失在关于国家、神的愚蠢的幻想中，也无法让"我"消失。

只要你真正展开探究，就会发现这是一个十分重要的探寻，因为我们人类问题的解答并不蕴含在意识的层面。我们的意识如今受着"我"的局限，任何源于"我"的答案都只会导致更多的灾难和不幸。既然知道了这个，既然觉察到了"我"的全部过程，那么"我"能否终止呢？

你是否知道我们是怎样努力去终止"我"、自我的？我们试图通过训戒、控制、抵制、反抗去终结这个"我"，试图通过强迫、通过遵从教义和信仰来终结"我"，试图通过各种各样为了某个更加伟大的事物、为了国家、为了世界、为了自己的妻儿自我牺牲、自我忘却来终结"我"。我们尝试着在战争、服务、热爱他人以及最终关于神的理念中去忘记自己。我们尝试过了所有这些把戏——它们就是把戏——结果却只是给世界带来了更多的不幸、更多的暴政、更多的无序。

你不必为了认识这一切而去博览群书。你是过去的产物，你是人类所有的努力、欢愉和痛苦的产物，人类的全部故事都凝结在你的身上。假如你懂得怎样去阅读它，那么你就没有必要去阅读某本书了。发现这个，无需任何哲学、体系。所以，我向自己提出的问题，同时也希望你能问自己的问题便是：这个被称为"我"的事物，这个犹如一根线般串起每一个行动、每一个想法、每一个情感的运动的事物，能否终结？请就只是向自己提出这个问题，不要试图找到答案，因为，无论你找到的是什么，都会是肯定的答案，而这个答案是意识发明出来的，所以它会变成另一种让"我"永续的手段。但倘若你向自己提出该问题，充分觉察到这整个的过程，那么你将得到的不是一个口头的答案，而是一种自发的解答，它是一种变革。只有当你询问此问题，没有任何意志力的行动,它才会出现,而这便是真正的聆听。假如你不做任何选择地觉察"我"的所有活动,觉察你思想的全部过程,包括可以感知到的和那些暗藏的,假如你领悟了它,不做任何评判或谴责,那么你就一定会带来中心层面的改变。尔后,心灵将会变得分外的敏锐,其活力和机敏将会是惊人的。

当前,我们的心灵被我们的恐惧、挫败、成功欲所困,但倘若不去判断,不去谴责或选择,我们就能开始觉察这整个正在进行的意识的过程,无论我们是醒着还是睡着。于是我们将会发现,尽管我们怀有那多么的欲望,尽管我们有许多的冲突、战争和残酷,中心层面还是会发生变革。就像来自中心的波浪会越来越高,我们的所有困难也将会得到解决。但如果仅仅只是从外围开始着手,那么我们的问题就永远无法解决了。一切人类的问题都源自于中心,假如中心层面彻底终结,那么在它里面就会出现完全的革新。但倘若一个人刻意地试图带来革新,试图抗拒那个中心,他就只会导致更多的不幸。尔后这就会变成一种理想,而理想主义者并不是革命者,他只是去遵从某种由他自己造出来的模式罢了。

因此,请就只是聆听这一切,静静地吸收,你将会懂得,当心灵迈入静寂,当"我"彻底消失,创造力便会到来。我们经由混乱而知道的创造力,不同于摆脱了中心而获得的创造力。因摆脱中心而来的创造力,不会为时间所囿,因为它不是由意识发明出来的。如果没有创造力,生活将毫无意义,尽管我们可能拥有世界上所有的繁荣以及最近的小玩意,但不久我们就会对此厌倦,转而渴望更多的小玩意。然而,这种创造力不属于满足的范畴,它是某种完全未知的事物,你无法去构想或者猜测它。只有当心灵充分觉察到了"我"的整个过程,懂得了它的涵义,继而不去通过经历、体验来滋养它,唯有这时,创造力才会降临。

问: 为什么那些收入稳定、能够从担负重大责任的岗位上退下来的人,经常存在心灵衰退和破碎呢?

克:衰退仅仅只是收入安全的问题吗?或许,收入稳定只是让那已经发生的衰退扩大罢了。不,先生们,请不要对此一笑了之。我们关心的是心灵为什么在某个阶段走向衰退,还是心灵为何衰退?一个工作、挣钱、去办公室上班的人,显然不是在走向衰退,因为他是有活力的,可一旦这种活动停止,你就会意识到衰退。被困在例行公事里的心灵,不管是办公室里的那些例行公事,还是仪式或教义的例行公事,心灵都已经在走向衰退了,不是吗?显然,探明是什么原因导致了心灵的衰退,要比询问你那位有钱的邻居为什么在退休的时候心灵是破碎的来得有价值得多。请注意,假如我们能够真正认识这个问题,或许就将懂得心灵的不朽了。

为什么心灵会衰退?——不单单是你的心灵,而且是整个人类的心灵。一个人可以发现,当心灵变成了一部习惯的机器,当它所受的教育不过是记忆,当它不停地努力去遵从某种模式,不管是外部施加的还是自我施加的,带来衰退的因素便会出现。只要心灵不断寻求安全抑或背负着想要自我实现的渴望,就会走向恐惧、衰退与毁灭。这便是我们的状态,对吗?我们要么为习惯、例行公事所困———遍又一遍地做着同样的事情,实践美德,为了达至某个地方而去遵从某种训戒的模式,寻求心理或物质上的安全——要么展开竞争,付出极大的努力去实现我们的野心,即获得世俗世界的成功。很明显,这便是我们每个人正在干的事情,所以我们已经开始了衰退的过程。只要这些反应中的任何一个存在于我们身上,不管是在哪个层面,那么我们便会走向衰退。

那么,心灵能否不断地更新自我呢?心灵能否时时刻刻富有创造力呢?我所说的创造力,并不是指单纯的设计、表达、能力、培养技术,我指的不是这些层面的创造力。然而,心灵能够体验未知吗?显然,只有在不可知的状态里才不会有衰退,任何其他的状态都必定会让心灵衰老。就像一部连续几周每天都在运作的机器里的零部件那样，一个总在活动的心灵必然也会走向衰退。只要你把你的心灵当做一部去实现、制造、获取的机器，你便已经种下了衰退、老迈、衰老的种子，无论是在一个豆蔻年华的少年还是在一个花甲老人的身上，这个过程都是一样的。可惜我们大部分人并没有觉察到这种衰退的过程，我们唯一觉察到的便是，我们被困在这部欢愉、痛苦、不幸的机器里面，努力想要逃脱出来。所以，心灵从不曾是宁静的，从不曾什么也不去想，它总是在忙忙碌碌，总是在想着上帝、共产主义、资本主义、增长财富、邻居的看法或是锅碗瓢盆——哦，总是被无数的东西占据！由于不停地在想这想那，因此它没有一刻是自由和安宁的。唯有静寂的心灵——静寂不是因为麻木，而是因为它处于那种富有创造力的静寂的状态——只有这样的心灵才会停止衰老。一个通过能力去实现自我的心灵是无法摆脱衰退的，随着年纪的增长，你的能力会变得迟钝，你或许是个钢琴演奏家，但随着年龄越来越大，风湿病会出现，各种疾病会袭来，你会老眼昏花抑或是在某次事故中残废了。假如心灵寻求着某个方向、某个层面的自我实现，那么它就已经在自己的内部种下了毁灭的种子。正是"我"渴望实现自己，渴望变得如何如何，由于空虚和挫败，于是"我"便想要在我的家庭、我的孩子、我的财富、我的观念、我的经验那里得到实现。当一个人领悟了这一切，洞悉了其中的危险，唯有这时，心灵才可以时时刻刻、日复一日做到空无，不因为背负着过去的重担或是害怕未来而裹足不前。活在这样的时刻并不是什么想象，也不是只有少数人才能够实现的。毕竟，正如我所指出来的那样，我们每个人都为不幸、争斗、痛苦、逝去的欢愉所困，我们每个人都应该发现这种未知之物，它并不是只留给某一个人而对其他人关闭。我们可以一起来创造出一个崭新的世界，然而，新世界不会通过外部的变革而来，这种变革其实是一种衰退。

只要心灵寻求某个目的抑或只要它出于恐惧而去遵从权威，就一定会走上衰退的道路。如果你没有认识自我，心灵的衰退便会到来。而认识自我并不是能够从书本里头学到的东西，它是一天当中每时每刻都要去发现的，这需要一个保持高度机敏和警觉的心灵，当心灵寻求某个目的或结果的时候，它就不可能是机敏、警觉的。所以，带来衰退的因素就握在我们自己的手中。一个为经验所困的心灵，一个活在经验之上的心灵，永远无法发现那不可知的事物。只有当过去消失不在，那不可知的事物才会到来，而只有当心灵迈入了静寂，过去才会离去。

（在欧加橡树林的第四场演说，1953年6月28日）

知识能否解决人类的问题？

我认为，认识何谓知识这一问题尤为重要。我们大多数人似乎都十分急切地想要获得知识，我们总是在获取，不仅是财富、各种东西，而且还有观念、看法。我们从一个老师转向另一个老师，从一种宗教转向另一种宗教，从一种教义转向另一种教义。我们总是在获取观念，我们以为，这种获取对于认识生活是十分重要的。假如可以的话，我想探究一下这个问题，看一看心灵的这种获取的过程是否会带来自由，以及知识能否解决人类的问题。知识或许可以解决那些表层的、机械方面的问题，但它是否可以从根本上让心灵获得自由从而能够直接地去感知真理呢？认识这个问题显然格外的重要，原因是，一旦认识了它，我们或许就能反抗单纯的方法论了，方法论是一种阻碍，除了在取得某个机械化的结果方面以外。我将会谈谈心智的心理的过程，以及它是否能够带来个体的创造力——这自然是最重要的，对吗？获取知识是否会像我们认为的那样带来创造力？抑或，为了能够处于这种创造力的状态，心灵必须摆脱这整个的获取的过程？

我们大部分人都为了实现认知而去阅读书籍或者参加会谈，当我们有了某个问题的时候，就会去学习、研究或是到他人那里展开讨论，指望着由此来解决我们的问题，抑或将会发现新的事物。我们总是求助于他人或经验——经验从本质上来说就是知识——希望由此可以解决摆在我们面前的诸多难题。我们求助于那些阐释者，那些声称自己认识得比我们多一点的人，他们不仅阐释这些讲话，而且还阐释各种典籍。我们似乎无法不去依赖他人而凭借自己的力量直接地解决问题。重要的是探明心灵在累积的过程中是否能够解决任何心理的、精神层面的问题，对吗？如果心灵想要能够洞悉人类冲突里的真相，那么它难道不应该彻底地空无，不为任何东西占据吗？

我希望你们能够怀着耐心去探究这个问题，不是仅仅在我描述它的时候，而是我们每个人都包含其中。毕竟，你为什么会来这里？显然，有些人仅仅只是出于好奇，所以我们关心的不是这些，但其他人必定是十分严肃认真的。如果你抱持着认真的态度，那么这种认真背后的意图是什么呢？难道不是为了理解我所说的话吗？——又或者，不是为了获得认知，而是想求助别人来解释说过的内容，结果也就导致了一种利用的过程呢？抑或，你的聆听是为了探明我的话本身究竟是否蕴含真理，并不是因为我这样主张或者因为其他人对此做出解释呢？显然，我们在这里讨论的问题是你面临的问题，假如你能够凭借自己的力量直接地洞悉和认识它们的话，你就将其解决了。

我们全都怀有许多的问题，显然必须得有改变，但改变是由意识的过程带来的吗？我谈论的是根本性的转变，而不是单纯的社会或经济的改革。很明显，正是心智导致了我们的问题，那么心智能够消除由它自己制造出来的问题吗？通过获取更多的知识、更多的信息，通过学习新的技术、新的方法、新的冥想方式，通过从一个老师去到另一个老师那里，就可以解决这些问题了吗？这一切显然是非常肤浅的、表面的做法，重要的是去探明是什么使得心灵如此的肤浅，是什么造成了这种表面化，难道不是吗？对于我们大多数人来讲，这便是问题的关键，对吗？我们格外的肤浅，我们不知道如何深入地探究自身的冲突和困难，我们越是求助于书本、方法、实践，越是去获取知识，就变得越是肤浅，这是一个十分显见的事实。一个人或许可以博览群书，参加各种学术性很强的会议，积累大量的信息，但倘若他不知道怎样去探究自我，发现真理，认识心智的全部过程，那么他所做的一切努力显然就只会带来更为严重的肤浅。

  那么，当你聆听的时候，你能否不只是停留在表层、口头的层面，而是去揭示出自身思想的过程以及超越心智呢？我所说的内容并不十分复杂，我只是在描述在我们每个人身上发生的情形，可如果你只是活在口头的层面，满足于这些描述，不去直接地展开体验，那么这些谈话就将毫无作用。尔后你会求助于那些阐释者，那些愿意告诉你我所谈论的内容的人——这么做实在是愚不可及，直接聆听某个事物，比求助他人来告诉你这一切要好得多。一个人难道无法追根究底，不做任何阐释，不被他人引导着去发现根源何在吗？假如他是在别人的指引下去发现，那么这就不再是发现，对吗？

  请务必认识到这一点，发现真理、实相，无需他人的指引。当你在别人的引导下去发现，这就不是真正的发现，你不过是认识了某个人向你指出来的东西。但倘若你凭借自己的力量去发现，就会是完全不同的体验了，它是原初的，没有背负过去、时间、记忆的重担，彻底摆脱了传统、教义、信仰的束缚。这种发现便是创造力，它是全新的，但要想实现这样的发现，心灵就必须能够超越一切肤浅的层面。那么我们能否做到这个呢？由于我们的所有问题——政治的、社会的、经济的、个人的——从本质上来说都是宗教问题，因此它们是内在的、道德的问题的反应，除非我们解决了这一中心问题，否则其他所有的问题都只会越来越多。追随他人、阅读书籍、实践技术，全都无法消除问题，在发现真理的过程中，方法和体系是完全没有价值的，因为你必须凭借自己的力量去探明。发现意味着彻底的独立，可如果心灵依靠解释、语词过活，如果它去实践某个方法或是依赖其他人对问题做出解释，那么它就不可能做到独在。

所以，既然意识到自儿时起我们的教育、我们的宗教训练、我们的社会环境就一直在帮助着把我们变得彻底的肤浅，那么心灵能否抛下自身的肤浅，抛下这种或主动或被动不停去获取的过程呢？——它能否把这一切抛到一边，不是空洞无物，而是不被任何东西占据，实现一种富有创造力的空无，如此一来它就不会再制造出自身的问题并且希望去解决由它导致出来的这一切呢？很明显，正是由于心灵的肤浅，所以我们才不知道怎样展开格外深入的探究，怎样触及内心深处，我们以为，通过学习或听讲座就能够触及深层了。

那么，是什么让心灵变得肤浅的？请不要仅仅只是听我讲话，而是应当展开观察，当这样一个问题向你提出来的时候，去观察一下你自己的思想。是什么使得心灵走向肤浅的呢？为什么心灵无法体验真理，体验某种不是由它构想出来的事物？我们每个人都在寻求最大的满足，这难道不就是让心灵变得肤浅的元凶吗？我们不惜以任何代价获得满足，因此我们寻求着各种方法来达至这一目的。有满足这样的东西存在吗？尽管我们可能会暂时获得满足，依照我们的年纪去改变满足的对象，但是否有时时刻刻的满足呢？欲望不停地想要实现自身，于是我们便从一种满足转向另一种满足，尔后被困在每一个新的满足及其全部的复杂里，结果我们又会变得不再满足，努力想要解放自己。我们依附于他人，我们追逐老师，加入团体，阅读书籍，接受一个又一个的哲学思想，但核心的欲望总是一样的——那便是得到满足、安全、出人头地、取得结果、达至目的。这整个的过程，难道不就是心灵肤浅的一个主要原因吗？

心灵之所以肤浅，难道不正是因为我们总是从获取的层面去思考吗？心灵不停地忙于去获取，抑或是忙着抛下或者摆脱它所得到的东西。于是获取和摆脱之间便会有拉力，而我们则活在这种紧张的拉力之中，这种拉力难道不会对心灵的肤浅推波助澜吗？

另外一个导致肤浅的原因则是，心灵无休止地忙于自身的麻烦、某种哲学、上帝、观念、信仰，或者忙于应当做什么、不该做什么。只要心灵被某个东西吸引，只要它关注于某个事物，就会变得肤浅，不是吗？很明显，只有不被任何事物占据的心灵才能获得充分的自由，不为任何问题所困，不去关注于自身，关注于自己的成就、痛苦、欢乐、悲伤、完美——唯有这样的心灵才能告别肤浅。心灵难道无法日复一日地做着自己必须干的事情，同时又没有这种高度的关注吗？

对于我们大多数人来讲，心灵一般都在忙碌些什么呢？当你观察自己的心灵，当你去觉察它，会发现它在想些什么呢？原来心灵忙着在想如何让自己变得更加完美，如何健康，如何谋到一份更好的工作，是否被爱，是否在进步，怎样摆脱一个问题同时又不会陷入另一个问题——它始终关注的都是自己，对吗？它用各种各样的方式不停地去与某个最伟大的或最卑微的事物认同。一个忙于自己的心灵能够深刻吗？我们的困难之一或者说主要难题，难道不就是我们的心灵已经变得如此肤浅吗？假如有困难出现，我们立马就会求助于他人，我们没有能力去探明，我们没有去认识自己。若心灵忙于某个问题，那么它能够去探究、观察自身吗？我们因为自身的肤浅而导致的问题，需要的不是表面的应对，而是认识真理，认识实相。心灵难道无法觉察到是什么导致了自身的肤浅，认识它们，不去努力抗拒它们，不去试图将其抛到一边呢？因为，一旦我们展开努力，那么这本身就会变成另外一个问题、另外一种占据，只会让心灵变得更加的肤浅。

让我们换种方式来表述：如果我认识到我的心灵很肤浅，那么我该怎么办呢？通过观察我认识到了它的肤浅，我意识到我是怎样去求助于书本、领袖以及各种各样的权威，求助于大师或者某个瑜伽修行者——你知道我们通过许多不同的方法去寻求满足，我意识到了这一切。那么，难道无法毫不费力地将这一切抛到一旁，不被它们占据，不去声称："为了更加深入、更有思想，我必须抛掉它"吗？关注于变得更加如何——这种关注，难道不是心灵始终忙忙碌碌以及导致肤浅的主要原因吗？这便是我们全都渴望的——认识更多、拥有更多的财富、拥有更好的头脑、看上去更美丽、更有美德——总是渴望更多、更多、更多。只要心灵忙于"更多"，它能够认识"当下实相"吗？

请仔细聆听这个。当心灵去追逐"更多"、"更好"，它便无法认识自己的本来面目，因为它总是想着得到更多、走得更远、取得更大的结果，它无法认识自己的真实状态。可一旦心灵发觉自己的真实模样，不做任何比较或评判，那么它就能够变得深刻，从而实现超越。只要一个人在心智的任何层面关注于"更多"，就必定会变得肤浅，而一个肤浅的心灵永远不可能发现真理，永远不可能认识真理、神。它可以专注于神的形象，它可以想象、猜测、确立希冀，但这并非实相。所以很明显，需要的不是某个新的技术、新的社会或宗教组织，而是能够超越这种肤浅的个体。假如心灵整天忙着"更多"或"更少"，那么人就无法超越肤浅。若心灵关注于拥有更多的财富或更少的财富，若财富便是它整日忙于的对象，那么它显然就会变得十分的肤浅和愚蠢。一个整天想着要变得更加有德行的心灵，同样会是愚蠢的，因为它关心的是自己以及获取。

因此，心智是时间的产物，它是一种"更多"的过程。心灵难道无法觉察到这个过程，与自己的本来面目共存，不去试图改变自己吗？

转变显然并不是由心智带来的，当你洞悉了真理——真理并不是"更多"——转变才会到来。转变是唯一的革命，它就握在真理的手中，而不属于心智的范畴。

所以，重要的是我们每个人不应当仅仅只是聆听这些讲话，而是应该觉察自我并且始终保持这种觉知的状态，不去求助于阐释者或领袖，不去渴望更多，难道不是吗？在这种觉察的状态里——它里面没有任何选择，没有谴责或评判——你将发现那正在发生的情形，你将懂得心智的过程及其真实的模样。当心灵由此觉察了自身，就会变得安静下来，不会为任何东西占据，而是迈入静寂。唯有在这种静寂的状态里，才会洞悉真理，正是真理能够带来根本性的转变。

问：为什么在这个国家里我们似乎对他人没有多少尊重呢？

克：我想知道在怎样的国家里一个人才会去尊重他人？在印度，人们会深深敬礼，会给你献上花环、鲜花——但他们却虐待邻居、仆人、动物，这是尊重吗？这里，就和欧洲一样，人们尊重那些开豪车、住豪宅的人，尊重那些被认为高人一等的人，而对其他的人则报以轻视。但这是问题所在吗？我们全都渴望能够跟那些高高在上的人一样，不是吗？我们希望与那些拥有名望、财富、权力的人一样。一个文明越是工业化，就越会有这样的观念，那便是穷人也可以成为富翁，住棚屋的也可以当上总统，于是自然不会去尊重别人。我认为，假如我们能够认识有关平等的问题，就可以理解尊重的本质了。

那么，有平等存在吗？尽管各个政府，不管是左翼的还是右翼的，全都强调说我们大家都是平等的，但我们是平等的吗？你拥有更好的头脑、更大的才能，你的天赋多过我，你会画画而我则不能，你会发明创造而我则只是个工人。平等能否存在？可以有机会的平等，你与我都可以购买汽车，但这是平等吗？问题显然不在于如何带来经济上的平等，而在于探明心灵是否能够摆脱这种高等和低等的意识，能否不再去崇拜那些拥有更多东西的人、轻视那些一无所有的人。我觉得，这才是问题所在。我们尊重那些可以助我们一臂之力的人，可以让我们得到些什么的人，但却轻视那些无法对我们有帮助的人。我们尊敬老板，尊敬那个能够给予我们更好地位的人，尊敬政客或者神职人员，也就是所谓精神世界里的上司。所以我们总是在尊重某些人、轻视另外一些人，那么心灵难道不能够摆脱这种轻视以及错误的尊重的状态吗？

就只是观察一下你自己的心灵，观察一下你所说的话语，你将发现，只要有这种高等、低等的意识，就不可能有真正尊重。不管政府做些什么来让我们大家获得平等，都不会实现平等，因为我们大家的能力不同，观点各异。但可以有完全不同的感觉，或许是爱的感觉，在它里面，没有轻视，没有评判，没有高等和低等的意识，没有给予者和接受者。请注意，这些并不是单纯的字眼，我不是在描述一种渴望的状态，渴望会滋生出如下问题，即"我怎样才能达至它？"——这只会导致肤浅的观点。可一旦你发觉自身的态度，发觉自身心智的活动，或许就会产生不同的感受了，或许就会迎来爱的意识，这个难道不是十分重要的吗？

关键不在于为什么有些人怀有尊重而其他人没有，而在于唤醒这种感觉、这种爱，随便你怎么称呼都好，在它里面，所谓高低贵贱的意识都将彻底消失不见。这并不是什么乌托邦，这不是要去努力追求的状态，不是你必须日复一日去实践才能最终达至的状态。我认为，重要的是仅仅去聆听它，觉察它，就像你看到一幅美丽的图画或是一株可爱的树木，抑或是听见鸟儿的歌声。如果一个人真正去聆听，那么这种聆听、这种感知便是最根本的。然而当心灵去干预，带来无数的问题，那么"应有面目"跟"本来面目"之间便会出现冲突。尔后我们便制造出了理想以及对这些理想的模仿，结果也就从不曾凭借自己的力量去发现那种没有渴望获得更多、于是也就没有轻视的状态。只要你我渴望功成名就，就不会有尊重，不会有爱。只要心灵希望在某个事物里面实现自我，便会有欲望、野心。正是由于我们大多数人有着各个方向、各个层面的野心，所以爱的感受——不是平等的感受——才不可能产生。

我并不是在谈所谓的超人，但我认为，假如一个人能够真正认识野心和欲望，即想要变得更加如何、想要有所成就、有所获得、想要光宗耀祖，假如他能够与之共处，依靠自己的力量认识其全部的涵义，审视它，就像一个人在镜子里面观察自己那样，就只是审视自己的真实模样，不做任何谴责——假如他能够这么做，也就是开始去认识自我，开启智慧之门——那么爱就将登场。

问：恐惧究竟是心灵的一种单独的、可识别的特性，还是心灵本身？它能否被心灵抛弃，还是说，只有当心智终止，它才会消失不见？如果这个问题令人困惑，那么能不能换种方式提问：恐惧是否始终是一种要被克服的罪恶，是否从来不是一种伪装的必需的恩赐？

克：既然问题被提了出来，那么让我们、你和我一起努力去探明什么是恐惧以及能否将其消除。抑或，就像提问者指出的那样，它或许是一种伪装的福佑。我们将要探明该问题的真相，但要想做到这个，尽管我可能会谈论，你就得探究自身的恐惧，弄明白恐惧是怎样出现的。

我们怀有各种各样的恐惧，对吗？恐惧存在于我们生活的各个层面，有过去的恐惧，有将来的恐惧，有现在的恐惧，也就是生活的极度焦虑。那么，这种恐惧究竟是什么？它难道不属于心智、思想吗？我想到了未来，想到了老迈，想到了贫穷，想到了疾病，想到了死亡，想到了我所惧怕的画面。思想构想出了一幅图画，唤醒了心灵的焦灼不安，所以说，正是思想制造出了自身的恐惧，不是吗？我干了某件愚蠢的事情，我不想注意到它，我希望逃避它，我害怕结果，这也是一种思想的过程，对吗？我想要重新捕捉青春的快乐，又或者我昨日在山顶的日光里见到了某个现在已经逝去的美景，而我希望重温这番美丽，或者我想要被爱，想要有所成就，想要出人头地，结果便会焦灼不安，便会有恐惧。思想是欲望、记忆，它对所有这一切的反应导致了恐惧，难道不是吗？由于害怕明天、害怕死亡、害怕未知，于是我们开始发明出了种种理论，声称我们将会获得重生，将会经由不断的进化变得完美，而心灵则躲进这些理论中寻求庇护。由于我们永远都在寻求安全，所以我们围绕着自己的希冀、信仰、教义建起了教会，并且准备为其战斗，这一切依然是思想的过程，对吗？如果我们无法消除自身的恐惧，消除我们心理上的障碍，便会去求助他人的帮忙。

只要我从获取的层面去思考，而不是从不去变成、终结的层面去思考，那么我就将总是为恐惧所困，难道不是吗？正如我们所知道的那样，思想的过程及其自我封闭的对于成功的渴望，不想孤独、不想空虚的渴望——这种过程便是恐惧的温床。倘若心灵出于恐惧终日关注自身，那么它能否消除恐惧呢？

假设一个人怀有恐惧，他知道导致恐惧的种种原因，那么，带来恐惧的心灵，能否通过自身的努力将恐惧抛到一旁呢？只要心灵被恐惧占据，只要它整天想着怎样摆脱恐惧，想着为了战胜恐惧该做什么或者不该做什么，那么它能够挣脱恐惧的罗网吗？显然，只有当心灵不再被恐惧占据——这并不表示逃避恐惧或者试图忽略它——才能摆脱恐惧获得自由。一个人首先必须充分觉察到自己怀有恐惧，可惜我们大部分人都没有做到这个，而只是模模糊糊地意识到了恐惧。假如我们与恐惧相遇，就会惊恐万分，会去逃避它，会投身到各种各样的活动中去，殊不知这么做只会带来更多的灾难。

既然心灵本身就是恐惧的产物，那么无论它为了抛掉恐惧而采取怎样的法子，都只会让恐惧愈演愈烈。那么，一个人能否就只是觉察到自身的恐惧，不去被其占据，不去评判或是努力改变它呢？觉察到恐惧，不做任何谴责，这并不意味着在内心接受它。觉察恐惧，不做任何选择，意思便是就只是审视它，认识到有恐惧存在，洞悉关于它的真相，一旦洞悉了恐惧的真相，就能将恐惧消除了。心灵无法通过自身的任何活动消除恐惧，当面对恐惧的时候，它必须格外的安静，必须去认识它，不采取任何行动。请仔细听好。一个人必须认识到自己是恐惧的，充分意识到它，但不要有任何反应，不要想着去改变它。改变、转变，无法由心智带来，只有当你领悟了真理，才会迎来改变。假如心灵关注于恐惧，假如它去谴责恐惧抑或想要摆脱恐惧，它就不可能懂得何谓真理。心灵关于恐惧所做的任何行动，都只会让恐惧变得更多或者帮助心灵去逃避它。只有当心灵充分觉察了自身的恐惧，不对其展开任何行动，才能摆脱恐惧获得自由。尔后将会迎来一种完全不同的状态，这种状态是心智无法构想和发明出来的。这便是为什么说认识心智的过程是如此的重要，但这种认识不是依照某个哲学家、心理分析师或宗教导师，而是时时刻刻在你的关系里面去认识它的真实情形——在你安静的时候，在你走路的时候，在你聆听某人说话的时候，在你打开收音机、读书或者餐桌旁讲话的时候。充分观察自我，不做任何选择，便是让心灵保持一种高度的机敏和警觉，在这种警觉的状态里将会迎来对自我的认知，将会开启智慧的大门。一个努力去抵制恐惧、分析恐惧的心灵，永远无法消除恐惧，然而当它以一种无为的姿态去觉察恐惧，便会迎来一种不同的状态，在这种状态里，恐惧将会消失不见。

（在欧加橡树林的第五场演说，1953年7月4日）

要想体验未知，心灵必须摆脱已知

我以为，探究一下什么是真正的宗教将会十分有价值，同时也极为重要，当我们相当深入地研究此问题，或许就能有所发现，就能凭借我们自己的力量直接地体验那种崭新的状态，它不属于心智的范畴，它必须是未知的、全新的事物，是从前不曾体验过的。但若想发现和体验这一状态，在我看来，我们就必须首先认识理性、心智的过程。心智不仅是由意识构成的，而且还包括了诸多被我们称作为潜意识的层面，它是一个完整的过程，尽管为了方便起见我们可能会把它划分成意识与潜意识，以及存在于这二者之间的不同层级的意识。很明显，要想认识心智的各种活动，我们就不应该只是在表层或口头的层面去探寻，而是应当深入探究思想本身的过程。

如果可以的话，今天上午我想要去做的——我不知道这是否可能——便是带来这种无法构想出来，无法去想象、体系化或者猜想的状态。这需要的显然不是一种自我催眠的限定或是单纯的建议，而是逐渐地揭示出你自身心智的过程，就像我所谈到的那样。我们能否一起发现和直接地来体验这种状态，所有宗教在摆脱了自身的教派派性、教义、仪式以及无数的愚昧之后都提到过的这种状态呢？我并不打算带领你们去发现它，因为发现是自发的，你应该依靠自己的力量去探明。我试图做的是描述这个状态是如何出现的，但倘若你仅仅只是去理解口头的描述，那么你显然就不会认识或体验那种只有当心灵不再去构想或抵制的时候才会出现的状态。

正如我所言，我们首先必须认识智力、意识的过程，不只是表层，还有更为深刻的层面。要想做到这个，我们显然就得从口头的反应开始着手。像"神"、"共产主义"、"资本主义者"、"贪婪"、"进步"、"死亡"这类字眼，除了外在的涵义以外，对我们大多数人来讲还有着非常重大的意义，不是吗？它们既有神经学的涵义，又有心理学的。语词即符号，如果我们不使用语词，也会有其他形式的符号，像是十字架和印度的宗教符号。能否不去反应，能否在对符号做出反应的时候不去竖起障碍？处于表层的心智，能否抛掉想象、猜想、推测、口头的过程及其全部的反应呢？要做到这样十分的不易，原因是，如今心智只从语词、符号、形象的层面去思考。

我们难道不应该探究一下欲望的过程吗？欲望显然是我们在日常生活中所运用的意识、智力、思想的一部分。欲望正是心智的过程，心智在进行累积和储存，它怀有无数的动机，追逐感觉，要求得到更多，逃避痛苦，被困于对欢愉的渴望之中。心智不断地寻求一个安全之所，在那里它可以不受干扰地思考，对吗？它试图在某个观念、某种信仰、体验、关系当中获得永远的安全，这一切都是心智的过程，是我们所谓的理性、智力的过程。它是心智的全部，要么是敞开的，要么是暗藏的，这便是我们所知道的一切。

那么，懂得了自身的全部过程之后，心智能否超越这一过程呢？它能否迈入静寂，以便发现真理、实相、神？这就是今天上午我希望去探究的问题。心智能否觉察自身的诸多层面——口头的反应、纯粹的生理的欲望、传统和环境的烙印、敞开的和暗藏的记忆——它能否觉察到这一切，同时不以任何方式去干预呢？只要思想是口头的记忆的表达，那么它就总是受限的。除非心智完全摆脱了这种对于过去的累积，否则就无法迎来未知。直到认知的过程终止，新事物才会到来。

请注意，让我们再多谈一谈这个问题。毕竟，我们所说的体验其实是一种认知的过程,对吗?当你看到了某个动物,你之所以知道它是一只狗,是因为你先前已经有过关于该物种的经验并且还给它起了个名字。当你遇到一个朋友,你会认出他来,因为你体验过与他的友谊。当你有了某种心理上的体验,这种体验便是之前尝过的,你对它进行过命名,由此产生出了进一步的体验。心智只能够识别出它体验过的东西,无法认出新的事物,因为新事物是无法被辨认出来的。所以,真理、神,随便你怎么称呼都行,一定是全新的,无法被认识。假如它被认出来,那么它就一定是已经体验过的东西,而凡是已经体验过的事物,都会是在时间的领域之内。请务必清楚地洞悉这一点,你将会有所认知。这并不困难。我所使用的词语或许有点儿难,但我所说的感受、涵义却是十分简单的。

心智的作用便是认知,对吗?心智在思考、识别、体验,而它所有的思考、识别、体验,全都是来自于记忆的背景。毕竟,假如我是个印度人,那么我所受的限定、我所处的环境就会局限我的思想。我从传统的层面出发,我依照在各种印度教的典籍当中读到的那些内容去思考神、道德。那些基督徒、佛教徒等等,那些怀有宗教倾向的人们,同样也因为他们被教育、被告知的观念受着限定。

所以,我们努力要去做的——不仅是现在,而且是永远——便是探明心智能否摆脱自身的限定,从而去体验之前从不曾体验过的事物。这个事物显然就是真理,就是真正的宗教,对吗?宗教无关于信仰、符号、仪式、许诺、憧憬和恐惧——信条、教会正是围绕着这些东西建立起来的。它也不是有关道德的问题,一个有道德的人可能从来不曾认识过真理——这并不意味着,要想认识真理就必须是不道德的。通过有意识的努力得来的道德,将会束缚心智。美德之所以是必需的,只是因为它会带来自由,然而,一个努力想要变得有德行的人却永远都不会获得自由。

既然懂得了心智的全部内容——它的抗拒、它的抵制、它那些训戒的行为，它为了获得安全所做的种种努力，这一切全都限定和束缚了它的思想——那么，作为一个完整的过程，心智能否充分自由地去发现那永恒之物呢？由于未能发现和体验真理，因此我们的所有问题及其解决都只会导致更多的不幸和灾难，这一点是十分明显的，你可以在日常生活里头发现这个。个人的、政治的、国际的活动，我们在所有的活动中都滋生出了越来越多的灾难，只要我们没有体验那种真正虔诚的状态，就势必会如此。唯有当心智获得了充分的自由，方能体验这一状态。

那么，在聆听了所有这些之后，你能否认识这种自由呢，哪怕只是短暂的一秒钟？你不能够仅仅因为我这样建议而认识它，因为，尔后它就将会只是一个毫无意义的观念。但倘若你非常认真地去体会所有这些讲话，那么你就将开始觉察自身思想的过程，觉察它的方向、它的目标、它的动机。一旦觉察到了这一切，你就一定会达至一种崭新的状态，在它里面，心智不再去寻求、不再去选择，不再去努力获取。认识了自身的全部过程之后，心智迈入了非凡的静寂，没有方向，没有选择，没有意志力的行动。意志力依然是欲望，对吗？一个世俗意义上野心勃勃的人，会强烈地渴望有所得，渴望成功，成为著名人士，他运用意志力是为了自身的重要。我们同样还会运用意志力去培养美德，去达至一个所谓的精神状态。然而我所谈论的完全不同，它是彻底摆脱一切欲望，不再展开任何逃避的行动，不再被强迫着这样或那样。

当你去检视我所说的观点，你会运用理性，不是吗？但理性只能够走到这里，再不能深入了。我们显然必须运用理性，必须能够充分地思考事物，而不是半途而废。可是当理性到达了最上限，无法再进一步的时候，心智就不再是理性、狡猾、权衡、攻防的工具了，原因是，这个滋生出了我们所有念头、所有冲突的中心，已经终结了。

既然你已经听了这些讲话，那么你显然就将开始在一天当中的每时每刻，在你的各种行动中去观察你自己。心灵将会认识自身及其所有的偏离、抵制、信仰、追逐、野心、恐惧以及对于成功的渴望。觉察到了这一切之后，心灵难道无法迈入彻底的静寂以及认识这种将会迎来自由的静寂吗，哪怕只是短暂的一秒？只要迎来了这种静寂的自由，那么心灵本身难道不就是永恒的吗？

要想体验未知，思想本身就得是未知的。迄今为止，思想一直都是已知的结果。你不过是已知的累积，是你所有的麻烦、自负、野心、痛苦、成就、挫败的累积。这一切都是已知，是时间和空间里的已知。只要思想在时间和已知的领域内运作，它就永远不会是未知的，它只会继续体验它所知道的事物。

请注意，这并不复杂或神秘，我只是在描述我们日常生活里十分显见的事实罢了。背负着已知的重担，心灵渴望去发现未知。它如何才能办到呢？我们全都谈论神，在各个宗教、在每一个教堂和庙宇里，这个字眼都在被使用，但都始终是在已知的形象里。只有寥寥无几的人会离开一切教堂、庙宇、书本，只有很少的人才能够实现超越和探明。

现在，思想是时间和已知的产物，当这样的思想着手去发现的时候，它只会发现它已经体验过的东西。若想发现未知，心灵就必须让自己彻底摆脱已知，摆脱过去，不是通过缓慢的分析，不是通过一步一步地探究过去，解释每一个梦、每一个行为，而是通过充分地洞悉这一切的真相，立即地洞悉，就是当你坐在这里的时候。只要心灵是时间、已知的产物，它就永远无法发现未知，发现神和真理，随便你怎么称呼都行。洞悉真理，将会让心灵摆脱过去的羁绊。不要马上就把摆脱过去解释为不认识回家的路，这是健忘，不要把它降低为如此幼稚的想法。一旦心灵领悟了如下真理，即当它背负着已知的重担，它便无法发现真理，发现这种非凡的未知的状态，它就将获得自由。知识、经验便是那个在进行着累积的"我"、自我，所以必须将一切知识和经验都抛到一旁。一旦迎来了自由的静寂，那么心灵本身难道不就会是永恒的吗？尔后它将会体验某种全新的事物，也就是真理，但要想体验真理，心灵就必须是自由的、静寂的。请不要说心灵即真理，它不是，只有当它完全摆脱了时间的制约，才能体验真理。这整个发现的过程便是宗教，很明显，宗教并不是你信仰什么，它与你究竟是基督徒、佛教徒、穆斯林还是印度教教徒毫无关系，这些全无意义，它们只是绊脚石。若心灵想要有所发现，就必须彻底摆脱所有这一切。要想迎来新生，心灵必须是独在的，要想迎来那永远的创造力，心灵本身就必须处于一种能够接纳它的状态。但只要它被自身的琐碎和努力充斥着，只要它背负着知识的重担并且因为那些心理的障碍而变得复杂，那么它就永远不可能自由地去接受、认知和发现。

因此，一个真正虔诚的人，不会披着信仰、教义、仪式的外衣，他不怀有任何的信仰，他活在每时每刻，从不去累积任何经验，所以他是唯一具有革命精神的人。真理不是时间范畴里的持续，它必须是时时刻刻去发现的，是全新的。如果心灵去累积、储存，如果它把经验视为珍宝，那么它便无法活在每时每刻，无法发现新的事物。

那些真正抱持严肃认真态度的人，那些绝非浅薄的业余之辈，仅仅抱着玩玩态度的人，在生活中有着不同寻常的重要性，因为，正是他们成为了照亮自己的指路明灯，或许也因此照亮了其他人。假如没有体验，假如不怀有一颗彻底解放从而能够向未知敞开的心灵，那么单纯地去谈论神将会毫无价值。这就好像成年人玩玩具，当我们玩那个被叫做宗教的玩具时，我们就会制造出更多的混乱与更大的不幸。只有当我们懂得了思想的全部过程，当我们不再为自己的思想所困，心灵才能迈入静寂，唯有这时，永恒才会到来。

问：为了帮助我的三个孩子，我就只需要去观察自己吗？我怎样才能教育他们呢？

克：日常的生活，难道不就是一个教育孩子同时也教育你自己的过程吗?请注意,这个问题及其答案并不局限于老师和学生,你们大家全都很关心,因为你们为人父母。

那么,教育仅仅只是传播知识吗?它只是教会孩子怎样读书识字、怎样加减乘除、怎样谋到一份差事吗?但这正是我们此刻关注的重点,不是吗?结果会如何呢?孩子要么在军队里面失去了性命,要么在某个工作中毁掉了自己。那么,教育自己和孩子究竟指的是什么意思呢?是指耗费好几年的时间学会某样技能然后成为炮灰吗?抑或成为社会结构里的一部机器?请就只是认真思考一下这个,我希望你能够凭借自己的力量探明。是指用无数小玩意、各种外物、信仰把一个人团团包围住,以便保护自己,不再害怕吗?是指用信息给心智披上一件肤浅的外衣吗?然而这便是我们所说的教育,对吗?我们花了许多的金钱去训练一个孩子,然后他在朝鲜、德国或苏联的战火中丢掉了性命。我们永远都在制造战争,彼此毁灭,从远古一直到现在从未停止。因此,正如我们所知道的那样,教育显然已经彻底地失败了,不再有任何的意义。如果对于一个展开过思考、富有理智的人来说教育并不是上述这些,那么我们所说的教育究竟是指什么呢?它难道不是指一种会塑造出完整个体的整体的生活观念吗?如果一个人是美国人、苏联人或印度人,那么他显然就不可能是完整的人,这些东西不过是标签罢了,没有多少意义。一个完整的人不会再为恐惧所困,不会在社会的影响和逼迫下去遵从某种思想模式,或者是天主教的,或者是共产主义的,或者是其他的。每个教派、每个民族或宗教群体,全都希望依照某个公式、准则来教育自己的孩子,然而这就是教育吗?这么做会塑造出完整的个体吗?要想教育孩子,一个人难道不应该着手去挣脱恐惧的羁绊,挣脱所有这些诸如基督教、共产主义、理想主义等等思想的局限吗?

很明显,一个人若想教育自己跟他人,那么他就必须去观察自己,观察他的想法、他的动机、他的轻视和恐惧,观察他所使用的词语,观察心灵对诸如"美国人"、"苏联人"、"德国人"这类词语产生出来的心理的反应。若想教育自己，他就应该开始着手去教育自身，而这难道不就是教育的正确过程吗？当教育者跟孩子一样去接受教育，就会实现真正的教育，这意味着孩子跟你自己都获得了自由。自由不是在一段充满训戒和强迫的漫长路程的终点，强迫的最后不会得到自由，强迫的结果依然是强迫。假如你去控制、支配孩子，强迫他去适应某个模式，无论这个模式是多么的理想化，那么他在这种支配与强迫的最后会是一个自由的人吗？若我们希望在教育领域掀起一场真正的革命，那么我们显然就必须在一开始的时候便是自由的，这表示父母和老师关心的应该是自由，而不是怎样帮助孩子成为这样或那样。

正确的教育还意味着摆脱竞争，不是吗？我们给出分数，我们对孩子们做比较，鼓励竞争。原因是，当有了竞争的心态，训练孩子会更加的容易，出于恐惧，他会被迫去遵从，去学习更多的东西。但倘若我们想要树立正确的教育，那么我们就应当关注于心灵的解放，如此一来它才能够用一种整体性的观点去审视生活，在生活所有的复杂出现的时候时时刻刻去应对它们，这显然要比单纯的苦闷的学习重要得多。书本知识可能得到也可能无法获得，但我们关心的是塑造一个崭新的人，他不会再受到强迫，不会再争斗，不会再渴望成功，而是认识了"当下实相"并因而获得了自由。但这需要非凡的耐心，需要完整的、充分的认知，只有通过认识自我才能实现这个。这便是为什么说，重要的是教育者跟被教育者、老师跟学生都应当充分觉察心智，觉察自己的生活的过程。

我相信，杀死一个罗马士兵或者让一个罗马士兵去杀死其他的士兵需要花费二十五美分，而现在要杀死一个士兵则会花费十万美金。我们一直都在发展单纯的技术、记忆的方法、聪慧的智力，完全不曾反对和抵制过这一切。当我们反抗的时候，就会变成和平主义者、理想主义者,或是采用其他的标签。只有当我们拥有一种完整的生活观,当每一个个体都是一个完整的人,才能实现根本性的变革。只要有恐惧、竞争、野心,只要我们不断渴望在某种行为中去实现自我——这一切意味着与整体对立的"我"——就不可能存在完整的个体。世界是我们的,地球上的每一寸都是你我的,当其他人挨饿的时候,没有人可以富足繁盛。但要想认识到这个,需要一种完整的观念,只要你继续是美国人而我是印度人,那么我们就无法用一种整体的观念去看待生活。我们都是人类,但倘若你与我彼此竞争,那么我们就无法共享这个地球。只要你跟我野心勃勃地想要实现自我,想要有所成就,想要出人头地,想要变得如何如何,我们就一定会永远陷入彼此冲突的境地之中。一旦从内心深入领悟了这一切,而不是仅仅停留在口头的层面,那么我向你保证,你将会处于反抗的状态,尔后,或许我们就可以建立起新的文化、新的世界了。

问:纵观历史,基本的争斗,比如在一个现代世界里,似乎便是如下冲突:一边是传统和保守的力量,一边则是进步的、改革的力量。在这场巨大的战役中,为了推动人类的幸福,一个人应当支持哪一方呢?

克:我们难道无法不偏不倚地审视该问题吗?原因是,一旦你选择阵营,你就不会怀有一种整体的观念,你就不是自由的。如果你是个进步人士,我是个保守分子,我们就会发生冲突、彼此对抗。假若不从你的视角或者我的视角去看待问题的话,我们难道就无法探明是什么使得心灵保守或进步?你明白这个问题没有?如果我是个保守派,你是个进步派,那么我们势必陷入冲突。我想要维持事物的原态,而你则希望带来变革,于是我们之间不停地交战,结果也就永远无法将问题解决。但倘若你我想要解决人类的难题,那么我们就应当既不是保守的,也不是激进的，我们应当关注于问题本身，而不是你怎样看待它或者我怎样看待它。我希望现在问题已经清楚了，但如果我们已经选好了各自的阵营，那么问题就永远都不会清楚。所以，让我们去探究一下保守的和进步的思想吧。

保守派和激进派都希望改变，这一点十分明显。只有最愚蠢的人、只有完全盲目的人，才会不希望丝毫的改变。那些在这个世界上应有尽有的人，银行账户上数额巨大，日子过得安逸和奢侈，那些心满意足的人，那些希望一切都受到保护的人——这样的人是不会希望改变的。然而，那些展开观察的人，那些觉察到世界的问题——不是仅仅美国的或印度的问题——的人，那些洞悉了这整个的人类的努力和争斗的人，他们全都渴望发生改变。亚洲到处是饥肠辘辘的人们，对此你们却一无所知，成千上万的人一天里只有一顿饭吃，甚至更少。饥荒、疾病、迷信、贫穷、人口过剩、贫瘠的土壤，他们自然大声呼唤变革。一定要对战争做出改变，必须要做些什么来制止一切的战争，如此一来人才能自由地去教育自己，过上和平、和谐、富有生机与活力的生活。所以，假如我们是思想周全的人，那么我们都会渴望改变，不管是保守派还是激进派。

所以，问题不在于究竟是该支持保守派还是该力挺改革派，而在于如何带来改变，不是吗？请注意，一个人可以很轻松地、肤浅地回答这个问题，但我希望从根本上彻底地解决该问题。什么会带来改变呢？革命会带来改变吗？过去有过许多的革命，比如法国大革命还有更多近来发生的革命，它们有否带来改变呢？它们或许带来了表层的政治的变化，但却不是心灵和思想的根本的变革，不是彻底的完整的转变。在完整的转变里，个体不再高举国家主义、民族主义的大旗，不再是所谓的法国人、苏联人、德国人、印度人，而是一个人类。因此，当我们去探究改变、变革的时候，难道不应该问一问，思想，不管是保守还是激进的，是否能带来改变？改变、变革，是通过思想的过程出现的吗，还是以完全不同的途径产生的呢？你可曾观察过，作为个体的你是如何转变的吗？你什么时候会发生改变？显然不是当你试图运用思想带来转变的时候，当心灵不再谋划着去改变，你才能改变自身。

认识到这个真的十分重要，所以请务必耐心地展开探究。如果我很贪婪、嫉妒，我要怎样改变呢？通过意志力我能够改变吗？当我努力去摆脱贪婪，这种努力难道不正是另外一种形式的贪婪的产物吗？当我声称"我不应该贪婪"，我为什么会这么说呢？因为这么做可以让我不再为贪婪付出代价，贪婪给我带来了痛苦，所以我现在有了不同的动机、不同的欲望，我现在在追逐一种新的感觉，所以，当我去抵制、抗拒、否定贪婪的时候，我依然是贪婪的。只要改变源于思想，它就不是真正的改变，不管这思想是保守的还是进步的。只有当衡量性的思想停止时，才会迎来改变、变革。请认真思考一下这个，领悟我话里的真理。由思想带来的改变，只是一种经过了修正的继续，所有的政治革命都只不过是一种经过了修正的继续，是对过去的反应，因此根本就不是真正的改变。

所以，假如他们关注改变，那么进步分子和保守派都应该探寻一下思想是否能够带来改变。当你感知了真理，改变就会到来，而感悟真理并不属于思想的范畴。心灵或许会依照它所怀有的成见，依照它那中产阶级的或无产阶级的本能去解释历史。然而，那些一无所有的人们的反抗，跟那些应有尽有的人们的保守一样，始终都是一种反应，而反应并非改变。一旦心灵洞悉了什么是真理，改变自会到来。只要心灵从进步或保守的层面去思考，它就无法领悟真理。你我必须直接关注改变这一问题。意志力的行动、知识的运用都无法带来改变，只有当你我洞悉了真理，才能迎来改变。只有当心灵不再为反应所困，当它既不梦想乌托邦，也不希望维系事物的现状，方能领悟真理。只要你我做到了真正的虔诚，就能实现转变，而这是唯一的革命、唯一永久的改变。

（在欧加橡树林的第六场演说，1953年7月5日）

过一种简单的生活

在我看来，过一种简单的生活是最困难的事情之一。今晚，或许我们可以去探究一下该问题，不是仅仅停留在表层，而是深入地探究，努力弄清楚从本质上来说简单的生活究竟指的是什么涵义。假如一个人足够敏锐，那么他会发现生活有无数的问题，每一个问题似乎都会滋生出其他更多的问题，这些问题看起来仿佛永无止境，不单单是在心智的表层，而且还有心智的深层。我们似乎从来无法做到逃避或者解决问题，同时又不带来新的问题。但倘若我们能够懂得什么是简单的生活或者什么是简单的思考，那么或许就可以在自己身上带来一种崭新的存在状态，在它里面，我们将不会引发一个又一个的问题。

为什么心灵要去进行累积呢？为什么我们去积累知识？为什么经验会令我们受到局限？如果我们可以探究一下心灵的这种累积的过程，或许就能帮助我们认识何谓简单、直接的思考了。一旦懂得了心灵为何去累积、储存，我们或许就能在自身那些问题出现的时候去发现它们了。

我们以为，通过积累知识、通过拥有经验，我们就能认识生活及其所有复杂的努力、奋斗和竞争。然而当我们去积累知识和经验的时候，会发生什么呢？我们总是从自身过去的经验也就是记忆出发去解释每一个事件、危机、反应。背负着过去的重担，我们是无法直接审视事物的——这或许正是我们的困难所在。我们从不曾以新的视角去迎接事物，而总是从过去、已知的层面出发去应对它们。正是由于我们从来没有直接地应对每一个问题，从来没有凭借自己的力量去认识它，所以我们才会不断地引发其他的问题，不断地制造出更多的努力、奋斗和竞争。

我们关于简单生活的概念便是，只拥有很少的东西，抑或根本就一无所有，但是这显然并非简单的生活。我们尊敬那些在物质层面过着简单生活的人，那些只有很少的衣服、没有任何财产的人，仿佛这是多么神奇的一件事情。为什么？因为我们在内心依附于那些外物和财富。然而，简单的生活是否仅仅指的是抛掉那些物质上的东西呢？还是具有更为深刻的涵义？虽然我们可能只拥有很少的东西，但我们的内心却总是在累积，我们为那些信仰、教义所困，为各种各样的经验和记忆所困，于是我们的内心便会上演永无休止的冲突，挣扎于各种欲望、憧憬、希冀与野心之间。这一切表明的不是简单的生活，而是一种格外复杂的生活。所以我觉得，重要的是去探明为什么心灵会有意无意地去累积，为什么它无法以新的视角去应对每一个事件、每一个反应，为什么它必须要从过去的层面、从已知的层面出发去解释每一个经历？心灵始终在积累那些经验、反应，把它们当做记忆储存起来，以便用它们来获得自身的安全。认知、智慧，源于无数的经验吗？抑或指的是能够以新的视角去审视事物，能够每时每刻去迎接生活，同时又没有经验、过去的负面的影响呢？

正如我在某一天所指出来的那样，请不要为了理解我在谈论的内容而聆听这一切，而是应当为了探明你是如何思想的而聆听。你来这里，不是单单为了理解我关于心灵的某种状态的描述，而是要弄清楚当某种新的体验出现时你自己的思想会怎样运作。

以恐惧的问题为例。你我能否认识恐惧并且消除它，同时又不会把过去的累积带入进来呢？我们大部分人都惧怕各种各样的东西：害怕明天，害怕邻居们会怎么说，害怕贫穷，害怕没有成就，害怕死亡。那么，这种恐惧究竟是什么？我们难道无法去探究它、简单地认识它，从而挣脱它的束缚吗？——不是永远，而是当它出现的时候时时刻刻、日复一日地挣脱，如此一来心灵才不会背负着明天的焦虑。毕竟，恐惧是一种反应，对吗？我做了让我羞耻的事情，我犯下了某个不想被人发现的错误，我对此十分恐惧。所以，恐惧是一种反应，抗拒恐惧、试图战胜它、分析它或者逃避它，这些统统没有意义。恐惧是我做过的事情的影子，因此问题不在恐惧，而在于我怎样去对待自己的行为。那么，我能否以新的视角去审视我的所作所为呢？也就是说，我能否认识恐惧的原因，格外简单地去看待它，不去累积，不把认识原因当成一种如何应对恐惧的手段呢？你们明白没有？当心灵懂得了导致恐惧的原因，它便会试图去认识该原因，以便保护自己不遭受更多的恐惧，明天的那些恐惧。这么做引发了自我保护的行为，结果它便永远无法清楚、简单、直接地迎接每一个经历。

那么，心灵难道无法去观察那制造出了恐惧的原因、事件，不去进行解释，不去做出评判吗？它难道不能够就只是审视恐惧的原因，聆听它，让它彰显出自身的全部故事，不去解释、接受或排拒它，不去试图隐藏它，不去寻求庇护或者逃避它吗？我认为，正是这个能够带来简单，而简单对于认知是如此的不可或缺。如果我们可以非常简单地审视问题的原因，不去解释它，也不去谴责它，那么我以为，我们就能够时时刻刻获得自由了，不单单是摆脱恐惧，还会摆脱嫉妒、成功的欲望以及所有其他势必会出现的人类的问题。问题始终都在涌现，只要我们活着，就一定会有各种反应，因此，我们必须能够在它们每日出现的时候去加以应对，不去累积经验，难道不是吗？因为，累积经验将会局限我们的思想，妨碍我们去认识问题。

思想的简单是必需的，但只要有累积性的自我保护的过程，就不可能实现简单。思想的这种自我保护的过程，不仅存在于意识的所有层面，而且还存在于我们生活中各种潜意识的层面。正是由于我们想要去保护自己，所以知识、经验才变得对我们如此的重要。当我们面对某个问题的时候，从不曾彻底地挣脱过去的羁绊。你我能否清空思想里的过去，清空那些累积起来的昨日的知识呢？

请注意，我认为探究并且认识这个分外的重要。心灵背负着过去的重担，制造出了自身的问题，对吗？心灵能否开始以新的视角去应对每一个问题，在它出现的时候展开观察，不把过去经验的影子带进来呢？这显然就是我们的问题所在——审视每一个事件、每一个反应，没有任何成见，不去依照我们已经学到的东西去解释它，因为这么做实际上是渴望保护自己。心灵能否摆脱所有这一切，能否在每个问题出现的时候直接地去审视它呢？假如可以做到的话，那么就不会有终结，尔后人类的一切难题也就能够迎刃而解了——但不是为了它的满足。一旦我们生出了想要得到满足的渴望，就会去进行累积，从而滋生出恐惧。但我们难道无法不做任何判断与评价地去审视任何问题吗？评价问题，意味着记忆、判断、权衡，所有这些都表明心灵不断在保护自己。保护自我的渴望，包括有意识的，也包括无意识的。懂得了这整个的过程之后，心灵能否与此同时将所有这一切抛下，直接地审视问题呢？只有当你我认识了摆脱恐惧的必要性，才能够做到这个。

恐惧会腐蚀心灵，会遮蔽我们的所有行动，只要有恐惧存在，就不会有爱。我们在理论层面知道这个，我们阅读过相关的内容。既然意识到一个人会害怕无数的东西，那么他难道无法探明恐惧的原因，真正认识它，不去对抗它，不做任何解释与判断，不去阐释"当下实相"吗？当心灵觉察到了"当下实相"，不单单是在意识的层面，而是把自身的整个存在当做一个完整的过程，难道不就会摆脱那导致了恐惧的原因吗？

但倘若我们不怀有认识"当下实相"的意图，不去审视它、聆听它、熟悉它，倾听它的全部内容，观察它的流动、运作，那么我们就无法获得自由。

所以说，通过积累知识，并不能带来简单的思考，相反，你知道得越多，心灵反而越少简单。要想认识"当下实相"，心灵就必须实现非凡的简单。"当下实相"从来不是相同的，它每时每刻都在变化，一个背负着谴责、判断、自我保护的心灵，一个害怕将来的心灵，是无法认识它的运作的。

请注意，我觉得，重要的是去探明一个人是否能够真正观察"当下实相"，没有怨恨、没有畏缩。毕竟，我们是什么？我们是许多的反应、限定、影响、欲望、恐惧的产物，而心灵则被困在这片混乱之中，它总是处于交战和冲突的状态。若想终结这种永无止息的努力、争斗、不幸和痛苦，我们就必须每时每刻去简单地认识"当下实相"的运作，难道不是吗？如果我贪婪、愤怒或嫉妒，那么我显然就应该去认识自己的真实模样，不去试图消除它、战胜它。因为，克服、战胜正是一种努力，是新的冲突，于是也就无法摆脱"当下实相"了。但倘若我不仅觉察到了我的嫉妒，而且还觉察到了导致嫉妒的深层原因以及那种想要摆脱嫉妒的渴望——倘若我觉察到了这整个的过程，不做任何评判，不做任何选择，那么我以为，这样的觉知将会带来心灵的澄澈，从而消除导致嫉妒的根源。这需要的不是练习或训戒，而是心灵的觉知与机敏。假如心灵不停地去选择、谴责、判断、逃避，或是试图改变"当下实相"，那么它就无法实现警觉。

简单便是认识"当下实相"，只有当心灵不再去对抗"当下实相"，不再试图依照它的想象、渴望、希冀、恐惧去改变它、塑造它，才能认识"当下实相"。在认识"当下实相"的过程中，就将揭示出自我、"我"的运作，而这便是认识自我的开始——不仅是在意识的层面去认识自我，而且还有自我深藏的层面，当你放松警惕的时候，它会自发地、偶尔地冒出来。

一旦我们觉察到了自己，那么生活的整个运作难道不就是一种揭示"我"、自我的途径了吗？自我是一个非常复杂的过程，只有在关系里面，在我们日常的活动里，在我们说话的方式，判断、衡量的方式、谴责他人和自己的方式中才会揭示出来。这一切全都表明了我们自身思想的受限的状态，所以，觉察到这整个的过程难道不重要吗？唯有时时刻刻去觉察实相，方能发现永恒。如果没有认识自我，你便无法迎来永恒，当我们不了解自己的时候，永恒就会变成一个单纯的字眼、一个符号，就会变成一种猜想、信条、信仰，变成心灵能够去逃避的幻觉。但倘若一个人开始在"我"每日的各种活动里去认识它，那么，在这种毫不费力的认知中，将会迎来那不可命名的永恒之物。然而永恒并不是认识自我获得的奖赏，凡永恒的事物都是无法被求得的，心灵无法去获取它。当心灵迈入静寂，永恒才会到来，而只有当心灵实现了简单，当它不再去积累、谴责、评判、权衡，方能迈入静寂。唯有简单的心灵才能认识真理，而不是一个充塞着语词、知识、信息的心灵。一个去分析、计算的心灵，不是简单的心灵。

要想富有创造力，心灵就必须摆脱自己所有的累积。假如没有这种创造力，我们的生活将会变得十分的空虚，尽管它可能充满了活力和决心，但这些意义甚微。可如果心灵觉察到这整个累积的过程其实是一种保护自我的手段，觉察到自身的涵义，同时不去试图改变它或者将其抛到一旁——那么，这样一个简单、静寂的心灵便会认识"当下实相"，在这里面，会迎来一种巨大的解放和自由，而真理就蕴含在其中。

问：您指出，唯有静寂的心灵才能解决有关恐惧的问题。然而当心灵感到恐惧的时候，它如何能够安静下来呢？

克：这个问题里面包含有好几个方面。首先，怎样让心灵安静下来从而消除自身的恐惧呢？一个怀有恐惧的心灵能够迈入静寂吗？心灵的静寂是通过某种技巧可以得来的吗？毕竟，这就是让许多人困扰的问题——"怎样"达至宁静，相关的方法和技巧是什么。"怎样"意味着习惯，日复一日地保持某种态度，重复某种行为，遵从某个确立起来的计划，训戒心灵使其安静下来。心灵的这种静寂，是否来自于习惯呢？它是不断练习的结果吗？还是说，只有当心灵获得了自由，当它认识了"当下实相"，才能迈入静寂呢？

很明显，假如我渴望心灵的宁静，那么我永远都不会拥有它。正是由于我想要拥有静寂的心灵，所以才会去经历各种各样的实践，指望着由此带来心灵的宁静。但这样的心灵是死寂的，一个死寂的心灵格外的安静，但它并不是一个能够迎来创造力的心灵。因此，并不存在所谓的"怎样"。心灵唯一能够去做的，便是觉察到自己在寻求方法，因为它有所渴望。如果你渴望变得富有，你就会去聚敛金钱，你会挑选你的朋友，你会站到那些能够助你得偿所愿的人的那一边。同样的，若你渴望心灵的宁静，若你感觉到了它的迫切性，你便会努力去探明你怎样才能实现它，你会聆听各种各样的老师，你实践种种训练，你阅读各类书籍——你始终怀着拥有一颗静寂之心的意图——然而你的心灵只会变得迟钝。可如果你觉察到自身思想的整个过程，觉察到了潜意识和意识，如果你时时刻刻去观察自己全部的念头，不去谴责或评判，就只是在每一个想法出现的时候去观察它，既不去抵制，也不将其搁置一旁，那么你会发现，你将迎来一种自由，而静寂就蕴含在它里面，无需你展开任何意志力的行动。

因此，问题不在于如何让心灵获得自由，抑或怎样拥有一颗宁静的心，以便消除恐惧，而在于是否能够认识恐惧。尽管我可能惧怕许多的事情——害怕我的老板，害怕我的妻子或丈夫，害怕死亡，害怕失去我的银行存款，害怕我的邻居们会怎么说，害怕没有取得成就，害怕失去我的自尊和高傲——恐惧本身便是这整个过程的产物，对吗？也就是说，"我"、自我在它的活动里制造出了恐惧，"我"的想法的本质以及它的阴影便是恐惧，而跟影子、反应作战显然是毫无用处的。"我"保护着自己，"我"在憧憬、希冀、渴望、努力，不停地做着比较、权衡和评判，渴望权力、地位和名望，想要获得尊敬。作为恐惧之源的"我"，能否终止呢？不是在最终，而是每时每刻。当这种感觉出现时，心灵能否觉察它、检视它，不做任何谴责、判断和选择呢？原因是，当你开始去判断、评估，它便是那个在指挥从而限定你的思想的"我"的一部分，对吗？

　　那么，我能够时时刻刻觉察到自己的贪婪、嫉妒吗？这些感觉正是"我"、自我的表现，不是吗？自我依然是自我，不管你把它置于哪个层面，不管它是高等的自我还是低等的自我，依旧是在思想的领域之内。我能够在这些东西出现时时时刻刻去觉察它们吗？我能够在吃饭、谈话、玩耍、聆听、与一群人一起的时候，凭借自己的力量去发现自我的活动吗？我能够觉察那些累积起来的怨恨，觉察我那想要给人留下印象、想要出人头地的欲望吗？我能够发现我是贪婪的并且觉察到我对于贪婪的谴责吗？"贪婪"这个词语本身便是一种谴责，对吗？所谓觉察到贪婪，还指觉察到想要摆脱贪婪的渴望，以及洞悉一个人为何想要挣脱贪婪的制约——是指这整个的过程。这并不是一个非常复杂的过程，一个人能够马上领悟它的全部涵义。因此，一个人应当着手去认识"我"的这种不断的膨胀以及它的自负、自我保护的行为——从根本上来说这便是导致恐惧的原因。但你不可以采取行动去消除这个原因，你唯一能够做的是觉察它。当你想要摆脱自我的时候，这种渴望同样也是自我的一部分，于是乎，你在自我里面，两个都合意的事物之间，渴望的那个部分与不渴望的那个部分之间，展开了一场无休止的战役。

　　当一个人在心智的层面展开观察，同样就会开始发现那些暗藏在心智深处的嫉妒、争斗、欲望、动机和焦虑。一旦心灵有意去探明自身的全部过程，那么，每一个事件、每一个反应就都会变成发现、认识自我的途径。这需要耐心的观察——这不是指一个不停展开努力，学习着如何实现觉知的心灵所做的那种观察。然后你将领悟到，那些睡着的时间跟醒着的时间一样重要，因为，尔后，生活便会是一种完整的过程。只要你没有认识自己，恐惧便会继续，由自我导致的一切幻觉也会变得越来越多。

自知并不是一件可以通过阅读或者猜想实现的事情，它必须是每个人时时刻刻去发现的，如此一来心灵才会变得格外的机敏和警觉。在这种警觉的状态里，没有渴望变得怎样或者变得不怎样，在这里面，你将感受到一种令人惊异的自由，或许只有短短的一分钟，甚至一秒——但这已经足够了。这种自由不属于记忆，它是一种活生生的东西，然而，品尝过自由的心灵却将它给简化为了一种记忆，然后希望拥有更多的自由。只有通过自知才能觉察到这整个的过程，当我们时时刻去观察自己的言谈、姿势、谈话方式以及那些突然冒出来的暗藏的动机，就能获得自知了，唯有这时，才能摆脱恐惧。恐惧让我们的生活变得黑暗，这种恐惧无法通过任何祷告、任何理想或行为被扫除。恐惧的原因便是"我"，这个"我"在它的欲望、渴求、追逐里面是如此的复杂。心灵必须要去认识这整个的过程，唯有当你展开觉知，不做任何的选择，才能认识它。

（在欧加橡树林的第七场演说，1953 年 7 月 11 日）

渴望永恒的欲望导致了恐惧

今天上午,我想谈一个在我看来十分重要的问题——那就是,我们每个人的内心始终都怀有一种欲望,想要寻求一种没有任何事物干扰的永恒的状态。这真的是一个相当复杂的问题,我可否建议你们以一种无为的姿态去聆听,既不去接受,也不去抵制,就像一个人聆听一首歌曲或者一只鸟儿的鸣叫那样。如果一个人试图去认识某个非常复杂的问题,那么他显然就必须处于一种机敏、警觉的状态,在这种状态里,心灵是无为的,但它不会被任何语词麻醉。这绝对不意味着你必须接受我的观点,相反,单纯地接受抑或是遵从你所认为的真理,根本就没有任何的意义。真正有意义的是凭借你自己的力量探明真理,假如你的心灵因为比较,因为记住了他人的观点或是你在各种书本里头读到的那些东西而激荡不安的话,那么你便无法发现真理。你必须理性地将这一切抛到一旁,如此一来才能以一种无为的觉知去聆听,在这里面,没有自我保护,没有防御或者对抗的心态。若一个人过于焦虑不安或者有任何形式的分心,他就无法探明真理。洞悉事物的真理,需要投以格外的关注,不是吗?这是一种无需任何努力的关注,就像当你聆听自己真正热爱的东西时那样。

我们大多数人难道不都在心智的各个层面寻求着永恒吗?假如我们仅仅只是活在世俗的层面,那么我们就会在名声、外形中寻求永恒,在我们的美貌、家具、财产中寻求永恒。也就是说,欲望寻求着一种永恒的状态,在它里面不会有任何形式的干扰。如果我们非常的肤浅,便会渴望社会秩序的永续，要么是左翼的，要么是右翼的。若我们不为这种世俗层面的东西所困，便会在我们所谓的爱里面寻求永恒，在我们跟某些人的关系里面寻求永恒。假如我们超越了这个，便会在信仰、理念、知识、教义、传统等事物身上寻求永恒。此外，我们还会渴望发现一种永恒，在它里面，没有源于自我的行动。心灵说道："我屈从于神的意愿，它知道得最多、最好，所以让它去展开行动好了。"一个人把自己献祭给了他所认为的神，抑或是献给了关于群体、国家的理念。不管我们的行为是由外部环境强加的，还是出于恐惧、希望以及各种各样乌托邦的幻觉由自我施加的，根本的欲望都是达至一种永恒，在它里面，心灵能够获得庇护以及感到安全。

于是，欲望不停地寻找着一种永恒的状态，在它里面，将会通过财产、通过人、通过观念获得一种彻底的自我实现，在它里面，心灵永远不会受到扰乱。这难道不就是我们大多数人有意或无意追逐的目标吗？我们渴望有所实现，渴望找到永恒的安全，正是这种欲望导致了焦虑、恐惧以及各种各样我们尔后试图去改变、控制的破坏性的行为。

那么，心灵能否不去寻求永恒，不去追逐一种它所构想出来的幸福、实相的状态呢？心灵能否摆脱昨日的经验？唯有这样，昨天的经验才不会永远地限定着现在。是否有这样一种行为、这样一种存在状态：它不是源于欲望，它超越了时间的限制，没有任何的持续性？要想探明是否存在着这样的状态，心灵显然就必须去探究和认识自身欲望的过程。只要一个人寻求着某种永恒、某种安全，那么每一个经历都会妨碍进一步的认知，一切知识都会有碍于进一步的发现。如果你我想要探明是否存在着永恒，那么我们显然就必须首先懂得心灵是怎样通过财产、关系抑或通过信仰、限定去展开寻求的——它可以日复一日安全地栖息在这种信仰、限定里面。不管有着怎样的伪装，从本质上来讲，这便是我们所追求的东西，不是吗？我们的生活非常的复杂，它不停地变化着、波动着，充满了不确定、痛苦和悲伤。由于意识到了这个，我们便会有意或无意地渴望它的对立面，渴望某种跟"当下实相"截然不同的事物。这便是为什么我们会修建教堂，追逐乌托邦，依附信仰、教义的缘故。我们或许洞悉了这一切的幻象，有意识地去抗拒它，我们或许推论出并不存在任何永恒的事物——没有什么是永恒的——然而，无意识的，在内心深处，人的欲望、个体的欲望却是想要找到某种超越了欲望的冲突的事物。

那么，是否有安全这样的东西存在呢？是否存在着永恒，它永远都会持续，无视灾难和死亡？是否有心灵能够去依附的东西？假如由于教育、文化、传统，由于某些信仰的限定，一个人声称存在永恒或者不存在永恒，那么这种反应显然没有任何的意义。若一个人真的希望对此问题做一番探究，他显然就必须摆脱自身的限定，而这正是我们最大的困难之一，对吗？

心智，也就是思想，不断地以许多隐蔽的、微妙的方式想要拥有一种永恒的、不变的状态，在里面它可以日复一日地继续下去。虽然我们不会这么说，但这正是我们有意或无意渴望的东西。思想找到了各种各样的方式去带来这种永恒，思想制造出了思想者，尔后思想者变成了一个指导、支配思想的永恒的实体。但思想者并非思想，不存在脱离思想之外的思想者。

思想在各个层面寻求着安全，当它寻求外部的安全时，便会招来不安全。当你举起武器，指望着在这个世界依靠自己的力量带来安全，那么你的安全将会被战争摧毁。一旦心灵找到了某种衡量安全的尺度，它就会变得保守起来，就会希望确立和维系一种自己不被扰乱的状态。只有当那些不可避免的力量施压迫使它改变的时候，它才会在强迫之下改变。然而，并不存在所谓的安全、永恒、彻底守恒的状态。

在心理层面，记忆的整个过程——它是经验和知识的累积——是一种手段，"我"、自我通过它能够找到安全以及让自身永续。在内心深处我们怀有潜意识的欲望，那就是想要有所成就，于是我们尝试了各种形式的成就，尝试了各种各样的活动、工作、职业。"我"能够实现圆满吗？我能够实现自我吗？很明显，"我"只不过是一个概念，没有任何真实性。"我"寻求着发达、财富、地位、欢愉，"我"逃避痛苦，"我"不停地努力想要增加、变成、发展——这个实体不过是一个概念，它是一种欲望，这种欲望把自己认同为了某种思想的形式。那么，你和我能否实现自我？只要我们每个人试图去实现什么、达至什么，就会在彼此的竞争中变得敌对。你希望通过美、通过和谐去实现自我，我想要通过暴力、通过放弃责任、通过所谓的自由去实现自我的抱负，那么我们难道不就会彼此敌对吗？你寻求和平，我则是野心勃勃，一个追逐和平的人跟一个充满野心的人，能否共同生活在同一种社会秩序里呢？答案显然是否定的。在和平或者在其他事物里面去寻求自我实现，这并不是和平的，只要我们每个人都渴望有所实现，就必定会导致冲突。然而，对于我们大多数人来说，想要有所成就、有所实现的欲望是一种强大的推动力，我们必定会不惜一切代价来满足这种欲望。在我们生活的各个层面，无论是醒着的时候还是睡着的时候，我们都在不停地寻求着一种不会受到任何事物扰乱的状态。在它里面，思想即"我"将会持续下去——"我"在经历、体验，"我"在遭受痛苦，"我"积累了如此多的信息、知识。由于没能获得外部的安全，于是"我"便着手在表层之外的其他层面去寻找那种状态。因此，我们为了获得安宁，为了拥有一颗宁静的心而去展开冥想。我们以为，这样静寂的心灵将会带给我们一种在任何其他的方向都无法获得的永恒的状态。尔后便会生出如下问题："我怎样才能迈入静寂？"于是便又开始了一个全新的问题，而我们则被困于其中。

显然，一个渴望变得安静的心灵，永远无法让自己摆脱冲突，因为它正是"我"的中心。正是作为"我"的思想让自己跟群体、国家认同。你通过投身于这个或那个活动忘却了"我"，"我"虽然被忘却了，但活动保留了下来。由于你的行为是在逃避"我",因此它必定是受到保护的,结果便会出现对立,不同的行为、不同的国家群体之间便会发生交战。如果你并不沉溺于某个行为或国家,你就会变成宗教人士,让自己跟某种信仰认同,尔后,信仰就会变得格外的重要,因为你成为了它的一部分。

所以,假如不去探究太多细节的话,这一切算是真实地道出了一个十分显见的事实。若你真的洞悉了我观点里的真理,那么你的心灵显然就不会再有意或暗暗地寻求某种状态了,它将开始在万事万物出现的时候展开觉知,努力认识它们,同时不会去积累这种认知,以便在将来的某个时刻去运用它。于是它就会感到某种自由,一旦你领悟了这个,就会发现你将迎来一种并非源于欲望的行动。我们通常都只知道欲望的活动,也就是被界定为了"我"的心智的活动。这个"我"格外的琐碎、渺小、狭隘和肤浅,尽管它可能会通过认同得到广阔的延伸,但它依然是浅薄的,于是也就永远无法发现真理。一个寻求上帝的琐碎的心灵,将会找到一个同样琐碎的上帝。一个肤浅的心灵,不管它可能如何训戒自己,宣称它应该怀有爱、慈悲、和善、慷慨,依旧会是肤浅的。

那么,只要心灵能够懂得所有这一切的真理,或许就会发现一种完全不同的状态了——一种静寂的状态,它不是自我投射,不是源于任何欲望、强迫或恐惧。在这种静寂里面,没有心智的活动,于是也就没有持续。凡持续的事物都是时间的结果,是一种时间的过程。时间即心智,渴望永续的心智。由于想要在经验里面获得持续,因此心智通过记忆得到了持续,这样的心智永远无法发现任何新的事物,永远无法迎来那不可知的真理。

因此,心智是时间的产物,它源于记忆、知识、经验。这样的心智,当它觉察了自身的全部过程,能否不再去构想,能否保持静寂呢?很明显,在这种静寂里面,将会认识极为深刻的层面,这是心智永远无法去体验和保留的。因为,一旦心智去干预,在这种体验里面获得了愉悦,就会滋生出一个脱离被体验之物存在的体验者，结果便开始了界分。尔后，那个总是在追逐着某种超越自我之物的体验者，就会陷入冲突。这便是为什么说，在我看来，重要的是去认识欲望的整个过程——欲望始终在制造着"我"的二元性，"我"是位于被体验对象之外的体验者，是那个总在支配、操控、影响思想的思想者，它追逐着更加让人欢愉的体验。

既然洞悉了这一切，那么思想这一非常复杂的过程能否终结，以便迎来心灵的静寂？在这种静寂里有心智无法构想的深刻，但一个静寂的心灵却懂得这些。当心灵能够去体验，同时不将体验作为记忆储存、保留起来，唯有这时，它才会迎来那永恒的事物。倘若没有洞悉这个，生活就将是一系列空虚的努力、挣扎和斗争，就将是永无止境的冲突和不幸。逃避无法带来认知，唯有通过不断的观察，在其中不做任何谴责或比较，才能获得认知。谴责和比较属于欲望的范畴。一旦心灵挣脱了欲望的束缚，就能展开清楚、简单的观察，从而获得立即的感悟，无需分析或判断。当心灵处于觉知的状态，不做任何选择，便会在不知不觉中迈入那种静寂的状态，尔后也就能够迎来真理了。

问：肉体的死亡在人的生活中具有怎样的意义？它难道不是一种巨大的解放，摆脱了我们的一切不幸？

克：死亡会解决我们的所有难题吗？为什么如此多的人会惧怕死亡呢？年纪越大，我们就变得越是焦虑，原因何在？死亡，物质状态的终结，能够消除我们那些复杂的想法吗？思想难道不具有持续性吗？或许不是在我身上持续，但思想是持续的，而持续性的思想永远无法摆脱自身的痛苦获得解放。那么，由于害怕死亡，于是我们便有了各种关于永生的理论与憧憬，我们声称一定存在着轮回，声称我一定会在来世获得重生，拥有更好的人生，我没有完结。除非我能够在来生实现自我、成就自我，抑或是在未来复活，抑或是在天堂找到一席之地，否则的话，我所累积的一切，我所累积的那些知识与经验又有什么价值呢？我们总是害怕未知，害怕明天，因此我们着手去寻找各种各样的法子来逃避这种完结。抑或我们在逻辑上来一番理性的推论，指出一切都会终结，尔后重生。我死了，我的肉体灰飞烟灭，如此一来我才能以其他的形式获得重生，或者是滋养其他的实体。理性上、逻辑上，我们洞悉了对于死亡的惧怕，得到了满足。或者我们因为相信来生、相信某种死后心灵可以去依附的事物而获得满足。于是，心灵始终寻求着自身的永续。然而，凡是持续的事物都是已知的，而已知永远无法发现那不可知的事物，这便是我们的问题所在，对吗？在生活当中，我们之所以会走向死寂，是因为我们是已知的产物。我们从来没有一刻抛下过我们已知的这一切，完全摆脱过去，我们从不曾让心灵迈入彻底的空无，让它摆脱自己全部的经验、信仰和知识，以便迎来未知。

毕竟，我们知道的都是些什么呢？你的那些知识究竟是些什么呢？你知道回家的路，你拥有某些信息，某些政治、经济方面的数据，你知道如何干一份工作，你知道你的名字、你的保险、你的车牌号。你略微觉察到了自身的那些欲望、野心，以及那些源于你所受的限定的经验和反应。在这之外，你还知道些什么呢？你知道自己永远都在努力想要功成名就，假如你很自负、很骄傲，你则会试图变得谦卑，等等。这便是我们所知道的一切。我们在已知的领域内，在已知的欢愉和痛苦中活动。带着这样的思想，我们试图通过发明各种理论来说服自己世上是没有死亡的——比如相信轮回转世、相信复活——心灵制造出了无数的幻觉以便逃避自身已知的特性。因此，当我们还活着的时候，便已经在已知的领域里死亡了。

很明显，如果你想要探明那超越心智的永恒之物，那么心智即已知就必须终结，必须结束自己。你读到过这些内容，或者经常听我演讲，但心智不停地寻求着答案，不停地询问死亡背后有什么。正是由于你想要知道那超越死亡的事物是什么，才使得那些愚蠢的团体得以兴旺起来。当他们告诉给你答案，你便会感到满足，至少得到了暂时的满足。然而，真正的问题，也就是对于未知的惧怕却依然如同溃疡一般存在着。

那么，当一个人领悟到心智只会在已知的领域内活动，那么他难道无法始终充分地、无为地觉察到已知，同时不展开积极的行动迈向未知吗？这实际上意味着向死亡、未知、真理敞开。如果一个人尽最大努力背负着已知，并且充分认识自身的局限，就不会投射到未来或明天了。尔后也就不会再惧怕未知了，于是死亡也就不再是害怕的对象了——这并不表示你怀有某种新的理论、新的解释，并不表示你应该组建新的团体去讨论那超越了死亡的事物，这么做是幼稚的。然而当你懂得了心智、已知的局限，当你认识到自己是受限的，当你充分觉察到这个，不仅是在意识的层面，而且还有那些暗藏的潜意识的层面，那么，心智的活动就会彻底停止，不会再有作为思想的心智，不会再有"我知道"。尔后才能迎来未知。但你无法邀来未知，你无法邀来神、真理，随便你怎么命名。当你这么做的时候，它便已经是已知的了。已知是炼狱、地狱，未知则是天堂。然而，那不可知的事物与已知毫无关系，只有当心灵迈入了彻底的静寂，它才会到来。作为思想的心智必须终止，唯有这时，那永恒之物方会降临。

（在欧加橡树林的第八场演说，1953年7月12日）

克里希那穆提集（17 册）
The collected works of Krishnamurti

第 1 册 倾听内心的声音
（The art of listening）
定价：48.00 元
2013 年 11 月出版

第 2 册 什么是正确的行动
（What is right action?）
定价：58.00 元
2014 年 3 月出版

第 3 册 在关系中认识自我
（The mirror of relationship）
定价：68.00 元
2014 年 6 月出版

第 4 册 学会思考
（The observer is the observed）
定价：55.00 元
2014 年 8 月出版

第 5 册 觉知的智慧
（Choiceless awareness）
定价：78.00 元
2015 年 1 月出版

第 6 册 让心入静
（The origin of conflict）
定价：75.00 元
2015 年 3 月出版

第 7 册 富有创造力的心灵
（Tradition and creativity）
定价：75.00 元
2015 年 8 月出版

陆续推出中……

第 8 册 What are you seeking?
第 9 册 The answer is in the problem
第 10 册 A light to yourself
第 11 册 Crisis in consciousness
第 12 册 There is no thinker, only thought
第 13 册 A psychological revolution
第 14 册 The new mind
第 15 册 The dignity of living
第 16 册 The beauty of death
第 17 册 Perennial questions

心灵自由之路
The flight of the eagle

生活的难题
The Krishnamurti reader

教育就是解放心灵
The whole movement of life is learning

关系的真谛：做人、交友、处世
Relationships: to oneself, to others, to the world

关系之镜：两性的真爱
The mirror of relationship: love, sex and chastity

爱与寂寞
On love and loneliness

谋生之道
On right livehood

静谧之心
The second Krishnamurti reader

唤醒能量
Tradition and revolution

生命的完整：人生的转化
The transformation of man

生而为人
To be human

生命的注释（上下册）
Commentaries on living